Baden unter Strom

Eine Regionalgeschichte der Elektrifizierung

Von der Wasserkraft ins Solarzeitalter

Bernward Janzing

doldverlag.

Impressum

doldverlag
Vöhrenbach, 2002

Alle Rechte vorbehalten
Nachdruck, oder digitale Nutzung – auch teilweise – nur mit schriftlicher Genehmigung
des Verlages

Vertrieb der
Buchhandelsausgabe:
doldverlag
78147 Vöhrenbach
Unteranger 3
www.doldverlag.de

Redaktion: Wilfried Dold,
Bernward Janzing, Dr. Rita Müller

Gestaltung: Wilfried Dold

Konzeption und Umsetzung der historischen
Dokumentation: Wilfried Dold, Dr. Rita Müller

Digitale Bildbearbeitung:
doldverlag

ISBN 3-927677-27-2

Rettet die Linachtalsperre

Erbaut 1922-1925 durch die Stadt Vöhrenbach im Schwarzwald.

Der Förderverein Linachtalsperre ist am Erlös dieses Buches beteiligt. Informationen über die Aktionen zur Rettung der Linachtalsperre erhalten Sie bei der Stadt Vöhrenbach oder im Internet unter www.linachtalsperre.de (siehe Kapitel 34).

Eisenbetonmauer in aufgelöster Bauweise, ein nationales Kulturdenkmal – seit 1988 dem Zerfall ausgesetzt, jetzt plant die Stadt die Reaktivierung.

Inhaltsverzeichnis

		Vorwort 6
1. Kapitel		**Elektrizität – der zündende Funke 8** Eine Entdeckung verändert das Leben – 125 Jahre badische Stromgeschichte
2. Kapitel	1884	**Pioniere der elektrischen Straßenbeleuchtung 26** Die Stadt Triberg erstrahlt als erste Deutschlands im Licht der Bogenlampe
3. Kapitel	1891	**Wo Deutschlands erste Wasserturbine stand 30** In St. Blasien führt die Baumwollspinnerei den Strom ein
4. Kapitel	1894	**Europas ältestes Flusskraftwerk 32** In Rheinfelden entsteht das größte Kraftwerk Europas und das erste Grenzkraftwerk
5. Kapitel	1894	**„24 Karat Energie" in der Schmuckstadt 48** In Pforzheim setzen die Edelsteinschleifer frühzeitig auf Elektromotoren
6. Kapitel	1894	**Nach 63 Jahren wieder in städtischer Hand 54** In Waldkirch beweist die Stadt Mut und kauft 1999 das Stromnetz zurück
7. Kapitel	1895	**Strom für das Fürstenhaus 56** Das Flusskraftwerk Stallegg versorgt auch die Brauerei in Donaueschingen
8. Kapitel	1896	**Die Papierfabrik als städtisches E-Werk 64** Gengenbach wird bis 1926 von der Fabrik Köhler versorgt
9. Kapitel	1896	**18 Kilowatt für eine ganze Gemeinde 70** Die Stadtwerke Engen im Hegau werden von drei Privaterzeugern gegründet
10. Kapitel	1896	**Energie aus der Baumwollspinnerei 72** In Singen agiert ein Fabrikant 32 Jahre lang als Stromverkäufer
11. Kapitel	1898	**Strom für den weltstädtischen Fremdenverkehr 74** In Baden-Baden führen Hoteliers die Elektrizität ein
12. Kapitel	1898	**Ein Kraftwerk und sein Gemüsegarten 76** Das Überlandwerk Achern nutzt die Abwärme frühzeitig auf pfiffige Weise
13. Kapitel	1898	**Billiger Strom für die Papierfabrik 81** Das Kraftwerk Hohenfels in Albbruck leidet heute unter den Schluchseewerken
14. Kapitel	1899	**Rote Zahlen durch die ländliche Struktur 86** Das Kraftwerk Wiesloch wechselt mehrfach den Besitzer und wird 1914 stillgelegt
15. Kapitel	1899	**Inspiriert vom Großprojekt in Rheinfelden 90** Mit dem Kraftwerk Zell-Mambach erlebt die Textilindustrie einen Aufschwung
16. Kapitel	1899	**Schlossbeleuchtung als Höhepunkt 93** Heidelberg beginnt mit Kohlestrom, und setzt in den 1990er Jahren auf die Sonne
17. Kapitel	1899	**Pfiffige Idee: Mit dem Kraftwerk kommt die BBC 96** Mannheim setzt auf innovative Lösungen – und bringt den Stromversorger 1999 an die Börse
18. Kapitel	1901	**Drehscheibe der deutschen Atomwirtschaft 100** Karlsruhe beginnt mit der Dampfkraft, und baut 1956 den ersten Atomreaktor Deutschlands
19. Kapitel	1901	**Zwei Drittel des Stroms für die Straßenbahn 102** In Freiburg wird viel über Wasserkraft diskutiert, am Ende aber Kohle genutzt
20. Kapitel	1903	**Strom für die Webstühle im Hotzenwald 112** Die Waldelektra in Herrischried war ein Stromversorger ohne eigene Kraftwerke
21. Kapitel	1904	**Energie für das Schauinslandbergwerk 114** Die Wasserkraftwerke in Oberried sichern den Bergbau der Zinkgrube
22. Kapitel	1905	**Das Kleinod an der Alten Elz 116** Das Wasserkraftwerk Rheinhausen-Oberhausen ist eines der schönsten in Baden
23. Kapitel	1906	**Der große Erfinder scheitert in seiner Heimatstadt 121** Lahr und Offenburg zögern lange – Ingenieur Haselwander gibt unterdessen auf
24. Kapitel	1908	**Zur Hälfte aus der Schweiz versorgt 127** Die Stadt Konstanz schließt 1913 einen grenzüberschreitenden Stromvertrag ab
25. Kapitel	1909	**Heimatschützer kämpfen für die Stromschnellen 130** Das Rheinkraftwerk Laufenburg wird das größte Kraftwerk Europas
26. Kapitel	1909	**Ein Kraftwerk gegen den Dienstbotenmangel 136** Die Stadtwerke Hüfingen finanzieren den Bau durch den Gemeindewald
27. Kapitel	1912	**Strom aus der Zündholzfabrik im Kinzigtal 139** Die Firma Bauer & Schoenenberger in Schnellingen wird zu einem kuriosen Firmenkonglomerat

28. Kapitel	1912	**Das erste Kraftwerk des badischen Staates 148** Mit dem Murgkraftwerk bei Forbach wird der Grundstein für das Badenwerk gelegt
29. Kapitel	1912	**Die Angst vor dem Monopol ausländischer Spekulanten 176** Das Kraftwerk Augst-Wyhlen wird nach langer Diskussion über den Betreiber privat finanziert
30. Kapitel	1918	**Ein Winzling im Hochschwarzwald hält sich tapfer 183** Die Strombezugsgenossenschaft Saig trotzt mit nur 600 Kunden der Marktliberalisierung
31. Kapitel	1919	**Ein Unternehmen der öffentlich-rechtlichen Art 184** Das Kraftwerk Köhlgartenwiese wird von elf Gemeinden gegründet
32. Kapitel	1920	**Behörden verhindern einen Stausee im Brennersloch 186** Bei Furtwangen scheitert ein Wasserkraft-Projekt, weil es als nicht ausgereift gilt
33. Kapitel	1922	**Mit dem Kirnbergsee gegen die Energienot 190** Die Brändbachtalsperre schafft nebenbei ein bedeutendes Naturschutzgebiet
34. Kapitel	1923	**Finanziert durch einen außerordentlichen Holzhieb 208** In Linach entsteht die erste deutsche Vielfachbogensperre in aufgelöster Bauweise
35. Kapitel	1924	**Hochdruck aus dem Kandelmassiv 240** Das Zweribachwerk der Firma Gütermann nutzt ein Gefälle von fast 500 Metern
36. Kapitel	1929	**Die „Energielandschaft Südschwarzwald" entsteht 246** Die Schluchseewerke bauen ein weit verzweigtes Netzwerk von Pumpspeicherkraftwerken
37. Kapitel	1932	**Baubeginn erst nach Jahrzehnten 256** In Kembs beginnt die Nutzung des Oberrheins – neun weitere Kraftwerke folgen
38. Kapitel	1943	**„Ein Stück Urlandschaft" – Naturschutz kontra Industrie 258** Eine Talsperre in der Wutachschlucht wird durch 180 000 Unterschriften verhindert
39. Kapitel	1952	**Rückstau bis zum Rheinfall von Schaffhausen 260** Das Kraftwerk Rheinau wird trotz großer Widerstände aus der Bevölkerung gebaut
40. Kapitel	1971	**Der Anfang vom Ende der Atomenergie 262** In Wyhl verhindern Bürger ein Atomkraftwerk – und werden damit bundesweit zum Vorbild
41. Kapitel	1976	**Proteste verhindern „Energielandschaft Hotzenwald" 268** Die Talsperre Lindau bei Ibach wird nie gebaut – weil sie am Ende keiner braucht

Sonne, Wind und Wasserkraft – Aufbruch in ein neues Energiezeitalter 269

42. Kapitel	1979	**Turbinen aus der Plus-Energie-Fabrik 270** Die Wasserkraft Volk AG deckt ihren Strombedarf komplett aus erneuerbaren Energien
43. Kapitel	1986	**Ein langer Kampf um das Versorgungsnetz 272** In Schönau übernimmt eine Bürgerinitiative – genannt „Stromrebellen" – das Stromnetz
44. Kapitel	1988	**Privatinitiative bringt den Stein ins Rollen 276** Die moderne Nutzung der Windkraft beginnt am Hüfinger Auenberg
45. Kapitel	1991	**Das Stromeinspeisungsgesetz ebnet den Weg 281** Die Kleinwasserkraft erlebt einen neuen Boom – dank politischer Unterstützung
46. Kapitel	1995	**Der Neustart einer Boom-Branche 286** Die Solarenergie wird zum Wirtschaftsfaktor – Vorreiter: Die Freiburger Solar-Fabrik
47. Kapitel	1996	**Landwirte werden zu Energiewirten 290** Biogasanlagen machen den Kuhstall zum Kraftwerk – Pionierprojekt in Bräunlingen-Bruggen
48. Kapitel	1998	**Gewinne mit Sonnenstrom 292** Die Freiburger Solarstrom AG verkauft Deutschlands erste Solaraktie
49. Kapitel	1998	**Energiewende aus Grenzach-Wyhlen 294** Die NaturEnergie AG macht sauberen Strom zum Markenprodukt
50. Kapitel	1999	**Energieproduzierende Fassaden vom Bodensee 296** Die Sunways AG in Konstanz entwickelt transparente Solarzellen und geht 2001 an die Börse
51. Kapitel	2001	**Strom aus den Wäldern der Region 298** Holzkraftwerke wurden erst mit der Biomasse-Verordnung attraktiv
52. Kapitel	2030	**Energievision einer fiktiven Gemeinde 300** Windstrom, Wald und Wasserkraft – die Zukunft der Stromerzeugung

Anhang/Literaturnachweis, Bildnachweis, Ortsregister 302

Vorwort ■ Eine Region der Strom-Pioniere

Baden war in Sachen Elektrizität der Wegbereiter so mancher Entwicklung. Bautechnische Meisterleistungen waren die Talsperren. Heute gehen von Baden wichtige Impulse für das Solarzeitalter aus.

Die Warnung der Presse war deutlich: „Licht verschlimmert die Sittlichkeit." Und die Argumente waren vielfältig.

Da gab es zum einen die „theologischen Gründe". Denn die Straßenbeleuchtung erscheine „als Eingriff in die Ordnung Gottes". Es habe schließlich der Schöpfer „die Nacht zur Finsternis eingesetzt", und so dürfe man sich dagegen „nicht auflehnen, den Weltplan nicht hofmeistern, die Nacht nicht zum Tage verkehren wollen."

Auch juristisch sei die Straßenbeleuchtung abzulehnen, wusste die Zeitung, „weil die Kosten dieser Beleuchtung durch eine indirekte Besteuerung aufgebracht werden müssen" – was nicht legitim sei.

Damit nicht genug. Medizinisch schädlich sei das Straßenlicht außerdem, weil es „den Leuten das nächtliche Verweilen auf den Straßen leichter macht und ihnen Schnupfen, Husten und Erkältung auf den Hals zieht."

Ferner aus „philosophisch-moralischen Gründen" seien erleuchtete Straßen untragbar: „Die künstliche Helle verscheucht in den Gemütern das Grauen vor der Finsternis, das die Schwachen vor mancher Sünde abhält. Die Helle macht den Trinker sicher, dass er in den Zechstuben bis in die Nacht hinein schwelgt, und sie verkuppelt verliebte Paare."

Schwerlich zu verantworten schien damit die Straßenbeleuchtung – zumal auch „polizeiliche Gründe" gegen sie sprachen. Die Illumination nämlich, so glaubte die Presse, mache „die Pferde scheu und die Diebe kühn".

Man schrieb all dies im Jahre 1819. Doch der Fortschritt war nicht aufzuhalten, das künstliche Licht hielt trotz vermeintlicher Gefahren Einzug in die Gesellschaft. Erst etablierte sich das Gaslicht, und nach 1880 zunehmend das elektrische. Weil die Erfahrungen mit dem Strom gut waren, setzte die neue Energie sich um die Jahrhundertwende auch für andere Anwendungen durch – für Maschinen, Straßenbahnen, Heizgeräte.

Wichtige Impulse für die Elektrifizierung Mitteleuropas kamen aus Baden. Triberg war im Jahre 1884 die erste Stadt Deutschlands, die ihre Straßenbeleuchtung komplett auf elektrisches Licht umstellte. Das Kraftwerk Stallegg in der Wutachschlucht optimierte 1895 den Ferntransport des Stroms. Und in Rheinfelden und Laufenburg gingen 1898 und 1914 die größten Wasserkraftwerke Europas in Betrieb. Sie legten zugleich den Grundstein für den europäischen Netzverbund.

Die frühzeitige Elektrifizierung Badens wurde ermöglicht durch die Vielzahl der Bäche des regenreichen Schwarzwaldes, durch die großen Kräfte des Hochrheins und das innovative Denken badischer Tüftler. Hinzu kam die Nähe zur Schweiz, die manchem großen Wasserkraftwerk erst die notwendigen Kapitalgeber sicherte.

Auch später als der elektrische Strom in den 1920er Jahren sich zu etablieren begonnen hatte, war Baden Wegbereiter mancher Entwicklung. Zahlreiche Talsperren entstanden zwischen den beiden Weltkriegen – oft bautechnische Meisterleistungen. Darunter waren auch die Projekte im Umfeld des Schluchsees, die bis heute einen europaweit beispiellosen Komplex von Pumpspeicherkraftwerken bilden.

Ganz im Stil der Region gingen auch in der Nachkriegszeit immer wieder wesentliche Entwicklungen von Baden aus. Populärstes Beispiel war die deutsche Anti-Atom-Bewegung; sie hatte ihre Wurzeln im Kampf gegen die Atomkraftwerke Breisach und Wyhl in den 1970er Jahren. Später machten die Schönauer „Stromrebellen" sich bundesweit einen Namen – eine Bürgerinitiative, die aus Protest gegen die Atomkraft einen eigenen Stromversorger gründete.

Und auch noch heute, da das Solarzeitalter beginnt Formen anzunehmen, gehen wieder Impulse von Baden aus. Schließlich hat das größte europäische Solarforschungsinstitut, das Fraunhofer Institut für solare Energiesysteme, seinen Sitz in Freiburg. Ebenso ist der Weltdachverband der Solarenergie ISES (International Solar Energy Society) längst im Zentrum Südbadens zu Hause. Zwei Einrichtungen, deren große Zeit erst noch bevorstehen dürfte.

So bleibt der Südwesten auch nach 125 Jahren Stromgeschichte seinem Pionier-Image treu. Er sucht heute Lösungen für das neue Jahrhundert, während andere Landesteile noch die Vergangenheit in Form der Kohle verwalten. Es ist eine dynamische Region – „Baden unter Strom" eben.

Bernward Janzing
Freiburg im September 2002

Innovationen bei der Nutzung der Wasserkraft kamen oft aus Baden – zu Beginn der Elektrifizierung in den 1880er Jahren ebenso wie heute. Ein markantes Beispiel für die Renaissance der Wasserkraft ist das Wasserrad am Freiburger Komturplatz, das im Jahr 2000 installiert wurde. Bei 5,5 Umdrehungen pro Minute erzeugt das Rad seither am Gewerbekanal mit 26 Kilowatt Leistung 150 000 Kilowattstunden Strom pro Jahr – genug für 50 Haushalte. Nachdem es Jahrzehnte lang um die Wasserkraft eher still gewesen war, profitiert die Kleinwasserkraft seit 1991 vom Stromeinspeisungsgesetz, das den Stromerzeugern eine Mindestvergütung garantiert – erst damit konnte der neue Boom der Wasserkraft beginnen.

Eine Entdeckung verändert das Leben

Elektrizität – der zündende Funke

125 Jahre badische Stromgeschichte

„Das allergrößte Aufsehen aber erregte doch eine Glühlampe von Edison, die man mit einem Schalter anzünden und auslöschen konnte, an welchem die Menschen zu Hunderten anstanden, um selbst diesen Schalter einmal bedienen zu können." ...

Oskar von Miller über den Beginn des elektrischen Zeitalters, als 1881 bei der Pariser Elektrizitätsausstellung Edison erstmals die elektrische Beleuchtung präsentierte.

„Seitdem das Wasser gefangen wurde, hat die Bevölkerung Licht und Kraft in freigebiger Menge und zu wohlfeilem Preis zur Verfügung ... . Das eroberte Sonnenlicht strahlt nun aus den gläsernen Birnen durch das nächtliche Dunkel."

Hans Dominik, „Gartenlaube", 1912, in einem Beitrag zur Funktionsweise von Überlandzentralen und der Bändigung der Wasserkraft zur Erzeugung elektrischer Energie.

Das Thema des Vortrages klang trocken und zudem wenig spektakulär: „Über die Umwandlung von Arbeitskraft in elektrischen Strom ohne Anwendung permanenter Magnete." Sollte dahinter tatsächlich eine technische Revolution verborgen sein? Der Referent jedenfalls glaubte daran. Und er sollte, wie sich später zeigte, Recht behalten.

Es war der 17. Januar 1867. In der Berliner Akademie der Wissenschaften berichtete unter scheinbar drögem Titel Werner von Siemens über seine Entdeckung. Der Ingenieur hatte wenige Wochen zuvor das dynamo-elektrische Prinzip entdeckt. Nun trat er damit an die Öffentlichkeit.

Siemens' Erkenntnis machte erstmals leistungsfähige Generatoren möglich. Mechanische Energie konnte fortan in elektrischen Strom beliebiger Stärke umgewandelt werden, Strom umgekehrt auch in mechanische Energie – damit stand die Welt am Anfang eines bedeutenden Wandels. Vorbei war die Zeit, da man lediglich Generatoren mit Permanentmagneten nutzen konnte, deren Leistung physikalisch limitiert war.

Bis die neue Technik den Markt erobern konnte, sollten freilich noch einige Jahre vergehen. Denn die potenziellen Abnehmer elektrischen Stroms zeigten sich zurückhaltend. Den Kraftbedarf in Handwerk und Industrie deckten Wasserräder und Dampfmaschinen, deren Kraft – rein mechanisch – mit Transmissionsriemen quer durch alle Fabrikhallen übertragen wurde; Elektrizität schien für den Betrieb von Kraftmaschinen somit unnötig.

Auch für Beleuchtungszwecke schien Strom verzichtbar. Gaslaternen und Petroleumlampen taten gute Dienste; sie waren preisgünstig, zuverlässig, praktisch. Und man hatte Erfahrung mit ihnen. Elektrische Lampen dagegen waren teuer – und vielen Menschen auch suspekt. Denn die Bogenlampen brannten „lichterloh", die schnell schwindenden Holzkohle-Elektroden mussten häufig justiert werden. Das war aufwändig, unbekannt, schien gar gefahrvoll.

Erst die Entwicklung neuer Lampen schuf in nennenswertem Maße Abnehmer für den Strom und verhalf damit der Elektrizität zum Durchbruch. Nachdem Friedrich von Hefner-Alteneck, Ingenieur bei der Telegraphen-Bauanstalt Siemens & Halske in Berlin, im Jahre 1878 die Differential-Bogenlampe mit selbsttätiger Reguliervorrichtung entwickelt, und der Amerikaner Thomas Alva Edison ein Jahr später die Glühlampe präsentiert hatte, stand dem Siegeszug der Elektrizität nichts mehr im Wege. So wurden die 1880er Jahre zum Jahrzehnt des technischen Umbruchs – in Baden, wie weltweit.

Straßenbahn und Straßenlicht – beides wird elektrisch

In diesen Jahren ging alles Schlag auf Schlag. 1879 startete in Berlin die erste elektrische Straßenbahn, 1880 ging in Mannheim der erste elektrische Aufzug in Betrieb, und 1882 wurde zwischen Miesbach und München weltweit erstmalig die Fernübertragung von Gleichstrom getestet. Die Deutsche Edisongesellschaft, Vorgängerin der Allgemeinen Elektrizitätsgesellschaft AEG, wurde 1883 gegründet, 1884 stellte Triberg als erste Stadt Deutschlands seine gesamte Straßenbeleuchtung auf elektrisches Licht um. Und überall im Land dachten fortschrittliche Unternehmer über die Nutzung der neuen Energieform nach.

Das inspirierte auch die Ingenieure. Auf der Frankfurter Elektrizitätsausstellung 1891 gelang es ihnen erstmals Drehstrom mit relativ geringen Verlusten über eine weite Strecke (175 Kilometer) zu transportieren: Von Lauffen am Neckar nach Frankfurt am Main wurden 15 000 Volt übertragen – und immerhin 75 Prozent der eingespeisten Leistung erreichte Frankfurt.

Es war dies der Moment, da Strom plötzlich zum Wirtschaftsgut geworden war. Die Unternehmensgründungen in Mitteleuropa häuften sich entsprechend: 1894 Kraftübertragungswerke Rheinfelden, 1895 Elektrowatt in Zürich, 1898 RWE in Essen. Im Schwarzwald entstanden die ersten Kleinkraftwerke wie 1895 das Werk Stallegg in der Wutachschlucht, oder die Wasserkraftwerke in St. Blasien (1893), Waldkirch (1894), Haslach (1898) und Zell im Wiesental (1899). Überwiegend nutzten die E-Werke in Baden in dieser Zeit die Wasserkraft. Lediglich in Nordbaden gab es einige Ausnahmen. Die Stadtwerke in Pforzheim (1894), Gengenbach (1896) und in Baden-Baden (1898), sowie das Überlandwerk Achern (1899) nutzten Dampf- und Dieselmaschinen zur Stromerzeugung.

Baden war bei der Elektrifizierung ganz vorne mit dabei. Denn hier waren die Rahmenbedingungen günstig wie in kaum einer anderen Region Mitteleuropas: Der Hochrhein verfügte über ausreichendes Gefälle und ein riesiges sowie zugleich relativ konstantes Wasserdargebot. Er war als Grenzfluss

„Der Technik sind die Mittel gegeben, elektrische Ströme von unbegrenzter Stärke auf billige und bequeme Weise überall da zu erzeugen, wo Arbeitskraft disponibel ist."

W. VON SIEMENS, 1867

Abb. 1
Elektrizität – der zündende Funke. Glasfenster von Professor Julius Müller-Salem für das Verwaltungsgebäude der Stadtwerke Pforzheim im Rennfeld (1908).

Abb. 2
Pioniere: 1884 stellte Triberg als erste deutsche Stadt seine gesamte Straßenbeleuchtung auf elektrisches Licht um. Die Fotografie um 1900 zeigt die Hauptstraße.

> „Statt daß das hinter der Thalsperre gestaute Wasser jetzt, wie es früher leider oft der Fall war, ein Schadensstifter erster Ordnung wäre, wird es nun vielmehr Segen bringen, denn in Zeiten der Trockenheit wird man die Vorräte zur Bewässerung der Wiesen und Felder verwenden und nebenbei wird man die Fallkraft des Wassers benutzen, um elektrische und andere Motoren in Betrieb zu setzen."
>
> Schwäbischer Merkur, 1900

zudem für kapitalkräftige Schweizer Investoren interessant. Auch der Schwarzwald mit hohen Jahresniederschlägen und starkem Gefälle bot sich für den Bau von Wasserkraftwerken an – zumal man in dieser Region, die durch technische Innovationsfreude (zum Beispiel in der Uhrenindustrie) geprägt war, über die notwendigen Fertigkeiten verfügte.

So war es kein Zufall, dass sich Baden in den Anfangszeiten der Kraftwerksgeschichte mit manchem Superlativ schmücken durfte: Das Kraftwerk Rheinfelden war bei seiner Inbetriebnahme 1898 das größte Laufwasserkraftwerk Europas, Triberg verfügte 1893 über die erste Überlandzentrale Deutschlands. Besonders Südbaden war sehr innovativ: Bedingt durch den Wasserreichtum befanden sich noch im Jahr 1896 von den neun öffentlichen Elektrizitätswerken Badens acht im südlichen Landesteil. Nördlich von Offenburg existierte bis dato allein das städtische Werk Pforzheim. (siehe Tabelle rechts)

Hoher Verbrauch in den Abendstunden

Privatkunden machten von der neuen Energie kaum Gebrauch, denn Strom war extrem teuer. Ein Fabrikarbeiter musste zur Jahrhundertwende mehr als zwei Stunden arbeiten, um sich eine Kilowattstunde Lichtstrom leisten zu können – heute sind es weniger als 40 Sekunden. Entsprechend spärlich war zunächst die Zahl der Verbraucher und auch der Kraftwerke. Im Jahr 1900 gab es in Baden gerade 36 öffentliche Anlagen, davon 14 im nördlichen Teil, 22 im südlichen. Von 18 170 Kilowatt installierter Leistung hatten die Wasserkräfte in Südbaden mit 14 362 Kilowatt den größten Anteil.

Abgesehen von den großen Städten, die zur Jahrhundertwende elektrische Straßenbahnen einführten, wurde der Strom anfangs fast ausschließlich für die Beleuchtung genutzt. Eine Ausnahme in Baden war die Stadt Pforzheim, deren Schmuckindustrie für den Antrieb der Poliermaschinen frühzeitig Kraftstrom einsetzte. In anderen Regionen wurde der industrielle Kraftbedarf bis zur Jahrhundertwende noch fast ausschließlich mechanisch gedeckt – mit Wasserrädern oder Dampfmaschinen. Unter den Gemeinden waren meist jene die Vorreiter, die ihre Straßen und Wege elektrisch zu beleuchten gedachten.

Der Lichtstrom dominierte noch bis zur Jahrhundertwende die Lastkurven in badischen Gemeinden (außer wiederum in Pforzheim): In den Abendstunden, speziell im Winter, erreichte die Nachfrage ihren Höchstwert. Um einen ausgeglicheneren Verbrauch zu schaffen, versuchten die Stromversorger, den Tagstrom für industrielle Maschinen attraktiver zu machen. Das taten sie, indem sie einen günstigeren Tarif für Kraftstrom einführten. In Zell im Wiesental zum Beispiel kostete die Kilowattstunde Lichtstrom zur Jahrhundertwende 65 Pfennig, die Kilowattstunde Kraftstrom aber nur 25 Pfennig. In anderen Städten waren die Relationen ähnlich.

> „Ein Feind der Technik sein, heißt nicht viel weniger als ein Feind unserer heutigen Kultur sein, die von der Technik im weitgehendsten Grade geschaffen wurde und von ihr auch beherrscht wird."
>
> Weisse Kohle, 1909

Erst langsam kam unter Firmen und Privatleuten die Nachfrage nach elektrischem Licht in Gang. Die Jahre bis 1900 waren geprägt von einer Expansion der Versorgungsnetze. Nachdem zwischen 1878 und 1884 elektrische Einzelanlagen zur Versorgung separater Firmen- und Privathäuser dominiert hatten, ging zwischen 1884 und 1890 der Trend zu Blockanlagen.

Einzel- und Blockanlagen in Baden 1884 im Versorgungsgebiet der Gasanstalten

Ort	Anlagen	Bogenlampen	Glühlampen	Motoren
Baden-Baden	4	2	–	–
Bruchsal	2	2	–	–
Durlach	1	20	16	–
Forbach	3	25	13	–
Freiburg	17	37	2358	3
Gaggenau	2	8	230	2
Heidelberg	6	–	–	–
Karlsruhe	20	126	7515	2
Kehl	1	–	100	–
Konstanz	3	2	320	–
Mannheim	48	594	8012	–
Offenburg	2	–	–	–
Pforzheim	15	10	145	–
Rastatt	4	–	427	–
Säckingen	3	–	416	–
Schwetzingen	2	–	34	–

aus: Gätschenberger, Herbert: Die Stellung der öffentlichen Elektrizitätsversorgung in Baden, 1960.

Tabelle oben
Als die ersten Kleinkraftwerke die Stromversorgung von Häuserblocks aufnahmen, wurde der Strom fast ausschließlich für die Beleuchtung genutzt.

Tabelle unten
Die ersten Elektrizitätswerke standen fast alle in Südbaden.

Elektrizitätswerke in Baden 1896

Gemeinde	Einwohner (1890)	Maschinenleistung in kW	Inbetriebnahme
Triberg I	280	70	1888
St. Blasien	1347	140	1891
Triberg II		200	1893
Waldkirch	4017	24	1894
Peterstal	1689	13	1894
Zell a. H.	1576	56	1894
Pforzheim	441	106	1894
Donaueschingen	3596	150	1895
Gengenbach	2618	43,5	1896

Mit Ausnahme des E-Werkes in Pforzheim (Dampfkraftwerk) handelte es sich um Wasserkraftwerke in privater Hand.

Als man schließlich die Übertragung des Stroms auch über längere Strecken immer besser in den Griff bekam, wurden nach 1891 auch erste Ortszentralen errichtet. Gleichstrom wurde zurückgedrängt, Wechsel- und Drehstrom wurden populärer.

„Elektrischer Bazillus" – der Strom geht in die Fläche

Zunächst lehnten besonders jene Städte den Bau von Elektrizitätswerken ab, die über eigene Gaswerke verfügten, denn sie fürchteten die Konkurrenz im eigenen Hause. Oftmals wurden daher Regelungen zum Schutz des städtischen Gaswerks geschaffen – etwa in Offenburg, wo die Stadt vor der Jahrhundertwende dem Gaswerk zuliebe ein Elektrizitätswerk verhinderte. Als das E-Werk später doch gegründet wurde, beschloss man, zumindest die Straßenbeleuchtung vorerst nicht von Gas auf Strom umzustellen. Auch in Mannheim, wo bereits 1886 über ein städtisches E-Werk diskutiert wurde, nahm die Stadtverwaltung anfangs eine abwartende Haltung ein, um nicht die Rendite der kommunalen Gasanstalt zu schmälern.

Doch schon wenige Jahre später war die Verfügbarkeit elektrischen Stroms für die Gemeinden zur Imagefrage, zum Zeichen der Modernität geworden. Die Verwendungsmöglichkeiten für die elektrische Energie hatten zugenommen, elektrischer Strom konnte wirtschaftlich über größere Entfernungen „transportiert" werden. Der Strom trat aus der Nische. Fast flächendeckend wurde Baden binnen zweier Jahrzehnte elektrifiziert. Für Industrie, kommunale Einrichtungen und Wohnhäuser erschlossen Städte und Dörfer Stromquellen – entweder durch den Bau eigener Anlagen oder durch Anschluss des Ortes an bestehende Kraftwerke im Umland. Entsprechend waren die Zahlen der Branche: Der Lichtstromverbrauch in Deutschland stieg von 1891 bis 1913 um das 37fache, der Kraftstromverbrauch gar um das 676fache. Es sanken die Preise zwar kontinuierlich, teuer war der Strom für die meisten Privatleute dennoch. Immer wieder gab es daher Fälle von Stromdiebstahl. In Konstanz standen darauf in den Jahren nach 1908 immerhin gleich 14 Tage Gefängnis.

Trotz seines stolzen Preises zog der Strom in die Haushalte ein – man musste eben sparsam damit umgehen. So verfügten Ende 1913 bereits 64,5 Prozent der Einwohner Badens über Elektrizität im Haushalt. Mannheim lag mit 89,9 Prozent an der Spitze, der Kreis Mosbach mit 29,3 Prozent am unteren Ende. In großem Stil ging die Elektrifizierung weiter, und so waren 1921 fast 97 Prozent aller badischen Gemeinden an eine Stromversorgung angeschlossen.

Auch in den badischen Gewerbebetrieben wurde immer mehr Strom genutzt. Der Großherzogliche Generalsekretär Georg Berg sprach 1910 von einem „elektrischen Bazillus, der immer mehr Gemeinden ansteckt und namentlich auf dem Lande den besten Nährboden findet." Während 1897 erst 238 von 4272 Betrieben (5,6 %) mit mechanischem Kraftantrieb Elektrizität verwendeten, war der Einsatz vier Jahre später auf 26,6 % angewachsen.

Kommunale Elektrizitätswerke entstehen

In den größeren Städten Badens wurden um die Jahrhundertwende fast zeitgleich die kommunalen Elektrizitätswerke gegründet. Heidelberg, Mannheim und Waldshut nahmen im Jahr 1900 eigene E-Werke in Betrieb, Karlsruhe und Freiburg folgten ein Jahr später. Etwas schneller waren die Grenzstädte Basel und Straßburg, die beide 1899 eigene Elektrizitätswerke gründeten. Villingen folgte 1905, Konstanz erst 1908. In Mannheim betrieb die Stadt mit der Gründung des E-Werks sogar Industriepolitik: Die Stadt vergab den Auftrag zur Errichtung des Kraftwerkes an die Firma Brown, Boveri & Cie (BBC) in Baden/Schweiz mit der Auflage, dass BBC sich in Mannheim mit einer deutschen Tochterfirma niederlässt.

Beflügelt wurde die Elektrifizierung in den größeren Städten Badens meist durch den zeitgleichen Bau von Straßenbahnlinien. In Karlsruhe fuhr die erste elektrische Straßenbahn im September 1898, in Mannheim im Dezember 1900, in Freiburg und Heidelberg im Jahr 1901. In Baden-Baden startete die Bahn 1910, in Pforzheim 1911.

Für die städtischen E-Werke waren die Straßenbahnen wichtige Abnehmer. Zum Beispiel in Freiburg: 63 Prozent des gesamten Stromverbrauchs in der Stadt entfielen 1902 auf die Tram. Entsprechend trieb die Bahn die Elektrifizierung voran, weil sie als erster Großabnehmer täglich 16 bis 18 Stunden lang Strom bezog, und damit eine recht konstante Auslastung des Netzes garantierte. Diese machte die Stromerzeugung billiger, was wiederum wichtige Voraussetzung war für einen verstärkten Einzug der Elektrizität in der Industrie.

Bald wurden auch die ersten Eisenbahnen elektrifiziert. Am 23. Januar 1913 nahm die Badische Staatsbahn den fahrplan-

Abb. 3

Krafthaus der Pappenfabrik Köhler in Gengenbach mit einer 80 PS starken Dampfmaschine. Das Unternehmen hatte bereits 1896 eine Wasserkraftanlage errichtet, und schon bald danach auch die Gemeinde mit Strom versorgt.

„Dieses Stück Naturgröße soll nun auch dem Industrie- und Elektrizitätsteufel geopfert werden. Selbst die Amerikaner, die sonst nur Geld kennen, schonen ihre Niagara-Fälle; in Deutschland aber, dem Land der Dichter und Denker gibt's kein Pardon."

HEINRICH HANSJAKOB, 1905, ZUM LAUFENBURGER-KRAFTWERKSBAU

mäßigen elektrischen Betrieb auf der insgesamt 50 Kilometer langen Strecke Basel/Zell im Wiesental und Schopfheim/Säckingen auf. Allerdings kam hier der Fortschritt schnell zum Stillstand – vielen Strecken in Baden fehlt die Oberleitung bis heute.

Die badischen Kraftwerke stehen im Süden

Bis zum Beginn des ersten Weltkrieges waren in Baden zumindest die mittelgroßen Städte allesamt elektrifiziert. Lahr und Offenburg nahmen jeweils im Jahr 1906 ihr Elektrizitätswerk in Betrieb, Rastatt erhielt von 1913 an Strom aus dem Dampfkraftwerk der Rheinischen Schuckert-Gesellschaft in Achern (eine eigene Wasserkraftanlage hatte man 1903 als zu teuer abgelehnt). Auch auf dem Land wurden immer neue Kraftwerke – zumeist mit Wasserturbinen – errichtet. Und die Fernleitungen wurden stetig ausgebaut.

Bedingt durch den Wasserreichtum war auch 1913 noch die Mehrzahl der badischen Kraftwerke im südlichen Landesteil angesiedelt: Von den 161 Elektrizitätswerken Badens standen in jenem Jahr immerhin 110, also zwei Drittel, in Südbaden; obwohl 60 Prozent der badischen Bevölkerung in Nordbaden wohnten. Im nördlichen Teil des Landes waren überwiegend Dampfkraftwerke errichtet worden, speziell in Rheinnähe, wo die Kohle am billigsten angeliefert werden konnte.

War der Strom bis zur Jahrhundertwende überwiegend als Lichtstrom genutzt worden, so interessierten sich in den folgenden Jahren immer mehr Unternehmer und Handwerker auch für Kraftstrom. Die althergebrachten Transmissionen hatten stets Reibungsverluste verursacht, die mit Strom vermeidbar wurden. Zudem machte das störanfällige Gewirr der Riemen die Fabrikhallen oft sehr unübersichtlich.

Abb. 4
Die „Elektrische": In Karlsruhe fuhr die erste elektrische Straßenbahn im September 1898. Ein geschlossener Triebwagen der ersten Generation mit Wagenführerin und Güterwagen zum Kohletransport vor dem Verwaltungsgebäude in der Tullastraße, 1916.

Auch war der Elektromotor im Vergleich zu Gas-, Benzin- oder Petroleummotoren inzwischen preisgünstiger zu unterhalten. Sowohl in der Anschaffung war er deutlich billiger wie auch im Betrieb. Denn gerade in Teillast sind Elektromotoren sparsamer als Verbrennungsmotoren. Da die Stromversorger die Kilowattstunde Kraftstrom mit Blick auf die dabei zu erzielenden Einnahmen billiger verkauften als den Lichtstrom, entschieden sich in diesen Jahren immer mehr Unternehmer für die Elektrizität.

Stromübertragung wird immer effizienter

Je mehr Erfahrungen man mit dem Strom machte, umso höher trieb man die Spannung in den Versorgungsnetzen. Niederspannung wurde immer seltener, man tastete sich zunehmend an die Mittelspannung heran (10 bis 20 kV). Dies wurde möglich, weil man statt Gleichstrom zunehmend Dreh- und Wechselstrom nutzte, den man zu transformieren vermochte.

Da auf diese Weise eine immer effizientere Stromübertragung gelang, wurden neue Großkraftwerke attraktiv. Der einst vertretene Grundsatz, Kraftwerke möglichst in direkter Nähe der Verbraucher anzusiedeln, schien nicht mehr gerechtfertigt. Und so begann der Bau neuer Laufwasserkraftwerke am Hochrhein: 1907 in Augst-Wyhlen, 1908 in Laufenburg, 1915 in Eglisau.

Strom vom Staat oder von Privat?

Es waren überwiegend Privatunternehmer, die in die Wasserkraft am Hochrhein investierten – und das sahen viele Bürger zunehmend kritisch. Sie glaubten, dass die Stromversorgung zu wichtig war, als dass man sie unkontrolliert privaten Unternehmern überlassen durfte. Schließlich hatte der Anschluss an das Stromnetz auch eine soziale Komponente: Jeder Bürger im badischen Lande sollte zu vernünftigen Preisen Strom beziehen können, unabhängig davon, wie abgelegen sein Hof auch sein mochte. Einen privaten Stromversorger konnte man kaum dazu verpflichten, seine Leitungen bis ins hinterste Schwarzwaldtal zu ziehen.

Schon mit dem Bau des Wasserkraftwerkes in Rheinfelden kurz vor der Jahrhundertwende war die Diskussion um private und staatliche Kompetenzen entbrannt. Kritiker sahen am Hochrhein wertvolles Volksvermögen schwinden, nachdem die Nutzungsrechte in Rheinfelden an „private Spekulanten" übergeben worden waren. Denn tatsächlich hatte der Staat die Konzession zur Nutzung der Rheinfelder Wasserkraft kostenlos erteilt.

Daher forderte im Sommer 1904 die zweite Kammer des Landtags die Regierung dazu auf, öffentliche Interessen bei der Energiegewinnung aus Wasserkraft gegenüber den Investoren künftig nachdrücklicher zu vertreten. Beim Hochrheinkraftwerk Augst-Wyhlen hatte die neue Politik erste Folgen: Als das badische Innenministerium 1907 die Konzession erteilte, behielt es sich die Tarifaufsicht vor. Und auch viele Kommunen unterlagen bald einer stärkeren Kontrolle. Das Großherzogtum legte im Jahr 1911 durch eine neue Gemeindeordnung fest, dass Kommunen mit weniger als 4 000 Einwohnern künftig nurmehr mit Zustimmung der Landesregierung Konzessionen für Kraftwerke erteilen durften. Ähnlich war die Politik der Reichsregierung. Sie erließ, geprägt durch die Furcht vor der Übermacht des privaten Kapitals, 1919 ein Sozialisierungsgesetz. Darin wurde festgelegt, dass Leitungen mit mehr als 50 000 Volt und Elektrizitätswerke mit mehr als 5 000 Watt Leistung „gegen angemessene Vergütung" in Reichseigentum übergeführt werden konnten. Angewandt wurde das Gesetz aber nie.

Dafür trieb der badische Staat die landesweite Sozialisierung der Stromversorgung voran, indem er frühzeitig den weiteren Ausbau selbst übernahm. Er beschloss am 5. Dezember 1912 das Gesetz über den „Bau und Betrieb eines Murgwerkes durch den Staat". Dieses ging – betrieben alleine vom badischen Staat – 1918 ans Netz, und wurde zur Keimzelle des Badenwerkes. Baden war damit das erste Land, dessen Regierung bereit war, den Ausbau der Wasserkräfte und die Elektrizitätsversorgung selbst in die Hand zu nehmen. Strittig blieb für künftige Projekte dennoch die Frage, ob der Staat ganz alleine, oder aber in Kooperation mit Privatunternehmen die Stromversorgung ausbauen soll.

Diese Auseinandersetzung privatwirtschaftlicher Stromversorger contra Staatsunternehmen wurde in ganz Deutschland in ähnlicher Weise geführt. Auch die Rheinisch-Westfälischen Elektrizitätswerke (RWE) und der Staat Preußen, der seit 1912 in Norddeutschland eine staatliche Stromversorgung aufbaute, gerieten aneinander. Der Streit wurde erst im Jahr 1927 mit dem „Elektrofrieden" beigelegt, indem beide Seiten ihre Versorgungsgebiete durch Demarkationsverträge gegeneinander abgrenzten.

Zuverlässigkeit braucht den Netzverbund

Es war in diesen Jahren immer deutlicher geworden, dass der Aufbau einer leistungsfähigen Stromwirtschaft in Form von separaten Einzelnetzen nicht möglich war. Die Idee des Netzverbundes wurde daher immer populärer, auch weil man sich beträchtliche Vorteile durch einen Stromtransfer erhoffen konnte. Zum Beispiel im Rhythmus der Jahreszeiten: Während die Kraftwerke im Schwarzwald – den Niederschlägen entsprechend – im Winter die meiste Energie lieferten, brachten die Kraftwerke am Hochrhein durch Schmelzwasser aus den Alpen im Sommer die höchsten Erträge. Auch der Gedanke, mit den Braunkohlekraftwerken der 1898 in Essen gegründeten Rheinisch-Westfälischen Elektrizitätswerke (RWE) in Austausch zu treten, war attraktiv: Bei entsprechenden Wetterbedingungen könnten die RWE dank badischer Wasserkraft Brennstoff sparen, bei Wassermangel könnten dagegen die Kohlekraftwerke dem Süden aushelfen.

Während der Anschluss an das rheinische Kohlerevier noch einige Jahre auf sich warten ließ, wurde das Netz in Baden und Umland immer weiter ausgebaut. Die Kraftübertragungswerke Rheinfelden nehmen für sich in Anspruch mit einer Anbindung an den schweizerischen Ort Beznau im Jahr 1903 den „eigentlichen Beginn der Verbundwirtschaft" geschaffen zu haben, weil damit erstmals zwei Kraftwerke verschiedener Länder Stromhandel betrieben. Tatsächlich kann man den Ursprung des europäischen Stromverbundes am Hochrhein ansiedeln, erkennbar auch heute noch am Lastverteiler Laufenburg (Elektrizitätsgesellschaft Laufenburg), der nach wie vor die internationalen Stromflüsse zwischen Deutschland, Frankreich, Italien und der Schweiz abwickelt.

Krieg treibt den Stromverbrauch in die Höhe

Der Stromverbrauch in Deutschland stieg zwischen 1910 und 1920 von Jahr zu Jahr deutlich, und wurde durch den Ersten

Abb. 5
Der Kraftstrom und sein günstiger Preis ließen nach und nach das Gewirr an Transmissionsriemen aus den Fabrikhallen verschwinden. Im Drehsaal von B. Ketterer und Söhne in Furtwangen – eine der ältesten Uhrenfabriken des Schwarzwaldes – sind sie noch deutlich zu erkennen. Der Sohn von Firmengründer Benedikt Ketterer, Felix Ketterer, soll es im übrigen gewesen sein, der am Beginn der 1880er Jahre zur Versorgung des eigenen Unternehmens die erste elektrische Kraftübertragungsanlage in Baden in Betrieb nahm.

Elektrizität – der zündende Funke

> „Die Wasserkraft hat vor allen anderen Kraftquellen den Vorzug, daß sie, einmal erschlossen, unabhängig von Kohlennot, Streik, Verkehrssperre und Teuerung stetig fortfließt und besonders nach Tilgung der Anlagekosten, eine außerordentlich billige Kraft liefert."
>
> ADOLF LUDIN, 1921

Weltkrieg weiter angeheizt. So konnten die RWE zum Beispiel ihren jährlichen Stromabsatz während des Krieges von 290 auf 800 Millionen Kilowattstunden steigern. Ursache war unter anderem die erhöhte Produktion von Aluminium (etwa für Flugzeuge) und Stickstoff (für Sprengstoffe). Die kriegswirtschaftliche Bedeutung des Stroms fand auch Eingang in die Sprache: Als „die neuen Heerstraßen der Elektrizität" bezeichnete der Ingenieur und einstige AEG-Direktor, Oskar von Miller, im Juni 1918 die Hochspannungsleitungen. Entsprechend wurden die Überlandleitungen in den Jahren vor und während des Ersten Weltkrieges erheblich ausgebaut. 1913 wurde die erste 110-kV-Leitung Deutschlands von Mannheim nach Homburg gelegt. 1914 begann der Bau der 110-kV-Leitung Forbach-Scheibenhardt-Mannheim/Rheinau, damit bei Inbetriebnahme des Murgwerkes dessen Strom großflächig verteilt werden konnte. Kuriosität am Rande: Weil die Kriegswirtschaft viel Kupfer benötigte, wurden in manchen Städten während des Ersten Weltkrieges bestehende Kupferleitungen entfernt und durch Eisenkabel ersetzt.

Versailler Einfluss auf Badens Strom

Der Versailler Friedensvertrag nach Ende des Ersten Weltkriegs hatte auch auf die Entwicklung der Elektrizitätswirtschaft in Baden Einfluss: Die Nutzung der Wasserkraft des Rheins wurde an der Grenze Deutschland/Frankreich allein den Franzosen übertragen (Artikel 358). Daher sind noch heute die Rheinkraftwerke von Kembs (Inbetriebnahme 1932) bis Straßburg (1970) allesamt vollständig in französischer Hand. Erst die beiden jüngsten Kraftwerke am Oberrhein, Gambsheim (1974) und Iffezheim (1977) konnten mit deutscher Beteiligung (50 Prozent-Anteil des Badenwerkes, heute EnBW) errichtet werden. Das Pariser Abkommen im Juli 1969 hatte dies ermöglicht. Bei den Hochrheinkraftwerken oberhalb Basel hingegen waren gemeinschaftliche Unternehmen von schweizerischen und deutschen Betreibern zu allen Zeiten üblich.

Das Badenwerk entsteht

Der badische Staat hatte sich für den Spagat entschieden. Einerseits sollte das Murgwerk, das bislang den Behörden unterstand, weiterhin in öffentlicher Hand bleiben. Gleichzeitig aber wollte man es als privates Unternehmen führen, weil man schon damals erkannte, dass die Möglichkeit flexibel zu agieren, auf dem sich entwickelnden Strommarkt sehr wichtig würde.

So wurde die staatliche „Abteilung Wasserkraft und Elektrizität", der das Murgwerk unterstand, am 6. Juli 1921 in eine Aktiengesellschaft, genannt „Badische Landes-Elektrizitäts-Versorgung" übergeführt. Sämtliche Aktien des Unternehmens blieben aber im Besitz des badischen Staates – sein Einfluss blieb damit in vollem Umfang erhalten. Auch der Firmensitz blieb in Karlsruhe.

Die Ziele des Unternehmens standen im Gesellschaftsvertrag: „Die Gesellschaft soll insbesondere für die Bedürfnisse des badischen Landes elektrische Arbeit ausreichend und preiswert beschaffen und auf eine möglichst vollkommene Kraftwirtschaft hinwirken. Sie kann kraftwirtschaftliche Anlagen, namentlich badische Wasserkräfte, ausbauen oder erwerben und selbst oder durch andere betreiben. Sie kann sich an anderen Unternehmungen zur Förderung des Gesellschaftszweckes beteiligen."

Das junge Unternehmen expandierte kräftig. Bereits vier Monate nach seiner Konstituierung beteiligte sich der Karlsruher Stromversorger an der Gründung des steinkohlebefeuerten Großkraftwerkes Mannheim, um die Wasserkraft zu ergänzen. Nächstes Projekt war das Schwarzenbachwerk (1926 fertiggestellt), eines der ersten Werke Deutschlands mit Pumpspeicher. Weitere Firmengründungen unter Beteiligung des Badenwerks folgten: 1926 das Hochrhein-Kraftwerk Ryburg-Schwörstadt, 1928 die Schluchseewerk AG. Die Strategie, das Land flächendeckend mit Strom zu versorgen, ging auf. Im Jahre 1929 waren 99,4 Prozent aller Gemeinden in Baden an ein öffentliches Leitungsnetz angeschlossen.

Immer stärker entwickelten sich mit dem Ausbau der Netze und Kraftwerke die Kapitalverflechtungen der großen nationalen Stromversorger. Am Schluchseewerk zum Beispiel beteiligten sich von Anfang an die Essener RWE mit 50 Prozent des Aktienkapitals. Für die RWE war das interessant, weil sie das Pumpspeicherkraftwerk zum Lastausgleich für die Kohlekraftwerke im Ruhrgebiet brauchen konnten. Eine 220 kV-Leitung vom rheinisch-westfälischen Industriegebiet in die Voralpen schaltete die Steinkohlekraftwerke und die schwarzwälder Wasserkraft am 17. April 1930 erstmals parallel. Damit hatte der nationale Netzverbund eine neue Dimension erreicht.

Die großen Städte nahmen den Verbund häufig zum Anlass, ihre Eigenproduktion zurückzufahren, und mehr Strom von

Abb. 6
Rohrbahn und Krafthaus des Murg-Kraftwerkes bei Forbach, das Herzstück der 1921 gegründeten „Badischen Landeselektrizitätsversorgungs AG".

In den Anfangsjahren der Stromwirtschaft waren Theoretiker und Praktiker ganz auf den Gleichstrom konzentriert. Er war früher entdeckt worden als der Wechselstrom, und war den Menschen daher vertrauter. Die erste konstante Gleichstromquelle hatte der italienische Physiker Alessandro Volta (dem zu Ehren die Spannungseinheit heute Volt heißt) schon um 1800 in Form einer Batterie geschaffen. Der Wechselstrom wurde erst 1832 bekannt.

Die ersten Gleichstromkraftwerke versorgten mit einer Spannung, die meist bei 100 Volt lag, die umliegenden Siedlungen mit Strom. Als gegen Anfang der 1880er Jahre das Interesse wuchs, auch solche Wasserkräfte zur Erzeugung elektrischer Energie zu nutzen, die entfernt von den Verbrauchern lagen, erkannte man die Grenzen der damaligen Gleichstromtechnik. Denn als Richtwerte für den Aktionsradius eines Gleichstrom-Kraftwerks mit 110 Volt galten 750 Meter – für eine Fernversorgung zu wenig.

Um größere Entfernungen verlustarm zu überbrücken, benötigte man deutlich höhere Spannungen. Daher wählten im September 1882 der französische Elektrotechniker Marcel Deprez und der bayerische Ingenieurpraktikant Oskar von Miller für ein Experiment 1 500 Volt. Sie übertrugen 1,1 Kilowatt von Miesbach nach München (57 Kilometer), mussten aber feststellen, dass der Wirkungsgrad noch immer äußerst bescheiden war: 77 Prozent der Energie gingen unterwegs verloren. Da half nur noch richtige Hochspannung.

Diese ermöglichte erst der Transformator, der wenige Jahre später technisch ausgereift zur Verfügung stand. Weil aber nur Wechselstrom sich transformieren lässt, setzten nun die ersten Stromversorger auf die neue Form der Elektrizität: Am 1. Mai 1890 wurde im bayerischen Bad Reichenhall das erste Wechselstromkraftwerk Deutschlands in Betrieb genommen, weitere folgten, darunter 1893 eines in St. Blasien und 1894 eines in Gengenbach. Andererseits wurden aber auch um 1900 in Verbrauchernähe oft noch Gleichstromkraftwerke errichtet, zum Beispiel in Freiburg und Heidelberg.

Der Wechselstrom sollte nur eine Übergangslösung bleiben – Drehstrom erwies sich zunehmend als noch bessere Alternative. Dessen Durchbruch bewirkte 1891 die Internationale Elektrotechnische Ausstellung in Frankfurt. Die im Wasserkraftwerk Lauffen am Neckar von einer 300 PS-Turbine erzeugte Energie wurde erstmalig über eine Drehstromleitung mit einer Spannung von 15 000 Volt und einer Frequenz von 40 Hertz über eine Entfernung von 175 Kilometern nach Frankfurt übertragen. Der Gesamtwirkungsgrad war mit 75 Prozent ganz beachtlich. Ein großer Vorteil des Drehstroms: Mit drei Leitungen vermag er dreimal soviel Leistung zu übertragen, wie der Wechselstrom mit zwei Leitungen.

So wurde der Wechselstrom mit der Entwicklung des Drehstroms als Übertragungsmedium binnen weniger Jahre uninteressant. Der Gleichstrom hingegen wurde in vielen regionalen Versorgungsnetzen noch lange genutzt, in einigen Stadtteilen von Heidelberg bis nach 1950.

Lange wurde die Frage der richtigen Frequenz diskutiert – die Kriterien waren vielfältig. Die elektrische Glühlampe erfordert eine Frequenz, die hoch genug ist, um ein Flackern des Lichtes zu verhindern; die Schwelle liegt bei

Vom Gleichstrom zum Drehstrom:
Wie die Fernübertragung möglich wurde

etwa 40 Hertz. Andererseits werden aber die Verluste in den Transformatoren größer, je höher die Frequenz ist. Gleichzeitig erlaubt eine hohe Frequenz wiederum den Bau von kleineren, leichteren und billigeren Transformatoren. Man musste folglich einen Kompromiss suchen, den man in Europa bei 50 Hertz fand. Diese Frequenz wurde bald für das europäische Verbundnetz zum Dogma.

Auf anderen Kontinenten und für andere Einsatzbereiche etablierten sich abweichende Frequenzen. In den USA, wo man erst später mit dem Aufbau der Netze begann, waren bereits verlustärmere Trafobleche verfügbar, weshalb man sich hier für 60 Hertz entschied. An Bord von Schiffen und Flugzeugen sind 400 Hertz Netzfrequenz üblich, weil damit kleinere und leichtere Transformatoren eingesetzt werden können.

Und die Deutsche Bahn nutzt bis heute ihre traditionellen 16 2/3 Hertz. Diese Frequenz war in der Anfangszeit des Lokomotivenbaus eingeführt worden, weil die damaligen Motoren bei niedriger Frequenz weniger störanfällig waren.

Abb. 7
Schalthaus der EGT-Triberg.

Mit dem Beginn der Fernübertragung setzte eine landschafts- und stadtprägende Entwicklung ein, die die einen als Fortschritt, die anderen als Verschandelung der Landschaft werteten. Denn jetzt „marschierten" überall „elektrische Stangen" in der Landschaft herum, um die Worte des Schwarzwaldmalers Hans Thoma zu gebrauchen.

„Bemühen wir uns, unseren Kindern und Enkeln nicht nur allerlei technische Fortschritte zu überliefern, sondern auch eine Landschaft, die in Mußestunden nach der harten Arbeit das Auge erfreut. Denn was helfen alle schönen Vorträge über Volkskunst und Kunsterziehung, wenn man dem Volk die Landschaft, bei deren Anblick ihm Sinn für Schönheit aufgehen könnte, noch mehr, als leider manchmal nötig ist, entstellt und verunstaltet."

Schwäbischer Merkur, 1909

Tabelle rechts

Die Erhebung des Bezirksamtes Emmendingen zeigt beispielhaft, dass gerade kleinere Gemeinden erst spät in den Genuss elektrischer Energie kamen.

den großen Stromversorgern zu beziehen. In Mannheim ging die Eigenerzeugung zwischen 1920 und 1931 von 81 Prozent auf Null zurück, in Karlsruhe von 53 auf 35 Prozent, in Freiburg von 11 auf 0,4 Prozent, und in Heidelberg von 80 auf 5,1 Prozent.

Jeder Meter Bach wird kartiert

Trotz des Rückzuges der großen Stadtwerke aus der Verstromung der Wasserkraft, standen die kleineren Fließgewässer in den 1920er Jahren stärker im Interesse der badischen Regierung als in jedem anderen Jahrzehnt. In einem Wasserkraftkataster wurden zwischen 1920 und 1928 selbst kleine Bäche lückenlos erfasst, und deren Nutzung im Stichjahr 1928 protokolliert. Aus den akribischen Aufzeichnungen war schließlich ersichtlich, welche Fließstrecke und welches Gefälle von wem für welche Arbeit genutzt wurde. Im Gebiet des heutigen Regierungsbezirkes Freiburg wurden 3609 Wasserkraftanlagen mit zusammen 61022 Kilowatt ermittelt, wobei die Mehrzahl noch für die rein mechanische Kraftgewinnung, also ohne Generator, genutzt wurde. Die meisten Anlagen gab es an der Kinzig (1158), die höchste Leistung wurde an Elz und Dreisam (zusammen 17319 Kilowatt) gewonnen. An Breg und Brigach verzeichnete das Wasserkraftkataster mehr als 120 Anlagen, die entweder die Kraft direkt nutzten, oder Elektrizität erzeugten. 179 Anlagen waren es an der Wiese, allein 75 in Freiburg.

Rund 7000 Wasserräder und -turbinen liefen zu dieser Zeit in Baden und Württemberg. Mit ihnen wurde gemahlen und Strom erzeugt. Und auch der erste Skilift der Welt (1907 in Eisenbach-Schollach im Schwarzwald erbaut) wurde mit Wasserkraft betrieben – anfangs mechanisch, ab 1910 mit Elektromotor. 67 Prozent des Stroms in Baden wurden in den zwanziger Jahren aus der Kraft der Bäche gewonnen. Nur in Bayern war der Wasserkraftanteil mit 73 Prozent noch höher. Weil man den Wert der Wasserkraft erkannt hatte, wurde sie auch „weiße Kohle" genannt.

Parallel zu den Erhebungen für das Kataster wurde der Ausbau der Wasserkraftnutzung in Baden in den 1920er Jahren vorangetrieben wie in keinem anderen Jahrzehnt. Besonders der Bau von Talsperren war beliebt. Man griff dabei zurück auf Erfahrungen mit Bewässerungsbauwerken, die man seit dem frühen Altertum kannte. Seit der zweiten Hälfte des 19. Jahrhunderts vermochte man die Talsperren sogar bereits nach wissenschaftlichen Prinzipien zu errichten.

Je nach Talform und Beschaffenheit des Untergrundes, sowie abhängig von Materialangebot und Transportmöglichkeiten bildeten sich im Laufe der Zeit verschiedene Staumauertypen heraus. In den 1920er Jahren nun, nutzte man das Wissen über den Mauerbau, um Stauseen zur Kraftgewinnung zu schaffen: Die Linachtalsperre in Vöhrenbach (Pfeilerstaumauer) entstand zwischen 1922 und 1925, die Talsperre am Kirnbergsee (Schwergewichtsmauer) mit Kraftwerk bei Bräunlingen zwischen 1921 und 1923, die Talsperre im Kandelmassiv

Die Versorgung der badischen Gemeinden mit Energie - Erhebung des Bezirksamtes Emmendingen (Ende 1920)

Gemeinde	Einwohner	Beginn der E-Versorgung
Amoltern	314	20.12.1913
Bahlingen	2163	04.01.1907
Bleichheim	671	20.01.1920
Bötzingen	2088	01.06.1907
Bombach	412	17.04.1919
Broggingen	619	20.01.1920
Denzlingen	1865	07.04.1917
Eichstetten	2172	10.01.1907
Emmendingen	8379	16.04.1909
Endingen	3003	09.1921*
Forchheim	1197	31.12.1906
Hecklingen	546	18.01.1908
Heimbach	628	02.05.1919
Herbolzheim	2963	24.04.1907
Holzhausen	568	22.05.1920
Kenzingen	2771	01.08.1906
Köndringen	1358	09.05.1907
Kollmarsreute	480	02.03.1918
Maleck	264	23.12.1919
Malterdingen	1603	08.05.1907
Mundingen	958	07.07.1917
Niederhausen	933	31.12.1906
Nimburg	938	06.02.1907
Nordweil	638	20.01.1920
Oberhausen	1501	31.12.1906
Reute	840	01.09.1920
Riegel	1479	31.12.1906
Sexau	1320	15.03.1909
Teningen	1685	07.02.1907
Tutschfelden	408	20.01.1920
Vörstetten	866	23.12.1910
Wagenstadt	625	20.01.1920
Wasser	389	26.06.1918
Weisweil	1521	31.12.1906
Windenreute	633	18.10.1919
Wyhl	2156	09.02.1907

* geplant

Die Gemeinden Freiamt (2021 Einwohner) und Ottoschwanden (1273) waren zu diesem Zeitpunkt noch nicht angeschlossen.

Quelle: Oberdirektion des Wasser- und Straßenbaus, Abt. Wasserkraft und Elektrizität.

mit Zweribachwerk 1926, die Staumauer am Itterkraftwerk bei Eberbach in den Jahren 1921 und 1922.

Die bekannteste ist heute jene in Vöhrenbach. Dort hatte man sich Anfang der 1920er Jahre zum Bau eines Speicherkraftwerkes entschlossen, um die Stromversorgung der Industrie am Ort sicherzustellen. Vöhrenbach bezog wie viele Gemeinden im Schwarzwald bis dahin seinen Strom vom Kraftwerk Laufenburg. Steigende Verbrauchszahlen und erhebliche Schwankungen beim Wasserstand des Rheins erschwerten jedoch eine kontinuierliche Versorgung der von Laufenburg abhängigen Gemeinden. Als auch in Vöhrenbach die Fabriken

Wie sehr sich in den 1920er Jahren die Stromerzeugung zugunsten der 1344 mittleren und großen Kraftwerke verschoben hatte, geht aus dem statistischen Jahrbuch von Baden für das Jahr 1925 hervor. Sie lieferten bereits 88,5 Prozent der in Baden benötigten elektrischen Energie. Die 57 städtischen E-Werke deckten 3,8 und die 117 kleinen E-Werke 7,7 Prozent des Gesamtbedarfs ab.

STATISTISCHES JAHRBUCH FÜR DAS LAND BADEN, 42. JAHRGANG, 1925

Abb. 8
Die Linachtalsperre der Stadt Vöhrenbach, erbaut in den Jahren 1922 bis 1925.

still standen, sobald der Rhein wenig Wasser führte, und die von Laufenburg eingeführten „Stromsperrtage" einen reibungslosen Ablauf der Produktion unmöglich machten, wurde im Ort mehr und mehr Kritik an der Stromversorgung aus Laufenburg laut. Schließlich musste der Gemeinderat handeln: Die Stadt investierte in den Bau eines Staubeckens im Linachtal.

Doch nicht alle Pläne dieser Zeit wurden umgesetzt: Eine Talsperre bei Furtwangen-Neukirch im Brennersloch, die einen See mit 42 000 Quadratmetern schaffen sollte, wurde 1921 vom Karlsruher Wirtschaftsministerium nicht genehmigt. Das Projekt sei noch „nicht die beste und wirtschaftlichste Lösung für eine Ausnutzung der Wasserkräfte der oberen Wildgutach", hieß es. Infolge der Inflation wurde das Projekt schließlich zu teuer; die Pläne wurden nicht mehr überarbeitet.

40 Milliarden Mark für eine Kilowattstunde Strom

Die Inflation der frühen 1920er Jahre machte sich natürlich auch an den Strompreisen bemerkbar. Nachdem Lichtstrom um die Jahrhundertwende noch für etwa 60 Pfennig je Kilowattstunde und Kraftstrom für 25 Pfennig verkauft worden war, begann 20 Jahre später die rasante Preisentwicklung. Im September 1920 lagen die Kraftstrompreise bei rund einer Mark, ein gutes Jahr später bei zwei Mark. Im Spätsommer 1922 hatten die Kilowattstundentarife bereits zweistellige Beträge erreicht, im Dezember 1922 gar dreistellige, und im Februar 1923 lag der Preis schon über 1 000 Mark. In der Ablesewoche vom 4. bis 11. November 1923 kostete die Kilowattstunde Kraftstrom in Rastatt gar 40 Milliarden Mark. In anderen Städten waren die Preise ähnlich. Noch im selben Monat folgte die Währungsreform.

Der Verbrauch wird angeheizt

Schon in den 1920er Jahren waren die Stromversorger bestrebt, den Verbrauch anzuheizen. Obwohl zeitweise die Kapazitäten knapp wurden, suchten sie nach neuen Einsatzgebieten für Strom. Die Stromversorger verkauften gar elektrische Geräte zum Selbstkostenpreis, der Elektroherd wurde massiv angepriesen. Auch die Elektroheizung wurde bundesweit propagiert (Siemens brachte entsprechende Geräte auf den Markt) und die Stromtarife wurden derart gestaltet, dass sie hohen Verbrauch attraktiv machten. Zugleich wurde massiv gegen das Gas gekämpft. Der Strom wurde dort, wo Gas verfügbar war, nie zu kalkulierten Preisen abgegeben, sondern immer zum Kampfpreis.

Entsprechend verhielt sich die Stromnachfrage. Um sieben bis zehn Prozent jährlich stieg der Verbrauch in den späten 1920er Jahren. Das Radio zog in die Haushalte ein, Leuchtreklame etablierte sich rasant, öffentliche Gebäude wurden nachts angestrahlt, und wo zuvor noch Gaslaternen brannten, wurde zunehmend das elektrische Licht propagiert.

Das Wachstum des Stromverbrauchs hatte die Stromversorger bereits so sehr gestärkt, dass sie sich zum Ende der 1920er

„Elektrisches Licht ist eine Droge: Man benötigt stets mehr, stets helleres, ohne daß man deshalb unbedingt besser sieht."

WOLFGANG ZÄNGL
IN: DEUTSCHLANDS
STROM, 1989

„Offenbar war die staatliche Elektrizitätswirtschaft bereits nach kurzer Anlaufzeit in den Sog der einst verdammten kapitalistischen Wirtschaftsweise geraten. Dahinter stand vor allem die prekäre Finanzlage des durch den Krieg besonders getroffenen und zugleich durch Fürsorgeausgaben außergewöhnlich belasteten Grenzlandes."

BERNHARD STIER
IN: STAAT UND STROM,
1999

Jahre bereits in bester Monopolistenmanier ihre Absatzgebiete gesichert hatten. Sie hatten die städtischen Elektrizitätswerke zu verdrängen versucht, weil die Privathaushalte weitgehend konjunkturunabhängige und damit attraktive Stromabnehmer waren. Doch in den Jahren 1930 bis 1932 machte sich die Wirtschaftskrise auch durch sinkende Stromnachfrage bemerkbar. Die Versorgungsunternehmen steuerten gegen, indem sie neue Märkte zu erschließen suchten. Die Landwirtschaft wurde verstärkt als Stromkunde anvisiert, und auch beim Bau von Neubau-Siedlungen förderten die Stromversorger den Netzanschluss und propagierten Elektrogeräte für jeden Einsatz. Sie hatten erkannt, dass in vollelektrifizierten Siedlungen 15mal mehr Strom abzusetzen war, als in Durchschnittshaushalten; die Installation von Wasserboilern und Elektroheizungen war somit eine langfristige Absatzgarantie.

Auch Frankreich nutzt die Rheinkräfte

Im Jahr 1932 begannen auch die Franzosen die Kraft des Rheins zur Stromerzeugung zu nutzen. Anders als beim Bau der deutsch-schweizerischen Kraftwerke am Hochrhein ging man am Oberrhein systematisch vor: Die Franzosen fingen in Kembs unterhalb von Basel an, und bauten, stetig flussabwärts voranschreitend, in den folgenden 45 Jahren zehn Kraftwerke, zumeist im Abstand von 13 bis 20 Flusskilometern.

Parallel mit dem Bau des Kraftwerkes Kembs erkannte auch Frankreich die Möglichkeiten der Pumpspeichertechnik: Der bei Nacht in Kembs erzeugte Strom sollte zu Spitzenstrom „veredelt" werden. So wurde 1933, ein Jahr nachdem die Schluchseewerke ihre erste Anlage in Häusern hatten anlaufen lassen, auch in den Vogesen ein Pumpspeicherkraftwerk in Betrieb genommen. Es war das erste dieser Art in Frankreich. Zwischen dem Lac Noir und dem 107 Meter höher und gut einen Kilometer entfernt gelegenen Lac Blanc wurde ein Druckstollen gelegt, der einen Pump- oder Generatorbetrieb ermöglichte. Leistung des Werkes: 80 Megawatt, deutlich weniger als in Häusern (144 Megawatt).

Mit dem Energiewirtschaftsgesetz in den Krieg

Mit der Machtübernahme Hitlers im Jahr 1933 begann der nationalsozialistische Staat die Stromwirtschaft auszubauen und unter seine Kontrolle zu bringen. Aus diesem Grund legte die nationalsozialistische Partei NSDAP Ende 1933 ein Gutachten vor, wonach die Stilllegung von Kraftwer-

ken in den nächsten vier Jahren verboten und der Neubau von Wasserkraftwerken forciert werden sollte. Ein Reichsinspektor sollte die Elektrizitätswirtschaft kontrollieren und auch Unternehmen enteignen können. Der Ausbau der Stromwirtschaft war erklärtes Ziel der Nationalsozialisten. Entsprechend sprach Wirtschaftsminister Hjalmar Schacht am 27. September 1935 von einer „Wehrhaftmachung der deutschen Energieversorgung". Das wenige Monate später erlassene Energiewirtschaftsgesetz stand bereits massiv unter dem Einfluss des bevorstehenden Krieges.

Mit dem Ziel, „die Energieversorgung so sicher und billig wie möglich zu gestalten", trat am 13. Dezember 1935 das Energiewirtschaftsgesetz in Kraft. Darin war festgelegt, dass Stromversorger den Bau, die Erweiterung und auch die Stilllegung eines Kraftwerkes beim Reichswirtschaftsminister anzuzeigen haben. Der Minister erhielt die Befugnis, die Anträge abzulehnen, wenn sie nicht ins Konzept des nationalsozialistischen Staates passten. So sollte das Gesetz sicherstellen, dass der expandierenden Rüstungsindustrie immer ausreichend Strom zur Verfügung stand. (Das Energiewirtschaftsgesetz war übrigens noch bis 1998 gültig, wobei es die Gesetzgeber der Bundesrepublik nicht einmal für notwendig befunden hatten, die Formulierungen anzupassen – durchgehend war auch 1998 noch vom „Reichswirtschaftsminister" die Rede.)

Die Rüstungsmaschinerie „zieht Strom"

Tatsächlich verbrauchte die Kriegswirtschaft auch ganz enorm Strom – ähnlich wie schon im Ersten Weltkrieg. Zum Beginn des Zweiten Weltkrieges war die „Verordnung zur Sicher-

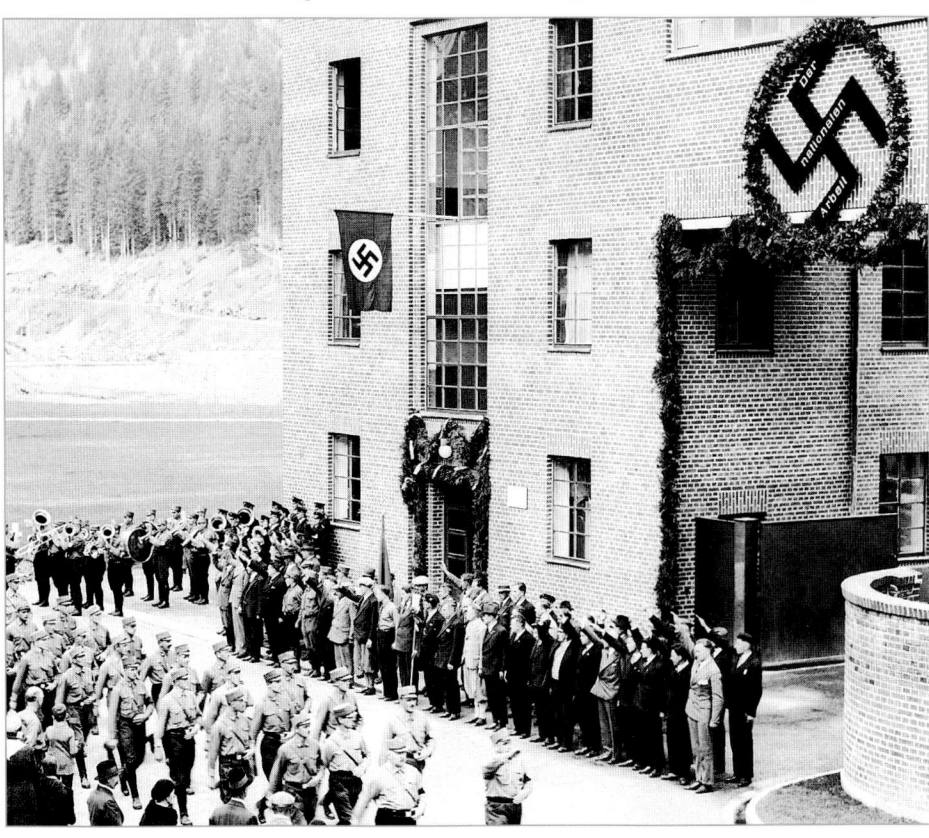

Abb. 9
Aufmarsch zur Zeit des Dritten Reiches beim Kraftwerk Häusern.

stellung der Elektrizitätsversorgung" erlassen worden, der Reichslastverteiler in Brauweiler bei Köln regelte die überregionale Stromverteilung. Obwohl es wiederholt an Baumaterial mangelte, wurden aber auch während des Krieges noch neue Kraftwerksprojekte gestartet, wie zum Beispiel 1942 der Bau der Unterstufe des Schluchseewerkes in Waldshut.

Die Rüstungsmaschinerie war dafür verantwortlich, dass der Stromverbrauch in Baden bis ins zweite Halbjahr 1944 hinein stetig zunahm. Anfangs war das Wachstum noch gewünscht, manche Versorger warben bis in das Jahr 1941 hinein für den Strom. Aber im gleichen Jahr noch wurde die Versorgung großer Sonderabnehmer zeitweilig eingeschränkt, 1942 wurden zudem der Bevölkerung Stromsparempfehlungen gegeben: Entbehrliche Glühlampen sollten herausgedreht werden, Rundfunkapparate sollten nicht unnötig laufen, elektrische Herde sparsam genutzt werden. „Wer Strom spart hilft der Front" hieß die Parole. Oder auch: „Kilowatt sparen für den Endsieg". Dennoch stieg die Nachfrage weiter. Schließlich wurde der Generalinspektor für Wasser und Energie durch den „Erlass des Führers über Kriegsmaßnahmen in der Elektrizitätswirtschaft vom 6. August 1943" ermächtigt, „alle Maßnahmen zum kriegswirtschaftlich zweckmäßigen Einsatz der Elektrizitätsbetriebe zu treffen und hierzu für die Dauer des Krieges über die Anlagen, Material und Personal in den Elektrizitätsbetrieben zu verfügen. Der Führererlass verfolgt das Ziel, im Interesse der Kriegswirtschaft die Anlagen, das Material und Personal der deutschen Elektrizitätsbetriebe bis zum äußersten Grade ihrer Leistungsfähigkeit auszunutzen" (Reichsminister des Innern in einem Brief am 23. Oktober 1943 an die Landesregierungen).

Erst gegen Ende 1944 und besonders im Jahr 1945 ging der Stromverbrauch aufgrund der vielerorts zerstörten Leitungen deutlich zurück. Beim Bombenangriff auf Freiburg am 27. November 1944 zum Beispiel wurden 53 Kilometer Freileitungen zerstört. Im April 1945 wurden sämtliche Fernleitungen nach Freiburg unterbrochen, doch schon am 19. Mai 1945 hatte man die Fernleitung nach Offenburg wieder instandgesetzt.

Auch in Heidelberg, Mannheim und Karlsruhe zerstörten Bomben in den Jahren 1944/45 zahlreiche Stromleitungen. Vielen kleinen Gemeinden ging es nicht besser. Und am Großkraftwerk Mannheim lag die Kohlemahlanlage Ende 1944 in Schutt und Asche.

Kriegsende bedroht Wasserkraftwerke

Kurz vor Kriegsende wollten die Reichsbefehlshaber die badischen Wasserkraftwerke noch zerstören, um sie den Kriegsgegnern nicht in die Hände fallen zu lassen. Die bereits befohlene Sprengung der Schluchseewerke konnte nur „durch geschicktes Taktieren verhindert werden", wie die Schluchseewerk AG Jahrzehnte später schrieb. Auch die Schwarzenbachsperre sollte gesprengt werden. Reichsleiter Martin Bormann hatte das am 16. April 1945, drei Wochen vor Kriegsende, befohlen. Aber der Befehl konnte nicht mehr ausgeführt werden – die deutschen Soldaten hatten die Talsperre zu diesem Zeitpunkt bereits aufgegeben.

Die Alliierten begrenzen den Stromverbrauch

Die alliierten Siegermächte des Zweiten Weltkriegs – im südlichen Baden die Franzosen, im nördlichen die Amerikaner – traten zur Jahresmitte 1945 an, die deutsche Wirtschaft zu demilitarisieren. Sie kontrollierten von nun an den Einsatz von Rohstoffen, und griffen durch Beschränkungen und Auflagen in die industrielle Produktion ein.

Auch den Verbrauch von Elektrizität überwachten die Alliierten streng, denn es herrschte aufgrund der Schäden an Kraftwerken und Leitungen akuter Strommangel. Ab Oktober 1945 standen daher jedem Zwei- oder Dreipersonenhaushalt in Baden monatlich per Verordnung nur noch 17 Kilowattstunden zu. Einem Fünfpersonenhaushalt wurden 20 Kilowattstunden zugeteilt, einer zehnköpfigen Familie 26 Kilowattstunden – sehr bescheidene Mengen. 50 Jahre später verbrauchte ein durchschnittlicher Vierpersonenhaushalt 250 bis 300 Kilowattstunden im Monat.

Die Versorger wachten streng darüber, dass die Höchstmengen eingehalten wurden. Wer zehn Prozent über seinem Limit lag, musste 10 Reichsmark für jede überzählige Kilowattstunde bezahlen und wurde außerdem für acht Tage vom Strom abgehängt. Wer sein Kontingent ein zweites Mal überzog, bezahlte die doppelte Geldstrafe, und bekam einen ganzen Monat lang keinen Strom.

Später verschärfte sich die Situation noch; ein „Runderlass" des Badischen Wirtschaftsministeriums vom 29. Oktober 1946 beschränkte das Stromkontigent für Industrie und Handwerk weiter. Fortan durften die Betriebe nur noch 80 Prozent jener Strommenge verbrauchen, die sie „im Mai 1946 rechtmäßig bezogen" hatten. Sie mussten ferner von 6.30 Uhr bis 9 Uhr und von 17.30 bis 21 Uhr den Strom gänzlich abstellen – er wurde in diesen Zeiten für die Lampen benötigt. Allerdings war das Badische Wirtschaftsministerium in speziellen Situationen gnädig: „In begründeten Ausnahmefällen kann das zuständige Elektrizitätswerk eine Sonderzuteilung genehmigen. Solche Sonderfälle liegen zum Beispiel vor, wenn eine Schreinerei Betten für Ostflüchtlinge herstellen muss, oder eine Druckerei Wahlplakate zu drucken hat".

Sonderregeln für Friseure

Manche florierende Branche wurde durch die Beschränkungen hart getroffen. In Lahr zum Beispiel verbrauchten vierzehn Friseure und zwei Fotografen im Jahre 1946 deutlich mehr Strom als zulässig, und bekamen folglich eine Strafe auferlegt. Gegen einen Friseur wurden gar 6752 Reichsmark Strafe verhängt. Die Unternehmen protestierten. Die Friseure beriefen sich darauf, dass sie „die Frauen der Franzosen frisieren müssen und deren Haarpflege nicht ablehnen dürfen", und die Fo-

---

„Auf Veranlassung der Militärregierung wird im Zuge der bestehenden Stromeinschränkungen für die in Baden geöffneten Kinotheater folgendes angeordnet:

1. Die Benützung von Leuchtschildern und Lichtreklamen sind verboten.

2. Die Beleuchtung der Eingänge, der Kleiderablagen und der Vorführungsräume während der Zwischenpausen muß so weit wie möglich eingeschränkt werden."

AUS: EINSCHRÄNKUNGEN DES ELEKTRISCHEN STROMVERBRAUCHES IN DEN KINOS DES LANDES BADEN, WIRTSCHAFTSMINISTERIUM (ABTEILUNG ENERGIE), RUNDERLASS 3/46 VOM 21. MÄRZ 1946

Elektrizität – der zündende Funke

tografen erklärten, dass „die Besetzungsmacht Ausweise vorgeschrieben" habe, und sie selbst daher „zur Fertigung von Passbildern gehalten" seien. Die französischen Besatzer zeigten sich schließlich kulant.

In anderen Punkten blieben die Alliierten hart. Die Beleuchtung von Schaufenstern und Reklameschildern blieb ausnahmslos verboten, der Einsatz von Elektroheizungen ebenso. Auch Kinos mussten sich beschränken. „Die Beleuchtung der Eingänge, der Kleiderablagen und der Vorführungsräume während der Zwischenpausen muss so weit wie möglich eingeschränkt werden", verfügte im März 1946 das Badische Wirtschaftsministerium – „auf Veranlassung der Militärregierung."

Privatleuten war es ferner untersagt, Wasser mit Strom zu erwärmen. Elektrisch kochen durfte nur, wer nachweislich keine Alternativen hatte. Und die Kommunen mussten die elektrische Straßenbeleuchtung auf ein Minimum reduzieren. In den Jahren 1947 und 1948 wurden sogar ganze Versorgungsgebiete im Wechsel stundenweise abgeklemmt. Gleichzeitig gab es aber immer wieder „Zusatzkontingente", im Oktober 1947 zum Beispiel „für Einkochzwecke."

Der Strommangel hatte zahlreiche Gründe – die zerstörten Leitungen waren nur einer davon. Es war auch die Kohle knapp, weshalb die Heizkraftwerke nur eingeschränkt betrieben werden konnten. Zugleich war das eingespielte Verbundsystem mit den Essener RWE nur noch bedingt tauglich, weil die RWE zunächst die eigenen Regionen zu versorgen hatten. Des weiteren hatte die Schweiz nach Kriegsende ihren Stromexport stark gedrosselt, und zu alledem reduzierte auch noch ein trockener Sommer 1947 die Stromausbeute der badischen Wasserkraftwerke.

Hinzu kamen schließlich die Reparationslieferungen an die Alliierten. Die Kraftübertragungswerke Rheinfelden (KWR) zum Beispiel mussten vom 18. September 1945 an einen erheblichen Anteil ihres Stromes nach Frankreich liefern; von der gesamten badischen Stromproduktion gingen im Jahre 1949 immerhin 56 Prozent nach Frankreich. Erst im folgenden Jahr (bei den KWR am 8. Februar 1950) endeten die Reparationsleistungen, die an die Electricité de France (EdF) zu entrichten waren.

Die letzten Strombeschränkungen wurden in Baden erst am 25. Februar 1952 endgültig aufgehoben. Die Elektrizitätsunternehmen waren inzwischen aus der Kontrolle der Alliierten entlassen worden – die Boomjahre konnten beginnen.

> „Hauptproblem war trotz des Rückgangs beim industriellen Stromverbrauch zunächst die katastrophale Knappheit an elektrischer Arbeit, Haupterfordernis der Wiederaufbau beschädigter und zerstörter Anlagen; nicht der erste, realtiv milde Nachkriegswinter 1945/46, sondern erst der darauffolgende brachte den Beinahe-Zusammenbruch der Versorgung mit Abschaltzeiten von 40 Wochenstunden und mehr."
>
> BERNHARD STIER
> IN: STAAT UND STROM,
> 1999

Nachkriegsstrategie: Die „Pflege des Stromabsatzes"

Besser hätte man es kaum formulieren können, als es das Badenwerk im Jahre 1951 tat: „Die Förderung des Stromabsatzes" habe in jüngster Zeit „eine besondere und erfolgreiche Pflege erfahren" – so steht es geschrieben in der Festschrift zum 30jährigen Bestehen des Unternehmens.

Die „Pflege des Stromabsatzes" war eine Absurdität der Nachkriegsjahrzehnte. Und die hatte System: Mit „entsprechender Aufklärung und Beratung", so freute sich das Badenwerk 1951 ganz unbefangen, sei auch künftig „die Stromabgabe noch steigerungsfähig". Sparsamer Umgang mit der wertvollen Energie war in diesen Jahren kein Thema, jeder Mehrverbrauch statt dessen ein Erfolg.

Gründe zum Jubeln sollte es in den 1950er und 1960er Jahren für die Energieversorger ausreichend geben, denn die Wirtschaft florierte, und der Strombedarf boomte entsprechend. 1951 gab das Badenwerk erstmals wieder mehr Strom ab als zu Kriegszeiten. In den folgenden Jahren jagte ein Rekord den nächsten, jährliche Wachstumsraten von mehr als zehn Prozent waren nicht ungewöhnlich – ein Ende der Entwicklung weder absehbar noch vorstellbar. Einen Mehrverbrauch von alljährlich sieben Prozent nannte das E-Werk Freiburg im Jahre 1961 einen „normalen Zuwachs", der bedenkenlos für die nächsten zwei Jahrzehnte fortgeschrieben wurde.

Tatsächlich stieg der Verbrauch weiterhin rapide. Den Stromversorgern gelang es durch geschicktes Marketing den Elektroherd an Stelle des Gasherdes in den heimischen Küchen zu etablieren. Darüber hinaus wurden die verschiedensten elektrischen Geräte in den Haushalten zum Standard, so wie auch in den Fabriken elektrische Maschinen immer mehr Arbeit übernahmen. Und schließlich setzte auch die Bundesbahn zunehmend auf Elektroantrieb.

Atom-Phantasien heizen Verbrauch an

Angeheizt wurde der bedenkenlose Energieverbrauch in den 1950er und 1960er Jahren durch absurdeste Atom-Phantasien. Die trügerische Aussicht, Strom künftig in jeder beliebigen Menge zu günstigem Preis erzeugen zu können, machte blind für die Probleme der neuen Technik. Und blind auch für die wirtschaftliche Realität: Atomstrom sei zu billig, als dass sich Stromzähler künftig noch lohnen werden – es war dies ein verbreiteter Irrglaube der 1960er Jahre. Natürlich hielt er sich nicht lange.

Doch er hinterließ Spuren. So bekämpften, ausgelöst durch die Atom-Phantasien, Politik und Stromwirtschaft über Jahre hinweg Kleinkraftwerke jeder Art – sie galten als nicht mehr zeitgemäß. Ein typisches Beispiel war die Linachtalsperre in Vöhrenbach. Dort bezahlte das Kraftwerk Laufenburg (KWL) der Gemeinde Vöhrenbach im Jahre 1969 kurzerhand 250 000 Mark für den Abriss der Staumauer, weitere 50 000 Mark für den Abbau des Turbinenhauses, 800 000 Mark für die Übernahme des städtischen Stromnetzes und spendierte eine 150 000 Mark teure Elektroheizung für die neue Schule. Das Werk schien überflüssig, schließlich hatte das Badenwerk soeben im badischen Obrigheim das erste kommerzielle Atomkraftwerk Deutschlands in Betrieb genommen. Und weitere Reaktoren waren absehbar.

Auch private Kleinerzeuger wurden von den Stromversorgern unter Druck gesetzt ihre Wasserturbinen abzustellen. Entweder Eigenerzeugung oder Netzbezug hieß die Vorgabe – beides parallel war nicht geduldet. Denn die Stromversorger suchten als Netzmonopolisten auch das Erzeugungsmonopol: Niemand außer ihnen selbst sollte Strom erzeugen. Wer es dennoch tat, blieb vom öffentlichen Netz abgehängt; so gab es auch Ende der 1960er Jahre noch einzelne Höfe im Schwarzwald ohne Netzanschluss.

Unterdessen setzten die Stromkonzerne stärker denn je auf den Bau von Großanlagen, auch bei der Wasserkraft. Am Hochrhein ging im Jahre 1954 das Kraftwerk Birsfelden in Betrieb, 1956 folgte Rheinau, 1963 Schaffhausen. Auch am Oberrhein ging der Ausbau der Wasserkraft nach dem Zweiten Weltkrieg kontinuierlich weiter. Nach dem Werk Kembs, das bereits 1932 ans Netz gegangen war, folgten neun weitere Staustufen im Abstand von jeweils wenigen Jahren. Einige der Kraftwerke waren umstritten; besonders in Rheinau am Hochrhein leistete die Bevölkerung in den frühen 1950er Jahren heftigen Widerstand – aus Gründen des Naturschutzes.

Von den Großkraftwerken am Rhein abgesehen spielten die erneuerbaren Energien in dieser Zeit keine Rolle. Allein im Rahmen des Lastmanagements fanden die Stromkonzerne Gefallen an der Wasserkraft des Schwarzwaldes. Sie trieben daher auch noch nach dem Zweiten Weltkrieg die Planung weiterer Pump-Speicher-Kraftwerke voran, und konnten mehrere Projekte im Hotzenwald realisieren. Andere scheiterten, wie etwa eines in der Wutachschlucht oder eines bei Lindau zwischen Ibach und Todtmoos. Der Natur- und Heimatschutz hatte gegen beide Projekte Front gemacht.

Die großen Stromversorger fressen die kleinen

Inzwischen hatten die Konzerne sich in Eigenregie eine effiziente Struktur gegeben. Die neun großen deutschen Stromversorger hatten im Jahre 1948 die Deutsche Verbundgesellschaft mit Sitz in Heidelberg gegründet, und im Mai 1951 die UCPTE geschaffen – einen internationalen Zusammenschluss, der bis heute das mitteleuropäische Stromnetz koordiniert. 1956 folgte die Gründung der Elektrizitätsgesellschaft Laufenburg, die seither als europäischer Lastverteiler fungiert.

Die Netzspannungen wurden unterdessen immer weiter in die Höhe getrieben. Nach 110 Kilovolt (kV) folgten 220 kV, bevor 1957 die erste 380 kV-Leitung Deutschlands zwischen Köln und Stuttgart in Betrieb ging. Auch die Kraftwerksblöcke wurden immer größer: Der bundesweit erste 100 Megawatt-Block ging im Jahre 1952 in Betrieb, der erste 300 Megawatt-Block 1965. Nur vier Jahre später erreichte man bereits 600 Megawatt – zumeist waren es Braunkohlekraftwerke der RWE. Der Essener Konzern stieß mit dem Atomkraftwerk Biblis (Block A) im Jahre 1974 gar auf 1150 Megawatt vor, und schuf damit das seinerzeit größte Atomkraftwerk der Welt.

Die kleinen Stromversorger gingen unterdessen zunehmend in den Netzen der größeren auf; 90 südbadische Unternehmen erlebten das Ende der 1950er Jahre nicht mehr. Anführer dieser Konzentrationsbewegung war mit 51 Netzübernahmen das Betriebsbüro Waldshut des Badenwerks. Eine weitere Welle von Netzübernahmen folgte in der zweiten Hälfte der 1960er Jahre.

Parallel zu den Übernahmen und dem steil wachsenden Stromverbrauch sanken die Strompreise rapide. Für Haushalte wurde der Strom sehr billig, für Unternehmen erst recht. Preise von zwei Pfennig je Kilowattstunde waren für Großverbraucher in den Anfangsjahren der Atomkraft normal – Anreize Strom zu sparen, konnten diese Tarifen nicht sein.

598 Atomreaktorblöcke für Deutschland

Die Wachstumsideologie bekam erste Schrammen als im Herbst 1973 – weltpolitisch bedingt – vorübergehend das Öl knapp wurde. An einigen Sonntagen im November musste die Bundesregierung gar ein Fahrverbot für Privatautos verhängen – sie ließ damit erstmals offenkundig werden, dass die wirtschaftliche Entwicklung des zurückliegenden Vierteljahrhunderts nicht unverändert weitergehen konnte.

Solange musste ein Arbeiter in der Industrie arbeiten, um zehn Kilowattstunden Strom bezahlen zu können:		
1904:	1200	Minuten
1913:	509	Minuten
1949:	85	Minuten
1965:	19	Minuten
1985:	9	Minuten
1995:	7	Minuten
2000:	5,5	Minuten

Gestützt wurde diese Erkenntnis durch die Ausführungen des „Club of Rome", eines internationalen Zusammenschlusses von Wirtschaftsexperten, Politikern und Wissenschaftlern. Dieser hatte bereits 1972 mit dem Werk „Die Grenzen des Wachstums" Furore gemacht, das die Endlichkeit der Rohstoffreserven erstmals umfassend thematisierte. Ein weiterer Meilenstein war im Jahre 1980 der Bericht „Global 2000", den US-Präsident Jimmy Carter drei Jahre zuvor in Auftrag gegeben hatte. Die Studie sollte Grundlage sein für politische Strategien, die es für die Zeit bis zur Jahrtausendwende zu entwickeln galt: Umweltverschmutzung, Bevölkerungswachstum und knappe Ressourcen waren die Themen. Die aufgeschlossene Wissenschaft in den Industrieländern hatte die globalen Probleme offensichtlich erkannt – auch die Gründung des Freiburger Öko-Instituts im November 1977 war eine Konsequenz.

Trotz aller Erkenntnisse der Wissenschaft war Umweltschutz um diese Zeit erst ein Thema progressiver Minderheiten. Erneuerbare Energien wurden vielfach noch als Spielerei belächelt, einschlägige Forschung gab es kaum, staatliche Förderung noch viel weniger. Städte und Gemeinden waren unterdessen an der Gestaltung ihrer eigenen Energieversorgung zumeist nicht mehr interessiert; beschleunigt durch die Gemeindereform zu Beginn der 1970er Jahre trennten sich zahlreiche Kommunen von ihren eigenen Versorgungsnetzen. Allein in Südbaden gingen in der ersten Hälfte der 1970er Jahre 60 einst eigenständige kommunale Stromversorger in größeren Gesellschaften auf – die Gemeinden verloren damit ihren Einfluss auf die örtliche Stromversorgung.

„Es gibt weniges, das so alltäglich, so allgegenwärtig, auf den ersten Blick so einleuchtend und sinnvoll, so billig und praktisch ist wie Elektrizität. Es gibt weniges, das so machtvoll, hartnäckig, raffiniert und langfristig durchgesetzt wurde wie Elektrizität. Es gibt kein Produktionsverfahren, das ähnlich gefährlich ist, einen vergleichbaren Aufwand an Geld, an Technik, an technischer Intelligenz, an technischer und sozialer Infrastruktur erfordert wie die Erzeugung von Atomstrom."

WOLFGANG ZÄNGL
IN: DEUTSCHLANDS
STROM, 1989

Abb. 10

Als im Sommer 1973 Wyhl als Standort für einen Atomreaktor ins Spiel kam, regte sich ein bis heute beispielloser Widerstand.

„Die Vorgänge in Wyhl haben mich für meine weitere politische Tätigkeit entscheidend beeinflusst. Vor allem habe ich in Wyhl gelernt, dass ein rigoroses Vorgehen der Staatsgewalt, auch wenn es legitimiert ist, Widerstand herausfordert. Deshalb muss jedem Einsatz von Staatsgewalt eine kühle, weitsichtige Abwägung vorausgehen."

Lothar Späth, ehemaliger Ministerpräsident von Baden-Württemberg, im Februar 2000 zum 25. Jahrestag der Bauplatzbesetzung in Wyhl

Zugleich wurde in konservativen Kreisen gegen Atomkraftgegner agitiert und polemisiert wie gegen Staatsfeinde. Naiv herrschte in Politik und Wirtschaft vielerorts noch die Meinung vor, das ungehemmte Wachstum der zurückliegenden 25 Jahre ließe sich unvermindert fortsetzen.

Das hatte irrwitzige Prognosen zur Folge. Die Kernforschungsanlage Jülich sah 1975 einen Bedarf von 598 Atomreaktorblöcken bundesweit für das Jahr 2050, davon sollten mindestens zwei Dutzend in Baden errichtet werden. Die Bundesregierung hatte ähnliche Vorstellungen und lehnte selbst in Ballungsräumen Atomkraftwerke „nicht grundsätzlich" ab.

Breisach war im Frühjahr 1971 der erste Standort in Südbaden, der für einen Atomreaktor ausgewählt wurde. Aber der Plan scheiterte am Widerstand der regionalen Bevölkerung. Alternativ kam im Sommer 1973 Wyhl ins Spiel – und auch dieser Plan ließ sich dank eines Volksaufstandes nicht umsetzen. So gilt Wyhl heute als die Wiege der deutschen Anti-Atom-Bewegung.

Die Energiewende rückt näher

Mit Beginn der 1980er Jahre rückten Umweltschutz und Energieeinsparung immer mehr ins Blickfeld – selbst in konservativen Kreisen. Das Waldsterben im Schwarzwald wurde zu einem brisanten Thema, ebenso der Treibhauseffekt und das Ozonloch. Die Ökodiskussion ging auch an den Parlamenten nicht vorbei: Die Partei der Grünen zog 1980 erstmals in den baden-württembergischen Landtag ein.

Dennoch lag eine ökologisch verträgliche Energiepolitik noch in weiter Ferne. Das Atomkraftwerk Wyhl geisterte noch Mitte der 1980er Jahre durch manche Köpfe, obwohl es offensichtlich wegen der Widerstände nicht zu realisieren war. Und der zweite Reaktorblock im württembergischen Neckarwestheim wurde noch 1989 in Betrieb genommen.

Immerhin war es das letzte Atomkraftwerk Deutschlands; weitere Reaktoren waren von nun an politisch nicht mehr durchsetzbar. Zu dieser Entwicklung beigetragen hatten die Atomunfälle im US-amerikanischen Harrisburg im März 1979 und im ukrainischen Reaktor Tschernobyl im April 1986. Denn die Risiken der Atomtechnik waren damit erstmals offenkundig geworden.

Umfragen in Deutschland belegten seither stets, dass die Mehrheit der Bundesbürger den Bau weiterer Atomreaktoren im Land ablehnte. Entsprechend beschloss die SPD als seinerzeit größte Oppositionspartei auf Bundesebene kurz nach dem Tschernobyl-Desaster den Ausstieg aus der Atomenergie binnen zehn Jahren.

Dennoch kamen die Alternativen kaum voran. Die erneuerbaren Energien taten sich weiterhin schwer, weil die Bundespolitik nichts für sie übrig hatte. So wurden die Forschungsmittel für Atomtechnologien, einschließlich der Kernfusion, weiterhin üppig zugeteilt. Auch die Kohle erhielt Subventionen in schwindelerregender Höhe – jeder Arbeitsplatz im Kohlebergbau wurde in 1990er Jahren mit 120 000 Mark jährlich aus dem Bundeshaushalt gefördert. Zugleich stellte die Bundesregierung aber nur symbolische Geldbeträge für die Erforschung erneuerbarer Energien bereit.

Einmütig denunzierten unterdessen die Stromversorger, auf den Erhalt ihrer profitträchtigen Großkraftwerks-Strukturen bedacht, die ernsthafte Nutzung von Sonne und Wind als utopisch. Ihnen kam es daher gelegen, als der 1983 errichtete Prototyp Growian (Groß-Wind-Anlage) bei Marne an der deutschen Nordseeküste wegen technischer Schwierigkeiten bald wieder abgerissen werden musste. Der Misserfolg kam nicht überraschend – hatte man sich dort doch in eine Größenordnung gewagt, die ohne einschlägige Erfahrung unmöglich in den Griff zu bekommen war: Drei Megawatt sollte die Anlage leisten. Die Dänen experimentierten unterdessen mit Größen unter 100 Kilowatt – und wurden damit bald zum Weltmarktführer.

Ein Gesetz und seine Wirkung

Einen merklichen Fortschritt für die erneuerbaren Energien brachte in der Bundesrepublik erst das Stromeinspeisungsgesetz, das 1991 in Kraft trat. Es verpflichtete die Energieversorger, jeden Strom aus regenerativen Quellen fortan ins Netz aufzunehmen und dafür festgelegte Mindestpreise zu vergüten. Erstmals wurde damit die Willkür der Stromversorger in die Schranken gewiesen.

Für die Kilowattstunde Wind- oder Solarstrom mussten die Energieunternehmen nun rund 17 Pfennig bezahlen, für Strom aus Wasserkraft rund 15 Pfennig. An der Küste löste dieses Gesetz in den folgenden Jahren einen Windkraftboom aus, der Deutschland Mitte der 1990er Jahre zum weltweit führenden Windkraftnutzer machte. Langsam setzte sich die Entwicklung gen Süden fort und erreichte gegen Ende der 1990er Jahre auch Baden. Parallel dazu entwickelte sich in Deutschland eine leistungsfähige und innovative Windkraftindustrie.

Ganz so dynamisch wie beim Wind verlief die Entwicklung bei der Sonne in den frühen 1990er Jahren noch nicht. Immerhin einen deutlichen Sprung nach vorne machte die Sonnenenergie durch das 1000-Dächer-Programm, das im Juni 1990 bundesweit anlief. Gefördert vom Bundesforschungsministerium sollten 1000 netzgekoppelte Solarstrom-Anlagen auf Ein- und Zweifamilienhäusern errichtet werden. Weil die Nachfrage groß war, wurden schließlich sogar mehr als 2000 Projekte gefördert, 172 davon in Baden-Württemberg.

Das 1000-Dächer-Programm ließ die Preise für Solaranlagen deutlich sinken, und demonstrierte damit, welche erheblichen Fortschritte in dieser Branche selbst mit bescheidenen Förderbeiträgen zu erzielen sind. Doch trotz der unerwartet großen Resonanz, auf die das Programm gestoßen war, gab es keine Nachfolgeprojekte. Das Forschungsministerium sah sich zwar für die Forschung, nicht aber für die Markteinführung zuständig, während das Wirtschaftsministerium überhaupt kein Interesse zeigte.

Trotz der Untätigkeit der Bundesregierung ließ sich die Entwicklung nicht stoppen. Ab Mitte der 1990er Jahre wuchs die Fotovoltaik-Branche um 14 bis 20 Prozent jährlich – so stark wie kaum ein anderer Wirtschaftszweig. Zu verdanken war dies speziell jenen Städten, die eine kostendeckende Einspeisevergütung für den Solarstrom eingeführt, und diesen damit rentabel gemacht hatten. Unter den Großstädten Badens war Heidelberg, nicht ohne Grund damalige Ökohauptstadt, bei der Solarförderung zeitweise führend.

Infolge der wachsenden Nachfrage begann im Jahre 1997 auch unter den Herstellern von Solartechnik das Umdenken – nachdem erst zwei Jahre zuvor die letzte Solarzellenfirma Deutschland verlassen hatte, weil die politischen Rahmenbedingungen katastrophal waren. Nun wurde plötzlich einigen Unternehmern klar, dass die Energiewende in der Bevölkerung mehrheitlich gewollt, und damit nicht zu bremsen ist. Die erste Solarfabrik der neuen Generation nahm 1997 in Freiburg als mittelständisches Unternehmen ihren Betrieb auf. Im selben Jahr noch kündigten die Deutsche Shell AG und die Pilkington Solar GmbH an, ab 1999 in Gelsenkirchen jährlich 25 Megawatt Fotovoltaik-Module zu produzieren. Auch die BP Oil Deutschland GmbH und der japanische Technologiekonzern Canon begannen sich in der Bundesrepublik mit Solarenergie zu engagieren – „Fotovoltaik in Deutschland wieder auf der Sonnenseite" schrieb Ende 1997 die „Süddeutsche Zeitung".

Parallel dazu erlebte auch die Wasserkraft eine Renaissance. Nachdem im Jahre 1979 in der Bundesrepublik gerade noch 2 750 Wasserkraftwerke am Netz waren, gab es im Jahre 1990 bereits 3 720, und Ende 1994 sogar schon wieder 4 330 solcher Anlagen. Sie deckten mit einer jährlichen Erzeugung von 18 Milliarden Kilowattstunden etwa vier Prozent des bundesweiten Stromverbrauchs. Im Schwarzwald erreichte die Wasserkraft in dieser Zeit je nach Jahressummen der Niederschläge sogar eine Deckungsrate von acht bis zehn Prozent.

Das Ende der Strom-Monopole

Es war der 28. April 1998, als für die deutsche Stromwirtschaft eine neue Ära begann. Denn an diesem Tag wurde das alte Energiewirtschaftsgesetz der Nationalsozialisten von 1935 durch ein neues ersetzt. Ein längst überfälliger Schritt: In dem alten Gesetz war bis zuletzt noch vom „Reichswirtschaftsminister" die Rede gewesen.

Mit der Novelle wurde vieles anders. Die Zeit der Strom-Monopole war mit diesem Stichtag beendet, der deutsche Strommarkt für den Wettbewerb geöffnet – nicht zuletzt auf Betreiben der Europäischen Union.

Deutschland agierte besonders forsch. Anders als viele andere europäische Länder, die ihre Marktliberalisierung in Stufen vollzogen, setzte das deutsche Wirtschaftsministerium – von einem Liberalen geführt – auf schnellstmögliche Marktöffnung. Der Gesetzgeber eröffnete damit an jenem Apriltag auch dem kleinsten Stromverbraucher die Möglichkeit, sich seinen Versorger frei zu wählen.

Schon im Vorfeld der Marktöffnung hatte sich bei den Konzernen Unsicherheit breitgemacht – die Perspektive, sich im Wettbewerb bewähren zu müssen, machte Angst. Fusionen waren die Folge. Das Badenwerk und die Energieversorgung

---

„Radioaktiver Niederschlag auch in Südbaden."

BADISCHE ZEITUNG, 2. MAI 1986
(SECHS TAGE NACH DER TSCHERNOBYL-KATASTROPHE)

„Auf dem besetzten AKW-Bauplatz am Kaiserstuhl hat 1975 der Ausstieg aus der Atomenergie begonnen."

BADISCHE ZEITUNG, 25. SEPTEMBER 1999

Abb. 11
Solardachmontage in Freiburg im Breisgau.

„Wir versprechen nicht das Blaue vom Himmel. Wir machen Strom daraus."

Werbeslogan der Freiburger Solarstrom AG

Schwaben (EVS) schlossen sich im Jahre 1997 zur Energie Baden-Württemberg (EnBW) zusammen, und wurden damit zum viertgrößten deutschen Stromversorger (der im Jahre 2001 auch noch zu 25 Prozent von der französischen EdF übernommen wurde). Die Kraftübertragungswerke Rheinfelden (KWR) und das Kraftwerk Laufenburg (KWL) führten ihr Geschäft unterdessen in der EnergieDienst-Gruppe zusammen. Preussen-Elektra und Bayernwerk fusionierten bald darauf zum E.on-Konzern, und zahlreiche kleine Stromversorger suchten Nähe zu den Großen der Branche.

Derart gestärkt hofften die Unternehmen im Wettbewerb bestehen zu können, der wie erwartet sehr heftig entflammte: Großverbraucher erzielten bald Preisnachlässe von mehr als 30 Prozent, und auch Haushaltskunden profitierten – wenngleich geringer – von sinkenden Strompreisen. Besonders die EnBW mit ihrer im August 1999 gegründeten Tochter Yello mischte mit Kilowattstundenpreisen von 19 Pfennig, die nicht einmal die Kosten deckten, den Markt der Privatkunden auf. Doch schon im Herbst 2000, nur zweieinhalb Jahre nach Marktöffnung, begannen die Preise bundesweit wieder anzuziehen – die Stromlieferanten konnten den ruinösen Preiskampf nicht länger durchhalten.

Zu einem Argument im Kampf um Kunden wurde zunehmend auch die Art der Stromerzeugung. Während sich für den klassischen Strom aus Kohle und Atom der abwertend besetzte Begriff „Egalstrom" etablierte, gründeten sich neue Stromversorger, die ausschließlich Ökostrom für ihre Kunden bereithielten. Die NaturEnergie in Grenzach-Wyhlen, eine Tochter von KWR und KWL, war bundesweit der erste Anbieter in diesem Genre. Weitere folgten schnell, und selbst konservative Stromversorger boten bald Ökostrom für interessierte Kunden an. Doch nicht allen nahm man das Öko-Image ab. So profitierten von dem Marketingvorteil des sauberen Stroms besonders jene Firmen, die aufgrund ihrer Geschichte als ökologisch glaubwürdig galten – allen voran die ambitionierten „Stromrebellen" aus Schönau.

„House of the rising sun"

Die Zeit, Juli 1999 über die Freiburger Solarfabrik

Ein neues Gesetz für das Solarzeitalter

Es war dies eine turbulente Zeit auf dem Strommarkt. Zumal mit dem Regierungswechsel in Deutschland im Herbst 1998 die erneuerbaren Energien zu einem nie dagewesenen Siegeszug ansetzten. Die rot-grüne Bundesregierung startete Anfang 1999 das vor der Wahl versprochene 100 000-Dächer-Programm, das mit Zuschüssen in Höhe von gut einem Drittel oder einem zinslosen Kredit die Bürger zum Kauf von Solarstromanlagen ermuntern sollte.

Doch den wirklichen Durchbruch der regenerativen Energien brachte erst das Erneuerbare-Energien-Gesetz (EEG), das am 1. April 2000 in Kraft trat. Denn dieses schuf erstmals verlässliche Rahmenbedingungen für alle Formen des Ökostroms: Für Sonnenstrom gab es fortan eine Einspeisevergütung von 99 Pfennig je Kilowattstunde, festgeschrieben für 20 Jahre; auch Nutzer von Wasserkraft, Windstrom und Biomasse erhielten bessere Konditionen als je zuvor. Und Erdwärme wurde erstmals überhaupt in den Förderkatalog aufgenommen.

Entsprechend entwickelten sich die Zahlen. Die Windkraft wuchs in den Jahren 2000 bis 2002 wie nie zuvor; 2 079 Turbinen mit zusammen 2659 Megawatt wurden in Deutschland allein im Jahr 2001 neu installiert – die Prognosen für 2002 waren noch besser. Ende 2001 waren bundesweit 8750 Megawatt Windkraft am Netz – Deutschland war damit Weltmeister. Baden-Württemberg lag zu diesem Zeitpunkt mit 43 Anlagen und 108 Megawatt noch weit zurück, hatte seine Leistung binnen zwei Jahren aber immerhin verdreifacht.

Noch rasanter verlief die Entwicklung bei der Solarenergie. Nachdem im Jahr 1999 die Gesamtleistung der neu installierten Solarstromanlagen bundesweit noch bei 12 Megawatt gelegen hatte, wurden im Jahr darauf bereits 50 Megawatt installiert. Die Gesamtleistung aller netzgekoppelten Solarstromanlagen in Deutschland überschritt Ende des Jahres 2000 die Schwelle von 100 Megawatt. Ende 2003, so die Prognosen der Branche Mitte 2002, sollten 340 Megawatt Fotovoltaik am Netz sein.

Neben Wind und Sonne wurde die Biomasse zur dritten Boombranche; besonders landwirtschaftliche Biogasanlagen zur energetischen Nutzung von Gülle wurden populär. Bereits im ersten Jahr des EEG gingen bundesweit 400 Biogasanlagen in Betrieb, nachdem es im Jahr zuvor gerade 230 waren. Anfang der 1990er Jahre hatten Deutschlands Landwirte in manchen Monaten nur eine einzige Biogasanlage errichtet.

Auch die Größe der einzelnen Anlagen nahm mit dem EEG rapide zu. Zuvor lag die elektrische Leistung im Mittel bei 60 Kilowatt, und entsprach damit den Bedürfnissen der landwirtschaftlichen Betriebe. Nachdem das EEG, das die Vergütungen für 20 Jahre garantierte, Investitionssicherheit geschaffen hatte, setzen Landwirte zunehmend auf größere Module. Um diese auszulasten, betrieben sie immer häufiger Kofermentation, bezogen also zum Beispiel Altfette aus der Gastronomie zur Entsorgung, oder bauten auf Stilllegungsflächen Energiepflanzen an. Somit erschloss das neue Gesetz der Landwirtschaft neue, dringend notwendige Einnahmequellen, und trug folglich zum Erhalt der landwirtschaftlichen Strukturen bei. Ende des Jahres 2000 speisten in Deutschland etwa 1250 Biogasanlagen Strom ins öffentliche Netz ein.

So war durch das neue Gesetz einiges in Gang gekommen. Zum 1. April 1999 startete die Bundesregierung außerdem ihr Projekt Ökosteuer. In jährlich steigenden Raten – vorerst bis 2003 festgeschrieben – wurde der Energieverbrauch verteuert, um Anreize zum sparsamen Umgang mit den wertvollen Ressourcen zu schaffen. Die Steuer, die im Jahre 2002 bei dreieinhalb Pfennig je Kilowattstunde Strom und 24 Pfennig je Liter Benzin lag, wurde genutzt, um die Rentenversicherung zu entlasten – auf diese Weise flossen die eingenommenen Beträge wieder an die Bürger zurück. Wer Energie sparsam nutzte, profitierte dabei, wer verschwendete, zahlte drauf. Das war genau die Intention des Konzeptes.

Der langsame Abschied von der Atomkraft

Gleichzeitig bereitete die Bundesregierung den Ausstieg aus der Atomkraft vor. Diesen hatte sie vor der Wahl im Herbst 1998 zugesagt, und damit einen Grundstein für ihren Wahlerfolg gelegt.

Am Ende sollte der Ausstieg jedoch ein „Atom-Ausschlich" (so das Magazin „Stern") werden. Als am 15. Juni 2000 die Bundesregierung und die Stromkonzerne sich auf einen Fahrplan einigten, war die Verstimmung bei Atomkraftgegnern groß: Erst im Jahre 2021 sollte der letzte der 19 laufenden deutschen Atomreaktoren abgeschaltet werden. Das bedeutete, dass in der verbleibenden Restlaufzeit aller Reaktoren nochmals die gleiche Menge an Atommüll entstehen sollte wie seit dem Beginn der Atomkraftnutzung in Deutschland.

Grund für die langen Fristen war ein kleines Wort im Regierungsprogramm: „entschädigungsfrei". Der Atomausstieg, so der Konsens der Koalition von SPD und Grünen, sollte „entschädigungsfrei" geregelt werden. Er sollte also den Stromkonzernen keine Möglichkeit bieten, per Gericht Schadenersatzansprüche geltend zu machen. Dies zu gewährleisten, schien Juristen nur mit langen Restlaufzeiten möglich.

Entsprechend hielten die Proteste von Atomkraftgegnern an. Bei Atommülltransporten gab es auch im Jahr 2001 weiterhin Blockaden. Die Castor-Behälter mit abgebrannten Brennstäben mussten – wie zuvor unter der konservativen Regierung – von einem gigantischen Polizeiaufgebot begleitet werden.

Visionen zwischen Sonne und Brennstoffzelle

Die Alternativen zur Atomkraft waren in Studien längst entwickelt. Obwohl die Reaktoren im Jahr 2000 immerhin 160 Milliarden Kilowattstunden erzeugten, und damit 33 Prozent des deutschen Strombedarfes deckten, galten sie als verzichtbar. Eine Studie des Wuppertaler Instituts für Klima, Umwelt und Energie wies nach, dass sich allein 20 Milliarden Kilowattstunden durch andere Kraftwerke, die aufgrund von Überkapazitäten nicht voll ausgenutzt werden, ersetzen ließen. Durch Stromeinsparung seien weitere 74 Milliarden Kilowattstunden Atomstrom vermeidbar, errechneten die Forscher. Ferner seien 49 Milliarden durch den Ausbau der Kraft-Wärme-Kopplung zu gewinnen, neun Milliarden durch Investitionen in die regenerativen Energien und acht Milliarden durch Zufeuerung von Biomasse in Kohlekraftwerken. Damit, so die Wissenschaftler, sei der Ausstieg bis 2005 zu vollziehen.

Hinzu kam, dass neben den erneuerbaren Energien eine weitere große Vision zur Jahrtausendwende die gesamte Energiebranche faszinierte: Der Einzug der Brennstoffzelle. Mit Gas betrieben und im heimischen Keller anstelle eines Gasbrenners genutzt, schien sie in der Lage, die Dezentralisierung der Stromerzeugung zu perfektionieren. Denn diese High-Tech-Zelle erzeugt neben der Wärme in etwa gleichem Umfang Strom – und macht damit jedes Privathaus zu einem Stromlieferanten von erklecklichem Ausmaß. Die Aufgabe der Stromkonzerne schien sich damit in eine neue Richtung entwickeln zu können: weg vom Stromerzeuger, hin zum reinen Stromverteiler – zum Manager des Netzes.

„Regenerativen Energien gehört die Zukunft. Denn sie sind umweltfreundlich und lange verfügbar."

MANNHEIMER MVV ENERGIE AG IN EINER ANZEIGE IM „SPIEGEL", SEPTEMBER 2001

„Windkraftwerke sind eher für den Export interessant."

BADISCHE ZEITUNG, 13. FEBRUAR 1985

„Vom Himmel in die Steckdose. Beim Geschäft mit der Sonne herrscht Goldgräberstimmung."

DER SPIEGEL, JULI 2001

Pioniere der elektrischen Straßenbeleuchtung

1884 ■ Die Stadt Triberg erstrahlt als erste Deutschlands im Licht der Bogenlampe / 2. Kapitel

Die Zeit der Gaslaterne war vorbei, und auch Petroleum brauchte man künftig nicht mehr: Als erste Stadt Deutschlands stellte Triberg im Sommer 1884 die Straßenlaternen vollständig auf elektrisches Licht um. Kleine private Wasserkraftwerke an der Gutach lieferten den notwendigen Strom. Das beeindruckte deutschlandweit: Die Presse begrüßte die Liebe zur „nichts kostenden Wasserkraft", und bejubelte den Abschied von der „rohen Weise" der Dampfmaschine. Neidisch blickten anfangs die Nachbargemeinden nach Triberg, doch schon bald durften sie sich an das dortige Stromnetz anschließen. Hornberg machte damit 1893 den Anfang und verhalf Triberg so zur ersten Überlandzentrale Deutschlands. 1894 wurde die Stadt Furtwangen angeschlossen, zwei Jahre später die Gemeinde Schönwald. Weil der Stromverkauf ein Geschäft zu werden versprach, wurde 1896 die Elektrizitätsgesellschaft Triberg (EGT) gegründet.

Technische Pionierleistungen waren den Menschen in Triberg und Umgebung im 19. Jahrhundert nicht fremd. Bereits in den 1870er Jahren hatte der Karlsruher Ingenieur Robert Gerwig in schwierigstem Gelände die berühmte Schwarzwaldbahn von Offenburg über Triberg nach Singen erbaut. 39 Tunnels, zwei große Kehrschleifen, und ein Anstieg von 448 Metern auf einer Strecke von nur 11 Kilometern Luftlinie, hatten größte Herausforderungen an die Techniker gestellt. Da sollte der Aufbau einer leistungsfähigen Stromversorgung auch kein Problem sein.

Die ersten Nutzer der neuen Energie waren Hofbesitzer an der Gutach, die mit Beginn der 1880er Jahre für den Eigenbedarf kleine Wasserkraftwerke errichteten. Auch die Industrie zeigte frühzeitig Interesse am Strom. Die Triberger Zeitung „Echo vom Wald" berichtete am 17. Dezember 1883, die neue Gießereihalle der Firma Gebr. Siedle werde „seit kurzem mit elektrischem Licht beleuchtet". Und weiter hieß es: „Eine einzige Bogenlampe, System Gram, verbreitet Tageshelle in dem Raum, und die Maschine, die den Strom erzeugt, soll nur wenig Kraft beanspruchen."

Das begeisterte. Also regte die Zeitung an, „dieses prachtvolle Licht" auch zur Straßenbeleuchtung zu nutzen. Es wäre, so hieß es weiter, „gewiß ein schöner Gedanke, die hiesige Stadt, die so reich an Wasserkräften ist, recht bald in elektrischem Licht strahlen zu lassen." Der „jetzigen sehr teuren, aber auch schlechten Straßenbeleuchtung" werde wohl „niemand eine Träne nachweinen".

Die Kommunalpolitiker sahen das genauso. Bestärkt wurden sie durch einen Vortrag des Karlsruher Professors Meidinger am 7. März 1884, zu dem der Gewerbeverein eingeladen hatte. Meidinger referierte über das elektrische Licht und hatte auch Experimente parat.

Und so bediente sich nur wenige Wochen später die Stadt Triberg der Elektrizität, um die Straßenlaternen vollständig auf elektrisches Licht umzustellen. Die beiden ersten Bogenlampen wurden im Mai 1884 auf dem Marktplatz errichtet, weitere Lampen folgten noch im gleichen Jahr. Auch der Wasserfall wurde bald ausschließlich elektrisch beleuchtet. So war Triberg im Sommer 1884 die erste Stadt Deutschlands, die ihre Straßen komplett elektrisch beleuchtete.

Bewunderung erregte Triberg damit weit über die Grenzen Badens hinaus. Am 30. Juli 1885 schrieb die Kölnische Zeitung: „Das Städtchen Triberg im Schwarzwald darf den Ruhm für sich in Anspruch nehmen, zuerst in Deutschland sich der elektrischen Beleuchtung ganz in die Arme geworfen zu haben und dazu noch in der regelrechtesten und vollkommensten Art. Es erzeugt nämlich sein Bogenlicht nicht in der rohen Weise durch Dampfmaschinen, sondern mittels der nichts kostenden Wasserkraft".

■ Die Stadt baut ein eigenes Wasserkraftwerk

Auf Dauer aber wollte sich die Stadt nicht nur auf die privat betriebenen Wasserkraftwerke stützen. Daher kaufte sie im Jahr 1888 an der Gutach, am Fuße der Wasserfälle, eine Mühle und richtete darin ein eigenes Wasserkraftwerk („Unteres Werk") zur Gleichstromerzeugung ein. Es nutzte ein Gefälle von 28 Meter und leistete bis zu 70 Kilowatt. Nun konnte die Stadt auch Strom für private Glühlampen abgeben. Das Interesse an

---

Im Überblick

■ Der Kurort war durch seine Wasserfälle berühmt. Schon im 19. Jahrhundert strömten Zehntausende von Touristen aus aller Welt in den Schwarzwaldort, der im Sommer 1884 als erste Stadt in Deutschland komplett im Licht elektrischer Straßenlampen erstrahlte.

■ Die höchstgelegenen Wasserfälle Deutschlands erlaubten es der Stadt Triberg, schon 1888 an der Gutach ein eigenes Wasserkraftwerk zu errichten.

■ Im Jahr 1896 gründete sich die Elektrizitätsgesellschaft Triberg (EGT). Sie folgte dem Unternehmen „Meißner & Co.", das 1893 an den Wasserfällen ein zweites Kraftwerk, das „Obere Werk" errichtet hatte. Bald kam der Gedanke auf, oberhalb der Wasserfälle eine Talsperre zu bauen. Doch diese Idee ließ sich trotz mehrmaliger Anläufe nicht verwirklichen.

Abb. 1, linke Seite
Ein „Bogenlampenträger mit Lampenaufzug" (Aus Arthur Wilkes: „Die Elektrizität – ihre Erzeugung und ihre Anwendung in Industrie und Gewerbe", 1898).

Abb. 2, rechte Seite
Triberg stellte als erste deutsche Stadt die Straßenlaternen vollständig auf elektrisches Licht um.

der neuen Energie aber war anfangs gering – nicht zuletzt, weil die Stromversorgung noch häufig unterbrochen wurde.

Weil die Stadt das wirtschaftliche Risiko des Unternehmens nicht mehr tragen wollte, verpachtete sie die bestehenden Anlagen im Jahr 1892 für 25 Jahre an den Frankfurter AEG-Direktor Carl Meißner. „Meißner & Co" nannte sich das Unternehmen nun. Zur gleichen Zeit wurde für das Untere Werk, das Gleichstromwerk, eine Akkumulatorenbatterie angeschafft, die über kurze Störungen hinweghelfen, und die Lieferung eines gleichmäßig ruhigen Lichtes gewährleisten konnte. Nun erst nahmen die Anmeldungen zum Bezug von Lichtstrom deutlich zu. Weil die Stromlieferung pauschal und zu äußerst günstigen Konditionen erfolgte, ließen sich jetzt die meisten Einwohner ans Lichtnetz anschließen. Doch schon bald zeigte sich, dass auf diese Weise eine wirtschaftliche Energieerzeugung unmöglich war. Deshalb wurde der Pauschalbetrag wieder abgeschafft und in jedem Haus der obligate Stromzähler installiert.

Um die Versorgungssicherheit weiter zu erhöhen, errichtete das Unternehmen 1893 ein zweites Wasserkraftwerk mit 200 Kilowatt an den Wasserfällen ein. Dieses wurde schlicht „Oberes Werk" genannt und erzeugte als erstes Werk in Baden schon Drehstrom. Die Spannung wurde bereits auf 5 000 Volt hochgetrieben – eine fortschrittliche Technik zu einer Zeit, als in der landesweiten Stromwirtschaft noch niedrige Gleichspannung dominierte.

Trotz recht guter Akzeptanz des Lichtstroms (1 500 Glühlampen waren Ende 1893 angeschlossen) blieben Überkapazitäten. Denn für Kraftzwecke wurde der Strom kaum in Anspruch genommen. Den Kraftstromverbrauch zu steigern, erschien den Stromversorgern schwierig – einfacher war es, auch benachbarte Städte mit Strom zu versorgen. Noch im gleichen Jahr wurde daher die Verbindung von Triberg nach Hornberg geschaffen und ein Stromlieferungsvertrag abgeschlossen. Durch diese zehn Kilometer lange Freileitung wurde das E-Werk Triberg zum ersten Überlandwerk Deutschlands; dank der hohen Spannung von 5 000 Volt gab es mit dem Ferntransport keine Probleme. So folgten bald weitere Anschlüsse: 1894 wurde ein Vertrag mit Furtwangen geschlossen, 1896 dann ein Kontrakt mit Schönwald.

Um die Versorgungssicherheit weiter zu erhöhen, reifte bei „Meißner & Co" der Gedanke, oberhalb der Triberger Wasserfälle einen Stauweiher anzulegen. Die Firma erwarb die Grundstücke auf Gemarkung Schönwald, nahm dann aber einstweilen Abstand von dem Vorhaben. Es war nicht finanzierbar.

Die EGT: Einer der ersten Stromversorger Deutschlands

Weil für den weiteren Ausbau der Stromversorgung mehr Kapital notwendig war, gründeten Privatunternehmer im Jahr 1896 die Elektrizitätsgesellschaft Triberg GmbH (EGT). Carl Meißner, war einer der Gesellschafter, ferner der Kunstmäzen Friedrich von Schoen, Unternehmer Wilhelm Eduard von Schoen, der Münchner TH-Professor Carl von Linde (der durch sei-

„ ... und war der Erfolg wider allem Erwarten großartig. Die vorher feingeputzten u. zugerichteten Stadtlaternen erschienen wie spärliche Nachtlichtchen gegenüber den elektrischen Lampen. ..."

„ ... und verbreiten dieselben ein herrliches Licht, welches von den sich hier noch zahlreich aufhaltenden Fremden bewundert wird."

DIE TRIBERGER ZEITUNG „ECHO VOM WALD" AM 20. MAI UND 18. SEPTEMBER 1884 ÜBER DIE ERSTE ELEKTRISCHE STRASSENBELEUCHTUNG DEUTSCHLANDS.

Abb. 3 bis 5
Die Gründer der EGT: Friedrich von Schoen, Wilhelm Eduard von Schoen und Prof. Carl von Linde.

„Nach Inbetriebnahme der Wasserfallbeleuchtung sollte jeder Besucher Tribergs einen einmaligen Betrag von 25 Pfg. an das Kurkomitee zur Deckung der Kosten entrichten."

AUS: GESCHICHTE DER STADT TRIBERG, 1964

ne Kältetechnik bekannt wurde) und der Schwager Meißners, Friedrich Kranich. Sie ratifizierten am 11. Mai 1896 den Gesellschaftsvertrag – eines der ersten Stromversorgungsunternehmen Deutschlands war damit gegründet.

Mit dem neuen Stammkapital von 700 000 Mark ging die Expansion in Riesenschritten weiter. 1898 wurde St. Georgen angeschlossen, 1899 folgte die Verbindung zum neuen Elektrizitätswerk der Stadt Haslach im Kinzigtal.

Um auch in wasserarmen Zeiten eine sichere Stromversorgung gewährleisten zu können, sollte künftig nicht mehr allein die Wasserkraft den Strom liefern. Deshalb nahm die EGT 1899 in St. Georgen eine Dampflokomobile der Mannheimer Firma Heinrich Lanz mit 55 Kilowatt in Betrieb, ein Jahr später eine Lokomobile der Firma Wolf mit 88 Kilowatt. In Triberg hatte die EGT diese Anlagen nicht aufstellen dürfen, weil die Stadtverwaltung fürchtete, die Kurgäste durch Lärm und Abgase zu belästigen. Dann folgte ein Rückschlag: Das Drehstromwerk in Triberg (Oberes Werk) brannte im Jahr 1902 völlig aus. Ursache war vermutlich die zu hohe Belastung und die damit verbundene Überhitzung. Das Werk am Wasserfall erhielt nun zwei Hochdruckturbinen mit zusammen 220 Kilowatt. Gegenüber der vorherigen Anlage hatte man die Leistung damit leicht erhöht.

In Hornberg, wo die Nachfrage nach Strom ebenfalls zügig anstieg, wurde im Jahr darauf ein Generator der Firma M.A.N. („Patent Diesel") mit 88 Kilowatt errichtet, der zugleich auch als Reserve für Triberg dienen sollte. Mit diesem allerdings gab es Ärger, wie einem Zeitungsbeitrag („Hornberger Zeitung", 27. Juli 1905) zu entnehmen ist:

„In letzter Zeit mehren sich wiederum Klagen hier – insbesondere in der Oberstadt – über das Elektrizitätswerk beziehungsweise die Ausdünstungen und Niederschläge, die von dort ihren Ausgang nehmen und die Luft förmlich verpesten. Wenn wir bislang Umgang genommen haben, die zahlreich bei uns in dieser Beziehung eingekommenen Beschwerden und unsere eigenen Beobachtungen in der breiten Oeffentlichkeit zur Sprache zu bringen, so hielt uns nur die Rücksicht auf das gegenwärtig zahlreich hier anwesende Fremdenpublikum, sowie die Hoffnung davon ab, daß es nur kurze, vorübergehende Erscheinungen sind, die hier auftraten und sich wohl nicht wiederholen würden. Wenn der Mensch aber bei drückender Julihitze, bei der Schwüle vor den zahlreichen Gewittern wochenlang und zu verschiedenen Zeiten die Ausdünstungen einer derartigen Betriebsanlage inmitten der Stadt auf sich einwirken lassen muß, daß Kopfschmerz und Schwindel an der Tagesordnung sind, wenn man in der Nachbarschaft kein Fenster mehr öffnen kann, namentlich nachts, ohne Gefahr zu laufen, fast zu ersticken – man denke nur an Kranke und schwer Leidende –; wenn die ausgepufften Rauch- und Rußwolken selbst in die verschlossenen Wohnungen eindringen, ja sogar das Gemüse im Garten, das Laub der Bäume und die roten Johannisbeeren schwarz färben, so sind dies Mißstände allerschlimmster, trauriger Natur, die nicht länger verschwiegen bleiben dürfen. Und für was ist schließlich ein Lokalblatt da, als in erster Linie für das Wohl der Stadt und ihrer Bewohner einzutreten, wenn von anderer Seite nichts geschieht! Quousque tandem?"

Konzessionen für mehr als 40 Jahre

In den Jahren 1903 bis 1905 schuf sich die EGT eine langfristige Basis für ihr Stromgeschäft: Die Konzessionen mit den Städten und Gemeinden Triberg, Hornberg, Furtwangen, Schönwald und St. Georgen wurden bis 1946 verlängert. Parallel dazu ging die Expansion weiter. Furtwangen erhielt 1905 eine M.A.N.-Dieselanlage mit 120 Kilowatt, im gleichen Jahr wurden in Triberg die veralteten Wasserturbinen im Unteren Werk (Gleichstromwerk) an der Gutach durch eine leistungsstärkere Niederdruckturbine der Firma Escher-Wyss ersetzt. 1908 erhielt Furtwangen außerdem eine Dampfturbine der Mannheimer Firma Brown Boveri & Cie (BBC) mit 350 Kilowatt.

Von 1908 an gehörte auch Schonach zum Versorgungsgebiet, ab 1910 zudem die Gemeinde Niederwasser. Um Witterungsschwankungen besser auffangen, und die Versorgungssicherheit erhöhen zu können, wurde 1912 erneut das Projekt Talsperre am Wasserfall diskutiert – und es verlief erneut im Sande.

Eine andere Form der Sicherheit war der Netzverbund. So lag es nahe, dass die EGT den Anschluss an den nächstliegenden Versorger suchte, und somit im Jahr 1913 die Verbindung zum Kraftwerk Laufenburg realisierte. Die Versorgungssicherheit war für die EGT wichtig, um den Ausbau der Netze weiter vorantreiben zu können: Es kamen in den 1920er Jahren Nußbach, Unterkirnach, Langenschiltach, Brigach, Oberkirnach, Peterzell und Rohrhardsberg hinzu.

Große Pläne: Ein Staubecken am Wasserfall

Erneuter Kapitalbedarf, und der Trend der 1920er Jahre, die Stromversorgung zumindest in Teilen der öffentlichen Hand anzuvertrauen, führten dazu, dass am 1. Dezember 1922 die Städte Triberg, St. Georgen, Furtwangen, Hornberg und die Gemeinde Schonach als Gesellschafter bei der EGT einstiegen, und fortan die Hälfte des Stammkapitals hielten.

Industrielle der Region diskutierten und propagierten unterdessen erneut das Großprojekt Talsperre. Diesmal in folgender Variante: Aus einem Staubecken oberhalb der Wasserfälle mit 7,5 Millionen Kubikmeter Wasser sollte über einen Druckstollen das Wasser auf die Turbinen unterhalb des Wasserfalls geleitet werden. Damit sei eine Jahresproduktion von 7,7 Millionen Kilowattstunden zu erreichen, rechneten sie vor. Auch Unternehmer der Nachbargemeinden sagten ihre Unterstützung zu, doch infolge der Inflation war die Talsperre nicht finanzierbar. 1922 wurde das Projekt schließlich abgeblasen.

Statt dessen wurden die bestehenden Anlagen verbessert. Der technische Fortschritt hatte dazu geführt, dass in den

1930er Jahren eine Erneuerung der Turbinen in den beiden Wasserkraftwerken an der Gutach attraktiv wurde. Im Oberen Werk wurde die 220 Kilowatt-Turbine im Jahr 1930 durch eine Escher-Wyss-Freistrahlturbine mit 270 Kilowatt-Asynchron-Generator ersetzt. 1934 bekam auch das Untere Werk eine leistungsfähigere Ausstattung, eine Francisturbine mit 93 Kilowatt und zwei neue Generatoren. Weil auch diese Anlagen nicht ausreichten um den zunehmenden Strombedarf zu decken, wurde 1935 in Hornberg eine neue M.A.N.-Dieselanlage mit 330 Kilowatt aufgestellt.

Noch kurz vor Kriegsbeginn, im Jahr 1938, wurden die 1946 auslaufenden Konzessionsverträge mit den Gemeinden bis zum 1. April 1971 verlängert. Damit ergab sich eine Laufzeit von 33 Jahren – ein Vertragszeitraum, wie er heute nicht mehr denkbar und auch gar nicht mehr zulässig ist.

Doch die langfristige Planung der EGT wurde durch den Krieg zunichte gemacht. In Hornberg wurde das Ortsnetz durch Fliegerangriffe schwer beschädigt, das Elektrizitätswerk St. Georgen völlig zerstört. Die Überlandleitungen nach Furtwangen, Schonach und Langenschiltach wurden unterbrochen.

Abb. 6
Unteres Werk mit Voith-Francis-Spiralturbine und Generatoren.

Netzhoheit für Jahrzehnte

Nach dem Krieg ging die Entwicklung in Richtung Verbundnetz. Zugleich wurden die Leistungen massiv ausgebaut. 1957 wurde in Schönwald ein 110 kV-Umspannwerk errichtet; Triberg wurde an das Netz des Badenwerks angeschlossen, nachdem das Kraftwerk Laufenburg den Wunsch nach weiterem Fremdstrom nicht erfüllen konnte. Der Ausbau der Verteilungskapazitäten hielt unterdessen an: 1963 bekam auch St. Georgen ein 110 kV-Umspannwerk. Im Jahr 1962 bereits, neun Jahre vor Ablauf der Konzessionsverträge, sicherte sich die EGT mit neuen Verträgen die Netzhoheit in ihren Gemeinden bis Ende 1990.

Die folgenden 20 Jahre standen im Zeichen des Wachstums – in jeder Hinsicht: Der Stromverbrauch stieg, die Spannungen auf den Fernleitungen wurden erhöht, das Stammkapital der Firma wurde aufgestockt. Und als die Expansion auf dem Strommarkt sich ihren Grenzen näherte, stieg die EGT 1983 mit Blockheizkraftwerken (BHKW) auch in den Wärmemarkt ein. Erstes Projekt war ein BHKW für die Hauptverwaltung des Unternehmens und angrenzende Wohnhäuser mit 260 Kilowatt elektrischer Leistung. 1989 wurde ein BHKW im Bildungszentrum St. Georgen in Betrieb genommen (475 Kilowatt elektrisch), 1993 ein Werk im Berufsschulzentrum Furtwangen (930 Kilowatt elektrisch). Zugleich wurden zwischen 1989 und 1991 die Konzessionsverträge der EGT mit den umliegenden Gemeinden allesamt verlängert, wobei sie diesmal – gesetzlich vorgeschrieben – auf 20 Jahre limitiert werden mussten.

200 Millionen Kilowattstunden Strom setzte die EGT zur Jahrtausendwende jährlich ab. Die Eigenproduktion durch die beiden Kraftwerke am Wasserfall und durch die eigenen BHKW lag in dieser Zeit unter fünf Prozent, den überwiegenden Teil des Stroms musste die EGT folglich beim Badenwerk (später: Energie Baden-Württemberg) einkaufen.

Wie alle großen Stromkonzerne suchte sich auch die EGT im zu Ende gehenden Jahrhundert zusätzliche Betätigungsfelder; aus dem Stromversorger wurde ein weit gefächertes Unternehmen der Energiebranche. Neben Strom lieferte sie auch Erdgas; bedingt durch die BHKW verkaufte sie auch Wärme. Hinzu kamen die Geschäftsbereiche Elektroinstallation und Gebäudemanagement. Und zunehmend schielte die EGT – auch ganz branchentypisch für diese Zeit – darauf, in das Geschäft mit der Wasserversorgung und Abwasserentsorgung einzusteigen.

Abb. 7
Werbung für den Strom: Mit Slogans wie „Koche elektrisch" versuchte die EGT im Schwarzwald den Energieverbrauch anzukurbeln.

Wo Deutschlands erste Wasserturbine stand

1891 ■ In St. Blasien führt die Baumwollspinnerei den Strom ein / 3. Kapitel

Abb. 1
Fourneyron-Turbine aus St. Blasien – heute im Deutschen Museum in München. Nach dem gleichen System wurden später die Turbinen der Niagarafälle gebaut.

Die Baumwollspinnerei St. Blasien wies den Weg in eine neue Ära der Kraftwerksgeschichte: Bereits Jahrzehnte bevor eine Stromversorgung denkbar war, installierte das Unternehmen im Jahre 1834 zur Kraftgewinnung einen Prototypen der Fourneyron-Turbine. Sie war erst zwei Jahre zuvor patentiert worden, und hatte sich einen Namen gemacht als die erste brauchbare Hochdruckturbine. In St. Blasien erlebte sie ihre Deutschland-Premiere – einstweilen aber als Lieferant lediglich mechanischer Energie. Erst 57 Jahre später – was immer noch sehr früh war – begann die Spinnerei mit der Stromversorgung der Gemeinde durch ein Kraftwerk an der Hauensteiner Alb, liebevoll „Tusculum" genannt. Dieses wurde im Jahre 1952 vom Badenwerk übernommen, ehe es 1999 in die Hände eines Privatbetreibers wechselte.

Die Erfolgsgeschichte des europäischen Turbinenbaus begann 1827 – und St. Blasien spielte dabei eine wichtige Rolle. In jenem Jahr entwickelte der französische Ingenieur Benoît Fourneyron eine Turbine, die in der Fachliteratur gerne als „erste praktisch brauchbare Wasserturbine" erwähnt wird. 1832 ließ sich der Ingenieur diese patentieren.

Zwei Maschinen dieses Typs, eine mit sieben Kilowatt, die andere mit 35 Kilowatt Leistung, errichtete Fourneyron noch im selben Jahr im französischen Besançon, ehe im Jahre 1834 die Baumwollspinnerei St. Blasien die Turbine erstmalig in Deutschland einsetzte. St. Blasien war als Standort gut geeignet, weil man hier eine Fallhöhe von 108 Metern nutzen, und so das Potenzial der Hochdruckturbine voll ausschöpfen konnte. Mit einem Laufraddurchmesser von 55 Zentimetern und der bislang ungewöhnlich hohen Drehzahl von 2300 Umdrehungen pro Minute kam sie auf eine Leistung von 25 Kilowatt. Damit war dieser Turbinentyp der erste, der praktische Bedeutung erlangte – immerhin erreichte die Konstruktion einen bislang unbekannten Wirkungsgrad von 80 Prozent.

Bis zur Stromerzeugung sollte es auch in St. Blasien noch einige Jahrzehnte dauern. Doch wieder war man hier der Zeit voraus: Bereits im Jahre 1891 nahm die Spinnerei ein Wasserkraftwerk mit 140 Kilowatt elektrischer Leistung an der Hauensteiner Alb in Betrieb: Das Kraftwerk am Füllenplatz. „Tusculum" wurde es liebevoll genannt, was „ruhiger behaglicher Landsitz" bedeutet. Im Badischen Wasserkraftkataster des Jahres 1928 sind die damaligen Daten des Werkes festgehalten: Zwei Turbinen kamen zusammen auf eine Leistung von 175 Kilowatt und erzeugten bei einem Nutzgefälle von 14 Metern im Jahr durchschnittlich 400 000 Kilowattstunden Strom.

■ Ein „Stinkmotor" im Erholungsort

Parallel baute auch die Stadt eine eigene Stromversorgung auf. Von ihrem Elektrizitätswerk oberhalb des Schulhauses versorgte sie die Bürger der Stadt. Allerdings kaufte das städtische E-Werk einen Großteil des Stroms bei einem Strombezugsverband. Lediglich eine große Batterieanlage und ein Dieselgenerator standen als eigene Quellen bereit.

Der Dieselgenerator, im Juli 1905 errichtet, sorgte aber mitunter für Unmut in der Bevölkerung. Ein Leser schrieb der lokalen Presse:

„Schon seit längerer Zeit leben wir in St. Blasien im Zeichen des Petroleumgeschmacks. Dank der Fürsorge des Elektrizitätswerkes für besseres Licht, haben wir nun den Gestank. Es ist dies schon seit ca. 2 Wochen der Fall, daß dieser bestialische Gestank sich mehrmals in der Woche über St. Blasien verbreitet. Warum wurde hier bis heute keine Abhilfe getroffen und der Betrieb mit diesem Stinkmotor eingestellt? Einsender glaubt, daß die Kurgäste lieber bei einer Petroleumlampe oder Kerze in ihrem Zimmer sitzen würden, als diesen für die Gesundheit gefährlichen Petroleumgestank einzuatmen, ganz besonders wenn man bedenkt, daß diese Leute doch nur der guten Luft wegen zu ihrer Erholung hierher kommen."

Im Überblick

■ Die Baumwollspinnerei nahm bereits im Jahre 1891 ein Wasserkraftwerk mit 140 Kilowatt Leistung in Betrieb – es war eines der ersten in dieser Größe in Baden. Das Unternehmen hatte sich schon zuvor innovativ gezeigt, und im Jahre 1834 die erste praktisch brauchbare Wasserturbine erstmalig in Deutschland eingesetzt.

■ Während das Wasserkraftwerk der Spinnerei am Füllenplatz von der Bevölkerung sehr geschätzt wurde, sorgte ein Dieselgenerator, der im Juli 1905 errichtet wurde, in dem Kurort für Unmut: über „bestialischen Gestank" beschwerten sich die Bürger.

Mit diesem Problem hatten die Behörden nicht gerechnet. Hatte doch die Herstellerfirma, die Vereinigte Maschinenfabrik Augsburg und Maschinenbaugesellschaft Nürnberg A.G., in ihrem Prospekt versprochen, die Auspuffgase seien „infolge vollkommener Verbrennung geruchlos, unsichtbar und ohne Rückstände, somit in keiner Weise belästigend." Die Großherzogliche Badische Fabrikinspektion hatte daher auch am 8. November 1904 dem Bezirksamt St. Blasien versichert: „Bei sachgemässer und sorgfältiger Ausführung und Behandlung der Anlage werden voraussichtlich Belästigungen der Nachbarschaft durch den Betrieb des Motors nicht auftreten."

Dass es dennoch Probleme gab, mag auch an minderwertigen Brennstoffen gelegen haben. Großspurig nämlich hatte der Hersteller verkündet, es könnten „nicht allein Lampen-Petroleum, sondern mit gleichem Erfolg, gleichen Konsum und gleicher Betriebssicherheit auch billige, schwer entzündliche, in Lampen nicht brennbare Mineraloel-Sorten verwendet werden." Insbesondere seien „Roh-Oele, Roh-Naphta, zwischen Lampen-Petroleum und Schmier-Oel liegende Destillations-Fraktionen, Braunkohlen-Destillate wie Solaroel, Paraffinoel, Gasoel und dergleichen" einsetzbar.

Schlammlawine im neuen E-Werk

Die Nachfrage nach Strom stieg, und so wurde im Jahre 1923 das städtische Elektrizitätswerk erweitert, und ein Hochspannungsanschluss an den Strombezugsverband geschaffen. Die drei Stromquellen des Werkes waren künftig die Selbsterzeugung durch Dieselmaschinen, die Wasserkraft der Spinnerei (4 000 Volt), und der Bezug durch den Verband mit 15 000 Volt.

Die Kosten der Erweiterung beliefen sich auf 70 000 Goldmark. Ärgerlich nur, dass sich just nach dem Umbau am 1. November 1923 oberhalb des Elektrizitätswerkes bei starken Regenfällen eine „größere Erdmasse" löste, die sich „in den Neubau des städtischen Elektrizitätswerkes schob und dasselbe bis 1,2 Meter anfüllte", wie die Presse berichtete. Die neuen Maschinen wurden zwar nicht beschädigt, der Schaden war dennoch „beträchtlich".

Mit doppelter Stromversorgung erlebte St. Blasien die kommenden zwei Jahrzehnte. Die Spinnerei versorgte eigene Stromkunden, ebenso die Stadt. Kurioserweise bezog zugleich das städtische E-Werk einen Teil seines Stroms von der Spinnerei. Deren Wasserkraftwerk am Füllenplatz brachte gute Erträge, und lief auch noch weiter, als die Spinnerei im Jahre 1932 ihren Betrieb einstellte. Die Anlage ging nun in den Besitz der neuen Kraftwerk AG über, die der Fabrikant Hackelsberger gegründet hatte.

Im Februar 1952 übernahm das Badenwerk das Wasserkraftwerk „Tusculum", und ersetzte im Jahr darauf die beiden Turbinen durch eine Francis-Spiralturbine der Firma Voith mit 235 Kilowatt Leistung. Zwei Jahre später verkaufte auch die Stadt nach langen zähen Verhandlungen ihr Netz an das Badenwerk – erst jetzt wurde dieses von 110 auf 220 Volt umgestellt. Das städtische Elektrizitätswerk war damit Geschichte.

Das historische Wasserkraftwerk am Füllenplatz überstand die folgenden Jahrzehnte des Stilllegungswahns hingegen ohne Probleme. Doch im Jahre 1999 verlor die Energie Baden-Württemberg – inzwischen aus dem Badenwerk hervorgegangen – ihr Interesse an dem Werk, und verkaufte es an einen privaten Betreiber.

„Im Ganzen sind 1 200 Glühlampen zu 10, 16 und 26 Normalkerzen, sowie 6 Motoren von 1-8 PS am Werke angeschlossen."

St. Blasier Zeitung, Juli 1901

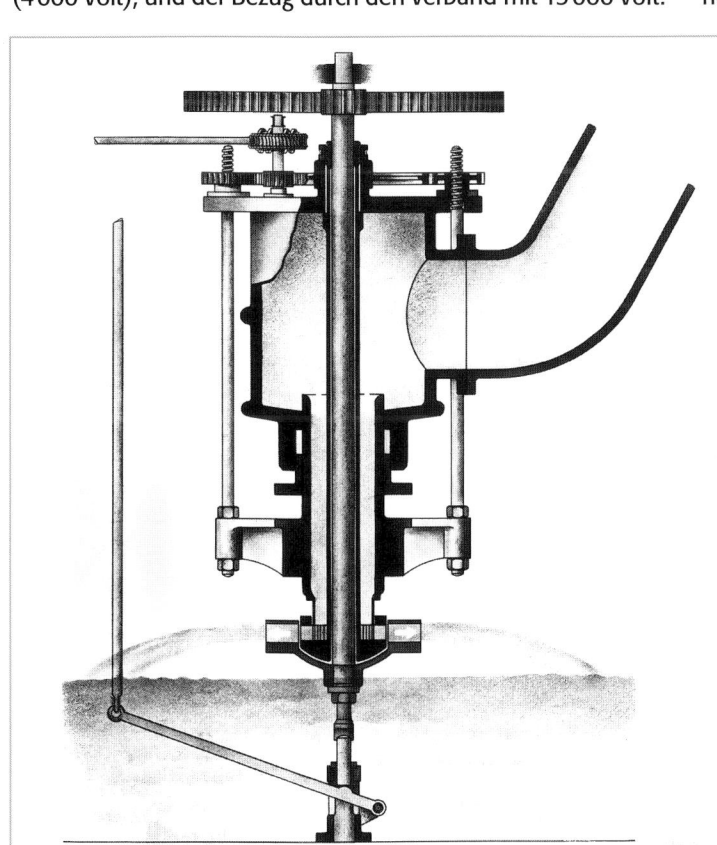

FOURNEYRON-TURBINE

1834

KONSTRUKTEUR: BENOIT FOURNEYRON, BESANCON

Sie war die erste praktisch brauchbare und mit gutem Wirkungsgrad regulierbare Überdruck-(Reaktions-)Turbine

Arbeitsweise:

Das Wasser wird durch einen Leitapparat dem Laufrad zugeführt. Die Regulierung der Wasserzufuhr und damit der Leistung erfolgt durch eine verstellbare Ringschütze vor dem Leitrad. Im Laufrad wird die Druckenergie des Wassers in Bewegungsenergie umgesetzt.

Leistung: 40 PS bei Drehzahl: 2300 U/min.
Eine Zahnraduntersetzung verminderte die hohe Drehzahl von 2300 U/min auf 150 U/min.

Die gezeigte Turbine, für eine Wassermenge von 0,035 m³/sec und eine Gefällhöhe von 108 m gebaut, war bis 1863 in der Baumwollspinnerei des Baron von Eichthal in St. Blasien im badischen Schwarzwald in Betrieb.

Abb. 2

Die erste brauchbare Überdruckturbine wurde mit Wasser aus dem Hotzenwald angetrieben. Tafel aus dem Deutschen Museum in München.

Europas ältestes Flusskraftwerk

1894 ■ In Rheinfelden entsteht das größte Kraftwerk Europas und das erste Grenzkraftwerk / 4. Kapitel

Abb. 1
Emil Rathenau, für viele ein „ausgemachter Phantast", war die entscheidende Persönlichkeit, die das Projekt in Rheinfelden trotz aller Planungs- und Finanzierungsprobleme durchsetzte.

Als 1898 in Rheinfelden ein Laufwasserkraftwerk in Betrieb ging, war es das größte Europas – weltweit nur vom Werk an den Niagarafällen übertroffen. Mit Unterstützung aus dem gesamten Deutschen Reich und aus der Schweiz war das Werk in drei Jahren errichtet worden; es wurde zum Kristallisationspunkt einer energieintensiven Industrie, die sich schnell in Rheinfelden ansiedelte. So entwickelte sich in Rheinfelden neben Mannheim die zweite große Industrieregion Badens. Mit dem Bau des Kraftwerkes Rheinfelden – eine wagemutige Pionierleistung – war zugleich der Anfang gemacht für einen jahrzehntewährenden Ausbau der Staustufen am Hochrhein, der intensiven Nutzung der Wasserkräfte des Rheins: Es folgten die Werke Augst-Wyhlen (Inbetriebnahme 1912), Laufenburg (1914), Eglisau (1920), Ryburg-Schwörstadt (1930), Albbruck-Dogern (1933), Reckingen (1941), Birsfelden (1954), Rheinau (1956), Schaffhausen (1963) und Säckingen (1966).

Im Überblick

■ Der Bau der Kraftwerksanlage begann am 1. Mai 1895. Nach Bewältigung erheblicher – vor allem witterungsbedingter Schwierigkeiten – erstrahlten am 18. Februar 1899 in der Rheinfelder Marktgasse die ersten Bogenlampen mit selbst produziertem Strom.

■ Das Kraftwerk besteht aus Stauwehr und Kanal, Wasserbauten sowie Krafthaus einschließlich seines Unterbaus mit Turbinen, Generatoren und Rechenanlage. Des weiteren: Schalt- und Transformatorenhaus, Übersetzstelle für Kleinschifffahrt, Fischpässe, Betriebsgebäude, Magazine, Werkstätten und Lagerflächen.

■ Das Kraftwerk Rheinfelden ist als technisches Kulturdenkmal besonderer Bedeutung eingestuft. Aus der Gründerzeit 1897/98 sind noch vier Turbinen (Escher Wyss) und die hierzu gehörigen Drehstromgeneratoren (AEG) vorhanden, die zu den ältesten noch laufenden Anlagen dieser Art in Deutschland gehören. Die übrigen Maschinen stammen aus dem Zeitraum 1927 bis 1994.

Die Idee schien verwegen, denn keiner wusste, woher das Geld kommen sollte. Und wer den Strom kaufen sollte, das wusste man genauso wenig. Dennoch: Am Heiligabend des Jahres 1887 ging beim badischen Innenministerium ein Antrag ein. Ein erlauchter Kreis von Unternehmern trat an, in Rheinfelden mit einem riesigen Wasserkraftwerk am Rhein eine neue Ära der europäischen Stromwirtschaft einzuleiten. Die Liste der Unterzeichner las sich wie ein „Who's Who" der Energie- und Kraftwerksbranche; Akteure waren die Schweizer Maschinenfabrik Oerlikon, der Turbinenbauer Escher Wyss & Co aus Zürich, die Wasserbaufirma Zschokke & Co aus Aarau. Sie alle wussten, warum sie nach Rheinfelden schielten: Die Gegend zeichnete sich durch großes Gefälle auf kurzer Strecke aus.

Ganz neu waren derartige Kraftwerkspläne freilich nicht. Schon 1871 hatte der aus Warschau stammende Ingenieur Georg von Struve während einer Kur in Rheinfelden Vorstudien betrieben. Die Regierung im schweizerischen Kanton Aargau hatte ihm zwei Jahre später sogar die Baukonzession erteilt, doch sein Versuch scheiterte am fehlenden Geld. Zudem waren die Pläne bald technisch überholt, denn von Struve dachte noch nicht an die Erzeugung von Strom, sondern nur an die Kraftgewinnung – mit abenteuerlichen Drahtseil-Transmissionen. Ein Jahrzehnt später lagen neue Pläne vor. Diesmal war es Emil Frey aus Arlesheim, schweizerischer Gesandter in Washington, der ein neues Konzessionsgesuch stellte. Linksrheinisch, auf schweizerischer Seite also, wollte er bauen. Doch auch Frey nahm die Konzession letztendlich nicht wahr.

■ Ein „ausgemachter Phantast" tritt auf

So trat dann im Dezember 1887 das Firmenkonsortium Oerlikon/Escher Wyss/Zschokke an. Ein zweites, modifiziertes Konzessionsgesuch der drei Unternehmen ging am 20. März 1889 bei den Regierungen des Großherzogtums Baden und des schweizerischen Kantons Aargau ein. Die Behörden berieten daraufhin ausgiebig, mit Anliegern und Gemeinden, mit Fischern und Flößern, und erteilten am 20. Dezember 1890 die erste Genehmigung. Es war eine Konzession für 90 Jahre.

Jetzt tauchte ein neuer Name in Rheinfelden auf. Emil Rathenau, Gründer der Deutschen Edison-Gesellschaft (aus der 1887 die AEG hervorgegangen war), schaltete sich Anfang 1891 in das Projekt ein, und übernahm bald die führende Rolle.

Geld konnte aber auch er fürs erste nicht auftreiben. In der Schweiz nicht, und auch nicht in Baden. In Paris genauso wenig wie in London. Denn für manchen Bankier war Rathenau ein „ausgemachter Phantast". Geschäfte mit Elektrizität galten in Finanzkreisen in dieser Zeit ohnehin noch als ausgesprochen spekulativ. Außerdem dachte Rathenau an ein Werk mit 56 Turbinen – eine solche Größe galt als gänzlich absurd.

Abb. 2
Das Kraftwerk Rheinfelden war die Initialzündung für die Industrialisierung des Hochrheins. Die Postkarte um die Jahrhundertwende zeigt im Hintergrund Firmen wie die Elektrochemische Fabrik Griesheim-Elektron, die Aluminiumindustrie AG oder die Elektrochemische Fabrik Natrium (von links). Die Brücke rechts im Vordergrund führt eine Stromleitung in die Schweiz. Das Kraftwerk ist rund 150 Meter lang, 10 Meter breit und 24 Meter hoch, es wurde mit Stampfbeton gebaut, die Fassaden mit gelblichem Haustein verkleidet.

Rathenau speckte das Projekt ab, und so gelang es ihm tatsächlich, das notwendige Geld für ein Werk mit 20 Turbinen einzutreiben. Der entscheidende Schritt war ein Vertrag mit der Aluminium-Industrie AG Neuhausen in der Schweiz, die eine Filiale in Rheinfelden plante und knapp ein Drittel des erwarteten Stromes (die Produktion von sechs Turbinen) abzunehmen garantierte. Als die Elektro-Chemischen Werke Bitterfeld für ein Zweigwerk die Abnahme von weiteren 20 Prozent der erzeugten Strommenge (vier Turbinen) zusagten, war der wirtschaftliche Erfolg des Kraftwerks Rheinfelden absehbar.

Das überzeugte die Banken. Rathenau konnte nun auf ein Konsortium zurückgreifen, das bereits bei der Umwandlung der Deutschen Edison-Gesellschaft in die AEG mitgewirkt hatte. Und so wurde am 31. Oktober 1894 in Berlin die Betreibergesellschaft für das Laufwasserkraftwerk Rheinfelden gegründet. Weil es Badisch-Rheinfelden noch nicht gab, sondern auf deutscher Rheinseite nur eine Bahnstation „bei Rheinfelden" existierte, erhielt das Unternehmen den Namen „Kraftübertragungswerke Rheinfelden in Station bei Rheinfelden". Dem Bau des seinerzeit größten europäischen Laufwasserkraftwerks stand mit der Firmengründung nichts mehr im Wege.

Bauarbeiten rund um die Uhr

Am 1. Mai 1895 begannen die Bauarbeiten; anfangs mit 140 Arbeitern, später mit bis zu 700, darunter auch Frauen und Gastarbeiter. Maschinen gab es auf der Baustelle kaum, dafür viele Schubkarren und Loren. Das Werk wurde parallel zum Rhein errichtet, weil man nur dafür die technischen Voraussetzungen hatte; quer zum Fluss zu bauen, war zu dieser Zeit noch nicht möglich, weil man dann im Wasser hätte mauern müssen. Indem man aber längs des Ufers baute, konnte die gesamte Baustelle zuvor trocken gelegt werden. Ohne den Einsatz von Baustahl wurde das Kraftwerk nun hochgezogen. (Auch das Doppelkraftwerk in Augst-Wyhlen wurde von 1907

„Die Energiemengen, die anderswo mühsam der Erde abgerungen werden, lagen hier zu Tage und erheischen nur der Fassung und zweckmäßigen Verwendung."

EMIL RATHENAU

> „Alle diese Vorkehrungen quer in den Fluß hineingebaut boten den dahinstürmenden Wogen erheblichen Widerstand und bewirkten, daß namentlich in den ersten Stunden das Hochwasser mit allem Ungestüm in unseren Kanal eingeworfen wurde ... Wir sind Tag und Nacht damit beschäftigt, die fremden Gegenstände vom Rechen fortzuschaffen und die Turbinenkammern mittels Tauchern zu reinigen, sowie den Rechen wieder zu ergänzen."
>
> VORSTAND EMIL FREY ÜBER EIN HOCHWASSER IM JANUAR 1899

bis 1912 noch parallel zum Fluss errichtet, erst in Laufenburg, 1908 bis 1914, war man in der Lage quer zur Fließrichtung zu bauen, wodurch die Kräfte des Wassers viel effektiver genutzt werden konnten.)

■ Viel seltsames, abenteuerliches Volk...

Nachts war die Baustelle mit Glühbirnen beleuchtet, deren Strom mit Lokomobilen erzeugt wurde – so konnte rund um die Uhr gearbeitet werden. Der Bauplatz war die Attraktion für die gesamte Umgebung. Ewald Herzog fasste 1932 das Geschehen in der „Badischen Heimat" zusammen:

> „Allein zum Bau der Kraftwerksanlagen mit seinem Turbinenhaus, seinem Stauwehr quer durch den ganzen Rhein und seinem 1 km langen und 50 m breiten Oberwasserkanal mit den damit verbundenen bedeutenden Erdbewegungen waren jahrelang über 1000 Arbeiter aus aller Herren Länder beschäftigt. Da nun gleichzeitig noch eine Anzahl Wohnkolonien erstellt wurden, legte sich plötzlich über das bis dahin stille Rheintal – von nun an 'klein Amerika' genannt – gleichsam über Nacht ein brausender Menschenschwarm, hastend, arbeitend, fluchend, singend und glücksuchend. In der zwangsläufig zuerst entstandenen Barackenstadt würfelten und jaßten die Deutschen, Italiener, Polen, Tschechen und Franzosen miteinander, und in den zahlreich aufgewucherten Schankstätten wurde viel seltsames und abenteuerliches Volk angeschwemmt. Das große Fieber des glückhaften Geldverdienens zog magnetisch leichtfertige und berechnende Naturen in seine Krallen, und eine bis dahin einzigartige Spekulationspsychose rauschte mit all ihren typischen Phasen der blinkenden Ferne, der zerstörten Hoffnung, des Untergangs und des grausamen Lachens einiger weniger Glücksritter über das erste Geschlecht des Neulands Rheinfelden hinweg. Die tollsten Blüten trieb die Bodenspekulation und der Grundstückstaumel. Der Quadratmeter Boden stieg phantastisch und amerikanisch von 20 Pfennig auf über 20 Mark, also in kurzer Zeit um das hundertfache. Daneben ging ein frisch-fröhliches Bauen von stillosen Wohnhäusern und fünfstöckigen Mietskasernen einher, kreuz und quer in der Landschaft, ohne Bebauungsplan, ohne jeden Sinn für den Charakter oder gar die Schönheit des Tales, ohne Rücksicht auf das Ortsbild und die raumkünstlerische Gestaltung in der Geländeaufteilung. Die Hasard-Leidenschaft und die Träume von nahem Gewinn rissen weiteste Kreise in ihren Strudel. Die meisten Käufe gingen mit niemals vorhanden gewesenem Geld in krassestem Schieberhandel von Hand zu Hand. Unter solchem Unglücksstern des Größenwahns und des Schnellverdienens konnte die Krise nicht ausbleiben, die dann zu Anfang des Jahrhunderts hereinbrach, viele Scheinexistenzen hinwegfegte und harte Not in viele Familien brachte. In einem einzigen Jahr wurden in der jungen Siedlung über 30 Konkurse angemeldet, und der neu gegründete 'Rheinfelder Anzeiger' erhielt den Spottnamen 'Der Konkursanzeiger'. So sah die reichlich wilde Jugend von Badisch-Rheinfelden aus: trübe und verhängt."

Schon in der Bauphase gab es Probleme, die zu Verzögerungen führten. Denn sowohl der Sommer 1896, als auch der

Abb. 3
Baugrube der damals größten Kraftwerksbaustelle Europas, September 1896.

darauffolgende, brachten Hochwasser. Der Plan, im Jahr 1897 fertig zu werden, ließ sich daher nicht einhalten. Die ersten acht Turbinen liefen zwar im Sommer 1897 schon an, und versorgten die Gemeinde Möhlin in der Schweiz bereits mit Strom. Aber erst in der zweiten Jahreshälfte 1898 waren sämtliche Turbinen montiert und betriebsbereit. Emil Rathenau begeisterte sich: „Die Energiemengen, die anderswo mühsam der Erde abgerungen werden, lagen hier zu Tage und erheischen nur der Fassung und zweckmäßigen Verwendung." So werde die Elektrizität in Rheinfelden „Stätten regen Gewerbefleißes schaffen".

Und das tat sie auch. 20 Francisturbinen standen fortan zur Verfügung, jede 620 Kilowatt stark. Die eine Hälfte des Turbinenparks produzierte Gleichstrom für die zu errichtenden chemischen Werke in der nahen Umgebung, die andere Hälfte erzeugte Drehstrom (der sich durch Hochtransformation bekanntlich besser über größere Entfernungen transportieren lässt) für das Umland.

Das Kraftwerk wurde zum Grundstein für den Ort Badisch-Rheinfelden – an einem Standort, an dem zuvor nur ein einsamer Bahnhof inmitten der Wiesen existierte. Mit dem Wasserkraftwerk aber siedelten sich die Aluminium-Industrie AG Neuhausen (heutige Aluminium Rheinfelden GmbH) und die Elektrochemischen Werke Bitterfeld (heutige Hüls AG) an. Auch die Umlandgemeinden erhielten Strom aus Rheinfelden: Der heute zu Lörrach gehörende Ort Haagen unterzeichnete bereits 1896 einen Stromlieferungsvertrag, Lörrach selbst schloss 1898 den ersten Konzessionsvertrag ab.

Wie bei einer neuen Technik zu erwarten, waren die ersten Jahre des Kraftwerks nicht ohne Probleme. Jedes Gewitter war eine Gefahr, weil Generatoren beschädigt wurden, und weil allzu oft auch die offenen, armdicken Bleisicherungen durchbrannten. Im Winter gab es Probleme mit dem Eis, das nicht selten das Werk lahmlegte. 1905 soll es selbst 250 Mann nicht gelungen sein, die Rechen freizuhalten, und so erstarrte das Wasser im Werkskanal zu einer Eismasse. Ein weiteres Problem: Der Rhein spülte große Mengen Kies in den Zulaufkanal – auch das hatte man nicht voraussehen können. Der Kanal musste daher regelmäßig ausgebaggert werden. Erst als in den späteren Jahrzehnten weitere Wasserkraftwerke am Hochrhein erbaut waren, ging der Kiesnachschub deutlich zurück.

Licht als Pauschalangebot

Haushalte, Handwerksbetriebe und Landwirtschaft blieben anfangs distanziert. Wozu auch brauchten sie Strom? Petroleum und Gaslicht taten gute Dienste, und auch die Industrie war mit den Transmissionen ihrer Wasserräder zufrieden. Die Stromversorger mussten daher werben: Elektromotoren wurden zu Testzwecken zur Verfügung gestellt, Neuinstallationen von Stromanschlüssen wurden um das Jahr 1901 kostenlos ausgeführt.

„Elektrisches Licht – billiger als Petroleum" warb man um 1900. Wer das Licht viel nutzte, profitierte tatsächlich vom

---

„Die Geschichte der Stadt ist auf das engste mit dem Bau des ersten europäischen Flusskraftwerks im Jahre 1895 verknüpft. Damit setzte eine dynamische Entwicklung ein, denn bedingt durch den Kraftwerksbau und die darauf folgende Gründung von Fabriken wurden viele Arbeitsplätze geschaffen. Die neu entstandenen Arbeitersiedlungen verschmolzen rasch mit den landwirtschaftlich geprägten Ortschaften Nollingen und Warmbach. 1922 erhielt die wachsende Siedlung im Rheintal unter dem Namen „Rheinfelden" das Stadtrecht und entwickelte sich in den Folgejahren zu einem bedeutenden Industriestandort am Hochrhein. Heute ist Rheinfelden ein attraktiver Standort für produzierendes Gewerbe, Handels- und Dienstleistungsunternehmen."

AUS DEM INTERNET-AUFTRITT WWW.RHEINFELDEN.DE, 2001

> „Rund 20 Jahre nach Inbetriebnahme des Kraftwerkes wurden 1917 Pläne für eine Verlegung diskutiert, da ein geologisches Gutachten zum Schluss kam, das Kraftwerksgebäude sei nur zufällig auf nichtsalzigem Untergrund erstellt worden. Doch obwohl der Gutachter ein Nachgeben des Bodens befürchtete, kam es nie zu einem Neubau."
>
> Rheinfelder Neujahrsblätter, 1995

Strom. Denn es wurde in dieser Zeit nicht der effektive Stromverbrauch abgerechnet, sondern die Anzahl der Glühlampen und die Leistung der Motoren. Entsprechend waren die Vorschriften: „Die zu Pauschalpreisen abonnierten Lampen dürfen nicht unnützerweise gebraucht werden", schrieben die Kraftübertragungswerke Rheinfelden (KWR) in ihren Geschäftsbedingungen 1912.

Die Werbung für die neue Energie war erfolgreich, langsam belebte sich die Nachfrage. Im Jahr 1901 musste das Stauwehr erhöht werden, und bereits zwei Jahre später war das Kraftwerk Rheinfelden erneut an seiner Kapazitätsgrenze angelangt – nicht zuletzt eines Strom-Liefervertrages mit der Stadt Basel wegen. Bestrebungen der schweizerischen Grenzstadt, in Birsfelden ein eigenes Kraftwerk zu bauen, waren zuvor von den KWR vereitelt worden.

Wo sollte der zusätzlich notwendige Strom nun herkommen? Den Plan zum Bau einer zweiten Stufe in Rheinfelden hatte man inzwischen fallengelassen, statt dessen plante man einige Kilometer rheinabwärts in Augst-Wyhlen ein doppeltes Wasserkraftwerk. Den deutschen Teil übernahmen die KWR, für den schweizerischen Teil kam die Stadt Basel auf. Um schon vor Fertigstellung des neuen Werkes über weiteren Strom verfügen zu können, schlossen die KWR bereits 1903 einen Vertrag mit der „Motor AG" in Beznau in der Schweiz über die Bereitstellung von 3 000 PS (2 200 Kilowatt). Ein historisches Ereignis: „Dieser Vertrag kann als der eigentliche Beginn der europäischen Verbundwirtschaft betrachtet werden", schrieben die KWR 1994 in ihrer Festschrift zum 100-jährigen Firmenjubiläum.

Man kann dies tatsächlich so sehen. Denn bei den Rheinkraftwerken lag es in der Natur der Dinge, dass es Verträge zwischen den schweizerischen Kantonen Aargau, Basel-Stadt und Basel-Land, sowie dem Großherzogtum Baden geben musste. Aber es gab natürlich auch Probleme: Die Frage, wo die KWR ihre Steuern zu entrichten haben, war aufgrund der Grenzlage nicht ohne Gerichte lösbar.

Der Ausbau am Hochrhein geht weiter

Auch der Bau des neuen Wasserkraftwerks Augst-Wyhlen verzögerte sich wegen Unstimmigkeiten. KWR und Basel-Stadt wollten das neue Werk zusammen bauen, Basel-Land wollte dagegen sein eigenes in Birsfelden. Das Aargau wiederum hoffte noch auf eine zweite Stufe in Rheinfelden. Und auch in Basel-Stadt gab es noch eine starke Opposition gegen die KWR, weil diese vor Jahren schon das geplante erste Basler Vorhaben in Birsfelden, das sogenannte „Vicarino-Projekt" verhindert hatten.

Und damit nicht genug der Bedenken. In Baden machte sich Skepsis breit. Denn zahlreichen Bürgern war die massive Expansion der privaten Unternehmen zunehmend suspekt. Immer öfter hörte man die Meinung, dass ein so fundamentaler Wirtschaftszweig, wie die Versorgung mit Strom, doch besser vom Staat zu managen sei. Bis diese Einschätzung aber mehrheitsfähig war, sollte es noch einige Jahre dauern. Auch in Augst-Wyhlen wurde daher auf badischer Seite nochmals privat gebaut.

Ein Stromversorger für die Region: Der Bau der Netze

Es folgten weitere Beteiligungen der KWR, und so wurde aus den Kraftübertragungswerken Rheinfelden in den folgenden Jahrzehnten ein bedeutender regionaler Stromversorger. 1926 beteiligte sich das Unternehmen an der neugegründeten Ryburg-Schwörstadt AG, die ein Jahr später mit dem Bau des gleichnamigen Wasserkraftwerks am Hochrhein begann. Es folgten Beteiligungen an der Schluchseewerk AG (1928), am Atomkraftwerk Obrigheim (1964), am Rheinkraftwerk Säckingen (1969) und am Atomkraftwerk Leibstadt in der Schweiz (1973).

Die Perle des Unternehmens blieb das Kraftwerk Rheinfelden. Denn weil die dortigen Turbinen im Laufe der Jahrzehnte zum Teil durch modernere Modelle ersetzt wurden, präsentierte sich das Werk zur Jahrtausendwende als Sammlung unterschiedlichster Maschinen. In dem historischen Kraftwerk war eine wohl einmalige Vielfalt von Turbinen entstanden: Der Gang entlang der 20 Maschinen gleicht heute einem Gang durch das erste Jahrhundert der Kraftwerksgeschichte.

Zeitgleich mit dem Bau weiterer Kraftwerke hatten sich die KWR durch Ausbau und Übernahme örtlicher Stromnetze zu einem regional bedeutenden Stromversorger entwickelt: Teile des Markgräflerlandes, das Wiesental und der Hotzenwald, wurden in den 1990er Jahren von den KWR versorgt. In vielen Kommunen belieferten die KWR die Endverbraucher, in einigen Gebieten – etwa dem Versorgungsbereich des Kraftwerks Köhlgartenwiese im Kleinen Wiesental – blieben die KWR Vorlieferant des örtlichen Stromverteilers. Nachdem über Jahrzehnte hinweg das KWR-Netz durch die Übernahme kommunaler Stromnetze ständig gewachsen war, sorgte in den 1990er Jahren eine 2 500-Einwohner-Gemeinde im Versorgungsgebiet der KWR mit gegensätzlichen Bestrebungen für Schlagzeilen: Schönau, erst 1975 von den KWR als Versorgungsgebiet übernommen, wagte 1997 nach einem zehnjährigen lokalpolitischen Kampf den Absprung. Ziel der Aktion: Mit eigenen Elektrizitätswerken sollte in Schönau eine ökologisch orientierte Strompolitik möglich werden.

Nach 90 Jahren: Behörden verlangen einen Neubau

1988 lief die auf 90 Jahre beschränkte Konzession für das Kraftwerk Rheinfelden aus. 14 Milliarden Kilowattstunden umweltfreundlichen Strom hatte das Werk bis zu diesem Zeitpunkt seit Inbetriebnahme produziert. Wie sollte es jetzt weitergehen? Dass die Behörden das Werk nicht einfach dicht machen würden, war unstrittig. Aber sie verlangten einen Neubau: Der schweizerische Bundesrat und das Regierungspräsidium in Freiburg erteilten am 20. Dezember 1989 eine neue Konzession für weitere 80 Jahre unter der Voraussetzung, dass binnen zehn Jahren mit einem Neubau begonnen werde. Und dieser müsse spätestens 2004 ans Netz gehen. Unverzüglich begannen die KWR daraufhin mit der Planung des größten Bauvorhabens in ihrer Unternehmensgeschichte.

Das neue Werk, stets als „Neu-Rheinfelden" bezeichnet, sollte weitaus mehr Strom produzieren als das alte. Brachte das historische Werk Rheinfelden 185 Millionen Kilowattstunden pro Jahr, sollte Neu-Rheinfelden 565 Millionen erzeugen. Die nutzbare Wassermenge sollte von 600 auf 1500 Kubikmeter pro Sekunde mehr als verdoppelt, die installierte Leistung von 25,7 auf 116 Megawatt mehr als vervierfacht werden.

Mit dem Neubau wollte man endlich auch Abschied nehmen von der ineffizienten flussparallelen Kraftnutzung. Die Anlage wurde 800 Meter flussaufwärts des alten Werkes quer zur Fließrichtung geplant. Das nutzbare Gefälle konnte dadurch von 6,0 auf 9,1 Meter erhöht werden. Statt der zuletzt vorhandenen vertikalachsigen acht Kaplan-, sechs Propeller- und sechs Francisturbinen (ein Großteil der anfangs installierten Francisturbinen war im Lauf der Jahrzehnte durch andere Typen ersetzt worden), sollten nun vier moderne horizontalachsige Rohrturbinen reichen. Deren Durchmesser: 6,80 Meter.

Es war ein langes Genehmigungsverfahren notwendig, das auch auf den Naturschutz Rücksicht nahm. Die KWR bekamen die Auflage, das sogenannte Gwild zur Hälfte zu erhalten. Dabei handelt es sich um Felsformationen oberhalb des alten Werkes, die während des Jahres zeitweise trocken liegen, und eine wichtige Funktion für die Flussökologie besitzen: Aufgrund der wechselnden Wasserhöhen, siedeln sich dort spezielle Algen an, die wiederum für die Fische im Rhein wertvoll sind.

Neubau wird unbezahlbar

Ursprünglich hatten die KWR noch im Jahr 1998 mit dem Bau beginnen wollen. Doch obwohl das Unternehmen im September 1998 die Baugenehmigung erhielt, kam es nicht dazu. Der Strommarkt war seit April 1998 liberalisiert, die Gebietsmonopole waren gefallen. Die KWR hielten nun den Neubau vor dem Hintergrund des zunehmenden Preiskampfes auf dem Strommarkt für nicht mehr finanzierbar. 18 Pfennig werde die Kilowattstunde aus Neu-Rheinfelden kosten, rechneten die KWR vor. Zugleich wurde auf dem internationalen Strommarkt die Kilowattstunde bereits für vier Pfennig angeboten. Solche Offerten, möglich durch abgeschriebene Großkraftwerke der Konkurrenz im In- und Ausland, ließen eine Investition in Rheinfelden in Höhe von 850 Millionen Mark nicht zu.

So erklärten die KWR im September 1998, sie würden im ersten Schritt lediglich das Maschinenhaus und den Einlaufkanal renovieren, sowie das Stauwehr erneuern. Aber auch diese Arbeiten sollten bereits 150 Millionen Mark kosten. Über den gestreckten Zeitplan konnten die KWR nicht alleine entscheiden: Sie benötigten dafür den Segen der Behörden, die bekanntlich auf Neubau drängten. Diese zeigten sich aber verständnisvoll und gewährten erheblichen Aufschub: Bis 2003 müsse mit dem Bau des Stauwehres begonnen werden, bis 2019 das ganze Kraftwerk in Betrieb gehen. Andernfalls werde die Konzession verfallen.

Ob es dazu kommen würde, war im Jahr 2002 offen, ein Baubeginn für Neu-Rheinfelden nicht absehbar. Ungeklärt war auch, was nach einer Inbetriebnahme von Neu-Rheinfelden mit dem historischen Werk passieren würde. Ein Abriss schien unvermeidlich, obwohl Denkmalschützer das älteste Großkraftwerk Europas zu retten versuchten. Das Problem: Niemand wollte für den Erhalt bezahlen. Die KWR hatten zwar angeboten, die für den Abriss eingeplanten sechs Millionen Mark einem künftigen Nutzer des Kraftwerks auszuzahlen. Doch selbst für diesen Betrag wollte niemand das Werk übernehmen, weil die Instandhaltungskosten unüberschaubar waren.

Abb. 4
Modell des geplanten neuen Wasserkraftwerks Rheinfelden. Das neue Werk soll aus einem quer zum Fluss errichteten Stauwerk mit sieben Wehrfeldern und einem auf der gleichen Achse angeordneten Krafthaus bestehen, das sich aus hydraulischen Gründen am Schweizer Ufer befindet. Der Baubeginn ist noch nicht absehbar.

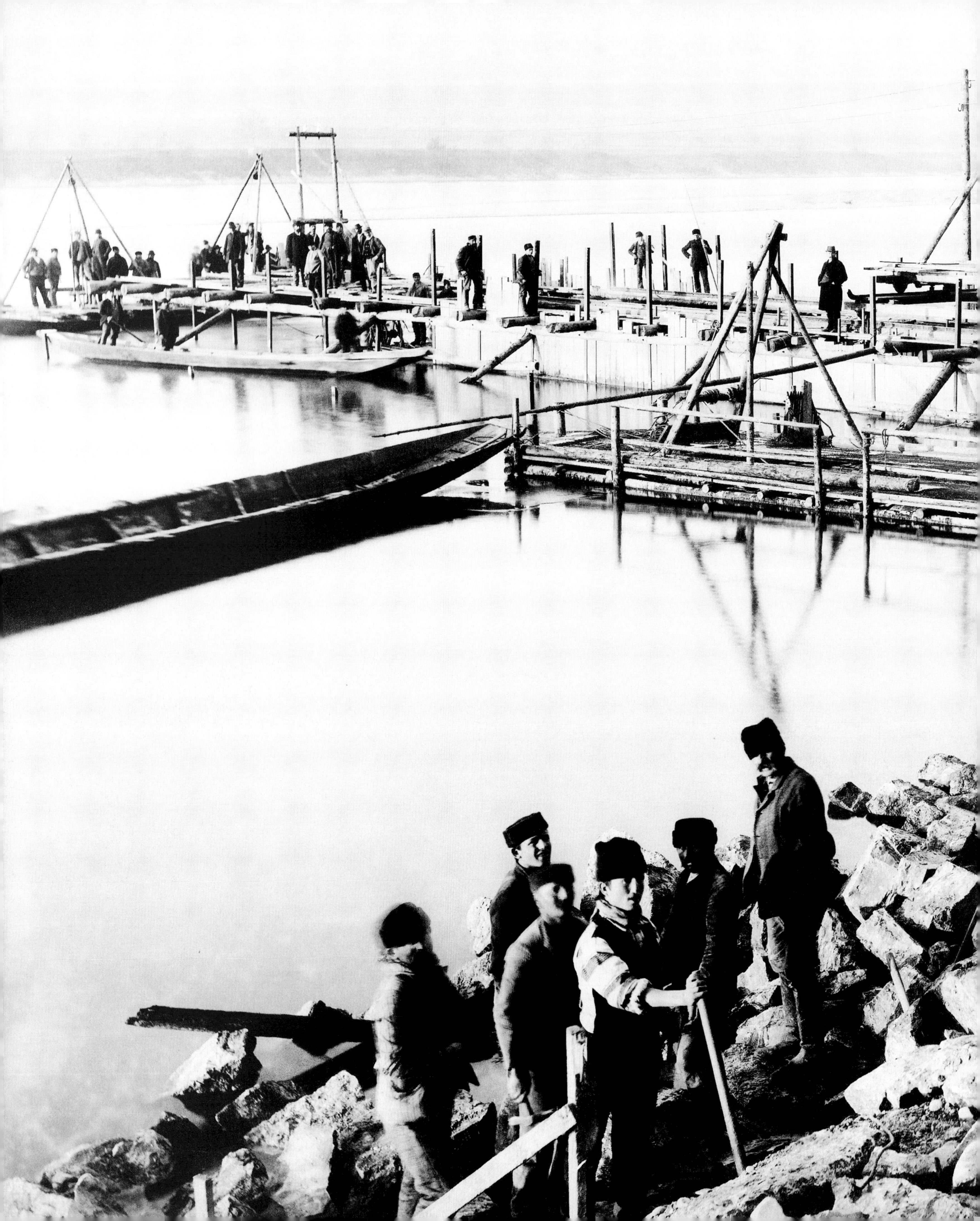

Abb. 5
Der Bau des Wehres im Dezember 1897: Neben Frauen war auch eine große Zahl ausländischer Arbeiter auf der Baustelle tätig. Insgesamt waren mehr als 1000 Arbeiter aus aller Herren Länder in Rheinfelden beschäftigt. Weitgehend wurde das erste Großkraftwerk Europas in Handarbeit verwirklicht, Schaufel um Schaufel. Neben Schubkarren standen nur Loren und ein Feldbähnchen zum Transport der Unmengen an Materialien zur Verfügung. Die Arbeiter hausten in einer Barackensiedlung oberhalb des Kanals, in „Klein Amerika".

Abb. 6
Aushubarbeiten für das künftige Maschinenhaus, August 1896. Die Arbeiter posieren für den Fotografen aufgebaut in Reih und Glied. Der Vorstand der Betriebsgesellschaft für das Wasserkraftwerk, der Schweizer Dr. Emil Frey, berichtete am 1. Mai 1895 über den Stand der Bauarbeiten an den Aufsichtsrat: „Bis jetzt sind ca. 120 000 Kubikmeter Boden, meist Rheingeröll und Nagelfluh, ausgehoben und nach der sogenannten Deponie geschafft worden. Der für die Kunstbauten benötigte Sand und Kies kann ganz aus diesem Aushub, an der Baustelle selbst gewonnen werden. Die für die eigentliche Mauerung erforderlichen Steine müssen indes aus den zahlreichen Steinbrüchen der Muschelkalkformation am Dinkelberg herbeigeführt werden."

Rheinfelden

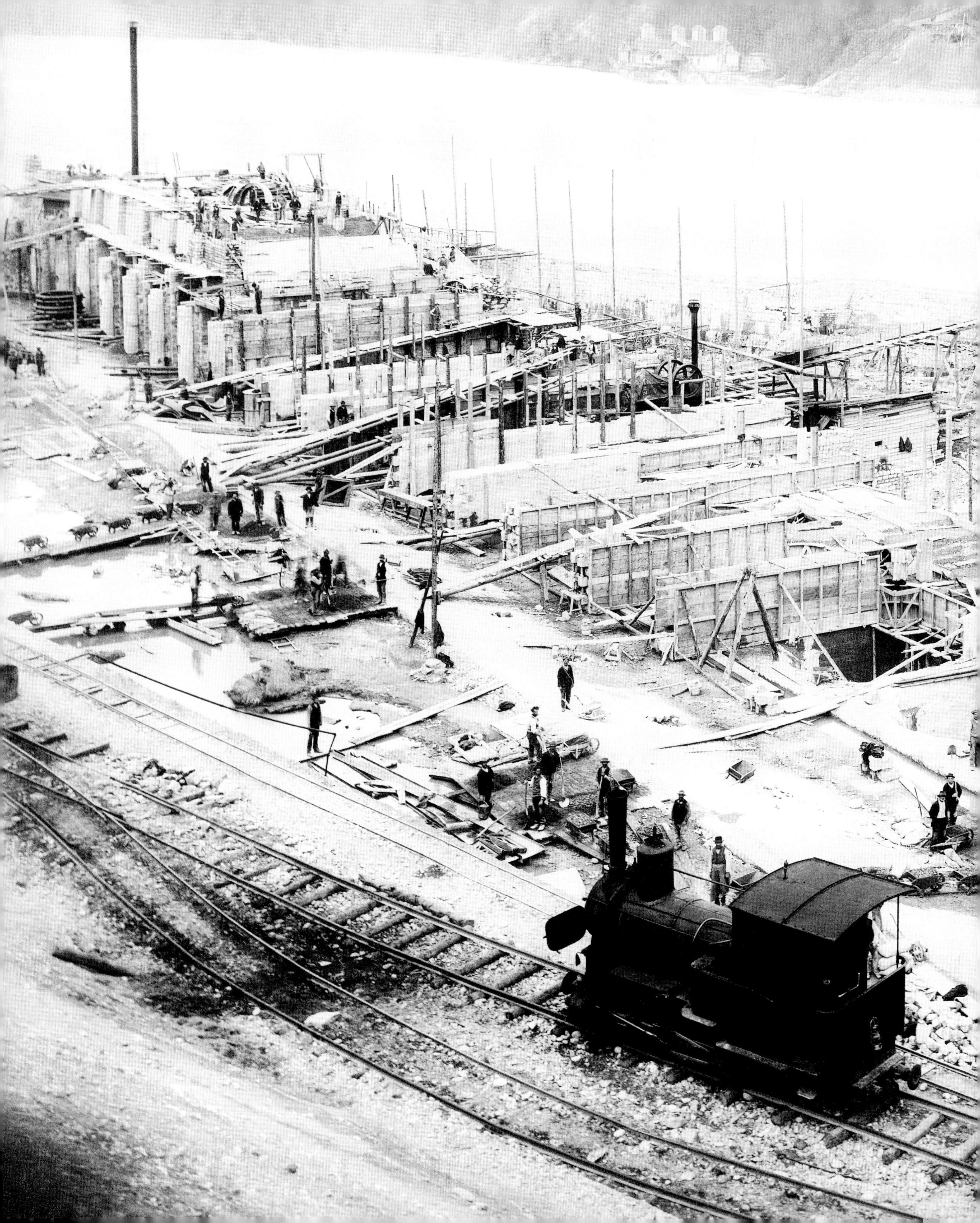

Abb. 7
Bau des Maschinenhauses im Mai 1897: Der Fortgang der Bauarbeiten wurde in Rheinfelden umfassend fotografisch auf großformatigen Glasplatten-Negativen dokumentiert.

Abb. 8
Der Maschinensaal im Oktober 1897: Montage der 20 Generatoren, die von Francisturbinen angetrieben werden.

Abb. 9
Ein Schaltwärter bei seiner Arbeit in der Schaltstation, 1899. Als Schutz vor Stromschlägen dient ein Isolierschemel.

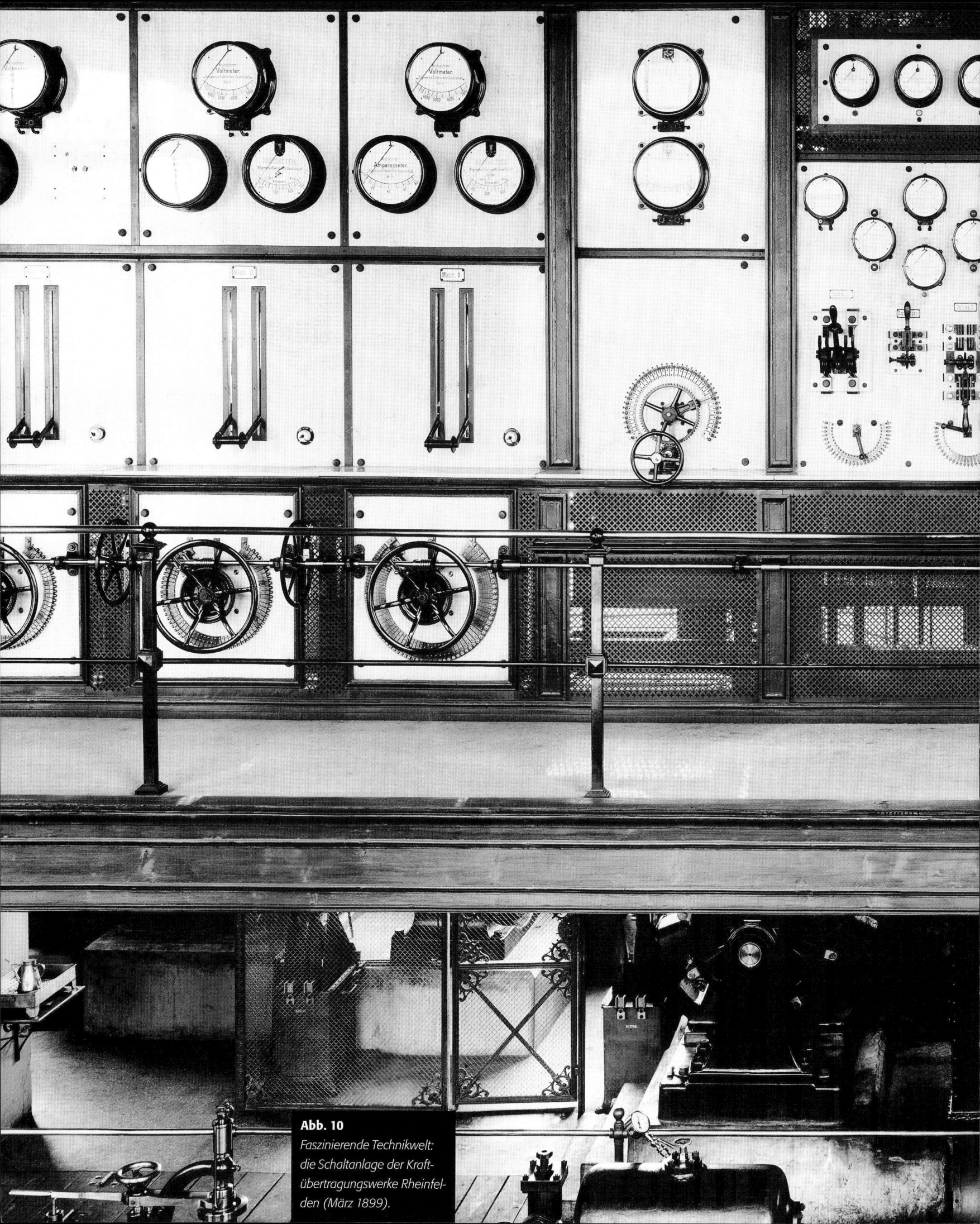

Abb. 10
Faszinierende Technikwelt: die Schaltanlage der Kraftübertragungswerke Rheinfelden (März 1899).

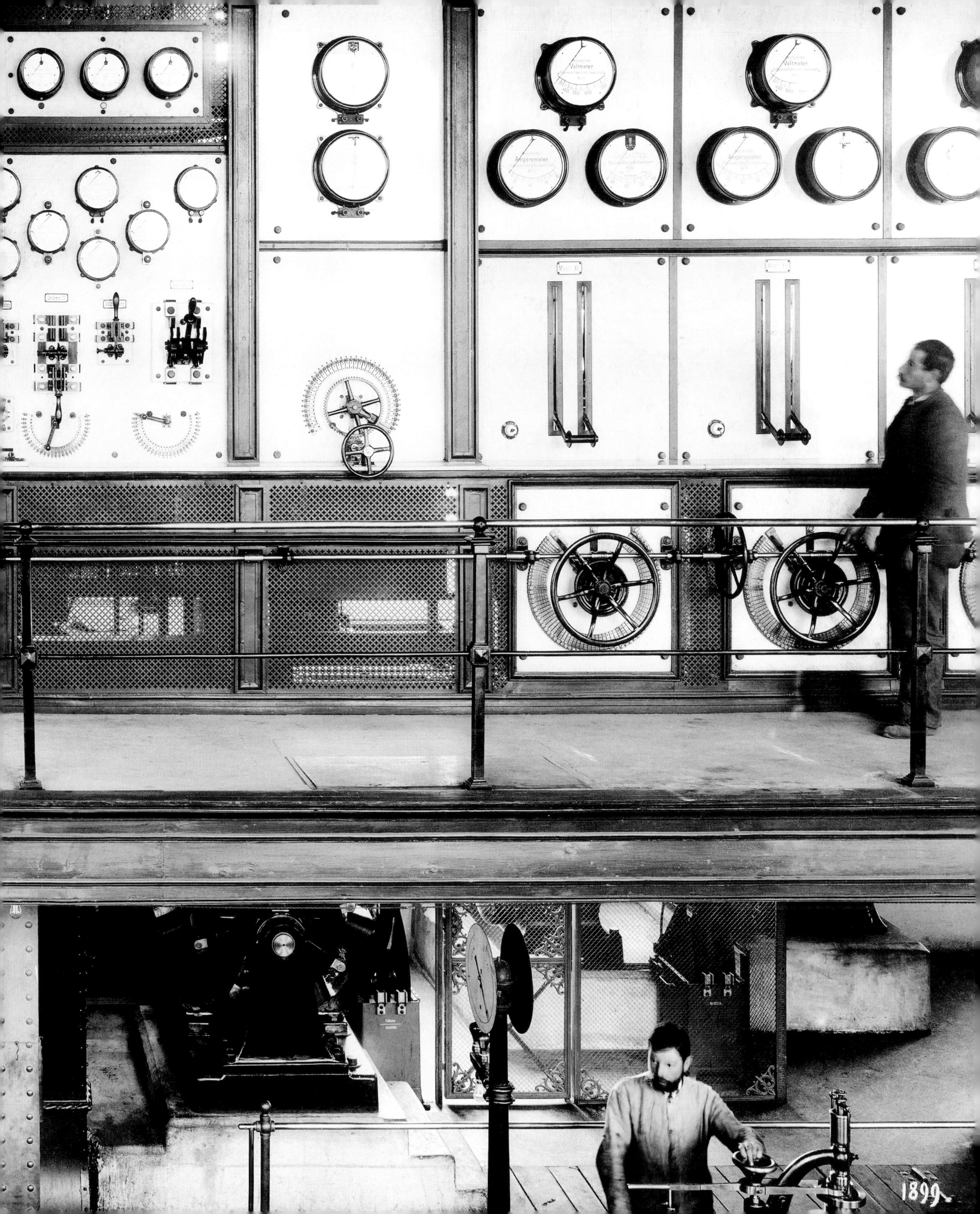

Voltmeter
Voltmeter
Amperemeter
Amperemeter
1899

„24 Karat Energie" in der Schmuckstadt

1894 ■ In Pforzheim setzen die Edelsteinschleifer frühzeitig auf Elektromotoren / 5. Kapitel

Abb. 1
Arbeiterinnen in der Bijouterie-Industrie in Pforzheim. Zum Antrieb der Schleifmaschinen wurde ab Oktober 1894 elektrische Energie genutzt. Die Bedürfnisse der Pforzheimer Schmuckindustrie waren ein Hauptgrund für den Bau eines eigenen Elektrizitätswerkes.

Pforzheim war seiner Zeit voraus – in doppelter Hinsicht. Pforzheim war die erste Stadt Badens, die sich ein komplett eigenes Elektrizitätswerk schuf. Und Pforzheim war die erste Gemeinde, die ihre Stromkunden speziell in der Industrie suchte. Während überall im Lande noch der Lichtstrom die Hauptrolle spielte, setzte Pforzheim bereits auf die Nutzung des Stromes zur Krafterzeugung. Auslöser war die Schmuckindustrie: Die Edelsteinschleifer waren aufgeschlossen für die neue Energie, weil sie die Vorteile elektrisch betriebener Schleifmaschinen frühzeitig erkannt hatten. Auch 100 Jahre später zählten die Stadtwerke Pforzheim zu den fortschrittlicheren Stromversorgern im Land – zum Beispiel, wenn es um die Förderung der Solarenergie ging.

Die Stadt war verärgert. Die Tarifpolitik des Gaswerkers August Benckiser sei untragbar, hatten die Stadtoberen befunden. Und so entschied die Gemeinde im August 1880, den 1852 abgeschlossenen Konzessionsvertrag mit den Gaswerken zum 1. Januar 1884 auslaufen zu lassen und die Gasversorgung in städtischer Regie zu übernehmen.

August Benckiser, ein Mann, der für Energietechnik stets ein beachtliches Gespür bewiesen hatte, ließ sich nicht unterkriegen – und stieg kurzerhand auf den Strom um. Denn kurz zuvor hatte die neue Energie in Pforzheim schon Furore gemacht. Im August 1878, beim badischen Feuerwehrtag, hatte man den Festplatz im Rennfeld elektrisch beleuchtet – dank eines Ingenieurs aus Stuttgart, der eigens angereist war. „Ein prachtvolles Resultat" empfand der „Pforzheimer Beobachter", und beschrieb „ein Bild ächt deutschen gemüthlichen Volkslebens".

Benckiser war also inspiriert, und experimentierte – noch ehe er die Gasversorgung aus der Hand geben musste – mit dem elektrischen Licht. Bereits um die Jahreswende 1882/83 ließ er Bogenlampen in einer Werkstatt erstrahlen, gespeist vom Strom eines Wasserkraftwerkes an seinem Mühlkanal. Eine „wahre Wohltat" erkannte darin der „Pforzheimer Beobachter". Andere Unternehmer folgten dem Pionier, Bijouteriefabrikant Friedrich Mahla setzte zweieinhalb Jahre später sogar schon Glühlampen ein.

Die Experimente der Unternehmer inspirierten auch die Stadt. Und so erwog man im Pforzheimer Rathaus schon im Jahre 1887 den Bau eines Elektrizitätswerkes. Die Stadt gehörte damit zu den Vorreitern in ganz Deutschland. Lediglich in Berlin gab es Anfang 1887 zwei Gleichstromzentralen, im Laufe des Jahres 1887 kamen die Werke Elberfeld (15. September 1887) und Lübeck (15. November 1887) hinzu. Diese Kraftwerke, wie auch alle anderen, die in den kommenden Jahren in Deutschland entstanden, lieferten den Strom primär für elektrisches Licht oder für Eisen- und Straßenbahnen. Pforzheim hingegen wollte den Strom vorwiegend zum Antrieb von Motoren in der Industrie nutzen. Die in Pforzheim reichlich vorhandene Schmuckindustrie, so die Überlegung, könnte den Strom für ihre Schleifmaschinen gebrauchen.

Dampf und Gas statt Wasserkraft

Im Mai 1890 fiel der Beschluss: Die Stadt werde ein Elektrizitätswerk bauen lassen, und dieses selbst betreiben. Die Firma Schuckert & Co. wurde daher beauftragt, ein Werk mit 75 Kilowatt Leistung zu entwerfen. Der Vorschlag der Firma, Dampfmaschinen zu errichten, fand bei der Stadt aber keine Zustimmung – sie regte statt dessen Gasmotoren an. Schuckert musste also umplanen. Schließlich entschied sich die Stadt für eine Doppellösung, für ein Werk mit einer Dampflokomobile (106 Kilowatt) und einem Gasmotor (80 Kilowatt).

Im Überblick

■ Am 11. Oktober 1894 speisten die städtischen Elektrizitätswerke Pforzheim zum ersten Mal Strom ins Netz ein. Erzeugt wurde die Energie mit einer Dampflokomobile und einem Gasmotor.

■ Mit der Nutzung der Wasserkraft taten sich die Pforzheimer zunächst schwer, schließlich wurde 1898 der Beschluss gefasst, an der Nagold im Gewann Rennfeld eine Wasserkraftanlage mit zwei je 84 Kilowatt starken Francisturbinen zu errichten. Der weitere Ausbau der Wasserkraft war indes problematisch, weil Talsperren im Nagold- oder Enztal württembergisches Gebiet tangiert hätten.

■ Wiederholt kamen in den 1970er Jahren Bedenken auf, ob der Erhalt des Wasserkraftwerkes im Rennfeld noch sinnvoll sei. Durch eine geringfügige Verlegung des Standortes konnte schließlich eine größere Fallhöhe realisiert werden – im April 1985 ging das neue Flusskraftwerk mit zwei Kaplan-Rohrturbinen in Betrieb, es erzeugt 4,5 Millionen Kilowattstunden pro Jahr.

Abb. 2
Maschinensaal des ersten Elektrizitätswerkes mit der Lokomobile Nr. 4455 von der Firma Wolf aus Magdeburg-Buchau von 1894 (oben).

Abb. 3
Dampfturbine (1400 Kilowatt) im Enzwerk, 1928/29.

Abb. 4

Das neue Verwaltungsgebäude im Rennfeld konnte 1909 bezogen werden. Das Elektrizitätswerk als „Visitenkarte" der Edelmetallindustrie und Repräsentant des Pforzheimer Geschäftslebens sollte nicht hinter den prächtigen Neubauten seiner Umgebung zurückstehen.

Schon 1897 war das E-Werk an der Grenze der Leistungsfähigkeit angelangt: „Es blieb in der Stadt nicht verborgen, daß die Umwandlung von billigem Gas in kostbare elektrische Energie nicht funktionierte. Der Einsatz des Reserve-Gasmotors überforderte bald die Kapazität des Gaswerkes. Die Gaskessel waren nach wenigen Stunden leer und die Industrie hatte dann weder Strom für die Elektromotoren noch Gas zum Löten."

AUS: 100 JAHRE STROM FÜR PFORZHEIM, 1994

Der Gasmotor war einer jener Bauart, wie ihn der Maschinenbauer Nicolaus August Otto 1867 entwickelt hatte, und man ihn ähnlich heute noch als Automotor nutzt. Von der Nutzung der Wasserkraft hatte man in Pforzheim schon frühzeitig Abstand genommen, weil man glaubte, diese könne die notwendige Kontinuität nicht gewährleisten.

Am 11. Oktober 1894 ging das Pforzheimer Elektrizitätswerk ans Netz, als erstes in Baden in rein städtischem Besitz. Das Interesse der örtlichen Schmuckindustrie war beachtlich: 132 Gewerbestätten wurden im Mai 1895 bereits mit Strom versorgt, 346 Motoren hingen am Netz, darunter 294 Poliermaschinen. Ende 1895 waren es schon 464 Motoren, von denen 331 zum Polieren genutzt wurden. Der Stromabsatz war dennoch mäßig: Die kleinen Motoren brauchten jeweils nur etwa 60 Watt.

Dennoch wurde, weil ein Wachstum des Stromverbrauches absehbar war, 1896 ein Ausbau der Kapazitäten geplant. Die Möglichkeiten der Wasserkraft an Enz und Nagold wurden geprüft, doch der Stadtrat wollte sich nicht sofort für die Wasserkraft entschließen, sondern sich mit der Entscheidung noch Zeit lassen. Weil aber bis zum Herbst 1897 weitere Kapazitäten notwendig erschienen, setzte der Stadtrat fürs erste auf eine weitere Dampfmaschine – mit dieser Technik hatte man Erfahrung. Die Anlage wurde auf dem Rennfeld errichtet.

■ Die großen Motorstädte: Berlin, Hamburg, Pforzheim

Nachdem der Stromverbrauch in Pforzheim sich im Jahr 1897 um 30 Prozent gegenüber dem Vorjahr erhöht hatte, musste die Stadt erneut reagieren – und rang sich im März 1898 endlich dazu durch, die Wasserkraft zu nutzen. Neben der neuen Dampfmaschine auf dem Rennfeld wurde nun eine Wasserkraftanlage an der Nagold mit zwei Francisturbinen mit jeweils 84 Kilowatt errichtet. Als kurze Zeit später eine erneute Verstärkung für das E-Werk notwendig wurde, hatte die Wasserkraft die Stadtväter überzeugt; zumal sich eine dritte Turbine auch als die billigste Lösung erwies.

Inzwischen war in Pforzheim der 1500. Elektromotor angeschlossen. Mit dieser Anzahl lag Pforzheim nach Berlin und Hamburg an dritter Stelle in Deutschland, obwohl das Werk der Leistung nach nur Platz 22 belegte.

In den Folgejahren stieg der Stromverbrauch stetig, die Kapazitäten der Stadtwerke wurden entsprechend ausgebaut. Als 1911 die Straßenbahn ihren Betrieb aufnahm, lieferte das städtische E-Werk auch den Bahnstrom. Die Leistungsspitzen von 300 bis 400 PS (220 bis 300 Kilowatt) konnte das Werk inzwischen gut verkraften.

■ Württemberg war beim Talsperrenbau tabu

Weil die Kohle sich aufgrund der langen Transportwege doch als recht teuer erwiesen hatte, die Erfahrungen mit der Wasserkraft aber sehr gut waren, wurden in den nächsten Jahren zahlreiche Standorte für weitere Wasserkraftwerke diskutiert. Ein besonderes Problem war die badisch-württembergische Grenze; Talsperren im Nagold- oder Enztal waren nicht durchsetzbar – weil sie württembergisches Gebiet tangiert hätten. Allenfalls an der Würm, die oberhalb Pforzheim relativ weit auf badischem Terrain verläuft, war ein Stauwehr denkbar.

Ein solches Wehr wurde daher in den Jahren nach der Jahrhundertwende diskutiert. Oberhalb des Ortes Würm sollte der Fluss aufgestaut werden; die 60 bis 65 Meter hohe Mauer wäre vergleichbar der Staumauer des Schwarzenbachwerkes geworden, die 1926 bei Forbach errichtet wurde. Das Würmprojekt war gigantisch: Zehn Kilometer lang sollte der Stausee werden, sein Fassungsvermögen 36 Millionen Kubikmeter betragen – mehr als das doppelte des Schwarzenbachsees.

Entsprechend umstritten war das Projekt. Zweifel bestanden, ob der wasserdurchlässige Buntsandstein ein solches Stauwehr verkraften könne. Überlegt wurde auch, ob nicht statt eines eigenen Werkes auch der Fernbezug von Strom in Frage käme, denn schließlich stand das Murgwerk in Forbach bereits zur Diskussion.

Dennoch: Am 29. April 1912 stimmte der Bürgerausschuss dem Bau der Wasserkraftanlage grundsätzlich zu. Aber der Mut für dieses Projekt reichte nicht weit. Im Dezember des gleichen Jahres schon stellte die Stadt das Stauwehr zum ersten Mal wieder in Frage – der badische Landtag hatte soeben den Bau des Murgwerkes beschlossen. Eine Alternative zum Würm-Projekt konnte das Murgwerk aber nicht sein, wie sich bald herausstellte. Denn es schien unwirtschaftlich, den Strom aus Forbach bis nach Pforzheim zu leiten.

Trotzdem wurde das Kraftwerk an der Würm nicht gebaut. Denn im August 1912 war eine Dampfanlage im Brötzinger Tal („Enzwerk") genehmigt worden, die den Strombedarf der nächsten Jahre zu decken versprach. Auch Planungen für ein Laufwasserkraftwerk im oberen Enztal legte man daher auf Eis.

12 Millionen Mark für eine Kilowattstunde

Der Erste Weltkrieg traf die Industrie in Pforzheim besonders schwer: Auf einen Schlag verlor die exportabhängige Schmuckindustrie ihre ausländischen Absatzmärkte. Das wirkte sich natürlich ganz erheblich auf den Stromverbrauch aus, der mit Kriegsausbruch um mehr als die Hälfte zurück ging. Die Wasserkraftwerke liefen weiter, während die Kohle immer knapper und teurer wurde.

Nach Kriegsende war die Kohle immer noch knapp, die Nachfrage nach Wasserkraftstrom daher größer als das Angebot. Entsprechend stiegen die Strompreise. Zum 1. Februar 1919 wurden die Preise um 50 bis 70 Prozent erhöht auf 32 Pfennig je Kilowattstunde für Kraftstrom, 68 Pfennig für Lichtstrom und 16,5 Pfennig für den Strom der Straßenbahn. Die Forderungen nach einem Anschluss Pforzheims an das staatliche Murgwerk wurden bei diesen Preisen immer lauter, bis der Bürgerausschuss im Mai 1919 der Verbindung nach Forbach zustimmte. Ein Abschied von den eigenen Wasserkräften und den noch vorliegenden Ausbauplänen sollte der Anschluss aber nicht sein – dies wurde im Bezugsvertrag ausdrücklich festgehalten.

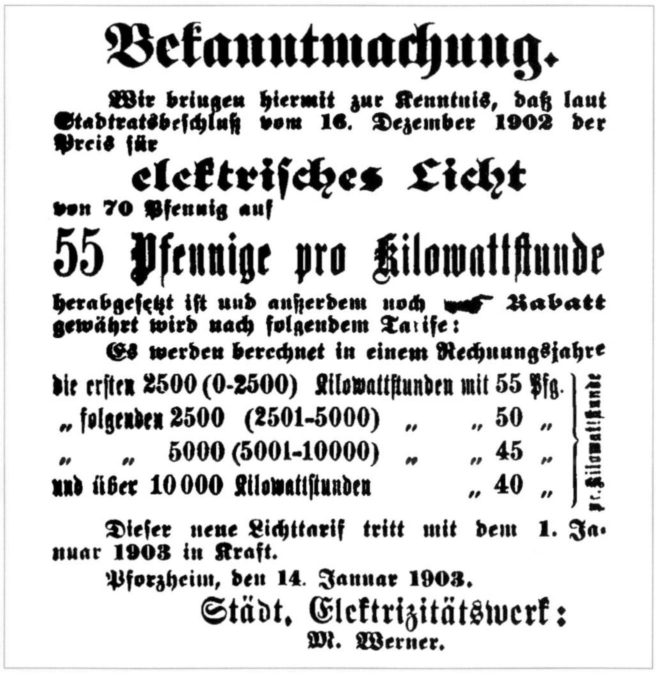

Da der Mangel an Kohle anhielt, musste der Straßenbahnbetrieb vom 17. Oktober bis 28. November 1919 eingestellt, und die Straßenbeleuchtung zeitweise abgestellt werden. Nun erinnerte sich die Stadt Pforzheim ihrer Pläne aus den Vorkriegsjahren zum Ausbau der Wasserkraft – doch auch diesmal wurde nichts daraus. Die Stadt scheute die hohen Investitionen.

Als sich in den folgenden Jahren das Angebot an Kohle wieder besserte, wurden dringend notwendige Ausbesserungsarbeiten und ein Ausbau des Verteilungsnetzes möglich.

Doch schon bald machte die Inflation dem Elektrizitätswerk zu schaffen. Rapide kletterten die Strompreise: Die Kilowattstunde Kraftstrom, im September 1920 noch für 1,10 Mark zu haben, kostete im Sommer 1921 schon 1,50 Mark, und am 1. November 1921 bereits zwei Mark. So ging es weiter: 3,25 Mark am 1. Februar 1922, 12 Mark am 1. August, 210 Mark am 1. Dezember und 1025 Mark am 1. Februar 1923. Am 23. September 1923 war der Preis bei 12 Millionen Mark je Kilowattstunde angelangt und stieg noch immer rasant. Erst mit der Währungsreform am 28. November 1923 sanken die Preise wieder auf vernünftige Beträge.

Mehr Dampfkraft für die Boomjahre

Während im Süden des Großherzogtums Baden die Wasserkraft die Planungen der Städte und Unternehmen bestimmte, war Nordbaden – aller guten Erfahrungen mit dem Wasser zum Trotz – noch immer auf die Kohle fixiert. Als 1925 klar wurde, dass die vorhandenen Kraftwerke den Strombedarf in Kürze nicht mehr werden decken können, kamen für das E-Werk Pforzheim nur ein Ausbau der Dampfkraft, oder aber eine Erhöhung des Strombezugs vom Badenwerk in Frage. Der Bürgerausschuss entschied sich im Mai 1925 für den Strombezug. Man glaubte, Strom vom Badenwerk sei billiger zu haben als selbst erzeugter.

Abb. 5

Anzeige aus dem Pforzheimer Generalanzeiger vom 14. Januar 1903. Die Industrie nutzte die elektrische Energie reichlich, doch in den Pforzheimer Privathaushaltungen hielt man sich in Sachen elektrisches Licht zurück. Um den Verbrauch anzukurbeln, wurden die Preise gesenkt.

„Leider kann ich das elektrische Licht nicht einführen, es ist noch zu theuer, dess es kostet fast das dreifache als Gas pro Stunde und würde im Winter eine tägliche Mehrausgabe von 50 Pfennigen ausmachen, also für acht Monate gerechnet 120 Mark; das ist etwas zu viel für Beleuchtung allein."

RECHTSANWALT FRIEDRICH BROMBACHER IM JAHR 1900;

AUS: 100 JAHRE STROM FÜR PFORZHEIM, 1994

Die Entscheidung hatte zur Folge, dass das Hochspannungsnetz ausgebaut werden musste. Diese Entwicklung passte in die Zeit: 1926 wurde auch mit dem Bau der Verbundleitung zwischen Baden und den Rheinisch-Westfälischen Elektrizitätswerken (RWE) in Essen begonnen; im gleichen Jahr wurde die 110 kV-Leitung von Karlsruhe-Scheibenhardt über Offenburg, Villingen nach Laufenburg fertiggestellt. Zwei Jahre später wurde Pforzheim durch eine 110 kV-Leitung mit Scheibenhardt verbunden. Der leistungsfähige Anschluss zum Badenwerk führte dazu, dass Pforzheim von nun an die Grundlast vom Badenwerk bezog und die eigenen Kraftwerke nur noch für die Erzeugung von Spitzenstrom nutzte. Gleichzeitig musste die Stromversorgung in Pforzheim schrittweise von Gleichstrom auf Drehstrom umgestellt werden. Die alte Dampfanlage im Rennfeldwerk wurde vollends abgebaut.

■ „Kilowatt sparen für den Endsieg"

Mit Tarifermäßigungen versuchte man in den folgenden Jahren, den Stromverbrauch anzukurbeln. Speziell von 1933 an, als im Dritten Reich Pforzheims Schmuckindustrie zusammenbrach, propagierte das Elektrizitätswerk elektrische Haushaltsgeräte. Im März 1934 zog eine „Elektro-Front" durch die Stadt und warb für Strom, im April 1935 wurde gar eine Mindestabnahme für Haushalte festgelegt. Reichswirtschaftsminister Hjalmar Schacht kündigte unterdessen die „Wehrhaftmachung der deutschen Energieversorgung" an, und erließ noch im selben Jahr das Energiewirtschaftsgesetz. Die Aufsicht über die Energieversorgung unterstand von nun an dem Reichswirtschaftsminister.

Auch Pforzheim war getroffen von den Auswirkungen der Zentralisierung. Immer mehr Strom wurde vom Badenwerk geliefert, die eigenen Anlagen wurden stillgelegt, mit Ausnahme der Wasserkraftanlagen. Weil das Badenwerk ausreichend Strom lieferte, konnte das Elektrizitätswerk Pforzheim auch noch im September 1941 werben: „Elektrizität ist billig".

Doch schon bald änderte sich das. Bereits zu Beginn des Jahres 1942 begann Strom knapp zu werden. „Kilowatt sparen für den Endsieg" hieß plötzlich die Parole. Im Februar 1943 ordnete der Reichsminister für Bewaffnung und Munition, Albert Speer, sogar drastische Energiesparmaßnahmen an. „Wer Strom spart, hilft der Front", lautete die Devise; Energiesünder wurden geächtet.

Nach ersten Schäden durch Bombenangriffe im Herbst 1944, legten Maschinen der Royal Air Force die Stadt Pforzheim am 23. Februar 1945 in Schutt und Asche. 17 000 Menschen wurden getötet, die Stromversorgung der Innenstadt und der Nordstadt wurde lahmgelegt, die Straßenbahn musste den Betrieb einstellen.

■ Elektroheizungen vorübergehend verboten

Der Wiederaufbau nach dem Zweiten Weltkrieg verlief schleppend. Kabel und Schalteinrichtungen mussten mühsam aus den

Abb. 6
Maschinenhalle (Gleichstromgenerator) der 1923 von der Stadt erworbenen Wasserkraftanlage Lotthammer Mühle, um 1930.

Trümmern geborgen werden, überall herrschte Materialmangel. Das Badenwerk konnte keinen Strom mehr nach Pforzheim liefern, weil auch die Überlandleitungen zerstört waren. Die Stadt war somit auf die eigenen Kraftwerke angewiesen. Der Oberbürgermeister verbot auf Anweisung der Militärregierung die Nutzung von Strom zum Heizen und auch zur Wassererwärmung. Zum Kochen durfte Strom nur verwenden, wer keinen Kohleherd hatte. Stromsündern drohte eine Strafe und die Abschaltung des Stromes.

Ein präzises Rationierungsprogramm wurde im Februar 1946 verabschiedet: 15 Kilowattstunden im Monat gab es pro Haushalt, dazu 1,5 Kilowattstunden je Familienmitglied. Einen Zuschlag erhielt, wer elektrisch kochen musste; Ärzte und Zahnärzte bekamen eine Sonderzuteilung. Im Jahre 1947 wurden die Strombeschränkungen sogar noch verschärft, erst am 20. Mai 1949 konnten die Verbrauchsbeschränkungen für Industrie und Handel aufgehoben werden. Privathaushalte mussten noch bis 1951 mit Beschränkungen leben.

In den folgenden Boomjahren gaben die Pforzheimer Elektrizitätswerke die Stromerzeugung Schritt für Schritt an das Badenwerk ab, das bald sogar auch die Spitzenlast deckte. Die eigenen Wasserkraftwerke trugen nurmehr einen bescheidenen Teil zur Deckung des örtlichen Stromverbrauchs bei – so die im Krieg zerstörte und 1952 wieder aufgebaute Wasserkraftanlage im Rennfeld mit seinerseits sechs Prozent.

Mehr Strom aus der Wasserkraft

Wiederholt kamen in den 1970er Jahren Diskussionen auf, ob der Erhalt des Wasserkraftwerks im Rennfeld noch sinnvoll sei. Mit einer Fallhöhe von nur 3,8 Meter war der Standort nicht optimal. Durch geringfügige Verlagerung des Werkes an die Auerbrücke am Zusammenfluss von Enz und Nagold konnte die Fallhöhe auf 5,7 Meter erhöht werden. Also begann die Stadt 1981 mit Planungen für ein modernes Flusskraftwerk an diesem Standort.

Es ging im April 1985 in Betrieb: Zwei Kaplan-Rohrturbinen mit 1,4 Meter Laufraddurchmesser wurden installiert, jede mit einem Generator von 500 Kilowatt. So werden seither im Zentrum der Stadt Pforzheim 4,5 Millionen Kilowattstunden jährlich erzeugt.

Auch in Eutingen, flussabwärts an der Enz gelegen, wurde Anfang der 1990er Jahre ein Neubau realisiert. Das historische Wasserkraftwerk in der „Alten Mühle" von 1907, das erst mit der Eingemeindung Eutingens in den 1970er Jahren in den Besitz der Pforzheimer Stadtwerke gelangt war, brachte ebenfalls keine optimalen Erträge. Der Neubau, nicht wie das alte Werk an einem ausgeleiteten Kanal, sondern direkt an der Enz gelegen, bringt seither im Mittel 3,8 Millionen Kilowattstunden jährlich.

Beide Kraftwerke waren Resultat eines Energiekonzeptes, das örtliche Energien zu forcieren suchte. Und weil die Stadtwerke sich als ökologisch fortschrittlich empfanden, wurde publikumswirksam an beiden Neubauten jeweils eine „Wasserkraft-Tankstelle" errichtet, eine öffentlich zugängige Steckdose an der Außenwand der Krafthäuser. Als kostenloses Angebot für Nutzer von Elektrofahrzeugen.

Modernes Image durch Solar-Programm

Auch in anderen Punkten zeigten die Stadtwerke sich modern. Die Kraft-Wärme-Kopplung, bereits 1953 ein Thema, wurde in den folgenden Jahrzehnten kontinuierlich ausgebaut. Heute deckt ein Heizkraftwerk von 1964, wahlweise mit Öl, Kohle oder Gas feuerbar, rund 70 Prozent des Pforzheimer Strombedarfs.

Als besonders fortschrittlich profilierten sich die Stadtwerke aber auch 1997 mit einem Solarförderprogramm, das für Baden zu diesem Zeitpunkt einmalig war: Die Stadtwerke bezahlten für Fotovoltaikanlagen (also Solaranlagen zur Stromerzeugung) bis zu 95 Prozent Zuschuss auf die Investitionskosten – der städtische Stadtwerkeausschuss hatte das einstimmig so beschlossen. Finanziert wurde das Programm durch eine kaum nennenswerte Strompreiserhöhung von 0,3 Pfennig je Kilowattstunde.

So hatte Pforzheim mit seinen 68 000 Haushaltskunden Ende 1997 bereits 55 Kilowatt Fotovoltaik installiert. Gleichzeitig lagen noch Förderanträge für 80 Kilowatt bei den Stadtwerken, die ins nächste Jahr geschoben werden mussten, weil – kleiner Schönheitsfehler des Programms – die jährliche Fördermenge gedeckelt war. Doch die Entwicklung ging in den folgenden Jahren konsequent weiter. Mit 348 Kilowatt installierter Solar-Leistung gehörte Pforzheim im Jahr 1999, gemessen an der Einwohnerzahl, zu den größten Solarstromerzeugern in Deutschland. Die Stadt war damit ihrem großen Ziel einen kleinen Schritt näher gekommen: Sie will den Anteil erneuerbarer Energien am Stromverbrauch von zwei Prozent auf 15 Prozent im Jahr 2010 erhöhen.

Ein Großkonzern steigt ein

Nach der Liberalisierung auf dem Strommarkt vermarkteten die Stadtwerke die erneuerbaren Energien als „Regenbogenstrom". Der überwiegend in der Stadt erzeugte konventionelle Strommix wurde als „Goldstadtstrom" verkauft – Slogan: „24 Karat Energie". Die gesamte Stromabgabe der Stadtwerke lag inzwischen bei 505 Millionen Kilowattstunden im Jahr 2000.

Doch der rauhe Wind des geöffneten Strommarktes blies auch den Pforzheimer Stadtwerken zur Jahrtausendwende ins Gesicht. Noch ehe der Wettbewerb richtig begonnen hatte, kapitulierten die Stadtväter und verkauften 35 Prozent der traditionsreichen Firma zum Jahresbeginn 2001 an die Thüga, eine Tochter des E.on-Konzerns. Damit hatte – mehr als hundert Jahre nach seiner Gründung – das bislang komplett städtische Unternehmen seine Eigenständigkeit verloren. Vor Ort fürchtete man nun einen Schwenk in der Unternehmenspolitik.

„1. Der Lichtstromverbrauch ist durch Ausschalten aller mehrflammigen Beleuchtungskörper sowie aller entbehrlichen Brennstellen durch jeden einzelnen Abnehmer einzuschränken.

2. Jede elektrische Raumheizung ist unverzüglich außer Betrieb zu setzen. Ausnahmen, insbesondere für Städte, in denen jede andere Heizmöglichkeit fehlt, können auf besonderen Antrag beim zuständigen Elektrizitätsversorgungs-Unternehmen zugelassen werden.

3. Elektrische Warmwasserbereiter sind gleichfalls außer Betrieb zu setzen.

4. Elektrische Herde und Kochplatten dürfen nur benutzt werden, wenn keine andere Kochgelegenheit zur Verfügung steht.

Bei Nichtachtung der vorstehenden Verfügung ist mit Bestrafung und Abschaltung zu rechnen."

Bekanntmachung von drastischen Stromeinschränkungen im November 1945 der E-Werke Pforzheim

Nach 63 Jahren wieder in städtischer Hand

1894 ■ In Waldkirch beweist die Stadt Mut und kauft 1999 das Stromnetz zurück / 6. Kapitel

Waldkirch war früh dran: Bereits im November 1894 erstrahlten die Straßen der Stadt in elektrischem Licht. Doch in den folgenden Jahrzehnten kam das E-Werk nicht wie gewünscht voran, große Pläne scheiterten. Das spektakulärste Projekt war das Glotterwerk, das seit 1921 diskutiert wurde. Die Stadt Waldkirch wollte sich durch den Verkauf von 7 000 Festmetern Holz daran beteiligen, doch zu unsicher war schließlich die Stromnachfrage, zu hoch waren die Kosten. Nach diesem Flop hielt die Stadt noch bis 1936 am eigenen Elektrizitätswerk fest, dann verkaufte sie ihre Anlagen an die Badische Kraftlieferungs-Gesellschaft (Bakage), die später im Badenwerk aufging. Der Verkauf war typisch für diese Zeit – ein anderer Schritt, mehr als 60 Jahre später, war es weniger: Mutig übernahm die Stadt zum 1. Januar 1999 durch Neugründung eigener Stadtwerke das Stromnetz wieder in Eigenregie, und machte damit bundesweit von sich Reden.

Abb. 1
Das neue Waldkircher Maschinenhaus nach einem Plan aus dem Jahr 1911.

Im Überblick

■ Außergewöhnlich war die Gründung eines Elektrizitätswerkes durch eine Dame im Jahre 1894. Mehrfach wechselte das Unternehmen in den folgenden Jahrzehnten den Besitzer, ehe es an die Stadt und schließlich an das Badenwerk verkauft wurde. Aber auch die Badenwerk-Ära ging vorüber: Zum 1. Januar 1999 erwarb die Stadt das Stromnetz erneut.

Die Vertragsdauer schien einer Ewigkeit gleich: Auf 20 Jahre unkündbar hatte die Besitzerin der ehemaligen Herrenmühle die Konzession erhalten, die Stadt Waldkirch mit Strom zu versorgen. Die Dame – in den Unterlagen stets unter dem Namen „Frau Jakob Weiß Witwe" geführt – durfte ihr Unternehmen von diesem 27. Juli 1894 an „Elektrizitätswerk Waldkirch" nennen. Sie hatte die Konzession erhalten, „zur alleinigen und ausschließlichen Benützung von Straßen, Plätzen und öffentlichen Anlagen zur Aufstellung von Masten zur Fortleitung des erzeugten Stromes und Anbringen von Bogen- und Glühlampen." Die Wasserturbine aus dem Hause Escher Wyss & Co aus Ravensburg, 24 Kilowatt stark, ließ am 24. November 1894 die Stadt erstmals in elektrischem Licht erstrahlen. Von „magischem Lichte" schrieb die Presse.

Noch gab es nicht zu jeder Tageszeit elektrischen Strom. In den „Bedingungen für den Bezug von elektrischer Energie" hatte die Unternehmerin geschrieben: „Das Elektrizitätswerk gebietet sich, denjenigen Interessenten elektrischen Strom für Beleuchtungs- und Kraftzwecke in ausreichender Menge zu liefern, welche sich bis 1. September 1894 zur Abnahme einer bestimmten Strommenge auf Grund dieser Bedingungen bereit erklären." „Die Stromlieferung erfolgt Tag und Nacht, nachdem die Aufstellung der Akkumulatoren erfolgt ist. Bis dahin wird Strom geliefert zu Beleuchtungszwecken von Dunkelwerden abends bis Hellwerden morgens."

Im Jahre 1899 übernahm Friedrich Tibi, Schwiegersohn der Werksbesitzerin das Unternehmen. Nur vier Jahre später gingen die Anlagen in die Hände des Unternehmers August Jörrens. Und weil inzwischen der wachsende Verbrauch durch die kleine Turbine am Gewerbekanal nicht mehr zu decken war, beantragte Jörrens im September 1905 den Bau eines Dampfkessels mit 60 Kilowatt in dem zur Wirtschaft „Krone" gehörigen Ökonomiegebäude gegenüber dem Elektrizitätswerk.

Hierbei hatte er mit Einsprüchen zu kämpfen: Bürger fürchteten Funkenauswurf, Rauchbelästigung und Lärm. Doch der Maschinentechnische Referent des Großherzoglichen Ministerium des Innern beruhigte: „Diese Einwände reichen meines Erachtens nicht hin, um die Genehmigung zur Aufstellung der Lokomobile zu versagen, weil es nicht an technischen Mitteln fehlt das Auftreten der befürchteten Uebelstände zu verhindern oder wenigstens auf ein erträgliches Mass herabzusetzen." Sein Fazit: „Wird diesen Bedingungen sorgfältig entsprochen, so wird den Beschwerdeführern Anlass zu klagen jedenfalls in viel geringerem Umfang gegeben sein, als wenn der Gesuchsteller eine andere Betriebsmaschine wählen würde, zu deren Aufstellung eine Genehmigung nicht erforderlich wäre z. B. einen Dieselmotor oder einen Benzinmotor. Im Vergleich zu diesen ist der Dampfmaschine der Vorzug zu geben."

Auch in den folgenden Jahren hatte Jörrens mit manchen Problemen zu kämpfen. Im März 1909 ließ das Bezirksamt Waldkirch den Besitzer des Elektrizitätswerkes wissen, seine Installationen befänden sich „nicht in einem derartigen Zustande, wie er im Interesse der Feuer- & Betriebssicherheit unbedingt verlangt werden muss."

Und nur drei Jahre später entbrannten die Diskussionen um die Fortführung der Stromversorgung, da der auf 20 Jahre geschlossene Vertrag zum 24. November 1914, dem Jahrestag der ersten Stromlieferung, auslief. Das Ministerium des Innern klärte die Gemeinde im April 1912 darüber auf, sie könne „nach Umfluß der Vertragsdauer nach jeder Richtung frei beschließen." Der derzeitige Inhaber des Elektrizitätswerkes werde „auf Verlangen der Stadt gezwungen sein, seine Leitungen, soweit sie Straßen und gemeindliches Eigentum berühren, vollständig zu erntfernen". Natürlich kam es dazu nicht.

Weil die Eigenerzeugung nicht mehr ausreichte, bezog Waldkirch ab dem Jahre 1920 Strom von der Badischen Kraftlieferungs-Gesellschaft (Bakage) in Freiburg. Parallel dazu reifte der Gedanke, das Gleichstromnetz auf Drehstrom umzustellen – für drei Millionen Mark bot die Mannheimer Rheinelektra diesen Umbau im März 1922 an. Inbegriffen war der Austausch sämtlicher Gleichstrommotoren durch Drehstrommotoren.

Eine lebhafte Debatte über die Bautypen der Motoren – Schleifringankermotor contra Kurzschlussankermotor – entwickelte sich. Um eine einheitliche Linie zu finden kamen am 18. Juli 1922 im Gasthof „Hirschen" die Bürger zur „Motorenbesitzerversammlung" zusammen. Das Bürgermeisteramt protokollierte: „Die Motorenbesitzer erklären einmütig, daß sie ihre Gleichstrommotoren nicht durch Kurzschlußläufer austauschen lassen, wenn es sich um Motore über drei PS handelt." Ein durchaus übliches Verfahren: Das Badenwerk schrieb Schleifringläufer bereits ab zwei PS vor. Denn die Kurzschlussläufer ziehen beim Anlaufen für einen Moment sehr viel Leistung und rufen damit störende Spannungsschwankungen im Netz hervor.

Das große Projekt Glotterwerk

Wie überall in den 1920er Jahren durchforstete man in diesen Jahren auch im Umfeld Waldkirchs die Landschaft nach Möglichkeiten die Wasserkraft zu nutzen. Adolf Ludin, der große Talsperren-Ingenieur und spätere Professor an der Technischen Universität Berlin, schlug Werke an der Elz vor. Eines sollte am Altersbächle entstehen, einem Standort, den Ludin „sehr ausbauwürdig" nannte. Ein anderes hatte er für den Gewerbekanal vorgesehen, unterhalb des bestehenden Elektrizitätswerkes. Besonders begeisterte sich die Stadt aber an Plänen zum Bau eines Kraftwerkes an der Glotter. Im Jahre 1921 kamen diese auf und nahmen im Herbst 1922 Gestalt an: Talsperren sollten gleichermaßen an Rohrbach, Albersbach, Götzenbach und der Glotter am Scherzingerhof entstehen, und das Wasser per Druckrohrleitung zum Maschinenhaus am Felsenhof leiten. Unterhalb des Werkes sollte eine weitere Talsperre am Bühlhof in Oberglottertal entstehen – mit 422 000 Kubikmeter Inhalt – von welcher ein weiterer Druckstollen zum Maschinenhaus am Hilzingerhof/Lenzerhof führen sollte. Initiator dieses Projektes war die Glottertäler Kuranstalt Glotterbad, die bereits 1905 ein Elektrizitätswerk gebaut hatte, und inzwischen unter anderem Oberglottertal, Unterglottertal und Ohrensbach versorgte.

Für das Großprojekt Glotterwerk brauchte man aber noch weitere Abnehmer und sprach daher mit der Bakage. Die zeigte zunächst großes Interesse, und stellte sogar eine Kapitalbeteiligung in Aussicht. Doch als sich die Konzession verzögerte, nahm sie Abstand von dem Projekt. Nun zeigte sich das Kraftwerk Laufenburg interessiert – trat aber später gleichermaßen zurück, als sich dessen Zusammenarbeit mit dem Badenwerk erfolgreich entwickelte. Denn der Karlsruher Versorger hielt nichts vom Glotterwerk, da dieses „im Rahmen der Landesversorgung überflüssig sei". Das Badenwerk plante unterdessen bereits den Bau von Kraftwerken an Schluchsee, Schwarzenbach, und in Schwörstadt. Zudem stand der Anschluss an die Rheinisch-Westfälischen Elektrizitätswerke, RWE, bevor.

Der Waldkircher Gemeinderat schritt unbeirrt voran. Obwohl es die notwendigen Abnehmer noch nicht gab, entschied das Gremium am 9. Mai 1923, sich mit 6/20 der Anteile an der im Januar gegründeten Glotterwerk Aktiengesellschaft zu beteiligen. Diese Kosten, etwa 200 Millionen Mark, sollten durch einen außerordentlichen Holzhieb von 7 000 Festmetern aufgebracht werden. Ein Leserbriefschreiber in der lokalen Presse echauffierte sich: „Wie wäre es, wenn man einen solchen Hieb machen würde, um aus dem Erlös Wohnungen zu erstellen?"

Das Verfahren wurde zäh. Erst am 16. September 1924 erging die Konzession – und das war offensichtlich zu spät. Inzwischen traute sich niemand mehr so recht an das Werk heran, weil die Kosten explodiert, und zahlreiche konkurrierende Talsperren bereits im Bau waren – der regionale Strommarkt war somit gut bedient. Daher beschloss im Oktober 1925 der Gemeinderat, das aus dem „Glotterwerkshieb" erlöste Geld für „andere noch näher zu bestimmende Zwecke" zu verwenden.

Die Glotterwerk AG sollte dennoch ein volles Vierteljahrhundert fortbestehen. Erst zum 31. Dezember 1950 wurde sie, nachdem die letzte Hauptversammlung im Juli 1944 abgehalten worden war, kraft Gesetzes aufgelöst. Die Stadt Waldkirch hatte ihr Stromnetz inzwischen längst an die „Bakage" verkauft (im Jahre 1936), die im 1940 aufgelöst und ins Badenwerk integriert wurde.

Mehr als 60 Jahre lang blieb das Stromnetz in fremden Händen – dann kaufte die Stadt Waldkirch es zurück. Einstimmig beschloss der Gemeinderat im Juli 1998, wieder eigene Stadtwerke zu gründen und das Netz zum 1. Januar 1999 vom Badenwerk zu übernehmen. Gut 16 Millionen Mark bezahlte die Stadt dafür. In langwierigen Verhandlungen war es ihr gelungen, den Preis von ursprünglich mehr als 21 Millionen Mark zu drücken. Vorangegangen war eine siebenjährige Diskussion, die zum Ende hin bundesweite Resonanz gefunden hatte. Fast euphorisch äußerten sich alle Fraktionen des Gemeinderats in ihren Stellungnahmen zu den eigenen Stadtwerken. Für die Verbraucher werde der Strom billiger, die Gemeinde werde Gewinn erwirtschaften, und der Klimaschutz spiele – anders als bislang beim Badenwerk – bei der Stromversorgung künftig eine entscheidende Rolle. Und nicht zuletzt erhoffen sich zahlreiche Gemeinderäte eine „bislang nicht gekannte Kundennähe" des neuen städtischen Stromversorgers.

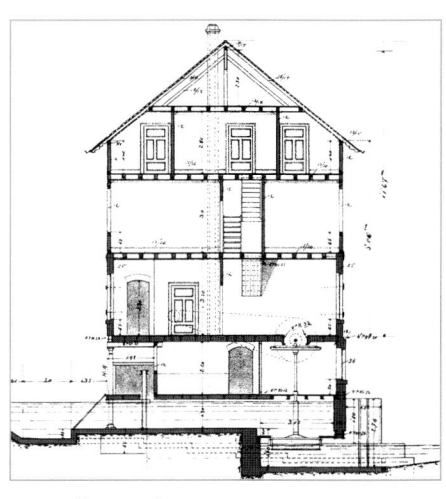

Abb. 2
Entwurf für den Ausbau des Waldkircher Maschinenhauses aus dem Jahr 1911.

„Gestern Abend ist die elektrische städtische Beleuchtung in ihrem vollen Umfange in Thätigkeit getreten. Die Beleuchtung in der Stadt war herrlich. Die städtische Musikkapelle spielte Abends halb 8 Uhr unter einer Bogenlampe mehrere Stücke. Nachher fand im Gasthaus Adler ein Bankett statt, bei welchem das Orchester des Musik- und Gesangvereins „Eintracht" den musikalischen Theil in sehr gelungener Weise übernahm. In genannter Wirthschaft brannte elektrisches Licht. Die Räume waren ausgezeichnet beleuchtet."

„Freiburger Zeitung", 27. November 1894

Strom für das Fürstenhaus

1895 ■ Das Flusskraftwerk Stallegg versorgt auch die Brauerei in Donaueschingen / 7. Kapitel

Abb. 1
Versteckt im Wald, am Fuß der Wutachschlucht, liegt eines der ältesten Flusskraftwerke Deutschlands: Stallegg.

Am Anfang stand ein innovativer Finanzier. Zur Versorgung des Adelshauses mit Strom nahm der Donaueschinger Fürst zu Fürstenberg 1895 das Wasserkraftwerk Stallegg in der Wutachschlucht in Betrieb. Es war das seinerzeit größte Flusskraftwerk Deutschlands. In den folgenden Jahrzehnten expandierte der fürstliche Stromversorger und belieferte bald die gesamte Region zwischen Donaueschingen und Lenzkirch-Grünwald mit Elektrizität. Bis in die 1970er Jahre hinein blühte das Geschäft mit der Energie, dann verkaufte im Jahr 1979 das Fürstenhaus sein Stromnetz und das Werk Stallegg an das Kraftwerk Laufenburg. Eine kurze Episode: Der Stromversorger vom Hochrhein legte das Kraftwerk 1980 still, weil die Anlagen marode waren – die Renovierung und Wiederinbetriebnahme hielt er unterdessen stets im Auge. Was nun folgte, war ein ermüdender Kampf mit den Behörden. Frustriert verkaufte das Kraftwerk Laufenburg das Werk im Januar 1997 an einen Makler, der im November 1997 einen neuen Betreiber fand. Dieser investierte einen Millionenbetrag und konnte das Werk Stallegg zur Jahreswende 1999/2000 wieder in Betrieb nehmen.

Fürst Karl Egon III. zu Fürstenberg war ein fortschrittlicher Mann. Schon im Jahr 1888 ließ er im Schlosspark zu Donaueschingen eine kleine Wasserkraftanlage errichten. Deren Gleichstrom versorgte einige weißglühende Bogenlampen, die bei festlichen Anlässen ihr gleißendes Licht auf den Schlosshof warfen – diese ersten Versuche mit der Elektrizität sollten der bescheidene Anfang eines für die Region wichtigen E-Werkes werden.

1891 fand in Frankfurt die Elektrizitätsausstellung statt, wo auch seine Durchlaucht weilten. Und weil dort die Übertragung des Stroms über weitere Strecken das beherrschende Thema war, kam auch dem Fürsten die Erleuchtung: Ein Wasserkraftwerk irgendwo im Schwarzwald könnte den technischen Fortschritt der gesamten Region sicherstellen, und Lichtstrom für Straßen und Wohnungen liefern. Außerdem war natürlich auch für die Fürstliche Brauerei in Donaueschingen der Strom attraktiv.

Fürst Karl Egon IV., der 1892 die Nachfolge seines Vaters Karl Egon III. antrat, ließ daher noch im selben Jahr nachforschen, wo ein günstiger Standort für ein Wasserkraftwerk liegen könnte. Er hielt in der Wutachschlucht Ausschau und auch an der Donau. Nach eingehender Prüfung der Standorte beschloss er, an der Wutach 670 Meter unterhalb der Einmündung des Rötenbaches eine Talsperre zu errichten. Die Voraussetzungen waren ideal: Grund und Boden lagen in den Jagdgründen des Hauses Fürstenberg, die Topographie war für den Bau einer Staumauer geeignet, weil das Tal steil und eng ist. Und ein guter Platz für das Krafthaus stand auch zur Verfügung. Zudem liefert die Wutach das ganze Jahr über ausreichend Wasser. Bei einem mittleren Gefälle von 2,55 Prozent fließen im Durchschnitt 4,5 Kubikmeter pro Sekunde das Tal hinab. Und so befand der Fürst, an dieser Stelle Strom zu erzeugen, und diesen per Fernkabel in die Residenzstadt zu leiten.

Die Behörden waren nicht glücklich über die Pläne, und auch die Anlieger nicht. Denn sie alle malten sich furchtbare Unfälle aus, die durch herabfallende Hochspannungskabel verursacht werden könnten. Denn immerhin plante das Haus Fürstenberg, beachtliche 10 000 Volt Drehstrom über die 25 Kilometer lange Strecke nach Donaueschingen zu führen. Viel Erfahrung mit Hochspannung und Übertragungstechnik hatte man um diese Zeit nicht. Es war schließlich in Deutschland erst das zweite Projekt dieser Dimension. Sein offizieller Name: „Primärstation an der Wutach."

Trotz aller Bedenken stellte die Großherzogliche Wasser- und Straßenbau-Inspektion des Bezirksamtes Neustadt im Dezember 1893 die Genehmigungsurkunde aus. Darin wurden Fangdrähte aus Drahtwickel vorgeschrieben, um herabfallende Kabelstränge ungefährlich zu machen. Gebraucht wurden die Fangdrähte allerdings nie, weil die Kabel bestens hielten. Allein die Fangdrähte kamen herunter – und verursachten, wie sich das Fürstenhaus in den 1950er Jahren erinnerte „allerlei technischen Unfug".

Im Überblick

■ Das Kraftwerk Stallegg war einst das größte Flusskraftwerk Deutschlands. Es liegt abgelegen in der Wutachschlucht, wo bei einem mittleren Gefälle von 2,55 Prozent das ganze Jahr über mit 4,5 Kubikmetern pro Sekunde genügend Wasser fließt.

■ Ende der 1970er Jahre begann für das Kraftwerk Stallegg eine wechselvolle Zeit. Es kursierten Gerüchte, es solle abgebrochen werden. Dazu kam es zwar nie, doch der neue Besitzer Kraftwerk Laufenburg legte das Kraftwerk 1980 aufgrund technischer Mängel still. Die Reaktivierung wurde zwar angestrebt, ließ sich zunächst aber nicht realisieren.

■ Dass Stallegg heute wieder am Netz ist, ist einem Privatmann zu verdanken: Im Dezember 1997 begann er mit der aufwändigen, rund drei Millionen Mark teuren Restaurierung der Anlage. Heute produziert Stallegg rund zwei Millionen Kilowattstunden Strom im Jahr.

Gleißendes Licht in Donaueschinger Straßen

Am 8. Januar 1894 begannen die Bauarbeiten in der Wutachschlucht. In den folgenden Monaten errichteten Baufirmen aus Schenkenzell und Karlsruhe eine sechs Meter hohe und 17 Meter lange Talsperre aus Stampfbeton, und legten einen 191 Meter langen Ausleitungskanal an. Ein Jahr verging bis die Arbeiten vollendet waren.

Zwei Kraftanlagen sollten ursprünglich in dem Turbinenhaus untergebracht werden, doch vorerst beschränkte man sich auf eine. Es war eine 150-Kilowatt-Francisturbine mit vertikaler Achse, mit einem Schluckvermögen von 3,3 Kubikmeter pro Sekunde, gebaut für elf Meter Gefälle. Ein Pferdegespann musste sie in die unwegsame Wutachschlucht hinab zerren.

Die Bauarbeiten gingen zügig voran, und so wurde am 12. Juli 1895 der erste Probelauf gestartet. Am 5. August wurde die Kraftübertragung getestet, und am 11. September 1895 reisten Fürst und Fürstin höchstpersönlich zur Einweihung ihres Kraftwerks in die Wutachschlucht.

Einige Wochen später kam auch für die Bürger in Donaueschingen der große Tag. Sie standen am 6. Oktober 1895 in der Dämmerung in den Straßen der Stadt, starrten auf die zwölf großen Bogenlampen, und diskutierten darüber, ob das für diese Zeit äußerst spektakuläre Experiment mit dem Strom wohl gelingen würde.

Und es gelang tatsächlich. Der gleißende Schein der Lampen erhellte plötzlich die Straßen der Residenzstadt, die Nacht wurde zum Tage. Die Menschen hielten sich schützend die Hände vor die Augen – und waren begeistert. Eines der ersten Flusskraftwerke Deutschlands hatte seinen Probelauf bestanden.

„Zwei Zentner todte Fische" in der Wutach

Proteste kamen jedoch bald von den Anglern. Es waren die gleichen Beschwerden, wie sie auch hundert Jahre später noch die öffentliche Diskussion beim Neubau von Wasserkraftwerken prägen sollten. Zu wenig Wasser verbleibe im Bachbett, klagte der „Bad Boll Fisching Club", oft werde das Wasser tagelang gänzlich zurückgehalten. „Zwei Zentner todte Fische" beklagte der Club am 15. Oktober 1898 beim Bezirksamt. Damit seien „sämtliche Fische, welche einen Wert über 400 Mark repräsentieren, verloren." Und so bat der Club das „hochlöbliche Bezirksamt ganzergebenst, die nötigen Schritte zu thun."

Das Amt, ganz um Schlichtung bemüht, hörte daraufhin den Kraftwerksbetreiber. Der sah sich jedoch unschuldig: Die Wutach sei „keineswegs so wasserleer, daß eine Schädigung des Fischwassers verursacht werden könnte", ließ die Fürstlich Fürstenbergische Kammer wissen. Aber auch der Schattenmüller, vier Kilometer unterhalb Stalleggs ansässig, klagte über unregelmäßigen Wasserfluss, den das Fürstenhaus wiederum mit „Stauungen seitens der oberhalb unserer Thalsperre bis zum Titisee gelegenen Werksbesitzer" begründete. Daraufhin schaltete sich auch die Straßenbau-Inspektion in Neustadt ein und gewährte dem Schattenmüller Joseph Rudigier Rückendeckung: Die Klagen, so ließ die Behörde im Oktober 1898 verlauten, seien „vollständig begründet". Denn die vorhandene Turbine in Stallegg sei „für eine zu große Wassermenge construirt". Daher empfehle man, „bei der Fürstlich Fürstenbergischen Kammer die Herstellung einer zweiten Turbine für kleine Wasserstände in Anregung zu bringen."

Damit war die Ursache des Problems erstmalig ausgesprochen. Da der Einbau einer neuen Turbine ohnehin geplant war, wurde im Herbst 1900 in Stallegg umgebaut: Die Turbine mit stehender Welle wurde durch eine ähnliche mit liegender Welle ersetzt. Die Firma Voith in Heidenheim lieferte die regulierbare Francisturbine mit gusseisernem Laufrad. Sie war wie die alte 150 Kilowatt stark, maß 1,10 Meter im Durchmesser, und war 8 350 Kilogramm schwer. Weil die Technik in den zurückliegenden Jahren große Fortschritte gemacht hatte, brauchte die neue Turbine bei gleicher Leistung statt 3,3 Kubikmeter nur noch 2,35 Kubikmeter Wasser pro Sekunde – der „Fisching-Club" konnte sich fortan über mehr Wasser im Bach freuen. Auch das Fürstenhaus profitierte von der effizienteren Nutzung

„Da die elektrische Starkstromanlage Stallegg-Donaueschingen demnächst in Betrieb gesetzt werden wird, sehen wir uns veranlaßt mit Rücksicht auf die damit verbundene Lebensgefahr davor zu warnen, Leitungsdrähte, Stangen, Stützen und Anhaltedrähte oder sonstige Bestandtheile der Anlage unmittelbar mit den Händen oder anderen Körperteilen oder mittels Gegenständen irgend welcher Art zu berühren, an Stangen und Stützen Nägel einzuschlagen, Gegenstände aufzuhängen, Thiere anzubinden, Thiere oder Fuhrwerke in solche Nähe der Leitung zu bringen, ... im Bereich der Anlage Papierdrachen aufsteigen zu lassen oder Aehnliches zu unternehmen ..."

GROSSHERZ. BEZIRKSAMT, 1895, DONAUESCHINGEN, DR. KREMS

Abb. 2
Donaueschingen erstrahlt im Lichterspiel: Elektrische Illumination des Fürstenhauses zur Hochzeit von Prinzessin Leontine mit Fürst Hugo Vinzenz zu Windisch-Grätz im November 1912.

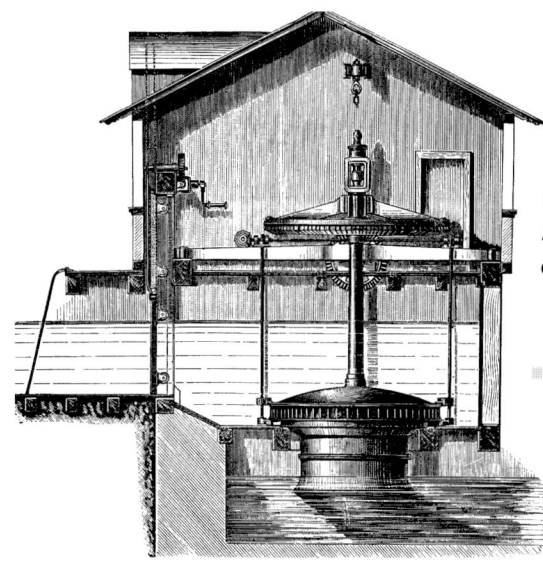

Abb. 3
Beispiel einer frühen Voith-Francisturbine mit Kraftübertragung durch Kammräder. 1900 lieferte das Unternehmen eine Francisturbine nach Stallegg, allerdings nun eine wesentlich weiterentwickelte mit liegender Welle.

des Wassers, speziell weil die neue Turbine auch bei geringerem Wasserfluss eine höhere Ausbeute erzielte als das Vorläufermodell. Nach Angaben des Turbinen-Herstellers lag der „Nutzeffekt" bei bis zu 79 Prozent.

Drehstrom – Zeichen des Fortschritts

Die Entscheidung für die neue Turbine hatte gezeigt, dass das Fürstenhaus gegenüber Neuentwicklungen aufgeschlossen war. Auch beim Aufbau des Stromnetzes war das schon deutlich geworden: Anders als viele andere Kraftwerke in dieser Zeit, setzte Stallegg nicht mehr auf einfachen Wechselstrom, oder gar auf Gleichstrom, sondern bereits auf Drehstrom. 220 Volt wurden in der Wutachschlucht erzeugt, zur besseren Übertragung auf 10 000 Volt hochtransformiert, und im Pumpenhaus im Fürstlichen Park wiederum in zweimal 110 Volt Gleichstrom umgeformt. Mit dem Strom wurden die Pumpen betrieben, die der Brauerei das Wasser lieferten. Zugleich wurde das Pumpenhaus auch zum Elektrizitätswerk für die ganze Stadt ausgebaut, denn nicht nur im Umfeld des Schlosses fand die neue Beleuchtung Freunde; auch viele Amtsstuben und die ersten Wohnungen wurden nun an das Stromnetz angeschlossen.

Nicht alle waren glücklich darüber. In einer der Behörden soll zumindest ein Beamter mit dem neuen Licht seine Schwierigkeiten gehabt haben. Denn bevor es elektrisches Licht gab, pflegte er um fünf Uhr sein Büro zu schließen und zum Dämmerschoppen zu gehen. Bei dem trüben Petroleumlicht, so hatte er stets verlauten lassen, könne man schließlich nicht arbeiten. Dieser Einwand war beim elektrischen Licht kaum mehr haltbar. Aber der Beamte fand kurzerhand einen neuen: „Bei dem grellen Licht könne man nicht arbeiten, es verderbe die Augen", so jedenfalls berichtet das fürstliche E-Werk in seiner Festschrift zum 60-jährigen Jubiläum im Jahr 1955.

In derselben Festschrift findet sich auch die folgende Schilderung aus den Gründerjahren der elektrischen Stromversorgung: *„Wie sah es denn in Donaueschingen um 1890 in den nächtlichen Straßen aus? Die paar Petroleumlaternen unterstrichen das Dunkel mehr, als sie es aufhellten. Fünf Jahre später aber ging man Nachts durch die Straßen beinahe wie am Tage (...). Und wer, müde vom Fürstenberg-Bräu oder dem Kaiserstühler und Markgräfler, spät der heimischen Haustüre zustrebte, stieß sich das Schienbein nicht mehr an einer dunklen Hausecke wund, ja, er fand das Schlüsselloch beim ersten Versuche. Und dann – ein paar Knipser an elektrischen Schaltern, und die Wohnung lag im Lichte. Unangenehm höchstens, daß die erwachte Gattin mit einem ebensolchen Knipser und einem Blick auf die Uhr und den Ehegatten wußte, was die Uhr geschlagen hatte."*

Zwei Drittel des Stroms für die Brauerei

Nur 3 480 Kohlefadenlampen hatte das Elektrizitätswerk Stallegg anfänglich zu versorgen, da die meisten Privatleute dem elektrischen Licht noch sehr skeptisch gegenüber standen. Zu-

Abb. 4
Ausschnitt aus den Plänen zum Bau des Wasserkraftwerks Stallegg.

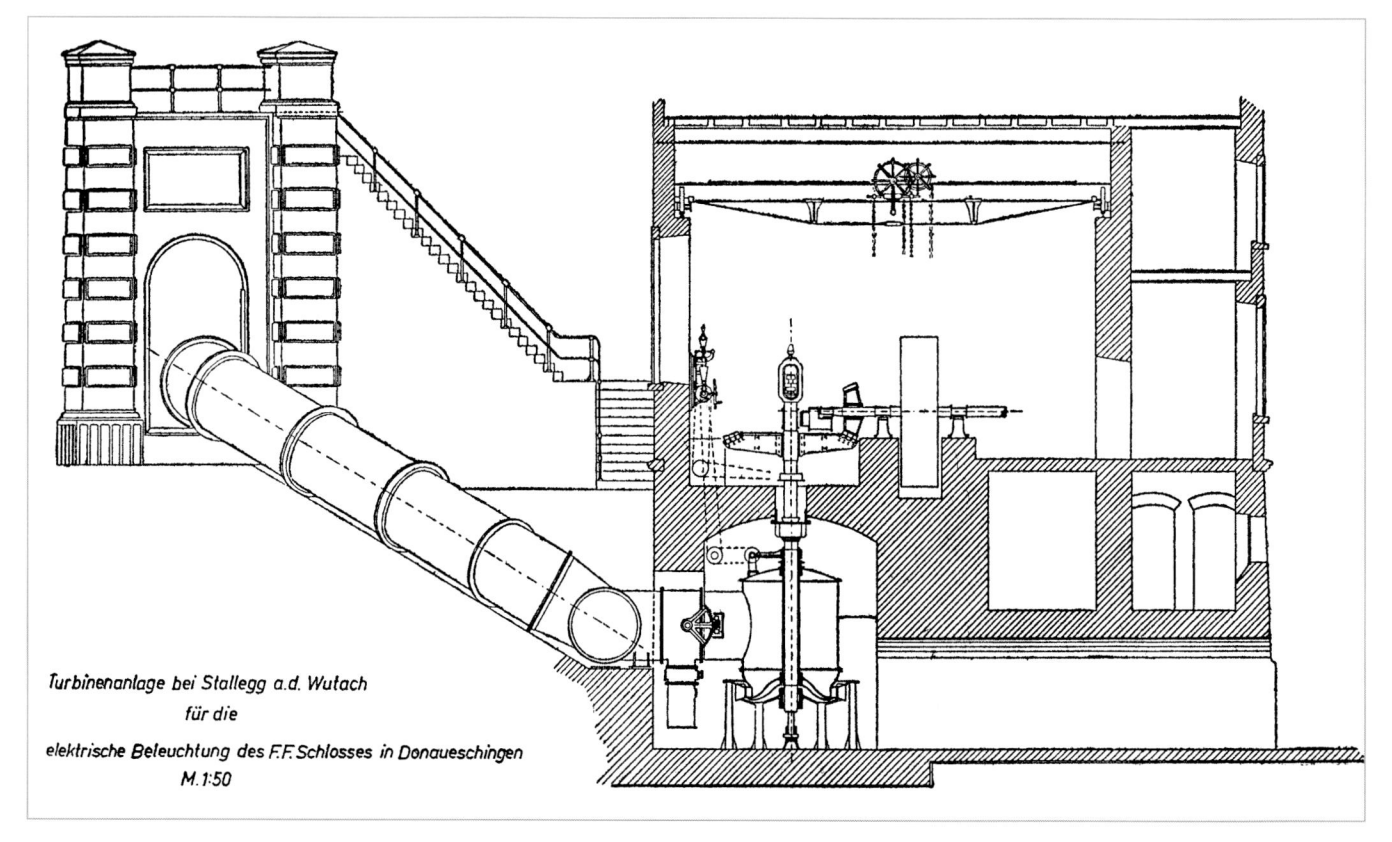

Turbinenanlage bei Stallegg a.d. Wutach
für die
elektrische Beleuchtung des F.F. Schlosses in Donaueschingen
M. 1:50

dem war der Strom noch sehr teuer. Man rechnete in Hektowattstunden (also zehntel Kilowattstunden), und eine solche kostete vier Pfennig. Verglichen mit den Einkünften der Menschen war das ein fast unerschwinglicher Preis. Ein durchschnittlicher Industriearbeiter musste für den Preis einer Kilowattstunde Strom zwei volle Stunden arbeiten.

Zwei Drittel der Energie aus Stallegg nahm daher die Fürstliche Brauerei in Donaueschingen ab, die bald den gesamten maschinellen Betrieb auf Strom umstellte. Zugleich wurde die Brauerei auch zur Verrechnungsstelle für das Elektrizitätswerk Stallegg erhoben.

Die Brauerei nutzte das elektrische Licht sehr intensiv. Als sie im November 1905 ihr 200-jähriges Bestehen feierte, und aus diesem Anlass auch Kaiser Wilhelm II. nach Donaueschingen kam, bot das Fürstenhaus ein Lichterspiel nicht bekannten Ausmaßes. Die Sträucher und Baumkronen zwischen Bahnhof und Schloss waren mit annähernd 3000 elektrischen Lampen aus grünem, rotem, rosafarbenem und weißem Glas übersät. Sieben Jahre später, im November 1912, bei der Heirat der Prinzessin Leontine mit dem Fürsten Hugo Vinzenz zu Windisch-Grätz war die Illumination, erneut in Anwesenheit des Kaisers, noch großartiger.

1919: Der Griff nach dem Fremdstrom

In diesen Jahren legten auch immer mehr Privatleute ihre Vorbehalte gegen die neue Energie ab. Der Strom aus dem Kraftwerk Stallegg wurde bald so begehrt, dass eine Erweiterung der Kapazitäten notwendig wurde. Obwohl der Mangel an Facharbeitern groß war und obwohl zudem zeitweise diverse Baumaterialien fehlten, begann man 1916, mitten im Ersten Weltkrieg, mit dem Bau eines Kraftwerkes im Fürstlichen Park in Donaueschingen. Der Bau schritt trotz der schlechten Voraussetzungen noch ganz gut voran, und so konnte das Werk Anfang 1918 vollendet werden. Eine Dampflokomobile erzeugte fortan 130 Kilowatt fürs Fürstenhaus und für die ganze Stadt. Zusätzlich wurden Akkumulatoren installiert, deren Aufgabe es war Nachfragespitzen zu decken.

Obwohl auch noch eine Wasserkraftanlage an der Breg im Fürstlichen Park mit 30 Kilowatt gebaut wurde, musste sich das Fürstenhaus alsbald nach Fremdstrom umsehen. Man holte ihn dort, wo er am nächsten zu haben war, beim Kraftwerk Laufenburg (KWL) am Hochrhein. 150 Kilowatt sicherte Laufenburg im Jahr 1919 vertraglich zu. Damit wurde es möglich, auch die Orte der Umgebung anzuschließen: Bachheim mit Neuenburg, Boll, Dittishausen, Göschweiler, Gündelwangen, Holzschlag mit Grünwald, Löffingen, Reiselfingen, Seppenhofen und Unadingen.

Immer weiter drehte sich die Spirale: Ein höheres Stromangebot erhöhte die Nachfrage, mehr Nachfrage beschleunigte den Ausbau der Anlagen.

Manche Projekte wurden angedacht und ebenso schnell wieder verworfen. Zum Beispiel fragte im Januar 1920 der Breisacher Ingenieur Oscar Velten an, ob er 500 Meter oberhalb der Schattenmühle auf fürstlichem Grund eine zweite Talsperre errichten dürfe. Er durfte nicht.

Dann schlug im September 1924 der Karlsruher Ingenieur Adolf Ludin vor, das Werk Stallegg um eine Pumpspeicheranlage zu ergänzen, um es flexibler einsetzen zu können. Ludin wollte von „verschiedenen Gemeinden" erfahren haben, dass diese „sich von der Versorgung der fürstlichen Anlagen frei zu machen" gedächten, weil die „Lieferung an elektrischer Kraft zeitweilig ungenügend" sei. Als Pumpspeicherwerk sei Stallegg den Anforderungen der Stromkunden besser gewachsen, meinte Ludin. Schließlich lasse sich diese Technik am Stalleggwerk „mit Rücksicht auf die zur Verfügung stehenden Höhenverhältnisse in besonders günstiger Weise ausführen." Der Vorschlag des Ingenieurbüros hatte einen Hintergrund: Ludin ließ gerade das Zweribachwerk der Firma Gütermann in Obersimonswald als Pumpspeicherwerk bauen – und hätte seine Erfahrungen gerne nochmals verkauft.

Doch das Fürstenhaus beschränkte sich darauf, in den folgenden Jahren das Elektrizitätswerk im Donaueschinger Park zu verbessern und auszubauen. An die Stelle der Dampflokomobile trat 1928 ein 6-Zylinder-U-Boot-Dieselmotor mit 195 Kilowatt. Neue Transformatorenstationen wurden in den folgenden Jahren notwendig. 1940 wurde ein 10000 Volt Hochspannungsring um die Stadt gelegt, eine neue Übergabestation entstand am fürstlichen Eisweiher östlich des Parks.

Abb. 5
Lithographierte Ansichtskarte, die kurz nach der Inbetriebnahme des Kraftwerkes Stallegg an die staunenden Besucher des Elektrizitätswerkes veräußert wurde.

Abb. 6
Stromversorgungsnetz des Hauses Fürstenberg, entnommen der Festschrift zum 60-jährigen Jubiläum im Jahr 1955.

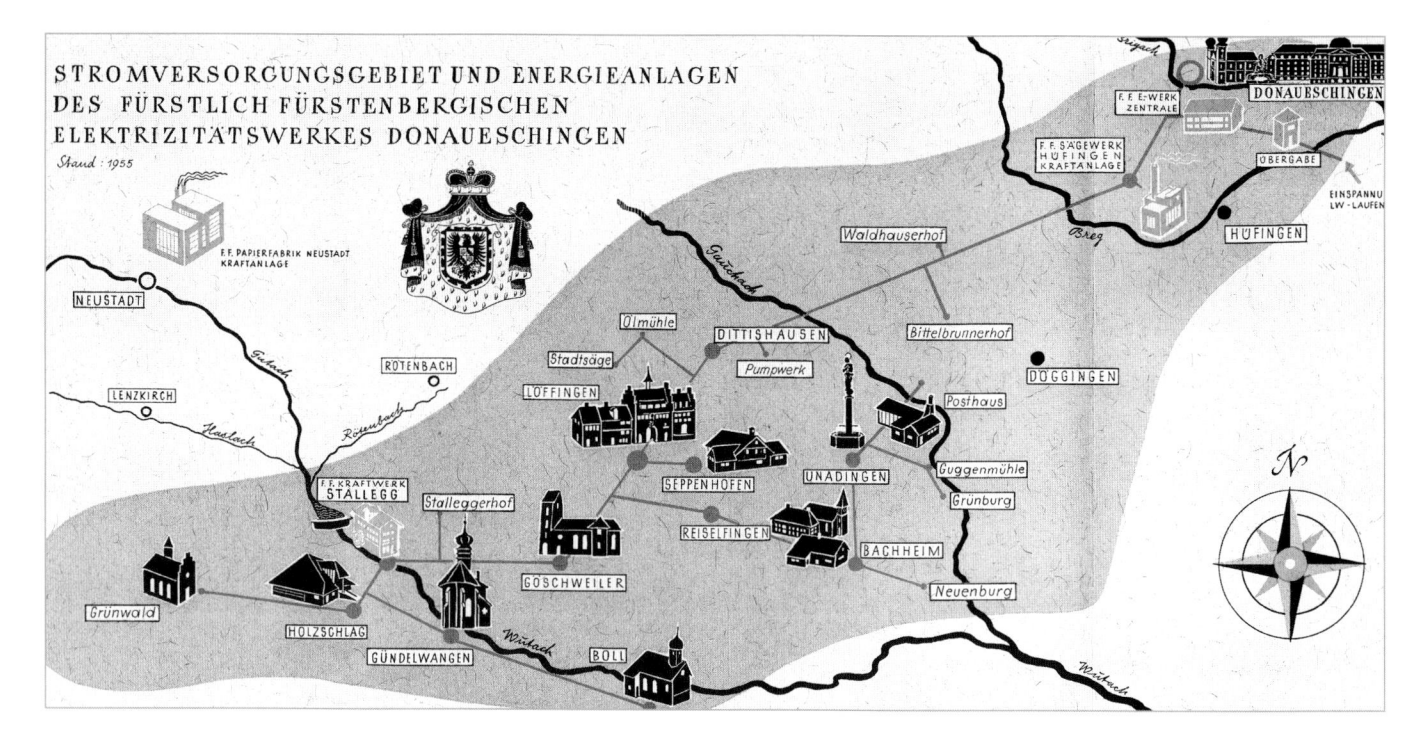

Aber auch die Kraftanlage in Stallegg bedurfte einer Verbesserung und Vergrößerung. Das Wasserrecht konnte 1939 um 1,5 Kubikmeter pro Sekunde aufgestockt werden, die Staumauer wurde entsprechend von sechs auf acht Meter erhöht. Damit wurde 1940 endlich die zweite Turbine rentabel, die bereits beim Bau des Werkes eingeplant war. Das Fürstenhaus entschied sich für eine Francis-Spiralturbine der Firma Voith mit 120 Kilowatt Leistung, und steigerte die Kapazitäten in Stallegg damit auf 270 Kilowatt.

Dem Kriegschaos folgen Strombeschränkungen

Doch auch der Ausbau der Anlagen in dieser Zeit konnte nicht darüber hinwegtäuschen, dass die Kriegszeiten auch dem E-Werk zu schaffen machten. Das Personal wurde „knapp und knapper", die Zeiten waren für das Werk „hart oder noch härter als die des Ersten Weltkrieges", so erinnerte sich das Fürstenhaus in einem Rückblick in den Nachkriegsjahren.

Als am 2. Januar 1945 die Fliegerbomben auch auf Donaueschingen hagelten, wurde das Werk in der Wutachschlucht zwar nicht getroffen, durch die Einschläge in der Nachbarschaft wurde es dennoch in Mitleidenschaft gezogen. Vielerorts wurden die Leitungen zerstört. Als am 21. April 1945 die Franzosen in die Region vorgerückt waren, herrschte (so berichtete das Fürstenhaus später) „in der Stromversorgung ein Chaos". Und es erscheine wie ein Wunder, dass in den unzerstörten Wohnungen das Licht doch noch brannte. Schließlich hatte auch das Elektrizitätswerk im Donaueschinger Park Dachschäden davongetragen, die derart schwerwiegend waren, dass die Stromlieferung gefährdet war.

In den Monaten nach Kriegsende hatte der Wiederaufbau des Netzes hohe Priorität. Und so wurde, dem Materialmangel zum Trotz, bereits Ende Oktober 1945 die Stromversorgung der Stadt behelfsmäßig wieder aufgenommen. Als „nicht genug anzuerkennende Leistung von Verwaltung und Belegschaft" würdigte das Fürstenhaus diese Aktion.

In den folgenden Jahren wurde erneut mehr Strom verbraucht als je zuvor – weniger von der Bevölkerung als von der französischen Besatzung. Weil Engpässe drohten, drosselten die Franzosen den Stromverbrauch für die Bevölkerung und setzten empfindliche Strafen für die Überschreitung der zugemessenen Strommenge fest.

Experten für Stromzähler

Mit dem ungeahnten Aufschwung der Wirtschaft in den Nachkriegsjahren stieg der Stromverbrauch in Donaueschingen rapide an, zumal sich auch neue Industrien ansiedelten. Der Fremdbezug aus Laufenburg schnellte in den 1950er Jahren in die Höhe; bis zum Ende des Jahrzehnts machte die Eigenerzeugung des fürstlichen E-Werks nicht einmal mehr 20 Prozent des Stromverkaufes aus. Im Jahr 1955 musste daher die Laufenburger Mittelspannungsleitung vom Umspannwerk Villingen her verstärkt werden. Die Mittelspannungsleitung von Stallegg nach Donaueschingen wurde 1952 begradigt und von 10 000 auf 15 000 Volt ausgebaut. Die Stromversorgung im Verteilungsnetz wurde zeitgleich von Gleich- auf Drehstrom umgestellt, und entsprach damit der Norm, die sich im ganzen Land herauszukristallisieren begann. Mitte der 1950er Jahre war das fürstliche Elektrizitätswerk weit gediehen: Es umfasste inzwischen 85 Kilometer Leitungsnetz und 20 Transformatorenstationen, außerdem eine neue Dampfkraftzentrale samt Schaltstation im fürstlichen Sägewerk in Hüfingen.

Eine neue Aufgabe kam im Jahr 1952 hinzu: Das Fürstliche E-Werk erhielt eine Zählerprüfanstalt, die alle elektrischen Zähler und Messgeräte amtlich prüfen, eichen, instandsetzen und

---

„Wegen der augenblicklich angespannten Lage in der Elektrizitätsversorgung ist es ab sofort verboten, in der Zeit von 10.30 Uhr bis 12.30 Uhr elektromotorisch angetriebene Dreschanlagen in Betrieb zu nehmen."

BADISCHE ZEITUNG, DONAUESCHINGEN, 9. JULI 1947

beglaubigen durfte. Als „Zählerprüfamts-Außenstelle 61 D" war sie von der Physikalisch-Technischen Bundesanstalt in Braunschweig ausgezeichnet worden, und unterstand dem Hauptprüfamt in Freiburg. 58 Mitarbeiter waren 1955 im gesamten E-Werk beschäftigt.

Anfang der 1960er Jahre wurde schließlich deutlich, dass Donaueschingen ein eigenes Umspannwerk brauchte. Mit dem Bau einer 110-Kilovolt-Schaltwarte wurde im Juli 1963 begonnen, im Mai 1965 ging sie in Betrieb – das Fürstlich Fürstenbergische Elektrizitätswerk war spätestens jetzt im Netzverbund ein vollwertiger Stromversorger geworden.

Das Ende des fürstlichen Stroms

Am 1. Juli 1979 aber war's vorbei mit dem fürstlichen Kraftwerk. Fürst Joachim verkaufte Stallegg, das dazugehörige Netz und die anderen Kraftwerke an das seit sechs Jahrzehnten liierte Kraftwerk Laufenburg. „Straffung der Unternehmenspolitik" nannte sich das Ganze. Die Entscheidung passte in die Zeit: Die etwas größeren Stromversorger (das fürstliche Werk gehörte in nationalem Maßstab natürlich zu den ganz kleinen) waren bestrebt, ihr Netz auszuweiten, und übernahmen jeden kleinen Erzeuger daher gerne.

Für die 40 Beschäftigten war es ein herber Schlag, fiel die Entscheidung doch allzu plötzlich. Noch im Januar desselben Jahres hatte der Verwaltungspräsident des Hauses Fürstenberg gegenüber der lokalen Presse erklärt, von einem Verkauf des Stromnetzes könne „überhaupt keine Rede" sein, alle anderslautenden Behauptungen seien „haltlose Gerüchte". Kurz: „Kein Grund zur Beunruhigung".

Doch die wirklichen Pläne waren nicht mehr lange zurückzuhalten. Schon drei Monate später, im April 1979, musste das Fürstenhaus die Wahrheit herauslassen; das KWL übernahm das gesamte fürstliche E-Werk zum 1. Juli für 35 Millionen Mark.

Für Laufenburg war es ein interessanter Kauf, denn das Fürstlich Fürstenbergische Netz fügte sich gut in das bestehende KWL-Netz ein. Immerhin bezog das fürstliche E-Werk zuletzt 62 Millionen Kilowattstunden jährlich aus Laufenburg. Auch die bestehenden Kraftwerke des Fürstenhauses gingen an das KWL. Sie nahmen sich mit einer Jahresproduktion von drei Millionen Kilowattstunden aber äußerst bescheiden aus.

Das KWL übernahm mit dem Netz und den Kraftwerken auch die meisten der Angestellten und sicherte zu, dass Donaueschingen im Versorgungsgebiet zwischen Radolfzell und Hinterzarten, zwischen Tennenbronn und Blumberg eine wichtige Stellung erhalten solle. Das Materiallager werde von Laufenburg nach Donaueschingen verlegt, eine Netzleitstelle für zwölf Millionen Mark in der Baarstadt errichtet. So hielten sich die Auswirkungen des Verkaufs für die Stromkunden in der Region, wie auch für die Belegschaft in Grenzen.

Für das Kraftwerk Stallegg aber begann mit dem Verkauf eine wechselhafte Zeit. Und die Gerüchte kursierten: Am 5. April 1979, der Netzverkauf war gerade publik, schrieb die Lokalpresse im Hochschwarzwald: „Ältestes Flußkraftwerk soll abgebrochen werden". Obwohl es noch problemlos funktioniere und seine zwei Turbinen mit maximal 270 Kilowatt ausreichten, um „die umliegenden Orte und auch Löffingen mit Strom zu versorgen", solle das Kraftwerk „der Spitzhacke zum Opfer fallen".

Dazu kam es zwar nicht, stillgelegt wurde das Werk am 24. April 1980 trotzdem. Technische Mängel machten diesen Schritt notwendig, speziell die Druckrohre hatten schwere Korrosionsschäden. Der Stromversorger präsentierte die Stilllegung und geplante Sanierung als „ein Zeichen, daß der Energiegewinnung aus Wasserkraft wieder mehr Bedeutung beigemessen" werde. Druckrohr, Rechen und eine Turbine sollten erneuert, die Staumauer und das Krafthaus restauriert werden. Binnen eines Jahres, so hoffte man beim KWL, werde Stallegg wieder ans Netz gehen.

Auch die Lokalpresse war optimistisch, die Schlagzeile am 6. August 1980 daher vielversprechend: „Vielleicht noch in diesem Jahr: Neue Turbine für Wasserkraftwerk Stallegg". Das KWL beabsichtige eine Kapazitätserweiterung und gebe sich optimistisch, die im Vormonat beantragte Genehmigung bald zu erhalten, hieß es. Die alte 150-Kilowatt-Turbine solle durch eine moderne 267-Kilowatt-Turbine ersetzt werden.

Aber so schnell ging das alles nicht. Die Schäden an den Anlagen erwiesen sich als gravierender, als man angenommen hatte. Die Erneuerung des Wasserrechts gestaltete sich schwierig, die Kosten drohten zu explodieren. Entsprechend zögerte das KWL schließlich, mit der Sanierung zu beginnen. Drei Jahre nach der Stilllegung – die Arbeiten ruhten noch immer – kalkulierte das KWL mit einem Aufwand von vier Millionen Mark.

Behördenmarathon um die Restwassermenge

Zudem sah sich das KWL – noch immer gewillt, das historische Werk wieder ans Netz zu nehmen – am Anfang eines Behördenmarathons. Denn das notwendige neue Wasserrecht war an neue Auflagen gekoppelt. Es begann ein Tauziehen um die Restwassermenge. Regierungspräsidium und Landratsamt, die Umweltreferate beider Institutionen, das Denkmalamt, das Wasserwirtschaftsamt, der Fischereiverband, Naturschützer und der Schwarzwaldverein mischten in dem Verfahren mit. Während das KWL nur 110 Liter pro Sekunde im Flussbett der Wutach zurücklassen wollte, um möglichst viel Kraft nutzen zu können, verlangte das Landratsamt 640 Liter, um den Eingriff in die Flussökologie gering zu halten. Für das KWL waren die 640 Liter indiskutabel: Statt der errechneten 1,93 Millionen Kilowattstunden wären dann nur noch 1,4 Millionen im Jahr zu erzeugen gewesen – zu wenig für einen wirtschaftlichen Betrieb.

So vergingen die Jahre, ohne dass in Stallegg irgend etwas geschah. „Betrieb von Stallegg weiter unsicher", schrieb die Presse im Oktober 1991, während die Stadt Löffingen und der Schwarzwaldverein bereits über einen Förderverein zuguns-

> „Es war vorgesehen die Starkstromleitung des Kraftwerks auch über die Gemarkung Hüfingen zu führen. Die Verhandlungen, obwohl erfolgreich platzten aber als man sich entschloss die Freileitung statt über Hüfingen über die Bräunlinger Gemarkung zu führen."
>
> STADTCHRONIK HÜFINGEN

ten von Stallegg nachdachten. Dann kam im Juli 1993 vom Landratsamt die Ablehnung: Eine wasserrechtliche Genehmigung für das Projekt werde es nicht geben. Der Fall ging im Oktober 1993 vor das Verwaltungsgericht, wo man 1995 zu der Erkenntnis kam, das Landratsamt sei gar nicht zuständig, sondern das Regierungspräsidium. Und dort hieß es alsbald, eine komplette Neuplanung sei nötig – Ämterchaos ohne Ende.

Infolge der Schwierigkeiten mit den Behörden resignierte das KWL schließlich. Da bereits vier Interessenten in Laufenburg vorstellig geworden waren, hatte der Stromversorger mit dem Verkauf der Anlagen kein Problem. So wechselte am 15. Januar 1997 das Kraftwerk Stallegg in die Hände eines nordrhein-westfälischen Maklers, der anfangs sogar den Eindruck erweckte, das Werk selber betreiben zu wollen. Auf vier bis fünf Millionen Mark veranschlagte der neue Besitzer die notwendigen Investitionskosten an dem seit November 1994 als Kulturdenkmal erfassten Objekt. Doch der Makler stieß das Werk bereits im November 1997 wieder ab. Ein Unternehmer aus der Gegend von Ulm übernahm nun die Anlagen. Der neue Betreiber zeigte sich zuversichtlich, das Werk langfristig durch die gesetzlich garantierte Einspeisevergütung von seinerzeit etwa 15 Pfennig je Kilowattstunde wirtschaftlich führen zu können.

Erstmals wurde die Reaktivierung nun konkret: Bereits im Dezember 1997 wurden die alten Turbinen ausgebaut, das Dach wurde neu gedeckt. Während die große Turbine in Teilen noch brauchbar war – das Laufrad konnte noch restauriert werden – wurde die kleine Turbine durch eine neue ersetzt. Es war eine spektakuläre Aktion, als am 16. Dezember 1997 die alten Maschinen abgeholt und Baumaterialien herangeschafft wurden: Was hundert Jahre zuvor mit einem Pferdegespann bewältigt werden musste, geschah nun per Hubschrauber.

Auch die von den Behörden geforderte Restwassermenge machte der neue Besitzer nicht zum Problem; er gab sich mit den verlangten 640 Litern pro Sekunde zufrieden und umging damit elegant die Schwierigkeiten. Damit dieses Restwasser dennoch nicht gänzlich ungenutzt das Tal hinabfließt, ließ er an der Staumauer eine zusätzliche Rohrturbine – genannt: Dotierturbine – mit 40 Kilowatt einbauen.

Ins Maschinenhaus kamen wieder zwei Francisturbinen. Die große, deren Laufrad im April 1998 restauriert zurück kam, leistete nun 180 Kilowatt, eine zweite neue kam auf 140 Kilowatt. Gegenüber früheren Zeiten war die Leistung in Stallegg damit um 20 Prozent erhöht. Zwei Millionen Kilowattstunden Strom sollten von nun an pro Jahr aus der Wutach gewonnen werden.

„Dornröschen ist nun wachgeküsst"

Bis das Werk endgültig anlaufen konnte, verging dennoch einige Zeit. Erst im Oktober 1999 erteilte das Freiburger Regierungspräsidium die Genehmigung, worauf die „Badische Zeitung" jubelte: „Dornröschen ist nun wachgeküsst".

Trotzdem war der Betreiber inzwischen recht ungehalten über den „Wust von Nachweisen", die er habe erbringen müssen, und deren Sinn er nicht einsah. Etwa den Nachweis über die Standfestigkeit der Staumauer: Die Mauer habe in ihrer mehr als 100-jährigen Geschichte selbst den größten Wassermassen getrotzt, und dennoch verlange man plötzlich von ihm einen Standfestigkeitsnachweis, erregte er sich.

Am schwersten lastete der Zeitverzug auf dem Projekt, das am Ende drei Millionen Mark Investitionen erfordert hatte. Zwei Jahre hatte der Unternehmer auf die Genehmigung warten müssen, obwohl es inoffiziell schon ein Jahr vor der Genehmigung beim Landratsamt geheißen hatte, das Projekt sei „genehmigungsfähig". Schon damals hatte die Lokalpresse erklärt, der Bauherr habe „ein Recht darauf, endlich vom Regierungspräsidium zu erfahren, wie es um die Zukunft von Stallegg bestimmt ist".

Das Amt ließ sich dennoch Zeit, und der Investor war der Leidtragende. Sein Projekt, sagte er später, sei „durch die ganze Prozedur wirtschaftlich fragwürdig" geworden. Immerhin: Seit Anfang 2000 erzeugt Stallegg wieder Strom.

Abb. 7
Der Materialtransport mit dem Hubschrauber war unvermeidbar, da das Kraftwerk in der Wutachschlucht mit einem Lkw nicht zu erreichen ist. Bauarbeiten im Dezember 1997.

Abb. 8 bis 10

Als nach jahrelangem Kampf mit den Behörden, die Wiederinbetriebnahme des Kraftwerkes Stallegg angegangen wurde, galt es auch die Fallrohrleitung zu sanieren. Die vielen Jahre der Untätigkeit hatten ihre Spuren hinterlassen (links oben).

Auch die Staumauer musste saniert werden, damit das Kraftwerk zum Jahreswechsel 1999/2000 wieder in Betrieb gehen konnte. Erneut Schäden verursachte dann an Weihnachten 1999 der Orkan „Lothar".

Die Papierfabrik als städtisches E-Werk

1896 ■ Gengenbach wird bis 1926 von der Fabrik Köhler versorgt / 8. Kapitel

Abb. 1
Detailansicht des Gleichstromgenerators der Fabrik Köhler. Der Antrieb erfolgte durch eine Dampfmaschine über Transmission.

Das Handwerk trieb die Elektrifizierung voran – in Gengenbach war es die Papierindustrie: Mit einer Dampfmaschine aus dem stillgelegten Steinkohlebergwerk im nahen Berghaupten führte die Pappenfabrik Albert Köhler im Jahre 1896 in der Ortenau-Gemeinde den Strom ein. Ursprünglich hatte das Bergwerk selbst beabsichtigt, die Stadt Gengenbach mit Strom zu versorgen, was 1894 sogar vertraglich geregelt worden war; doch kurz darauf hatte das Bergwerk seinen Betrieb wegen mangelnder Rentabilität einstellen müssen. Bis ins Jahr 1926 versorgte das Unternehmen Köhler die Stadt Gengenbach mit Strom, dann übernahmen neu gegründete Stadtwerke die Aufgabe. Die Kapazitäten waren durch den Bau von zwei Wasserkraftwerken am Floßkanal an der Kinzig zwischenzeitlich erhöht worden.

Der Vertrag hörte sich vielversprechend an – wertlos war er dennoch. In dem Dokument, am 23. November 1894 von der Stadt Gengenbach und der Steinkohlenbergwerksgesellschaft Offenburg unterzeichnet, stand geschrieben:

„Die Steinkohlenbergwerksgesellschaft Offenburg liefert der Stadtgemeinde Gengenbach von dem ihr eigenthümlich gehörenden Elektrizitätswerk Berghaupten aus den benötigten Strom zur Straßenbeleuchtung und zwar im Umfang von: 8 Bogenlampen von 8 Ampère und 30 Glühlampen von 25 Normalkerzen, ferner für Beleuchtung der folgenden städtischen Gebäude:

1) Rathausgebäude: 6 Lampen, Bureaus des Herrn Bürgermeisters, Herrn Stadtrechners und Stadtschreibers, je 1 Glühlampe von 16 Normal-Kerzen, ferner: Flur, Wachstube, Ratsdiener ebenfalls 1 Stück 16 kerzige Lampe.

2) Schulen (zur gewerblichen Fortbildung) 9 Lampen, 1 Saal mit 8 à 16 Kerzen, 1 à 25 Kerzen für die Schultafel.

3) Musikzimmer, 3 Lampen von 16 Kerzen.

4) Kaufhausgebäude für den Kirchenchor 3 x 16 Kerzen, 1 x 10 Kerzen für das Treppenhaus."

Für die Dauer von zwölf Jahren war der Vertrag geschlossen. Die Kosten für die Stadt Gengenbach: *„Jährlich die Summe von zweitausend Mark in vierteljährlichen Terminen."* Im Gegenzug sagte die Steinkohlenbergwerksgesellschaft die *„Bedienung der Beleuchtungsanlagen (Reinigen der Laternen und Wartung der Bogenlampen)"* zu, sowie die Lieferung aller *„durch natürlichen Verbrauch erforderlich werdenden Materialien, wie Kohlestifte zu den Bogenlampen, sowie Glühbirnen"*.

In §3 hieß es weiter: *„Die Brenndauer anlangend, so haben sämtliche Straßenlampen von Sonnenuntergang bis nachts 12 Uhr zu brennen. Von hier aber bis Sonnenaufgang brennen nur noch die 3 Bogenlampen auf dem Marktplatz, Brauerei Bühler, sowie beim Wohnhaus Felber (Bahnhof), ferner: die Glühlampen im Wachtlokal und am Spritzenhaus. Zur Zeit von Hochwassers, sowie Feuersnot steht die öffentliche Beleuchtung ohne weitere Kostenberechnung zur Verfügung der städtischen Behörden."* Es war also alles bestens geregelt.

■ Dampfmaschine wird versteigert

Und dennoch war der Vertrag sein Papier nicht wert. Die Bergbaugesellschaft ging im folgenden Jahr, ehe sie auch nur eine einzige Kilowattstunde Strom liefern konnte, in Konkurs – in die Pleite getrieben durch die billigere Kohle aus Ruhrgebiet und Saarland. Gengenbach blieb daher weiterhin ohne Strom.

Die Steinkohlenbergwerksgesellschaft Offenburg begann das Kohlenbergwerk Berghaupten (der Ort gehörte vorübergehend zu Gengenbach) auszuschlachten, und die noch brauchbaren Maschinen zu verscherbeln. So versteigerte sie im Jahre 1896 auch ihre Dampfmaschine inklusive der zugehörigen elektrischen Anlagen. Der Gengenbacher Pappenfabrikant Albert Köhler griff zu; er ersteigerte die 43 Kilowatt starke Maschine, und brachte damit den Strom in sein Unternehmen. Da er den erzeugten Strom nur zum Teil selbst benötigte, konnte er Energie an Kunden abgeben – er verhalf der Ge-

---

Im Überblick

■ Eigentlich sollte das nahegelegene Steinkohlebergwerk Berghaupten die Gemeinde Gengenbach ab 1894 mit Strom versorgen – doch das Bergwerk ging vorher in Konkurs.

■ Der örtliche Pappenfabrikant Albert Köhler ersteigerte anschließend die Dampfmaschine der Bergbaugesellschaft und brachte damit den Strom in sein Unternehmen. Gleichzeitig verkaufte er Strom an Kunden im Ort.

■ Im Jahre 1926 gründete die Stadt Gengenbach eigene Stadtwerke. Diese kauften zwar anfangs den Strom ausschließlich von der Pappenfabrik, übernahmen die Verteilung an die Kunden aber in Eigenregie.

meinde Gengenbach damit zur lange ersehnten Elektrizität.

Die Firma machte in den kommenden Jahren gute Erfahrungen mit der Erzeugung und Nutzung des Stroms; es kam zum Kohlestrom daher bald auch Wasserkraft hinzu: Am Floßkanal an der Kinzig errichtete die Firma Köhler im Jahre 1900 zwei Wasserkraftanlagen, darunter die Turbinenstation Reichenbach. 5,40 Meter nutzbares Gefälle standen zur Verfügung, bei einem Durchfluss von 2,5 Kubikmeter pro Sekunde. Eine elektrische Leistung von 100 Kilowatt konnte die Firma damit erzeugen.

Abb. 2
Briefkopf der Firma Köhler um 1900.

Vorrang für den Fernsprecher

Die technischen Sicherheitsregeln des Gesetzgebers waren noch dürftig. Die Kaiserliche Ober-Postdirektion formulierte daher für die Gengenbacher Projekte einige „Schutzmaßregeln", die „bei Bau und Betriebe der elektrischen Hochspannungsanlage für nothwendig erachtet" wurden. Sie schrieb zum Beispiel: „Für die mit elektrischen Starkströmen zu betreibenden Anlagen müssen die Hin- und Rückleitungen durch besondere Leitungen gebildet werden. Die Erde darf als Rückleitung nicht benutzt oder mitbenutzt werden." Und falls ein „Fehler in der Starkstromanlage zu Störungen des Telegraphen- und Fernsprechbetriebes Anlaß" gebe, müsse „der Betrieb der Starkstromanlage in solchem Umfange und so lange eingestellt werden, wie dies zur Beseitigung der Fehler erforderlich ist".

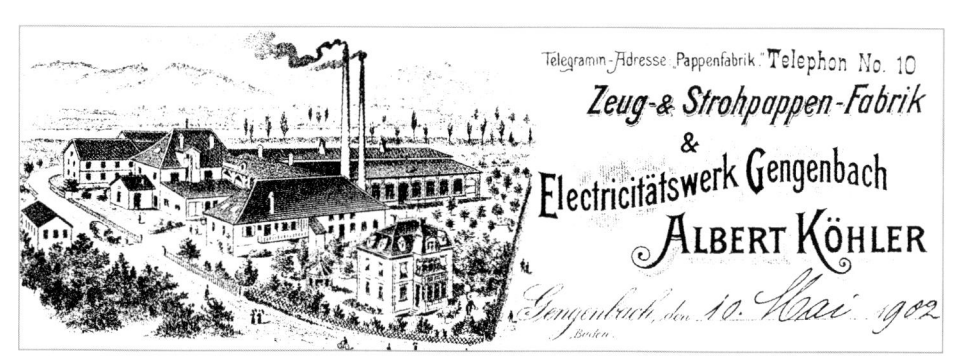

Beim weiteren Ausbau der Kapazitäten setzte Köhler auf Dampfmaschinen. 1906 kam eine Anlage der Maschinenbaugesellschaft Karlsruhe mit 110 Kilowatt hinzu, 1925 eine weitere mit 500 Kilowatt. Zunehmend stieß die Entwicklung auch bei der Stadt auf Resonanz, und bald zeigte sie Interesse an einem eigenen Elektrizitätswerk – denn es lag die Kommunalisierung der Stromversorgung im Trend der Zeit. Der Bürgermeister versicherte: „Die Rentabilität des städtischen Werkes ist gesichert, Zuschüsse aus dem Gemeindehaushalt fallen nicht nötig." Und so gründete die Stadt Gengenbach im

Abb. 3
Mit der 43 Kilowatt starken Dampfmaschine der früheren Steinkohlenbergwerksgesellschaft Berghaupten erzeugte die Firma Köhler die Elektrizität zunächst mit Kohle. Ab 1900 kam zum Kohlestrom die Energie aus Wasserkraft hinzu.

Abb. 4

Die Baustelle der Turbinenstation Reichenbach war im Jahre 1900 eine vielbesuchte Attraktion. Zum Fototermin bei den Fundamentierungsarbeiten durfte sich auch der Hausarzt des Fabrikanten Köhler mit einem Reitpferd zur Gruppe der Arbeiter gesellen. Im Hintergrund eine Lokomobile, die Energie für die Baustelle lieferte.

„Der Abnehmer, welcher das Licht nach Pauschalpreisen bezahlt, ist nicht berechtigt, stärkere als die im Vertrage bezeichneten Lampen zu benützen. Wird festgestellt, daß ein Abonnent widerrechtlich Lampen höherer Kerzenstärke brennt, so hat er für die Dauer des Vertrages den Pauschalsatz der benützten größeren Lampen zu zahlen, oder aber das Werk ist berechtigt, ohne Weiteres die Abnahme des Stromes nach Zähler zu verlangen."

AUS DEN LIEFERBEDINGUNGEN DES ELEKTRIZITÄTSWERKES GENGENBACH

Jahre 1926 eigene Stadtwerke. Diese bezogen zwar ihren Strom anfangs ausschließlich von der Pappenfabrik, übernahmen aber die Verteilung in Eigenregie.

Zeitgleich ließen die Stadtwerke das Netz von der Mannheimer Firma BBC zur Steigerung der Leistung von Gleich- auf Drehstrom umstellen. Für diese Aufgabe hatte die Stadt „vier große, weltbekannte Elektrische Firmen zu Abgabe eines Angebotes aufgefordert". Die Auswechslung von „Motoren, Zählern und Glühkörpern" erfolgte auf Kosten der Stadt, die Überlandzentrale Schnellingen bei Haslach sprang während des Umbaues mit der Stromlieferung ein.

Bis nach dem Ende des Zweiten Weltkriegs erzeugte man in Gengenbach seinen Strom selbst. Erst als 1947 der Verbrauch der Stadt durch die Produktionskapazitäten der Firma Köhler

„Da das Elektrizitätswerk Gengenbach einen nicht unwesentlichen Teil seiner Stromproduktion mit Kohle bewerkstelligte, bereitete die Notsituation nach dem Ersten Weltkrieg erhebliche Probleme. Für das Jahr 1918 findet sich folgende Bemerkung:

Die Besetzung der Saargruben durch Frankreich zeitigte für die Kohleversorgung des Betriebes ungewöhnliche Schwierigkeiten. An den Bezug von Saarkohlen, die bisher verfeuert worden waren, konnte nicht mehr gedacht werden. Die Verkaufsstelle für Ruhrkohlen antwortete auf eine Anfrage von Alfred Köhler: „Der Betrieb möge seine Kohlen dort kaufen, wo er sie in den vergangenen Jahrzehnten gekauft habe."

Notgezwungenermaßen kam es zur Befeuerung der Kessel mit Braunkohle, Sägeschwarten, Sägemehl und Baumstumpen. Sägemehl lieferte das Oberrheinische Sägewerk in Gengenbach und viele weitere Sägewerke im näheren und entfernteren Schwarzwald."

AUS: CHRONIK DER FIRMA KÖHLER, 1988

nicht mehr gedeckt werden konnte, wurde Gengenbach ans Badenwerk angeschlossen. Die Stadtwerke aber blieben als städtisches Unternehmen bestehen. Auch nahmen sie der Pappenfabrik ihren überschüssigen Strom weiterhin ab.

Die historischen Kraftanlagen überstanden die Nachkriegsjahrzehnte unbeschadet – erst 1986 legte die Firma Köhler sie still. Es war ein inzwischen ungewöhnlicher Schritt, denn der Trend im Land ging bereits in die entgegengesetzte Richtung: Die Reaktivierung historischer Wasserkraftwerke hatte seit einigen Jahren in der Hauptsache aus umweltpolitischen Gründen begonnen populär zu werden, dafür gab es bereits genügend Positiv-Beispiele. In Gengenbach kam es leider nicht dazu, aber immerhin konnten zumindest Teile der alten Anlage erhalten werden.

Abb. 5
Die 1900 erbaute Turbinenstation Reichenbach.

Abb. 6
1925 wurde in die Kraftzentrale eine neue Schaltanlage eingebaut.

Abb. 7
Gleichstromgenerator mit Dampfmaschine, um 1900.

Abb. 8
Das Innere der Kraftstation Floßkanal mit Gleichstromgenerator.

18 Kilowatt für eine ganze Gemeinde

1896 ■ Die Stadtwerke Engen im Hegau werden von drei Privaterzeugern gegründet / 9. Kapitel

Abb. 1
Engelbert Mayer, wesentlicher Mitbegründer des Elektrizitätswerkes Engen.

Engen entschied sich schon frühzeitig für einen langfristigen Kontrakt: Im Jahre 1896 unterschrieb die Stadt einen auf 20 Jahre ausgelegten Stromlieferungsvertrag mit drei örtlichen Privaterzeugern. Eine bescheidene Leistung von 18 Kilowatt, erbracht von einem Diesel- und einem Wasserkraftwerk, sollte zur „wirtschaftlichen Hebung der Stadt" ausreichen. Weil der Stromverbrauch in den Folgejahren kontinuierlich stieg, bezog das Unternehmen von 1914 an zusätzlich Energie aus dem neuen Rheinkraftwerk Laufenburg. Doch schon wenige Jahre später war es vorbei mit dem privaten E-Werk; die Gemeinde übernahm die Versorgung selbst, nachdem das Geschäft mit dem Strom sich als lukrativ erwiesen hatte. Zudem lag die Versorgung aus kommunaler Hand im Trend der Zeit.

Kanonendonner nachmittags um zwei Uhr am Bahnhof: Mit dem Nachmittagszug aus Stuttgart traf an diesem 16. Februar 1897 der Ingenieur Wilhelm Reiser ein. Er war einer der Helden des Tages. Denn er war der Erbauer der „electrischen Centrale" – und die ging in der historischen Schloßmühle in Engen an diesem Tag feierlich in Betrieb.

Abb. 2
Zeitungsanzeige, mit der im Jahre 1897 zur Eröffnung des Elektrizitätswerkes Engen eingeladen wurde.

Abends beim Festbankett im „Adler" – wiederum hallten im Ort die Kanonenschüsse – erreichte die Stimmung ihren Höhepunkt. Über die „wirtschaftliche Hebung der hiesigen Stadt" und das „Emporblühen des Gewerbes" freuten sich die Redner im Festsaal. Der „Höhgauer Erzähler" bejubelte in diesen Tagen das Werk als einen „Fortschritt mit der Zeit" und lobte den „unverdrossenen Opfermut seiner Teilhaber".

Unternehmerischen Mut hatten die drei Herren, die das Elektrizitätswerk fortan gewinnbringend betreiben wollten, tatsächlich aufbringen müssen. Denn viel Erfahrung mit der Elektrizität hatte man in dieser Zeit noch nicht. Sie waren allesamt Gemeinderäte der Stadt: Der Adlerwirt Theodor Dürrhammer, der Feuerwehrkommandant Hermann Reebstein, der Kassier Engelbert Mayer – drei „angesehene Bürger", wie der „Höhgauer Erzähler" befand.

Das Trio hatte sich die im Jahre 1895 abgebrannte Schlossmühle gekauft als absehbar wurde, dass die Stromerzeugung ein Geschäft mit großer Zukunft werden würde. Als die drei Herren der Stadt im Jahre 1896 elektrischen Strom für die Straßenlaternen anboten, zögerte diese nicht lange, und unterzeichnete einen Abnahmevertrag für die Dauer von 20 Jahren.

Im Anschluss ließ das Unternehmer-Trio das Kraftwerk mit eigenem Kapital durch die Firma Wilhelm Reiser aus Stuttgart errichten. Eine Wasserturbine und eine ölbefeuerte Dampflokomobile lieferten vom Jahresbeginn 1897 an Strom. Für die Wasserturbine wurde der Hepbach im Westen von Engen gestaut und das Wasser durch Zementröhren zum Elektrizitätswerk am Ostende der Stadt geleitet. Die Lokomobile war nur als Reserve vorgesehen. Sie werde, schrieb zur Eröffnung die örtliche Zeitung, „in der Regel außer Betrieb bleiben, da die Wasserkraft zur Erzeugung der nötigen Electricität genügt."

Die Leitungen – ein 3,5 Kilometer langes Netz – waren oberirdisch verlegt, nur teilweise isoliert, dafür aber mit Schutznetzen gesichert. Neben 400 Glühlampen an den Straßen und in den Häusern versorgten sie fortan auch vier Elektromotoren mit 105 Volt Gleichstrom.

Nachdem die elektrische Straßenbeleuchtung sich bewährte, und auch Privatleute gute Erfahrungen mit der neuen Energie machten, schwenkten auch die vorsichtigen Gemüter in der Stadt zunehmend auf den Strom um. 1903 hingen schon fast 1000 Glühbirnen am Stromnetz, im Jahre 1912 annähernd 1900 (davon 1780 private, 51 Straßenlampen und 56 in öffentlichen Gebäuden). Immer häufiger musste nun auch die Dampfmaschine laufen.

Weil die Maschinen im E-Werk die Nachfrage bald nicht mehr decken konnten, musste Fremdstrom her; ein Vertrag mit dem

Im Überblick

■ Drei Gemeinderäte waren es, die im Jahre 1896 ein Wasser- und Dampfkraftwerk in Betrieb nahmen, und der Gemeinde Engen Strom anboten. Diese zögerte nicht lange, und unterzeichnete einen Abnahmevertrag über 20 Jahre.

■ Mit Ablauf des Vertrages übernahm die Stadt das Elektrizitätswerk in Eigenregie – es hatte sich, wie vielfach in Baden, auch hier die Überzeugung durchgesetzt, dass die Stromversorgung in öffentlicher Hand liegen müsse. Zudem hatte man erkannt, dass sich mit Stromverkauf Geld verdienen lässt.

Abb. 3
Briefkopf des Elektrizitätswerkes Engen im Geist des Jugendstils.

im Bau befindliche Kraftwerk Laufenburg (KWL) wurde im Jahre 1912 abgeschlossen. Als das Rheinkraftwerk 1914 in Betrieb ging, wurde die Dampflokomobile in Engen stillgelegt. Sie sollte nur noch im Fall von Störungen zum Einsatz kommen – das war im Vertrag mit dem KWL so festgelegt worden. Die Wasserturbine hingegen lieferte weiterhin Strom.

Als im Jahre 1917 die Konzession der drei Unternehmer Dürrhammer, Reebstein und Mayer auslief, verlängerte die Stadt diese nicht mehr. Denn langsam hatte sich in Engen wie auch in vielen anderen Städten die Ansicht durchgesetzt, dass die Stromversorgung in öffentlicher Hand liegen müsse; die Stadt übernahm daher das E-Werk zum 1. Januar 1920.

Der schwere Abschied vom Gleichstrom

Der wachsende Strombedarf wurde weiterhin vom KWL gedeckt, doch glücklich war man mit der technischen Realisierung nicht: Laufenburg lieferte Drehstrom. Dieser musste in Engen auf die gewünschte Spannung transformiert, und dann mit hohen Energieverlusten auf 105 Volt Gleichstrom umgewandelt werden. Eine andere Möglichkeit sah man nicht, weil sowohl das Netz in der Stadt wie auch alle Verbraucher auf Gleichstrom eingestellt waren.

Keine ungewöhnliche Situation: Viele Städte (vor allem jene, in denen frühzeitig Elektrizität eingeführt wurde) hatten auf Gleichstrom gesetzt, weil man mit diesem die meiste Erfahrung hatte. Auffallend war in Engen die Beständigkeit, mit der man an dieser Art des Stroms festhielt; erst im Jahre 1954 wurde das städtische Netz auf die inzwischen längst üblichen 220 Volt Wechselstrom umgestellt.

Das Elektrizitätswerk expandierte in den Nachkriegsjahrzehnten, und mutierte im Jahre 1964 zum reinen Stromverteiler. Denn zu diesem Zeitpunkt wurde das historische Wasserkraftwerk stillgelegt, das Gebäude abgerissen. Die Felsenbrauerei übernahm das Gelände. Beendet war damit die Eigenerzeugung.

Weil Laufenburg aber ausreichend Strom lieferte, konnten die Stadtwerke Engen ihr Versorgungsgebiet ausweiten. Es wurde 1975 auf die Orte Bittelbrunn, Neuhausen, Stetten und Zimmerholz, 1996 nach Anselfingen und Welschingen, sowie 1997 nach Bargen und Biesendorf ausgedehnt. Die Stromabgabe des Unternehmens vervielfachte sich von einer Million Kilowattstunden im Jahre 1950 auf 25 Millionen im Jahre 1996.

Über 30 Jahre hinweg verkauften die Stadtwerke ausschließlich Fremdstrom – bevor im September 1994 in Engen das erste Blockheizkraftwerk in Betrieb ging. Mit einem Erdgas-Kraftwerk erzeugte die Stadt nun wieder eigenen Strom, immerhin 640 000 Kilowattstunden im Jahr.

Zugleich wurde die Abwärme des Kraftwerkes zum Heizen von Krankenhaus, Feuerwehrhaus und städtischem Bauhof genutzt.

Abb. 4
Straßenbeleuchtung in Engen; gespeist wurden die elektrischen Anlagen in der Stadt mit Gleichstrom, erst 1954 wurde auf Wechselstrom umgestellt.

Energie aus der Baumwollspinnerei

1896 ■ In Singen agiert ein Fabrikant 32 Jahre lang als Stromverkäufer / 10. Kapitel

Abb. 1
Das Wohnhaus der Familie Troetschler. Die Inhaber einer Baumwollspinnerei trieben ab 1896 die Elektrifizierung Singens voran.

Mitunter mussten die Gemeinden durch örtliche Unternehmer auf die vielfältigen Möglichkeiten des Stroms gestoßen werden. So war es in Singen eine Baumwollspinnerei, die bereits im Jahre 1896 die Elektrifizierung der Stadt in die Hand nahm, und anschließend das Geschäft mit dem Strom drei Jahrzehnte lang betrieb. Erst als die Baumwollspinnerei im Jahre 1928 in Konkurs ging, übernahm die Gemeinde das Elektrizitätswerk, verkaufte es aber schon bald aus Geldmangel wieder an ein privates Unternehmen. Dieses machte in der Nachkriegszeit glänzende Geschäfte mit dem Strom, legte die historischen Wasserkraftwerke an der Aach still und versuchte den Stromverbrauch nach Kräften zu steigern. „Allelektrisch" sollten die Häuser der Stadt werden – und Strom selbst für die Heizung verwenden.

Bei der Gemeinde Singen ging am 18. Juli 1894 eine Anfrage ein: Der ortsansässige Fabrikant Alfred Troetschler, Besitzer einer Baumwollspinnerei, bot an, den Ort mit elektrischem Strom zu versorgen. Er werde Bürgern und anderen Unternehmen Licht- und Kraftstrom liefern, erklärte er. Ferner werde er eine elektrische Straßenbeleuchtung betreiben – sofern diese von der Gemeinde gewünscht sei.

Die Gemeinde brauchte ein wenig Zeit, um über ein derart ungewöhnliches Angebot zu beraten. Denn eine Stromversorgung für die ganze Stadt gab es bisher erst an wenigen Orten in Baden. Man war sich bewusst, dass die Entscheidung nachhaltige Konsequenzen haben würde: An den Straßen und auf den Plätzen würden künftig Lampen stehen, und die Stadt würde mit Leitungen überspannt sein.

Doch man wagte den großen Schritt: Am 4. April 1896 schloss die Gemeinde einen Konzessionsvertrag ab, der die Stromversorgung der Gemeinde durch die Baumwollspinnerei regelte. Das Unternehmen konnte auf diese Weise die Energie seiner vorhandenen Kraftanlagen gewinnbringend veräußern. Aber der Strom reichte nicht lange – große Stromverbraucher wie die Maggi-Werke und die Aluminium-Walzwerke hatten sich zwischenzeitlich angesiedelt. So schloss Stromunternehmer Troetschler im März 1910 einen Vertrag mit dem noch in Bau befindlichen Kraftwerk Laufenburg ab.

Bald weckte der große wirtschaftliche Erfolg des Stromverkaufs auch bei der Gemeinde Begehrlichkeiten. Erstmals im Januar 1914 thematisierte daher der Bürgerausschuss die Frage, ob nicht ein gemischtwirtschaftliches Unternehmen – eine Firma mit gleichzeitiger Beteiligung von Gemeinde und Privatunternehmern – die Stromversorgung übernehmen solle. Erste Gespräche mit dem inzwischen fertiggestellten Kraftwerk Laufenburg führte die Gemeinde noch im selben Jahr.

Aber zum gemischtwirtschaftlichen Unternehmen kam es nicht. Denn inzwischen hatte sich landesweit die Stimmung so weit gewandelt, dass man nun komplett gemeindeeigene Versorger bevorzugte. Für diesen Fall legte ein Gutachten im Juni 1919 der Gemeinde einen Ausbau der Wasserkräfte an der Aach nahe.

Doch diese Idee scheiterte schließlich am Geld. „Die Gründung einer neuen Elektrizitätsgesellschaft in Singen unter Beteiligung der Stadt oder durch die Stadt allein, setzt Investitionen voraus, deren Höhe über die Leistungsfähigkeit der Stadt unter den heutigen Verhältnissen hinausgeht", hieß es bei der

Abb. 2
Das Verwaltungsgebäude des Gas- und Elektrizitätswerkes Singen erstrahlt im Lichterglanz, 1950er Jahre.

Im Überblick

■ Im Jahre 1894 fragte ein ortsansässiger Fabrikant bei der Gemeinde an, ob diese Interesse an einer elektrischen Straßenbeleuchtung habe. Die Gemeinde sagte zu, und so wurde am 4. April 1896 ein Konzessionsvertrag abgeschlossen.

■ Im Jahre 1928 übernahm die Stadt Singen die Stromversorgung in Eigenregie, verkaufte diese aber bereits fünf Jahre später, um damit ihren Haushalt zu sanieren.

Abb. 3
Das Turbinenhaus des Kraftwerkes.

Stadt – und so verlängerte diese am 6. Oktober 1921 notgedrungen den Vertrag mit der Baumwollfabrik um weitere zehn Jahre.

Als im Sommer 1928 die Baumwollfabrik überraschend ihren Betrieb einstellte, bot diese ihr Elektrizitätswerk der Stadt Singen sowie der Berliner Aktiengesellschaft für Gas, Wasser und Elektrizitätsanlagen (Agwea) zum Kauf an (Die Agwea betrieb bereits seit 1925 das Singener Gaswerk). Die Stadt Singen, gerade finanziell ausreichend liquide, griff zu, und erwarb das E-Werk zum 1. Januar 1929. Zum gleichen Termin wurde die Gas- und Elektrizitätsversorgungsgesellschaft Singen (Gaselt) gegründet, in welche die Agwea, wie auch die Stadt ihre Anlagen einbrachte – „einschließlich des gesamten Fundus instructus und der Gebäulichkeiten", wie die „Freiburger Zeitung" festhielt.

Nicht lange blieb die Stadt der Stromversorger ihrer Bürger. Bereits im Oktober 1933 verkaufte sie ihre Anteile aus Geldmangel an die „Gesellschaft für elektrische Unternehmungen Ludwig Loewe & Co AG" (Gesfürel), in welcher bereits drei Jahre zuvor die „Agwea" aufgegangen war. Der Verkauf ermöglichte der Stadt Singen immerhin den Ausgleich ihres Jahresetats von 1933. Zum 1. Januar 1938 übernahm schließlich die Deutsche Continental-Gas-Gesellschaft in Dessau das Unternehmen.

Beim Luftangriff am 25. Dezember 1944 wurde das Umspannwerk an der Hauptstraße restlos zerstört. Die Installation eines provisorischen Werkes leitete von Mitte 1945 den Wiederaufbau der Stromversorgung ein. Diese war verbunden mit der Umstellung des Gleichstromnetzes auf Drehstrom – und einem drastischen Anstieg des Verbrauchs. Die Eigenanlagen, die gerade 180 Kilowatt leisteten, reichten natürlich längst nicht mehr, der überwiegende Teil des Stroms kam inzwischen aus Laufenburg. Als in den 1960er Jahren die Aachkraftwerke stillgelegt wurden, war Singen komplett von externen Erzeugern abhängig. „Zu personalintensiv und damit unwirtschaftlich" seien die eigenen Anlagen gewesen, ließ das Unternehmen wissen.

Der Stromversorger tat unterdessen alles, um den Verbrauch weiter anzuheizen. Als „erstes Versorgungsunternehmen im hiesigen Raum" habe man ab Mai 1967 durch einen Nachtstrompreis unter fünf Pfennig je Kilowattstunde „dem Strom neue Anwendungsgebiete" eröffnet, schrieb das E-Werk später. Man habe im Januar 1969 gar „die erste allelektrisch versorgte Schule" geschaffen – wo Strom auf energieverschwendende Weise zur Raumheizung herhalten musste.

So gab das Unternehmen im hundertsten Betriebsjahr gut 290 Millionen Kilowattstunden ab und versorgte 24 000 Kunden. Die Jahreshöchstlast lag bei mehr als 60 000 Kilowatt und damit hundertfach höher als im Jahre 1945.

Abb. 4
Die Dampfmaschine der Baumwollspinnerei, um 1930.

Strom für den weltstädtischen Fremdenverkehr

1898 ■ In Baden-Baden führen Hoteliers die Elektrizität ein / 11. Kapitel

In den meisten Städten waren es Industriebetriebe, die dem Strom den Weg bereiteten – in Baden-Baden war es der Fremdenverkehr. Schon sehr früh, um 1890, hatten dort größere Hotels eigene Stromzentralen in Betrieb genommen, bevor 1892 die Vorarbeiten für ein städtisches Dampfkraftwerk begannen. Von 1898 an lieferte dieses Strom für Straßenlicht und Kurbetrieb; besonders die Lichter im „Konversationshaus" und auf der Promenade sorgten für Furore. Selbst nach dem Anschluss an das Badenwerk im Jahre 1922 blieb das Elektrizitätswerk Baden-Baden selbständig – bis heute. Als „Städtische Werke AG" wurde es ab 1930 geführt, später als „Stadtwerke Baden-Baden". Die eigenen Kraftwerke hat das Unternehmen längst stillgelegt.

Abb. 1
Ab 1898 erstrahlten in Baden-Baden die Kuranlagen erstmals in elektrischem Licht.

Die Kurgäste hatten so ihre Ansprüche. Elektrisches Licht – das gehörte für manchen Zeitgenossen der 1890er Jahre zu einem angenehmen Kur-Aufenthalt durchaus schon dazu.

Daher wurde die Elektrizität in der Bäder-, Kur- und Kongressstadt Baden-Baden schon frühzeitig diskutiert; größere Hotelunternehmer nahmen schon 1890 eigene Stromzentralen in Betrieb. Und auch bei den Stadtoberen kam, angesteckt durch das „Strom-Fieber" in den Hotels, bald der Wunsch nach einem städtischen Elektrizitätswerk auf.

1892 begannen die Vorarbeiten, und in den Jahren 1897/98 errichtete die Berliner Firma Siemens & Halske nach den Plänen von Professor Rasch, einem Privatdozenten von der Technischen Hochschule Karlsruhe, für 677 000 Mark ein Dampfkraftwerk an der Waldseestraße. Zum 1. Mai müsse es in Betrieb gehen – so stand es im Vertrag der Stadt mit der Firma Siemens & Halske. Im Falle einer Verspätung war mit der Firma eine Konventionalstrafe von 400 Mark pro Tag vereinbart. Dennoch ließen sich die Arbeiten nicht fristgerecht abschließen; erstmals am 3. Juli 1898 konnte die Stadt das elektrische Licht im Konzertsaal öffentlich demonstrieren. Die „Karlsruher Zeitung" jubelte, die neue Beleuchtung erhöhe „nicht nur den Komfort unseres Konversationshauses", sondern sie werde „auch infolge der Herabsetzung der Saaltemperatur als eine Annehmlichkeit empfunden".

Am 6. Juli wird berichtet: *„Am gestrigen Sonntag Abend erschien das Konversationshaus dem Publikum in einem neuen Lichte. Zum erstenmale erstrahlten an diesem Tage der große Konzertsaal und die neuen Säle in elektrischer Beleuchtung. Die Schönheit der Säle, besonders der plastische und malerische Schmuck derselben kommt bei der elektrischen Beleuchtung noch wirksamer zur Geltung als bei dem bisherigen Licht. Besonders brillant nahm sich der rothe Saal aus, dessen warmer, prächtiger Farbenton durch die neue Beleuchtung noch mehr gehoben wird; in diesem Saal und in dem Salon Louis XIII., dem Juwel unseres Konversationshauses mit seiner kostbaren Ausstattung, wird der Vortheil der elektrischen Beleuchtung namentlich auch bei den Réunionsbällen und bals pàrés von den tanzlustigen Besuchern empfunden werden. Auch die lichten Farben des Gartensaales, sowie des neu hergerichteten großen Konzertsaales nehmen sich in elektrischem Lichte vorzüglich aus. Es mag übrigens bemerkt sein, daß die elektrische Beleuchtung der Säle einstweilen noch keine vollständige ist, da ein Theil der Beleuchtungskörper noch nicht aptirt ist. Große und mit erheblichen Opfern für die Bürgerschaft der Stadt Baden verbundene Unternehmungen, die vorzugsweise für einen Kurort in erster Linie stehende Vervollkommnung der sanitären Einrichtungen betrafen, hatten die lang geplante Einrichtung einer elektrischen Centrale und die damit ermöglichte Einführung der elektrischen Beleuchtung im Konversationshause verzögert; nun erfreuen wir uns alle dieser modernen Errungenschaft und wir dürfen sie als einen neuen Beleg dafür verzeichnen, daß Baden-Baden den Komfort seiner öffentlichen Einrichtungen beständig in Einklang mit den wachsenden Ansprüchen des Fremdenpublikums zu erhalten bestrebt ist."*

Zehn Tage später, am 13. Juli 1898, lieferte das Elektrizitätswerk erstmals Strom für die Stadt worin die Presse die „Vervollkommnung des öffentlichen Komforts" erkannte. Das Kraftwerk lieferte Gleichstrom mit zwei mal 160 Volt und 200 Kilowatt Leistung. Man hatte sich in Baden-Baden für die niedrigere Spannung entschieden, weil man die bereits in England und einigen deutschen Städten gebräuchlichen 220 Volt für zu gefährlich hielt.

Im Überblick

■ Weil die Kurgäste das elektrische Licht schätzten, nahmen schon um 1890 einige Hoteliers eigene Kleinkraftwerke in Betrieb. Im Juli 1898 konnte auch die Stadt erstmals im Konzertsaal das elektrische Licht präsentieren.

■ Im Jahre 1910 fuhr die erste elektrische Straßenbahn durch Baden-Baden. Da auch der Stromverbrauch für Licht und Kraft stetig gestiegen war, musste sich die Stadt trotz eines Ausbaus der eigenen Kapazitäten nach Fremdstrom umsehen. Ab 1913 kaufte sie Strom beim Überlandwerk in Achern, später beim Badenwerk.

Der Strom versorgte unter anderem die Straßenlaternen, deren Bestand sich anfangs auf ganze 17 Lampen belief. Weil das „Elektrische" bei den Gästen wie bei den Einheimischen gut ankam, entschied der Gemeinderat schon im Februar 1899, auch „den beliebtesten und frequentesten Promenadenweg in unserer Bäderstadt, die allberühmte Lichtenthaler Allee mit elektrischer Beleuchtung zu versehen", wie die Presse festhielt. Diesen „zeitgemäßen Fortschritt" werde – so war der Schreiber überzeugt – „das Fremden- und Passantenpublikum mit Interesse vernehmen." Die bisherigen Petroleumlaternen passten schließlich „nicht mehr recht in das Bild eines weltstädtischen Fremdenverkehrs hinein".

Vom „Pikkolo" zum „Magnum-Strom"

So musste nach nur wenigen Jahren das Werk schon erweitert werden. Zwei Dampfturbinen, zusammen 570 Kilowatt stark, kamen im Jahre 1906 hinzu. Man wählte nun 660 Volt Betriebsspannung, denn man hatte schon die anstehende Eröffnung der elektrischen Straßenbahn im Jahre 1910 im Blick.

Mit weiter steigendem Bedarf wurde bereits 1913 der Bezug von Fremdstrom notwendig; Anfangs bezog die Stadt Drehstrom mit drei mal 20 000 Volt von der Rheinischen Schuckert-Gesellschaft in Achern, dann schloss sie im Jahre 1922 mit der noch jungen „Badischen Landeselektrizitätsversorgung", dem Badenwerk, den ersten Strombezugsvertrag ab.

Weitere eigene Dieselmaschinen kamen in den folgenden Jahren hinzu, die größte Anlage erreichte bereits 800 Kilowatt. Die Gemeinden Oberbeuern und Geroldsau, sowie das damals selbständige Oos erhielten 1922 erstmals Strom aus Baden-Baden – 4 000 Zähler waren im Jahre 1925 in Betrieb, die Kilowattstunde Strom kostete 60 Pfennig. 3,4 Millionen Kilowattstunden wurden im Betriebsjahr 1927/28 verkauft, ein drastischer Anstieg gegenüber den 172 000 Kilowattstunden des ersten vollen Betriebsjahres 1899.

Nach dem Zweiten Weltkrieg boomte der Absatz erneut. Da die Stadt im Krieg unzerstört geblieben war, stieg die Abnehmerzahl insbesondere durch Großverbraucher aus den Kreisen der Besatzungsmacht ungewöhnlich stark an. Wie überall im Lande setzte sich der Anstieg des Stromverbrauchs langfristig fort; alle zehn Jahre verdoppelte sich die Stromabgabe, das Drehstromnetz wurde ausgebaut, die Gleichstromerzeugung 1966 eingestellt.

Zu dem steigenden Verbrauch trug auch die Zunahme der Stromheizungen bei, die von den Stadtwerken stark propagiert wurden. 1975 hatte ihre Anzahl bereits die 1 000 überschritten, 1984 war sie sogar bei 1 700 angelangt. Der Stolz, mit dem die Stadtwerke diese Zahlen verkündeten, war ein zweifelhafter: Bis zu 24 Megawatt Leistung zogen allein diese nachweislich energievergeudenden Elektroheizungen.

Heute verkaufen die Stadtwerke Baden-Baden im Jahr gut 260 Millionen Kilowattstunden Strom; die Eigenerzeugung haben sie längst eingestellt. Passend zum Image der durch Edelgastronomie geprägten Stadt kreierten die Stadtwerke nach der Liberalisierung der Strommärkte im Jahre 1998 eigene Strommarken: Je nach individuellem Verbrauch konnte der Kunde seinen spezifischen Tarif wählen – entweder „Magnum-Strom" für den Großverbraucher, „Pikkolo-Strom" für den Sparsamen oder einfach den „Medium-Strom".

Abb. 2
Maschinenhalle des Elektrizitätswerkes Baden-Baden.

Abb. 3
Die neue Beleuchtung erhöhe den Komfort des Konversationshauses jubelte die „Karlsruher Zeitung". Und ab 1910 hatte man in Baden-Baden einen weiteren Grund zur Freude: Es verkehrte die elektrische Straßenbahn.

Ein Kraftwerk und sein Gemüsegarten

1898 ■ Das Überlandwerk Achern nutzt die Abwärme frühzeitig auf pfiffige Weise / 12. Kapitel

Abb. 1
E-Werk Achern, 1898

Während in Südbaden die Wasserkraft den Aufbau der Stromversorgung bestimmte, spielte im nördlichen Teil Badens zumeist die Dampfkraft die Hauptrolle – so auch in Achern. Das dortige Überlandwerk gehört zu den älteren Werken Nordbadens. Es wurde 1898 nach einem Beschluss der Gemeinde von der Rheinischen Schuckert-Gesellschaft gegründet und versorgt heute noch unter dem historischen Namen „Überlandwerk Achern" die Region im Dreieck zwischen St. Peterstal-Griesbach, Willstätt und Hügelheim. Seit dem Jahr 2000 ist das Überlandwerk Achern eine 100prozentige Tochter des Essener Stromgiganten „Rheinisch-Westfälische Elektrizitätswerke" (RWE). Die Perle des Unternehmens ist das Wasserkraftwerk Willstätt, das inzwischen zwar renoviert wurde, dessen historische Maschinen aber noch vor dem Gebäude zur Schau gestellt sind.

Die Freude war groß bei der Rheinischen Schuckert-Gesellschaft an jenem 15. Oktober 1898. Auslöser war ein Telegramm, das der Bürgermeister der Stadt Achern soeben übermittelt hatte. „Vertrag ueber Errichtung eines Elektrizitaetswerk mit großer Mehrheit vom Buergerausschuß angenommen" war dort zu lesen – das Mannheimer Unternehmen hatte einen großen Auftrag an Land gezogen.

Fixiert im Vertrag war „die Errichtung eines örtlichen Elektrizitätswerkes zur Versorgung der städtischen Gebäude, der Straßen und öffentlichen Plätze sowie der Einwohner mit Licht und Kraft aus einem Gleichstromnetz mit einer Spannung von 2 x 110 Volt." Anders als viele andere Städte hatte Achern entschieden, kein eigenes Elektrizitätswerk aufzubauen, sondern einen Privatunternehmer zu engagieren.

Im März 1899 wurde der Bau von zwei Dampfkesseln der Firma Guilleaume-Werke GmbH aus Neustadt an der Haardt beantragt und im April genehmigt. So konnte noch im Dezember des selben Jahres das Überlandwerk Achern (ÜWA) als Tochter der Rheinischen Schuckert-Gesellschaft die Dampfkessel mit jeweils 75 Kilowatt Leistung und 76,5 Quadratmeter Heizfläche in Betrieb nehmen.

Anfangs war das Unternehmen nur auf die Stadt Achern und speziell deren 115 Straßenlaternen fixiert, expandierte dann aber ab 1907 auch ins Umland. Kontinuierlich wurden die Nachbargemeinden angeschlossen, im Jahre 1911 waren es bereits 20 Kommunen. Um diese Expansion bewerkstelligen zu können, stellte man das Netz im Jahre 1908 von Gleich- auf Drehstrom um.

Natürlich reichten die Erzeugungskapazitäten nun nicht mehr aus. Also wurde im Jahre 1911 ein weiterer, größerer Kessel aufgestellt, und 1912 eine neue Maschinenanlage mit zwei besonders leistungsfähigen Turbogeneratoren – jeweils 1550 Kilowatt stark – errichtet. Parallel dazu wurden die beiden Dampfmaschinen aus den Anfangstagen verkauft. Das Großherzogliche Bezirksamt, wegen der elektrischen Maschinen besorgt, machte dem Überlandwerk inzwischen eine Auflage: „Zur Möglichkeit der Wiederbelebung bei elektrischen Unfällen ist ein mechanischer Sauerstoff-Wiederbelebungsapparat bereit zu stellen."

■ Dem schwarzen Tag folgen dunkle Nächte

Dann kam der schwärzeste Moment in der bisherigen Firmengeschichte, der Spätnachmittag des 11. Dezember 1912. Die Tuchfilter eines Turbogenerators entzündeten sich als die Maschine zu heiß lief. Binnen kürzester Zeit breitete sich das Feuer im Kraftwerksgebäude aus und zerstörte einen Großteil der Anlagen. „Der Schaden ist sehr groß", schrieb am nächsten Tag die „Freiburger Zeitung", alle an der Fernleitung Offenburg-Ra-

---

Im Überblick

■ Achern setzte auf einen Privatinvestor: Die Stadt beauftragte im Oktober 1898 die Rheinische Schuckert-Gesellschaft mit dem Bau eines Elektrizitätswerkes. Die Firma gründete eine Tochter namens Überlandwerk Achern, und begann im Dezember 1899 mit der Stromerzeugung mittels Dampfkraft.

■ Der schwärzeste Tag in der Firmengeschichte war der 11. Dezember 1912, als das Kraftwerk infolge Überhitzung eines Generators in Brand geriet. Zwei gerade erst in Betrieb genommene Dampfmaschinen wurden zerstört, die Stadt und das Umland saßen plötzlich wieder im Dunkeln.

■ Das Schmuckstück der Überlandwerke Achern war stets das Wasserkraftwerk Willstätt, das noch heute 2,5 Millionen Kilowattstunden Strom jährlich erzeugt. Die historischen Turbinen wurden zwar in den Jahren 1986 und 1990 durch moderne Anlagen ersetzt, ein alter Maschinensatz aus der Anfangszeit des 20. Jahrhunderts ist aber auf dem Freigelände der Anlage noch ausgestellt.

Abb. 2
Elektrizitätswerk Achern: Rechts die mit Dampfkraft betriebene Turbine, links die Schaltzentrale. Die 1899 aufgestellte Kesselanlage bestand aus zwei Wasserrohrkesseln, zwei Dampfmaschinen und zwei Gleichstromdynamomaschinen.

Abb. 3
Ein mächtiger und imposanter Zeuge des Industriezeitalters: Das Kraftwerk Achern, hoch überragt vom Feuerwehrturm.

Abb. 4/5
Die beiden Dampfmaschinen, die erst im selben Jahr angeschafft worden waren, wurden durch den Brand unbrauchbar.

Am 11. Dezember 1912 stand das Kraftwerk Achern in Flammen. Damit war eine große Zahl von Gemeinden, die ihren Strom aus Achern bezogen hatte, stunden- oder tagelang ohne Elektrizität. Der nebenstehende Beitrag der „Freiburger Zeitung" verdeutlicht, wie rasch sich die Menschen an die Annehmlichkeiten der Elektrizität gewöhnt hatten.

Aus Achern, 12. Dezember, wird uns geschrieben: Seit gestern abend haben wir kein elektrisches Licht mehr. Als gestern Abend sich plötzlich Dunkelheit herniedersenkte über die Lande, war es nur zu bedauern, daß es infolge der eintretenden Finsternis nicht möglich war, an den geistreichen Gesichtern der Betroffenen physiognomische Studien zu betreiben. Wer noch auf Wiederkehr des goldenen Lichtes gehofft hatte, wurde bald durch den rasch aufflammenden Feuerschein am östlichen Himmel belehrt, daß es sich nicht um die üblichen Störungen handelte, sondern daß unser Elektrizitätswerk von ernstlicher Gefahr bedroht war. Fröhlich wurde die plötzliche Gabe der Finsternis wohl nur von denen empfunden, die nun einen willkommenen Anlaß hatten, das Bureau schon um 5 Uhr anstatt um 6 Uhr zu schließen, da fast nirgends mehr in sorglosem Vertrauen auf unsere Elektrizität Petroleumlampen oder Lichter vorhanden waren. Nachdem man am Brandplatz selbst einen hervorragenden feuerwerklichen Genuß in sich aufgenommen hatte, kehrte man in die völlig verdunkelte Stadt zurück. Nun ging ein Suchen los nach den verachtungsvoll in den Winkel gestellten Petroleumlampen, Stallaternen, Radfahrlaternen usw. Voll Schadenfreude machten diejenigen wenigen, die nicht 'elektrisch' geworden waren und teils über eine Azethylen-Gasanlage verfügten, oder auch sonst noch Petroleum brannten, festlich beleuchtetes Haus, um die anderen zu ärgern, und als zuletzt lachende am besten zu lachen. Stolz brannten die Besitzer von elektrischen Taschenlampen ihre Batterien auf der Straße aus, gefolgt von wenigen Glücklichen, die hinter ihnen oder vor ihnen 'Licht schindeten'. Besonders übel jedoch war die Bahn und die Post dran, deren Betrieb nicht unterbrochen werden durfte und die offenbar für nicht elektrische Beleuchtung wenig vorgesehen waren. Am Abend ging das Gerücht, die Post hätte einen Lampenladen ganz ausgekauft und im Wartesaal 2. Klasse spendete eine einsame Stearinkerze in einer Sodawasserflasche ihr trübseliges Licht. Heute am zweiten Tag ist man schon besser eingerichtet. Die Wartesäle und Gänge des Bahnhofs haben funkelnagelneue blitzende Hängelampen erhalten. Am Aeußern des Gebäudes brennen Sturmlampen, wie sie Meßleute zu benutzen pflegen und auch die Stadt hat wenigstens an den Straßenecken an Ladenschildern und Masten der selig verstorbenen elektrischen Leitung Stallaternen und kunstgeschichtlich wertvolle ältere Modelle in entgegenkommender Weise aufgehängt. Dennoch ist es dunkel genug, um noch gut munkeln zu können und dem schüchternen Jüngling ist der 'Anschluß' jetzt wesentlich erleichtert, wenn er aus Versehen in der Dunkelheit mit freundlichem 'Hopla' auf die Geliebte seines Herzens aufprallt oder als wohlerzogener Mann mit höflichem 'mein Fräulein darf ich Ihnen leuchten' seine Taschenlampe und sein Herz anbietet. Der Dame bleibt es dann überlassen, ihm heimzuleuchten zu lassen. Die ganze primitive Art, wie jetzt Häuser und Läden beleuchtet sind, hat überhaupt etwas poetisches, weihnachtliches an sich. Die vielen zerstreuten Wachs- und Stearinlichter in den Läden und Treppenhäusern, die Leute auf der Straße, die kleine Laternchen tragen und die dunklen schwarzen Häuser, aus denen einzelne wenige helle Fenster leuchten, verbreiten eine ganz eigene Vorweihnachtsstimmung, die im grellen Licht der elektrischen Glühbirne weniger aufkommen konn-

„Wir wandelten in Finsternissen."

te. Eine unerwartete Freude hatten auch die Läden, die Lampen, Petroleum, Wachsstöcke usw. verkauften; ich glaube, sie haben noch nie ein so gutes Geschäft gemacht, wie gestern und heute abend. Auch die Wirte hatten volle Häuser. Erstens mußte man hier, wo so interessante Erlebnisse selten sind, das Ereignis gehörig besprechen, Brandursachen feststellen und gestern abend schwirrte es nur so von Schlagwörtern 'Kurzschluß, Sicherung, Stichflamme, Transformator' usw. durch die Luft. Und auch der Junggeselle verließ seine einsame Stube, die bei Stearinlicht doch zu ungemütlich geworden war, und versammelte sich zu den anderen, um die Stehlampe oder die Flasche mit Licht auf dem Wirtshaustisch. Wann wir unser elektrisches Licht wieder haben werden, wissen wir noch nicht; man hält es aber ganz gut auch ein paar Tage 'noch so' aus.

statt angeschlossenen Gemeinden und zahlreiche andere Abnehmer seien ohne elektrische Beleuchtung. Es werde „einen großen Zeitraum in Anspruch nehmen, das Werk wieder zu errichten."

Die soeben erst aufgestellten beiden leistungsstarken Dampfturbinen waren zerstört, außerdem die Schaltanlage. Dennoch konnte die Versorgung der Region schneller wieder aufgenommen werden als geplant. Denn das gesamte Netz wurde nun vom Wasserkraftwerk Willstätt versorgt, das die Rheinische Schuckert-Gesellschaft erst kurz zuvor übernommen hatte. „Entgegen der gestrigen Meldung sind sämtliche Ortschaften des Netzes heute schon wieder mit Strom versorgt", wusste die „Freiburger Zeitung" am nächsten Tag zu melden. Und auch die Gemeinde Achern selbst, so hieß es, werde „in den nächsten Tagen wieder Licht und Strom" haben.

In Achern wurde schnell gehandelt. Die Rheinische Schuckert-Gesellschaft wandte sich umgehend an die Badische Gesellschaft zur Überwachung von Dampfkesseln, die am Tag nach dem Brand an das Großherzogliche Bezirksamt in Achern schrieb: „Das Elektrizitätswerk Achern beabsichtigt, einen beweglichen Dampfkessel anzulegen und in Betrieb zu nehmen. Es wurden uns der Eile wegen die Zeichnungen dieses Kessels direkt eingehändigt und haben wir solche sofort eingehend geprüft und in Ordnung befunden." So konnte kurzfristig ein fabrikneuer beweglicher Kessel der Mannheimer Firma Heinrich Lanz mit „150 effektiven Pferdestärken" beschafft werden.

Für die Rheinische Schuckert-Gesellschaft begann nun eine langwierige Phase der Schadensabwicklung – weshalb die Betreiberfirma fünf Tage nach dem Brand zu einer Generalversammlung lud. Über die Höhe des Schadens wollte die Gesellschaft aber keine Angaben machen, und merkte lediglich gegenüber der Presse an: „Selbstverständlich sind wir gegen den Schaden versichert."

Abwärme für Gurken und Tomaten

Als die Brandschäden behoben waren, konnte die Expansion des Werkes fortschreiten. Um die Versorgungssicherheit zu verbessern, und die kostenlosen Wasserkräfte des Landes optimal nutzen zu können, wurde 1918 eine Verbundleitung von Achern zum neuen Murgkraftwerk geschaffen. Ein dritter leistungsfähiger Kessel wurde 1923 in Achern installiert, 20 kV-Leitungen wurden 1930 von Achern nach Appenweier gelegt, 1934 von Oberkirch nach Ödsbach.

Den Zweiten Weltkrieg überstand das Überlandwerk ohne nennenswerte Beschädigungen. Inzwischen erstreckte sich das Versorgungsnetz von der Stadtgrenze Baden-Baden am Rhein entlang bis vor Offenburg und bis ins Renchtal. Im europäischen Verbund waren die eigenen Dampfturbinen für das Überlandwerk entbehrlich geworden – im Jahre 1968 wurden sie, weil unrentabel, stillgelegt. Damit endete auch eine ganz besondere Ära des Überlandwerkes – die Gemüsegärtnerei auf dem Firmengelände. Die Abwärme des Dampfkraftwerkes hatte seit 1929 Gewächshäuser gespeist, in denen unternehmenseigenes Frühgemüse gedeihen konnte. Im Spitzenjahr 1938 waren dort mehr als 300 000 Kilogramm Gemüse geerntet worden, überwiegend Gurken, dazu Tomaten und Blumenkohl.

Heute ist außer dem historischen Namen Überlandwerk nicht mehr viel von der Firmengeschichte geblieben. Die einstigen Dampfmaschinen sind längst abgerissen, die Essener Rheinisch-Westfälischen Elektrizitätswerke (RWE) sind seit dem Jahr 2000 alleinige Eigner des Unternehmens.

Das Wasserkraftwerk Willstätt

Das Wasserkraftwerk Willstätt war stets das Schmuckstück der Überlandwerke Achern. An einem Standort, an dem schon vor mehr als 200 Jahren eine Mühle stand, erzeugt das Werk seit hundert Jahren Strom.

Schon im 19. Jahrhundert war die Überwachung der Mühle an der Kinzig in Willstätt eine verantwortungsvolle Aufgabe gewesen. Ein Teichmeister hatte das Mühlenwehr und den Mühlbach stets im Auge zu halten. Und weil das ein ganz beson-

Abb. 6
Fortschrittlich präsentierte sich das Überlandwerk im Jahre 1929: Die Abwärme des Dampfkraftwerkes wurde für Gewächshäuser genutzt.

Abb. 7
Um den Stromverbrauch zu fördern, warb das Überlandwerk für elektrische Geräte.

Abb. 8

Das Innere des Kraftwerkes Willstätt vor seiner Modernisierung. Noch heute läuft das Kraftwerk, sofern das Wasserangebot ausreicht. Doch in die Turbinenhalle ist die Moderne eingezogen: Die historischen Turbinen wurden 1986 und 1990 durch zwei moderne Maschinensätze ersetzt. Die historische Turbine samt Schwungrad und Generator sind heute vor dem Krafthaus als Museumsstücke zu bewundern.

derer Job war, stellte die Domänenverwaltung in Kork an den betreffenden Mitarbeiter hohe Anforderungen: „Man erwartet vom Teichmeister, dass er den ihm in gegenwärtiger Anweisung übertragenen Dienstobliegenheiten mit Treue und Gewissenhaftigkeit nachkommen, dass er das Interesse des Domänenärars überall im Auge haben und thunlichst fördern, auch Schaden abzuwenden suchen und einen wohlgeordneten religiösen und sittlichen Lebenswandel führen werde" – so steht es in den „Vorschriften zur Handhabung des Mühlenwehres", die im Februar 1860 von der Domänenverwaltung erlassen wurden.

Des Teichmeisters wichtigste Aufgabe: Die Mühle musste immer betriebsbereit sein. So gesehen, hat sich bis heute nicht viel geändert. Rund um die Uhr läuft das Kraftwerk, sofern das Wasserangebot ausreicht. Heute wird es allerdings vollautomatisch überwacht.

Das Kraftwerk in Willstätt ist eines der geschichtsträchtigsten der Ortenau. Schon 1795 ist der Bau einer Landmühle im Auenheimer Ried in den „fürstlich Hessen-Hanau-Lichtenbergischen Geheimkabinett-Referaten" erwähnt. Am heutigen Standort des Kraftwerkes Willstätt wurde erstmals 1845 eine Mühle erwähnt. Mehrfach wechselte sie den Besitzer, brannte im Jahr 1888 vollständig ab, wurde noch im gleichen Jahr neu errichtet, und gelangte im Jahr 1900 in die Hände der Willstätter Mühlenwerk A. G.

■ Rheinische Schuckert-Gesellschaft übernimmt Willstätt

Hatte man bislang die Kraft des Wassers mechanisch genutzt, so begann nun die Zeit der Stromerzeugung: Die Firma beantragte den Bau einer Turbinenanlage, der mit Urkunde vom 15. Oktober 1901 vom Bezirksamt Kehl genehmigt wurde.

Da die Technik der Stromübertragung in diesen Jahren große Fortschritte gemacht hatte, belieferte das Kraftwerk Willstätt bald nicht mehr nur die Menschen im Dorf. Im Jahr 1909 schloß die Willstätter Mühlenwerk A. G. mit der Illkircher Mühlenwerk A. G. mit Sitz im Straßburger Rheinhafen einen Stromlieferungsvertrag ab. Zugleich gewährten die Illwerke einen Zuschuss zum Ausbau der Anlagen in Willstätt. So wurden im Jahr 1911 zwei Francisturbinen in Betrieb genommen, die künftig das Wasser noch besser ausnutzten. Statt bisher 10 Kubikmeter wurden fortan 17,2 Kubikmeter pro Sekunde genutzt. „Willstädter Elektrizitätswerk A. G." nannte sich das Unternehmen offiziell ab dem 5. Mai 1911.

Doch schon wenig später ging das Werk in die Hände der Rheinischen Schuckert-Gesellschaft Mannheim über, die bereits seit 1899 das Überlandwerk Achern betrieb. In den Händen des namhaften Unternehmens war der Fortbestand des Wasserkraftwerks gesichert. Auch in den Nachkriegsjahrzehnten, als im ganzen Lande Wasserkraftwerke einer auf zentrale Großkraftwerke fixierten Ideologie zum Opfer vielen, hielt man in Willstätt an dem historischen Werk fest. Es wurde sogar in den späten siebziger Jahren ein Neubau am Kinzigwehr diskutiert. Doch weil die Behörden das Wasserrecht nur für 30 Jahre erteilen wollten, ließ sich das Überlandwerk Achern nicht auf die riskante Investition ein. 50 Jahre Planungssicherheit hätte man schon benötigt.

So drehen sich die Turbinen auf dem historischen Grund in Willstätt noch heute. Nachdem Mitte der fünfziger Jahre der Kinzigkanal gebaut wurde, liegt das Werk nun an einem Altarm des Flusses. 3,8 Meter Fallhöhe reichen aus, um bei 18 Kubikmetern Wasser pro Sekunde eine jährliche Energiemenge von 2,5 Millionen Kilowattstunden zu erzeugen.

Nostalgiker mögen eines bedauern: In den Willstätter Turbinenhallen ist die Moderne eingezogen. Eine historische Turbine, solideste Handwerkskunst aus den Anfangsjahren des 20. Jahrhunderts, steht mitsamt Schwungrad und Generator noch vor dem Krafthaus als Museumsstück. Drinnen jedoch arbeiten zwei Maschinensätze von 1986 und 1990 – schlicht, zweckmäßig, modern. Es sind zwei Francisturbinen mit jeweils 250 Kilowatt Leistung.

Zugleich hat sich auch die Arbeit im Kraftwerk verändert. Auf der Empore im Krafthaus, dort, wo einst die Kraftwerkswärter von ihrem Tisch rund um die Uhr den Blick auf die Schalttafel richteten, zeugt eine Kuhle im Betonboden noch von den vielen Stunden, die Werksmitarbeiter hier verbrachten. Was früher sechs bis zehn Mitarbeiter im Schichtdienst erledigen mussten, schafft heute die automatische Steuerung des Kraftwerkes nahezu alleine. Nur für gelegentliche Kontrollgänge wird noch ein Mitarbeiter benötigt. Und Störungen werden automatisch in die Zentrale nach Achern gemeldet.

So ist dieses Areal schließlich ein ideales Umfeld für ein technikhistorisches Museum. Im angrenzenden Gebäude – auch dieses aus dem 19. Jahrhundert – möchte die Gemeinde ein Museum, sowie Veranstaltungsräume errichten. Ein Teil des Gebäudes aber war zur Jahrtausendwende noch frei. Kreative Interessenten, so hieß es, seien willkommen.

Billiger Strom für die Papierfabrik

1898 ■ Das Kraftwerk Hohenfels in Albbruck leidet heute unter den Schluchseewerken / 13. Kapitel

Wo neben Wasserkräften auch billige Rohstoffe und Arbeiter in ausreichender Zahl verfügbar waren, dort gründeten schweizerische Industrielle gerne Zweigniederlassungen; eine solche war die Papierfabrik Albbruck. Weil der Energiebedarf hoch und der Strom teuer war, errichtete das Unternehmen bereits im Jahre 1898 ein eigenes Wasserkraftwerk am Hohenfels an der Alb. Der wohl aufwändigste Part des Kraftwerkbaus war die Sprengung eines 1 400 Meter langen Leitungsstollens, der 1,80 Meter breit und ebenso hoch unterirdisch aus dem massiven Gneis gebrochen wurde. Das Kraftwerk erzeugte jährlich mehr als sieben Millionen Kilowattstunden, und trug auch nach 100 Jahren noch zur Stromversorgung der Papierfabrik bei – noch immer mit der historischen Turbine von 1898.

Abb. 1
Teil der Kraftwerksanlage in Albbruck.

Der Industriestandort Albbruck gehört zu den ältesten im südlichen Schwarzwald: Schon 1686 ging dort ein Eisenwerk in Betrieb. Zwar lagerten weit und breit keine Eisenerze, aber die ausgedehnten Wälder lieferten zu günstigen Preisen Holz zum Brennen der Kohlen. Das Erz bezog man aus dem bernischen Jura.

Viel Eisen wurde in Albbruck nie produziert; es sollen höchstens 6 000 Zentner gewesen sein. Aber weil das weiche, zähe Holzkohleneisen sich für feine Schmiedearbeiten eignete, fand es einen bescheidenen Markt. Erst als Eisen aus Schweden und dem Rheinland das Holzkohleneisen verdrängte, war das Eisenwerk in Albbruck nicht mehr konkurrenzfähig.

So wechselte im Jahre 1870 die gesamte Liegenschaft an die Firma Kaiser, Ziegler & Cie. in Grellingen (Kanton Basel-Land), ein Geschäft für Papier- und Holzstoff-Fabrikation. Wieder war es das Holz, das diesen Standort attraktiv machte – diesmals als Rohstoff für die Papierherstellung. Als im Jahre 1883 das Unternehmen zu einer Filiale der Basler Gesellschaft für Holzstoffbereitung wurde, begann man zugleich die Wasserkräfte der Alb verstärkt zu nutzen – bislang allerdings nur mechanisch. Aber das änderte sich bald. Nachdem die Stromerzeugung durch technische Fortschritte inzwischen praktikabel geworden war, entschloss sich das Unternehmen im Jahre 1896 zum Bau einer weiteren Gefällstufe an der Alb mit fast 50 Metern Fallhöhe. Zweieinhalb Kilometer oberhalb der Papierfabrik wurde nun ein Kraftwerk errichtet, benannt nach dem angrenzenden Hohenfels in der Albschlucht.

In mühevoller Arbeit wurde ein gut 1 400 Meter langer Leitungsstollen in den harten Gneis gesprengt, um das Wasser der Alb von der Ausleitungsstelle am Hang entlang bis zum Druckrohr zu führen. Der Bau des Stollens war der wohl aufwändigste Part des Kraftwerkbaus: 1,80 Meter breit und ebenso hoch musste der Kanal unterirdisch aus dem massiven Stein geschlagen werden.

Am Ende des Kanals schloss sich das Druckrohr mit 1,3 Meter Durchmesser an. Linksseitig der Alb wurde es mit 83 Prozent Gefälle an die Felswand gelegt, um fortan 2,25 Kubikmeter Wasser pro Sekunde 48,3 Meter in die Tiefe stürzen zu lassen. Dort traf es auf zwei Francisturbinen mit jeweils einem 370-Kilowatt-Generator auf gleicher horizontaler Welle. Die erste Turbine wurde im Oktober 1898 errichtet, die zweite kam im April 1901 hinzu, beide geliefert von der Firma A. G. Theodor Bell & Cie. im schweizerischen Kriens.

Die Generatorenanlage kam von der schweizerischen Firma Brown, Boveri & Cie. (BBC), und erzeugte 3 150 Volt Drehstrom bei einer Frequenz von 32 Hertz. „32 ganze Wechsel in der Sekunde" nannte man das damals – eine ungewöhnliche Zahl. Erst in den Jahren 1930/31, als ein Parallelbetrieb mit dem örtlichen Versorgungsnetz hergestellt wurde, stellte man die Generatoren auf 50 Hertz um. Gleichzeitig wurde die Spannung auf 3 700 Volt, und die Nennleistung auf 635 Kilowatt erhöht.

Untransformiert wurde der Strom in die Papierfabrik geleitet. Rund sechs Millionen Kilowattstunden lieferte das Werk Hohenfels jährlich, in guten Jahren sogar mehr als

Im Überblick

■ Wenige Kleinkraftwerke im Schwarzwald waren im Bau so aufwändig: Ein gut 1 400 Meter langer, und 1,80 Meter breiter Stollen musste Ende des 20. Jahrhunderts in Albbruck in den harten Gneis gesprengt werden, um das Wasser aus der Alb auf die Turbinen am Hohenfels zu leiten.

■ Eine der beiden Turbinen wurde 1978 aufgrund eines Lagerschadens stillgelegt. Sie wurde nie repariert, weil zwischenzeitlich das Wasser in der Alb ohnehin nicht mehr für zwei Turbinen reichte: Die Schluchseewerke hatten den Ibach angezapft und leiteten fortan einen Teil des Wassers auf ihre eigenen Turbinen in Säckingen.

Albbruck

sieben Millionen. Ein zweites Kraftwerk, später auf dem Werksgelände erbaut, lieferte nochmals annähernd die gleichen Erträge. Der Verkauf von Überschüssen an das Kraftwerk Laufenburg (KWL) kam für die Papierfabrik trotzdem nicht in Frage; die Produktion lief rund um die Uhr, die Firma hatte daher ständigen Strombedarf.

Über 77 Jahre hinweg lief die Turbine 2 aus dem Jahre 1901 ohne nennenswerte Reparaturen. Dann wurde sie aufgrund eines Lagerschadens im Jahre 1978 stillgelegt – die Welle hatte sich überhitzt, weil die Notabschaltung versagt hatte. Die Turbine 1 von 1898 lief unterdessen ohne Probleme weiter bis zu einer Revision im Jahre 1983; dann musste das Kraftwerk Hohenfels für vier Jahre abgeschaltet werden, weil die elektrischen Schaltanlagen komplett erneuert und die Hochspannungsmasten saniert werden mussten. Die Turbine 1 zeigte außerdem Kavitationsschäden und musste in Reparatur. Danach konnte das gute, alte Stück weiterlaufen, und war auch zur Jahrtausendwende noch in Betrieb.

Schluchseewerke nehmen Wasser weg

Die Turbine 2 wurde nie repariert. Denn zwischenzeitlich reichte das Wasser der Alb nur noch für den Betrieb einer Turbine. Weil die Schluchseewerke im November 1972 mit einem 12,5 Kilometer langen Stollen den Ibach anzapften und seither einen Teil des Wassers dem Eggbergbecken des Kavernenkraftwerkes Säckingen zuführen, blieb fortan für die Alb deutlich weniger Wasser übrig. Nur noch maximal 1,5 Kubikmeter pro Sekunde stehen seither für das Werk Albbruck zur Verfügung. Entsprechend ging die jährliche Stromerzeugung im Kraftwerk Hohenfels auf 2,2 bis 3 Millionen Kilowattstunden zurück.

Parallel dazu wurde auch die Anwesenheit von Mitarbeitern im Werk Hohenfels stetig reduziert. Waren in den Anfängen des Werkes noch zwei Mitarbeiter dort beschäftigt, so reichte bald ein einziger, der von 7 bis 16 Uhr seinen Dienst tat. Anfang der 1990er Jahre wurde auch dieser Arbeitsplatz gestrichen; zwei tägliche Kontrollgänge eines Mitarbeiters mussten künftig reichen.

Für die Papierfabrik reichte der Strom natürlich schon lange nicht mehr – bei einem Jahresstromverbrauch von 340 Millionen Kilowattstunden deckte das Kraftwerk Hohenfels diesen inzwischen nicht einmal mehr zu einem Prozent. Dennoch erzeugte das Unternehmen seinen Strom noch immer überwiegend selbst: 60 Prozent kamen mittlerweile aus einem eigenen Kohlekraftwerk auf dem Firmengelände.

Unterdessen wurden in den 1990er Jahren Verhandlungen über einen Verkauf des Wasserkraftwerkes geführt. Es gab auch mehrere Interessenten, doch am Ende blieb das Werk in den Händen des Erbauers: Man war sich nicht handelseinig geworden.

Abb. 2
Die erste Turbine des Kraftwerks stammte aus dem Jahr 1898 und lief noch zur Jahrtausendwende.

Elektrizitätswerk der Papierfabrik Albbruck im südlichen Schwarzwald

■ Eine technische Beschreibung der Anlage aus dem Jahr 1903, von F. Allemann-Gisi, Ingenieur

Die Zentrale Hohenfels besteht aus zwei Turbinen mit zwei Drehstromgeneratoren von je 500 P.S. Jeder Generator wird durch eine Turbine direkt angetrieben und ist mit einer auf der gemeinschaftlichen Welle sitzenden Erregermaschine versehen.

Die erste im Oktober 1898 aufgestellte Turbine ist eine Aktionsturbine mit partieller, innerer Beaufschlagung. Sie leistet 500 P.S. bei 240 Touren in der Minute und wird durch einen automatischen Schaltregulator auf konstante Tourenzahl reguliert. Zur vollen Ausnützung des Gefälles ist die Turbine mit einem Beton-Aspirator, System „Bell" versehen, in welchem der Wasserstand durch ein automatisches Luftventil System Meunier auf geeigneter Höhe gehalten wird.

Die zweite Turbine, aufgestellt im April 1901, ist eine voll beaufschlagte Aktionsturbine mit entlasteter Spaltschieberregulierung. Sie leistet ebenfalls 500 P.S. bei 240 Touren in der Minute. Das Laufrad hat 1100 mm innern und 1350 mm äussern Durchmesser bei einer Eintrittsbreite von 100 mm. Der Spaltschieber macht einen Regulierweg von 70 mm. Um ein Lager im Innern des Turbinenkastens zu vermeiden, wobei notwendigerweise die leichte Zugänglichkeit gelitten hätte, wurde das Laufrad fliegend angeordnet. Bei beiden Turbinen sind Ringschmierlager verwendet.

Auch diese Turbine ist mit Patent-Aspirator und Luftregulierventil versehen, dagegen wird sie durch einen automatischen Differentialregulator, System Schaad, reguliert. Dieser in den meisten Industrie-Staaten patentierte Differentialregulator, ist nach einem ganz neuen Prinzip gebaut. Der Antrieb der Regulierwelle erfolgt hierbei rein mechanisch durch Riemen und Zahntrieb, während die Steuerung durch hydraulischen, vom Regulator selbst erzeugten Druck bewirkt wird, sodass Störungen durch unreines Wasser nicht mehr vorkommen können.

Als Betriebsflüssigkeit wird gewöhnlich Oel verwendet, das im Kreislauf über die Zahngetriebe geführt, gleichzeitig eine reichliche Schmierung sichert. Durch die Anordnung von zwei in feststehenden Gehäusen stets im gleichen Drehungssinne rotierenden Kapselräderpaaren, welche zugleich als Flüssigkeits-Bremsen dienen, wird in Kombination mit zwei Differentialgetrieben eine gesetzmässig bestimmte, intensive Wirkung erreicht.

Die Arbeitsleistung des einen Kapselräderpaares ist nämlich stets gleich der Arbeitsleistung des andern Kapselräderpaares, d.h. die Produkte $P_1 * v_1$ und $P_2 * v_2$ (Zahndrücke und Umfangsgeschwindigkeiten) sind beidseitig stets gleich, sodass die geringste Verschiebung des Ventilkolbens genügt, um ein Eingreifen des Regulators zu bewirken.

Nimmt durch Regulieren der Ausfluss-Oeffnungen des Regulierventils der Zahndruck P_1 einerseits zu und der Zahndruck P_2 anderseits ab, so wird analog v_1 kleiner, v_2 dagegen entsprechend grösser und diese Differenz gelangt mittels dem eingeschalteten Differentialgetriebe zur Uebertragung auf die Regulierwelle.

Wird $P_1 = P_2$ so wird auch $v_1 = v_2$ und die Bewegung der Regulierwelle gleich Null. Da die Kapselräderpaare ununterbrochen und gleichzeitig tätig sind, so ist einleuchtend, dass diese doppelte Wirkung eine kurze Schlusszeit zur Folge haben muss, namentlich da Wechselwirkungen, d.h. hin und herschwingende Massen vermieden sind. Die Schlusszeit kann nötigenfalls auf 2 bis 3 Sekunden reduziert werden, ohne ein Ueberregulieren herbeizuführen und hieraus erklärt sich der vorzügliche Effekt dieses Regulators, bei den beträchtlichen

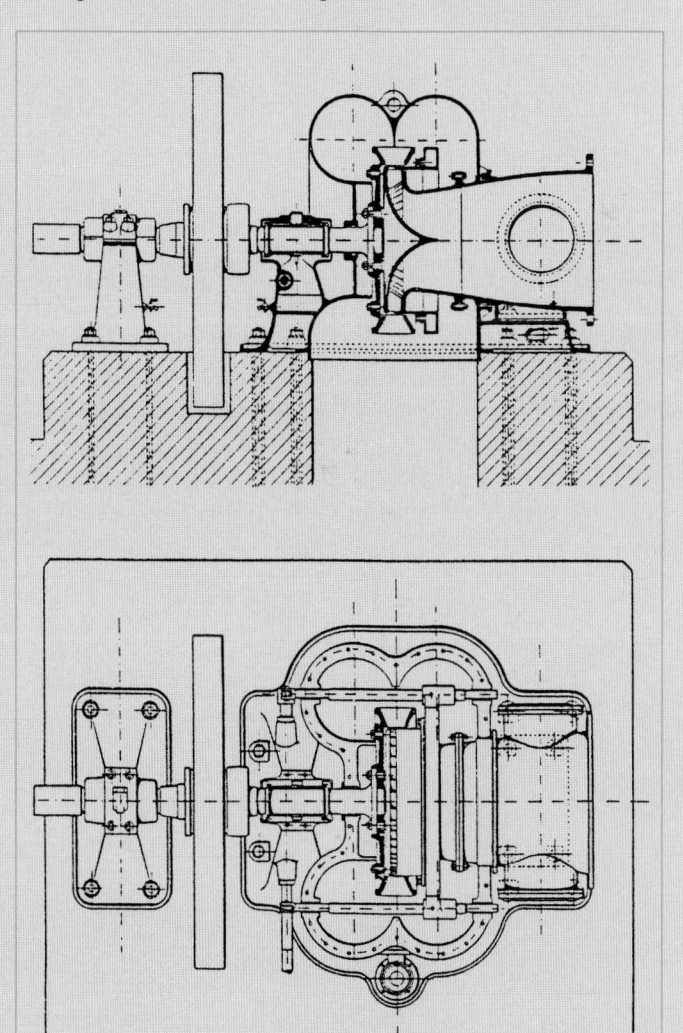

Abb. 3
Grundriss und Schnitt einer Aktionsturbine mit entlasteter Spaltschieberregulierung. Gebaut wurde sie von der Theodor Bell & Cie A.G.

Kraft-Schwankungen, wie sie beim Antrieb der Albbrucker Holzschleiferei vorkommen.

Als Reserve wurde später, im Juli 1901, noch eine besondere Erregermaschine aufgestellt, deren Antrieb durch eine Francisturbine erfolgt. Dieselbe leistet 30 P.S. bei 1000 Touren in der Minute und besitzt Handregulierung.

Die lichte Weite der Einlaufrohre beträgt bei den Generatorturbinen 1000 mm, bei der Erregerturbine 225 mm.

Die Schleusengetriebe, Rechen und die Druckleitung wurden durch die mech. Werkstätte von Hermann & Julius Kern in Lörrach, die Turbinen und Regulatoren von der Aktiengesellschaft der Maschinenfabrik von Theodor Bell & Cie. in Kriens erstellt.

Die elektrische Kraftanlage

Die in der Kraftzentrale in Hohenfels gewonnene Kraft wird in die 2500-3000 m entfernte Papierfabrik und Holzschleiferei Albbruck durch eine elektrische Anlage übertragen, die gleichzeitig mit der Generatorenanlage von der A.G. Brown, Boveri & Cie. in Baden ausgeführt worden ist.

Bei der Wahl des Systems war namentlich zu berücksichtigen, dass es sich um eine Anlage mit rein motorischem Betriebe handelte, der sehr bedeutenden Kraftschwankungen unterworfen ist. Die Grösse der aufzustellenden Motoren liess direkte Verwendung von Hochspannung zu, sofern dieselbe mit Rücksicht auf die Wirtschaftlichkeit der Leitung und die auftretenden Verluste in bestimmten Grenzen gehalten werden konnte.

Die beiden direkt mit den Turbinen gekuppelten Generatoren der Zentrale erzeugen Dreiphasen-Wechselstrom von 3150 Volt verketteter Spannung und arbeiten bei 240 Touren in der Minute mit 32 ganzen Wechseln in der Sekunde. Sie sind zweilagerig und mit automatischer Ringschmierung ausgeführt, haben feststehendes Armaturgehäuse und rotierende Magneträder, auf welchen 16 Magnetpole radial aufgesetzt sind. Zur Unterstützung der Schwungräder der Turbinen sind die Magneträder mit möglichst grossen Schwungmassen ausgerüstet worden, um die sehr häufig auftretenden und sehr bedeutenden Kraftschwankungen möglichst auszugleichen und die Wirkung der Turbinenregulatoren zu fördern. Jeder Generator ist mit einer direkt angebauten Erregermaschine versehen, deren Anker auf die verlängerte Welle aufgekeilt und in ein vierpoliges Stahlgehäuse eingebaut ist. Die Regulierung des Generatorfeldes wird durch Variation des Nebenschlusses der Erregermaschine mit Handregulatoren bewerkstelligt; ausserdem sind zwei Hauptstromregulatoren aufgestellt, welche bei grössern Schwankungen eine noch wirksamere Regulierung ermöglichen.

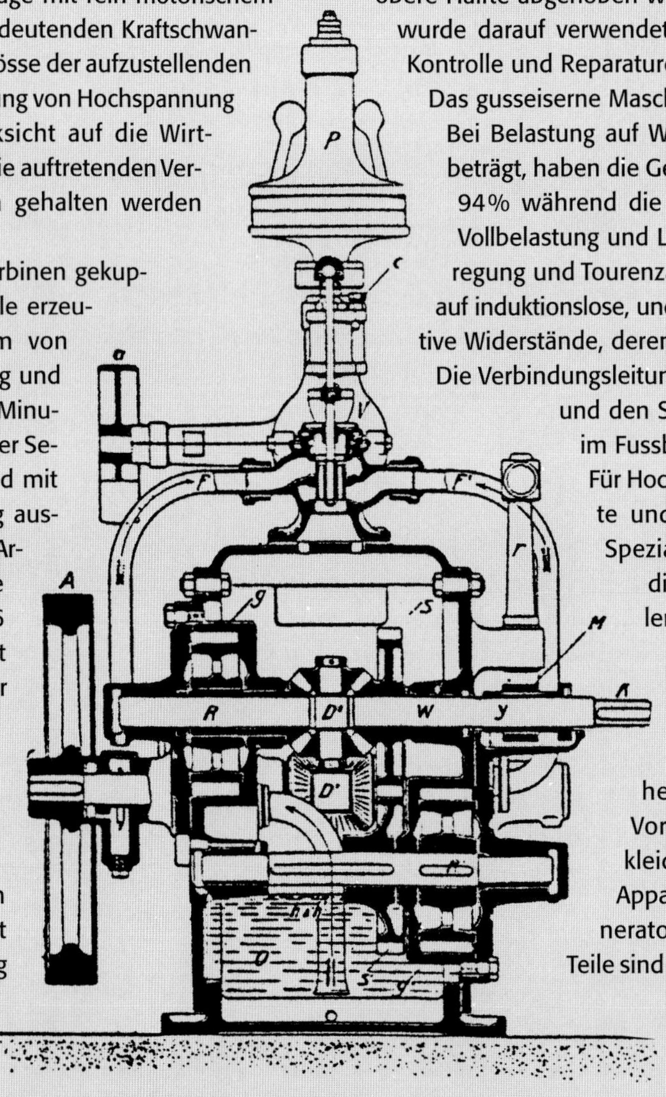

Um die Feldregulierung von den Tourenschwankungen der Turbinen noch unabhängiger zu machen, wurde eine besondere Erregerturbine mit direkt gekuppeltem Gleichstromgenerator aufgestellt und so bemessen, dass sie im stande ist, gleichzeitig beide Generatoren voll zu erregen; dieses Aggregat arbeitet mit 1000 Touren in der Minute, absorbiert maximal 30 P.S. und erzeugt Strom von 60 Volt Spannung. Eine Umschaltung zwischen der besonderen und den direkt gekuppelten Erregermaschinen lässt in bequemer Weise die Verwendung des einen oder des andern Erregerstromes zu.

Die Armaturen der Generatoren haben eine Ausbohrung von 2200 mm und sind zur Aufnahme der ruhenden Hochspannungswickelungen mit ovalen Löchern versehen. Die isolierten Drähte sind in Micaröhren verlegt. Der hochgespannte Strom wird am untern Teil des Armaturgehäuses abgenommen. Das Armaturgestell ist zweiteilig ausgeführt, sodass die obere Hälfte abgehoben werden kann. Besondere Sorgfalt wurde darauf verwendet, jede Stelle am Generator für Kontrolle und Reparaturen leicht zugänglich zu machen. Das gusseiserne Maschinengestell ist an Erde gelegt.

Bei Belastung auf Widerstände, deren $\cos w = 0{,}8$ beträgt, haben die Generatoren einen Nutzeffekt von 94% während die Spannungssteigerung zwischen Vollbelastung und Leerlauf bei gleichbleibender Erregung und Tourenzahl 6% ausmacht bei Belastung auf induktionslose, und 16% bei Belastung auf induktive Widerstände, deren $\cos w = 0{,}8$ beträgt.

Die Verbindungsleitungen zwischen den Generatoren und den Schalttafeln sind in Kanälen, die im Fussboden eingelassen sind, verlegt. Für Hochspannung wurden Okonitdrähte und gerippte Kugelisolatoren mit Spezialstützen verwendet, während die Erregerkabel von Porzellanrollen aufgenommen werden.

Da nur eine Fernleitung in Betracht kam, konnte die Anordnung in einfachster Weise getroffen werden. Ein freistehendes Eisengerüst ist auf der Vorderseite mit Marmortafeln verkleidet und nimmt die sämtlichen Apparate und Instrumente für die Generatoren auf. Alle stromführenden Teile sind im Innern des Eisengerüstes untergebracht und auf der Vorderseite befinden sich nur die nicht stromführenden Teile der

Abb. 4
Schnitt eines Differentialregulators, System Schaad. Gebaut wurde er von der Firma Theodor Bell & Cie A. G. in Kriens.

Schaltapparate und die Messinstrumente. Jeder Generator hat sein besonderes Feld, das je einen dreipoligen Hochspannungs-Reihenausschalter mit Kettenantrieb aufnimmt; ausserdem sind in jedem Generatorfeld auf der hinteren Seite drei ausschaltbare Hochspannungs-Röhrensicherungen, die mit Holzzangen bedient werden, angeordnet. Ein Hochspannungs-Ampèremeter, ein Hitzdraht-Voltmeter nebst Spannungstransformator, der von 3000/30 Volt übersetzt und mit besondern Hochspannungssicherungen angeschlossen ist, dienen zur Kontrolle und Regulierung des Dreiphasenstromes. Ein Voltmeter und ein Ampèremeter für die Erregung dienen zur Kontrolle des Erregerstromes und für die Parallelschaltung der Generatoren ist ein Phasenindikator angebracht.

Der bereits erwähnte, doppelpolige Umschalter für den Erregerstrom ist auf der untern Hälfte der Tafel angeordnet, die zugleich den Nebenschluss-Regulator aufnimmt. Die Hauptstromregulatoren sind für Handbetrieb eingerichtet und seitlich der Schalttafel aufgestellt.

Ueber der Schalttafel sind auf eisernen Konsolen drei einpolige Gabelblitzschutzapparate montiert, welche an die abgehende Hochspannungsfreileitung angeschlossen und mit drei getrennten Erdleitungen und Erdplatten verbunden sind; die letztern wurden direkt in den Unterwasserkanal verlegt.

Für die separate Erregermaschine kam eine besondere kleine Schalttafel zur Aufstellung, die auf einer Marmorplatte übersichtlich angeordnet, einen doppelpoligen Ausschalter mit Sicherungen, Volt- und Ampèremeter für 60 Volt und 500 Ampères, sowie einen Nebenschlussregulator aufnimmt. Zwischen dieser Schalttafel und der Hauptschalttafel ist die Verbindung durch ein Kabel von 300 mm² Querschnitt hergestellt. Es bleibt noch ein kleiner Transformator in der Zentrale zu erwähnen, der den hochgespannten Strom von 3150 Volt für die Beleuchtung des Maschinenhauses und der Wärterwohnungen auf 115 Volt transformiert. Derselbe kann durch ausschaltbare Hochspannungssicherungen abgeschaltet werden.

Blitzschutz für die Hochspannungsleitung

Die Kraftübertragung nach den rund 3 km entfernten Fabrikgebäuden geschieht durch oberirdische Leitung auf imprägnierten Holzmasten von durchschnittlich 9 m Länge und 15 cm Zopfdurchmesser, die in Abständen von etwa 40 m aufgestellt sind. Zur Aufnahme und Isolierung der drei Drähte von 8 mm Durchmesser haben dreifache Glockenisolatoren Verwendung gefunden, die auf verzinkten, 18 mm starken, abgebogenen Stützen befestigt wurden. Die Isolatoren sind wechselseitig angeordnet, sodass die Drähte in einem gleichschenkligen Dreieck von etwa 50 cm Seitenlänge gleichmässig verteilt sind. Die Hochspannungsleitung zieht sich in gestreckter Richtung längs des Ufers des Albflusses hin, parallel mit einem wenig begangenen Fussweg. Die Ueberwindung ziemlich bedeutender Höhenunterschiede war in dem hügeligen Gelände nicht zu vermeiden. Zum erhöhten Schutz der Leitung vor Blitzschlägen wurde ungefähr jede fünfte Stange und vornehmlich die höchst gelegenen Punkte mit Auffangspitzen und Erdleitung aus Kupfer ausgerüstet. Ausser dieser Vorrichtung sind als hauptsächlichste Schutzmassregeln empfindliche Blitzschutzapparate am Anfang und am Ende der Leitung eingeschaltet.

In der Leitung kommen drei Stellen vor, die besondere Erwähnung verdienen. Es musste die Badische Staatsbahn gekreuzt werden, dann kam eine Kreuzung mit der Landstrasse Waldshut-Laufenburg und dem derselben entlang führenden Staatstelephonstrang und schliesslich war die Kreuzung der Hochspannungsleitung mit verschiedenen Sekundär- und Schwachstromleitungen, sowie mit dem Reserve-Seilantrieb und einer Materialtransportbrücke der Fabrik zu bewerkstelligen.

Für die Kreuzung der Hochspannungsleitung mit der Bahn bzw. mit dem etwa 7 m hohen Bahndamm konnte ein jetzt trocken liegender Wasserkanal von rund 1,5 m² lichter Weite verwendet werden, der jederzeit eine bequeme Kontrolle der einmontierten Leitung gestattet. Auf je 40 m Abstand vom Damm wurden beidseitig eiserne Gittermaste mit Verschalung aufgestellt und die drei Drähte im Innern derselben zum Kanal geführt. Die Unterführungsleitung ist wie die oberirdische Leitung behandelt und auf Porzellanisolatoren verlegt worden. Die erwähnte Strassen- und Schwachstrom-Kreuzung ist mit einem geschlossenen Schutznetz versehen, das die drei Hochspannungsdrähte vollständig umfasst und von zu beiden Seiten der Strasse aufgestellten, verankerten Masten aufgenommen wird. Die Hochspannungsleitung liegt über der Schwachstromleitung. Es war zugleich die Materialtransportbrücke zu sichern, weshalb beidseitig dieser Brücke verschalte, eiserne Türme aufgestellt wurden, die einerseits die Hochspannungsleitung und anderseits einen Holzkanal für die Verschalung der Leitung aufzunehmen hatten. Die Verschalung ist behufs Kontrolle zu beiden Seiten zum Oeffnen eingerichtet. Diese Unterführung eignete sich sowohl für die Weiterleitung als auch für die Anbringung einer der Hauptabzweigungen von der Hauptleitung. Parallel zur Dammböschung führt eine Leitung nach abwärts, die mit Schutznetz umgeben ist und dem Strom einem der 400-pferdiger Motoren zuleitet.

AUS: SCHWEIZER BAUZEITUNG, 1903. BD. XLII, NR. 1, 2, 5 UND 6.

Abb. 5
Die gesamte Kraftwerksanlage.

Rote Zahlen durch die ländliche Struktur

1899 ■ Das Kraftwerk Wiesloch wechselt mehrfach den Besitzer und wird 1914 stillgelegt / 14. Kapitel

Auch in den Wachstumsjahren des frühen 20. Jahrhunderts waren Elektrizitätswerke nicht zwangsläufig rentabel – das Kohlekraftwerk Wiesloch zeigte das beispielhaft. Verantwortlich für die alljährlichen Verluste war unter anderem die ländliche Versorgungsstruktur: Die Stromkunden lagen weit von einander entfernt, wodurch aufwändige Netze notwendig wurden. Da zugleich industrielle Großabnehmer rar waren, blieb der Stromabsatz gering und die Kilowattstunde entsprechend teuer. Zweimal wechselte das Dampfkraftwerk am Wieslocher Staatsbahnhof binnen weniger Jahre mitsamt des Stromnetzes in andere Hände, doch keinem der Betreiber gelang es, das Unternehmen rentabel zu führen. Schließlich wurde das Kraftwerk im Jahre 1914 stillgelegt. Eine kommunale Genossenschaft übernahm das Versorgungsnetz und kaufte den Strom künftig in Mannheim. Aber auch dieser Zustand währte nicht lange: Im Rahmen der nationalsozialistischen Zentralisierungsbestrebungen mussten die Gemeinden ihr Stromnetz im Jahre 1938 an das Badenwerk abtreten.

Abb. 1
Das Elektrizitätswerk in Wiesloch wurde, wie viele Kraftwerke dieser Zeit, in kathedralenartiger Architektur erbaut.

In buntem Licht erstrahlte die Wasserfontäne auf dem Marktplatz. Es war elektrisches Licht – schließlich lud in diesen Tagen im September 1898 der örtliche Gewerbeverein zu einer Gewerbe- und Industrieausstellung ein, mit der die vielfältigen Möglichkeiten des elektrischen Stromes demonstriert werden sollten. Von diversen Lampen über Heiz- und Kochapparate bis hin zu Elektromotoren reichte das Spektrum. Das Thema kam an: 30 000 Besucher strömten binnen zwei Wochen nach Wiesloch, und bewunderten in den Ausstellungsräumen den einfachen Umgang mit der neuen Energie.

Ziel der Ausstellung war es, das Handwerk, den Handel und auch die Industrie für den Strom zu begeistern. Denn längst hatte die Stadt alles in die Wege geleitet, um Wiesloch zu einer Stromversorgung zu verhelfen; ein Konzessionsvertrag zum Bau eines Elektrizitätswerkes war bereits im Februar mit der Frankfurter Firma Lahmeyer & Co abgeschlossen worden. Wie auch viele andere Kommunen in dieser Zeit scheute Wiesloch das Risiko eigener Investitionen, und kam daher sehr schnell mit Lahmeyer & Co ins Geschäft. Konkurrierende Angebote zum Aufbau einer Stromversorgung wurden gar nicht erst näher geprüft.

Schon am 20. Oktober 1899 ging das Kohlekraftwerk am Staatsbahnhof von Wiesloch in Betrieb, ein kathedralenartiger Bau mit 52 Meter hohem Schornstein. Entscheidend für die Wahl des Standortes waren der billige Baugrund und der Schienenanschluss für die Anlieferung der Kohle gewesen. Das Kraftwerk hatte eine Leistung von 730 Kilowatt und war eines der wenigen Wechselstrom-Kraftwerke Badens (deren Zeit ging nach der Jahrhundertwende bald zu Ende als sich Drehstrom durchsetzte).

Das Kraftwerk belieferte fortan die Ortschaften Walldorf, St. Leon, Rot, Wiesloch, Alt-Wiesloch, Baiertal, Dielheim, Rauenberg, Rotenberg, Mühlhausen, Malschenberg, Malsch und Rettigheim. Es war ein sehr verzweigtes Netz. Ein solches zu realisieren hatte sich bislang keine andere Überlandzentrale in Baden getraut – schließlich zählte der überwiegend landwirtschaftlich geprägte Kundenkreis nicht eben zu den attraktivsten Stromabnehmern. Die Investitionen wurden in der Landwirtschaft pro installiertem Kilowatt auf 2 043 Mark beziffert, während Industriebetriebe in der Region bereits für durchschnittlich 1 039 Mark je Kilowatt angeschlossen werden konnten. Industrielle Kunden aber waren rar im Versorgungsgebiet. Für die Erzeugung einer Kilowattstunde Strom und deren Übertragung bis zum Kunden musste das Kraftwerk daher 3,95 Mark aufwenden – zu einer Zeit als der Stundenlohn eines Monteurs bei 25 Pfennig lag. Für größere Verbraucher des produzierenden Gewerbes konnte man die Kilowattstunde immerhin für 67 Pfennig erzeugen.

Aber solche Verbraucher gab es anfangs kaum. Lediglich die Straßenbahn auf der 13 Kilometer langen Strecke von Heidelberg/Hauptbahnhof nach Wiesloch war ein verlässlicher Großkunde. Ein zweiter kam im Jahre 1901 hinzu, die neu eröffnete Bahn vom Staatsbahnhof bis Wiesloch/Oberstadt. Doch für den Erfolg des Stromversorgers reichten die Bahnen nicht.

165 Volt als plumpe Marketing-Strategie

Die Entscheidung für die Konzessionsvergabe an die Firma Lahmeyer & Co erwies sich bald als unglücklich. Das Unternehmen nämlich lieferte eine ungewöhnliche Gebrauchs-

---

Im Überblick

■ Eines der wenigen Wechselstromkraftwerke Badens ging im Oktober 1899 in Wiesloch in Betrieb. Doch das Kohlekraftwerk war über Jahre hinweg unrentabel – nicht zuletzt wegen der ungewöhnlichen Spannung von 165 Volt. Es wurde daher 1914 stillgelegt. Das Stromnetz blieb einstweilen in kommunaler Hand, musste dann aber im Jahre 1938 auf Betreiben der Nationalsozialisten an das Badenwerk übertragen werden.

Abb. 2
Die Schwungradgeneratoren des Kraftwerkes mit der elektrischen Schalttafel im Hintergrund.

spannung von 165 Volt, und fuhr damit eine unerfreuliche Marketing-Strategie: Lahmeyer & Co produzierte in Frankfurt Motoren, Lampen und andere elektrische Geräte für eben jene 165 Volt. Weil andere Anbieter nur Geräte für die üblichen Spannungswerte – zumeist 110 Volt – im Programm hatten, sicherte sich das Unternehmen auf diese Weise ein Monopol auf dem Wieslocher Geräte-Markt.

Aber die Strategie des Frankfurter Unternehmens ging nicht auf. Zwar war Lahmeyer & Co beim Verkauf der Geräte tatsächlich konkurrenzlos, doch zugleich litt das Elektrizitätswerk darunter, dass die Kunden deutlich weniger Lampen und Motoren einsetzten als erhofft. Wer sich allerdings für elektrische Lampen entschlossen hatte, nutzte diese wiederum sehr häufig, was den Stromversorger dann erst recht in Schwierigkeiten brachte; denn Lahmeyer & Co hatte auf Stromzähler verzichtet und rechnete je installierter Lampe einen Pauschalpreis ab. Die durchschnittliche Lampe brannte aber dreimal so lange wie kalkuliert – mit naheliegender Konsequenz: Der Stromverkauf in Wiesloch war von Anfang an ein Verlustgeschäft. Das änderte sich auch nicht, als man im Jahre 1905 durch weitere Dampfmaschinen die Leistung auf 1330 Kilowatt aufgestockt hatte.

Als auch in den folgenden Jahren sich die erhofften Erträge nicht einstellten, resignierte Lahmeyer & Co. Im Jahre 1909 verkaufte die Firma das Werk an die Oberrheinische Elektrizitätswerk AG (OEW). Lahmeyer & Co hatte mit dem Projekt im vorangegangenen Geschäftsjahr mehr als 100000 Mark Verluste gemacht.

Doch auch unter neuer Führung wurde die Bilanz nicht besser – im Gegenteil: Das Defizit stieg weiter und überschritt im Jahre 1911 sogar die Marke von 400000 Mark. Frustriert trennte sich die OEW zwei Jahre später von dem Kraftwerk und verkaufte es weiter an die Oberrheinische Eisenbahn-Gesellschaft (OEG). Als die Bilanz sich auch unter der abermals neuen Führung nicht nennenswert besserte, schaltete die OEG das Kraftwerk im Februar 1914 kurzerhand ab. Die Anlage wurde zur Transformatorenstation umgebaut, und Wiesloch wurde nun vom 20 Kilometer entfernt liegenden Kraftwerk Mannheim-Rheinau versorgt, das ebenfalls der Oberrheinischen Eisenbahn-Gesellschaft gehörte. Erstmals konnte das Unternehmen im Geschäftsjahr 1915/16 einen Gewinn ausweisen.

Der Zugriff der Nationalsozialisten

Als wenige Jahre später die Rückführung der Stromversorger in kommunale Hände landesweit hoch im Kurs stand, schlossen sich auch die Gemeinden des Amtsbezirkes Wiesloch und einige Nachbarorte zu einem reinen Stromverteiler zusammen. Sie gründeten im Jahre 1920 auf genossenschaftlicher Basis die „Licht- und Kraftversorgung GmbH" (LKV) und übernahmen von der OEG die Verteilanlagen. Den Strom bezogen sie aber nach wie vor von der Eisenbahn-Gesellschaft.

Doch das kommunale Unternehmen hatte nicht lange Bestand. Die bald herrschenden Nationalsozialisten verschärften die Kontrolle des Staates über die Elektrizitätswirtschaft und gingen massiv gegen die Selbstverwaltung der Kommunen vor. Wie auch andere Unternehmen in Baden, etwa die Überlandzentrale in Haslach-Schnellingen, musste die LKV im Jahre 1938 ihre Rechte zur Stromversorgung an das Badenwerk abtreten. Dessen Nachfolgerin, die Energie Baden-Württemberg, versorgt durch ihren Regionalservice Kurpfalz die Kunden noch heute.

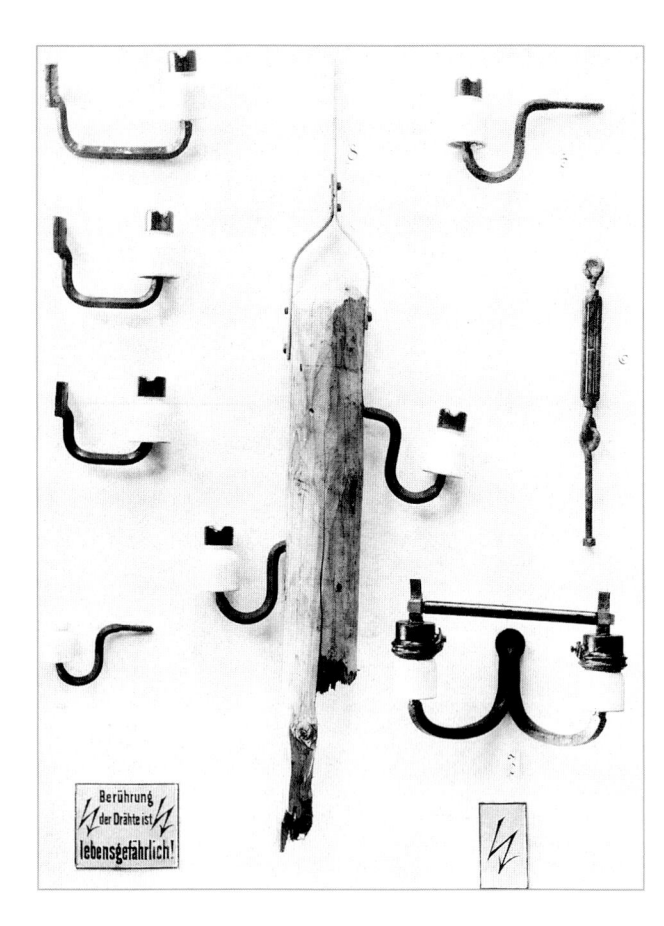

Abb. 3 bis 6 linke Seite

Montage der Freileitungen: Die Stromleitungen wurden über 12 bis 14 Meter hohe Holzmasten mit dreimantligen Isolatoren geführt. Um der Gefahr von herabfallenden Stromkabeln vorzubeugen, wurden an Straßenkreuzungen Schutznetze aufgehängt. Das Stromnetz wurde oftmals nicht auf direktem Weg zu den Ortschaften geführt, sondern entlang der Verbindungsstraßen installiert.

Abb. 7/8 rechte Seite

Die Einführung des elektrischen Stroms sollte vor allem die dörfliche Industrie voranbringen. Bisher wurden die handwerklichen Betriebe hauptsächlich mit Muskel- und Wasserkraft betrieben. Durch den Einsatz von Motoren hoffte man einerseits die örtlichen Betriebe würden der Großindustrie in den Städten erfolgreich Paroli bieten können, andererseits sollte dadurch die Unfallgefahr in den Werkstätten deutlich gesenkt werden. Die Abschaffung der oft ganze Räume durchtrennenden Transmissionsvorrichtungen leitete das Ende der Maschinenabhängigkeit der Arbeiter ein und schaffte zudem eine flexiblere Raumaufteilung.

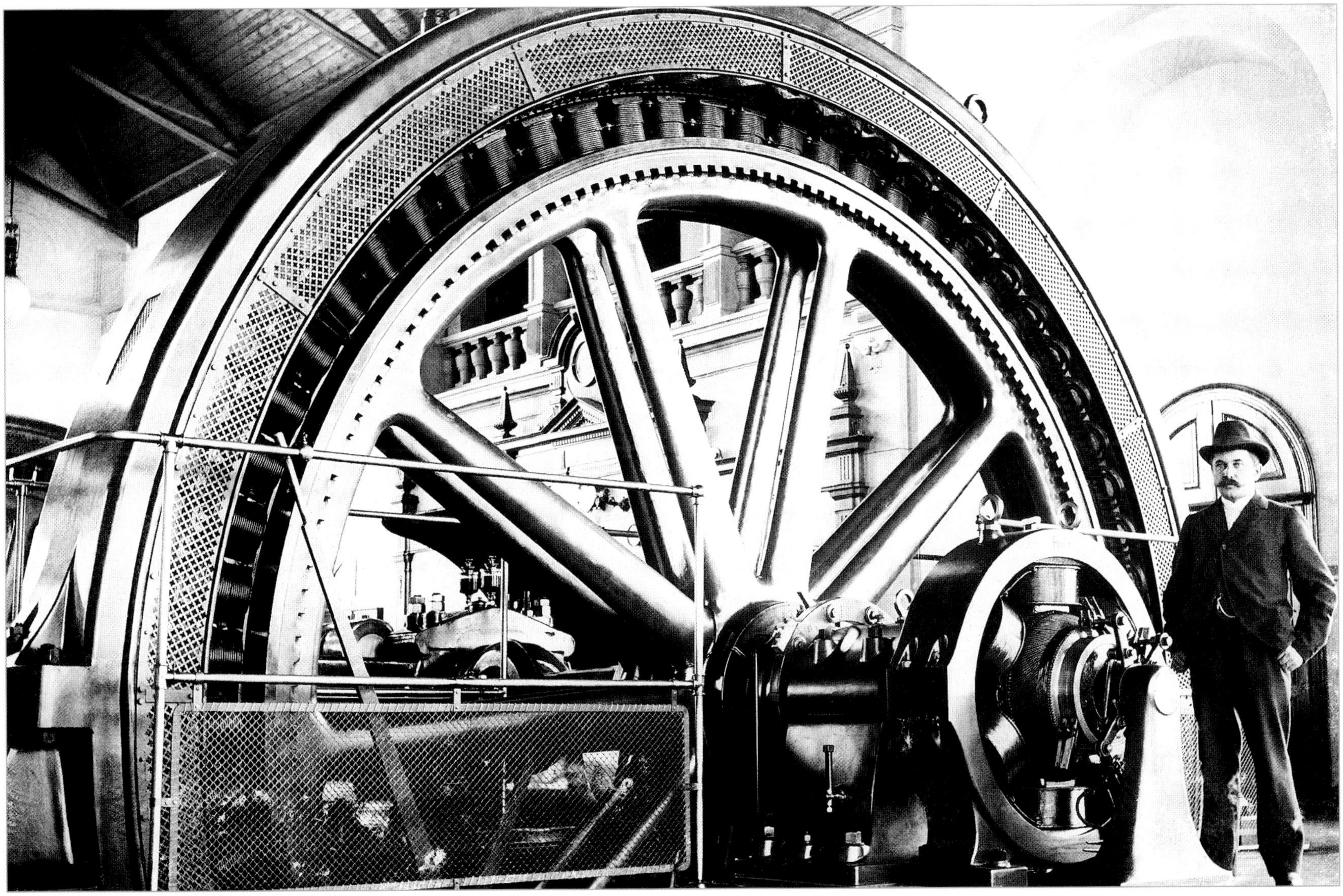

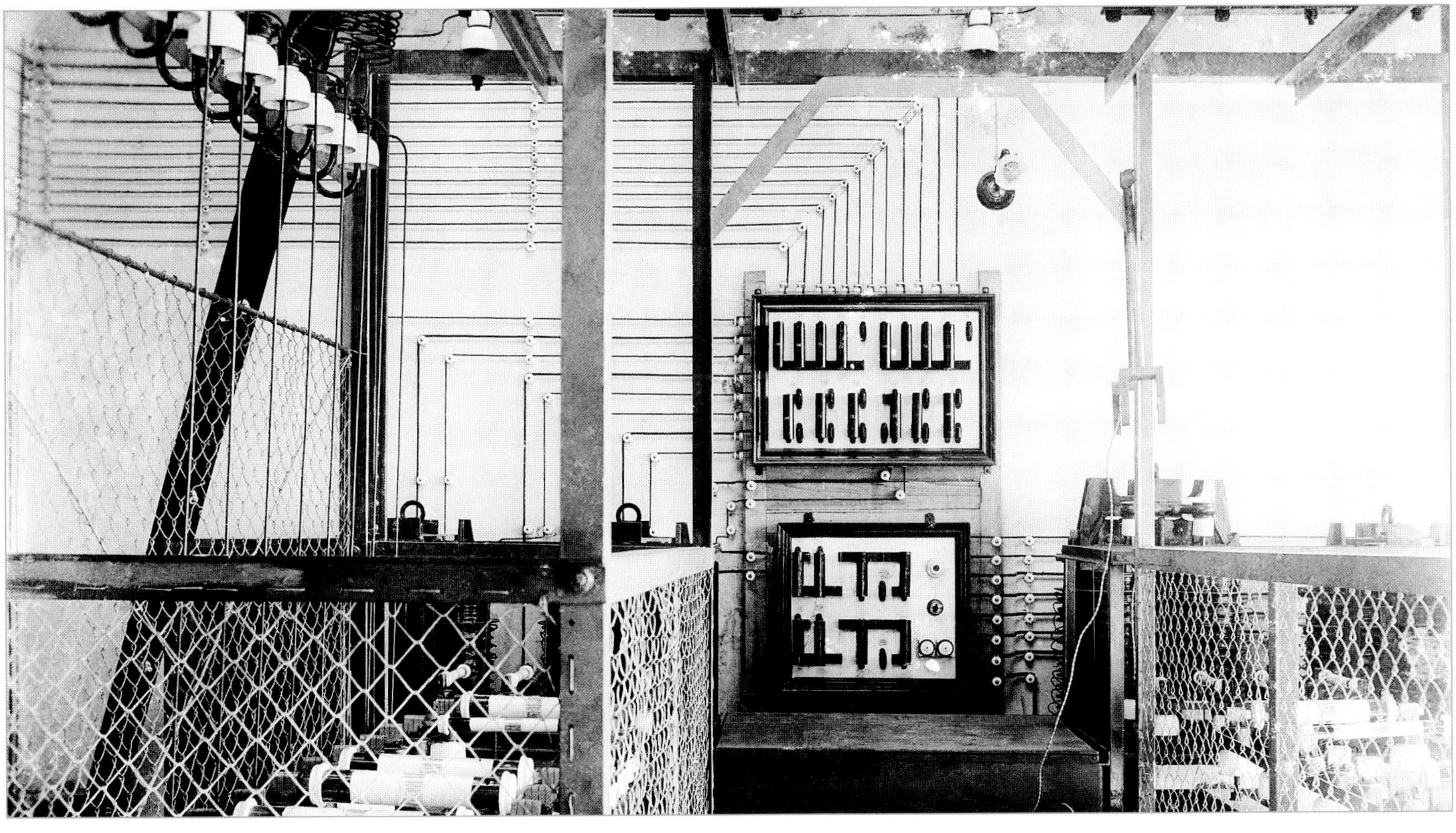

Inspiriert vom Großprojekt in Rheinfelden

1899 ■ Mit dem Kraftwerk Zell-Mambach erlebt die Textilindustrie einen Aufschwung / 15. Kapitel

Abb. 1
Tachometer: Die Wechselstromgeneratoren und die Turbinen der Gründerzeit wurden im Kraftwerk Zell-Mambach bis heute erhalten.

Das Wasserkraftwerk in Zell-Mambach war nicht nur der erste bedeutende Stromerzeuger im Wiesental, sondern ist auch bis heute der größte geblieben. Die Anlage erzeugt mehr als sechs Millionen Kilowattstunden jährlich, und gehört damit zu den produktivsten des Schwarzwaldes. Das Kraftwerk, zwischen 1897 und 1899 im Auftrag der Stadt Zell gebaut, war der Auftakt für die Industrialisierung im Wiesental. Speziell die Textilindustrie erlebte durch die Elektrifizierung einen Aufschwung, zumal das Werk Zell-Mambach nicht das einzige blieb: Rund 30 weitere Wasserkraftwerke wurden an der Wiese und ihren Nebenflüssen gebaut, viele davon innerhalb weniger Jahre.

Rheinfelden hatte die Region inspiriert. Gerade zehn Tage war es her, dass in Rheinfelden die Bauarbeiten am ersten Rheinkraftwerk begonnen hatten, da fiel am 11. Mai 1895 auch zwanzig Kilometer nördlich die Entscheidung für die Elektrizität. Die Stadt Zell im Wiesental erteilte der „Helios Elektricitäts-Aktiengesellschaft Köln-Ehrenfeld, Zweigbureau Frankfurt a. M." die alleinige Konzession für die Erzeugung von Starkstrom. Als am 21. November 1895 das Bezirksamt in Schönau auch die wasserrechtliche Konzession erteilte, war der Weg weitgehend geebnet für das erste Wasserkraftwerk im Wiesental.

Als Standort wurde Mambach gewählt, vier Kilometer oberhalb des Ortskerns von Zell gelegen. Das Wasser wurde bei Fröhnd der Wiese entnommen, und über einen fast vier Kilometer langen Hangkanal nach Mambach geführt. Ein Gefälle von 38 Metern wurde damit nutzbar.

Anfang 1896 hoffte man bereits auf den ersten Strom im Spätsommer des folgenden Jahres. Doch der Termin ließ sich nicht einhalten, weil erst im September 1896 das großherzogliche Bezirksamt in Schönau die Baugenehmigung erteilte. So verstrich noch ein Winter, ehe die Bauarbeiten losgingen.

Der Hangkanal, vorangetrieben im massiven Kristallingestein des Schwarzwaldes, erforderte größte Anstrengungen. Der „Oberländer Bote" schrieb nach dem Baubeginn:

„Die Bohrungen geschehen bis jetzt von Hand, doch steht die Anwendung von Bohrmaschinen in Aussicht. Zu den Sprengungen wird Dynamit verwendet; wo hartes Gestein ist, Gelatin-Dynamit. Die Sprengungen rücken in 24 Stunden durchschnittlich 80 Zentimeter bis 1 Meter vor; bei besonders hartem Gestein wird aber auch nur kaum ein halber Meter erzielt."

Doch die Arbeiten müssen später schneller vorangeschritten sein – ansonsten hätte der Kanal zehn Jahre Bauzeit in Anspruch genommen. Er brauchte aber „nur" zwei Jahre. Zeitweise wurde mit bis zu 300 Mann gearbeitet, darunter viele Gastarbeiter aus Italien, die mit der Technik des Stollenbaus am besten vertraut waren.

Die vielen auswärtigen Arbeiter brachten dem Dorf Kapazitätsprobleme: Nur mit Mühe konnten sie in Mambach untergebracht werden, schließlich hatte der Ort gerade 370 Einwohner. „Jeder nur einigermaßen genügende Raum", berichtete der „Oberländer Bote", sei „mit Miethern und Schlafgästen besetzt". Auch „Logierbaracken" seien errichtet worden.

Zwei Meter hoch, und bis zu zwei Meter breit wurde der Hangkanal in den Fels gesprengt. Der „Oberländer Bote" wunderte sich unterdessen, „daß unter den Arbeitern nicht mehr Erkrankungen auftraten." Schließlich hätten doch „die Wassermassen dieses feuchten Jahres" bisher schon „manche Unbequemlichkeit verursacht". Doch die Arbeiter hielten sich tapfer: „Thatsächlich ist der Gesundheitszustand der Arbeiter ein sehr günstiger, und wenn keine Änderung noch in der Folge eintritt, so macht die Krankenkasse in Zell, zu welcher die Arbeiter des Werkes zählen, ein gutes Geschäft".

Nach einem ersten Probelauf im November 1899 nahm das „Elektricitätswerk Zell" am 22. Dezember 1899 seinen Betrieb auf. Zwei Francisturbinen der Firma Voith, jeweils mit 260 Kilowatt-Generatoren ausgestattet, schluckten bis zu 3,4 Kubikmeter Wasser je Sekunde, das aus einem Einzugsgebiet von 138 Quadratkilometern kam.

Im Überblick

■ Die Entscheidung zum Bau eines Elektrizitätswerkes ging von der Gemeinde aus. Im Mai 1895 erteilte diese einem privaten Unternehmen die Konzession für die Erzeugung von Starkstrom.

■ Bis zu 300 Arbeiter waren auf der Baustelle beschäftigt, ehe im Dezember 1899 das Kraftwerk in Betrieb gehen konnte. Es blieb bis heute das größte des Wiesentales. Aufgrund des stetigen Wasserdargebotes der Wiese ist das Kraftwerk eines der zuverlässigsten des Schwarzwaldes.

Abb. 2
Abschiedsfest der Monteure in Mambach am 31. September 1899: Mit dabei sind neben den Monteuren und Maschinisten, Heizer, Bauführer, Ingenieure, der Direktor sowie der Wirt des Gasthauses „Zum Sternen".

Für wasserarme Zeiten wurde zeitgleich eine Dampfmaschine errichtet, die weitere 260 Kilowatt leisten konnte. Allesamt produzierten die Generatoren zweiphasigen Wechselstrom mit 2000 Volt. Das Werk Zell-Mambach war damit eines der wenigen Wechselstromkraftwerke in Baden: Die älteren Werke in der Region hatten zumeist mit Gleichstrom angefangen, in den jüngeren Anlagen wurde dagegen üblicherweise schon dreiphasiger Wechselstrom, also Drehstrom, erzeugt.

In den Orten Mambach, Zell, Hausen und Fahrnau hielt durch das neue Werk der elektrische Strom Einzug. Stromkunden waren zum Beispiel die Spinnerei Atzenbach und die Papierfabrik Sutter in Schopfheim. Besonders die Textilindustrie erlebte durch die Elektrifizierung einen Aufschwung.

Ein ausgeklügeltes Tarifsystem

Das E-Werk Zell hatte für seine Kunden bereits ein ausgeklügeltes Tarifsystem entwickelt, das Mengenrabatte ebenso vorsah, wie unterschiedliche Strompreise je nach Tageszeit. Wer keinen Stromzähler hatte, bezahlte je nach installierter Leistung seiner Anlagen, und nach Anzahl seiner Glüh- und Bogenlampen. Wer einen Zähler hatte, bezahlte einen Grundtarif von 25 Pfennig je Kilowattstunde Kraftstrom und 65 Pfennig für Lichtstrom – mit bestimmten Rabatten für Großverbraucher.

Nach sechs Betriebsjahren wurden die Generatoren im Kraftwerk Mambach erneuert, die Turbinen umgebaut. Damit stand nun eine Leistung der Wasserturbinen von zusammen 975 Kilowatt zur Verfügung. Eine solche Leistung erzielt bis heute kein anderes Wasserkraftwerk im Wiesental und in den Nebentälern. Unter den rund 30 Werken, die zum Teil schon wenige Jahre nach dem Werk Zell-Mambach gebaut wurden, kam keines über 350 Kilowatt hinaus. Das noch heute selbständige Kraftwerk Köhlgartenwiese bei Tegernau, und das Werk der Textilwerke Bernauer in Todtnau sind mit jeweils 350 Kilowatt die nächstgrößten. Im Jahre 1930 verzeichnete eine Statistik an der Wiese 76 Kraftnutzer, wobei längst nicht alle Strom erzeugten.

Die große Zahl der Kraftnutzer an der Wiese führte gerade in trockenen Zeiten aber immer wieder zu Problemen, wie ein Schreiben des Badischen Wasser- und Straßenbauamtes Lörrach an das Bezirksamt Lörrach vom 27. Juni 1930 belegt:

„Die Wiese und die Gewerbekanäle zeigen dauernd eine schwankende Wasserführung, hervorgerufen durch die Wassernutzung in den verschiedenen Triebwerken.

Der geschilderte Mißstand ist am ganzen Laufe der Wiese, soweit sich Triebwerke vorfinden, zu beobachten. Er rührt in der Hauptsache her aus einer unachtsamen Bedienung der Stau- und Leerlaufschleusen während der Arbeitszeit, aus plötzlichem Ziehen der Leerlaufschleuse zu Beginn der Arbeitspausen sowie aus dem verbotenen, bei Wasserklemme gern geübten zeitweisen Aufstauen und Abarbeiten des im Oberwasserkanal aufgespeicherten Wassers.

Während an Sonn- und Feiertagen ein regelmäßiger Ablauf des Wassers erfolgt, treten zu Beginn und Ende der Arbeitszeiten und in der Mittagspause Schwankungen bis zu 40 cm auf. z. Zt. morgens um 7 Uhr, mittags 11 bis 1 Uhr und abends 6 Uhr."

Die Dampfmaschine in Zell-Mambach wurde einige Jahre nach der Erneuerung der Wasserkraft-Generatoren stillgelegt.

Abb. 3
Kraftwerk Zell-Mambach

Die Dampfkraft hatte sich als Reserve erübrigt, weil 1913 über das Umspannwerk Hausen eine Verbindung von Zell zu den Kraftübertragungswerken Rheinfelden (KWR) hergestellt war. Erstmals war nun auch an eine Erweiterung des Versorgungsnetzes zu denken. Doch der Erste Weltkrieg verzögerte die Expansion. Erst in den Jahren 1921 und 1922 wurden auch die Gemeinden Raitbach mit Schweigmatt, Kürnberg, Gresgen, Adelsberg, Ehrsberg, Häg mit Forsthof, Fröhnd und Wembach an das Netz des Kraftwerkes Zell angeschlossen.

Zwanzig Jahre später war es mit dem eigenen Elektrizitätswerk in Zell vorbei – die Zentralisierung im Dritten Reich führte dazu, dass die Kraftübertragungswerke Rheinfelden das Elektrizitätswerk Zell im Jahr 1942 übernahmen. Die Entwicklung kam nicht überraschend, weil das Versorgungsgebiet ohnehin bereits einen großen Teil seines Stroms von den KWR bezog.

Zuverlässiges Kraftwerk – dank gutem Wasserangebot

Mit dem regionalen Stromversorger im Rücken konnte nach Kriegsende in Zell investiert werden. 1950 wurde die Spannung auf 6 800 Volt umgestellt, 1959 wurden 20 000 Volt eingeführt.

Bis zum heutigen Tage aber blieben die Wechselstromgeneratoren erhalten, und produzieren noch immer die einst eingeführten 6 800 Volt. Erst ein recht aufwändiger Transformator im Turbinenhaus formt den zweiphasigen Wechselstrom in dreiphasigen Drehstrom um, und bringt die Spannung auf das inzwischen einheitliche Mittelspannungsniveau von 20 kV.

Auch die historischen Turbinen haben sich bis heute erhalten – und sie werden auch noch einige Zeit ihren Dienst tun. Inzwischen besteht, anders als in den 1970er Jahren, auch keine Gefahr mehr, dass das Werk stillgelegt werden könnte; es ist schließlich eines der zuverlässigsten Kraftwerke in der Region. Weil der Wasserbedarf im Vergleich zum hohen Dargebot der Wiese sehr gering ist, muss das Werk nur sehr selten still stehen. Allenfalls eine Reduktion der Leistung wird in Trockenphasen erforderlich. Doch selbst das kommt in Relation zu anderen Kraftwerken selten vor: Eine jährliche Jahresproduktion von durchschnittlich 6,3 Millionen Kilowatt-Stunden entspricht einer Produktion von fast 6 500 Volllaststunden. Das Werk bringt also über das Jahr gemittelt, stets 75 Prozent seiner Höchstleistung. So viel erreicht kaum ein anderes Wasserkraftwerk.

Abb. 4
Einer der Maschinensätze: Das Kraftwerk Zell-Mambach hat sich trotz der erforderlichen Modernisierung seinen historischen Charme erhalten.

Schlossbeleuchtung als Höhepunkt

1899 ■ Heidelberg beginnt mit Kohlestrom, und setzt in den 1990er Jahren auf die Sonne / 16. Kapitel

Fast zeitgleich entschieden sich die badischen Großstädte zur Jahrhundertwende für den Bau städtischer Elektrizitätswerke – in Heidelberg fiel das Votum für ein Kohlekraftwerk am 4. Mai 1899. Weitere eigene Kraftwerke, allesamt mit Kohle betrieben, entstanden in den folgenden Jahren; Strom aus Wasserkraft kam erst mit dem Anschluss an das Murgwerk nach dem Ersten Weltkrieg ins städtische Versorgungsnetz. Anfangs wurde dieses Ortsnetz mit Gleichstrom betrieben, in den Jahren 1932 bis 1956 aber schrittweise auf den inzwischen üblichen Drehstrom umgestellt. In der deutschen Stromgeschichte machte Heidelberg nach dem Zweiten Weltkrieg mehrfach von sich reden – so von 1948 an als Sitz der Deutschen Verbundgesellschaft, oder in den 1990er Jahren durch eine offensive Solarförderung.

Abb. 1
Die elektrische Beleuchtung des Heidelberger Schlosses war ein Höhepunkt der lokalen Elektrizitätsgeschichte. Die Illumination des Schlosses lockte Zehntausende von Schaulustigen an.

Der Sachverständige klang überzeugend. Es habe ein Professor Nernst aus Göttingen eine neue Lampe erfunden, erklärte Dr. Rasch aus Karlsruhe dem staunenden Bürgerausschuss. Und diese werde, wenn sie sich denn bewähren sollte, das elektrische Licht billiger machen als das Auerlicht, das klassische Gaslicht mit Glühstrumpf.

Es taten sich also wundervolle Perspektiven auf. Und so beschloss am 4. Mai 1899 der Bürgerausschuss von Heidelberg einstimmig den Bau eines städtischen Elektrizitätswerkes, finanziert „aus Anlehensmitteln". (Dass die Nernstlampe sich nie durchsetzen konnte, weil sie vorgewärmt werden musste, war seinerzeit nicht absehbar.) Der Strompreis wurde von den Bürgervertretern sofort festgeschrieben – auf 30 Pfennig je Kilowattstunde für Kraftzwecke und 70 Pfennig für die Beleuchtung. Bei größerem Verbrauch sollte es bis zu 20 Prozent Rabatt geben.

Das einhellige Votum des Bürgerausschusses war auch durch den sehr aktiven Gewerbeverein begünstigt. Denn der hatte im Jahr zuvor eine Werbeausstellung in der alten Turnhalle organisiert (an deren Stelle heute die Universitätsbibliothek steht), und dort mit Lampen und Motoren die Vorzüge des elektrischen Stroms demonstriert. Auch das hatte so manchen Bürger von den Vorzügen der Elektrizität überzeugt.

Zwei Monate später, im Juli bereits, wurde mit dem Bau des Elektrizitätswerkes begonnen; als Standort hatte man das Gelände des alten Gaswerkes an der Eppelheimer Straße gewählt. Der Gebäudekomplex umfasste ein Maschinenhaus und ein Akkumulatorenhaus mit einem Kesselhaus an dessen Rückfront. Wie die meisten größeren Städte setze auch Heidelberg auf Kohle: Zwei Dampfmaschinen mit Generatoren lieferten bis zu 260 Kilowatt Gleichstrom. Eine Lichtstrombatterie mit einer Kapazität von 2 000 Ampèrestunden half Spitzenbelastungen zu decken.

Nach einjähriger Bauzeit lieferte das Werk am 1. Juli 1900 den ersten Strom. Ein halbes Jahr später hingen bereits 5 244 Glühlampen, 94 Bogenlampen und 47 Elektromotoren am 37 Kilometer langen Verteilungsnetz. Als die Stadt im Jahre 1902 das Werk um eine Dampfturbine erweiterte, wurde in Heidelberg auch der elektrische Straßenbahnbetrieb mit 15 Motorwagen möglich.

Die rasant steigende Nachfrage nach Strom führte dazu, dass die Kapazitäten in den folgenden Jahren mehrfach aufgestockt werden mussten: 1904 kam ein weiterer Dampfkessel hinzu, 1906 eine zweite Dampfturbine, 1910 zwei neue Dampfturbinen mit jeweils 500 Kilowatt. Dieser Ausbau war nur bei gleichzeitigen Verlängerungen von Kessel- und Maschinenhaus möglich; ein neuer Schornstein, 68 Meter hoch, wurde zum Symbol der florierenden Stromwirtschaft.

Als nach dem Ersten Weltkrieg die Kapazität des Heidelberger Elektrizitätswerkes erneut knapp wurde, beschloss die Stadt zusätzlich Strom vom Murgwerk zu beziehen. Aus diesem Grund ließ sie im Jahre 1920 eine Überlandleitung errichten, die Drehstrom von 20 000 Volt in die Stadt brachte. Weil das städtische Netz noch immer auf Gleichstrom basierte, musste der Strom aus dem Murgtal gleichgerichtet werden.

So etablierte sich der Strom zunehmend. Höhepunkte in der Heidelberger Elektrizitätsgeschichte waren stets die Beleuchtungen des Schlosses. Im August 1921 zum Beispiel berichtete die „Karlsruher Zeitung" von „40 000 bis 50 000 Schaulustigen", die eines Abends anlässlich der elektrischen Schlossbeleuchtung auf den Straßen unterwegs waren.

Weil das Murgwerk ausreichend Strom zu günstigen Tarifen lieferte, legte die Stadt im Jahre 1931 ihre eigenen Kraftwerke still. So wurde das Elektrizitätswerk Heidelberg zu einem reinen Stromverteiler. Al-

Im Überblick

■ Im Juli 1900 ging das erste Kraftwerk der Stadt Heidelberg ans Netz. Bereits zwei Jahre später wurde es erweitert, und ermöglichte damit auch einen elektrischen Straßenbahnbetrieb in der Stadt. Ein besonderes Projekt entstand in Heidelberg in den späten 1990er Jahren: Am Neckar wurde ein Wasserkraftwerk erbaut, das – aus Gründen des Denkmalschutzes – vollständig überflutet wurde.

lein für Zeiten starker Nachfrage hielt das Unternehmen noch eigene Anlagen als Reserve vor.

Inzwischen war unverkennbar geworden, dass die Zukunft nicht dem Gleich-, sondern dem Wechsel- und Drehstrom gehörte. Der Gleichstrom nämlich brachte zu hohe Verluste; 23 Prozent der Energie gingen im Heidelberger Netz auf dem Weg zu den Verbrauchern verloren. Das Gleichstromnetz wurde daher in den Jahren ab 1932 auf die inzwischen etablierte Normspannung von 220 Volt Wechselstrom, beziehungsweise 380 Volt Drehstrom umgestellt. Weil dieser Umbau auch den Nutzern von Elektrogeräten Kosten bescherte, übernahm das Elektrizitätswerk anfangs zwei Drittel davon – für die Anpassung eines Radios zum Beispiel bekam der Kunde 20 Mark gutgeschrieben.

Auch in Heidelberg wurde die Stromversorgung im anschließenden Zweiten Weltkrieg in Mitleidenschaft gezogen, speziell durch Beschädigung der Leitungen des Badenwerkes. Am 27./28. März 1945, durch die Zerstörung der Neckarbrücken, wurden die nördlich des Neckars gelegenen Stadtteile komplett von der Stromversorgung abgeschnitten. Einige Tage blieben auch die südlichen Stadtteile stromlos, weil die Fernleitungen darnieder lagen. Als erster Stadtteil konnte das Bergheimer Viertel am 4. April von Wieblingen aus wieder versorgt werden, die Oststadt und die Stadtteile Schlierbach, Pfaffengrund und Handschuhsheim folgten zwei Tage später. Ende April hatten die meisten Stadtteile wieder elektrisches Licht. Die Umstellung des Netzes auf Drehstrom war zu diesem Zeitpunkt noch nicht abgeschlossen, sie wurde erst im Jahre 1956 vollendet.

Heidelberg als Zentrum des Stromverbundes

In der Phase des Wiederaufbaus nach dem Zweiten Weltkrieg formierte sich die deutsche Stromwirtschaft zu einem einheitlichen Verbundnetz, und installierte in Heidelberg ihre Zentrale. Dort ließ sich im Jahre 1948 die Deutsche Verbundgesellschaft (DVG) nieder, der alle großen Stromversorger angehören. Es sind dies die „systemverantwortlichen Übertragungsnetzbetreiber" Bayernwerk, Bewag, Energie Baden-Württemberg, HEW, PreussenElektra, RWE, VEAG und VEW. Die DVG gibt Grundsätze vor, nach denen die Verbundunternehmen ihren Betrieb führen. Darunter fallen die Abstimmung von Wartungsarbeiten an den Anlagen, Mitteilungen über Umbauten, das Lastmanagement und gemeinsame Lastprognosen. Der Deutschen Verbundgesellschaft wurde 1951 auf internationaler Ebene die „Union für die Koordinierung der Erzeugung und des Transports elektrischer Energie" (UCPTE) übergeordnet, ein Zusammenschluss der Stromversorger Mitteleuropas. So organisierte sich die Stromwirtschaft ohne allzu große staatliche Regulierung mit effizienten Strukturen selbst.

Auf dem Weg zur Umweltstadt

Die Stromnachfrage in Heidelberg stieg von Jahr zu Jahr und erreichte zur Jahrtausendwende annähernd 900 Millionen Kilowattstunden jährlich. Inzwischen waren aus dem Elektrizitätswerk die Stadtwerke Heidelberg (SWH) hervorgegangen.

Sie galten in den 1990er Jahren in einigen Punkten als fortschrittlich. Schon 1991 führten die SWH einen linearen Stromtarif ein, um Stromverschwender nicht weiterhin durch billigere Kilowattstundenpreise zu belohnen (was in der Branche üblich war). Außerdem profilierte sich Heidelberg später durch die Förderung von effizienten Blockheizkraftwerken und durch eine angemessene Einspeisevergütung für Solarstrom in Höhe von bis zu 1,58 Mark je Kilowattstunde. Die Deutsche Umwelthilfe kürte Heidelberg daher im Jahre 1996 zur „Ökohauptstadt" – „ein als beispielhaft gelobtes Modell", befand auch das Hamburger Nachrichtenmagazin „Der Spiegel".

Zu dem sauberen Image trug später auch ein neues Wasserkraftwerk am Neckar bei, das im Juli 1998 ans Netz ging. Am Karlstor hatte die Neckar AG für 30 Millionen Mark in vier Jahren Bauzeit ein Kraftwerk vollständig unterhalb des Wasserspiegels errichtet. Grund war der Denkmalschutz: Die bestehenden Wehranlagen sollten optisch nicht verändert werden. Mit zwei Kaplan-Rohrturbinen, deren Schluckvermögen jeweils 70 Kubikmeter Wasser pro Sekunde beträgt, erzeugt das Werk seither 17 Millionen Kilowattstunden jährlich. Jede dieser Turbinen mit einem Laufraddurchmesser von 3,35 Metern, erreicht eine Leistung von 1 550 Kilowatt.

Für ein weiteres innovatives Kraftwerk gaben die SWH im Jahre 1999 rund sechs Millionen Mark aus: Sie nutzen seither den Druck des Erdgas-

Abb. 2

Versorgt mit Strom aus einer Dampfturbine: Die Straßenbahn.

Abb. 3
Arbeiter bei der Kabelverlegung für die Stromversorgung der Straßenbahn.

netzes zur Stromerzeugung. Denn mit 45 Bar erreicht das Gas per Pipeline Heidelberg, und das ist weit mehr als im städtischen Netz nötig ist. In einer Erdgas-Entspannungsanlage wird daher der Druck des Gases auf vier Bar gedrosselt – es wird Energie frei, die anschließend eine Turbine mit beachtlichen 2 300 Kilowatt antreibt. 8,7 Millionen Kilowattstunden Strom werden seither jährlich auf diese Weise erzeugt. Binnen sieben Jahren soll sich die Anlage amortisieren.

Der programmierte Abstieg

Die Sonne unterdessen kam trotz guter Förderung nur gemächlich voran. Denn anders als in Freiburg, wo ein Großteil der Bürger die erneuerbaren Energien stützte, verhielten sich die Bürger Heidelbergs zurückhaltend. So waren in Heidelberg Ende 1997 erst Solarstromanlagen mit gerade 42 Kilowatt Leistung installiert – soviel hatte Freiburg schon fünf Jahre zuvor. Erst mit dem Baubeginn für eine 20-Kilowatt-Gemeinschaftsanlage im Februar 1998 wurde deutlich, dass das Solarförderprogramm der SWH zu greifen begann. Im Herbst 2000 errichtete eine Betreibergesellschaft sogar eine 300-Kilowatt-Gemeinschaftsanlage auf dem 5 000 Quadratmeter großen Dach des Müllkompostwerkes; ein bundesweit vielbeachtetes Projekt. 257 000 Kilowattstunden sollte die Anlage jährlich erzeugen, genug für 80 Durchschnittshaushalte.

So hatte Heidelberg im Frühjahr 2001 etwa 675 Kilowatt Fotovoltaik auf seinen Dächern installiert, darunter 125 Kilowatt aus privaten Kleinanlagen und 250 Kilowatt aus Gemeinschaftsanlagen bis jeweils 25 Kilowatt. Die Stadt war mit diesen Werten vorne mit dabei in der deutschen Solarliga.

Doch zum Jahresbeginn 2001 hatten die SWH die Förderung weiterer Solarprojekte eingestellt – mit dem Argument, das bisherige Programm sei ausreichend gewesen. Der Abstieg Heidelbergs in den folgenden Jahren war somit programmiert.

Abb. 4
Ihre eigene Stromproduktion stellte die Stadt Heidelberg 1931 ein. Danach wurde das Elektrizitätswerk ein reiner Stromverteiler.

Pfiffige Idee: Mit dem Kraftwerk kommt die BBC

1899 ■ Mannheim setzt auf innovative Lösungen – und bringt den Stromversorger 1999 an die Börse / 17. Kapitel

Abb. 1
100 KV-Schaltanlage des Großkraftwerkes Mannheim in den 1930er Jahren.

Kreativ waren sie durchaus, die Mannheimer Stadträte. Als sie im Juli 1898 den Bauauftrag für ein Elektrizitätswerk an die schweizerische Firma BBC erteilten, verpflichteten sie das Unternehmen zugleich, in Mannheim eine deutsche Dependance zu gründen. So kam Mannheim zu einem bedeutenden Arbeitgeber, der auch bei der weiteren Elektrifizierung der Region kräftig mitmischte – etwa beim Bau des Großkraftwerkes Mannheim (GKM), das 1923 in Betrieb ging. Heute ist das GKM, nachdem es mehrfach ausgebaut wurde, mit 2 125 Megawatt das leistungsstärkste Kraftwerk Badens (etwa so stark wie die beiden Atomreaktoren Philippsburg zusammen). Die Mannheimer Stadtwerke firmierten später unter dem Namen Mannheimer Versorgungs- und Verkehrsgesellschaft mbH (MVV), und wagten im Februar 1999 einen ungewöhnlichen Schritt: Als bundesweit erster kommunaler Stromversorger ging die MVV Energie AG an die Börse.

Vier Stunden dauerte die Sitzung des Bürgerausschusses am 19. Juli 1898 – dann war der clevere Schachzug beschlossene Sache. 3,3 Millionen Mark stellte der Ausschuss für ein städtisches Elektrizitätswerk bereit, und vergab den Bauauftrag an die schweizerische Firma Brown, Boveri und Co (BBC). Der Bürgerausschuss folgte damit dem Stadtrat, der dieses Vorgehen schon am 5. Juli beschlossen hatte. Die BBC hatte sich ins Spiel gebracht, nachdem der Stadtrat im Februar die „großen Elektrizitätsgesellschaften zu Offerten aufgefordert" hatte.

Mit dem Votum des Bürgerausschusses war entschieden, dass die Firma BBC das Kraftwerk nicht nur errichten, sondern dieses in der Anfangszeit auch betreiben durfte. Der Auftrag – und das war nun das Pfiffige daran – war gekoppelt an die Auflage, dass die BBC sich verpflichtete, ihre deutsche Hauptniederlassung in Mannheim zu gründen. Und nicht nur das: Für weitere BBC-Niederlassungen im Großherzogtum Baden hatte sich der Mannheimer Stadtrat sogar ein Vetorecht vorbehalten.

So kam der Strom nach Mannheim, und auch der deutsche Ableger der BBC. Für 3,34 Millionen Mark, also nur unwesentlich mehr als geplant, errichtete die BBC am Industriehafen das Elektrizitätswerk. Vertraglich war festgelegt, dass die Stadt aus den ersten 100 000 Mark Reingewinn 70 Prozent, aus der Summe bis 200 000 Mark 80 Prozent, und von allen darüber hinaus gehenden Beträgen 90 Prozent erhalten sollte – auch das waren keine schlechten Konditionen für die Stadt.

Diese hatte vor der Entscheidung über den Bau von einer Gutachterkommission auch die technischen Fragen rund um die Stromversorgung klären lassen. Danach liege „nach dem gegenwärtigen Stand der Elektrotechnik keinerlei Anlaß vor, die Versorgung aus mehreren Centralen vorzunehmen, da dies durchaus unwirthschaftlich und unrentabel" sei. Ferner hieß es: „Was die Systemwahl anbelangt, so weisen nach Ansicht der Kommission die hiesigen Verhältnisse gebieterisch auf die Verwendung des hochgespannten mehrphasigen Wechselstroms (Drehstrom) hin. Zur Vertheilung der elektrischen Energie an die Konsumenten schlägt die Kommission ein sekundäres Niederspannungsnetz vor, welchem durch ein Primärnetz und Transformatoren der Strom zugeführt wird."

Warten auf den Strom im Hoftheater

Schon im Spätsommer 1899 sollte das Werk fertig sein; für den 3. September hatte das Hoftheater die erste Vorstellung mit elektrischem Licht geplant. Doch die Arbeiter kamen so schnell nicht voran – das Ereignis musste verschoben werden. Die Presse wusste zu berichten: „Es haben nämlich in den letzten Tagen eine Anzahl Monteure der die Installationsarbeiten

Im Überblick

■ In Mannheim schrieben die Stadtwerke wie nirgendwo sonst in Baden Industriegeschichte: Mit der Gründung des Stromversorgers brachten die Lokalpolitiker im Jahre 1898 auch eine Niederlassung der Firma BBC (heute: ABB) in ihre Stadt. Auch später fielen in der badischen Industriemetropole wiederholt außergewöhnliche Entscheidungen: Das leistungsstärkste Kraftwerk Badens wurde in Mannheim errichtet; und die Stadtwerke wagten im Februar 1999 als bundesweit erster kommunaler Stromversorger den Gang an die Börse.

ausführenden Firma Siemens und Halske in Berlin, die Arbeit niedergelegt, jedoch nicht infolge Lohndifferenzen, sondern weil sie der lang andauernden angestrengten Thätigkeit überdrüssig, sich weigerten, die verlangte Arbeit weiter zu leisten."

Daher konnten erst am 15. Oktober 1899 die drei Dampfmaschinen, Fabrikat Sulzer, ihren Probebetrieb aufnehmen. Bis die Stromversorgung der Stadt gestartet werden konnte, war es Neujahr 1900 geworden. Die Dampfmaschinen mit Drehstromgeneratoren brachten jeweils 550 Kilowatt Normalleistung und bis zu 770 Kilowatt Spitzenleistung. Doch bald schon musste aufgestockt werden, und so kam im Jahre 1903 eine Dampfturbine mit 1 300 Kilowatt hinzu. Weil sich das Stromgeschäft auch weiterhin prächtig anließ, übernahm die Stadt zum frühest möglichen Termin – nach sechs Betriebsjahren – am 1. Januar 1906 das Elektrizitätswerk von der Firma BBC um es fortan in Eigenregie zu führen.

Die Expansion ging unvermindert weiter. 1908 wurde die Leistung auf insgesamt 5 500 Kilowatt aufgestockt, 1911 war man schon bei 8 500 Kilowatt. Um die Versorgungssicherheit zu verbessern, suchte die Stadt im Jahre 1912 Anschluss an das Elektrizitätswerk Mannheim-Rheinau, das von der Oberrheinischen Eisenbahn-Gesellschaft betrieben wurde. (Die Allgemeine Elektricitäts-Gesellschaft hatte dieses Werk mit 900 Kilowatt in den Jahren 1897 bis 1899 errichtet.)

Kohle für den Energiemix

Nach dem Ersten Weltkrieg reichten die Mannheimer Kapazitäten trotzdem nicht mehr aus. Und weil im Jahre 1921 die soeben gegründete Badische Landes-Elektrizitäts-Versorgung (Badenwerk) ihr Wasserkraftangebot durch einen Kohlenmeiler zu ergänzen suchte, kamen sehr bald die Stadt Mannheim und das Badenwerk ins Gespräch. Zusammen mit den Pfalzwerken und der Neckar AG gründeten sie nun die Großkraftwerk Mannheim AG. Strategie des Badenwerkes: Die Abhängigkeiten von der Wasserkraft waren zu groß geworden, die Folgen bei Wassermangel zu weitreichend – es musste ein „Energiemix" her.

Die Standortwahl für den Steinkohleofen fiel nicht schwer. Weil die Kohle am günstigsten per Schiff geliefert wurde, und außerdem große Mengen von Kühlwasser vonnöten waren, musste es ein Ort am Rhein sein. Mannheim bot sich an, weil hier große Stromverbraucher ansässig waren, und weil zudem am Industriehafen das alte Kraftwerk einem neuen Bau Platz machen konnte. Hinzu kam noch, dass Mannheim in Sachen Stromversorgung unter besonderem Leidensdruck stand, weil mit dem Versailler Friedensvertrag von 1919 die Energielieferungen vom Dampfkraftwerk Homburg im Saarland nach Nordbaden enorm eingeschränkt worden waren.

Schon im Jahre 1923 ging unter dem Namen Großkraftwerk Mannheim (GKM) eine 37,5 Megawatt-Anlage in Betrieb. Technisch war das Werk noch unbefriedigend. Der Wirkungsgrad war mit 17 Prozent sehr gering, für eine Kilowattstunde Strom mussten mehr als 700 Gramm Steinkohle verfeuert werden. Das Problem war der geringe Dampfdruck, mit dem das Werk arbeitete. Während neue Kraftwerke in dieser Zeit schon mit 35 Bar arbeiten und Temperaturen von 400 Grad nutzen konnten, waren in Mannheim erst 20 Bar bei 350 Grad möglich. Schuld war der Erste Weltkrieg; die Planungen waren auf dem

Abb. 2
1923 beginnt die Stromproduktion des GKM mit einer 37,5 Megawatt-Anlage.

„156 Zivilarbeiter für GKM und Grün & Bilfinger. Franzosen, Holländer, Polen, Tschechen, Slowaken. Bewachung: Werkschutz."

AUS EINEM VERZEICHNIS ÜBER EIN LAGER FÜR ZWANGSARBEITER

Stand des Jahres 1913 stehengeblieben. Das GKM beklagte „sieben Jahre Aussperrung vom Weltgeschehen und von der Entwicklung der Kraftwerkstechnik". Erst im Jahre 1928 wurde das Kraftwerk effizienter; der Dampfdruck wurde auf 100 Bar erhöht, der Brennstoffverbrauch pro Kilowattstunde Strom damit unter 600 Gramm gesenkt.

Ein neues Werk kam im Zweiten Weltkrieg hinzu: Das Werk „Fritz", benannt nach dem ersten GKM-Vorstand Fritz Marguerre. Unterirdisch und bombensicher ging es 1940 mit 32 Megawatt Leistung in Betrieb. Dennoch wurde der Kraftwerkskomplex im Krieg beschädigt; sechs Fliegerbomben zerstörten am 30. Dezember 1944 die Kohlenmahlanlage. Als der Kohlenvorrat neun Monate später aufgebraucht war, musste das Großkraftwerk stillgelegt werden. Nach dem Krieg stuften die Alliierten das Werk „Fritz" als strategische Anlage ein und sandten die Technik als Reparationsleistung nach Frankreich.

Es begann der Wiederaufbau. Eine „Ersatzanlage" überbrückte die Zeit bis 1955, als der erste Block des Werkes II in Betrieb ging. Er leistete 350 Megawatt und benötigte nur noch 320 Gramm Steinkohle pro Kilowattstunde. Fortan belieferte das GKM auch die Bundesbahn, die in den Jahren zuvor einige Strecken elektrifiziert hatte und den weiteren Ausbau der Oberleitungen plante. Es folgten in den Jahren 1962 Block 2 und 1965 Block 3. Mit 260 Bar Dampfdruck erreichte der jüngste Block bereits einen Wirkungsgrad von 41 Prozent, und senkte den Kohleverbrauch erstmals unter 300 Gramm je Kilowattstunde. Fast baugleich folgte 1970 ein vierter Block.

Weil zwischenzeitlich die Atomkraft sich zu etablieren begonnen hatte, änderte man für den weiteren Ausbau die Strategie; bislang waren die Steinkohlekraftwerke für die gleichbleibende Grundlast eingesetzt worden, die Neubauten hingegen mussten zunehmend in der Mittellast positioniert werden. Daher wurden die beiden nächsten Blöcke (gebaut in den Jahren 1973 und 1975) für schnellen Lastwechsel konzipiert, befeuert wahlweise mit schwerem Heizöl oder Erdgas.

1982 ging Block 7 in Betrieb, der neben Strom auch Fernwärme lieferte. Zeitgleich wurde das Werk I stillgelegt. Kurz darauf gingen auch Block 1 und 2 der Nachkriegsbauten vom Netz, weil sie die strengeren Emissionsbestimmungen Großfeuerungsanlagen-Verordnung von 1983 nicht mehr erfüllen konnten.

Weiter aufgestockt wurde die Kapazität im Jahre 1993 mit Block 8, der die installierte elektrische Leistung am Mannheimer Industriehafen auf nunmehr 2 125 Megawatt erhöhte – das GKM war zum größten Kraftwerk Badens geworden, vergleichbar mit der summierten Leistung der beiden Atomreaktoren in Philippsburg. 190 Megawatt des GKM waren der Deutschen Bahn AG vorbehalten, die aus Mannheim zehn Prozent ihres bundesweit notwendigen Fahrstroms bezog. Mit 28 Prozent waren die Stadtwerke Mannheim zur Jahrtausendwende am GKM beteiligt.

Brown, Boveri & Co – der große Arbeitgeber

Noch immer profitierte die Stadt um diese Zeit von der bald 100 Jahre zurückliegenden Entscheidung, BBC nach Mannheim zu holen. Die ursprünglich in Baden in der Schweiz ansässige Firma hatte am 15. Juni 1900 in Mannheim eine „elektrische Fabrik" gegründet, die mit 400 Beschäftigten begann. Das Firmensortiment umfasste Wasserturbinen und Dampfturbinen, Motoren und Generatoren, Transformatoren und Schaltanlagen. 1908 stieg das Unternehmen auch in die Fertigung von Komponenten für Eisenbahn und Straßenbahn ein, und entwickelte sich schnell zu einem der weltweit führenden Elektro- und Maschinenbauunternehmen. 1914 lieferte BBC den seinerzeit weltgrößten Turbogenerator mit 29,6 Megawatt aus; inzwischen beschäftigte die Firma in Mannheim 3 000 Mitarbeiter.

Der rasante Fortschritt der Elektrifizierung vor dem Ersten Weltkrieg machte die BBC groß. Doch mit Beginn des Ersten

Abb. 3
Schaltwarte des Großkraftwerkes Mannheim, 1938.

Weltkrieges wurden die Zeiten auch für dieses Unternehmen härter. Die Firma schrieb am 2. September 1914 an das Großherzogliche Ministerium des Innern: *„Bei Vergebung von elektrischen Leitungsnetzen und elektrischen Inneneinrichtungen sind häufig außerbadische Firmen den einheimischen vorgezogen worden. Die ergebenst Unterzeichnete gestattet sich deshalb folgendes vorzutragen. Gerade in der jetzigen Zeit, wo es der Industrie zur vaterländischen Pflicht gemacht wird, ihre Betriebe so lange wie möglich aufrecht zu erhalten, um dadurch den nicht zur Fahne einberufenen Arbeitern und Beamten Gelegenheit zum Verdienst zu geben, ist es nötig, dass seitens der Regierung die sachverständigen Berater der Gemeinden angewiesen werden, bei der Vergebung von elektrischen Leitungsnetzen, sowie elektrischen Inneneinrichtungen in erster Linie die einheimische Industrie zu berücksichtigen. In anderen Staaten wie beispielsweise Bayern und Württemberg ist dies schon in Friedenszeiten in ausgedehntem Masse durchgeführt worden."*

Spätestens als das Großkraftwerk Mannheim kam, konnte sich die BBC nicht mehr beklagen; sie war wieder maßgeblich am Bau beteiligt. Bis heute hat die Firma für das GKM 34 Dampfturbogruppen geliefert. Mit 27 100 Mitarbeitern gehörte das Unternehmen im Jahr 1996, inzwischen durch Fusion mit der schwedischen ASEA AB in Asea Brown Boveri (ABB) umbenannt, zu den größten Technologie-Unternehmen der Bundesrepublik.

Die BBC war übrigens nicht die einzige namhafte Kraftmaschinenfabrik in Mannheim. Auch das Unternehmen Heinrich Lanz, Hersteller von Landmaschinen und Dampflokomobilen, prägte die Jahrzehnte der Elektrifizierung weit über die Grenzen Badens hinaus. Die Firma wurde bereits 1859 in Mannheim gegründet, heutiger Rechtsnachfolger ist die John Deere Company.

Die ersten Stadtwerke an der Börse

Viel tat sich nicht in den Nachkriegsjahrzehnten der Mannheimer Stromwirtschaft – außer dem Ausbau von Netzen und Kapazitäten. Die Stadtwerke steigerten ihren Stromabsatz auf mehr als zwei Milliarden Kilowattstunden jährlich, wovon lange Zeit 95 Prozent aus dem GKM stammten. Die Monopolwirtschaft verhalf dem Unternehmen zu guten Erträgen.

Erst die Liberalisierung des Strommarktes im April 1998 brachte die Mannheimer Stadtwerke, die inzwischen als Mannheimer Versorgungs- und Verkehrsgesellschaft mbH (MVV) firmierten, wieder in Schwung. Als bundesweit erster kommunaler Versorger ging deren Energie-Sparte, die MVV Energie AG, am 2. März 1999 mit 25 Prozent ihrer Anteile an die Börse. Die Aktienausgabe brachte dem bislang städtischen Unternehmen 400 Millionen Mark Einnahmen – sie wurden für die Beteiligung an anderen Versorgern genutzt. So rückte die MVV Energie AG mit einem Absatz von 14 Milliarden Kilowattstunden im folgenden Jahr bereits auf Platz sieben der größten Stromversorger Deutschlands vor.

Abb. 4
Kopfstation der Seilbahn, die zum Kohletransport dient.

Zugleich profilierte sich die junge AG mit ihren 2 000 Mitarbeitern auch auf dem Markt der Zukunftsenergien – ein Metier, dem das Unternehmen zuvor lange Zeit keine ernsthafte Beachtung geschenkt hatte. So wurde das Unternehmen im Februar 2000 als erster Stromversorger vom Öko-Institut wegen seines Öko-Strom-Angebotes namens „Terra-Strom" zertifiziert. Der Börsenneuling hatte ein Gespür bekommen für moderne Projekte, und bezahlte daher für Solarstrom 1,19 Mark je Kilowattstunde – 20 Pfennig mehr als gesetzlich vorgeschrieben. Auch in die Windkraft kaufte sich die MVV Energie AG im Jahre 2000 durch eine Beteiligung an der Lübecker Firma DeWind ein. Zudem erwarb sie Anteile an einer Solarfabrik im US-Staat New Jersey, und stieg auch in die Biomassenutzung ein: Im Mannheimer Birkenfeld errichtete sie ein Heizkraftwerk mit einer 1,5 Megawatt Dampfturbine zur Stromerzeugung aus Holzhackschnitzeln und Sägereiabfällen.

Und schließlich hatte sich das Unternehmen längst als Wärmelieferant profiliert – immerhin konnte es jahrzehntelange Erfahrungen in diesem Metier aufweisen: Bereits 1937/38 hatte das GKM damit begonnen, eine Fernwärmeversorgung aufzubauen. So wurden zur Jahrtausendwende in Mannheim 75 000 Wohnungen mittels eines 443 Kilometer langen Netzes mit Wärme versorgt – ein Anteil von 47 Prozent, der zu den höchsten in Deutschland zählte.

Drehscheibe der deutschen Atomwirtschaft

1901 ■ Karlsruhe beginnt mit der Dampfkraft, und baut 1956 den ersten Atomreaktor Deutschlands / 18. Kapitel

Abb. 1
Hauptportal des ehemaligen Karlsruher E-Werkes.

Wichtige Impulse für die Elektrifizierung der badischen Residenzstadt gab im Herbst 1895 die „Elektrische Ausstellung" des Gewerbevereins. Sie war „für jeden Gebildeten überhaupt" von Interesse, und heizte eine Diskussion an, die im April 1899 in einen Beschluss des Bürgerausschusses für den Bau einer „elektrischen Zentrale für Licht und Kraftversorgung" mündete. Zwei Jahre später ging das Dampfkraftwerk in Betrieb. Bis ins Jahr 1918 hinein versorgte sich Karlsruhe komplett selbst, dann suchte das Elektrizitätswerk den Netzverbund. In den folgenden Jahrzehnten dominierte die Kohle, in der Nachkriegszeit wurde Karlsruhe zudem eine Drehscheibe der deutschen Atomwirtschaft – mit den Folgen kämpft sie noch heute.

Es gab etwas zu feiern. Es war der 16. Oktober 1895, mittags um zwölf Uhr, als sich Oberbürgermeister Schnetzler mit Prominenz aus Politik und Wirtschaft zum gemeinsamen Frühstück traf. Anlass war das Ende einer Ausstellung, die in den vorangegangenen sechs Wochen viel Aufsehen erregt hatte.

Die Veranstaltung, „für jeden Gebildeten überhaupt von Interesse", wie die „Karlsruher Zeitung" erkannte, hatte schlicht „Elektrische Ausstellung" geheißen. Sie war am 1. September „durch Seine königliche Hoheit den Erzgroßherzog, Höchstwelcher das Protektorat gnädigst übernommen hat", eröffnet worden, wie ein Journalist notierte. Zum „Rendezvousplatz der Karlsruher", so hieß es, sei die Ausstellung binnen Kürze geworden – schließlich war das Ausstellungsprogramm beachtlich. Es reichte von „Beleuchtungsgegenständen" bis zu „elektrischen Schulapparaten" und der „Haustelefonie". Natürlich waren auch Akkumulatoren und Generatoren im Programm, ferner Blitzschutzvorrichtungen und „elektrisch betriebene Hebezeuge", sowie Elektromotoren und deren „Regulir-Apparate". Und allen Ausstellern war nahegelegt worden, dass die Exponate „thunlichst im Betrieb vorgeführt" werden sollten – war es doch Ziel der Veranstaltung, das „Interesse des größeren Publikums" am Strom zu gewinnen.

Die Ausstellung war ein Erfolg auf der ganzen Linie. „Wohl noch selten ist in solchem Umfange dem Gewerbetreibenden und Kleinhandwerker Gelegenheit geboten gewesen, die Dienstbarmachung der elektrischen Maschinen für das Kleingewerbe aus eigener Anschauung bewundern zu können", schrieb die Zeitung. Und voller Respekt konnte der Schreiber beobachten, wie die Aussteller „stets auf das Liebenswürdigste bereit" waren, „über die technischen Einrichtungen eingehende Auskunft zu geben." So hatten Oberbürgermeister Schnetzler, Ministerialräte und Industrielle beim gemeinsamen Frühstück wirklichen Grund zum Feiern.

Es war nun – wie vom Gewerbeverein als Veranstalter erhofft – die Diskussion um den Strom nicht mehr zu bremsen. Dennoch musste eine Entscheidung über ein E-Werk natürlich gut überdacht werden. Die „Karlsruher Zeitung" mahnte daher am 25. Dezember 1897: „Eine Stadt von nur mittlerer Größe ist kaum dazu berufen, in Unternehmungen, die einen so erheblichen Aufwand erfordern und auch sonst so tief in die wirthschaftlichen Verhältnisse der Gemeinde eingreifen, experimentierend voranzugehen, sie wird vielmehr klüger tun, die entscheidenden Entschließungen nicht auf theoretisch gefundenen Wahrscheinlichkeiten aufzubauen, sondern sie hinauszuschieben, bis ein genügend sicheres Fundament praktischer Erfahrung gewonnen ist." Nachdem zu diesem Zeitpunkt in zahlreichen Städten Elektrizitätswerke schon errichtet waren, kam die Zeitung aber dann doch zu dem Schluss, dass sich nun auch in Karlsruhe „ein weiterer Aufschub der Entscheidung nicht mehr rechtfertigen" lasse.

Es blieb noch die Frage, ob es ein Werk in privater oder städtischer Hand werden sollte. Zwar erkannte die Presse, dass „der städtische Betrieb etwas theurer sein wird als der durch eine industrielle Firma verwaltete, da die Stadt für ihr Beamtenpersonal und für ihre Arbeiter größere Aufwendungen zu machen hat." Dennoch könne es „vom sozialen Standpunkt aus nur begrüßt werden, wenn die beim Elektrizitätswerk beschäftigten Personen in einer gesicherten und auskömmlichen Stellung sich befinden."

Auch Oberbürgermeister Schnetzler war für ein städtisches Elektrizitätswerk. Und so schrieb am 3. Juni 1898 der Stadtrat dieses aus – unter folgenden Firmen: Siemens & Halske, Ber-

Im Überblick

■ Zeitgleich mit den anderen Großstädten Badens entschied sich auch die Residenzstadt für den elektrischen Strom: Im April 1901 gingen die ersten Dampfmaschinen in Betrieb. Besonders in den 1920er Jahren kamen weitere Kohlekraftwerke hinzu. Nach dem Zweiten Weltkrieg wurde Karlsruhe dann zur badischen Atomstadt – durch den Sitz des Atomkonzerns Badenwerk, und als Standort des Kernforschungszentrums.

lin; Allgemeine Elektrizitätsgesellschaft, Berlin; Schuckert & Cie, Nürnberg; Lahmeyer, Frankfurt; Elektrizitätsgesellschaft Union, Berlin; Gebrüder Naglo, Berlin; Kummer, Dresden; Helios, Köln; Gesellschaft für elektrische Industrie, Karlsruhe. Die Stadt setzte 4 000 Volt Drehstrom als Erzeugungsspannung und 110 Volt als Versorgungsspannung fest. Bis zum 15. Oktober mussten die Angebote eingegangen sein.

Dann wurde ausgewertet. Am 28. April 1899 schließlich vergab der Karlsruher Bürgerausschuss die Arbeiten für den Bau einer „elektrischen Zentrale für Licht und Kraftversorgung". Er bewilligte hierfür 2,2 Millionen Mark, und übertrug die Ausführung der ortsansässigen „Gesellschaft für elektrische Industrie". Der Bau schritt nun zügig voran, und so konnte im Juni 1900 eine Probephase beginnen. Am 22. Juni teilte das Elektrotechnische Amt mit, dass „von heute ab in diejenigen Häuser, deren Hausbesitzer sich zum Bezug von elektrischem Strom angemeldet haben, die Einführung des Kabels im Anschluss an das städtische Netz vorgenommen wird".

Kein Strom am Sonntag Nachmittag

Am 9. April 1901 wurde das Elektrizitätswerk an der Honsellstraße offiziell in Betrieb genommen, ausgestattet mit zwei Drehstromgeneratoren. Sie leisteten jeweils 400 Kilowatt und wurden von Kolbendampfmaschinen betrieben. Die „Karlsruher Zeitung" verkündete am 12. April 1901: „Das städtische Elektrizitätswerk wird von jetzt ab dauernd in Betrieb gehalten werden. An den Sonntagen muß jedoch bis auf weiteres zur Vornahme von Revisionen und Messungen die Stromlieferung in der Zeit von nachmittags 2 Uhr bis 4 Uhr unterbrochen werden."

Mehrfach wurden, wie überall in den folgenden Jahren, die Kapazitäten ausgebaut. So erzeugte bis in das Jahr 1918 hinein Karlsruhe seinen gesamten Strom selbst – dann wurden erste Lieferverträge mit regionalen Stromversorgern geschlossen. 1922 startete der Verbundbetrieb mit dem im Vorjahr gegründeten Badenwerk. Aber das städtische E-Werk hielt weiterhin an den eigenen Anlagen fest, baute sie sogar noch mächtig aus. 1923 wurde eine Dampfturbine mit 3 000 Kilowatt installiert, zwischen 1927 und 1929 wurde das Werk gar um einen 12 Megawatt Turbogenerator ergänzt. 1937 kam ein weiterer Turbogenerator mit 16 Megawatt hinzu, betrieben von einem kohlenstaubbefeuerten Kessel. Rund die Hälfte des Strombedarfs in Karlsruhe wurde in diesen Jahren durch die eigenen Kraftwerke gedeckt.

Dieser Anteil sollte sich auch in den ersten Nachkriegsjahrzehnten nur wenig ändern. Erst in den 1970er Jahren gewann der Fremdbezug deutlich die Überhand. Als dann im Jahre 1998 auch noch die Eigenerzeugung in den beiden Heizkraftwerken „West" und „Waldstadt" eingestellt wurde, war Karlsruhe fast komplett fremdversorgt. 46 Prozent ihres Stroms bezogen die Stadtwerke zur Jahrtausendwende aus Werken, an denen sie Anteile hielten: Aus der Dampfturbinenanlage der Energie Baden-Württemberg am Rheinhafen und aus dem Atomkraftwerk Obrigheim. Durch eine Beteiligung von fünf Prozent an dem 1968 in Betrieb genommenen Reaktor, waren die Stadtwerke längst zum Atomstromerzeuger geworden.

Das größte Lager von Atommüll

Das passte zum örtlichen Umfeld, denn Karlsruhe entwickelte sich in den Nachkriegsjahrzehnten zur Atomstadt. 1956 war in Leopoldshafen die „Reaktorstation Karlsruhe" gegründet worden, der erste Atommeiler Deutschlands. Daraus ging später das Kernforschungszentrum Karlsruhe (KfK) hervor, das jahrelang den Ernstfall der atomaren Wiederaufbereitung probte: 208 Tonnen abgebrannter Brennstäbe aus deutschen Atomkraftwerken wurden in den Jahren 1971 bis 1990 im KfK verarbeitet. Als aber 1989 die bereits im Bau befindliche Wiederaufbereitungsanlage im bayerischen Wackersdorf nach heftigen Protesten gekippt wurde, war auch die Pilotanlage in Karlsruhe nicht länger zu gebrauchen.

Weil die Atomforschung in den 1990er Jahren in der Bevölkerung zunehmend auf Ablehnung stieß, gab sich das KfK im Januar 1995 erneut einen neuen Namen: Forschungszentrum Karlsruhe hieß es künftig – mit Untertitel „Technik und Umwelt". Die Atomtechnik machte zu diesem Zeitpunkt ohnehin nur noch ein Fünftel des Forschungsvolumens aus. Im Image des Zentrums und der Stadt blieb diese unrühmliche Sparte trotzdem noch lange verhaftet, nicht zuletzt der eingemotteten Pilotanlage wegen. Denn darin lagerten auch zur Jahrtausendwende noch 80 000 Liter hochradioaktiver Müll – im größten oberirdischen Atommülllager der Republik.

Bei diesen Altlasten konnte Karlsruhe sein Stigma als Atomstadt kaum los werden. Und „die Atomsuppe", so die „Badische Zeitung", sollte noch viele Jahre dort verweilen: 1996 entschied die Bundesregierung, dass der Strahlenmüll an diesem Standort weiter verarbeitet werden soll. Bei Temperaturen um 1 150 Grad soll er verglast, und in stählerne Kokillen eingeschlossen werden. Die dafür notwendige Anlage (Kosten: 400 Millionen Mark) soll im Jahr 2003 in Betrieb gehen und bis ins Jahr 2005 laufen.

In diesem Umfeld taten sich die Zukunftsenergien naturgemäß schwer. Zur Jahrtausendwende verkauften die Karlsruher Stadtwerke jährlich 1,56 Milliarden Kilowattstunden Strom – Strom aus regenerativen Energien war kaum darunter.

Immerhin mit einem einsamen Prestigeprojekt glänzten die Stadtwerke Karlsruhe in den 1990er Jahren: Auf dem Dach des „Zentrum für Kunst- und Medientechnologie" nahmen sie im November 1997 eine Solarstromanlage mit 100 Kilowatt in Betrieb. Die Investition belief sich auf 1,9 Millionen Mark, der Ertrag auf 90 000 Kilowattstunden jährlich. Es war ein technisch innovatives Projekt: Der Solarstrom, zur Einspeisung ins Netz der Karlsruher Straßenbahn angelegt, erreichte eine Spannung bis 1 150 Volt – bei Inbetriebnahme war dies die höchste Spannung aller Solarkraftwerke Deutschlands.

Wer noch bis zum 1. Juli 1900 den Bezug von elektrischem Strom aus dem städtischen Elektrizitätswerk anmeldete, erhielt während eines vierwöchentlichen Probebetriebes „elektrischen Strom für Licht- und Kraftzwecke kostenlos zur Verfügung gestellt."

ZUSAGE DES ELEKTROTECHNISCHEN AMTES VOM 22. JUNI 1900

Zwei Drittel des Stroms für die Straßenbahn

1901 ■ In Freiburg wird viel über Wasserkraft diskutiert, am Ende aber Kohle genutzt / 19. Kapitel

Abb. 1
Arbeiter im Elektrizitätswerk Freiburg.

Auch Freiburg war etwas träge – wie es die badischen Großstädte allesamt waren. Als die Städte um die Jahrhundertwende ihre Elektrizitätswerke gründeten, war in vielen kleinen Gemeinden der Strom längst etabliert. In Freiburg entschied sich die Stadt erst in Zusammenhang mit der Einführung der Straßenbahn für ein eigenes Kraftwerk; es ging im September 1901 in Betrieb, und gab im ersten Jahr 63 Prozent des erzeugten Stromes an die Straßenbahn ab. Mit dem Anschluss an das Badenwerk legte die Stadt im Jahre 1927 ihr eigenes Kraftwerk still, und kaufte sich mit einer Minimalbeteiligung in die Schluchseewerk AG ein. Trotz eines Anti-Atomkraft-Beschlusses der Stadt bezog sie lange Jahre überwiegend Atomstrom, bis dieser im Jahre 1998 von einem eigenen Gaskraftwerk teilweise abgelöst wurde.

Es war ein erhebender Augenblick, kaum in Worte zu fassen. Entsprechend war die Stimmung im Publikum: Zwischen tief gerührt und überbordend euphorisch. Der Journalist der „Breisgauer Zeitung" notierte: „Ein stürmisches Bravo braust durch den Saal." Und sein Kollege von der „Freiburger Zeitung" hielt diesen Moment als „hoffnungsvollen Ausblick für unser Erwerbsleben" fest.

Damit war ein langer Verhandlungstag erfolgreich zu Ende gegangen. Schon morgens um Viertel nach neun waren die Stadtverordneten zu dieser außergewöhnlichen Sitzung zusammengekommen. Zahlreich wie selten hatten sich an diesem Montag, dem 8. Mai 1899, auch Bürger in den Verhandlungssaal gedrängt, allesamt bestrebt, eine Entscheidung von unübersehbarer Tragweite mitzuerleben. Denn an diesem Tag hatten die Freiburger darüber zu entscheiden, ob sie es den anderen badischen Großstädten gleichtun, und ein städtisches Elektrizitätswerk errichten werden – Mannheim, Karlsruhe und Heidelberg hatten die Beschlüsse in den Monaten zuvor bereits gefasst.

Und so befand denn auch Freiburgs Oberbürgermeister Winterer vor seinen Stadtverordneten, der Breisgau könne sich dieser „Forderung der Zeit" schwerlich entziehen. Schließlich drängten bereits „die mannigfachsten Interessen auf Schaffung des Werkes". Die Universität zum Beispiel. Doch nicht alle Stadträte vermochten das Bestreben des Oberbürgermeisters uneingeschränkt zu unterstützen. Ausschussmitglied Hutter stand auf, und erklärte schlicht, für ein städtisches Elektrizitätswerk sei die Zeit noch nicht reif. Ein solches komme „in acht bis zehn Jahren noch immer früh genug". Denn bekanntlich sei ein E-Werk etwas für Industriestädte, und man dürfe nicht vergessen, dass „Freiburg eine solche nicht ist". Aufruhr auch im Zuschauerraum. Postwendend kam Widerspruch vom Abgeordneten Ruef: Das Werk müsse von der Stadt „so viel als tunlich gefördert werden".

Es wurde Mittag, ein Ende der Debatte war nicht in Sicht. Und so verhandelte man nach der Mittagspause weiter. Zwischenzeitlich war deutlich geworden, dass die Räte mit großer Mehrheit zugunsten des Elektrizitätswerkes stimmen werden. Doch dem Oberbürgermeister schien eine einfache Mehrheit nicht ausreichend. Sein Ziel: Ein einstimmiges Votum. Steigere ein solches doch, wie er dem Plenum darlegte, stets das „Ansehen einer Stadt nach außen". Sein beherzter Appell wirkte. Am Ende dieses langen Verhandlungstages votierte das Gremium einstimmig für den Bau einer „Centrale für Licht und Kraft". Das Urteil der Presse war deutlich: „rühmenswerth".

Im Überblick

■ Euphorisch begrüßte die Presse im Mai 1899 die Entscheidung der Stadtverordneten, in Freiburg ein städtisches Kraftwerk zu bauen. Es wurde im September 1901 in Betrieb genommen. Weil man der heimischen Wasserkraft nicht genug zutraute, hatte man sich für Kohle entschieden.

■ Obwohl Freiburg sich in der Nachkriegszeit den Ruf der deutschen Solarhauptstadt erworben, und sich 1986 den Ausstieg aus der Atomkraft auf die Fahnen geschrieben hatte, bezog sie vor der Liberalisierung des Strommarktes im April 1998 noch 58 Prozent ihres Stromes aus Atomkraftwerken.

■ Im Jahre 1998 wurde im Industriegebiet Nord mit 40 Megawatt das größte Kraftwerk Freiburgs gebaut, ein Gaskraftwerk mit Kraft-Wärme-Kopplung.

■ **10 000 Glühlampen warten auf Strom**

So hatte sich an diesem denkwürdigen 8. Mai 1899 auch Freiburg jener „geheimnisvollen Kraft" verschrieben, von der die örtliche Zeitung zu prophezeien wusste, sie werde „im Sturme die Welt erobern." Jener Kraft, von der der Oberbürgermeister seinerzeit ahnte, dass sie „späteren Geschlechtern zum Segen gereichen" werde. Freilich war auch in Freiburg der Strom zu diesem Zeitpunkt nicht mehr unbekannt – allein die Stadt hatte sich lange Jahre nicht so recht für ihn erwärmen können.

Fortschrittliche Unternehmer hingegen hatten sich die moderne Energie schon längst zunutze gemacht. Adam Mez, Fabrikant an der Kartäuserstraße, war 1884 am Gewerbekanal der erste Freiburger Stromerzeuger gewesen. Andere waren gefolgt, etwa die Gretel'sche Mühle am Martinstor und die Paradies-Mühle bei der heutigen Universitätsbibliothek. Auch der Eigentümer der Kyburg in Günterstal beleuchtete schon 1886 seine Gaststätte mit 16 Glühlampen.

Als endlich auch die Stadt nachzog, konnte der Strom alltäglich werden. Eine Umfrage in der Bevölkerung hatte bereits vor der Entscheidung des Bürgerausschusses großes Interesse offenbart: „10 000 Glühlampen, 160 Bogenlampen und 200 Motorenpferdekräfte" standen bereit, künftig mit Strom versorgt zu werden. Die Experten rechneten, und kamen in der Summe auf 600 Kilowatt, die in der Stadt notwendig waren 12 Prozent Netzverlust bereits eingerechnet.

Doch der wichtigste Stromkunde sollte ein kommunaler sein; zeitgleich mit dem Bau des Elektrizitätswerkes sollte Freiburg eine elektrische Straßenbahn erhalten. Im Bürgerausschuss wurde der Bau der Straßenbahn daher an jenem 8. Mai 1899 ebenfalls beschlossen. Der „Gaulsbetrieb", so hatte der Oberbürgermeister in dieser Sitzung befunden, sei nicht länger akzeptabel. Auch die „Breisgauer Zeitung" hatte sich für die elektrische Bahn engagiert. Am Tag vor der historischen Entscheidung hatte sie in ihrer Sonntagsausgabe erklärt: „In dem gleichzeitigen Bau der Centrale und der Bahn erblicken wir eines der hauptsächlichen Momente für die gedeihliche Entwicklung des hiesigen Elektrizitätswerkes." Wohl wahr: Im ersten Betriebsjahr verbrauchte die Straßenbahn 63 Prozent des erzeugten Stroms.

■ Wasser oder Kohle, Gleich- oder Wechselstrom?

Zweieinhalb Jahre vergingen vom Tag der Entscheidung bis zur ersten Stromlieferung. Denn bevor das Freiburger E-Werk am 17. September 1901 anlaufen konnte, waren noch viele technische Fragen zu klären. Welche Spannung ist sinnvoll? Ist Gleichstrom zweckmäßig, oder Wechselstrom? Vielleicht auch Drehstrom? Will man den Strom mit Kohle erzeugen, oder besser mit Wasserkraft?

Besonders die letzte Frage war unter den Bürgern der Stadt heftig umstritten. Blickte man ins Umland, so wurde allenthalben auf Wasserkraft gesetzt – Südbaden war ein einig Land der Wasserturbinen. Triberg nutzte die Wasserkraft, St. Blasien auch, ebenso Donaueschingen und Haslach, Zell im Wie-

10 000 Glühbirnen, 160 Bogenlampen und 200 Motorenpferdekräfte konnten künftig mit Strom versorgt werden.

Abb. 2
Elektrizitätswerk an der Eschholzstraße in Freiburg, 1924.

Abb. 3
Maschinenraum des Elektrizitätswerkes mit Schalttafel.

sental, Albbruck und natürlich Rheinfelden. Die Dampfmaschine war dagegen in Nordbaden zu Hause: In Pforzheim und in Gengenbach, auch in Heidelberg, Karlsruhe und Mannheim, in Baden-Baden und Achern.

Auch in Freiburg hatte die Wasserkraft Freunde. Der Stadtverordnete Karl Mez trat für die Nutzung der Dreisam ein, sein Kollege Hutter schlug – nachdem er sich trotz anfänglicher Skepsis für das E-Werk entschieden hatte – den Rhein vor. Weil aber die Wasserführung der Dreisam als zu unsicher galt, und man sich an die Übertragung des Stroms vom Rhein nach Freiburg nicht herantraute, fiel die Entscheidung schließlich – ungewöhnlich für Südbaden – zugunsten der Dampfkraftanlage.

Sie war mutlos, die Entscheidung gegen ein Kraftwerk am Rhein. Denn die Fernübertragung, vor der man sich in Freiburg so sehr scheute, war längst Stand der Technik: Der Fürst zu Fürstenberg hatte bereits vier Jahre zuvor eine Fernleitung in Betrieb genommen, die Strom vom Kraftwerk Stallegg in der Wutachschlucht ins Fürstenhaus nach Donaueschingen brachte. Und dazwischen lag immerhin eine Strecke von 25 Kilometern.

Doch in Freiburg setzte man lieber auf die Kohle. Und so ging am 24. März 1900 ein entsprechender Bauauftrag an die Berliner Firma Siemens & Halske. Drei Kolbendampfmaschinen mit zusammen 1120 Kilowatt Leistung wurden daraufhin an der Ferdinand-Weiß-Straße, unmittelbar neben dem Gaswerk errichtet. 453 Abnehmer erhielten bald den Gleichstrom in Höhe von zwei mal 220 Volt, der in Dreileiter-Technik übertragen wurde. Für die 27 Motorwagen der Straßenbahn war ein Anschlusswert von 648 Kilowatt kalkuliert.

„Rückhalt im gesunden Freiburger Geist"

Und so nahte der 14. Oktober 1901: Mit einem Festbankett in den Sälen der Harmonie wurde an diesem Montagabend nach 21 Uhr die „Eröffnung der elektrischen Bahn", und zugleich auch die „Inbetriebnahme der Straßenbeleuchtung" gefeiert. Von „schneidigen Klängen der Musik" wusste die „Freiburger Zeitung" zu berichten, und von einem „den Gesang preisenden Chorlied" des Männergesangvereins Concordia. Der Fabrikant und Stadtrat Gerteis freute sich an diesem Abend über die „Großtaten der Stadtverwaltung", und darüber, dass nun die „Sehnsucht nach einem modernen Verkehrsmittel gestillt" sei. Stadtverordnetenvorstand Rau feierte ebenfalls die Errungenschaften und betonte, die Stadtverwaltung finde dabei „stärksten Rückhalt in dem gesunden Freiburger Geist."

Der Chronist der „Breisgauer Zeitung" warf unterdessen einen Blick auf die Straße: „Abends im Schein der elektrischen Beleuchtung wandelte Alt und Jung, erfreute sich an der Straßenbahn und bewunderte die Kaiserstraße im Glanz ihres Lichts." Es sei damit „eine Periode abgeschlossen, die einen ganz bedeutenden Ruck vorwärts bedeutet im Verkehrsleben und der Verschönerung der Stadt."

Euphorie allenthalben – entsprechend setzte der Strom sich in den folgenden Jahren in Freiburg durch. Die Nachfrage steigt in der Anfangsphase des Unternehmens um 15 bis 40 Prozent jährlich. Um das Fünfeinhalbfache nahm der Stromverbrauch in den ersten zehn Betriebsjahren zu; gleich zweimal musste das Werk daher in diesem Zeitraum erweitert werden. Aber auch die Technik machte Fortschritte; der Kohleverbrauch je Kilowattstunde Strom ging von zwei Kilogramm auf anderthalb zurück.

Mit der Ausdehnung des Netzes und der Zunahme des Verbrauchs stellte sich stets von neuem die Frage nach zusätzlichen Kraftwerkskapazitäten. Der Gedanke an ein eigenes Wasserkraftwerk keimte immer wieder auf, schließlich hatte das Wasser – die „Weiße Kohle" – in Südbaden zahlreiche Freunde. 17 Projekte wurden im Zeitraum von 20 Jahren durchgespielt, darunter ein Kraftwerk am Rhein bei Breisach, an der Wilden Gutach, an der Elz, der Glotter und an weiteren Bächen und Flüssen.

Im Juli 1912 fällte Freiburg erneut eine Entscheidung gegen ein eigenes Wasserkraftwerk. Auch der Ausbau der Dampfkraft wurde aufgegeben – man votierte nun zugunsten des Fremdbezuges. Weil sowohl das Kraftwerk Laufenburg am Hochrhein, wie auch die Oberrheinischen Kraftwerke AG (OKA) in Mülhausen im Elsass, den Breisgau bereits belieferten, gründen die beiden Unternehmen 1913 eine gemeinsame Tochter, die Badische Kraftlieferungs-Gesellschaft (Bakage) mit Sitz in Freiburg. Vom 1. April 1914 an erhielt Freiburg Strom von der Bakage. Doch das ungestörte Stromgeschäft währte nicht lange: Mit Beginn des Ersten Weltkrieges gab es bereits im Sommer 1914 eine vierwöchige Unterbrechung.

■ Kupfer wird zu wertvoll – die Zeit der Eisenkabel

Die Expansion ließ sich dennoch nicht aufhalten. Durch die Einführung des Wechselstroms im ersten Kriegsjahr war der weitere Ausbau der Netze noch attraktiver geworden. Denn Wechselstrom ermöglicht Hochspannungsnetze, und diese wiederum machen den Ferntransport des Stromes praktikabel. Weil Kupfer aber für Kriegszwecke benötigt wurde, konnten bald nur noch minderwertige Eisenkabel gelegt werden. Sogar bestehende Kupferkabel mussten im Ersten Weltkrieg ausgegraben und durch Eisen ersetzt werden, weil die Heeresverwaltung die Ablieferung von 26 Tonnen Kupfer forderte. Am Kriegsende bestanden in Freiburg von 231 Kilometern Freileitungen 133 Kilometer aus Eisen – enorme Energieverluste bei der Stromübertragung (bis zu 22 Prozent) waren die Folge.

Nach dem Ersten Weltkrieg stieg der Stromverbrauch wieder an. Die Fremdstromlieferung jedoch war unsicher, und Kohle Mangelware. Im Herbst 1921 wurde der Stromverbrauch in Freiburg daher zeitweise beschränkt oder gar untersagt. Erst später half ein 740 Kilowatt starker Dieselmotor aus Heeresbeständen den Freiburgern, ihre Lastspitzen zu decken. Um die Versorgungssicherheit zu garantieren, wurde 1926 außerdem eine Verbundleitung mit den Rheinisch-Westfälischen Elektrizitätswerken (RWE) in Essen geschaltet.

1927 lief der Vertrag mit der Badischen Kraftlieferungs-Gesellschaft aus. Wieder stand die Freiburger Werksleitung vor der Frage, was günstiger ist: Eigenerzeugung oder Fremdstrombezug. Der Fremdstrom fand erneut mehr Zustimmung und so wurde ein neuer Vertrag abgeschlossen, diesmal mit dem 1921 gegründeten Badenwerk. Zugleich ging in Freiburg eine Ära zu Ende: Das eigene Kraftwerk wurde stillgelegt.

Im Vertrag mit dem Badenwerk verpflichtete sich die Stadt auch zu einer Beteiligung am bevorstehenden Bauvorhaben Schluchseewerk. In der Bürgerausschussvorlage vom 16. Dezember 1927 bekräftigte die Stadtverwaltung den „stets mit

> „Abends im Schein der elektrischen Beleuchtung wandelte Alt und Jung, erfreute sich an der Straßenbahn und bewunderte die Kaiserstraße im Glanz ihres Lichts."
>
> Breisgauer Zeitung, 16. Oktober 1901

Abb. 4
Maschinenraum des Elektrizitätswerkes Freiburg im Jahr 1914.

Abb. 5
Zeitgleich mit dem Elektrizitätswerk erhielt Freiburg eine elektrische Straßenbahn. Die kolorierte Ansichtskarte zeigt die Kaiserstraße.

besonderer Vorliebe verfolgten Gedanken der Stadt, sich ein eigenes Wasserkraftwerk zu erbauen", und jubelte über die Chance, „Mitbesitzerin eines technisch hervorragenden und mit allen Vorzügen eines tüchtigen Unternehmens ausgestatteten Wasserkraftwerks zu werden." Grotesk war, vor dem Hintergrund dieser Euphorie, allein die Höhe der Beteiligung: Die Stadt Freiburg beschränkte ihren Anteil an den Schluchseewerken auf mickrige 0,5 Prozent.

27. November 1944: Der Tag der Zerstörung

Die Rüstungsmaschinerie war unterdessen dafür verantwortlich, dass der Stromverbrauch in Baden bis ins zweite Halbjahr 1944 hinein stetig zunahm. Anfangs war das Wachstum noch gewünscht, manche Versorger warben bis in das Jahr 1941 hinein für ihren Strom. Aber im gleichen Jahr noch musste die Versorgung großer Sonderabnehmer zeitweilig eingeschränkt werden. 1942 wurden zudem der Bevölkerung Stromsparempfehlungen gegeben: Entbehrliche Glühlampen sollten herausgedreht werden, Rundfunkapparate sollten nicht unnötig laufen, elektrische Herde sparsam genutzt werden.

Dann kam das vorläufige Ende für den Strom in Freiburg. Als am 27. November 1944 die Bomben auf die Stadt fielen, brach auch die gesamte Stromversorgung zusammen. Zwar konnten einige wenige unzerstörte Teile der Stadt schon am Abend des nächsten Tages über notdürftig geflickte Kabel wieder Strom beziehen, doch die meisten Häuser der Stadt blieben dunkel. Zumal bald auch sämtliche Fernleitungen nach Freiburg ge-

kappt waren. So fanden die Franzosen bei ihrem Einmarsch in Freiburg am 21. April 1945 keine brauchbare Stromversorgung mehr vor.

Die Restaurierung des Stromnetzes hatte nun Priorität. Bereits am 19. Mai 1945 wurde die Fernleitung Freiburg-Offenburg wieder so weit instandgesetzt, dass die Versorgung Freiburgs mit Strom wieder gewährleistet war. Engpässe gab es aber weiterhin, und daher Verbrauchsbeschränkungen.

Doch als auch diese Vorschriften nicht ausreichten, musste in Freiburg zeitweise der Strom ganz abgestellt werden – nach einem genauen Plan, der landesweit abgestimmt war. So war Freiburg jeweils Dienstags und Donnerstags zwischen 9 Uhr und 11.30 Uhr, sowie zwischen 13.30 und 17 Uhr ohne Strom. Lakonisch teilten die Elektrizitätswerke zugleich mit, es sei wohl notwendig, „daß besonders die lebenswichtigen Betriebe und Krankenhäuser Vorsorge treffen für die Zeit des Ausbleibens der elektrischen Energie."

Der Strommangel hatte zahlreiche Gründe. Kohle war knapp, die Heizkraftwerke konnten daher nur eingeschränkt betrieben werden. Zudem waren sie teilweise zerstört. Das eingespielte Verbundsystem, etwa mit den RWE, war nur noch bedingt tauglich, weil alle Versorger zunächst die eigene Region zu versorgen hatten. Auch der Stromimport aus der Schweiz war nach Kriegsende stark gedrosselt, und zu alledem reduzierte auch noch ein trockener Sommer 1947 die Stromausbeute der Wasserkraftwerke am Hochrhein. Hinzu kamen schließlich die Reparationslieferungen an die Alliierten. Erst im Februar 1952 liefen sie aus.

Dann begann die Zeit des Wirtschaftswunders, in den Nachkriegsjahrzehnten explodierte der Stromverbrauch. Nachdem 1901 jeder Freiburger Bürger gerade elf Kilowattstunden verbraucht hatte – Gewerbestrom eingeschlossen – waren es 1961 bereits 870. Und im Jahr 2000 wurden in Freiburg alljährlich mehr als 4 000 Kilowattstunden pro Kopf verbraucht, insgesamt 985 Millionen im Versorgungsgebiet der Stadtwerke.

Vom Elektrizitätswerk zur FEW

Zwischenzeitlich war im Jahr 1972 aus dem E-Werk Freiburg die FEW, die Freiburger Energie- und Wasserversorgung entstanden. Der einstige Hauptabnehmer, die Straßenbahn, war nunmehr ein kleiner Kunde: Ihr Anteil am städtischen Stromverbrauch war unter ein Prozent gesunken. Inzwischen hatte die Stadt 35,9 Prozent des Unternehmens an die Thüga AG (München) verkauft, eine Tochter der PreussenElektra, später Eon.

Immer weiter stieg in den folgenden 25 Jahren der Anteil des Atomstroms im städtischen Netz – bedingt durch den Strommix des Vorlieferanten Badenwerk. Der Anteil lag im Jahr 1997 bei 58 Prozent, und damit doppelt so hoch wie 15 Jahre zuvor – obwohl Freiburg sich schon 1986, nach dem Atomunfall von Tschernobyl, den Abschied von der Atomkraft auf die Fahnen geschrieben hatte. Die „Badische Zeitung" kam daher im Jahr 1997 zu einem eindeutigen Urteil über die städtische Energiepolitik: „Ein großer Flop".

Erst im Jahr 1998 bekräftigte Freiburg mit einem Großprojekt sein Ziel, vom Atomstrom wegzukommen. Dafür aber wurde die Abhängigkeit von fossilen Energieträgern zementiert: Auf dem Gelände der Chemiefirma Rhodia AG im Norden der Stadt wurde das größte Kraftwerk Freiburgs, ein Gaskraftwerk mit Kraft-Wärme-Kopplung, gebaut. Mit einer elektrischen Leistung von 40 Megawatt ging es im Oktober 1998 in Betrieb, und deckt seither den Strombedarf Freiburgs zu mehr als 40 Prozent. Zusätzlich wurde 106 Megawatt Wärme an die Firma Rhodia geliefert. Der Energienutzungsgrad der Gas- und Dampfturbinen-Anlage wurde mit 84 Prozent angegeben – immerhin ein Wert der doppelt so hoch lag, wie bei vielen anderen, zu dieser Zeit laufenden Großkraftwerken.

96 Millionen Mark wurden in das Kraftwerk mit seinem 21 Meter hohen Kesselhaus investiert – es war das teuerste Energie-Projekt der Freiburger Nachkriegsgeschichte. Bis zu 200 Millionen Kubikmeter Erdgas werden seither jährlich in dem Freiburger Kraftwerk verheizt, um neben 665 Millionen Kilowattstunden Wärme auch 456 Millionen Kilowattstunden Strom zu erzeugen. Als „Quantensprung in Freiburgs Klimapolitik" bezeichnete die FEW das Kraftwerk bei Inbetriebnahme.

Und nochmals wurde in Freiburg im Jahr 2000 kontrovers diskutiert. Ausgelöst durch den seit zwei Jahren liberalisierten Strommarkt suchte die FEW zunehmend Fusionspartner – mit 475 Mitarbeitern und 451 Millionen Mark Jahresumsatz (1999) sah sich das Unternehmen dem immer heftiger werdenden Wettbewerb alleine nicht mehr gewachsen. So fiel im Juli 2000 die Entscheidung für die Gründung der Badenova, eines Zusammenschlusses von sechs regionalen Energieversorgern zwischen Lörrach und Offenburg. Während die Stadt über die „Stärkung der Wirtschaftskraft und Wettbewerbsfähigkeit mit Sicherung der Arbeitsplätze" jubelte, stand ein schwerer Verlust gegenüber: Nach 99 Jahren hatte die Stadt die Kapitalmehrheit an ihrem Stromversorger und damit auch wesentliche Entscheidungskompetenzen aus der Hand gegeben.

Nutzung der Wasserkraft in Freiburg

In den 1920er Jahren wurde auch am Freiburger Gewerbekanal (Bild), gespeist von der Dreisam, zunehmend Strom erzeugt. Allein im Zentrum der Stadt lieferten im Jahr 1928 mehr als 40 Wasserkraftwerke elektrische Energie.

Mitte der 1980er Jahre war davon nur noch eines übrig geblieben: Das Werk der Wäscherei Himmelsbach nahe des Schwabentores. Der Familienbetrieb hatte die Francis-Schachtturbine mit 11 Kilowatt im Jahr 1927 errichtet, und 1948 durch eine zweite – wie die erste von der Firma Escher-Wyss – mit 21 Kilowatt ergänzt. Beide Turbinen liefen bis 1992, wurden dann restauriert und mit neuen Generatoren ausgestattet. Das Gefälle von 1,80 Meter ermöglichte eine Ausbeute von 50 000 Kilowattstunden Strom jährlich.

Alle anderen Kraftwerke am Freiburger Gewerbekanal wurden in der Nachkriegszeit als unrentabel stillgelegt; viel Energie wurde auf diese Weise verschenkt. Denn bei einem Wasserdargebot von bis zu 2 300 Litern pro Sekunde können dort jährlich mehr als eine Million Kilowattstunden Strom erzeugt werden.

Erst in den 1990er Jahren wurde das Thema von Investoren wieder aufgegriffen: Beim ehemaligen Herder-Gebäude ging Anfang der 1990er Jahre eine 115-Kilowatt-Anlage ans Netz, in der Kartäuserstraße wurde im Dezember 1998 von einer Betreibergesellschaft eine 85-Kilowatt-Anlage völlig neu errichtet, und in der Münchhofstraße wurde im April 1999 gar ein Wasserrad alten Stils installiert. Ferner wurden von Privatunternehmern am Naturkundemuseum, und an der Richard-Fehrenbach-Gewerbeschule Reaktivierungen geplant, sowie nicht zuletzt auch eine Anlage bei der Firma Mez in der Kartäuserstraße anvisiert – dort, wo 1884 die Elektrifizierung Freiburgs begonnen hatte.

Das Freiburger Stromschlössle

Abb. 6
Das Krafthaus der Kartaus im Osten Freiburgs.

Das Wasserkraftwerk Kartaus an der Kartäuserstraße war Anfang des Jahrhunderts mit einer Leistung von 20 Kilowatt das kleinste aller Freiburger Werke. Gleichwohl ist die Anlage unter den heute noch bestehenden die schönste der Stadt. Längst steht daher das Haus mit seinem Türmchen, von dem einst die Freileitungen in alle Richtungen abzweigten, unter Denkmalschutz.

Abb. 7
Die Francisturbine mit liegender Welle war zum großen Teil von Wasser überspült.

Im Jahre 1908 wurde die Zentrale im Jugendstil erbaut – in erster Linie, um der Kartaus, einem nahegelegenen Heim für alte und hilfsbedürftige Menschen, zu elektrischem Licht zu verhelfen. Das Heim war schon elf Jahre zuvor eröffnet worden, doch einstweilen hatten die Bewohner ohne Strom leben müssen.

Noch flussaufwärts des Gewerbekanals, der an der Sandfangbrücke aus der Dreisam abzweigt, wurde das Kraftwerk am Kartausbach errichtet. Da auch dieser aus der Dreisam gespeist wird, ließ sich zu den meisten Zeiten ein konstanter Wasserzufluss von 800 Litern pro Sekunde erzielen. Mit einer Fallhöhe von 3,40 Meter produzierte die Anlage alljährlich zwischen 150 000 und 165 000 Kilowattstunden Strom. Die horizontal-achsige Francisturbine war auf eine Drehzahl von 192 Umdrehungen pro Minute eingestellt; der Generator lieferte eine Gleichspannung von 110 Volt.

Auch die Stadt Freiburg sah in dem privaten Kraftwerk eine attraktive Alternative für Stromkunden in den östlichen Stadtteilen – obwohl im Jahre 1901 das ungleich leistungsstärkere städtische Elektrizitätswerk an der Eschholzstraße in Betrieb gegangen war, und der Ausbau des städtischen Netzes unaufhaltsam voranschritt. Ungeachtet dessen verwies die Stadt den erst im Jahr zuvor eingemeindeten Stadtteil Littenweiler an das Kraftwerk Kartaus, als dieser im Jahre 1915 bezüglich eines Stromanschlusses an die Stadt herantrat.

Über Jahrzehnte hinweg stellte die ländlich gelegene Zentrale dem Altenheim kostengünstig Strom zur Verfügung. Doch wie so viele Kleinkraftwerke im Schwarzwald überstand auch das Kraftwerk Kartaus die Nachkriegsjahrzehnte nicht unbeschadet: Mitte der 1960er Jahre wurde die Turbine stillgelegt. Idyllisch am Fuße des Roßkopfmassivs gelegen, blieb das Krafthaus jedoch erhalten. Denn das Gebäude war weiterhin eine Art Versorgungszentrale des Altenheimes mit Schaltanlagen für Strom und Wasser.

■ **Bleibatterien speichern überschüssigen Strom**

Auch einige technische Einrichtungen aus der Zeit des Kraftwerksbetriebs überdauerten in dem Gebäude bis heute. Eine Rarität ist der Quecksilberdampf-Gleichrichter der Firma AEG aus dem Jahre 1935. Er war seinerzeit angeschafft worden, um der Kartaus auch bei Ausfall des eigenen Kraftwerkes die Stromlieferung zu garantieren; dann nämlich bezog das Altenheim Strom vom städtischen Elektrizitätswerk, und formte diesen von 220 Volt Wechselspannung auf die im Hausnetz der Kartaus üblichen 110 Volt Gleichspannung um.

Bis in die heutige Zeit überlebte im Krafthaus auch die Schalttafel, auf der sich unter anderem noch ein historischer Zellenschalter befindet. Dieser ermöglichte es, die 55 im Keller befindlichen Blei-Batterien in kleinen Stufen bedarfsgerecht zu- und abzuschalten. Damit konnte der Aufseher der Zentrale in lastschwachen Zeiten Produktionsüberschüsse für Stunden großer Nachfrage speichern – eine Option, die vor den Zeiten des Verbundnetzes die Sicherheit der Versorgung und die Stabilität der Spannung deutlich erhöhte.

Nach der Stilllegung verstaubten die Anlagen über Jahrzehnte hinweg. Nur gelegentlich ließ man die Turbine noch als Attraktion für Besucher anlaufen; auch nach der Jahrtausendwende kam das noch hin und wieder vor.

Zwischenzeitlich wurde in den 1980er Jahren, als Wasserkraft wieder mehr ins Blickfeld rückte und man zunehmend die Fehler der zurückliegenden 20 Jahre erkannte, sogar die Reaktivierung des Kraftwerkes wieder ernsthaft diskutiert. Das Umweltschutzamt der Stadt Freiburg ließ 1988 von einem Basler Ingenieurbüro die Nutzungsmöglichkeiten an Dreisam und Gewerbekanal prüfen. Für das Kraftwerk Kartaus kamen die Gutachter zu dem Ergebnis, dass sich die Investitionen bei einer Wiederinbetriebnahme innerhalb von neun bis elf Jahren amortisieren würden. Doch niemand investierte.

Darüber hinaus ermittelten die Gutachter auch an anderen Standorten an der Dreisam noch großes Potenzial für Wasserkraftwerke: An der Jugendherberge seien 290 Kilowatt zu gewinnen, flussabwärts bei der Sandfang-Brücke immerhin noch 265 Kilowatt. Zusammen kam die Studie an Dreisam und Gewerbekanal auf mehr als 1100 Kilowatt nutzbares Potenzial.

Die Untersuchungen ergaben, dass jeder Meter des Flusses in Freiburg-Ebnet jährlich genug Wasser für annähernd 3 500 Kilowattstunden Strom bietet. Aufgrund der Ausleitung und des abnehmenden Gefälles blieben davon an der Schwabentorbrücke noch knapp 1 500 Kilowattstunden übrig. So hatte sich die Dreisam als zweifellos attraktiver Fluss für die Nutzung der Wasserkraft bestätigt. Doch auch nach der Jahrtausendwende wurde von den Kräften erst ein Bruchteil genutzt.

Abb. 8
Anleitung zur ersten Hilfe bei Unglücksfällen.

Abb. 9
Quecksilberdampf-Gleichrichter der Firma AEG aus dem Jahre 1935.

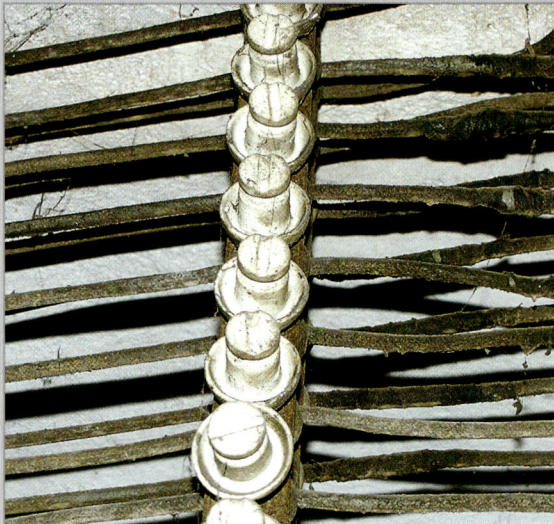

Abb. 10
Schalttafel mit Sicherungen, Strom- und Spannungsanzeige, sowie diversen Schaltern.

Abb. 11
Osram-Lampe aus der Gründerzeit des Elektrizitätswesens im Innern des Kraftwerkes.

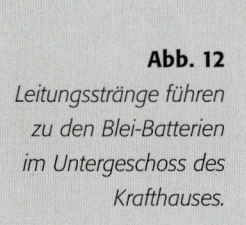

Abb. 12
Leitungsstränge führen zu den Blei-Batterien im Untergeschoss des Krafthauses.

Abb. 13
Zellenschalter zur Steuerung der Batterienutzung.

Abb. 14
Der Generator, zwar Jahrzehnte alt, aber wie die meisten Steuerungselemente des Kraftwerkes noch funktionsfähig.

Abb. 15
Turbinenachse mit Riemenscheiben zur Übertragung der Kraft zum Generator im darüber liegenden Stockwerk.

Strom für die Webstühle im Hotzenwald

1903 ■ Die Waldelektra in Herrischried war ein Stromversorger ohne eigene Kraftwerke / 20. Kapitel

Es war die Seidenbandweberei, die im Hotzenwald früh nach elektrischem Strom rief. Die Branche bangte um ihren Fortbestand: Konkurrenten aus In- und Ausland überschwemmten um die Jahrhundertwende den Markt mit Erzeugnissen, die weitaus preisgünstiger waren als die Produkte der badischen Handweberei. Es musste also Strom her, um die Arbeit im Hotzenwald konkurrenzfähig zu erhalten. 431 Bürger gründeten daher im Mai 1903 die Kraftabsatzgenossenschaft Waldelektra, einen Stromversorger ohne eigene Kraftwerke – zuständig allein für die Belieferung der Endverbraucher. Seinen Strom bezog das Unternehmen von den Kraftübertragungswerken Rheinfelden (KWR). Bis über den Zweiten Weltkrieg hinaus konnte die Waldelektra in Herrischried sich halten, löste sich im September 1955 dann aber doch auf. Die KWR übernahmen das Versorgungsgebiet.

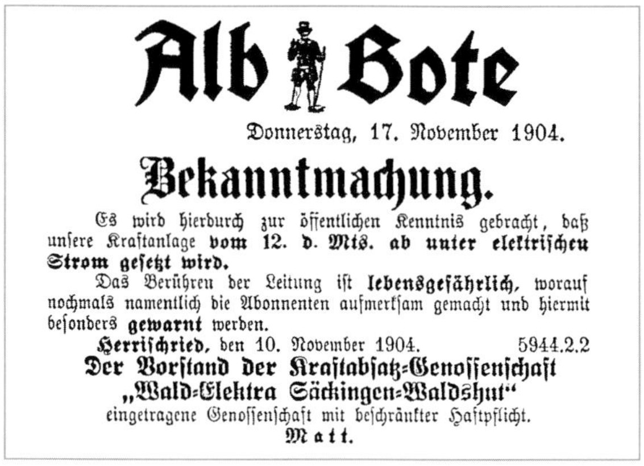
Alb Bote

Donnerstag, 17. November 1904.

Bekanntmachung.

Es wird hierdurch zur öffentlichen Kenntnis gebracht, daß unsere Kraftanlage **vom 12. d. Mts. ab unter elektrischen Strom gesetzt wird.**

Das Berühren der Leitung ist **lebensgefährlich**, worauf nochmals namentlich die Abonnenten aufmerksam gemacht und hiermit besonders **gewarnt** werden.

Herrischried, den 10. November 1904. 5944.2.2

Der Vorstand der Kraftabsatz-Genossenschaft „Wald-Elektra Säckingen-Waldshut“
eingetragene Genossenschaft mit beschränkter Haftpflicht.
Matt.

Abb. 1
Zeitungsanzeige der Kraftabsatzgenossenschaft „Wald-Elektra Säckingen-Waldshut“.

Dem Handwerk des Hotzenwaldes, der heimischen Seidenbandweberei, drohte Ungemach. Denn es kam zunehmend Fabrikware auf den Markt. In Lyon, ferner im Ruhrgebiet und auch im Großraum Basel hatte man zum Ende des 19. Jahrhunderts elektrische Antriebe für Webstühle eingeführt. Damit konnten die Firmen sehr preisgünstig Qualitätsware anbieten – die badischen Heimarbeiter waren nicht mehr konkurrenzfähig.

Der Säckinger Oberamtmann Hermann Pfeiffer erkannte das Problem, und hatte auch eine Lösung. In seiner „Druckschrift über die Einführung des elektrischen Antriebes für die Hauswebstühle in den Waldgemeinden der Amtsbezirke Säckingen und Waldshut“ legte er im Jahre 1903 dar, wie man durch die Einführung des Stromes die Seidenbandweberei auf dem Hotzenwald konkurrenz- und damit lebensfähig erhalten könne. Pfeiffer schlug die Gründung einer Genossenschaft vor, deren Aufgabe die Stromlieferung an die Endverbraucher sein sollte. Denn immerhin stand durch das nahegelegene Kraftwerk Rheinfelden elektrische Energie in ausreichender Menge zur Verfügung.

Im Überblick

Nicht jeder Stromversorger hatte eigene Kraftwerke: Die Waldelektra war lediglich Stromverteiler. Sie wurde im Mai 1903 von 431 Bürgern als Genossenschaft gegründet, kaufte Strom von den Kraftübertragungswerken Rheinfelden (KWR), und leitete diesen an Endkunden weiter. Infolge wirtschaftlicher Probleme wurde die Kraftabsatzgenossenschaft Waldelektra im September 1955 aufgelöst – die KWR übernahmen das Netz.

So gründeten am 10. Mai 1903 in Görwihl 431 Bürger die „Kraftabsatzgenossenschaft Waldelektra Säckingen-Waldshut“. 100 Mark Einlage musste jeder leisten, der künftig einen Elektromotor ans Netz der Gesellschaft anschließen wollte. Die Mitglieder kamen aus 15 Ortschaften im Amtsbezirk Säckingen und aus sieben Gemeinden im Amtsbezirk Waldshut; an ihrer Spitze stand Peter Matt, der Bürgermeister von Herrischried. Nachdem die Gesellschaft am 12. Oktober 1903 einen Stromlieferungsvertrag mit den Kraftübertragungswerken Rheinfelden abgeschlossen hatte, entwickelte ein Sachverständiger des Elektrizitätswerkes Zürich die Pläne für eine 60 Kilometer lange Ringleitung von 6 800 Volt durch den Hotzenwald von Hütten über Hottingen, Görwihl und Herrischried zurück nach Hütten.

356 000 Mark wurden in das ganze Projekt investiert; es wurde finanziert durch die Genossenschafter, durch Fabrikanten und die Gemeinden. So konnte am 12. November 1904 die Genossenschaft stolz mitteilen, dass sie nun die „Kraftanlage unter elektrischen Strom gesetzt“ habe. Das Versorgungsgebiet umfasste die Region zwischen Säckingen, Görwihl und Todtmoos, wobei Todtmoos selbst erst 1908 an das Netz angeschlossen wurde.

In den ersten Jahren hatte die Waldelektra mit vielen technischen Problemen zu kämpfen. Kein Wunder: Das Unternehmen war in ungewöhnlich rauhem Klima zu Hause, und zudem war es eines der ersten in Deutschland, das eine derart ländliche Gegend versorgte. Fast täglich gab es Störungen, die irgendwo im Versorgungsgebiet zu Stromausfall führten. Zum Teil dauerte dieser sogar länger an – Ärger mit Kunden lag nahe.

Als um den Jahreswechsel 1908/1909 erneut der Strom ausfiel, gab die Waldelektra dazu im „Säckinger Tagblatt“ eine Erklärung ab: Ursache der Störungen sei diesmal „der überaus starke Raureif“, der sich an den Leitungen niedergeschlagen habe, „und diese derart streckte, daß sie sich gegenseitig berührten und an einigen Stellen eiserne Isolatorenstützen wie Glas zerbrachen.“ Einem Leserbriefschreiber, der sich zuvor über die unzuverlässige Stromversorgung erregt hatte, hielt das Unternehmen entgegen, dass dieser Herr offensichtlich „sehr wenig Ahnung besitzt von einer weitausgedehnten Leitungsanlage und von den elementaren Einflüssen, welche sich unangenehm fühlbar machen können".

Obwohl die Stromausfälle häufig plausible Ursachen hatten, zeigten sie bei potentiellen Kunden Wirkung: Die Mitgliederzahlen der Genossenschaft und die Stromnachfrage stiegen weniger schnell als vom Unternehmen kalkuliert. Manche Kritik der Kunden freilich war noch durch deren Unwissen begründet – weshalb die Waldelektra sich gelegentlich zu Aufklärungsaktionen veranlasst sah. Sie erläuterte etwa im Januar 1909 im „Säckinger Tagblatt", dass bei Arbeit an einer Hochspannungsleitung, „diese stromlos sein muß und zwar aus dem einfachen Grunde, weil uns das Leben trotz der verschiedenen gehässigen Zeitungsartikel noch nicht verleidet ist." Aus eben diesem Grunde habe man „an Werktagen hie und da auf kürzere Zeit ausgeschaltet, ebenso an Sonn- und Feiertagen" – während mancher Kritiker unterdessen „hinterm Biertisch proletete".

Als die Gesellschaft die Tücken der Technik zunehmend in den Griff bekam, verbesserte sich auch die Firmenbilanz. Erstmals im Jahre 1909 konnte das Unternehmen mit Gewinn abschließen. Auch in den folgenden Jahren ging es stetig bergauf, so dass die Waldelektra im Jahre 1913 in Herrischried ein altes Bauernhaus erwarb, in dem sich nach einem Umbau die Betriebsleitung niederließ. Zuvor war die Betriebsleitung an wechselnden Orten zur Miete untergebracht gewesen.

Kaum hatte die Genossenschaft sich halbwegs etabliert, brachte der Erste Weltkrieg schon die nächsten Probleme. Die Hausweberei lag darnieder, ein beträchtlicher Einnahme-Ausfall für die Waldelektra war die Folge. Zwar stieg zugleich der Strombedarf für Beleuchtungszwecke, da an anderen Leuchtstoffen Mangel herrschte. Doch die fast ausschließliche Verwendung des Stromes für Lampen hatte zur Folge, dass die Lastverteilung sehr ungünstig war; tagsüber wurde kaum Strom verbraucht, abends sehr viel. Unter diesen Voraussetzungen war kaum noch Gewinn zu erwirtschaften.

Schlimmer noch als der Krieg wirkte die nachfolgende Inflationszeit auf das Unternehmen. Zum 1. Januar 1919 erhöhten die Kraftübertragungswerke Rheinfelden ihre Strompreise um 100 Prozent. Zwar konnte auch die Waldelektra ihre Preise erhöhen, aber die in den folgenden Jahren immer schneller fortschreitende Inflation fraß die Gewinne größtenteils wieder auf.

Dennoch gab es für die Genossenschaft auch kurzzeitige Erfolge: Die Gemeinden Rotzingen, Burg und Hartschwand schlossen sich in den Jahren 1920 und 1921 ans Netz an. Die Freude aber war nur von kurzer Dauer, denn 1921 traten neue Probleme auf. Es kam zu Stromunterbrechungen, zum einen durch niedrigen Wasserstand des Rheins, zum anderen aufgrund der schlechten Anlagen der Waldelektra.

Die Abnehmer waren verärgert, denn Privatleute wie Unternehmer hatten sich bereits in erheblichem Maße vom Strom abhängig gemacht. So reifte in vielen Gemeinden die Überlegung, sich durch den Bau eigener Kraftwerke von der Waldelektra unabhängig zu machen. Die gerade erst angeschlossenen Orte Rotzingen, Burg und Hartschwand setzten ihre Pläne um – und waren damit für die Waldelektra verloren.

Auch Todtmoos und Rüßwihl suchten sich selbständig zu machen, doch sie realisierten ihre Pläne letztendlich nicht. Ähnlich war es in Herrischried und Rütte, wo man bereits mit dem Bau eigener Kraftwerke begonnen hatte, diese aber nie fertigstellte. Dennoch gab es im Jahre 1923 starke Bestrebungen, die Waldelektra aufzulösen. Auf einer Versammlung der Genossenschafter fand der Plan aber keine Mehrheit: Mit 91 gegen 76 Stimmen beschlossen die Teilhaber den Fortbestand.

Mit Ende der Inflation entspannte sich die Lage. So wurde im Jahre 1924 die Gemeinde Egg, und zwei Jahre später der Ort Tiefenstein angeschlossen. Ende 1928 hingen 215 Motoren für Webstühle am Netz der Waldelektra, 588 Motoren für sonstige Zwecke, ferner 486 Heiz- und Kochapparate und 10 853 Glühlampen – mehr als je zuvor. Und im Jahre 1929 wurden sogar noch weitere Neuanschlüsse gelegt, etwa nach Hinter-Todtmoos, nach Atdorf und zum Sanatorium „Wehrawald" in Todtmoos.

Die politischen Entwicklungen des Jahres 1933 machten auch vor der Waldelektra nicht halt. Die Nationalsozialisten versuchten nun, den Aufsichtsrat der Genossenschaft mit Parteigängern der Nazipartei NSDAP zu besetzen – was die Generalversammlung am 13. August 1933 jedoch ablehnte. Statt dessen wählte sie die bisherigen Mitglieder erneut.

■ Schlechte Röntgenbilder markieren das Ende

Der Zweite Weltkrieg brachte der Genossenschaft zunächst keine wirtschaftlichen Schwierigkeiten. Erst von 1942 an gab es Probleme mit der Materialversorgung, und bald war eine ernsthafte Unterhaltung des Netzes gar nicht mehr möglich. Daher kam zum Ende des Krieges die Stromversorgung vollkommen zum Erliegen.

Nach Kriegsende ein weiterer Rückschlag: Die französischen Besatzer inhaftierten sechs Angestellte, einschließlich des Vorstandes. Zwar konnte die Verwaltung im Jahre 1945 ihre Arbeit wieder aufnehmen, doch die Hoffnung, die Stromversorgung zügig auf sichere Beine zu stellen, erwies sich als trügerisch. Bis zur Währungsreform am 20. Juni 1948 gab es praktisch kein Material zu kaufen, die geringen Zuteilungen an Masten und Eisenkontingenten durch die Behörden waren kaum der Rede wert.

Weil die Stromnachfrage unablässig stieg (von 1,3 Millionen Kilowattstunden im Jahre 1946 auf 2,92 Millionen 1952), das Unternehmen einen Ausbau der Netzkapazitäten aber nicht finanzieren konnte, musste mancher Stromkunde zu Spitzenzeiten seine Motoren abstellen. Aus dem Sanatorium „Wehrawald" in Todtmoos hörte man unterdessen immer lautere Klagen, die Röntgenbilder seien infolge erheblicher Schwankungen der Netzspannung zu ungenau.

Diese Probleme führten schließlich zur Auflösung der Waldelektra am 7. September 1955; die Kraftübertragungswerke Rheinfelden übernahmen das Unternehmen.

„Die Ursache der Störungen war der überaus starke Raureif, der sich an die Leitungen setzte und diese derart streckte, daß sie sich gegenseitig berührten und an einigen Stellen eiserne Isolatorenstützen wie Glas zerbrachen."

KRAFTABSATZGENOSSENSCHAFT WALDELEKTRA AM 7. JANUAR 1909 IM „SÄCKINGER TAGBLATT"

„Nun möchten wir Ihnen noch mitteilen, daß wenn an einer Hochspannungsleitung gearbeitet wird, diese stromlos sein muß und zwar aus dem einfachen Grunde, weil uns das Leben trotz der verschiedenen Zeitungsartikel noch nicht verleidet ist. Und so kam es, daß an Werktagen hie und da auf kürzere Zeit ausgeschaltet wurde, ebenso auch an Sonn- und Feiertagen, wenn der Artikler vielleicht hinterm Biertisch proletete."

KRAFTABSATZGENOSSENSCHAFT WALDELEKTRA AM 14. JANUAR 1909 IM „SÄCKINGER TAGBLATT" ZUR BEGRÜNDUNG FÜR IN DER PRESSE KRITISIERTE STROMABSCHALTZEITEN

Energie für das Schauinslandbergwerk

1904 ■ Die Wasserkraftwerke in Oberried sichern den Bergbau der Zinkgrube / 21. Kapitel

Auch der Bergbau am Schauinsland zeigte Interesse an elektrischer Energie: Um die Zinkgrube bei Freiburg-Kappel und die dortige Materialseilbahn mit Strom zu versorgen, erbaute die Bergbaugesellschaft im Jahre 1904 in Oberried ein erstes Wasserkraftwerk, wenige Jahre später ein zweites. Selbst als im Jahre 1954 der Bergbau in Kappel eingestellt wurde, hielt die Gesellschaft an den beiden Werken fest, um den Strom fortan ins Netz der Freiburger Stadtwerke einzuspeisen. Obwohl der Stromversorger nur zwei bis drei Pfennig je Kilowattstunde bezahlte, konnte die Bergbaugesellschaft Stolberger Zink AG die Werke am Laufen halten. Im Jahre 1969 verkaufte sie diese an ein Wasserkraftunternehmen aus der Oberpfalz, das damit bis heute im Mittel mehr als drei Millionen Kilowattstunden jährlich erzeugt. Noch immer sind die Anlagen geprägt durch ein 21 Meter hohes Aquädukt, dessen Fallturm an den Bergfried einer mittelalterlichen Burg erinnert.

Abb. 1
Das 21 Meter hohe Aquädukt am oberen Werk.

An elektrischen Strom dachte anfangs noch niemand. Man schrieb das Jahr 1868 als in Oberried am oberen Ortsausgang an der Brugga eine Holzstoff-Fabrik erbaut wurde. Die Wasserkraft nutzte man nur mechanisch. Mit ihr wurde Holz zwischen Sandsteinen vermahlen, und das Resultat – feine Fasern – an die Papierindustrie verkauft.

Kurz vor der Jahrhundertwende stellte das Werk seine Produktion ein – der Betrieb rentierte sich nicht mehr. Die Gewerkschaft Schwarzwälder Erzbergwerke (GschE) mit Sitz in Köln kaufte das Anwesen im Jahre 1900, um darin Wasserturbinen unterzubringen. Die Anlagen sollten die von der Gewerkschaft betriebene Zinkgrube und die Materialseilbahn in Kappel mit Elektrizität versorgen.

Die Überlegung passte in die Zeit, denn Strom war in den zurückliegenden Jahren in Oberried populär geworden: Der flussabwärts gelegene Sternenwirt hatte bereits 1896 mit der Kraft der Brugga Strom erzeugt und damit dem Ort Oberried zur ersten elektrischen Straßenbeleuchtung verholfen.

Also wurde, weil man im Ort erste Erfahrungen mit dem Strom schon hatte, im Jahre 1904 im Gebäude der einstigen Holzstoff-Fabrik ein kleines Wasserkraftwerk errichtet. Dieses versorgte mit einer Leitung über das Rappeneck das Schauinsland-Bergwerk in Kappel. „Damit ist der Bergwerksbetrieb auf eine Reihe von Jahren für Kappel gesichert", freute sich im Februar 1905 die „Freiburger Zeitung". Es werde damit „vielen Leuten ein dauernder Verdienst in Aussicht gestellt".

Ein zweites Werk mit zwei Turbinen, flussabwärts des ersten gelegen, kam im Jahre 1911 hinzu. Zeitgleich wurde am oberen Werk ein 21 Meter hohes Aquädukt errichtet. Dieses wird bis heute genutzt: Das Wasser wird der Brugga bei Hintertiefenbach entnommen, um es in einem 800 Meter langen überdeckten Hangkanal bis zu dem Bauwerk zu führen. Darin stürzt es eine Betonröhre hinab, kreuzt in einer Druckrohrleitung die Straße, und trifft dann auf die Turbinen.

Die Anlagen bilden bis heute ein imposantes Denkmal der Technikgeschichte: Neben dem Fallturm, der an einen Bergfried einer mittelalterlichen Burg erinnert, sind es vor allem die Schalttafeln, die dem oberen Werk einen besonderen Reiz verschaffen – eingelassen in hellen Marmor sind die Messinstrumente noch zu einem großen Teil aus den Anfangsjahren erhalten.

■ **Auch ohne Bergwerk geht es weiter**

Der Bergbau am Schauinsland durchlebte eine wechselvolle Geschichte. Die Gewerkschaft Schwarzwälder Erzbergwerke löste sich im Dezember 1922 durch Fusion mit dem Märkisch-Westfälischen Bergwerksverein auf. Dieser ging im April 1923 in der Hannoverschen Bergbau A.G. Lothringen auf.

1935 erwarb die Stolberger Zink AG mit Sitz in Aachen die

Im Überblick

■ In den Jahren 1904 und 1911 wurden an der Brugga zwei Wasserkraftwerke errichtet, die Strom für den Erzbergbau am Schauinsland erzeugten.

■ Ende Oktober 1954 musste die Stolberger Zink AG das Bergwerk schließen, nachdem das Unternehmen mit den Weltmarktpreisen der Zinkerze nicht mehr konkurrieren konnte. Die Wasserkraftanlagen blieben in Betrieb, und erzeugen noch heute bis zu 4,7 Millionen Kilowattstunden jährlich.

Abb. 2
Die historische Schalttafel mit Gruss der Bergmänner.

Schürf-Rechte im Schauinslandbergwerk – und gleichzeitig auch das Kraftwerk. Weil der Strombedarf zunahm, wurde bald eine Erweiterung des Kraftwerkes notwendig. Die Turbine im oberen Werk aus dem Jahre 1904 wurde 1938 entfernt, von den beiden Turbinen im unteren Werk (jeweils etwa 130 Kilowatt stark) wurde gleichzeitig eine nach oben verlegt. In beiden Werken war nun Platz für jeweils eine zweite Turbine; man wählte größere Turbinen mit 260 Kilowatt Leistung. Damit standen nun, bei einer Fallhöhe von 30 Metern im oberen, und 34 Metern im unteren Werk, zusammen fast 800 Kilowatt Leistung zur Verfügung. Es waren allesamt Francisturbinen, die eingebaut wurden – die großen mit einem Schluckvermögen von 1 500 Liter pro Sekunde, die kleinen mit der Hälfte.

■ **Nur minimale Einspeisevergütungen**

Ende Oktober 1954 musste das Unternehmen Stolberger Zink AG das Bergwerk schließen; das Unternehmen konnte mit den Weltmarktpreisen der Zinkerze nicht mehr konkurrieren. Die Firma wollte nun die Kraftwerke an die Stadt Freiburg verkaufen oder verpachten, doch weil die Preisvorstellungen zu unterschiedlich waren, kam ein Vertrag nie zustande. Die Bergbaufirma betrieb die Kraftwerke notgedrungen in Eigenregie weiter und verkaufte den Strom ins Freiburger Netz und an einige umliegende Höfe – bis ins Jahr 1969 hinein.

Dann übernahm ein Unternehmer aus der Oberpfalz die beiden Kraftwerke, obwohl diese sich wegen der geringen Einspeisevergütung in jener Zeit kaum rentierten; nur zwei bis drei Pfennig pro Kilowattstunde bezahlte die Freiburger Energie- und Wasserversorgung über Jahre hinweg.

Erst mit der Ölkrise im Jahre 1973 setzte in der Politik ein erster Prozess des Umdenkens ein, und die Vergütung wurde auf immerhin vier bis fünf Pfennig angehoben. Der positive Trend hielt an: Je mehr man in den folgenden Jahren erkannte, dass kleine Wasserkraftwerke einen wichtigen Beitrag zur Stromversorgung leisten, umso besser wurde die Vergütung. 1990 gab es 12 Pfennig, in den Jahren danach – durch das neue Stromeinspeisungsgesetz festgeschrieben – rund 15 Pfennig. Und mit dem Erneuerbare-Energien-Gesetz gab es ab April 2000 sogar bis zu 20 Pfennig je Kilowattstunde.

So produzieren die beiden Werke zusammen bis heute zwischen 1,9 Millionen und 4,7 Millionen Kilowattstunden Strom jährlich. Entscheidend für die Jahresbilanz ist stets der Winter: Große Schneemengen im Schauinslandgebiet, die im Frühjahr langsam abtauen, bringen die höchste Ausbeute, schneearme Winter eine entsprechend geringere. Im langjährigen Mittel liegt die Jahresproduktion bei 3,2 Millionen Kilowattstunden.

Weitere 200 000 Kilowattstunden erzeugt die Betreiberfirma jährlich in einem Werk in der angrenzenden Ortschaft Zastler. Dort hatte die Gemeinde 1958 ein kleines Werk mit 30 Kilowatt gebaut, das die Oberpfälzer Firma im Jahre 1973 übernahm.

Abb. 3
Auch die Mess- und Zählerapparaturen in Oberried haben den Lauf der Zeit überdauert – so ist die komplette Anlage heute ein Denkmal der Technikgeschichte.

Das Kleinod an der Alten Elz

1905 ■ Das Wasserkraftwerk Rheinhausen-Oberhausen ist eines der schönsten in Baden / 22. Kapitel

Abb. 1
Die gesamte Kraftwerksanlage Rheinhausen ist in diesem Häuschen am Rande des heutigen Werksgeländes untergebracht.

Die Stromwirtschaft bezeichnet das kleine Werk Rheinhausen-Oberhausen gerne als „Kraftwerk zum Anfassen". Es wurde im Jahre 1905 von der Freiburger Nähseide-Fabrik Mez an der Alten Elz erbaut, und versorgte später als „Überlandzentrale Oberhausen" bis zu 72 Gemeinden mit Strom. Im Jahre 1956 übernahm das Badenwerk die Anlage, und machte sie zur „Keimzelle" des Regionalservice Breisgau. Auch im neuen Jahrtausend hielt der Karlsruher Stromversorger das Werk weiterhin in Betrieb, ließ aber keine Gelegenheit ungenutzt zu betonen, dass es sich nicht mehr rentiere. Eine Stilllegung war trotzdem nicht zu befürchten, denn mancher private Betreiber hätte dieses gut erhaltene Werk gerne vom Badenwerk übernommen.

Zur Jahrhundertwende kam Kritik aus der Bevölkerung. Schon im Jahre 1880 hatte die Nähseide-Fabrik Carl Mez und Söhne aus Freiburg das Gelände an der Elz bei Oberhausen gekauft und dort eine Nähseide-Spinnerei errichtet. Und während einige Orte der Region bereits elektrisches Licht hatten, sprach auch die Firma Mez seit Jahren vom Strom, der auch dem Umland zugute kommen sollte – doch nichts passierte. Die „Freiburger Zeitung" berichtete im Dezember 1899, dass man jetzt bald „nicht mehr so recht an die Verwirklichung des von unseren Bürgern schon lange gehegten Wunsches" glaube.

Doch im Jahre 1905 war auch in der Oberhauser Mühle, zwischen Herbolzheim und Rheinhausen gelegen, die Zeit reif für den Bau einer Wasserkraftanlage. Durch die Vereinigung von Glotter, Elz und Dreisam in Riegel konnte man über den Leopoldskanal, einem Entlastungskanal, durch eine Einlassschleuse genügend Wasser in der Alten Elz zu dem neuen Kraftwerk leiten. Zwei Francisturbinen der Heidenheimer Firma Voith und zwei Synchron-Generatoren der Firma AEG, 140 und 45 Kilowatt stark, wurden an dem Kanal (Nutzgefälle: 2,65 Meter) errichtet. Schon bald darauf erhielten nicht nur die Werksräume elektrisches Licht, sondern auch die umliegenden Ortschaften: Am 18. Dezember 1906 brannte in Oberhausen die erste elektrische Lampe, einen Tag später in Niederhausen. Weil aus dem Kraftwerk damit mehr geworden war als nur mehr eine firmeninterne Stromquelle, nannte es sich von 1907 an „Elektrische Überlandcentrale Oberhausen" – kurz EUCO. Trotz seiner neuen Aufgabe blieb das Werk vollständig im Privatbesitz der Familie Mez.

Weil die Stromnachfrage stetig zunahm, kamen zur Wasserkraft im folgenden Jahr zwei Dampfmaschinen hinzu – weit sichtbar durch einen 50 Meter hohen Schornstein. Die Kohle wurde täglich mit Pferdefuhrwerken vom Bahnhof Herbolzheim abgeholt.

■ Strom aus dem Elsass

Im Jahr 1913, als auch die Oberhauser Dampfkraft den Strombedarf der umliegenden Gemeinden nicht mehr decken konnte, wurde die EUCO an das 20 000-Volt-Netz der neugegründeten Badischen Kraftlieferungs-Gesellschaft (Bakage) in Eichstetten angeschlossen. Die Bakage war eine Tochter der Oberrheinischen Kraftwerke AG in Mülhausen/Elsass und des Kraftwerkes Laufenburg (KWL). Sie bezog ihren Strom von den beiden Mutterunternehmen. Mit dem Anschluss an die Bakage konnte die EUCO ihr Versorgungsnetz in den folgenden Jahren weiter ausdehnen; 72 Gemeinden wurden im Jahre 1919 von Oberhausen aus beliefert.

Im Überblick

■ Im Dezember 1906 brannte in Oberhausen die erste elektrische Lampe, gespeist von der „Elektrischen Überlandcentrale Oberhausen" – kurz EUCO genannt. Weil die Stromnachfrage stetig zunahm, kamen zur Wasserkraft im folgenden Jahr zwei Dampfmaschinen hinzu – weit sichtbar durch einen 50 Meter hohen Schornstein. Die Kohle wurde täglich mit Pferdefuhrwerken vom Bahnhof Herbolzheim abgeholt.

■ Im Jahre 1956 übernahm das Badenwerk die EUCO. Obwohl der Stromversorger in den 1990er Jahren immer wieder andeutete, das Werk sei nicht rentabel, war es zu dieser Zeit nicht mehr gefährdet: Liebhaber warteten nur darauf, die Anlage zu übernehmen, die als eine der schönsten in Baden gilt.

Weil nach dem Ersten Weltkrieg aber eine dauerhafte Verbindung nach Mülhausen nicht mehr möglich war – das Elsass gehörte fortan bekanntlich zu Frankreich – brauchte man langfristig neue Partner. Also wurde in den Jahren 1928 bis 1930 von Offenburg eine 110 000-Volt-Leitung nach Eichstetten gezogen und dort eine neue Freiluft-Umspann-Anlage gebaut. Von diesem Zeitpunkt an erhielt die Bakage ihren Strom von KWL und Badenwerk, später ausschließlich vom Badenwerk.

Es kam daher nicht überraschend, als das Badenwerk in den Boomjahren nach dem Zweiten Weltkrieg (1956) die EUCO übernahm und sie von 1960 an unter dem Namen Badenwerk, Betriebsbüro Oberhausen weiterführte. Die Belegschaft umfasste in dieser Zeit 120 Mitarbeiter, die natürlich nicht nur für das Kraftwerk, sondern für das gesamte Versorgungsnetz zuständig waren. Der Name der Betriebsstelle wurde noch mehrfach geändert. 1972 wurde aus dem Unternehmen die Betriebsverwaltung Kaiserstuhl, 1994 der Regionalservice Breisgau.

Die 45 Kilowatt-Wasserkraftanlage war zwischenzeitlich stillgelegt worden. Die 140 Kilowatt-Anlage aber lief weiter – die Originaltechnik von 1905 zeigte 70 Jahre lang keine Schwächen. Erst nach einem Generatorbrand im Jahre 1975 wurde das Wasserkraftwerk automatisiert; die zuvor notwendige ständige Aufsicht durch einen Maschinisten wurde damit überflüssig. Die Francisturbine mit vertikaler Achse und gusseisernem Schwungrad, sowie der historische Generator blieben weiterhin im Original erhalten. Die Kraftwerksanlagen in Rheinhausen gehören heute zu den schönsten noch erhaltenen Objekten, die in hundert Jahren badischer Kraftwerksgeschichte geschaffen wurden. Nicht nur deshalb wird das Kraftwerk oft von Schulklassen und Reisegruppen besucht. „Winzling von Rheinhausen" nennen die Stromversorger das Werk liebevoll. Oder auch: „Kraftwerksmethusalem".

Trotz aller Kosenamen stellte die Energie Baden-Württemberg den Fortbestand des Wasserkraftwerkes in Oberhausen schon in den 1990er Jahren in Frage. Es lasse sich schon lange nicht mehr wirtschaftlich betreiben, hieß es – Großkraftwerke seien erheblich billigere Stromlieferanten.

Trotzdem war eine Stilllegung zur Jahrtausendwende nicht zu befürchten. Eine Reihe vermögender Privatbürger aus ganz Deutschland wartete nur auf Gelegenheiten, historische Wasserkraftwerke erwerben zu können – auch wenn sie nur so eben kostendeckend zu betreiben waren.

Abb. 2
Sandsteintafel am Kraftwerksgebäude.

Abb. 3
Generator mit freiliegenden Polwicklungen.

Abb. 4
Viele Details – wie dieser Drehzahlmesser – machen das kleine Kraftwerk zu einem Schmuckstück.

Abb. 5
Die Synchronisierungseinrichtung von 1906 sorgt auch heute noch dafür, dass beim Zuschalten auf das Netz die Spannung zwischen Generator und Stromnetz „in Phase" ist.

Abb. 6
Gesamtensemble der Maschinen. Der Generator wurde 1976 von 8 000 Volt auf 400 Volt umgewickelt und damit der heute üblichen Ortsnetzspannung angepasst.

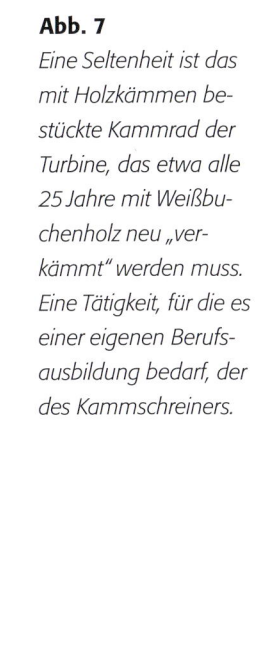

Abb. 7
Eine Seltenheit ist das mit Holzkämmen bestückte Kammrad der Turbine, das etwa alle 25 Jahre mit Weißbuchenholz neu „verkämmt" werden muss. Eine Tätigkeit, für die es einer eigenen Berufsausbildung bedarf, der des Kammschreiners.

Abb. 8
Die Öltropfer wurden inzwischen durch eine elektrisch geregelte Anlage ersetzt, sind aber als Zierelement am Kammrad erhalten geblieben.

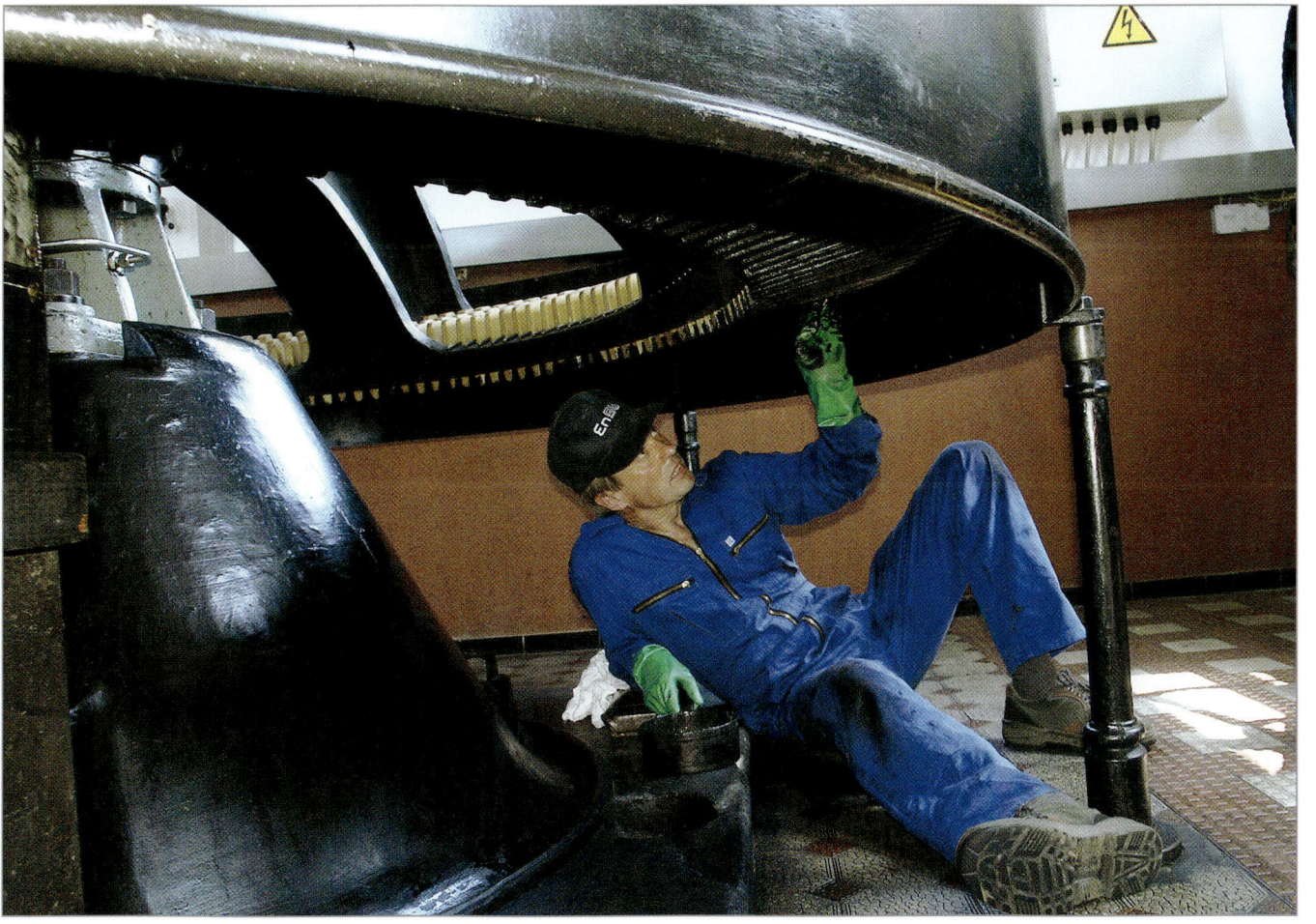

Abb. 9
Einmal in der Woche ist das Einfetten der „Holzkämme" mit einem graphithaltigen Fett nötig.

Abb. 10
Instrumente auf der Schalttafel, Ampéremeter und Wattmeter.

Abb. 11
Werkzeugsortiment

Abb. 12
Die maschinentechnische Ausstattung stammt unter anderem von Voith aus Heidenheim.

Abb. 13
Absperrventile

Der große Erfinder scheitert in seiner Heimatstadt

1906 ■ Lahr und Offenburg zögern lange – Ingenieur Haselwander gibt unterdessen auf / 23. Kapitel

Fast zeitgleich nahmen die Städte Offenburg und Lahr im Jahre 1906 ihre Elektrizitätswerke in Betrieb – beide erst nach langen Verhandlungen und vielen Diskussionen; sowohl Lahr wie auch Offenburg hatten zuvor diverse Angebote benachbarter Stromanbieter ausgeschlagen. Als die Gemeinden schließlich selbst aktiv wurden, gab es aber einen wesentlichen Unterschied zwischen den beiden Städten: In Lahr baute ein privates Unternehmen, in Offenburg die Stadt selbst. Lahr ließ sich allerdings die Option geben, das Werk später zu übernehmen. Als Lahr diese im Jahre 1920 wahrnahm, war der Weg frei für eine Fusion der beiden kommunalen Unternehmen; Offenburg und Lahr führten ihre Elektrizitätswerke im Jahre 1922 zum Elektrizitätswerk Mittelbaden (EWM) zusammen. In den 1960er Jahren legte das EWM seine historischen Kraftwerke still und bezog seinen Strom fortan komplett vom Badenwerk. Dessen Nachfolgerin, die EnBW übernahm im Jahre 1997 auch 35 Prozent der EWM-Anteile.

Abb. 1
Der Offenburger Friedrich August Haselwander, Erfinder des dreiphasigen Synchrongenerators.

Am Anfang der Elektrifizierung Offenburgs stand die Hutfabrik. In dieser hatte im Oktober 1887 der Techniker und Erfinder Friedrich August Haselwander den Strom eingeführt. Besonders innovativ daran war die Art, wie Haselwander den Strom erzeugte: Er nutzte den ersten dreiphasigen Synchrongenerator, den er selbst entwickelt hatte. Von dem Offenburger Genie sollte man in späteren Jahren übrigens noch öfter hören; Haselwander erfand 1898 den kompressorlosen Dieselmotor und 1901 den Dieselmotor mit Vorkammereinspritzung.

Es klang also erfolgversprechend, diesen kreativen Mann in den Aufbau einer regionalen Stromversorgung einzubinden. Und so nahmen die Lahrer Fabrikanten Otto Maurer und Kommerzienrat Sander (langjähriger Chef der Firma Lotzbeck Gebrüder) im Jahre 1890 Kontakt mit dem Offenburger Ingenieur auf. Sie schlugen Haselwander die Gründung einer Kommanditgesellschaft vor, in welche der Tüftler seine Patente einbringen sollte.

Haselwander war begeistert. „Badische Elektrizitätswerke Fr. Haselwander & Cie" nannte sich das Unternehmen, das er am 22. Mai 1891 ins Handelsregister eintragen ließ. Ziel der Gesellschaft waren die Erzeugung elektrischer Energie durch ein Wasserkraftwerk am Rhein bei Ottenheim und außerdem die industrielle Verwertung von Haselwanders Erfindungen.

Doch das E-Werk wurde nie gebaut, und auch die Vermarktung elektrischer Geräte kam nicht in Gang. „Intrigen innerhalb der Gesellschaft und unfaire Machenschaften der an der Patenten Haselwanders interessierten Großbetriebe, wie Lahmeyer in Frankfurt" sind als Ursache des Niedergangs überliefert. Nach nur gut zwei Jahren, am 12. August 1893, wurde das Unternehmen aufgelöst. Offenburg und Lahr blieben weiterhin ohne Strom.

■ **Offenburger Gaswerk fürchtet die Konkurrenz**

Knapp zwei Jahre später schien die Einführung elektrischen Stroms in Mittelbaden dann doch bevorzustehen. „Elektrisches Licht für Lahr" jubelte am 15. März 1895 die Presse. Sie bezog sich auf Ankündigungen der Direktion der Steinkohlen-Bergwerksgesellschaft Offenburg, diese werde im Anschluss an Gengenbach und Berghaupten weitere Orte der Umgebung mit elektrischem Strom versorgen. Die Stadt Lahr schien die nächstliegende Kandidatin zu sein, nachdem die Stadtverwaltung Offenburg keine Konkurrenz für das stadteigene Gaswerk duldete.

Aber auch diesmal wurde nichts aus der Elektrifizierung. Im Juli 1895 musste das Steinkohlenbergwerk

Im Überblick

■ Lahr und Offenburg erlebten die Jahrhundertwende weitgehend ohne Strom, es gab nur einzelne Privaterzeuger. Erst im Jahre 1906 nahmen in den beiden Gemeinden jeweils selbständige Elektrizitätswerke die Stromversorgung auf.

■ Im April 1922 nahmen das Elektrizitätswerk Lahr AG und die Stadt Offenburg Verhandlungen auf mit dem Ziel, die beiden Werke zu vereinen. Die Verhandlungen führten schließlich zum Erfolg – das Elektrizitätswerk Mittelbaden (EWM) mit Sitz in Lahr wurde im Herbst 1922 gegründet. Es versorgte nun 49 Gemeinden.

Lahr und Offenburg

Abb. 2
Der dreiphasige Synchrongenerator von Friedrich August Haselwander ist heute im Deutschen Museum in München ausgestellt.

„In der mechanischen Werkstätte der Firma Bilfinger herrscht emsige Betriebsamkeit. Friedrich August Haselwander prüft immer wieder die Wicklungen seiner neuen elektrischen Maschine. „Wird schon klappen, Herr Ingenieur" versucht Elektrotechniker Georg Beyle den etwas nervösen Haselwander zu beruhigen. Denn nur noch wenig Zeit bleibt bis zum 12. Oktober 1887, dem Tag, an dem die neue Maschine in der Hutfabrik der Firma Adrion in der verlängerten Wilhelmstraße zum ersten Mal laufen soll, nein, laufen muss. Ausprobieren kann der Offenburger seine neueste Errungenschaft nicht. Heute wissen wir, dass Haselwanders Lampenfieber unbegründet war. Auf Anhieb lief die erste moderne Drehstrommaschine der Welt."

INTERNETSEITE DER GEWERBLICHEN SCHULEN OFFENBURG

seine Offerte zurückziehen – die Gesellschaft stand vor dem Konkurs. Lahr prüfte nun den Bau eines städtischen Elektrizitätswerks in Eigenregie, und griff dabei die Pläne des Ingenieurs Haselwander wieder auf, ein Wasserkraftwerkes am Rhein bei Ottenheim zu bauen – und hatte erneut Pech: Das Großherzogliche Wasser- und Straßenbauamt in Karlsruhe äußerte Bedenken. Anders als am Hochrhein, wo gerade das Kraftwerk Rheinfelden in Bau war, sei die Rentabilität von Wasserkraftwerken am Rhein unterhalb von Basel nicht gesichert. Es sei daher sinnvoll, schrieb die Behörde, „die Angelegenheit einstweilen beruhen zu lassen".

So erlebten Lahr und Offenburg die Jahrhundertwende weitgehend ohne Strom, nur einzelne Privaterzeuger konnten sich schon am elektrischen Licht erfreuen. Weil im Umland die Elektrifizierung weiter fortgeschritten war, fehlte es in den folgenden Jahren an Angeboten nicht. Die Elektrizitätsgesellschaft Triberg (EGT) bot der Stadt Lahr im Februar 1901 an, Strom aus Wasser- und Dampfkraft zu liefern. Die Wasserkraft wollte die EGT mit einem neuen Kraftwerk an der Kinzig bei Steinach gewinnen. Wenig später kam ein Angebot aus dem Elsaß: Der Aufsichtsrat des Elektrizitätswerk Illkirch-Graffenstaden bei Straßburg ließ im Juni 1902 anfragen, ob Lahr Interesse hätte, Strom von dort zu beziehen. Und im November 1903 bot auch die Badische Zündholzfabrik Bauer & Schoenenberger in Schnellingen bei Haslach im Kinzigtal Stromlieferungen für Lahr an.

Der Stadtrat in Lahr lehnte die Angebote allesamt ab. Und auch von Überlegungen, ein eigenes E-Werk zu bauen, rückte der Stadtrat mit Beschluss vom 1. Dezember 1904 ab. Statt dessen empfahl er die baldige Kontaktaufnahme mit der Berliner Allgemeinen Elektrizitätsgesellschaft (AEG). Erst jetzt ging

es zügig voran. Die AEG legte bald darauf einen Vertrag vor, den der Lahrer Bürgerausschuss am 14. April 1905 mit deutlicher Mehrheit („alle gegen vier Stimmen") annahm. Das Unternehmen wurde Elektrizitäts-Lieferungs-Gesellschaft (ELG) genannt, und war eine Tochter der AEG. Der Bau des Lahrer E-Werkes konnte beginnen.

Als Berliner Firma lag der ELG die Wasserkraft fern; Kohle lag ihr näher. So baute sie in der Lahrer Lotzbeckstraße, westlich des Gaswerks, ein Dampfkraftwerk. Zwei Kesselmaschinen der Firma Wolf in Magdeburg, jeweils 100 Kilowatt stark, wurden installiert. Man entschied sich für Gleichstromgeneratoren, weil man glaubte, sie besser regulieren zu können als die noch recht jungen Drehstromgeneratoren. Eine Akkumulatorenbatterie sollte unterdessen helfen, Bedarfsspitzen zu überbrücken. Bereits am 1. März 1906 ging das Kraftwerk in Betrieb, gab im ersten Betriebsjahr aber nur bescheidene 82 147 Kilowattstunden ab. Betriebsspannung waren 2 x 220 Volt Gleichstrom.

Anfangs war fast ausschließlich Lichtstrom gefragt. Nur in den Morgen- und Abendstunden konnten die Maschinen gut genutzt werden, in den hellen Tagesstunden war die Nachfrage nach Strom gering. Ziel des Unternehmens war es daher, verstärkt industrielle Kunden zu gewinnen, die gerade den überschüssigen Tagstrom als Kraftstrom für ihre Maschinen brauchen konnten. Günstigere Tarife für Tagstrom sollten den Markt beleben.

Versorgungsgebiet wird ausgebaut

Die Rechnung ging auf, die Nachfrage nach Strom nahm sehr schnell zu. Bereits im Jahre 1908 wurde das Werk auf 615 Kilowatt ausgebaut. 1909 kam noch eine Dampfturbine hinzu, die weitere 300 Kilowatt Drehstrom und 150 Kilowatt Gleichstrom liefern konnte. Damit war die Maschinen- und Akkuleistung bis Ende 1909 auf 1065 Kilowatt angewachsen. Zugleich wurde die Umstellung auf Drehstrom beschlossen, der ganz neue Perspektiven für den Ferntransport elektrischer Leistung bot. Daher konnte im Jahre 1910 zwischen Lahr und Nonnenweier die erste 3 000-Volt-Leitung im Raum Lahr errichtet werden.

Dank der neuen Mittelspannungsleitungen vermochte das Werk in den folgenden Jahren sein Versorgungsgebiet weiter auszubauen: 1911 übernahm Lahr die Versorgung der Gemeinden Nonnenweier und Ichenheim, Allmannsweier, Kürzell und Ottenheim. Weitere Anschlüsse, die für Kuhbach, Hugsweier, Langenwinkel, Mietersheim, Schutterzell und Wittenweier vorgesehen waren, wurden dann allerdings durch den Ersten Weltkrieg verhindert.

Auch ein weiteres, für das Elektrizitätswerk sehr interessantes Projekt fiel dem Krieg zum Opfer: Die von der Lahrer Straßenbahn AG seit 1894 betriebene Strecke Seelbach-Lahr-Ottenheim hatte elektrifiziert werden sollen. Noch im Mai 1914 hatte es so ausgesehen, als werde die Lahrer Straßenbahn AG den Vertrag über den Strombezug unterzeichnen, doch in den Wirren des Krieges verschwanden die Pläne in der Schublade und wurden nie wieder ernsthaft aufgegriffen. Am 31. März 1952 wurde die Strecke Lahr-Seelbach stillgelegt, am 1. Oktober 1959 folgte der Streckenabschnitt Lahr-Ottenheim. Wäre diese Bahnstrecke elektrifiziert gewesen, hätte sie bessere Chancen gehabt, die Jahrzehnte nach dem Zweiten Weltkrieg zu überstehen.

Lahr kommt doch zu einem eigenen E-Werk

Nach dem Ersten Weltkrieg kam Lahr doch noch zu seinem kommunalen E-Werk. Vorausschauend hatte sich die Stadt im Jahre 1906, bei Gründung des Elektrizitätswerkes durch die AEG, zusichern lassen, dass sie das Werk vom elften Betriebsjahr an jederzeit übernehmen kann. Auf diese Vereinbarung kam die Stadt im Jahre 1919 zurück. Es kam ihr dabei zugute, dass der badische Staat in dieser Zeit eine Verstaatlichung der im Privatbesitz befindlichen Kraftwerke ohnehin sehr befürwortete, und daher die Regierung in Karlsruhe dem Ansinnen wohlgesonnen war.

So wurde am 19. Januar 1920 die Elektrizitätswerk Lahr AG gegründet, die für 1,56 Millionen Mark das Netz und die Kraftwerke von der AEG übernahm. Gleich im ersten Jahr gliederte das neue Unternehmen auch die Gemeinden Altenheim, Marlen-Goldscheuer, Kittersburg und Dundenheim in das Lahrer Versorgungsgebiet ein. Außerdem übernahm Lahr von der Rheinischen Elektrizitäts-AG Mannheim (REG) die Ortsnetze Seelbach, Steinbach, Reichenbach und Wittelbach mit Litschental. Nebenbei kam das Lahrer E-Werk nun doch noch zu „eigenem" Wasserkraftstrom vom Rhein – durch einen Liefervertrag mit dem Mühlenbesitzer Rudolf Hucke in Ottenheim.

Auch Offenburg schlägt die Angebote aus

Ähnlich wie in Lahr verlief die Entwicklung in Offenburg. Nachdem das ambitionierte Unternehmen des Offenburger Ingenieurs Haselwander 1893 gescheitert war, zeigten gleich mehrere Stromversorger Interesse, in Offenburg ihre Geschäfte zu machen. Im September 1897 lagen der Stadtverwaltung Offerten vor von den Firmen Lahmeyer-Frankfurt, Bayerische Elektrizitätsgesellschaft München, EAG Dresden und vom inzwischen selbständig arbeitenden, früheren AEG-Direktor, Oskar von Miller aus München. Auch die Zündholzfabrik Bauer & Schoenenberger aus Schnellingen bot in Offenburg an, die Stromversorgung zu übernehmen.

Doch die Stadt Offenburg sah die Sache ähnlich wie Lahr und suchte nach einer eigenen Lösung. Allerdings präferierte sie, anders als Lahr, sofort ein städtisches Werk in Eigenregie ohne Beteiligung eines Privatunternehmers. Zu Beginn des Jahres 1904 gaben Gemeinderat und Bürgerausschuss endgültig ihr Votum für ein Offenburger E-Werk ab. Mit einer Auf-

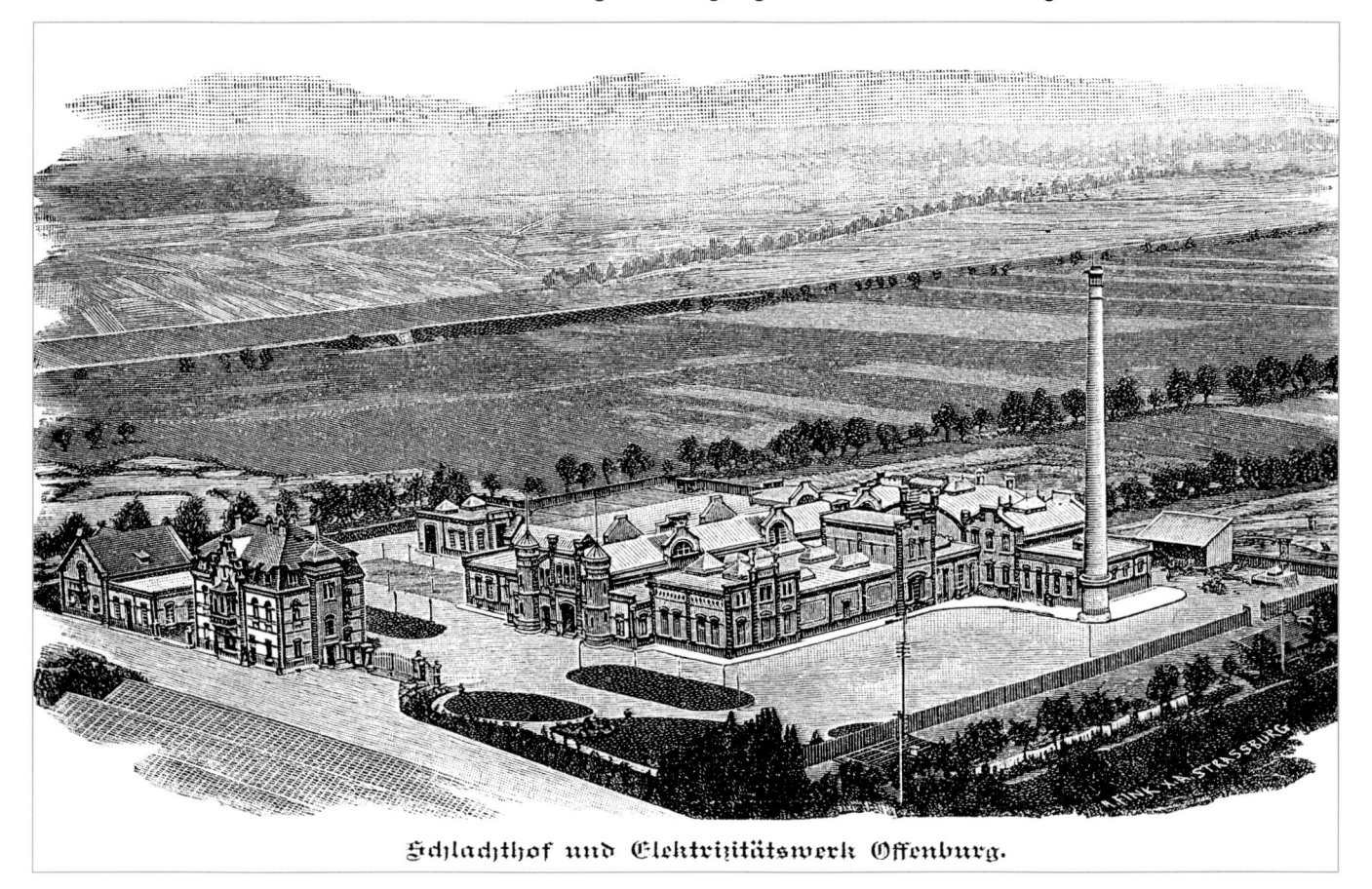

Abb. 3
Schlachthof und Elektrizitätswerk Offenburg.

Abb. 4
Einladung zum Festakt aus Anlass der Eröffnung des Offenburger Elektrizitätswerkes im Jahr 1906.

1922 wurde das Elektrizitätswerk Mittelbaden (EWM) mit Sitz in Lahr gegründet. Es versorgte fortan 49 Gemeinden.

lage allerdings: Eine elektrische Straßenbeleuchtung dürfe es vorerst nicht geben. Der Bürgerausschuss, der sich mit 54 zu 20 Stimmen für diese Klausel aussprach, tat dies, um das kommunale Gaswerk zu schützen.

Nach raschem Baufortschritt konnte das Elektrizitätswerk bereits am 12. April 1906 – fast zeitgleich mit dem E-Werk in Lahr – in Betrieb gehen. Auch in Offenburg hatte man sich für Kohle entschieden. Die feierliche Eröffnung legte man mit jener des neuen städtischen Schlachthofes zusammen, auf den 29. Juli 1906. Denn beide Bauwerke, so befand die „Karlsruher Zeitung", seien „nach dem neuesten Stande der Technik angelegt" und somit „Musteranlagen".

Das E-Werk florierte, ein Ausbau des Stromnetzes wurde bereits nach zwei Jahren diskutiert. Die Umlandgemeinden Zunsweier, Diersburg, Hofweier, Zell-Weierbach, Fessenbach, Niederschopfheim, Biberach und Durbach sollten allesamt ans Offenburger Netz. Die notwendige Energie wollte man aus dem Gefälle der Kinzig zwischen Gengenbach und Ortenberg bei Elgersweier gewinnen, das die Erzeugung von 1,9 Millionen Kilowattstunden Strom jährlich ermöglicht hätte. Doch das Projekt scheiterte am Widerstand der Nachbargemeinden und am Ausbruch des Ersten Weltkrieges. Auch die Verhandlungen über den Ausbau des Netzes zogen sich kriegsbedingt bis 1918 hin.

So stockte die Entwicklung des Offenburger Elektrizitätswerkes bis nach dem Krieg. Dann aber kam Offenburg sogar noch zur „eigenen" Wasserkraft: Im April 1919 bot die Spinnerei-Weberei an, zu den Zeiten der Betriebsruhe zwischen 17 Uhr und 6 Uhr den Strom an das Offenburger E-Werk zu liefern.

Lahr und Offenburg gründen das EW Mittelbaden

Die weitere Zunahme der Stromnachfrage forderte weitere Verbünde, denn die Erzeugungs- und Verteilungsanlagen, die nur auf Gleichstrom eingerichtet waren, reichten zur ordnungsgemäßen Versorgung nicht mehr aus. Offenburg führte Gespräche mit den Rheinischen Schuckert-Werken Mannheim in Achern, mit dem Elektrizitätswerk Straßburg, und auch mit der Firma Mez & Söhne in Freiburg. Im April 1922 wurden auch zwischen dem Elektrizitätswerk Lahr AG und der Stadt Offenburg Verhandlungen aufgenommen mit dem Ziel, die beiden Werke zu vereinen. Die Verhandlungen führten schließlich zum Erfolg, das Elektrizitätswerk Mittelbaden (EWM) mit Sitz in Lahr wurde im Herbst 1922 gegründet. Es versorgte nun 49 Gemeinden.

Sofort begann das Unternehmen mit dem Aus- und Umbau der Anlagen. Offenburg stellte sein Netz auf 10 000 Volt um und beseitigte seine Gleichstromanlagen, Lahr erweiterte seinen Kraftwerkspark um eine Dampfturbinenanlage mit 2 200 Kilowatt Leistung. Doch die ersten Jahre waren hart, die Inflation drohte das Unternehmen in den Ruin zu treiben. Zu einer Notsitzung kamen daher im August 1923 die Vertreter der angeschlossenen Gemeinden in Lahr zusammen. Die Direktoren des EWM forderten von den Gemeinden „erhebliche Anzahlungen in ultimativer Form zur Beschaffung der Mittel für die Fortführung des Betriebes", wie die „Karlsruher Zeitung" festhielt. Von den Städten wurden gleichzeitig Beschwerden laut über zu hohe Strompreise. Das E-Werk hielt dem entgegen, dass seit der Vorkriegszeit der Preisanstieg für ein Pfund Butter 25-mal höher gewesen sei, als die Teuerung der Kilowattstunde Strom.

Am Ende beschlossen die Gemeinden „nach eingehender Aussprache", wie ein Journalist notierte, dass sie künftig „von ihren Abnehmern Grund- und Mindestbeträge erheben". Und um die Entwicklung des Strompreises an die allgemeinen Lebenshaltungskosten zu koppeln, wolle man künftig dafür Sorge tragen, dass der Dreschpreis pro Stunde und der Bezug von zwölf Kilowattstunden Kraftstrom der gleiche sei.

Die Krise des Unternehmens war nur eine vorübergehende. Zur Generalversammlung des EWM im Mai 1924 veröffentlichte die „Karlsruher Zeitung" solide Betriebszahlen: „Drei Dampfturbinen 3850 Kilowatt, zwei Dieselmaschinen 600 Kilowatt, zwei Akkumulatorenbatterien 200 Kilowatt, diverse Wasserkräfte 250 Kilowatt, zusammen 4 900 Kilowatt. Die Gesamtstromabgabe betrug in Kilowattstunden im Jahre 1923 4 331 818."

Das von nun an rasante Anwachsen des Strombedarfs führte das Elektrizitätswerk Mittelbaden aber bald an die Grenzen seiner Leistungsfähigkeit. Weil alle Überlegungen, den Bedarf durch den Ausbau eigener Kapazitäten zu decken, unrealistisch erschienen, nahm der Stromversorger von 1928 an auch Lieferungen des Badenwerkes in Anspruch: Es wurde ein Verbundbetrieb vereinbart, der das Badenwerk verpflichtete, während der Nacht und an Sonntagen Strom nach Lahr und Offenburg zu liefern. Befürchtungen, das EWM verliere damit

Abb. 5
Das Elektrizitätswerk Offenburg mit städtischem Schlachthof.

seine Unabhängigkeit, wurden zwar von der Werksleitung zurückgewiesen, begründet waren sie dennoch – wie sich später zeigen sollte.

In den folgenden Jahren bis zum Beginn des Zweiten Weltkrieges stieg die Stromabgabe des EWM um bis zu 13 Prozent jährlich. Weil damit auch der Vorlieferant Badenwerk immer stärker in Erscheinung trat, wandte sich das Karlsruher Unternehmen am 2. Dezember 1938 offiziell an das EWM mit dem Ziel, 20 Prozent der Gesellschaftsaktien zu übernehmen. Doch Vorstand und Aufsichtsrat lehnten das Ansinnen ab; das EWM sollte komplett in kommunaler Hand bleiben. Angesäuert zogen die Herren des Badenwerkes von dannen – und richteten wenig später demonstrativ ihr neues Ortenauer Büro nicht in Offenburg sondern in Hausach ein.

Trotz kriegsbedingter Einschränkungen stieg der Stromverbrauch in den frühen 1940er Jahren in Mittelbaden immer weiter an, und erreichte 1944 mit 18,2 Millionen Kilowattstunden den Höchststand seit Bestehen des Werkes. Diese Menge vermochte das EWM nur zu liefern, weil die Netze auf der Mittelspannungsebene inzwischen weitgehend von 10 000 Volt auf 20 000 Volt umgestellt waren.

Der überwiegende Teil des Stroms wurde inzwischen vom Badenwerk bereitgestellt. Doch als Fliegerbomben Ende 1944 und Anfang 1945 einige Überlandleitungen zerstörten, und damit die Stromlieferungen des Badenwerkes in die Ortenau unterbrachen, erwiesen sich die eigenen Anlagen des EWM für die Region als unschätzbar wertvolle Reserve. Dennoch waren in diesem Moment in Lahr und Offenburg strenge Strombeschränkungen nicht zu umgehen.

Als Fliegerbomben Ende Ende 1944 und Anfang 1945 einige Überlandleitungen zerstörten, erwiesen sich die Anlagen vor Ort als wertvolle Reserve.

Der Nachkriegsboom

Nach dem Krieg ging es auch in der Ortenau rapide aufwärts. Der Stromverbrauch stieg mit zweistelligen Raten, entsprechend musste das EWM investieren. Weil die eigenen Kraftwerke einen immer kleiner werdenden Anteil am Umsatz des

Es wurde Licht

Der Offenburger Stadtrat hatte vor kurzem ein kleines Eckchen seines Konservatismus in der Frage der Straßenbeleuchtung preisgegeben, und dem Elektrizitätswerk Mittelbaden gestattet, vor der evangelischen Kirche, wo sich seine Ausstellungsräume befinden, eine elektrische Bogenlampe anzubringen. Am Samstag trat diese neue Lampe zum ersten Male in Funktion Kein Zweifel, daß sie sofort die Ueberlegenheit der elektrischen Straßenbeleuchtung schlagend erwies. Der Platz ist mindestens ebenso hell beleuchtet, wie die Johannisbrücke, und fordert, wenn wir richtig unterrichtet sind, bedeutend geringeren Aufwand. Damit dürfte das Elektrizitätswerk die nun schon jahrelang unentschiedene Frage zu seinen Gunsten erledigt haben. Und der Stadtrat wird nach dem bekannten Wort eben dem kleinen Finger auch die ganze Hand folgen lassen müssen, wenn er will, daß Offenburg endlich für seine Hauptstraßen eine zureichende Straßenbeleuchtung erhalten soll. H.

Abb. 6
Leserbrief zum Probelauf der elektrischen Straßenbeleuchtung im November 1930.

Abb. 7
Bahnhof in Offenburg. Obwohl Offenburg als Ausgangspunkt der Schwarzwaldbahn im ausgehenden 19. Jahrhundert zur Eisenbahnerstadt aufstieg, brauchte der Aufbau einer Elektrizitätsversorgung Zeit: Das städtische E-Werk ging 1906 ans Netz, eine elektrische Straßenbeleuchtung wurde erst ab November 1930 verwirklicht.

Elektrizitätswerkes ausmachten, hielt man sie schließlich für entbehrlich: 1962 stellte das EWM die Eigenstromerzeugung ein, das Badenwerk wurde alleiniger Stromlieferant für Offenburg und Lahr – von einzelnen kleinen Wasserkraftbetriebern einmal abgesehen.

Mit dem Karlsruher Giganten im Rücken, der inzwischen auch mächtig im Atomgeschäft mitmischte, war dem EWM nun jede Absatzsteigerung willkommen. So lag der Stromverkauf im Jahre 1980 mit 500 Millionen Kilowattstunden schon mehr als 100-mal so hoch, wie im ersten Betriebsjahr 1923. Und auch weiterhin setzte das EWM auf eine Steigerung des Stromverbrauchs, selbst Anfang der 1980er Jahre noch. Unbekümmert propagierte das Werk – entgegen aller ökologischen Vernunft – noch im Februar 1982 in einer Festschrift zur Einweihung eines neuen Verwaltungsgebäudes die Stromheizung: „Gerade der Wärmemarkt wird in Zukunft unter dem Aspekt der Substituierung des Erdöls und der Reduzierung der damit verbundenen politischen Abhängigkeiten für den Einsatz elektrischer Energie noch besonderes Gewicht erhalten."

Dieser Linie entsprechend stießen die Zukunftsenergien beim EWM nie auf Gegenliebe. Das Unternehmen speiste Erzeuger von Solarstrom stets mit der geringsten Vergütung ab, die gesetzlich eben noch zulässig war. Und auch bei der Windkraft reihte sich das EWM ein in die Gruppe der Zauderer. Zwar ließ das Unternehmen in den 1990er Jahren auf dem Weißmoos in Schuttertal-Schweighausen Windmessungen machen, doch an den Bau eines Windkraftwerkes traute sich das Unternehmen nicht heran. Engagierte Bürger bewiesen an ebendiesem Standort mehr Mut. Sie prüften das Windgutachten des EWM, und stellten erwartungsgemäß fest, dass eine Windkraftanlage in Schweighausen gute Erträge verspricht. Dann wurde gebaut: Im Juni 1997 ging die Bürger-Windkraftanlage ans Netz.

Der Einstieg des Giganten

Anfang 1997 endete nach 75 Jahren die Unabhängigkeit des Elektrizitätswerks Mittelbaden. Die Städte Offenburg, zuletzt mit 44,44 Prozent am EWM beteiligt, und Lahr mit 50,55 Prozent Anteil, willigten ein, dass die Energie Baden-Württemberg (EnBW) fast 35 Prozent der Anteile erwarb. Die restlichen Anteilseigner des EWM, 13 Ortenauer Städte und Gemeinden, mussten zwangsläufig mitziehen. Die „Badische Zeitung" wunderte sich über diese Entscheidung: „In Südbaden wollen immer mehr Städte ihre Stromnetze wieder selbst bewirtschaften – nur Offenburg und Lahr nicht." Und ein Leserbriefschreiber monierte, dass Lahr und Offenburg durch den Einstieg der EnBW in energiepolitischer Hinsicht „ein gutes Stück Entscheidungsfreiheit" verloren hätten.

Zur Hälfte aus der Schweiz versorgt

1908 ■ Die Stadt Konstanz schließt 1913 einen grenzüberschreitenden Stromvertrag ab / 24. Kapitel

Dem Bürgerausschuss erschien die Stromerzeugung vor der Jahrhundertwende zu teuer – und so ging das Konstanzer Elektrizitätswerk erst im Jahre 1908 in Betrieb. Lediglich zur Beleuchtung von Bahnhof und Hafen hatte man schon zehn Jahre zuvor Strom erzeugt. Bis ins Jahr 1942 produzierte Konstanz aus eigener Dampfkraft Strom, dann legten die Stadtwerke ihr Kraftwerk still. Sie bezogen fortan ihren kompletten Strom von den Nordostschweizerischen Kraftwerken (NOK), die sie bereits früher unterstützend mit ins Boot geholt hatten. Nach dem Krieg sprang – wegen eines Stromexportverbotes der Schweiz – für die NOK das Badenwerk ein. Im Jahre 1954 schließlich einigten sich die beiden Unternehmen auf eine genau hälftige Versorgung der Stadt Konstanz – ein Unikum in der badischen Stromlandschaft.

Abb. 1
Betriebsleiter Wittmann vor der Schalttafel.

Das Urteil der Presse war deutlich: Die Installationen seien „eine neue Zierde unserer Stadt". Fortan erstrahlten nämlich Bahnhof und Hafen in elektrischem Lichte. Den Strom lieferten zwei Dampfmaschinen östlich der Wiesenstraße von jeweils 110 Kilowatt Leistung. Ein Konstanzer Journalist hielt die Situation akribisch fest: „Sämtliche Drähte – es sind 16 000 Meter an Freileitungen und 10 000 Meter an Kabeln – sind gezogen; als Stützen dienen ihnen in der freien Luft wuchtige Eisengerüste, während die Bogenlampen an zierlichen schlanken Ständern hängen."

Das war im November 1897. Doch an ein allgemeines Stromnetz für die Bürger der Stadt war noch nicht zu denken. Ein Gutachten hatte einige Jahre zuvor Kosten in Höhe von 700 000 Mark ergeben – und das war dem Bürgerausschuss eindeutig zuviel. Über Jahre hinweg schien nun jeder neue Anlauf für den Bau eines städtischen Elektrizitätswerkes sinnlos.

Erst 1906 wagte der Stadtrat einen zweiten Vorstoß – diesmal mit kompetentester Beratung. Man hatte Oskar von Miller, den Pionier der Stromversorgung und früheren AEG-Direktor, als Gutachter gewinnen können. Nun ließ sich auch der Bürgerausschuss überzeugen; er stimmte am 28. Mai 1907 dem Projekt zu, und bewilligte dafür 620 000 Mark. Das Geld reichte aus für den Bau des Versorgungsnetzes sowie des Krafthauses mit Maschinen.

Das Elektrizitätswerk entstand am linken Rheinufer beim damaligen Schlachthaus an der heutigen Alfred-Wachtel-Straße. Nach den Plänen des Stuttgarter Ingenieurs Wilhelm Greeff wurde es mit zwei Dampfmaschinen von jeweils 450 Kilowatt Leistung errichtet. Für das Kohlekraftwerk hatte sich die Stadt entschieden, weil „die Kosten für das Brennmaterial nur wenige Prozent der Gesamtkosten des elektrischen Stroms" ausmachten. Somit werde sich, waren die Stadtväter überzeugt, „auch bei einem weiteren Ansteigen der Kohlepreise dieses Verhältnis nicht wesentlich ändern".

Als am 9. April 1908 das Werk den ersten Strom lieferte, schien nur für wohlhabende Bürger eine neue Zeit angebrochen – denn der Strom war teuer. Entsprechend merkte die „Konstanzer Zeitung" an, dass das elektrische Licht lediglich „in einer Reihe von Häusern der besten Geschäftslage" brenne. Ärmere Bürger versuchten, den Strom heimlich abzuzapfen, was (von den Gefahren beim Hantieren mit dem Strom einmal ganz abgesehen) mitunter recht unangenehme Folgen haben konnte: Auf Stromdiebstahl standen in Konstanz 14 Tage Gefängnis.

Weil auch Jahre später noch nicht alle Bürger sich den Strom leisten konnten, beantragten im Januar 1922 einige sozialdemokratische Mitglieder des Bürgerausschusses eine Abstufung des Lichtstrompreises nach den Einkommensverhältnissen. Doch der Stadtrat lehnte ab – das Elektrizitätswerk sei schließlich „keine Wohltätigkeitseinrichtung". Denjenigen, die sich den Strom nicht leisten könn-

Im Überblick

■ Erst relativ spät, im April 1908, konnte die Stadt Konstanz ihren Bürgern Strom liefern – zuvor war sie vor den hohen Kosten zurückgeschreckt.

■ Mit 155 000 Kilowattstunden jährlicher Stromabgabe rechnete die Betriebsleitung in den ersten fünf Jahren – und lag gehörig daneben. Bereits im ersten Betriebsjahr erreichte der Stromverkauf 192 000 Kilowattstunden, im zweiten bereits 250 000 Kilowattstunden.

■ Im Jahre 1913 schlossen die Stadtwerke einen grenzüberschreitenden Stromlieferungsvertrag für die nächsten 20 Jahre mit den Nordostschweizerischen Kraftwerken. Später ließen sie sich exakt zur Hälfte aus der Schweiz und zur Hälfte vom Badenwerk versorgen.

Abb. 2
Werbung für elektrische Energie wurde schon früh betrieben: Mitarbeiter der Stadtwerke beim Verteilen von Flugblättern.

ten, müsse durch andere Unterstützung geholfen werden.

Offiziell wurden im ersten Betriebsjahr 539 Kunden über ein 86 Kilometer langes Netz mit dem Gleichstrom versorgt. Die Anzahl der Lampen auf den Straßen war noch bescheiden: 46 Glühlampen und 12 Bogenlampen strahlten in der Stadt.

Kapazitäten schnell erschöpft

Mit 155 000 Kilowattstunden jährlicher Stromabgabe rechnete die Betriebsleitung in den ersten fünf Jahren – und lag gehörig daneben. Bereits im ersten Betriebsjahr erreichte der Stromverkauf 192 000 Kilowattstunden, im zweiten 250 000 Kilowattstunden, und schon im fünften Jahr hatte er die 500 000 Kilowattstunden überschritten. Damit waren die Kapazitäten des eigenen Werkes ausgereizt. Weil eine Erweiterung oder gar ein Neubau für die Stadt nicht finanzierbar war, wandte sie sich an die Nordostschweizerischen Kraftwerke (NOK), die damals noch Kraftwerke Beznau-Löntsch hießen.

So wurde bereits im Jahre 1913 ein grenzüberschreitender Stromlieferungsvertrag für die nächsten 20 Jahre geschlossen. Diesen erfüllten die NOK auch während des Ersten Weltkrieges stets ohne Probleme. Weil alles so reibungslos lief, war bei Ablauf des Vertrages dessen Verlängerung unstrittig; er wurde im Jahre 1935 abermals auf 20 Jahre geschlossen. In Zuversicht auf die weiterhin stetige Lieferung der NOK stellte die Stadt Konstanz im Jahre 1942, mitten im Zweiten Weltkrieg, die Eigenerzeugung ein.

Der leichtsinnige Schritt in die Abhängigkeit eines externen Lieferanten rächte sich bald: Am 23. Februar 1945 erließ die Schweiz ein Stromausfuhrverbot. Es durfte laut Beschluss des schweizerischen Bundesrates vom 1. April 1945 nur noch Strom nach Konstanz geliefert werden, sofern im Gegenzug eine vergleichbare Menge Gas in die Schweiz floss. Doch das ging nicht – zu hoch war der Strombedarf der Stadt Konstanz. Es sprang nun das Badenwerk ein.

Später, im März 1954, fanden Konstanz und die NOK wieder zusammen. Einem neuen Vertrag zufolge sollte künftig exakt die Hälfte des Konstanzer Stroms aus der Schweiz kommen, die andere Hälfte vom Badenwerk. Diese Konstellation mit zwei Stromlieferanten, ein einmaliges Kuriosum, blieb bis zur Liberalisierung der Stromwirtschaft und dem damit einhergehenden Ende der Gebietsmonopole im April 1998 bestehen.

Abb. 3
Gebäude in der Alfred-Wachtel-Straße: Hier wurde von 1908 bis 1942 Strom erzeugt.

Abb. 4
Die Maschinenhalle des Elektrizitätswerkes mit zwei Dampfmaschinen und Generatoren.

Abb. 5
Die Schalttafel, mit Jugendstilelementen verziert, war lange in Gebrauch.

Heimatschützer kämpfen für die Stromschnellen

1909 ■ Das Rheinkraftwerk Laufenburg wird das größte Kraftwerk Europas / 25. Kapitel

Abb. 1
Kraftwerk Laufenburg, 1920er Jahre.

Laufenburg war das dritte Wasserkraftwerk am Hochrhein – nach Rheinfelden und Augst-Wyhlen. Und es war das erste, das nach Fortschritten in der Bautechnik quer in den Rhein gebaut werden konnte. Damit stiegen Leistung und Ertrag: Während Rheinfelden und Augst-Wyhlen zur Jahrtausendwende nur 185 Millionen beziehungsweise 250 Millionen Kilowattstunden im Jahr erzeugten, kam Laufenburg auf 630 Millionen. Bei Inbetriebnahme im Jahr 1914 war es mit 40 Megawatt Leistung das größte Kraftwerk Europas. Entsprechend umstritten war der Bau; über Jahre hinweg hatte der Bund Heimatschutz für den Erhalt der Laufenburger Stromschnellen gekämpft. Dabei hatten die Naturfreunde den Bau eines Kraftwerkes in Laufenburg nicht gänzlich abgelehnt, sondern nur einen sensibleren Umgang mit der Flusslandschaft gefordert. Doch selbst damit waren sie bei Gemeinde und Staat nie auf Gehör gestoßen. Heute ist das Kraftwerk Laufenburg neben Rheinfelden das bekannteste am Hochrhein.

Sie waren berühmt, die Laufenburger Stromschnellen – immerhin waren sie Namensgeber der Gemeinde: „Laufen" (mitunter auch „Lauffen" genannt) heißt Stromschnelle. Doch schon Ende des 19. Jahrhunderts wurde absehbar, dass die Zeit der ungestümen Wassermassen bei Laufenburg bald vorbei sein würde. Denn Politik und Wirtschaft suchten die Elektrifizierung voranzubringen; und in Laufenburg war die unbändige Kraft des Wassers offensichtlich.

Es war absehbar, dass der Eingriff in die Natur beachtlich werden würde. Entsprechend massiv war der Protest. Naturschützer gründeten im Jahr 1904 den „Bund Heimatschutz", dessen Vordenker der Thüringer Architekt Paul-Schultze-Naumburg und der Freiburger Professor für Nationalökonomie Carl Johannes Fuchs waren. „Keineswegs rückschrittlich, reaktionär oder romantisch," sei der Bund, sondern vielmehr daran interessiert, nicht „unnötig die Schönheiten unserer Heimat" zu zerstören, formulierte Fuchs bei der Vereinsgründung. Und so äußerte der Bund in einem Schreiben an den Großherzog vom 2. November 1904 „die ehrerbietigste Bitte, das bei Laufenburg geplante Kraftübertragungswerk nicht in der projektierten Form zu genehmigen". Die badischen Behörden reagierten nicht – also gingen die Kämpfer an die Medien. In der „Freiburger Zeitung", im „Freiburger Boten" und in der „Konstanzer Zeitung" erschienen im März und April 1905 die Aufrufe des Bundes Heimatschutz. Es waren tatsächlich keine romantischen Schwärmer, die hier Bedenken äußerten, sondern angesehene Persönlichkeiten, darunter zehn Professoren der Nationalökonomie aus Deutschland und aus der Schweiz. Auch der Ökonom und Soziologe Max Weber hatte unterzeichnet.

Im Überblick

■ Stärker als jemals zuvor meldeten sich bei den Planungen des Kraftwerkes Laufenburg Heimatschützer zu Wort: Sie kämpften für den Erhalt der Laufenburger Stromschnellen. Doch ihre Bemühungen blieben erfolglos, und so ging im Oktober 1914 in Laufenburg das seinerzeit leistungsstärkste Kraftwerk Europas in Betrieb.

■ Das Kraftwerk Laufenburg übernahm nach dem Zweiten Weltkrieg in immer mehr Gemeinden die Stromnetze, und versorgte auf diese Weise bald 100 Orte direkt mit Elektrizität.

■ Im Mai 1998 gründete das Kraftwerk Laufenburg zusammen mit dem Schwesterunternehmen Kraftübertragungswerke Rheinfelden eine gemeinsame Ökostrom-Tochter mit Namen NaturEnergie.

■ **„Keine Menschenkunst kann es je wieder bereiten"**

Die Gegner hatten gar nicht das Ziel, das Kraftwerk zu verhindern. Sie sahen sehr wohl, dass „auf die Ausnützung der hier vorhandenen Wasserkräfte nicht verzichtet werden kann", und verlangten daher auch „nicht die gänzliche Unterlassung der geplanten Erschließung aus Rücksicht auf die Naturschönheit". Sie wünschten sich lediglich einen behutsameren Umgang mit der Natur. Denn es sei „unrichtig, etwas zu zerstören, was keine Menschenkunst je wieder bereiten kann".

Auch die „Basler Nachrichten" unterstützten im März 1905 den Bund Heimatschutz und forderten, dass „solche Bestrebungen warmen Nachhall auch in der Schweiz und besonders in Basel finden" müssten. Die Schweiz müsse nun beweisen, dass sie „den Sinn für ästhetische Kultur und die Erkenntnis und Liebe für die Naturschönheiten unseres Landes nicht verloren" habe. Speziell durch den Rang der Mitglieder des Bundes Heimatschutz zeigte sich die Zeitung beeindruckt: Es kämpfe für die Stromschnellen schließlich „nicht etwa ein Landschaftsmaler oder ein Dozent der Kunstgeschichte oder Aesthetik, sondern ein Professor der Nationalökonomie an einer badischen Universität". Schon hieraus sei „ersichtlich, wie der Grundgedanke des Heimatschutzes, mögliche Schonung der Denkmäler der Natur wie der Kunst, Jahr für Jahr in weiteren Kreisen Boden gewinnt, und wie unwürdig die Stellung derer ist, die, obschon aus eigener Bildung und eigenem Lebensberuf nicht dazu veranlaßt, vor dem Industrialismus als Notwendigkeitsmacht einfach glauben kapitulieren zu müssen."

Allem Protest zum Trotz – der badische Staat hielt an seinen Plänen fest. Und das badische Innenministerium machte keinen Hehl daraus, dass die Gewinnung von Strom nicht ohne den Eingriff in das Landschaftsbild möglich sein würde. So berichtete das Ministerium am 12. Februar 1905 – die Planungen in Laufenburg waren schon recht konkret geworden – dem Großherzog über das Projekt: Es werde „unterhalb der 'Enge' quer durch den Rhein ein hohes Standwehr aufgeführt werden, wodurch der Fluß aufgestaut und an der Stelle der jetzigen Wasserfälle ein ruhig fließendes, sich seeartig ausdehnendes Wasserbecken treten wird. Das charakteristische des Bildes, – das durch eine Felsenge sich hindurch drängende in einer Reihe von Katarakten über große Granitblöcke und Gletschermühlen unter Tosen und Brausen wild abstürzende Wasser – wird verloren gehen."

Vor Ort war es speziell der Ingenieur Alexander Trautweiler, der das Projekt vorantrieb. Der gebürtige Laufenburger hatte sich schon 1886 Gedanken über ein Kraftwerk in seiner Heimatstadt gemacht: Oberhalb des Städtchens wollte er ein Stauwehr errichten, und von dort 300 Kubikmeter Wasser pro Sekunde durch einen Kanaltunnel unter der Stadt hindurchführen zum Krafthaus am Ortsausgang. „6 000 Pferdestärken" sollte das Werk bringen. Weil die Stromübertragung erst in den Anfängen war, dachte er an eine Übertragung der Energie mittels Druckluft bis nach Basel.

Das kühne Bauwerk zu realisieren traute sich niemand. Also entwickelten die englischen Ingenieure J. Dierten und Sebastian Ziani de Ferranti bald ein weitaus realistischeres Stauprojekt. Trautweiler, ein angesehener Ingenieur, der beim Bau der Gotthardbahn und der griechischen Staatsbahn mitgewirkt hatte, griff die Idee der Engländer auf, entwickelte sie fort und legte 1902 überarbeitete Pläne für ein Staukraftwerk vor. Kritik an dem Projekt versuchte er als Kritik am Kapitalismus zu ideologisieren. So verkündete er in einem Vortrag am 16. Oktober 1904 in Laufenburg, dass „wir dem Kapitalismus auch viel Gutes zu verdanken" hätten, und warnte vor einem „an die Türen klopfenden Kollektivismus". Statt dessen solle, „wenn das Großkapital seine Fahne am Laufen unten aufpflanzt, keiner den Festmorgen verschlafen".

Ähnlich euphorisch bewerteten auch die Gemeinderäte der beiden Städte Laufenburg beiderseits des Rheins das Projekt, die wirtschaftlichen Perspektiven vor Augen. Auch sie ließen sich von den Stimmen derjenigen, die für die Erhaltung der Stromschnellen eintraten, nicht beeindrucken. Schließlich, so ließen sie verlauten, habe die „vielgepriesene Schönheit der Flusslandschaft kaum ein halbes Dutzend Fremde im Jahr nach Laufenburg geführt". Die Stromerzeugung würde dagegen deutlich einträglicher werden als der Tourismus.

Ingenieur Trautweiler, durch die Kritik der Heimatschützer unter Rechtfertigungsdruck, gerierte sich unterdessen als ein ebensolcher. Öffentlich fabulierte er plötzlich von einer „Hei-

---

„Ein Rheinsalm
schwamm den Rhein
bis in die Schweiz hinein.
Er war schon weißgottwo,
doch eines Tages – oh!
–
da kam er an ein Wehr:
das maß zwölf Fuß und mehr!
Zehn Fuß, die sprang er gut!
Doch hier zerbrach sein Mut.
Drei Wochen stand der Salm
am Fuß der Wasser-Alm.
Und kehrte schließlich stumm
nach Deutsch- und Holland um."

CHRISTIAN MORGENSTERN
ÜBER DAS KRAFTWERK
LAUFENBURG

Abb. 2
Laufenburg mit den Salmenfängen und der seit 1827 wieder überdachten Brücke.

mat, der wir selbst schon mehr als einmal begeisterte Worte gewidmet, deren Schönheit wir pietätvoll verehren, ein Fleck Erde, wo uns die Poesie jedes kleinsten Schlupfwinkels bekannt und ans Herz gewachsen ist." Keiner der Heimatschützer hielt diese Worte für ehrlich, denn schließlich hielt Trautweiler unverändert an seinen Bauplänen fest.

Billige Lebensmittel und eine arbeitsame Bevölkerung

Die zweite badische Kammer hatte am Ende zu entscheiden – und sie stimmte dem Werk erwartungsgemäß zu. Sie führte als Begründung an, das Bild der beiden Städte bliebe unberührt, und verpflichtete die Bauherren lediglich, einen „dem Landschaftsbild angepaßten Brückenbau" zu schaffen. Dass Laufenburg ein guter Standort war, hatte auch Adolf Ludin, Regierungsbaumeister in Karlsruhe und Verfechter der Wasserkraft, in einer Schrift des Jahres 1905 bereits angemerkt: Es gebe dort „wohlgeordnete Staats- und Gemeindeverhältnisse, eine arbeitsame Bevölkerung, Gelände, das für industrielle Anlagen sehr geeignet ist, billige Lebensmittel und eine Auswahl von Transportwegen".

Und so erteilten das Badische Innenministerium wie auch die Regierung auf schweizerischer Seite am 30. Juli 1906 das Wasserrecht für die Nutzung des Rheins bei Laufenburg an die Firmen Felten & Guilleaume, Carlswerke AG, Mülheim am Rhein und die Schweizerische Druckluft- und Elektrizitätsgesellschaft in Bern. Nun musste ein Unternehmen gegründet werden, dass dieses Wasserrecht wahrnahm. Am 10. Februar 1908 wurde daher die konstituierende Generalversammlung in der Schweizerischen Kreditanstalt in Basel abgehalten. 18 Millionen Franken wurden als Aktienkapital aufgebracht – die Kraftwerk Laufenburg AG (KWL) konnte ihre Arbeit aufnehmen.

Im Frühjahr 1909 begannen die Arbeiten für den Ausbau einer auf 22 Megawatt ausgelegten Anlage; es war die seinerzeit größte Baustelle Europas. Man staute den Rhein über mehrere Kilometer hinweg, sprengte 300 000 Kubikmeter Fels, und beschäftigte 1 100 Arbeiter, ein Großteil davon Italiener. Die Zahl der Einwohner Laufenburgs war entsprechend empor geschnellt, von 1 136 im Jahr 1900 auf 2 374 im Jahr 1910. Doch als das Werk fertig war, gingen die Arbeiter dorthin zurück, woher sie kamen – nur noch 1 541 Einwohner zählte die Stadt im Jahr 1920.

Um den Elektrizitätsbedarf der Baustelle decken zu können, wurde ein vorübergehender Stromlieferungsvertrag mit den Kraftwerken Beznau-Löntsch und der „Gesellschaft für Holzstoffbearbeitung" in Albbruck, der heutigen Papierfabrik, geschlossen. So schritt der Bau voran, wenngleich nicht immer ohne Probleme; Hochwasser im Januar und nochmals im Juni 1910 verursachten erhebliche Schäden an den Einrichtungen.

Schon während der Bauphase verhandelte das KWL mit Gemeinden und Industriebetrieben über Stromlieferungsverträge, insbesondere im Raum Villingen und Singen. Das Aluminiumwalzwerk und die Maggi-Werke in Singen wurden bereits 1911 als Kunden geworben, ebenso das Messing-Werk in Villingen. Weitere Industriekunden kamen im folgenden Jahr hinzu, während das KWL zugleich ein Konzept für die Versorgung von 115 südbadischen Gemeinden mit damals 60 000 Einwohnern entwickelte. 176 Kilometer Hoch- und Mittelspannungsleitungen waren 1912 schon gezogen. Aufgrund der Kundenzahlen beschloss man noch während des Baus im Jahr 1913, das Werk auf eine Leistung von 40 statt der geplanten 22 Megawatt auszubauen – Laufenburg wurde damit zum seinerzeit größten Kraftwerk Europas. Es hatte vielfältige Auswirkungen für die Region: Die Flößerei, ohnehin seit Jahren zurückgehend, musste nun gänzlich eingestellt werden. Und auch die zuvor sehr einträgliche Salmenfischerei fand durch den Bau ein jähes Ende, weil das Stauwehr den Aufstieg des Lachses verhinderte.

Der ferne Stromversorger KWL war vielen Bürgern im Hochschwarzwald suspekt. „Das Projekt, elektrische Energie für den Schwarzwald von Laufenburg zu beziehen, muß direkt als eine Gefahr bezeichnet werden", befand am 9. März 1910 die in Neustadt erscheinende Zeitung „Hochwächter". Denn Neustadt, Bonndorf und Donaueschingen, „diese größten Orte und industriellen Gegenden des hohen Schwarzwaldes und der Baar" lägen „zu weit vom Rhein abgelegen, als daß die Befriedigung ihres dringenden Bedürfnisses nach billiger Kraft von dort wirtschaftlich möglich ist".

Als Alternative zum Anschluss an Laufenburg wurde seit Jah-

Abb. 3
Beim Bau des Kraftwerkes waren insgesamt 1 100 Arbeiter beschäftigt, ein Großteil davon Italiener.

Abb. 4
Im Frühjahr 1909 begannen die Arbeiten auf der seinerzeit größten Baustelle Europas. 1910 wurde das Stauwehr gebaut und das Fundament für das Maschinenhaus gelegt.

Abb. 5
Durch Hochwasser wie hier beim Bau der Wehrschwellen kam es oft zu Verzögerungen.

> „Wir wissen wohl, daß in der heutigen Zeit scharfen internationalen Wettkampfes auf industriellem Gebiet auf die Ausnützung der hier vorhandenen Wasserkräfte nicht verzichtet werden kann und verlangen daher auch nicht die gänzliche Unterlassung der geplanten Erschließung aus Rücksicht auf die Naturschönheit; wohl aber meinen wir, daß es unrichtig ist, etwas zu zerstören, was keine Menschenkunst je wieder bereiten kann."
>
> AUFRUF DES BUNDES HEIMATSCHUTZ IN DER „FREIBURGER ZEITUNG", 11. MÄRZ 1905

ren ein Wasserkraftwerk an der Wutach bei Gündelwangen diskutiert. Die Mannheimer Firma Grün und Bilfinger AG hatte bereits 1902 einen Kostenvoranschlag dafür erstellt, wonach die Kilowattstunde „zum Preise von 5 bis 10 Pfennig abgegeben werden" könne. Doch weil der Absatz nicht gesichert schien, ließ man das Projekt über Jahre hinweg ruhen.

Im Mai 1907 trat das Großherzogliche Bezirksamt Donaueschingen erneut an Grün und Bilfinger heran, und belebte damit eine Diskussion, die im Jahre 1910 ihren Höhepunkt erreichte. So forderte im März 1910 der „Hochwächter", dass „im Wutachgebiet eine größere Kraftanlage und elektrischer Bahnbetrieb ins Auge gefaßt" werde. Weiter schriebt das Blatt: „Es unterliegt gar keinem Zweifel, daß sich der Gedanke der Verwendbarkeit der Wasserkräfte der Wutach in die Tat umsetzen läßt. Wir sind von der Ueberzeugung durchdrungen, daß wir die schwerste Verantwortung auf uns laden würden, wenn wir in einer derartigen Lebensfrage der Entwicklung der Verhältnisse tatenlos zusehen und nicht durch rechtzeitiges eigenes Eingreifen versuchen würden, dieselbe zugunsten der beteiligten Gemeinden zu leiten. Deshalb Vorsicht und die Hände weg von einem Anschluß an Laufenburg, solange nicht die eigenen Verhältnisse geklärt sind. Warum denn in die Ferne schweifen, denn das Gute liegt so nah?"

Auch Neustadts Bürgermeister Schork war gegen den Laufenburg-Anschluss und für das Wutach-Projekt. Er schrieb im März 1910 im „Hochwächter": „Die Verantwortung liegt auf Seiten der Regierung, der es nicht einerlei sein kann, ob ein größerer Landesteil wirtschaftlich gehoben oder geschädigt wird." Also erwarte er von der Regierung, dass sie für ein Werk im Hochschwarzwald eintrete, zumal auch die Papierfabrik Neustadt schon ein Projekt für die Wutach ausgearbeitet habe.

Doch alle Hoffnungen – formuliert von der Grün und Bilfinger AG – „daß es gelingen möge, die Herstellung der für die dortige Gegend außerordentlich segensreichen Anlage der baldigen Verwirklichung näher zu bringen" gingen nicht in Erfüllung. Der badische Staat bevorzugte den Anschluss des Hochschwarzwaldes an das Kraftwerk Laufenburg. Allen Schreckensszenarien zum Trotz: Der Niedergang der heimischen Wirtschaft blieb aus.

Stromsperrtage und der Anschluss an das Badenwerk

Im Oktober 1914 ging das Kraftwerk in Betrieb. Stromlieferungsverträge mit 43 Gemeinden waren zum Jahresende abgeschlossen, allesamt so genannte A-Verträge: Die Gemeinden kauften den Strom vom KWL, betrieben die Verteilung an die Endkunden aber in Eigenregie. Denn die Kommunen waren die Besitzer der örtlichen Stromnetze.

Nachdem das KWL im folgenden Jahr den technischen Ausbau des Kraftwerkes vollendet hatte, war 1916 erstmals der Vollbetrieb möglich: 214 Millionen Kilowattstunden wurden 1916 in Laufenburg erzeugt. Weitere Regionen, wie etwa das Netz des Donaueschinger Fürstenhauses, schlossen sich zur Erhöhung der Versorgungssicherheit in den folgenden Jahren an das Kraftwerk Laufenburg an. 385 Millionen Kilowattstunden konnte das Unternehmen 1924 bereits absetzen, die Kapazitäten Laufenburgs waren damit erschöpft. Bei niedrigem Wasserstand reichte der Strom nicht einmal mehr. Einziger Ausweg in trockenen Phasen: Stromsperrtage. Diese wurden für einige Gemeinden, zum Beispiel Vöhrenbach, bereits 1921 verhängt.

Zur weiteren Expansion musste der Stromversorger KWL also neue Quellen suchen. Und so schloss das Unternehmen 1925 einen Strombezugsvertrag mit dem Badenwerk und beteiligte sich 1928 an der neu gegründeten Schluchseewerke AG. 1929 wurde das Werk in Laufenburg erweitert, das künftig über neun Meter Gefälle und eine installierte Turbinenleistung von 99 Megawatt (zehn horizontalachsige Zwillings-Francisturbinen) verfügte. 1 080 Kubikmeter Wasser konnten nun pro Sekunde genutzt werden. Für die badische Gemeinde Laufenburg war das Kraftwerk inzwischen zu einer lukrativen Einnahmequelle geworden: 56 Pro-

Abb. 6
Kraftwerksgebäude mit den Turbinen nach dem Ausbau 1992.

zent der gesamten Gemeindesteuer kamen vom Kraftwerk und seinen Angestellten.

Nachdem das Kraftwerk und die Verteilungsanlagen im Zweiten Weltkrieg kaum beschädigt wurden, sollte die Expansion bereits 1945 weitergehen. Doch Materialmangel verhinderte die wirtschaftliche Erholung. Erst mit dem Beginn der 1950er Jahre kam die Wirtschaft so in Gang, dass der Stromabsatz von einem Rekord zum nächsten stieg. 1954 verkaufte das KWL erstmals mehr als eine Milliarde Kilowattstunden. Um den Verbundbetrieb zu stärken, gründete das KWL im März 1956 die Elektrizitätsgesellschaft Laufenburg (EGL), eine internationale Strombörse.

Am meisten Geld aber konnte in den Nachkriegsjahrzehnten verdienen, wer nicht nur Strom produzierte, sondern auch die Netze besaß. An diese heranzukommen war für die E-Werke seinerzeit kein Problem: Viele Gemeinden und Unternehmen verkauften ihre Netze in diesen Jahren gerne. Die erste Gemeinde, die 1965 bei der Landesregierung in Stuttgart den Antrag stellte, von der Stromversorgung enteignet zu werden, war Raitenbuch im Hochschwarzwald. Aus einem so genannten A-Vertrag wurde dann ein B-Vertrag. Diesem Beispiel folgten zahlreiche Gemeinden. Weil in den folgenden Jahren die Stromnachfrage immer weiter stieg, beteiligte sich das KWL 1973 auch am Atomkraftwerk Leibstadt in der Schweiz. Dem Stil der Zeit entsprechend waren auch beim KWL die Kleinkraftwerke zunehmend unbeliebt: Das Unternehmen zahlte zum Beispiel im Jahr 1969 der Stadt Vöhrenbach 250 000 Mark für den Abbruch der Linachtalsperre. Zugleich übernahm das Unternehmen auch hier das Stromnetz von der Gemeinde.

Im Jahr 1975 versorgte das KWL bereits die Endkunden in 82 Orten. 1979, nach Übernahme des Fürstlich Fürstenbergischen Elektrizitätswerkes, hingen 99 Ortsnetze mit 43 000 Haushaltskunden am KWL-Kabel. Als 100. Ortsnetz kam im Oktober 1982 Titisee-Neustadt hinzu, wo das KWL Netz und Stromkunden der bisherigen Stadtwerke übernahm. Aber es blieben auch einige Kommunen im Versorgungsgebiet selbständig, darunter die Städte Engen, Blumberg, Hüfingen und Bräunlingen. Sie behielten ihre eigenen Verteilernetze und nehmen das KWL bis heute zwar als Stromlieferanten, nicht aber als Verteiler in Anspruch.

Um die Kraft des Rheins noch effizienter nutzen zu können, erhöhte das Kraftwerk Laufenburg in den Jahren 1988 bis 1994 seine Leistung auf nunmehr 106 Megawatt. Die Francisturbinen wurden durch zehn moderne Strafloturbinen ersetzt. 500 Millionen Mark investierte das KWL in diesen Ausbau, der einen mittleren Jahresertrag von 630 Millionen Kilowattstunden garantierte. Für das Unternehmen machte die Eigenerzeugung in Laufenburg inzwischen nur noch einen Bruchteil der Stromlieferungen aus. Von der Elektrizitätsabgabe des Jahres 1997 von 2,749 Milliarden Kilowattstunden wurden 691 Millionen im Werk Laufenburg erzeugt – gerade ein Viertel.

Viel Ärger bereitete dem KWL zur Jahrtausendwende sein Sieben-Prozent-Anteil am Atomkraftwerk Leibstadt in der Schweiz. Im liberalisierten Strommarkt versuchte Laufenburg mit seiner Tochter NaturEnergie sich als Ökostrom-Anbieter zu profilieren, musste sich aber stets den Leibstadt-Anteil vorhalten lassen. Da um diese Zeit in Deutschland bereits der langfristige Atomausstieg beschlossen war, und auch die Schweiz das Ende der Atomkraft plante, fand das KWL lange Zeit keinen Interessenten, der die Leibstadt-Anteile zu einem kostendeckenden Preis übernehmen wollte. Erst zum 1. Juli 2002 übernahm die KWL-Mutter, die Watt AG in Zürich, den Leibstadt-Anteil.

Gegenüber den Kraftübertragungswerken Rheinfelden (KWR) war das KWL nicht nur die jüngere Schwester, sondern galt im späten 20. Jahrhundert auch oft als die aufgeschlossenere und modernere – obwohl die Eigentumsverhältnisse so unterschiedlich nicht waren: Beide Unternehmen waren inzwischen mehrheitlich in den Händen der schweizerischen Elektrowatt-Gruppe, aus der später die Watt AG hervorging. Während die Kraftübertragungswerke Rheinfelden aber in den 1990er Jahren durch ihren harten Kampf gegen Kleinwasserkraftbetreiber auffielen, präsentierte sich das KWL stets moderater.

Pluspunkte sammelte das KWL, als es im Mai 1992 als erster Energieversorger Süddeutschlands bei Breitnau im Hochschwarzwald eine Windkraftanlage mit 280 Kilowatt in Betrieb nahm. Außerdem gründete das Unternehmen 1996 eine Tochterfirma mit Namen Enersys, deren Geschäftsfeld die Nutzung erneuerbarer Energien und effizienter Blockheizkraftwerke wurde. Dennoch: Besitzer privater Fotovoltaikanlagen wurden beim KWL zugleich mit dem niedrigsten Tarif abgespeist, den das Gesetz noch zuließ. Entsprechend gab es 1997 im KWL-Gebiet mit 700 00 Tarifkunden gerade 15 Fotovoltaikanlagen.

EnBW erwirbt Mehrheit an der KWL AG

Den freien Strommarkt vor Augen, rückten KWR und KWL Ende der 1990er Jahre immer näher zusammen, um „Synergiepotential zu erschließen". Eine kapitalmäßige Fusion war mit diesem Schritt aber nicht verbunden, was in erster Linie damit zusammenhing, dass die KWR nach deutschem Recht, das KWL aber nach schweizerischem Recht organisiert war – dies zusammenzuführen wäre teuer und aufwändig gewesen. So wurde der Stromvertrieb beider Unternehmen schließlich in der Energiedienst GmbH, einer Art gemeinsamen Dachgesellschaft, zusammengefasst. Mit der Gründung der gemeinsamen Tochter NaturEnergie AG im Mai 1998, sorgten KWR und KWL auch für Furore auf dem noch jungen Ökostrommarkt.

Damit wurden die beiden Unternehmen auch immer interessanter für die Energie Baden-Württemberg, EnBW, die sich um das Thema erneuerbare Energien lange Zeit wenig gekümmert hatte. Im August 2002 schließlich bestätigten sich Spekulationen: Die EnBW übernahm von der Watt AG die Aktienmehrheit an der KWL AG (76,6 Prozent). Damit ging indirekt auch die KWR-Mehrheit an die EnBW, nachdem wenige Monate zuvor das KWL bereits 69,28 Prozent der KWR-Anteile übernommen hatte. Es galt als sicher, dass die EnBW sich fortan über die KWL AG stärker als je zuvor auf dem Ökostrom-Markt engagieren werde.

„Was vor gut einem Vierteljahr als Absichtserklärung publik gemacht wurde, ist jetzt Realität: Die KWL-Gruppe einschließlich KWR und NaturEnergie sind von der schweizerischen Watt AG an die Energie Baden-Württemberg (EnBW) verkauft worden. Damit ist die Unsicherheit über die Zukunft und den Verbleib der Gruppe sowie die unklare Positionierung im Wettbewerb beendet. Am Hochrhein werden künftig alle Aktivitäten des gesamten Konzerns konzentriert, die mit regenerativer Energie zu tun haben. KWL wird auch die gesamten Beteiligungen von EnBW an den Hochrhein-Kraftwerken übernehmen."

BADISCHE ZEITUNG, 3. AUGUST 2002

Ein Kraftwerk gegen den Dienstbotenmangel

1909 ■ Die Stadtwerke Hüfingen finanzieren den Bau durch den Gemeindewald / 26. Kapitel

Abb. 1
Transformatorenstation der Stadt Hüfingen.

Der erste Anlauf scheiterte: Mitte der 1890er Jahre sollte Hüfingen an das Kraftwerk Stallegg in der Wutachschlucht angeschlossen werden, doch der Vertrag platzte im letzten Moment. Heftig wurde die Elektrifizierung in den folgenden Jahren diskutiert – „Dienstbotenmangel in der Landwirtschaft" war das schlagende Argument für den Strom. Aber erst im Jahre 1909, nach dem Kauf und Ausbau der Seemühle durch die Stadt, wurde in der Gemeinde der Strom eingeführt. Weitere Wasserkraftwerke folgten. Doch in den 1970er Jahren wurden sie allesamt stillgelegt – ganz im Stil der Zeit. Die Stadtwerke konnten sich auch ohne eigene Kraftwerke als kommunaler Stromverteiler halten, womit die Gemeinde sich die Chance wahrte, aktive Energiepolitik zu betreiben. Ihre Möglichkeiten nutzte sie schließlich, und entwarf in den 1990er Jahren ein fortschrittliches Energiekonzept. Ein Bestandteil: An den historischen Standorten wurden wieder Wasserkraftwerke ans Netz gebracht.

„Strom für die Landwirtschaft" hieß die Devise. Denn die Stadt Hüfingen hatte ein drängendes Problem erkannt: Den „immer fühlbarer hervortretenden Dienstbotenmangel". Gerade für die Landwirte sei daher „die Einrichtung billig arbeitender Maschinen von hohem Nutzen", und auch für das Kleingewerbe bestehe „die Notwendigkeit billiger maschineller Einrichtungen". Andernfalls könne das Handwerk „auf die Dauer nicht mehr konkurrenzfähig erhalten werden".

Das schrieb die Stadt Hüfingen im Jahre 1905.

Zugleich bekräftigte sie „das Bestreben der Gemeindeverwaltung, die bisher nur an der Hauptstraße bestehende Straßenbeleuchtung auf sämtliche Straßen der Stadt auszudehnen, und an Stelle der im Gebrauch befindlichen Erdöllampen eine der Neuzeit entsprechende Beleuchtungsart einzuführen". Denn das elektrische Licht, so hatte die Stadt erkannt, „entspringt einem allgemeinen, längst anerkannten Bedürfnisse".

Die Alternativen zum Strom hatten sich als ungünstig erwiesen. Erfolglos hatte die Stadt in den Jahren 1902 und 1903 „wegen Anlage einer städtischen Azetylen-Centrale" Verhandlungen geführt. Der Grund des Scheiterns: „Obwohl als gute, preiswerte Lichtquelle anerkannt, ist die Verwendung des Azetylengases für die Zwecke des Motorantriebs infolge des hohen Preises ausgeschlossen."

Also musste jetzt das Thema Elektrifizierung angegangen werden – mal wieder. Denn schon in den 1890er Jahren, als das Wasserkraftwerk Stallegg in der Wutachschlucht gebaut wurde, war die Elektrifizierung Hüfingens zum Greifen nahe. Der Bauherr, das Donaueschinger Fürstenhaus, gedachte die Drehstromleitung vom Kraftwerk Stallegg nach Donaueschingen über Hüfinger Gemarkung zu führen, und Hüfingen einen Anschluss zu gewähren. Und nicht nur das: Weil die Gemeinde die Freileitungen auf ihrer Gemarkung zuließ, sollte sie als Gegenleistung Strom für 40 Lampen bei vierstündiger Brennzeit täglich erhalten.

Der Bürgerausschuss in Hüfingen hatte dem Plan längst zugestimmt, und auch das Donaueschinger Fürstenhaus als Betreiber des Kraftwerkes hatte sich einverstanden erklärt. Dennoch scheiterten die Pläne. Das Fürstenhaus entschloss sich kurzfristig, die Freileitung nicht über Hüfinger, sondern über Bräunlinger Gemarkung zu führen – der im März 1894 zwischen Stadt und Fürstenhaus geschlossene Vertrag wurde damit gegenstandslos. Der Anschluss Hüfingens fiel flach, Petroleumlicht und Gasbeleuchtung blieben einstweilen bestehen.

Aber die Diskussion über den Strom war fortan nicht mehr zu stoppen. Im Jahre 1905 legte im Auftrag der Stadt der Karlsruher „Civil-Ingenieur" Carl Eberhardt eine Kostenberechnung für ein städtisches Elektrizitätswerk vor: 81 500 Mark veran-

---

Im Überblick

■ Mit drei kleinen Wasserkraftwerken und einem Benzinmotor deckte Hüfingen ab dem Jahre 1909 seinen Strombedarf, nachdem ein Anschluss an das Kraftwerk Stallegg gescheitert war. 1926 wurde eine Leitung zum Kraftwerk Laufenburg gelegt, um die weiter steigende Nachfrage decken zu können.

■ In den 1970er Jahren, dem Jahrzehnt des Kahlschlages im Wasserkraftsektor, wurden auch die Turbinen am Hüfinger Gewerbekanal stillgelegt. Doch in den 1990er Jahren brachten engagierte Bürger zusammen mit der Gesellschaft für dezentrale Energieanlagen (Gedea) die Anlagen wieder ans Netz.

■ Hüfingen versuchte sich inzwischen zunehmend als fortschrittlich zu profilieren: Bis zum Jahr 2010 werde der Verbrauch an fossilen Energien um mindestens die Hälfte gesenkt, ließ die Gemeinde wissen.

schlagte er für ein Werk mit Francisturbine und Benzinmotor, sowie Stromnetz und Lampen. Die Rentabilität belegte der Ingenieur anhand einer „Konsumberechnung": „Angemeldet sind circa 658 Glühlampen verschiedener Kerzenstärke und 1 Bogenlampe à 500 Normalkerzen, entsprechend 630 Glühlampen à 16 Normalkerzen (55 Watt), und 71 PS Motoren. Es ist angenommen worden, dass vorübergehend 35 PS Motoren gleichzeitig in Betrieb sein können."

Der Gemeinderat stimmte nun dem Bau eines Elektrizitätswerkes unter der Voraussetzung zu, dass „der jährliche Abgabesatz aus der Gemeindewaldung von 2 700 auf 3 000 Festmeter erhöht, und der Reinerlös aus dem erhöhten Hiebsergebnis von jährlich 300 Festmetern im Betrag von circa 4 500 Mark zur Verzinsung und Amortisierung des Anlagekapitals verwendet wird."

Das hörte sich gut an aber es fehlte noch ein konkretes Projekt.

Ein Holzhieb für die Seemühle

Erst im Mai 1908 beschloss der Bürgerausschuss den Kauf der Seemühle am Gewerbekanal an der Breg. Mit einem außerordentlichen Holzhieb, der 60 000 Mark einbrachte, finanzierte die Stadt den Bau eines Wasserkraftwerkes in dem bestehenden Mühlengebäude. Noch im selben Monat wurden 600 Glühlampen von privaten Nutzern, 46 Straßenlaternen, drei Bogenlampen und Motoren mit zusammen rund 50 Kilowatt angemeldet. Die Anlage mit einer 36-Kilowatt-Francisturbine der Firma Escher-Wyss & Cie. aus Ravensburg ging am 1. Januar 1909 in Betrieb und wurde so zum Grundstein der Hüfinger Stadtwerke. Als Ergänzung wurde ein Benzinmotor der Gasmotorenfabrik Deutz installiert. In späteren Jahren speisten ferner zwei private Wasserkraftwerke, beide am Gewerbekanal gelegen, Strom ins Hüfinger Netz: Die Steinersäge und die Stadtmühle.

Trotz einer Erweiterung der Seemühle im Jahr 1921 um eine zweite Turbine sah die Stadt sich 1926 gezwungen, mit dem Kraftwerk Laufenburg (KWL) einen Zusatzvertrag abzuschließen. Damit war ein Ausbau der eigenen Kapazitäten, der zuvor immer notwendiger zu werden schien, trotz zunehmender Nachfrage nicht mehr erforderlich. In den kommenden Jahrzehnten blieb die Situation unverändert: Hüfingen produzierte im Jahr rund 100 000 Kilowattstunden vor Ort, während der überwiegende Teil des Strombedarfs vom KWL gedeckt wurde.

In der Nachkriegszeit ging das Kapitel Eigenstromerzeugung vorerst zu Ende – die Seemühle wurde 1973 stillgelegt. Auch die privaten Kraftwerke Steinersäge und Stadtmühle überlebten die 1970er Jahre, das Jahrzehnt des Kahlschlages im Wasserkraftsektor, nicht; die Stadtwerke Hüfingen waren nun zum reinen Stromverteiler geworden. Aber immerhin konnten sie sich als eigenständiges Unternehmen halten.

Erst das aufkeimende Umweltbewusstsein der 1990er Jahre brachte in Hüfingen die Wasserkraftwerke wieder ans Netz. Die Gesellschaft für dezentrale Energieanlagen (Gedea), ein Ableger der Schönauer Energieinitiativen, nahm im Februar 1994 die restaurierte Steinersäge mit einer 22 Kilowatt-Francisturbine wieder in Betrieb – finanziert von engagierten Bürgern der Region. Bei einer Fallhöhe von einem Meter erzeug-

„In Donaueschingen rechnete man für das Jahr 1905 pro Tag mit 19 Mark, in Neustadt mit 12 Mark Beleuchtungskosten für die Straßen. Für Hüfingen ergaben sich 4,80 Mark."

STADTCHRONIK HÜFINGEN

Abb. 2
Maschinenraum des Elektrizitätswerkes Hüfingen, um 1926.

Abb. 3
Drehstrom-Niederspannungsschaltanlage und Gleichrichter, um 1926.

Abb. 4
Transformatorenstation, Ölschalter.

te das Werk fortan jährlich bis zu 130 000 Kilowattstunden Strom.

Im Jahr 1996 nahm sich die Gedea auch die Seemühle vor, und ersetzte sie wenige Meter neben ihrem historischen Standort durch einen Neubau. Wiederum private Investoren waren es, die die notwendige halbe Million Mark aufbrachten, um das älteste aller Hüfinger Wasserkraftwerke wieder ans Netz zu bringen. Die nutzbare Wassermenge konnte durch den Neubau von drei Kubikmeter pro Sekunde auf sechs erhöht werden. Zugleich wurden die bisherigen Francisturbinen – bei einer Fallhöhe des Wassers von gerade 2,30 Meter nicht optimal – durch eine leistungsfähigere Kaplanturbine mit 90 Kilowatt Leistung ersetzt. Am 12. Juli 1999 ging das Kraftwerk ans Netz und erzeugt seither bis zu 400 000 Kilowattstunden jährlich.

Hüfingen setzt auf Blockheizkraftwerke

Die Hüfinger Energiepolitik brachte noch mehr Positives hervor. So stufte der Bund für Umwelt und Naturschutz (BUND) die Stadt in den 1990er Jahren in die Kategorie „vorbildliche kommunale Energieprojekte in Europa" ein. Denn Hüfingen hatte sich 1992 ein Energiekonzept erstellen lassen, mit dem die CO_2-Emission aus der Strom- und Wärmeerzeugung, also der Verbrauch fossiler Energien, bis zum Jahr 2000 um 35 Prozent, und bis 2010 sogar um über 50 Prozent gesenkt werden sollte. Der Internationale Rat für Kommunale Umweltinitiativen (ICLEI) urteilte 1996: „Das sind sehr hohe Margen. Sie scheinen aber erreichbar, wenn die Stadt mit dem bisherigen Tempo weiterarbeitet."

Hüfingen gab sich Mühe mit der Energiewende. Neben den Wasserkraftwerken nutzte die Stadt auch verstärkt effiziente Blockheizkraftwerke (BHKW). Das erste gemeindeeigene BHKW ging 1990 im Schulzentrum mit vier Modulen je 50 Kilowatt elektrischer Leistung ans Netz. Schnell hatte die Stadt Hüfingen Geschmack gefunden an der effizienten Technik. 1992 gingen in einem Neubaugebiet mit 40 Ein- und Zweifamilienhäusern zwei weitere Blockheizkraftwerke in Betrieb. Ein zweites Baugebiet folgte wenig später, ein dritter Stadtteil im Jahr 1995.

1997 wurde dann ein großes Nahwärmenetz auf Basis einer Holzhackschnitzelheizung realisiert. Ein Altenpflegeheim, ein Hotel, eine Neubausiedlung und die städtische Festhalle wurden an den Wärmeverbund angeschlossen. Auf diese Weise wurde das im Gemeindewald anfallende Schwachholz sinnvoll verwertet.

Sieben Heizkraftwerke hatte die Stadt Hüfingen zur Jahrtausendwende bereits in Betrieb. Doch das ambitionierte Energiekonzept hatte einen Schönheitsfehler: Obwohl einiges umgesetzt worden war, gab es im Jahr 2000 noch keine präzise Erfolgsbilanz. Ob das selbst gesteckte Ziel – die Senkung des CO_2-Ausstoßes gegenüber 1990 um 35 Prozent – erreicht wurde, blieb daher trotz aller Vorzeigeprojekte einstweilen Spekulation.

Strom aus der Zündholzfabrik im Kinzigtal

1912 ■ Die Firma Bauer & Schoenenberger in Schnellingen wird zu einem kuriosen Firmenkonglomerat / 27. Kapitel

Mit der Herstellung von Zündhölzern fing die Firmengeschichte an, bald kam eine Fabrik für „feinste Tafelsenfe" und Essig-Essenz hinzu. Auch Getreide wurde später gemahlen, ferner ein Sägewerk und eine Kistenfabrik betrieben. Und schließlich vertrieb die Firma auch Lederfett, Fahrrad-Öl und Milchersatz für Jungvieh. Rasant entwickelte sich parallel das Geschäft mit dem Strom: Zwei Wasserturbinen, ein Holzgasmotor und verschiedene Dieselanlagen machten die Firma Bauer & Schoenenberger in Schnellingen bei Haslach im Kinzigtal zu einem einzigartigen Industrie-Konglomerat. Die Jahrzehnte des „Wirtschaftswunders" und das damit einhergehende Mühlensterben überstand das Werk noch in Teilen, doch 1983 wurde auch die Wasserkraftanlage als letzte Maschine stillgelegt – das Werk sollte dem Bau einer Straße geopfert werden. Weil die Straße aber nicht finanzierbar war, konnte das Industriedenkmal zumindest noch ins neue Jahrtausend gerettet werden. Seine Zukunft war gleichwohl ungewiss.

Abb. 1
Die Firma Bauer & Schoenenberger begann 1893 mit der Herstellung von Zündhölzern.

Es war eine Blitzaktion. Kaum hatten Anton Bauer und Arthur Schoenenberger am 23. Mai 1893 einen Antrag zum Bau einer Zündholzfabrik gestellt, hatte das Großherzogliche Bezirksamt Wolfach diesen vier Tage später auch schon genehmigt. Und weitere vier Tage später hatten die beiden Unternehmer bereits eine Offene Handelsgesellschaft „Badische Zündholzfabrik Bauer & Schoenenberger" gegründet, die am 9. August 1893 in das Gesellschaftsregister des Amtsgerichts Wolfach eingetragen wurde. Es begann die Geschichte des wohl kuriosesten Firmenkonglomerates Badens.

Vorausgegangen war eine klassische Mühlen-Historie. An einem von der Kinzig abgeleiteten Bewässerungskanal hatten sich die Gemeinden Schnellingen und Bollenbach im Jahre 1811 mit dem Müller Andreas Schätzle über die Errichtung des Bauwerkes geeinigt. Schätzle musste den Kanal warten, im Winter eisfrei halten, und durfte dafür eine Mühle und eine Hanfreibe betreiben.

Ein Brand vernichtete im Herbst 1823 die Mühle. Anton Ziegler, Müller aus Hofstetten, erwarb die Ruinen, und betrieb auf dem Geländer künftig ein Sägewerk. Mehrfach wechselte das Anwesen in den folgenden Jahren seinen Besitzer, mehrfach wurde es ausgebaut, 1859 um eine Ölmühle erweitert.

Dann begann am 2. Mai 1893 die eigentliche Geschichte des Kraftwerks- und Industriekomplexes Bauer & Schoenenberger. Der Konstanzer Geschäftsmann Anton Bauer, und sein Steißlinger Berufskollege Arthur Schoenenberger kauften das Anwesen für 78 000 Mark, um dort eine Zündholzfabrik zu betreiben.

Schon sechs Jahre später kam zur Zündholzfabrik die Senffabrik hinzu. Weil mehr Kraft notwendig war, wurden Ober- und Unterwasserkanal verbreitert und vertieft, eine Francisturbine ersetzte das Wasserrad. Die Energie wurde aber nach wie vor nur mechanisch genutzt.

Mit Fortschreiten der technischen Entwicklung reifte in Schnellingen bald nach der Jahrhundertwende der Wunsch, künftig Strom erzeugen und nutzen zu können. Natürlich dachte man auch daran, den Strom an Kunden in der Nachbarschaft zu verkaufen – denn dank technischer Fortschritte bei der Übertragung war Strom seit wenigen Jahren zum potentiellen Handelsgut geworden.

Es dauerte noch ein gutes Jahrzehnt, bis im Jahre 1912 der Strom in der Zündholzfabrik Einzug hielt. Zwei Francis-Zwillingsturbinen der Firma Ruch aus Oberkirch übertrugen nun ihre Kraft mit Lederriemen auf zwei Drehstromgeneratoren. Der kleinere leistete 120 Kilowatt, der größere 160 Kilowatt. 1,6 Millionen Kilowattstunden Strom konnten jährlich mit dieser Wasserkraftanlage erzeugt werden – das war vorerst genug. Aber es war schon absehbar, dass der Strombedarf in naher Zukunft massiv zunehmen würde. Daher wurde im gleichen Jahr noch eine Dampfkesselanlage, eine Lokomobile „von 140 effektiven Pferdestärken" beantragt.

Die Behörden hatten keine Bedenken: Die „Badische Ge-

Im Überblick

■ Die Zündholzfabrik Bauer & Schoenenberger in Schnellingen bei Haslach baute sich im Laufe der Jahre eine einmalige Sammlung von Kraftmaschinen auf – sie bestand aus zwei Wasserturbinen, verschiedenen Typen von Dieselanlagen und einem Holzgasmotor.

■ Bis zu 42 Gemeinden im Kinzigtal erhielten Strom aus der Zündholzfabrik. Im Oktober 1938 übernahm das Badenwerk das Versorgungsgebiet – die regierenden Nationalsozialisten strebten eine Zentralisierung der Stromwirtschaft an.

■ 1983 wurde auch die Wasserkraftanlage als letzte verbliebene Maschine stillgelegt. Seither verfallen die historischen Anlagen – obwohl auch die Denkmalbehörden deren Wert längst erkannt haben.

Abb. 2
Das Kraftwerk in Schnellingen bei Haslach – heute Kulturdenkmal – wurde ganz im Stil der Gründerzeit errichtet. Bis 1938 wurde von hier elektrische Energie an 42 Gemeinden geliefert.

sellschaft zur Überwachung von Dampfkesseln e. V." stimmte dem Vorhaben am 18. Mai 1912 zu, worauf das Großherzogtum Baden „auf Grund der allgemeinen polizeilichen Bestimmungen über die Anlegung von Landdampfkesseln" das Projekt genehmigte – unter den seinerzeit in Baden üblichen Voraussetzungen. So müsse der Kessel „mit einem Fabrikschilde versehen" werden, welches den Hersteller Heinrich Lanz aus Mannheim vermerkt, und die „festgesetzte höchste Dampfspannung" angibt: „15 Atmosphären Überdruck". Sollte es irgendwann zu einer Explosion des Kessels kommen, so sei „die Orts- und Bezirkspolizeibehörde hiervon sofort in Kenntnis zu setzen". Und was die Wartung betrifft: Sie dürfe „nur zuverlässigen, gut ausgebildeten oder gut unterwiesenen männlichen Personen über 18 Jahre übertragen werden".

Diese Auflagen waren erfüllbar, und so kam Bauer & Schoenenberger zu seinem Dampfkessel. Parallel dazu wurde ein 3-Zylinder-Dieselmotor der Augsburger Firma Riedinger aufgestellt.

■ Kraftwerk finanziert die Schule

Nun drängte das Unternehmen in die Fläche und schloss langfristige Versorgungsverträge ab. Im Jahr 1913 erhielt Bau-

er & Schoenenberger vom badischen Staat die Konzession, den Strom für das Kinzigtal erzeugen, fortleiten und verteilen zu dürfen – für die nächsten 25 Jahre. „Überlandzentrale Schnellingen" nannte sich das Werk fortan. In den Versorgungsverträgen mit den Gemeinden sicherte das Kraftwerk zu, dass die Spannung nur maximal um drei Prozent, die Frequenz nur um höchstens zwei Prozent von den Vorgaben („5 250 Volt verkettete Spannung von 50 Perioden") abweicht. Für 40 Pfennig wurde die Kilowattstunde Lichtstrom, für 20 Pfennig der Kraftstrom verkauft.

Gegenüber dem Staat verpflichtete sich das Unternehmen, bis 1915 die Orte Berghaupten, Bermersbach mit Fußbach, Strohbach und Wingerbach, Biberach mit Bruch und Fröschbach, Oberharmersbach, Schwaibach mit Schönberg, Unterentersbach mit Stöcken sowie Unterharmersbach anzuschließen. Bis 1917 sollten Nordrach und Oberentersbach hinzukommen.

Kriegsbedingt konnten diese Vorgaben nicht ganz eingehalten werden, doch bis zum Ende des Ersten Weltkrieges war das kleine Verbundnetz dann doch vollendet. Bei Berghaupten wurde eine Verbindung zum Überlandwerk Achern geschaffen, in Gengenbach eine Verbindung zur Pappenfabrik Köhler, der Gründerin der örtlichen Stadtwerke. In Haslach arbeitete man bald mit dem städtischen E-Werk zusammen und in Hausach mit der Stadtmühle. Auch das Elektrizitätswerk Wolfach war mit im Verbund und gehörte sogar zeitweise der Firma Bauer & Schoenenberger.

Die damals noch selbständige Gemeinde Schnellingen blühte in diesen Jahren auf, denn das Werk brachte beachtliche Gewerbesteuern ein. Eine eigene Schule im Ort war nur dank Bauer & Schoenenberger realisierbar. Und ein großer Teil der Tagelöhner aus Schnellingen, Bollenbach, Steinach, Fischerbach und Haslach bezog sein Einkommen von der Überlandzentrale.

Der Zugriff der Kriegsstrategen

Der Bedarf nach dieser vielseitigen Energie stieg rasant, und so weckte das Faszinosum Strom auch bei den Kriegsstrategen zunehmend Begehrlichkeiten. Davon blieb auch das Werk in Schnellingen nicht verschont. Am 8. April 1918 schrieb die Zündholzfabrik an das Großherzogliche Bezirksamt in Wolfach: „Auf Verlangen der Electrizitätswirtschaftsstelle beziehungsweise des Kriegsamtes sollen die Überlandzentrale Schnellingen und das Elektrizitätswerk Haslach verbunden werden, um Brennstoffe zu ersparen, beziehungsweise die Wasserkräfte in erhöhtem Maße auszunützen". Die Stadt Haslach habe „zum Betriebe nur noch auf ganz kurze Zeit Öl". Damit nun die Energieversorgung der Eisen- und Stahlwerke Haslach nicht eingeschränkt werden müsse, habe „das Kriegsamt den Anschluß als sehr dringend bezeichnet". So wurde eine 5 000-Volt-Drehstrom-Leitung gezogen, die in 12,5 Meter Höhe verspannt wurde. Sie wurde zu einer der Lebensadern der Waffenproduktion.

Das Projekt war technisch nicht ganz einfach, weil die Kinzig, wie auch die Eisenbahnlinie überquert werden mussten, und damit eine Spannweite von bis zu 50 Metern nötig war. Umfangreiche statische Berechnungen mussten vorab zeigen, ob die drei Eisenseile mit jeweils 35 Quadratmillimeter Querschnitt auch der größten Wind- und Eislast standhalten können. Mögliche Störwirkungen auf die Fernsprechleitungen waren ebenfalls zu klären. Die Kaiserliche Ober-Postdirektion legte daher von Anfang an Wert auf eine normgerechte Vorgehensweise – festgelegt in Regeln mit dem umständlichen Namen „Allgemeine Vorschriften für die Ausführung und den Betrieb neuer elektrischer Starkstromanlagen bei Kreuzungen und Näherungen von Telegraphen- und Fernsprechleitungen".

Für die neuen Anforderungen, die nun an die Überlandzentrale Schnellingen gestellt wurden, reichten die bestehenden Maschinen nicht mehr aus. Also wurde 1920 ein U-Boot-Dieselmotor mit 300 Kilowatt angeschafft – eine für Kraftwerke der 1920er Jahre nicht untypische Maschine. 1924 wurde zudem eine kleine Dampfkolbenmaschine aufgestellt.

Die 1920er Jahre standen im Zeichen massiver wirtschaftlicher Expansion – in der Zündholzfabrik wie im umliegenden Versorgungsgebiet. Bauer & Schoenenberger reichte im August 1923 ein Baugesuch zur Erweiterung der Zündholzfabrik ein, für ein Sammelsurium des Handwerks mit Schlosserei, Schachtelspanschälerei und Holzdrahtschälerei.

Wie in der eigenen Firma stieg auch im Versorgungsgebiet die Nachfrage nach Strom stetig. Im Steinbruch von Steinach zogen Brecheranlagen ordentlich Leistung, im Wolfacher Schwerspatwerk belasteten Elektropumpen das Netz. Immer wenn diese Maschinen anliefen, gab es beträchtliche Spannungs- und Frequenzschwankungen im gesamten Netz der Zündholzfabrik. War das Werk gänzlich mit der Nachfrage über-

Abb. 3
Bau des Einlaufkanals, der von der Kinzig abzweigt.

Abb. 4
Der Briefkopf der Firma Bauer & Schoenenberger zeigt das einzigartige Industriekonglomerat. Stolz war man nicht nur auf die frühe Gründung, sondern auch auf die verschiedenen Auszeichnungen, die die Firma im Laufe der Jahre erhalten hatte.

fordert, schaltete der Maschinist kurzerhand einigen Gemeinden den Strom ab – solange, bis die Belastungsspitze vorüber war. Es war offensichtlich, dass das E-Werk weitere Kraftanlagen benötigte: Eine neue, leistungsfähige Maschine müsse her, befanden die Unternehmer.

Und so ging 1926 eine Großdieselmaschine der Firma Sulzer in Betrieb, ein Vierzylinder-Zweitakt-Motor. Gekoppelt war er mit einem Drehstromgenerator der Firma Lloyd Bremen mit 750 Kilowatt – eine Rarität ersten Ranges. Der Motor war ein Koloss: 400 Liter Dieselöl verfeuerte er im Volllastbetrieb pro Stunde und verschlang dabei 45 Kubikmeter Kühlwasser. Auf neun Bahnwaggons wurde die Anlage am 26. August 1926 angeliefert – alleine die Kurbelwelle wog 20 Tonnen. Techniker der Firma Sulzer in Ludwigshafen bauten sie in vier Monaten auf. Ein Betonfundament von 650 Tonnen (6,80 Meter breit, 10,60 Meter lang und 3,0 Meter hoch) war notwendig, um die Schwingungen, die während des Betriebes auftraten, auf ein verträgliches Maß zu senken.

Nur 24 Exemplare dieser Bauart wurden weltweit je produziert. Maschinen dieses Typs wurden unter anderem nach Frankreich, Belgien, Uruguay, Kuba, Venezuela und in die Schweiz geliefert. Von diesen zwei Dutzend Dieselmaschinen war 70 Jahre später allein die Maschine in Schnellingen noch erhalten. Alle anderen waren in den 1950er und 1960er Jahren abgebaut und verschrottet worden.

Mit dem leistungsfähigen Diesel, der bald täglich acht Stunden am Stück lief, ließ sich in Schnellingen fortan gut arbeiten. Das Geschäft florierte, zumal die Produktion von Zündhölzern und die Stromerzeugung sich hervorragend ergänzten. Beide Branchen schienen krisensicher, staatlicher Monopolförderung sei Dank. Beim Strom herrschten zumindest Quasi-Monopole, bei den Zündhölzern war es das „Zündholzmonopolgesetz" vom 11. November 1929, das Bauer & Schoenenberger gegen allzuviel Konkurrenz absicherte: Vom 1. Juni 1930 an durften nur noch wenige Firmen die Hölzchen herstellen, überwacht durch die Deutsche Zündwaren-Monopolgesellschaft in Frankfurt. So überstand das Werk Schnellingen die Wirtschaftskrise mit einer Belegschaft von 30 bis 40 Mitarbeitern recht gut, während einige Firmen in Haslach aufgeben mussten.

Diesel wird zu teuer – Holzgas als Alternative

Die weitere Expansion erlebte Firmengründer Anton Bauer nicht mehr, er starb im September 1926. Sohn Adolf übernahm die Geschäfte. Als nun weitere Kraftwerkskapazitäten notwendig wurden, schied ein neuerlicher Ausbau der Dieselanlage aus – der Treibstoff war knapp und entsprechend teuer, weil das eingeführte Öl größtenteils für die Produktion von Kriegsgerät verbraucht wurde. Auf Betreiben des Gründererben wurde daher im Jahr 1936 eine Holzvergasungsanlage mit 340 Kilowatt elektrischer Leistung in Betrieb genommen. Denn Abfallholz war in Schnellingen durch die Produktion von Sägewerksartikeln aller Art, von Kisten über Holzwolle bis zur Holzkohle, ausreichend vorhanden.

So besann man sich bei Bauer & Schoenenberger auf die heimische Energiequelle Holz, obwohl das Risiko der Investition beträchtlich war. Nirgendwo hatte man bislang in größerem Umfang Holzgas eingesetzt, schon gar nicht in einem Kraftwerk, das rund um die Uhr Strom liefern musste. Doch als innovatives Unternehmen schreckte Bauer & Schoenenberger auch vor Unikaten nicht zurück.

Die Anlage bewährte sich. Der Viertakt-Gasmotor der Firma Humbold-Deutz-Motoren AG lief problemlos, von unvermeidlichen Schwankungen der Gasqualität einmal abgesehen. Bis zu zwei Kubikmeter Abfallholz aus dem Sägewerk wurde zur Deckung des Energiebedarfes der ganzen Region stündlich verfeuert.

Nicht ohne Stolz betrieben die Unternehmer die Holzgasanlage, denn sie hatte etwas besonderes: Das Motorkühlsystem war mit der Heizungsanlage des Gebäudes gekoppelt. Man nutzte also die Abwärme, und damit bereits in den 1930er Jahren ein Prinzip, das erst in den 1990er Jahren so richtig populär werden sollte: die Kraft-Wärme-

Abb. 5
Deckel einer Streichholzschachtel mit dem Wappen der Zündholzfabrik.

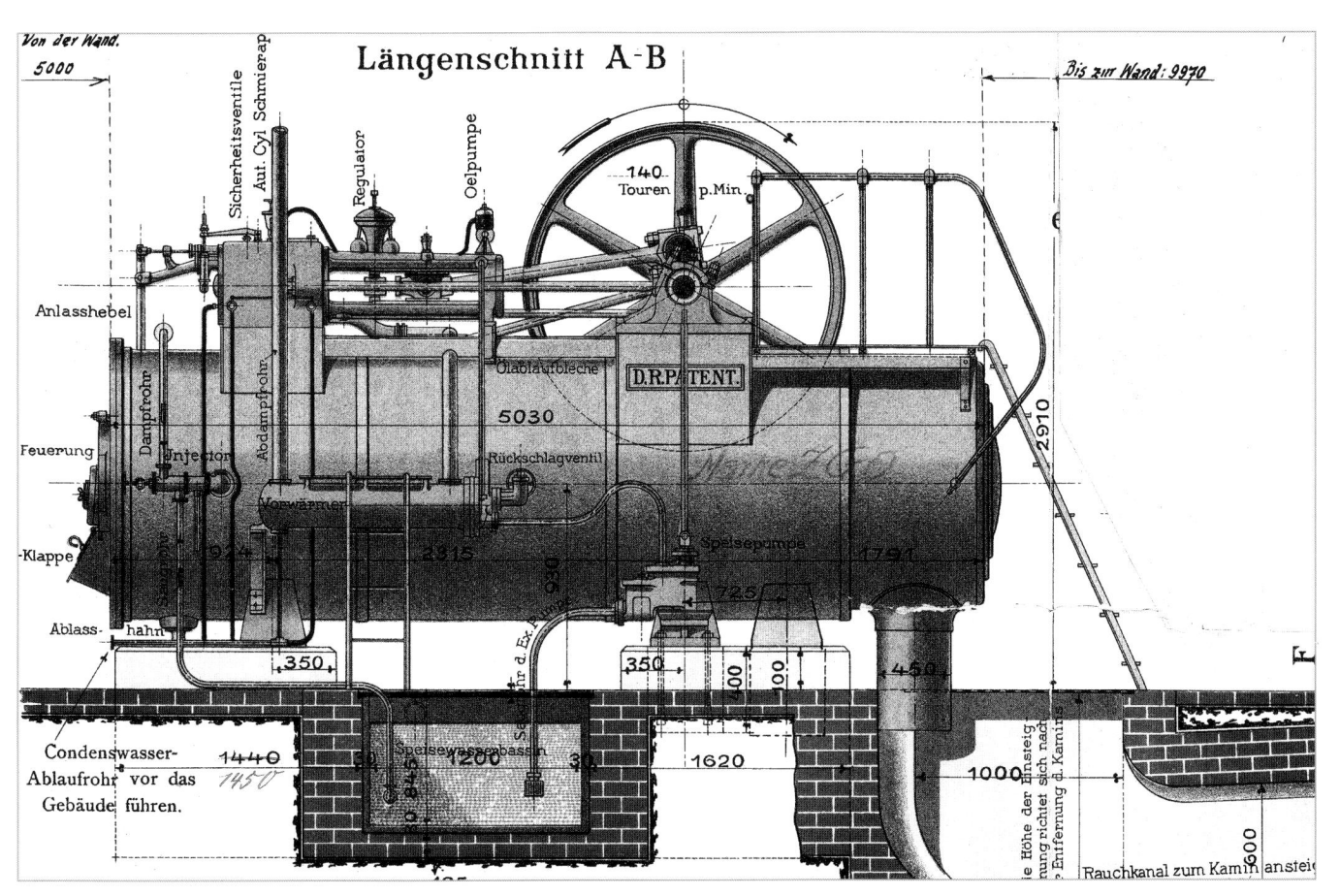

Abb. 6
Plan des Schnellinger Dampfkessels der Firma Heinrich Lanz aus Mannheim.

Kopplung. Denn neben der elektrischen Leistung von 340 Kilowatt fielen beim Betrieb des Gasmotors stets auch 800 Kilowatt thermische Leistung an. Damit wären 40 bis 50 Haushalte zu beheizen gewesen. Die Wärme zu nutzen, war ein Zeichen von Fortschritt; die meisten Großkraftwerke im Land bliesen hingegen diese Abwärme auch Jahrzehnte später noch durch Kühltürme oder durch Kühlwasser in die Flüsse.

Das Badenwerk übernimmt das Stromnetz

Weite Teile des Kinzigtals, insgesamt 42 Gemeinden, wurden in dieser Zeit von dem Kraftwerk am Kinzigufer beliefert. Von Gengenbach bis Bad Rippoldsau, von Oberharmersbach bis Mühlenbach reichte das Versorgungsgebiet. Dann erlebte die Überlandzentrale im Jahre 1938 die schwerste Niederlage in der Unternehmensgeschichte – eine, von der sie sich nie wieder erholen sollte.

Die 1913 für 25 Jahre an Bauer & Schoenenberger erteilte Konzession lief aus, und die badische Regierung weigerte sich, diese zu verlängern. Die Stromlieferung an das Umland war damit abrupt beendet, und das Badenwerk übernahm die Versorgung der Gemeinden. Offiziell hieß es, Bauer & Schoenenberger sei es nicht gelungen, auch die Orte am Ende des Netzes ausreichend mit Strom zu versorgen. Doch es war ein Vorwand. Faktisch wurden mit diesem Schritt die Bestrebungen der Nationalsozialisten deutlich, die Staatskontrolle über die Stromwirtschaft zu verschärfen. Entsprechend mussten im gleichen Jahr auch in einigen anderen Landesteilen, etwa in Wiesloch, kleine Stromversorger ihre Netze an das Badenwerk abtreten. Denn für den Kriegsstaat war ein Netz in der Hand eines großen Stromversorgers leichter zu nutzen und zu kontrollieren als die Netze vieler kleiner Betreiber. Nicht ohne Grund hatte die Reichsregierung 1935 ein Energiewirtschaftsgesetz erlassen, das eine ebensolche Konzentration der Stromwirtschaft festschrieb.

So stieg also die Badische Landes-Elektrizitäts-Versorgung in Karlsruhe (die sich später Badenwerk nannte) in Haslach ein, und übernahm zum 1. Oktober 1938 von Bauer & Schoenenberger das gesamte Versorgungsnetz. Biberach, Hausach, Haslach, Oberharmersbach und Zell am Harmersbach behielten vorerst ihre Stadtwerke, Haslach bis in die Gegenwart. Aus dem übernommenen Versorgungsgebiet ging die Badenwerks-Niederlassung Kinzigtal hervor. Sie war zunächst in Haslach angesiedelt, wurde aber 1939 nach Hausach verlegt, weil Hausach sein Netz bald an das Badenwerk verkaufte, die Stadt Haslach aber konsequent an eigenen Stadtwerken festhielt.

Entschädigt wurde Bauer & Schoenenberger für den Netzverlust mit mageren 95 000 Rentenmark, wobei das Unternehmen auch noch die Hälfte als Steuer abführen musste. Zwar übernahm das Badenwerk außerdem eine Schuld von 242 500 Rentenmark, die noch an die Finanzierungsgesellschaft Zürich zu zahlen waren, doch für das Schnellinger Unternehmen blieb der Netzverlust ein schwerer Schlag. Immerhin hatte der Strom zuletzt zwei Drittel der Firmenerträge gebracht.

Ihren Strom konnte die Zündholzfabrik zwar noch immer verkaufen, doch gab es jetzt nur noch einen einzigen Abnehmer:

Abb. 7
Die Großdieselmaschine der Firma Sulzer aus dem Jahr 1926 gilt heute als Rarität. Von diesem Modell wurden insgesamt nur 24 Stück gebaut.

das Badenwerk. Weil der Netzmonopolist aber die Preise bestimmte, wurde der Stromverkauf plötzlich unrentabel. Nur einen Pfennig vergütete das Badenwerk fortan für die Kilowattstunde Nachtstrom, gerade zwei bis drei Pfennig für Tagstrom. Die funktionsfähigen Kraftwerke in Schnellingen liefen daher immer seltener, mussten aber dennoch nach dem Willen des Badenwerks stets betriebsbereit gehalten werden. Die Firmenleitung von Bauer & Schoenenberger war trotz dieser Entwicklung zuversichtlich und vertraute auf die Zukunft der Wasserkraft. Daher wurden die beiden Francisturbinen Anfang 1943 durch zwei neue Turbinen ähnlicher Bauart mit liegender Welle ersetzt.

Die Vergütungen wurden 1943, als ein neuer Vertrag mit dem Badenwerk abgeschlossen wurde, noch magerer. Am Tage gab es nur noch 1,5 Pfennig pro Kilowattstunde, nachts gerade 0,95 Pfennig. Wenn Bauer & Schoenenberger aber Strom vom Badenwerk brauchte, ließ sich das Staatsunternehmen diesen erheblich üppiger bezahlen; tagsüber wurden für die Kilowattstunde fünf Pfennig, nachts 3,34 Pfennig in Rechnung gestellt.

Erst als Bauer & Schoenenberger im August 1954 einen neuen Vertrag abschloss, diesmal mit den Stadtwerken Haslach, wurden die Konditionen besser. Die Stadtwerke vergüteten dem Schnellinger Unternehmen nun tagsüber (von 6 bis 21 Uhr) sechs Pfennig, und nachts vier Pfennig. Auch die Stadtwerke Haslach, die einen Großteil ihres Stroms vom Badenwerk bezogen, profitierten von dem Vertrag mit Bauer & Schoenenberger: Das Badenwerk stellte den Stadtwerken nämlich acht Pfennig am Tag und 4,6 Pfennig in der Nacht in Rechnung.

Doch die Kraftmaschinen in der Zündholzfabrik lieferten immer weniger Strom ins Netz. Mit dem Ausbau der landesweiten Kapazitäten kamen sie immer seltener zum Einsatz, der Sulzer-Diesel und die Holzgasanlage wurden bald nur noch als Reserve vorgehalten. 1962 wurde die Holzgasanlage schließlich stillgelegt, der Sulzer-Diesel hatte bereits einige Jahre zuvor seinen letzten Strom geliefert; es blieb allein die Wasserkraft.

Zündholzfabrik kann fortbestehen

Die einstige Überlandzentrale war damit am Ende, allein einige umliegende Häuser erhielten noch Strom aus den Schnellinger Generatoren.

Parallel zum Stromgeschäft war der Niedergang der Zündholzfabrik verlaufen, die im Jahre 1945 noch 83 Mitarbeiter beschäftigt hatte. Nach einer kurzzeitigen Stilllegung zum Kriegsende hin, stellte das Unternehmen am 7. Juli 1945 beim Landrat des Kreises Wolfach den Antrag auf Wiederinbetriebnahme des Industrie- und Gewerbebetriebes – bald ging die Produktion von Holzwolle und Zündhölzern weiter. Hinzu kam 1946 in einem separaten Werk in Haslach der Werkstoff Stabilith, ein Produkt aus gepresster Holzwolle und einem Bindemittel.

Doch seine Blütezeit hatte das Werk lange überschritten. Als

Abb. 8
Maschinisten beim Einbau des Generators. Im Hintergrund die Schaltanlage.

Adolf Bauer, Sohn des Firmengründers Anton Bauer, im Juli 1952 starb, übernahm Alfred Bodtländer die Firmenleitung. Doch es gelang ihm nicht, die Zukunft des Unternehmens zu sichern: Die Produktion von Stabilith wurde unrentabel und 1954 aufgegeben. Auch das Geschäft mit Zündhölzern wurde durch das bevorstehende Ende des Zündholzmonopols zunehmend unattraktiver. 1971 wurde die Produktion eingestellt, die Maschinen wurden wenig später an einen Unternehmer verkauft, der sie teils im Libanon, teils in Nigeria wieder aufstellen wollte.

Nur die Wasserkraft überdauerte bis 1983, obwohl der ins Netz eingespeiste Strom über Jahre hinweg nur soviel einbrachte, dass die Firma gerade einen Betreuer bezahlen konnte. Inzwischen speiste Bauer & Schoenenberger wieder ins Netz des Badenwerks ein, da der nun amtierende Leiter der Stadtwerke Haslach der Firma Bauer & Schoenenberger bereits Ende der 1970er Jahre den Vertrag über die Stromabnahme gekündigt hatte. Ihm war die Eigenproduktion des Unternehmens – in bester Monopolistenmanier – ein Dorn im Auge gewesen.

Seit 1960 war der Bestand der Wasserturbinen gefährdet. Es gab Pläne zum Bau einer Bundesstraße, die das Firmengelände zerteilen sollte. Zumindest die Kanäle sollten dem Straßenbau geopfert werden, womit der weitere Betrieb des Wasserkraftwerks unmöglich werden sollte. Weil das Planungsverfahren sich aber lange hinzog, konnte die Wasserturbine einstweilen weiterlaufen. In der Hoffnung auf einen Fortbestand der Wasserkraft ließ Bauer & Schoenenberger im November 1964 von der Firma Voith in Heidenheim noch einen Plan für den Einbau einer Kaplanturbine mit 330 Kilowatt entwerfen. Bei der geringen Fallhöhe von knapp fünf Meter war dieser neuere Turbinentyp effizienter als die bisherigen Francisturbinen. Doch zu unsicher war schließlich die Zukunft der Wasserkraft in Schnellingen, die Pläne wurden nie realisiert.

Und tatsächlich kam 1983 das Ende des Wasserkraftwerks, nachdem die Straßenbaupläne konkreter geworden waren. Die Straßenbauverwaltung kaufte das E-Werk mitsamt Holzgasgebäude, Zündholzfabrik und Sägewerk. Wohnhaus und Verwaltungsgebäude, Holzlagerhalle und Holzwollefabrik, die Zufahrt sowie der Diesel-, der Gasmotor und die Holzgasanlage blieben in Privatbesitz. Die Straßenbauer legten das noch voll funktionstüchtige Kraftwerk kurzerhand still und rissen überstürzt das Sägewerk ab.

Ein Förderverein kämpft gegen das Desinteresse

Doch für die Straße war kein Geld da, auch der Trassenverlauf wurde mehrfach umgeplant. Fortan rotteten die Industrieanlagen vor sich hin, weitgehend ignoriert von Behörden und Historikern. Auch als Haslacher Bürger im Jahr 1994 einen Förderverein gründeten, änderte sich nicht viel an der Situation. Unter Federführung eines Haslacher Werkzeugmachers wollte der Verein das Werk, eines der bedeutendsten Industriedenkmale in der Ortenau, zu einem Energie- und Technikmuseum umgestalten. Einige der Kraftanlagen waren schließlich fast vollständig erhalten geblieben, und ein Gutachter im Auftrag des Landesdenkmalamtes hatte schon im Jahre 1979 die Holzgasanlage als „unbedingt erhaltungswürdig" eingestuft.

Doch mit mehr als wohlwollenden Worten setzte sich auch in den 1990er Jahren von offizieller Seite niemand für das Werk ein. So legte der Förderverein 1996 ein detailliertes Konzept für das angestrebte Technik-Museum vor: Die historischen Anlagen sollten zum Teil wieder in Betrieb genommen werden, ergänzt durch moderne Solar-, Wind- und Wasserkraftwerke. Auf spielerische Art wollten die engagierten Bürger künftigen Besuchern die Funktionen von Generatoren, Turbinen und Steuereinrichtungen vermitteln. Ziel war es, den „drögen Physik- und Mathematikunterricht in allen Klassen" anschaulicher zu gestalten.

Beim Landesmuseum für Technik und Arbeit in Mannheim rannte der Förderverein mit seinen Ideen offene Türen ein. Hatte das Museum doch im Jahr 1993 schon „großes Interesse an der Erhaltung und musealen Erschließung dieser sicher einmaligen Energieanlage" geäußert. Gerne hätte die Mannheimer Einrichtung das Schnellinger Werk daher als Außenstelle des Landesmuseums betrieben, aber im Stuttgarter Ministerium für Wissenschaft und Kunst lehnte man ab. Offizielle Begründung: kein Geld.

Hinzu kam ein ständiges Kompetenzgerangel beim Bund, das alle Bemühungen um Entscheidungen ins Leere laufen lässt: Straßenbauamt und Bundesvermögensverwaltung schoben sich fortan nur noch die Verantwortung für das Projekt zu – „wie eine heiße Kartoffel", hieß es beim Förderverein. Und die Presse titelte: „Amtsschimmel läßt Kulturdenkmal verrotten." Die geplante Straße unterdessen, die dem Werk fast zwanzig Jahre zuvor den Todesstoß versetzt hatte, war aber auch zur Jahrtausendwende noch nicht gebaut.

Als der Förderverein sich 1995 an die Stuttgarter Landesregierung wandte, mit der Bitte, zu einem aktuell entworfenen Sanierungskonzept Stellung zu nehmen, bekam er nicht einmal eine Antwort. Denn eine Million Mark an Investitionen hätte die Sanierung erfordert – und darüber wollte in Stuttgart niemand reden, obwohl das Landesdenkmalamt das Werk längst zum „Kulturdenkmal im Sinne des baden-württembergischen Denkmalschutzgesetzes" erklärt hatte.

Von einem „stagnierenden Verfahren" sprach das Regierungspräsidium Freiburg zwei Jahre später. Auf deutsch: Man hatte sich von offizieller Seite im Jahr 1997 damit abgefunden, das Werk verfallen zu lassen. Die Gemeinde Haslach wollte das zwar noch verhindern, konnte aber nicht agieren, weil der Bund Eigentum an dem Werk erworben hatte. Zugleich stellte der Bund sich stur, weil ihm nur ein Teil des Anwesens gehörte. So erwies sich die Aufsplittung des historischen Unternehmens als fataler Fehler.

Es bot sich zur Jahrtausendwende ein trauriges Bild. Der Putz bröselte von Decken und Wänden, Fenster waren eingeschlagen, wertvolle Armaturen bereits in den Vorjahren gestohlen worden. So endete das Werk einstweilen als Ruine – als ein Beleg für Trägheit und Desinteresse der behördlichen und wissenschaftlichen Historikerzunft.

Abb. 9
Die 1912 erbaute Wasserkraftanlage (links) bestand aus zwei Francisturbinen und zwei Drehstromsynchrongeneratoren. Rechts der Holzgasmotor.

Abb. 10
Plan zum Bau der maschinentechnischen Einrichtung des Maschinenhauses.

Orig. No 15266

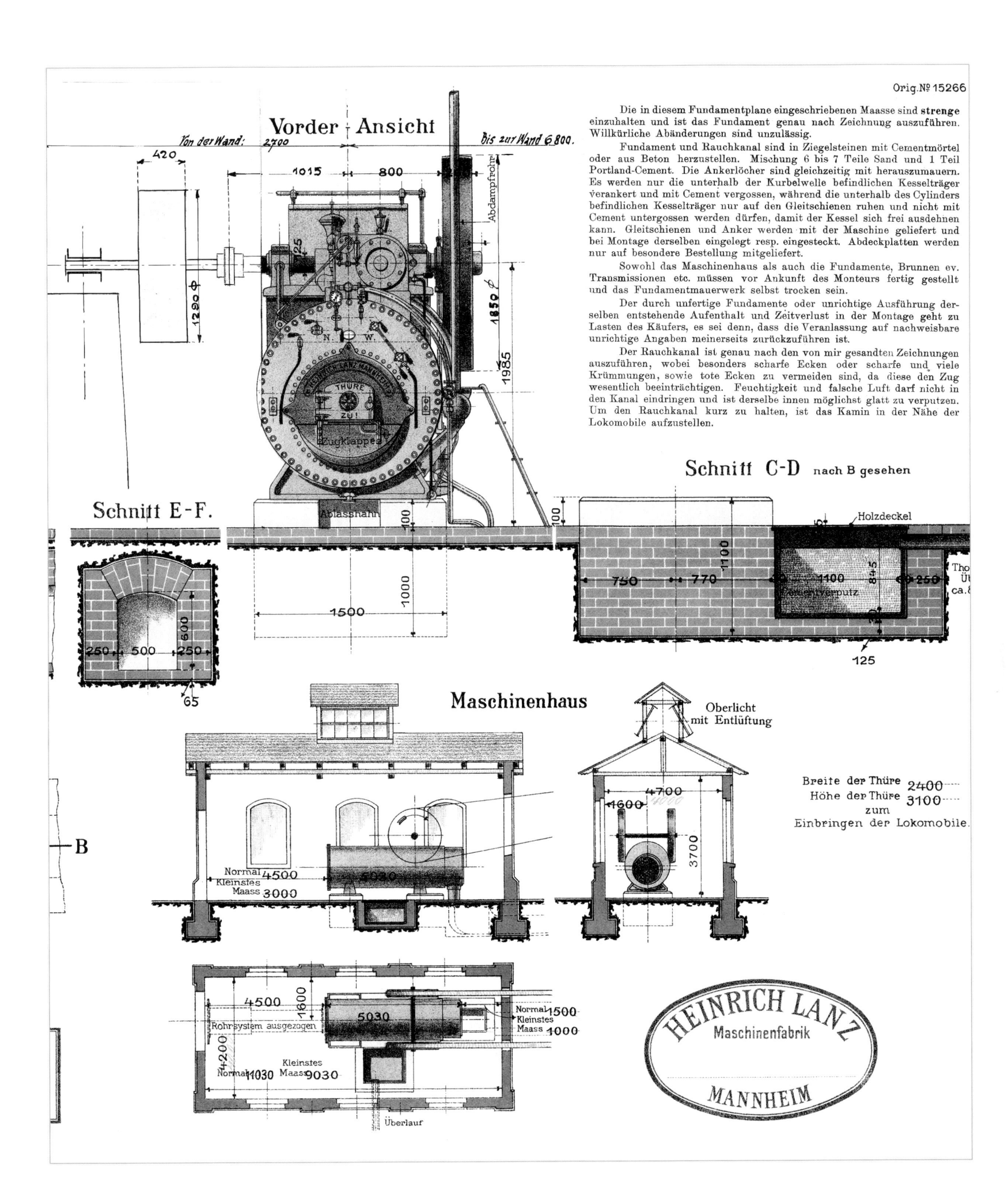

Vorder-Ansicht

Schnitt E-F.

Schnitt C-D nach B gesehen

Maschinenhaus

Breite der Thüre 2400
Höhe der Thüre 3100
zum Einbringen der Lokomobile.

Die in diesem Fundamentplane eingeschriebenen Maasse sind **strenge** einzuhalten und ist das Fundament genau nach Zeichnung auszuführen. Willkürliche Abänderungen sind unzulässig.

Fundament und Rauchkanal sind in Ziegelsteinen mit Cementmörtel oder aus Beton herzustellen. Mischung 6 bis 7 Teile Sand und 1 Teil Portland-Cement. Die Ankerlöcher sind gleichzeitig mit herauszumauern. Es werden nur die unterhalb der Kurbelwelle befindlichen Kesselträger verankert und mit Cement vergossen, während die unterhalb des Cylinders befindlichen Kesselträger nur auf den Gleitschienen ruhen und nicht mit Cement untergossen werden dürfen, damit der Kessel sich frei ausdehnen kann. Gleitschienen und Anker werden mit der Maschine geliefert und bei Montage derselben eingelegt resp. eingesteckt. Abdeckplatten werden nur auf besondere Bestellung mitgeliefert.

Sowohl das Maschinenhaus als auch die Fundamente, Brunnen ev. Transmissionen etc. müssen vor Ankunft des Monteurs fertig gestellt und das Fundamentmauerwerk selbst trocken sein.

Der durch unfertige Fundamente oder unrichtige Ausführung derselben entstehende Aufenthalt und Zeitverlust in der Montage geht zu Lasten des Käufers, es sei denn, dass die Veranlassung auf nachweisbare unrichtige Angaben meinerseits zurückzuführen ist.

Der Rauchkanal ist genau nach den von mir gesandten Zeichnungen auszuführen, wobei besonders scharfe Ecken oder scharfe und viele Krümmungen, sowie tote Ecken zu vermeiden sind, da diese den Zug wesentlich beeinträchtigen. Feuchtigkeit und falsche Luft darf nicht in den Kanal eindringen und ist derselbe innen möglichst glatt zu verputzen. Um den Rauchkanal kurz zu halten, ist das Kamin in der Nähe der Lokomobile aufzustellen.

HEINRICH LANZ
Maschinenfabrik
MANNHEIM

Das erste Kraftwerk des badischen Staates

1912 ■ Mit dem Murgkraftwerk bei Forbach wird der Grundstein für das Badenwerk gelegt / 28. Kapitel

Abb. 1
Die Schwarzenbachtalsperre wenige Monate vor ihrer Fertigstellung, Mai 1926.

Mit dem Murgwerk beschritt der badische Staat von 1912 an neue Wege. Nachdem über Jahre hinweg Gemeinden und Unternehmer den Ausbau der Stromversorgung primär nach Marktgesetzen vorangetrieben hatten, besann sich nun der badische Staat seiner sozialen Verpflichtung: Die flächendeckende Elektrifizierung wurde zum Kredo erhoben. Diese konnten die privaten Kraftwerksbetreiber naturgemäß nicht bieten, weshalb nun der badische Staat selbst in die Strombranche einstieg. Sein Ziel: Der „Gefahr eines privatkapitalistischen Monopols für die Versorgung mit elektrischer Kraft" vorzubeugen. So ging im November 1918 das Murgwerk ans Netz, betrieben durch die „Abteilung für Wasserkraft und Elektrizität" des badischen Innenministerium – eine Behörde war damit zum Stromversorger geworden. Doch nicht lange sollte das so bleiben; am 6 Juli 1921 machte der Staat aus der Behörde ein Wirtschaftsunternehmen, die „Badische Landes-Elektrizitäts-Versorgung", kurz: das Badenwerk. Weiterhin blieb das Unternehmen aber komplett in den Händen des Staates, ehe es 1973 teilweise privatisiert wurde. Im Jahre 2000 verkaufte der Staat seine letzten Anteile – und hatte damit geschaffen, was die Gründerväter einst hatten verhindern wollen: einen privatwirtschaftlich geführten Stromgiganten.

Im Überblick

■ Im November 1918 nahm das badische Innenministerium das Murgwerk in Forbach in Betrieb. Es wurde Mitte der 1920er Jahre ergänzt durch die Schwarzenbachtalsperre, die einen Pumpspeicherbetrieb ermöglichte. Der ganze Kraftwerkskomplex läuft heute unter dem Namen Rudolf-Fettweis-Werk.

■ Aus dem Murgwerk ging 1921 das Badenwerk hervor. Es blieb anfangs komplett im Besitz des badischen Staates, wurde 1973 teilprivatisiert und gelangte 1992 schließlich mehrheitlich in private Hände. Im Jahre 2000 verkaufte das Land Baden-Württemberg seine letzten Anteile nach Frankreich.

Groß war die Angst vor Spekulantentum im noch jungen Stromgeschäft. Seit der badische Staat im Jahre 1890 den Kraftübertragungswerken Rheinfelden recht unbefangen die Konzession zur Nutzung der Wasserkraft am Hochrhein erteilt hatte, waren die Forderungen nach einer stärkeren staatlichen Kontrolle der Stromwirtschaft immer lauter geworden. Einen vorläufigen Höhepunkt hatte die Debatte während der Planung der Hochrhein-Kraftwerke Augst-Wyhlen (Baubeginn 1908) und Laufenburg (Baubeginn 1909) erreicht. Doch ohne direkte Folgen: Die beiden Kraftwerke wurden am Ende wieder von Privatinvestoren errichtet. Aber die Befürworter des staatlichen Engagements ließen nicht locker. Und so fragten im November 1911 auch 15 liberale Abgeordnete bei der badischen Regierung an, was diese zu tun gedenke, um „zu verhindern, daß die Ausbeutung unserer Wasserkräfte dem Monopol von kartellierten Großgesellschaften verfällt".

Inzwischen hatte auch beim badischen Staat ein Umdenken begonnen. Während die Regierung am Hochrhein die Privatinvestoren noch gewähren ließ, hielt sie sich gleichzeitig im Murgtal schon die Optionen für ein Staatswerk offen. Es hatten daher drei Firmen des Murgtales, die in den Jahren 1904 bis 1906 um eine Genehmigung zur Nutzung der Wasserkraft an der oberen Murg nachgesucht hatten, eine Absage erhalten. Denn der Staat wollte sich diesen attraktiven Standort für den Beginn einer neuen Ära offenhalten – für ein reines Staatsunternehmen, oder zumindest ein Kraftwerk mit maßgeblicher staatlicher Beteiligung.

Um für ein solch ambitioniertes Projekt gerüstet zu sein, richtete das badische Innenministerium bei der Oberdirektion des Wasser- und Straßenbaues im Juli 1912 eine „Abteilung für Wasserkraft und Elektrizität" ein. Damit war vorgezeichnet, was am 5. Dezember desselben Jahres beschlossen wurde: das „Gesetz betreffend den Bau und Betrieb eines Murgwerkes durch den Staat". Darin war festgelegt, dass „oberhalb Forbach auf Rechnung des Staates" ein Wasserkraftwerk „als ausgeschiedener Verwaltungszweig" erbaut und betrieben werden soll – ein „Kolossalprojekt", wie die „Karlsruher Zeitung" befand.

Unumstritten war die Sache keineswegs. Zum einen wurde diskutiert, ob es wirklich sinnvoll ist, dass der Staat eine solche große Aufgabe, wie die Stromversorgung, selbst übernimmt. Zum zweiten war offen, ob nicht statt der Wasserkraft vielmehr den Dampfkraftwerken die Zukunft gehören würde. Nicht zuletzt dank kompetenter Mitstreiter konnte sich die Wasserkraft am Ende durchsetzen. So hatte schon 1910 Theodor Rehbock, Professor an der Technischen Hochschule in Karlsruhe, seinen „Entwurf eines Wasserkraftwerkes im Murggebiet oberhalb Forbach" publiziert, und dafür viel Anerkennung erfahren. Auch die Badische Staatseisenbahn, technisch versiert, hatte das Murgwerk stets propagiert und den Rehbock-Plan weiterentwickelt.

Die privaten Stromerzeuger, lange vom Staate hofiert, wetterten unterdessen gegen die neue Politik des Großherzogtums – denn sie sahen ihr Geschäft schwinden. Allen voran reagierte die Direktion der Kraftübertragungswerke Rheinfelden (KWR) äußerst empfindlich. Firmenchef Emil Frey schrieb im März 1914, er könne „das Gefühl nicht los werden, dass den privaten Elektrizitätsunternehmungen des Landes das Leben schwer gemacht werden soll". Und so polemisierte er gegen den „mit dem neuen Murgkraftwerk Staatssozialismus treibenden Minister des Innern".

Doch der Staat, der in bester badischer Liberalität die Privatfirmen hatte jahrelang wirken lassen, ließ sich nicht beirren. Er hatte seine Versäumnisse beim Ausbau der Stromversorgung in der Fläche erkannt, und trieb nun den Bau des Murgwerkes entsprechend voran. Die erste Ausbaustufe sollte das Gefälle der Murg von der badischen Landesgrenze bei Schönmünzach bis nach Forbach ausnutzen. Mit der Bohrung von vier Probestollen, die Aufschluss über die Beschaffenheit des Gesteines geben sollten, wurde im März 1913 begonnen. Im November begannen dann die Arbeiten am eigentlichen Druckstollen, der mit einem Wehr bei Kirschbaumwasen das Wasser aus der Murg ausleiten sollte, um die Energie des Wassers 145 Meter tiefer in Forbach nutzbar zu machen.

Man bediente sich der verfügbaren Technik: „Zur Kraftlieferung für die Bohrmaschinen und für die Stollenlüftung wurden an fünf Stellen zusammen 585 PS installiert. Die Gesteinsbohrung geschieht mit Bohrhämmern und es erfolgt die Förderung der Ausbruchsmassen mittelst Benzinlokomotiven von 16 PS Leistung", hielt die „Karlsruher Zeitung" fest.

Im Juni 1914 begannen auch die Arbeiten am Wehr in Kirschbaumwasen. „Die sämtlichen Arbeiten schreiten so voran, daß mit der Inbetriebnahme des Murgwerkes im Jahr 1916 gerechnet werden kann", schrieb am 1. August 1914 die „Karlsruher Zeitung".

Verzögerungen durch den Weltkrieg

Doch am selben Tag brach der Erste Weltkrieg aus – und brachte „unerhörte Erschwernisse", wie die Oberdirektion des Wasser- und Straßenbaues formulierte. Notgedrungen entschied der Staat, den Bau dieses teuren und langfristigen Projektes bis auf weiteres einzustellen.

Am 19. Dezember 1918 entschied das Gesamtministerium, „daß der Vertrieb des Murgstroms nicht der Mittelbadischen Bahn- und Elektrizitätsgesellschaft übergeben, sondern vom Staat selbst in die Hand genommen werden solle."

Abb. 2

Ein 20 kV-Straßenkreuz bei Ettlingen. Der Strom des Murgkraftwerkes „fließt ins Land", Ende der 1920er Jahre.

Weil zugleich aber die Kohle immer knapper und teurer wurde, erhielt die Wasserkraft schon bald wieder Auftrieb. In der Hoffnung, mit dem Murgwerk der Kriegswirtschaft dienen zu können, ließ der Staat die Bauarbeiten schon im Herbst 1914 wieder aufnehmen. Als zwei Jahre später der Kohlepreis nochmals drastisch stieg, und die Wasserkräfte am Hochrhein bald nicht mehr ausreichten, forcierten Staat und Militär den Weiterbau sogar noch. Dabei scheuten sie auch nicht davor zurück, auch Kriegsgefangene für die Arbeiten in Forbach einzusetzen.

So konnte das Murgwerk Mitte November 1918 in Betrieb gehen. Bis zu 353 000 Kubikmeter Wasser, gewonnen aus einem Einzugsgebiet von 247 Quadratkilometern, werden seither von der mit Granit verblendeten Betonmauer fünf Kilometer südlich von Forbach zurückgehalten. Das Wasser fließt von dort durch einen 5,6 Kilometer langen Stollen ins Krafthaus bei Forbach, wo es auf fünf Francisturbinen mit einer Leistung von zusammen 22 Megawatt trifft.

Zeitgleich mit dem Murgwerk wurde unterhalb des Krafthauses noch ein Niederdruckwerk errichtet zur Nutzung jenes Gefälles, dass am Unterbecken des Murgwerkes durch den Bau der Wehranlage entstanden war.

Abb. 3
Das Murgwerk im Längsschnitt: Das Raumünzachbecken und die Schwarzenbachtalsperre speisen gemeinsam das Kraftwerk in Forbach. Ein kleines Sammelbecken am Hornbachsteg dient dazu, die Wasserzuführung dem Tagesbedarf anzupassen.

„Chinesische Bauart" im Schwarzwald

Um den Strom von der Murg ins ganze Land zu bringen, wurden 1919 zwei Hochspannungs-Doppelleitungen nach Karlsruhe und Mannheim geführt. Weitere Leitungstraßen erweckten in den folgenden Jahren auch die Aufmerksamkeit der Presse: *"Allenthalben im badischen Oberland, besonders im Schwarzwald, kann man beobachten, wie große, weit ausladende elektrische Leitungsmasten errichtet werden. Ihr typisches Bild, das an chinesische Bauart erinnert, beeinflusst die Landschaft keineswegs im ungünstigen Sinne. Es handelt sich hierbei um die Erstellung der Verbindungsleitung des Badenwerks von 110 000 Volt, welche von Karlsruhe bis zum Oberrhein bei Laufenburg führt. Diese Leitung soll die Verbindung zwischen dem Murgwerk, und den Wasserkräften des Oberrheins und der Schweiz herstellen. Die Leitung wird auch an dem projektierten Schluchsee vorbeiführen. Durch diese Leitung soll die Versorgung das badischen Landes mit Elektrizität unter allen Umständen sichergestellt werden"* (Freiburger Zeitung vom 31. August 1925).

Natürlich hatte es zu allen Zeiten immer wieder auch Bedenken gegen Stauwehre und Strommasten gegeben. Die „Karlsruher Zeitung" schrieb am 19. Juli 1912: *"Eines jener Schwarzwaldtäler – das größte, schönste und abwechslungsreichste des nördlichen Schwarzwaldes, – die immer mehr von den Drahtnetzen der Elektriker umsponnen werden und die im Begriffe sind, sich aus ihrer wäldlerischen extensiven Landwirtschaft in industrielle Nützlichkeit zu metamorphosieren, ist das nördliche Murgtal. In nicht mehr als einem Jahrhundert hat es alle Wechselgestalten vom tiefsten Urwald bis zum modernsten Wasserkraftspender und Industrierevier durchgemacht, und die jetzt noch seßhaften Nachfolger der Waldbauern von anno dazumal, die zwar ihren Besitz um das Drei- bis Vierfache höher bewertet finden, sehen mit heimlichem Grauen, wie ihnen die Ingenieure den Boden unterwühlen, Kanäle legen, Stauwehre, Stollen und Reservoirs bauen."*

Doch bald hatte man sich an den Anblick der Werke gewöhnt. Man entdeckte darin auch zunehmend eine gewisse Schönheit. Die Oberdirektion des Wasser- und Straßenbaues resümierte im Jahr 1920: *"Bei allen Hochbauten mit Einschluß der Wehre wurde der herrliche Schwarzwaldgranit in weitestem Umfang angewendet. Form und Baustoff (dunkler Putz) hatten insbesondere die Aufgabe, deren Übergang zu der ernsten und monumentalen Natur zu finden. Wohl ist durch die Errichtung des Werkes der Verlust landschaftlicher Schönheiten zu beklagen – auch eine alte Säge, die Heiligensäge, mußte dem Stau des unteren Wehres zum Opfer fallen – dafür sind aber auch wieder neue, nicht weniger eindrucksvolle Werte entstanden. Möge das Murgwerk neben einer Reihe anderer in den letzten Jahren ausgeführten Schöpfungen dazu beitragen, das Verständnis für die neuartigen Ausdrucksmöglichkeiten von Großwasserkraftanlagen zu fördern."*

Was dann kam, war absehbar: Das Kraftwerk, inzwischen unternehmerisch auf dem Strommarkt aktiv, erforderte ein kaufmännisch organisiertes Umfeld. Denn eine Behörde konnte das Werk auf Dauer nicht

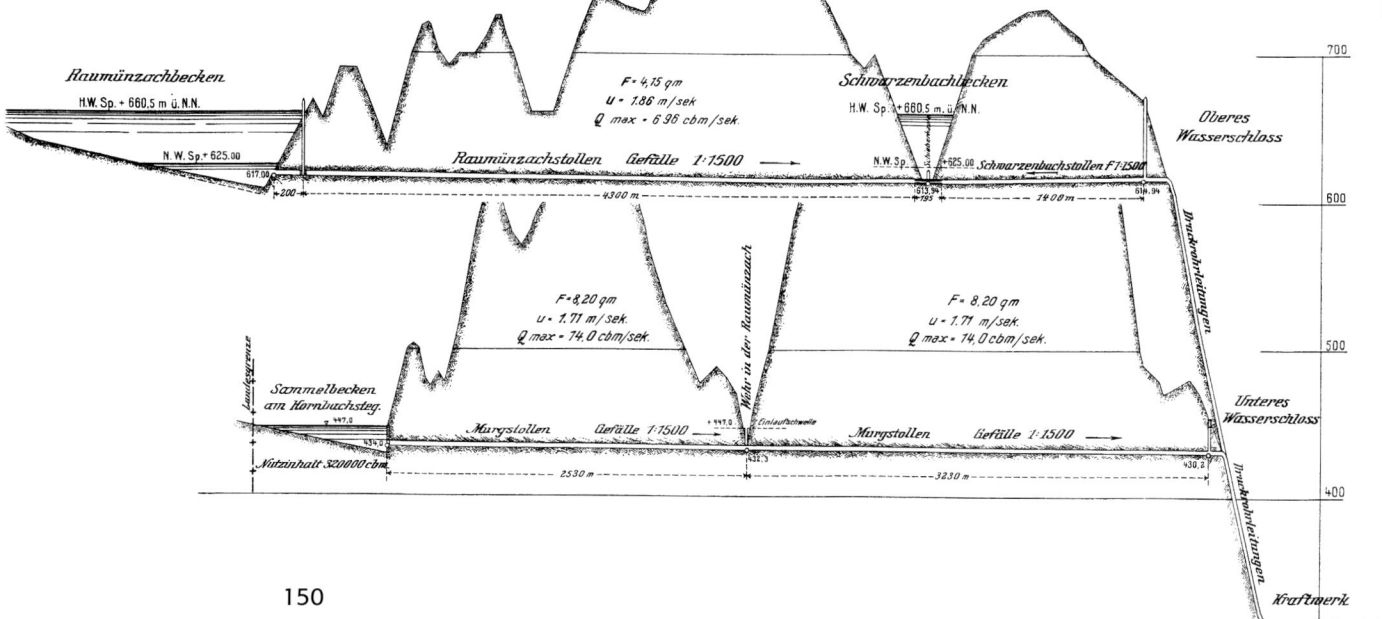

Abb. 4
Zerbrochene Eisdecke nach Leerpumpen der Baugrube der Schwarzenbachtalsperre im März 1924.

angemessen führen. Und so wurde am 6. Juli 1921 aus der staatlichen „Abteilung Wasserkraft und Elektrizität" die „Badische Landes-Elektrizitäts-Versorgung", die später als Badenwerk firmierte. Das Unternehmen erhielt zugleich die Rechtsform einer Aktiengesellschaft, blieb aber im alleinigen Besitz des badischen Staates.

Schwarzenbachwerk als zweite Ausbaustufe

Anfangs ausschließlich für das Murgwerk verantwortlich, ging das Staatsunternehmen bald auch andere Projekte an – dies war bei der Ausgliederung des Stromversorgers eine Intention des Staates gewesen. Zu den ersten Projekten gehörte der Bau des Schwarzenbachwerks, das bereits von Anfang an als zweite Ausbaustufe des Murgwerkes vorgesehen war.

Es sollte ein großes Projekt werden. Doch vorher musste in den Jahren 1921 bis 1923 noch das Raumünzachwerk mit dem Staubecken Erbersbronn errichtet werden – eine kleine Anlage mit gerade 550 Kilowatt. Als so genanntes „Baukraftwerk" wurde die Anlage erstellt, um die notwendige Energie für den Bau des Schwarzenbachwerkes zu liefern.

Mit der Realisierung des Großprojektes begann die Landes-Elektrizitäts-Versorgung im Sommer 1922. Kernstück war ein Stausee mit 14,3 Millionen Kubikmetern Inhalt, der es auf eine Speicherkapazität von 10,5 Millionen Kilowattstunden brachte. Der See sollte – als einer der ersten in Deutschland – für den Pumpspeicherbetrieb genutzt werden.

Der Bau schritt in den folgenden Jahren gut voran. Mehr als 1000 Arbeiter waren zeitweise auf der Baustelle beschäftigt, so dass das Schwarzenbachwerk nach der geplanten vierjährigen Bauzeit im Oktober 1926 fristgerecht vollendet werden konnte.

Die 400 Meter lange Schwergewichtsmauer aus Gussbeton mit Blockeinlagen aus gewaschenem Granit war in den anstehenden Granitfels eingebunden worden. Sie übertraf mit einer Höhe von 65 Metern „in dieser Hinsicht alle bisher gebauten Talsperren Deutschlands", wie die „Freiburger Zeitung" im Dezember 1921 zu berichten wusste. Und die „Karlsruher Zeitung" schwärmte: „Eine Riesenmauer von noch nie gesehenem Ausmaß durchschneidet das Tal, stemmt sich gegen die Schwarzenbach und hält mit gewaltiger Kraft ihre stürzenden Wasser auf." So werde die „gewaltige Anlage stehen für unser und aller kommender Geschlechter Nutzen und wird künden von einem Werk mutiger Männer". Kehrseite der Bilanz: 14 Arbeiter waren während der Bauarbeiten zu Tode gekommen.

Dennoch: Die Entscheidung zum Bau sei ein „kühner Entschluß" gewesen, schrieb die „Karlsruher Zeitung" nach Fertigstellung des Projektes, und befand, dieses habe „allgemein Beifall gefunden". Zumal das Werk belege, dass „solche Anlagen keineswegs zu einer Beeinträchtigung des Landschaftsbildes führen." Selbstverständlich hat die Talsperre die Landschaft dennoch verändert: Ein 2,2 Kilometer langer See, 66 Hektar groß, war mit dem Bauwerk dort entstanden, wo zuvor urwüchsiger Nadelwald stand.

Dafür aber konnte die Anlage künftig im Mittel 67 Millionen Kilowattstunden Strom pro Jahr erzeugen – sogar ein wenig mehr als man vor dem Bau errechnet hatte. Diesen Ertrag leisten bis heute zwei Freistrahlturbinen, die im Krafthaus in Forbach, 357 Meter tiefer als der Stausee gelegen, installiert wurden. Zusammen erbringen sie eine Leistung von 43 Megawatt.

Andererseits wurden in Forbach Pumpen eingebaut, die dem Stromnetz bis zu 21 Megawatt Leistung entziehen können, sobald – durch geringe Nachfrage speziell abends und am Wochenende – in den Kohlekraftwerken des Landes Überschussstrom anfällt. Beeindruckt von diesem Prinzip schrieb die „Karlsruher Zeitung" zur Fertigstellung der Talsperre: „Jeden Augenblick kann das Schwarzenbachwerk seine Erzeugung ändern, ohne daß seine Wirtschaftlichkeit benachteiligt wird, ein Umstand, der in betriebstechnischer Hinsicht von außerordentlichem Vorteil ist und das Werk im Zusammenarbeiten der verschiedenen Kraftquellen unentbehrlich macht."

Der letzte Schritt des großen Murg/Schwarzenbach-Projektes war schließlich noch der Bau eines Stollens von der Raumünzach zur Schwarzenbachtalsperre. Darin fließt seither in freiem Gefälle das Wasser aus dem Gebiet um Hundsbach in den Stausee, und verdoppelt damit den Wasserzufluss auf 72 Millionen Kubikmeter im Jahr.

Mit diesen Bauwerken war im Nordschwarzwald ein Komplex entstanden, der noch heute alljährlich 130 Millionen Kilowattstunden Strom umweltfreundlich erzeugt. Er läuft inzwischen unter dem Namen Rudolf-Fettweis-Werk Forbach/Murgtal – in Erinnerung an das erste Vorstandsmitglied der Badischen Landes-Elektrizitäts-Versorgung.

Ohne größere Renovierungsarbeiten leistete die Schwarzenbachtalsperre über 70 Jahre hinweg gute Dienste. Erst im Sommer 1997 musste der Stausee zur Sanierung einiger Bauteile an der Mauer vollständig entleert werden. Die Aktion begann bereits im Oktober 1996: Der See wurde auf 20 Prozent seines Volumens abgesenkt und anschließend abgefischt. Von Mai bis Oktober 1997 lag er komplett trocken.

Die Kugelschieber am Grundablass, sozusagen überdimensionierte Wasserhähne am Fuße der Mauer, wurden in dieser Zeit durch moderne Absperrklappen mit elektromechanischem Antrieb ersetzt. Auch die Wasserseite der Staumauer musste saniert werden. Mehr als vier Millionen Mark gab das Badenwerk für die Renovierung aus. Die Arbeiten waren eine Attraktion: Wie schon 14 Jahre zuvor am Schluchsee, nutzten viele Besucher die Möglichkeit zum Spaziergang auf dem Grund des Stausees.

▪ Die Privatisierung des Badenwerks

Mit dem Ziel, einen Teil der Stromversorgung in staatlicher Hand zu halten, hatte das Land Baden im Jahre 1912 den Bau des Murgwerkes beschlossen. Die Entscheidung war eine „Kampfansage an die private Monopolbildung in der Stromwirtschaft und ein Bekenntnis zur Nutzung der Wasserkräfte", schrieb das Badenwerk gut 80 Jahre später.

Als das Murgwerk 1918 in Betrieb gegangen war, wurde schnell deutlich, dass eine Behörde als Kraftwerksbetreiber keine optimale Lösung war. Der Behördenstatus wirkte, wie man beim Badenwerk später formulierte, „wie ein Bleigewicht, hinderlich und in die Tiefe ziehend, statt anspornend". Aus diesem Grund entschlossen sich das badische Arbeitsministerium und das Finanzministerium am 1. Juli 1921 zur Gründung der „Badischen Landes-Elektrizitäts-Versorgung". Bereits am 6. Juli 1921 nahm diese – weiterhin mit Sitz in der Regierungsstadt Karlsruhe – ihre Arbeit auf. Sämtliche Aktien verblieben aber in Händen des Staates, und nur mit Zustimmung des Landtags durften sie verkauft werden.

Gegenstand des neuen Unternehmens war es, „in Baden vorhandene Kraftquellen für die Bedürfnisse insbesondere des Landes Baden nutzbar zu machen, für eine ausreichende und preiswerte Lieferung elektrischer Arbeit zu sorgen und auf möglichst vollkommene Kraftwirtschaft hinzuwirken." Die Ge-

„Der von der Badischen Landeselektrizitätswirtschaft eingeschlagene Weg bürgt dafür, daß die Kraftquelle und die Elektrizitätsverkehrswege in einheitlicher Weise und so ausgebaut werden, wie es für das ganze Land am vorteilhaftesten erscheint, ohne, daß die gemeinstaatlichen Interessen dabei vernachlässigt werden."

Das Badenwerk,
Jahresbericht 1925

Stichwort: Pumpspeicherkraftwerk

Strom lässt sich in nennenswertem Umfang nicht speichern. Er muss daher immer in jenem Moment erzeugt werden, wenn er gebraucht wird. Für die Energieversorger ist das eine große Herausforderung: Weil die Stromnachfrage im Netz stark schwanken kann, müssen die Kraftwerksbetreiber in der Lage sein, ihre Erzeugung dem Verbrauch flexibel anzupassen.

Großkraftwerke können das nicht, speziell Atomkraftwerke sind sehr träge. Sie können nur im Zeitraum von Tagen hoch- oder heruntergefahren werden, und daher nur die sogenannte Grundlast abdecken. Auch die klassischen Kohlekraftwerke sind nur mäßig flexibel, lediglich moderne Gasturbinen können annähernd bedarfsgerecht betrieben werden.

Am flexibelsten sind Wasserkraftwerke mit Staubecken – speziell dann, wenn sie nicht nur Strom erzeugen, sondern auch überschüssigen Strom verwerten können. Und genau das leisten Pumpspeicherkraftwerke. Steigt die Stromnachfrage im Netz kurzfristig an, werden die Turbinen binnen Sekunden angefahren, und liefern unmittelbar den notwendigen Strom. Wird weniger Strom benötigt als die Atom- und Kohlekraftwerke gerade erzeugen, stellt das Kraftwerk auf Pumpbetrieb um: es nutzt die überschüssige Energie aus dem Netz, um Wasser in ein höhergelegenes Staubecken zu befördern.

Der Schwenk von Pump- auf Turbinenbetrieb und umgekehrt wird in den Schwarzwälder Werken (neben Schwarzenbach auch am Schluchsee und im Hotzenwald) täglich vielfach vollzogen. Überwiegend nachts und am Wochenende wird gepumpt, in den Mittagsstunden, wenn die Stromnachfrage am größten ist (Spitzenstrom), laufen die Turbinen.

Abb. 5
Die Anlagen des Murgwerkes.

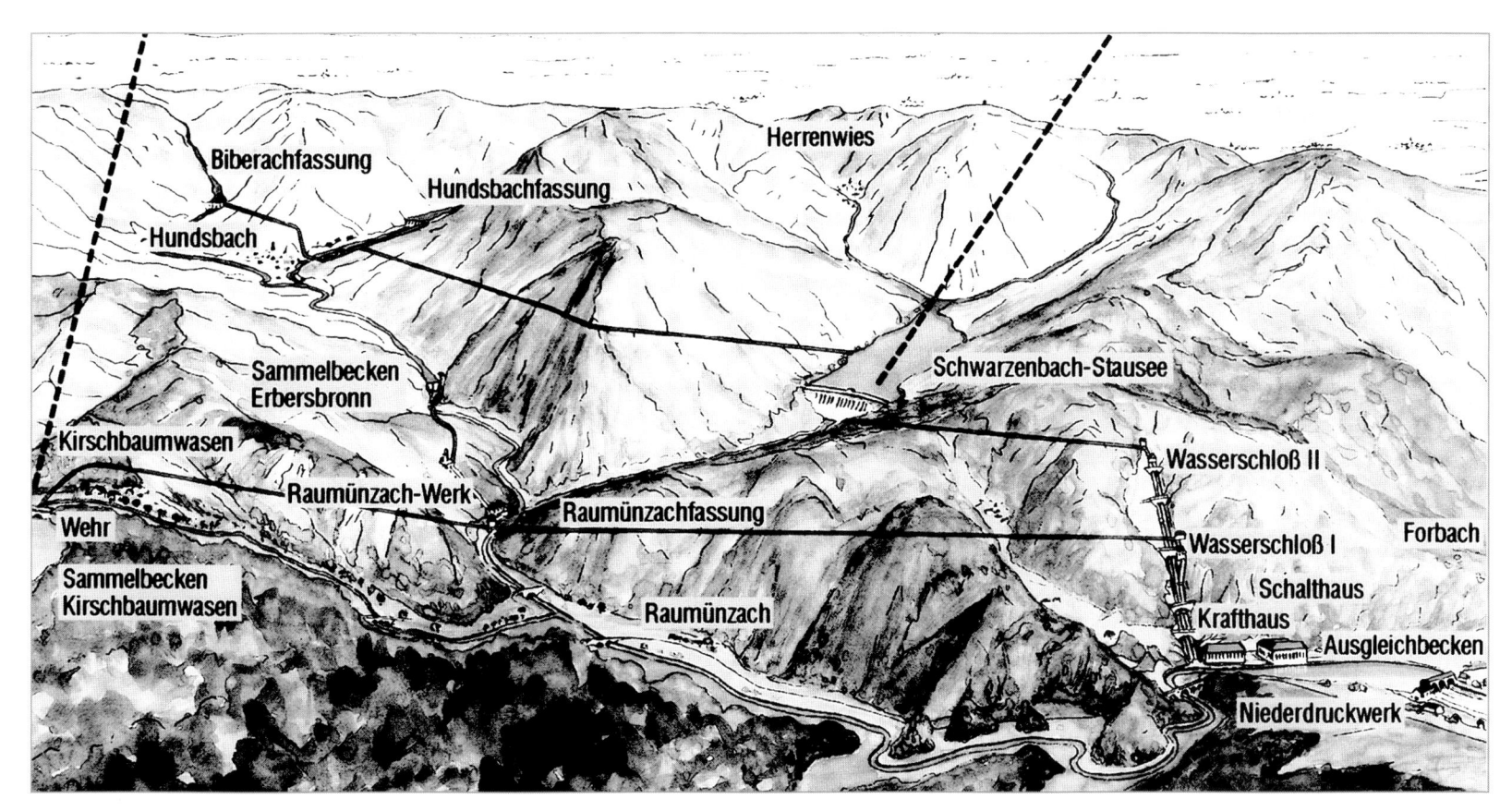

sellschaft könne hierzu „kraftwirtschaftliche Anlagen, namentlich badische Wasserkräfte ausbauen und betreiben oder betreiben lassen und sich auch an anderen Unternehmungen zur Förderung des Geschäftszwecks beteiligen". Das Unternehmen – landläufig schon sehr bald „Badenwerk" genannt – war die zweite Landeselektrizitätsversorgung Deutschlands, nachdem bereits im Februar desselben Jahres das Bayernwerk gegründet worden war.

Schon bald ging der neue badische Stromversorger weitere Projekte an. Erst wenige Monate alt gründete das Badenwerk mit Partnern der Branche die Großkraftwerk Mannheim AG zum Betrieb eines Kraftwerks auf Steinkohlebasis, 1928 wurde die Schluchseewerk AG gegründet. Anteile erwarb der Karlsruher Stromversorger 1926 auch am Hochrhein-Kraftwerk Ryburg-Schwörstadt, und 1928 an der Badischen Kraftlieferungs-Gesellschaft (Bakage) in Freiburg.

So hatte der Staat bald einen beachtlichen Konzern beisammen. „Andere Länder neiden uns um diesen Besitz", sagte im Juli 1926 Finanzminister Köhler, der im Badenwerk „das wertvolle Verbindungsstück der großen Elektrizitätsverkehrsstraße vom St. Gotthard bis an die deutsch-holländische Grenze" sah.

Weil die Bezeichnung „Badische Landes-Elektrizitäts-Versorgung" inzwischen zu sperrig war, erhielt das Unternehmen 1938 auch offiziell den längst verbreiteten Namen „Badenwerk". Beflügelt durch die Zentralisierungstendenzen im Dritten Reich kaufte das Badenwerk 1938 die Stromnetze einiger privater Versorger – etwa im Kinzigtal von der Zündholzfabrik Bauer & Schoenenberger oder in Wiesloch vom genossenschaftlichen Regionalversorger „Licht- und Kraftversorgung" (LKV). Auch weitere Kraftwerke übernahm das Badenwerk in dieser Zeit, so zum Beispiel das Itterkraftwerk in Eberbach, das zuvor dem Kreis Mosbach gehört hatte, oder 1940 die noch ausstehenden Anteile der Badischen Kraftlieferungs-Gesellschaft (Bakage) in Freiburg.

Verbund für das Atomzeitalter

Nach dem Zweiten Weltkrieg war die Zeit reif für einen nationalen Stromverbund. Die neun größten deutschen Stromversorger, darunter auch das Badenwerk, schlossen sich daher 1948 zur „Deutschen Verbundgesellschaft" (DVG) mit Sitz in Heidelberg zusammen. Damit war die Voraussetzung für einen nationalen Stromaustausch geschaffen und der Grundstein für die Expansion der Stromwirtschaft gelegt. Beste Bedingungen also für das in den 1960er Jahren beginnende Atomzeitalter.

Und dieses wurde vom Badenwerk massiv geprägt. 1968 ließ das Karlsruher Unternehmen in Obrigheim eines der ersten kommerziell genutzten Atomkraftwerke Deutschlands bauen. 1979 brachte das Badenwerk in Philippsburg I den zweiten badischen Atommeiler ans Netz, 1984 mit Philippsburg II den dritten und letzten. Zuvor aber hatte die Badenwerks-Tochter Kernkraftwerk-Süd-GmbH in Wyhl eine bittere Niederlage einstecken müssen: Der im Weinbaugebiet Kaiserstuhl geplante Atomreaktor war in den 1970er Jahren aufgrund des massiven Widerstandes der regionalen Bevölkerung nicht durchsetzbar.

Nach dem Scheitern des Wyhl-Projektes orientierte das Badenwerk seine „atomaren Sehnsüchte" (so formulierte die Berliner Tageszeitung „taz") in Richtung Schweiz und Frankreich. Das Unternehmen beteiligte sich am größten schweizerischen Atomkraftwerk in Leibstadt (Inbetriebnahme 1984), und schielte auf die geplante Atomanlage im schweizerischen Kaiseraugst (die aber ebenfalls durch Bürgerwiderstand ver-

Das Atomzeitalter wurde vom Badenwerk massiv geprägt: 1968 ließ das Karlsruher Unternehmen in Obrigheim das erste kommerziell genutzte Atomkraftwerk Deutschlands bauen.

hindert werden konnte). Ferner bezog das Badenwerk Strom aus den französischen Atommeilern Fessenheim (1977) und Cattenom (1986), an denen das Unternehmen mit 17 beziehungsweise fünf Prozent beteiligt war. Das Badenwerk, so resümierte die Berliner „taz" im Jahr 1987, zähle damit „zu den strammsten Atomprotagonisten der bundesdeutschen Energiewirtschaft".

Gut 50 Jahre lang blieb das Unternehmen vollständig in Händen des Landes Baden beziehungsweise später Baden-Württemberg. Dann verkaufte im Jahr 1973 das Land einen Teil der Aktien – es hatte der Verlockung, den Staatshaushalt auf diese Weise sanieren zu können, nicht mehr widerstehen können.

Die Mehrheit an der Badenwerk AG hielt das Land aber weiterhin – bis ins Jahr 1992. In jenem Jahr reduzierte eine Kapitalerhöhung des Badenwerks durch Ausgabe neuer Aktien den Anteil des Landes auf 49,5 Prozent; das Unternehmen brauchte Geld, weil es – wie unter Stromversorgern in dieser Zeit üblich – in fremde Branchen wie etwa die Müllentsorgung investieren wollte. Damit war im Jahr 1992 in Baden eingetreten, was die Gründer des Badenwerks einst hatten unbedingt verhindern wollen: Ein mehrheitlich von privatem Kapital kontrolliertes Unternehmen hatte einen Großteil der Stromversorgung im Land übernommen.

Als zum 1. Januar 1997 nach jahrelangen Verhandlungen die Fusion des Badenwerks mit der Energieversorgung Schwaben (EVS) vollzogen wurde, sank der Anteil des Landes an diesem Unternehmen noch weiter – auf rund 25 Prozent. Denn das Kapital der EVS war zuletzt nur noch zu zehn Prozent in Händen der Landesregierung gewesen. Durch die Fusion entstand nun die Energie Baden-Württemberg (EnBW), der viertgrößte deutsche Stromversorger mit seinerzeit 7 100 Mitarbeitern. Als Sitz des neuen Unternehmens wurde der ehemalige Standort des Badenwerks in Karlsruhe gewählt.

Und es sollte noch weiter gehen mit dem Ausstieg des Staates aus der Stromversorgung. Im Jahr 2000 verkaufte das Land seinen verbliebenen EnBW-Anteil von rund einem Viertel für 4,7 Milliarden Mark an den französischen Staatskonzern Electricité de France (EdF). Damit sicherte sich die EnBW, deren Strommix in dieser Zeit ohnehin zu zwei Dritteln aus Atomstrom bestand, den Zugriff auf weiteren französischen Atomstrom – und die baden-württembergische Landesregierung konnte gleichzeitig hoffen, mit den Verkaufserlösen noch rechtzeitig zur Landtagswahl 2001 einige Wahlgeschenke finanzieren zu können.

Die EdF ihrerseits hatte sich mit ihrem Einstieg bei der EnBW den Zugang zum liberalisierten deutschen Strommarkt geschaffen. Auf diesem agierte die EnBW recht forsch. Am 8. August 1999 stellte sie in Köln einen neuen Stromhändler vor, der den EnBW-Strom bundesweit verkaufen sollte: die Tochterfirma Yello. Mit dem Slogan „Gelb-Gut-Günstig" drängte Yello daraufhin mit einer millionenschweren Werbekampagne auf den im April 1998 geöffneten Strommarkt. Wegen des harten Atomkurses der EnBW hatte Tochter Yello jedoch von Anfang an ein Image-Problem. Umweltverbände plakatierten: „Gelb-Giftig-Gefährlich".

Nach gut 50 Jahren in den Händen des Landes Baden beziehungsweise Baden-Württemberg verkaufte das Land 1973 einen Teil der Aktien. Das war der Anfang vom Ausstieg des Staates aus der Stromversorgung.

Nutzbar abgegebene elektrische Arbeit

(Geschäftsjahre 1920-1997)

Jahr [1]	1.000 kWh [2]	Jahr	1.000 kWh
1920/21	61.223	1960	2.995.863
1921/22	67.180	1961	3.243.845
1922/23	96.940	1962	3.637.277
1923/24	104.632	1963	4.195.275
1925/26	127.816	1964	4.535.729
1926/27	168.177	1965	5.170.000 [4]
1927/28	234.389	1966	5.363.000
1928/29	201.371	1967	5.833.000
1929/30	241.587	1968	6.140.000
1930/31	320.034	1969	7.207.000
1931/32	400.009	1970	8.347.000
1932/33	413.126	1971	9.537.000
1933/34	428.380	1972	10.015.000
1934/35	478.944	1973	11.163.000
1935/36	544.269	1974	10.863.000
1936/37	696.383	1975	10.722.000
1937/38	706.502	1976	12.290.000
1938 [3]	702.117	1977	11.247.000
1939	1.034.846	1978	12.577.000
1940	1.090.728	1979	13.084.000
1941	1.200.000	1980	13.793.000
1942	1.240.000	1981	15.016.000
1943	1.285.047	1982	15.021.000
1944	1.395.561	1983	15.340.000
1945	680.866	1984	15.598.000
1946	854.584	1985	16.785.000
1947	825.829	1986	16.757.000
1948	994.784	1987	16.926.000
1949	1.020.891	1988	18.036.000
1950	1.108.823	1989	18.607.000
1951	1.393.427	1990	18.219.000
1952	1.1744.981	1991	18.646.000
1953	1.847.699	1992	18.240.000
1954	2.063.905	1993	18.362.000
1955	2.075.596	1994	19.434.000
1956	2.436.165	1995	19.540.000
1957	2.736.146	1996	21.149.000
1958	2.524.692	1997	21.003.000
1959	2.805.960		

1 Geschäftsjahr bis 1937/38 von 1. April bis 30. März
2 Nach oben je in Tausenderschritten wie Altgriechisch: Kilo – Mega – Giga – Tera.
3 Geschäftsjahr von 1. April bis 31. Dezember 1938. Ab dann Geschäfts- gleich Kalenderjahr.
4 Ab 1965 Angaben in Mrd kWh = Gigawattstunden

Abb. 6

Das Wehr bei Kirschbaumwasen (Sammelbecken am Hornbachsteg), obere Wehransicht. Die erste Ausbaustufe des Murgwerkes (1914 bis 1918) umfasste das Murgstaubecken bei Kirschbaumwasen und das Krafthaus in Forbach. Der erste Bauabschnitt stellte die Energieerzeugung während des Baues der Raumünzach- und Schwarzenbachtalsperre sicher. Weiter fungiert das Murgbecken als Sammelbecken, das eine gleichmäßigere Wasserzufuhr zu den Turbinen garantiert (Lichtspitzen). Der Nutzinhalt beträgt 320 000 Kubikmeter. Das Becken ist über den 5 760 Meter langen Murgstollen mit dem unteren Wasserschloss beim Kraftwerk Forbach verbunden.

Abb. 7

Oberes Wehr am Sammelbecken mit Kläranlage. Das aus dem Sammelbecken kommende Wasser durchfließt zunächst ein 50 Meter langes Klärbecken, das zur Ablagerung von Sinkstoffen und zur Reinigung des Wassers von Sand, Steinen und Geschiebe aller Art dient. Von hier aus fließt das Wasser in den mit einem Querschnitt von 8,2 Meter angelegten Murgstollen.

Das Großprojekt Badisches Murgwerk
Die Bautätigkeit in den Jahren 1922 - 1926

Der Bau des Wasserkraftsystems um Forbach sorgte in den Jahren 1922 bis 1926 in ganz Europa für Aufsehen: Erstmals wurde eine Talsperre komplett aus Gussbeton mit Blockeinlagen aus Granit gegossen. Ebenso einmalig: Die Anlage wurde als Pumpspeicherkraftwerk gebaut, das Kraftwerk in Forbach kann Wasser nicht nur speichern, sondern auch wieder zurück in den Stausee pumpen.

Abb. 8
Arbeiten im Steinbruch, 1925. Der Bau der Schwarzenbachtalsperre war Schwerstarbeit. Im Steinbruch galt es, das Granit-Rohmaterial für die Bauwerke zu brechen, die der badische Staat bewilligt hatte, um in eigener Regie die künftige Elektrizitätsversorgung des Landes sicherzustellen.

Abb. 9
Baustelleneinrichtung im Schwarzenbachtal, November 1922. Von 1922 bis 1926 arbeiteten mehrere tausend Menschen bei der Siemens-Bauunion, die das Talsperrenprojekt im Auftrag des badischen Staates realisierte. Im Barackendorf gab es Unterkünfte, Kantinen und Läden.

Baustelleneinrichtung im Schwarzenbachtal.

Abb. 10
Die Bautätigkeit beginnt: Aushubarbeiten für das Wehr am rechten Hang, November 1922.

Abb. 11
Anschluss der Hangdruckleitung in Eisenbeton an das obere Wasserschloss am 24. Mai 1922. Von hier aus stürzt das Wasser über eine 881 Meter lange Rohrleitung mit einem Nutzgefälle von 357 Metern in die Turbinen des Kraftwerkes. Die beiden Wasserschlösser der Kraftwerksanlage sind in den Felsen eingesprengte, kreisförmige Schächte, in denen die von den Turbinen ausgelösten Druckschwankungen ausgeglichen werden können.

Abb. 12
Bei der Realisierung des Murgwerkes mussten gigantische Stollen in den Granit getrieben werden: Der Raumünzach- und Schwarzenbachstollen haben eine Länge von 6 100 Metern und einen Querschnitt von 4,15 Quadratmetern. Die Arbeiter erledigten diese Aufgabe mit Bohrmaschinen – unter widrigsten Bedingungen, April 1923.

Abb. 13
Schieberkammer im Schwarzenbachtal, links der Schieberschacht, rechts der Hauptstollen, Januar 1923.

Abb. 14
Auskleidungsarbeiten im Hauptstollen im Dezember 1923: Beton wird hinter die Schalung eingebracht. Die Verkleidung des Stollens mit einem Betonmantel hatte man schon beim Bau des Murgstollens erfolgreich praktiziert.

Abb. 15
Montage der beweglichen Türme der Kabelkräne, Mai 1923.

Abb. 16
Montage der festen Türme der Kabelkräne, Mai 1923.

Abb. 17
Die Erweiterung der gesamten Druckrohrleitung, April 1923. Die Druckrohrleitungen sind durch je zwei aus Stahlguss hergestellte Drosselklappen verschließbar, die über Elektromotoren gesteuert werden. Die Druckleitungen bestehen aus Siemens-Martin Flusseisen von „3 400 bis 4 000 Kilogramm Festigkeit und 25 Prozent Dehnung". Die Rohre ruhen auf fünf Meter voneinander entfernten Betonstützen. In Abständen von 150 bis 200 Meter angeordnete „Mannlöcher" ermöglichen es, zur Untersuchung in die Leitung einzusteigen. Für Bau- und Wartungsarbeiten wurde eine Seilbahn mit elektrisch betriebenem Windwerk gebaut.

Der Bau der Schwarzenbachtalsperre im „Zeitraffer".

Die Talsperre besitzt eine größte Höhe von 65,3 Metern und eine Kronenlänge von 400 Metern, die Sohlenbreite beträgt 48,3 Meter.

Abb. 18
Anbringen der Betonschicht 3, Block 1, April 1924.

Abb. 19
Rückseite der Sperrmauer, September 1924.

Abb. 20
Bau des Grundablasses, der aus einem Gussrohr mit acht Meter Durchmesser besteht. Er dient der vollständigen Entleerung des Beckens. Um eine Hebung des Wasserstandes über den normalen Stand zu verhindern, wurde ein ausbetonierter, abgetreppter Absturz angelegt, der das Wasser in das alte Schwarzenbachbett ableitet. Von dort aus fließt es dann wieder über den Raumünzachstollen dem Murgstollen zu und gelangt auf diesem Wege zum Krafthaus. Auch „überschüssige" Wasserenergie geht somit nicht verloren. Wasserseitige Ansicht der Sperrmauer, Blick von der Giesbrücke, Dezember 1924.

Abb. 21
Brücke über das Auslaufgerinne, Lehrgerüst, Juli 1924.

Abb. 22
Dichtungsarbeiten an der Staumauer auf der Wasserseite, Juli 1924. Verwendet wurden 2,5 Zentimeter Spritzbeton (Torkret), drei Lagen Asphaltpappe und eine 0,8 bis 1,2 Millimeter starke Schutzmauer.

Abb. 23
Der Stand der Talsperrenarbeiten im September 1924, Luftseite.

Abb. 24
Die fertiggestellte Talsperre im November 1926. Die 24 regulierbaren Entlastungsöffnungen in der Mauerkrone geben dem Stauwerk ein besonderes architektonisches Gepräge. Die Sperrmauer wurde als Schwergewichtsmauer mit einem Mauerinhalt von rund 284 000 Kubikmetern aus Gussbeton und Granitfels gebaut. Der Stausee speichert 14,3 Millionen Kubikmeter Wasser, ist 2,2 Kilometer lang und 600 Meter breit. Die Wasseroberfläche beträgt 66,2 Hektar.

Abb. 25
August, 1923: Die ersten Rohre für die Druckrohrleitung kommen am Bahnhof Forbach an. Der Transport der Baumaterialien, Maschinen oder Anlagenteile ins Schwarzenbachtal war eine logistische Meisterleistung.

Abb. 26
Verladen eines Rohres auf den Rohrtransportwagen.

Abb. 27/28
Der Transport des B.B.C.-Generators von Raumünzach zum Krafthaus in Forbach im Herbst 1924; obere Hälfte des Stators.

Abb. 29
Die Montage der E.W.C-Turbine, September 1924.

Abb. 30
Das Gehäuse und Laufrad der J. M. Voith-Turbine bei der Montage, Januar 1924.

Abb. 31
Die Absperrschieberanlage im Apparatehaus des Krafthauses in Forbach.

Abb. 32
Elektrische Schützenanlage des Niederdruckwerkes.

Abb. 33
Die Hauptschalttafel im Schalthaus, 100 000 Volt.

Abb. 34
Hochdruckkraftwerk mit fünf Generatoren von je 5 000 kVA und Maschinentafeln.

Abb. 35
Krafthaus in Forbach mit Ausgleichsbecken.

Abb. 36
Das Niederdruckwerk in Forbach von der Unterwasserseite aus.

Abb. 37
Dreikessel-Oelschutzschalter für 100 000 Volt.

Abb. 38
100 kV-Transformatorenzelle für 5000 kVA-Transformator mit Pressluftkühlung und Nullpunkt-Erdungsdrosselspule.

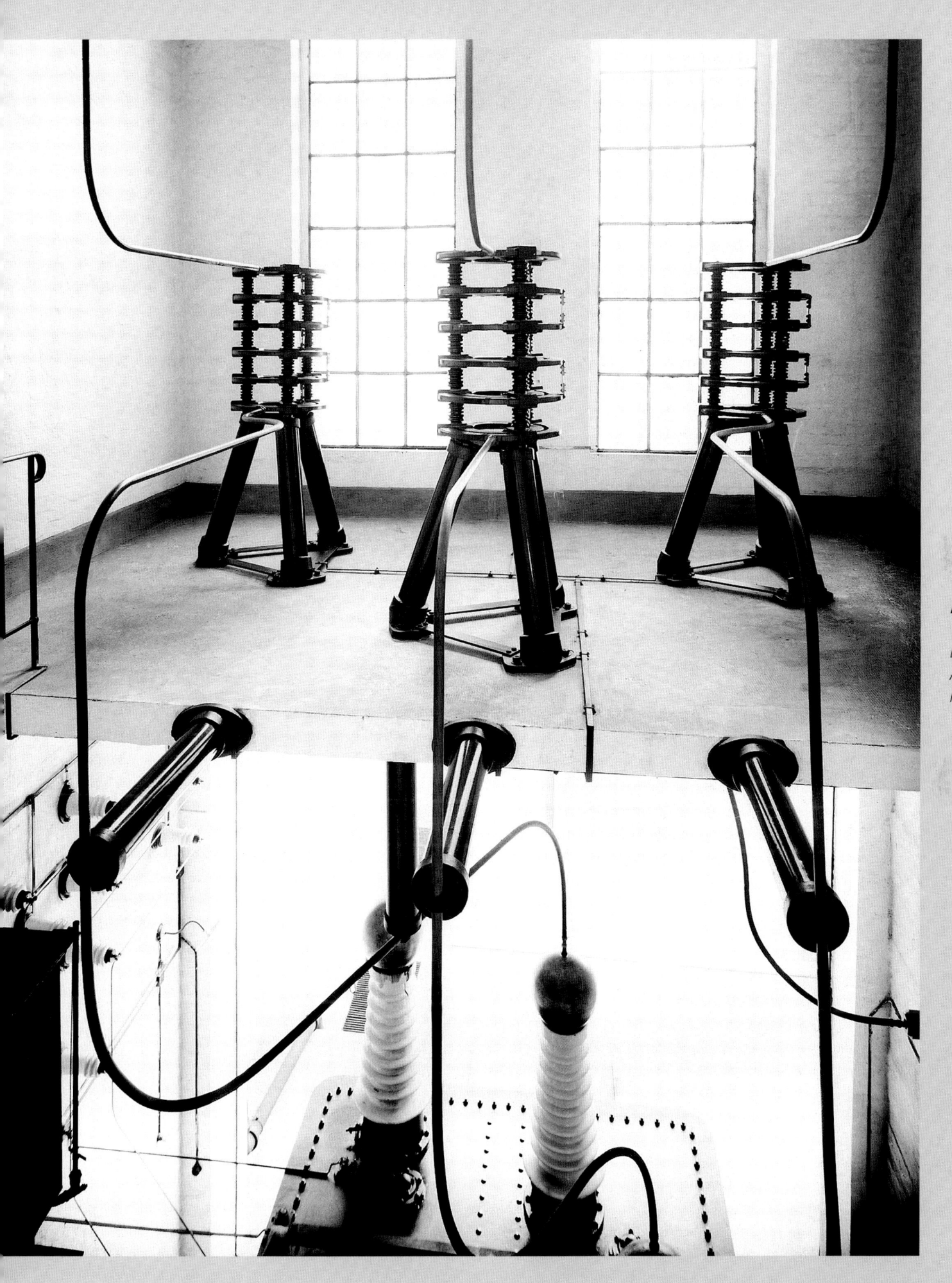

Abb. 39
100 000 Volt-Zelle mit Drosselspulen für 50 Ampère für den 5 000 kVA-Transformator.

Die Angst vor dem Monopol ausländischer Spekulanten

1912 ■ Das Kraftwerk Augst-Wyhlen wird nach langer Diskussion über den Betreiber privat finanziert / 29. Kapitel

Abb. 1
Maschinenhalle des Kraftwerks mit seinen 13 Generatoren.

Wer sollte die künftigen Kraftwerke betreiben – der Staat oder private Investoren? Diese Diskussion entbrannte nach der Jahrhundertwende, weil die unbefangene Art, wie man in Rheinfelden die Konzession an Private vergeben hatte, im Nachhinein einigen Unmut hervorrief. Augst-Wyhlen – als das zweite Kraftwerk am Hochrhein – wurde ganz massiv von dieser Debatte geprägt, am Ende aber doch wieder privat gebaut. Denn zu dieser Zeit fürchtete der badische Staat noch das unternehmerische Risiko; erst einige Jahre später trat er selbst als Stromversorger auf. Mit zwei Krafthäusern, eines in der Schweiz und eines in Deutschland, ging das Doppelkraftwerk Augst-Wyhlen im September 1912 ans Netz. Als nach 80 Jahren die Konzession auslief und verlängert wurde, stockte man mit neuen Turbinen die Leistung der beiden Werke deutlich auf. Dabei gab es eine Auflage der Behörden: Das äußere Erscheinungsbild der Bauwerke durfte nicht verändert werden, schließlich zählte man sie längst zu den schönsten Kraftanlagen am Hochrhein.

Im Überblick

■ In Augst-Wyhlen erreichte die Debatte über die Vor- und Nachteile privatwirtschaftlicher und staatlicher Kraftwerke einen neuen Höhepunkt. Am Ende setzten sich die Befürworter einer privatwirtschaftlichen Lösung nochmals durch: Die Kraftübertragungswerke Rheinfelden durften auch dieses Werk bauen. In den 1990er Jahren erhielt das Kraftwerk neue Turbinen, wodurch sein Ertrag um 64 Prozent gesteigert werden konnte.

■ Im Jahre 1999 wurde das Kraftwerk zum Doppelkraftwerk im speziellen Sinne: Auf dem Dach des Turbinenhauses wurden Solarzellen installiert. Werbeslogan des Wasser- und Sonnenkraftwerkes: „Wir machen aus jedem Wetter sauberen Strom."

„Alle Mann an Bord" lautete der Aufruf in der Zeitung. Und so kamen am Nachmittag des 29. April 1904 im Gasthaus Schützen in Säckingen Fabrikanten und Gemeindepolitiker zusammen. Einziger Tagesordnungspunkt: „Wie verhindern wir die monopolistische Ausbeutung der Wasserkräfte am Oberrhein seitens ausländischer Spekulanten und auf welche Weise kann die öffentliche Wohlfahrt aus diesen ungeheuren Schätzen den größtmöglichen Nutzen ziehen." Landwirt Alfred Klingele, dem die „Breisgauer Zeitung" eine „temperamentvolle Propaganda" bescheinigte, war Initiator der Versammlung in dieser „hochwichtigen Angelegenheit". Es sei „sofortiges, entschiedenes Einschreiten geboten", schrieb Klingele, weil die „Einspruchsfrist beim Kaiser-Augst-Wasserwerk" tags darauf zu Ende ging.

Auch der Landwirt selbst hatte – natürlich – Einspruch erhoben gegen das Projekt Augst-Wyhlen in der geplanten Variante als privates Unternehmen. Klingele befürchtete „durch die sicher zu erwartende monopolistische Ausbeutung der Wasserkräfte insofern geschädigt zu werden, als der für die Landwirtschaft benötigte Strom zu teuer berechnet werde".

Er war nicht alleine mit dieser Befürchtung. Auch die Handelskammern der Kreise Lörrach und Waldshut äußerten im Mai 1904 ihre Bedenken, weil sie die „außerordentliche Gefahr einer Monopolisierung der Wasserkräfte des Oberrheins" befürchteten. (Die Bezeichnung Hochrhein war damals noch nicht üblich.) Und die „Freiburger Zeitung" berichtete wenige Wochen später, dass „die Mehrzahl der Vertreter der größeren Gemeinden, der Großindustriellen und Kleingewerbetreibenden des Oberrheins, des Wiesen- und Wehratals" die Großherzogliche Regierung ersuchten, „von jeder weiteren Vergebung der Wasserkräfte am Oberrhein so lange Abstand zu nehmen, bis die ganze Angelegenheit gründlich geprüft ist".

Die Auseinandersetzung wurde bis in den Landtag hineingetragen. Anfang Juni 1904 kam es in der Zweiten Kammer zu einer hitzigen Debatte, über diese „hochwichtige Frage, welche in jüngster Zeit wieder ganz besonders zur Erörterung gelangte", so formulierte die „Breisgauer Zeitung". Ausgelöst hatte die Parlamentsdebatte der nationalliberale Abgeordnete Obkircher mit einer „Interpellation" an den badischen Staat. Obkircher wollte wissen, in welcher Weise der Staat seine Interessen beim weiteren Ausbau der Wasserkraft am Rhein zu wahren gedenke.

Zwar erkannte der Abgeordnete an, dass die Kraftübertragungswerke Rheinfelden „nicht Tadel sondern Anerkennung" verdient hätten dafür, „daß sie das große Risiko übernommen haben zehn bis zwölf Millionen Mark ohne Sicherheit für eine Rente in den Rhein zu werfen." Auch betonte er, dass das Werk „in großartiger Weise technisch vollendet angelegt und gut geleitet" sei, und als „bahnbrechender Versuch für alle kommenden ähnlichen Unternehmungen zu den schönsten Hoffnungen berechtigt". Aber dennoch müsse man fragen, „ob der Staat nicht dazu übergehen sollte, sich der großen Unternehmung anzunehmen, um Gemeinden, Korporationen und die Privatindustrie mit elektrischer Kraft zu versorgen." Sein Vorschlag: Die Regierung möge die Bildung einer großen Genossenschaft fördern, an welcher sich die Gemeinden beteiligen können. In jedem Falle aber solle der Staat vor der Vergabe der nächsten Konzession „eine von weiten Gesichtspunkten getragene Erhebung anstellen". Nur so könne „die Angelegenheit in einer für das Staatsganze ersprießlichen Weise gelöst werden". Engagiert legte Obkircher 75 Minuten lang seinen Standpunkt der Kammer dar, wofür er „lebhaften Beifall" erhielt, wie der Schreiber der „Breisgauer Zeitung" notierte.

Und dennoch reagierte Innenminister Schenkel, wie die Presse schrieb, „keineswegs entgegenkommend". Die Regierung beabsichtige die noch verfügbaren Wasserkräfte an leistungsfähige Unternehmen zu vergeben, ließ er wissen. Dazu sei die Regierung befugt – und dies sogar „ohne die landständische Genehmigung angehen zu müssen". Denkbar sei für ihn lediglich dann ein Werk in Eigenregie des Staates, wenn dieses zur Versorgung der badischen Eisenbahnen genutzt werde. So habe man „selbstverständlich auch diese Frage geprüft", aber schließlich verneint, „nachdem die Eisenbahnverwaltung erklärte, dass daran in absehbarer Zeit nicht zu denken sei."

Einen „durchaus unbefriedigenden Eindruck" hinterließ dieses Ministerwort auch beim Abgeordneten Fehrenbach: „Wenn einmal die Kräfte vergeben sind, werden wir niemals wieder in deren Besitz kommen", merkte er an. Und das sei fatal. Schließlich sei „die elektrische Kraft berufen, die Tyrannei der Kohle zu brechen".

Der Staat setzt auf Private

Es gab eine breite Unterstützung in der Gesellschaft für den staatlichen und gegen den privatwirtschaftlichen Ausbau der Wasserkraft. Auch der Karlsruher Gewerbeverein bat die badische Regierung im März 1905 in einer Resolution, „dahin zu wirken, dass die Ausnutzung der Wasserkräfte des Rheins vom badischen Staat selbst übernommen wird."

Doch die Bemühungen waren vergebens. Der badische Staat war für den Bau eigener Werke in dieser Zeit noch nicht zu gewinnen (erst 1926 in Ryburg-Schwörstadt s. S. 178). Die Befürchtungen, die den Staat von einem Engagement im Stromgeschäft abhielten, gab die „Karlsruher Zeitung" im März 1905 wieder:

„Der Staat übernähme beim Selbstbetrieb vor allem ein schwer übersehbares finanzielles Risiko. Wollte er wirklich, wie das die Resolution des Gewerbevereins in Aussicht nimmt, als Unternehmer sämtliche Anlagen zur Verwertung der Wasserkräfte am Rhein selbst herstellen und betreiben, so würde sich dadurch bald eine neue Staatsschuld ergeben, die mit hundert Millionen Mark wohl nicht zu hoch veranschlagt ist. Nur den allerkleinsten Teil dieser Kraft würde der Staat für die eigenen Zwecke verwenden können, auch wenn man, worüber

Abb. 2
Das Doppelkraftwerk Augst-Wyhlen – mit Maschinenhaus, Unterwasserkanal und einer Dampfanlage mit ihren beiden Schornsteinen.

die Erhebungen noch nicht abgeschlossen sind, dazu gelangen würde, die Wasserkräfte und die dadurch gewonnene elektrische Energie für den Betrieb der Staatseisenbahnen zu verwenden. Mit dem weitaus größten Teil der Wasserkräfte stünde der Staat als ein auf den Absatz an Gemeinden und Gewerbetreibende angewiesener Unternehmer auf dem Markt des Wirtschaftslebens. Ob es dem Staate dabei gelänge, die Wasserkräfte in der Weise abzusetzen, wie es den Bedürfnissen des Erwerbslebens am besten entspricht, und ob er dabei namentlich auch das herauswirtschaften könnte, was zur Verzinsung und Tilgung dieser neuen Staatsschuld erforderlich ist, dürfte sehr zweifelhaft sein. Die richtige Verwertung der Wasserkraft erfordert nicht bloß technische Kenntnisse, sondern auch einen durch lange Tätigkeit im Erwerbsleben gebildeten kaufmännischen Sinn für die Verhältnisse des Absatzmarktes."

Abb. 3
Einbau des – zum damaligen Zeitpunkt – größten Turbinenrades der Welt im Kraftwerk Ryburg-Schwörstadt.

Dieser Einschätzung entsprechend vergab der Bezirksrat Lörrach mit Ermächtigung der Karlsruher Regierung am 16. März 1907 die Konzession für den deutschen Teil des Grenzkraftwerks Augst-Wyhlen an Private: an die Kraftübertragungswerke Rheinfelden (KWR). Parallel lief das Genehmigungsverfahren in der Schweiz; die beiden Kantone Aargau und Basel-Land gaben die Zustimmung für den Bau im schweizerischen Augst am 20. und 21. April 1907. Hier allerdings trat der Kanton Basel-Stadt als Bauherr an.

Ein Jahr später, im April 1908 begannen die Arbeiten für das Bauwerk mit zwei Krafthäusern und einem gemeinsamen Wehr. Das Werk ging am 1. September 1912 in Betrieb, und erzeugte fortan in jedem der beiden Krafthäuser 125 Millionen Kilowattstunden Strom jährlich – mit zehn Voith-Francisturbinen auf der deutschen, und zwölf auf der schweizerischen Seite des Rheins.

Neue Wasserrechte nach 80 Jahren

Nach 80 Jahren, im Februar 1988, liefen die Konzessionen für das Doppelkraftwerk aus. Die Behörden beiderseits des Rheins vergaben daraufhin neue Wasserrechte für weitere 80 Jahre, machten aber – dem technischen Fortschritt entsprechend – Auflagen. Die beiden Betreiberfirmen mussten die Nutzwassermenge von jeweils 420 auf 750 Kubikmeter pro Sekunde erhöhen, was den Einbau modernerer Turbinen erforderte.

Und so investierten allein auf deutscher Seite die KWR in den Jahren 1990 bis 1994 mehr als 200 Millionen Mark in das historische Kraftwerk. Fünf der zehn alten Francisturbinen wurden durch sechs moderne Straflomaschinen (jeweils 4,5 Megawatt mit 3,80 Meter Laufraddurchmesser) ersetzt, die verbleibenden (jeweils 2,3 Megawatt stark) wurden modernisiert. In Augst auf schweizerischer Seite baute man sieben Strafloturbinen ein, und ließ nur zwei Francisturbinen übrig. Indem man in den Jahren 1997 und 1998 auch das Stauwehr für neun Millionen Mark erhöhte, stockte man die Leistung von 23 auf 38,5 Megawatt pro Kraftwerk auf. Der Ertrag des badischen Kraftwerkes Wyhlen wurde dadurch auf 205 Millionen Kilowattstunden jährlich gesteigert – ein Anstieg um 64 Prozent.

Eine neue Bedeutung erhielt die Bezeichnung Doppelkraftwerk im Jahre 1999: Die rheinwärts gerichtete Dachseite des Krafthauses in Wyhlen wurde mit Solarzellen belegt. Mit 72 Kilowatt Leistung speist die Solaranlage seither jährlich 68 000 Kilowattstunden Strom ins Netz der KWR. „Europas erstes Doppelkraftwerk für Solarenergie und Wasserkraft" freuten sich die Betreiber. Augst-Wyhlen sei nun „ein Kraftwerk, das die Situation am Hochrhein idealtypisch verkörpert: Viel Wasser, viel Sonne".

Die fünfte Anlage am Rhein: Das Kraftwerk Ryburg-Schwörstadt entsteht

Die Idee Kraftwerke mit Beteiligung des Staates zu bauen, war seit der Debatte um Augst-Wyhlen immer populärer geworden. Und so wurde das fünfte Kraftwerk am Hochrhein, die Anlage Ryburg-Schwörstadt das erste Rheinprojekt mit Beteiligung des badischen Staates (Eglisau war ein rein schweizerisches Werk).

Am 9. Oktober 1926 fand im schweizerischen Rheinfelden die Gründung der Aktiengesellschaft zum Bau und Betrieb des bis heute größten Wasserkraftwerkes am Hochrhein statt. Als Gründer traten zusammen der badische Staat, vertreten durch das Badenwerk, sowie die Kraftübertragungswerke Rheinfelden; auf schweizerischer Seite der Kanton Aargau, vertreten durch die Nordostschweizerischen Kraftwerke (NOK) sowie die Gesellschaft „Motor Columbus" in Zürich.

Zur Gründungsversammlung legte der badische Finanzminister Köhler ein deutliches Bekenntnis des badischen Staates zur Wasserkraft ab. Der Staat sei entschlossen, die Wasserkräfte „mit allen zu Gebote stehenden Kräften zu fördern", zumal auch „das badische Volk die außerordentliche volkswirtschaftliche Bedeutung ihrer Wasserkräfte erkannt" habe. Auch er selbst, sagte Köhler, sehe seine „vornehmste Dienstaufgabe in der Erschließung der wertvollen Wasserkräfte am Oberrhein"; diese Aufgabe gehöre „zu den bedeutendsten, die der jetzigen Generation innenwirtschaftlich gestellt sind".

Bis in vier Jahren erhoffe er sich die Inbetriebnahme des Werkes, sagte der Finanzminister. Die Anlage werde dann 500 Millionen Kilowattstunden Strom jährlich erzeugen, wovon jeweils die Hälfte der Schweiz und die Hälfte Baden zufallen werde. So werde das Kraftwerk ein „gewaltiger Kraftbringer für die Wirtschaft der an den Oberrhein grenzenden Völker".

Finanzminister Köhler sprach zu den Mitgliedern der Gründungsversammlung: *„Die Wirtschaft nicht nur in unmittelbarer Nähe des Werkes sondern in weiter Ausstrahlung wird durch dieses neue Kraftwerk Befruchtung erfahren. Die Bauarbeiten, mit denen alsbald begonnen werden soll, werden schon eine Entlastung des Arbeitsmarktes bringen. Viele Hunderte von Arbeitern werden alsbald am Bau des Werks Beschäftigung finden und mehrere tausend werden nach Fertigstellung der Anlage indirekt Verdienst und Brot durch sie erhalten. Es wird sich durch die Erstellung der Werke am Oberrhein insbesondere auch die Möglichkeit bieten, die traurige Lage des badischen Hotzenwaldes durch das großzügige Mittel der Arbeitsbeschaffung zu lindern und, wie ich zuversichtlich hoffe, dadurch diesen Teil des badischen Landes vor dem wirtschaftlichen Ruin zu retten. Die zu erstrebende Industrialisierung am Oberrhein wird eine außerordentliche Förderung durch das projektierte Werk empfangen, insbesondere wenn die rationelle Verwertung der Rheinwasserkräfte durch die in Vorbereitung befindliche Erstellung des Schluchseewerkes droben im badischen Schwarzwald gesichert ist, jenes Werk, das mit seinen 390 Millionen Kilowattstunden im Vollastausbau die größte Speicheranlage Deutschlands darstellen wird.*

Es ist das erstemal, daß die beiden Uferstaaten sich gemeinsam der Erbauung eines Kraftwerkes ihres Grenzgewässers beteiligen; denn zu insgesamt 50 Prozent ist das Aktienkapital in den Händen des Landes Baden und des Kantons Aargau. Für das Land Baden ist es überhaupt die erste Beteiligung an einem der Oberrheinkraftwerke. Mit der Errichtung des Kraftwerks Ryburg-Schwörstadt wird aber auch, und das möchte ich volkswirtschaftlich für das Bedeutendste halten, der erste Schritt getan zur Ausführung des großen Programms, das auf der Grundlage des internationalen Wettbewerbs über die Frage der Kraftausnützung und der Schiffbarmachung des Oberrheins im Jahre 1920 für die Strecke Basel-Konstanz aufgestellt worden ist. Mit ihrer 3,6 Milliarden Kilowattstundenleistung ist diese Rheinstrecke eine der größten Kraftquellen Europas überhaupt. Von den für ihre Ausnützung vorgesehenen 13 Kraftwerken sind vier bereits erstellt, das fünfte ist heute gegründet worden, das sechste und siebente in Dogern und Reckingen sind baureif."

Wie geplant konnte das Werk Ryburg-Schwörstadt im Jahre 1930 in Betrieb genommen werden. Mit vier Kaplanturbinen, jeweils 30 Megawatt stark, erzeugt es bei einer Ausbauwassermenge von 1 450 Kubikmetern pro Sekunde heute alljährlich 760 Millionen Kilowattstunden – mehr als jedes andere Wasserkraftwerk am Hochrhein.

Abb. 4
Die Stahlträger wurden per Kran zu ihrem Montageort transportiert. Als Baumaterial wurde jetzt hauptsächlich Eisenbeton eingesetzt.

Abb. 5
Betonmischmaschine und Lore im Jahr 1909. Während die Aushubarbeiten in Rheinfelden noch hauptsächlich mit Schubkarre getätigt wurden, setzte man in Augst-Wyhlen bereits Lorenzüge ein, gezogen von Lokomotiven.

Abb. 6
Bau des 212,80 Meter langen Wehres, November 1909.

Abb. 7
Stauanlage im Bau. Während des ersten Betriebsjahres erzeugte das Kraftwerk 67 Millionen Kilowattstunden.

Abb. 8
*April 1908,
Arbeiten zum Bau
des Kraftwerkes
Augst-Wyhlen.*

Ein Winzling im Hochschwarzwald hält sich tapfer

1918 ■ Die Strombezugsgenossenschaft Saig trotzt mit nur 600 Kunden der Marktliberalisierung / 30. Kapitel

Sie ist ein Exot in der badischen Energiewirtschaft, denn sie hat gerade 600 Kunden: die Strombezugsgenossenschaft Saig. Ihre Geschichte geht zurück auf die Zeit während des Ersten Weltkriegs, als Saiger Bürger begannen, gemeinsam Strom vom Kraftwerk Laufenburg zu beziehen – nachdem die Gemeinde Saig die Einführung des Stroms abgelehnt hatte. Mit zumeist fünf bis sechs Dutzend Genossenschaftern widersetzte sich die Strombezugsgenossenschaft über Jahrzehnte hinweg allen Trends der Branche: Die Zentralisierungswelle im Zweiten Weltkrieg, der Verkauf kommunaler Netze in den Nachkriegsjahrzehnten, und die Fusionen der 1990er Jahre im Vorfeld und nach der Marktliberalisierung konnten dem Hochschwarzwälder Strom-Winzling nichts anhaben – das Unternehmen wirtschaftet bis heute eigenständig.

Abb. 1/2
Ein Exot in der badischen Energielandschaft: In Saig gründeten Bürger eine Strombezugsgenossenschaft.

Die Rüstungsproduktion während des Ersten Weltkriegs verlangte eine leistungsfähige Stromwirtschaft – die Netze wurden allenthalben ausgebaut. Auch von Titisee nach Lenzkirch wurde im Jahre 1918 eine Leitung für 15 000 Volt gezogen, die den damals selbständigen Ort Saig querte; sie war für einige Saiger Bürger Anlass, über eine Zukunft mit Strom nachzudenken. Doch die Mehrheit hielt die Elektrizität noch für Teufelszeug. Entsprechend votierten 1919 auch Gemeinderat und Bürgerausschuss. Fazit: Kein Stromanschluss für Saig.

Aber die strominteressierten Bürger ließen nicht locker und wurden selbst aktiv. Denn sie waren überzeugt, dass der Strom Fortschritt bringt. Sie kratzten ihr privates Geld zusammen und stellten beim Kraftwerk Laufenburg (KWL) einen Antrag auf Anschluss an dessen Netz. Das KWL zeigte sich kooperativ, denn es war für solche Anträge dankbar; schließlich waren die Kapazitäten des Rheinkraftwerks noch nicht ausgeschöpft.

Mit ihrem privaten Geld, mit spendierten Holzmasten und einem Kredit von der Bank, bauten die Bürger in den Jahren 1919 und 1920 die Stromversorgung in Saig auf: Eine Trafostation errichteten sie in der Ortsmitte, zogen Leitungen in alle Richtungen – eine Personengemeinschaft ohne weitere Rechtsform war damit in Saig zum Stromversorger geworden.

Dieser überstand die Jahre der Inflation und der Weltwirtschaftskrise, und ließ 1932 den nächsten Schritt folgen: Das Unternehmen wurde zur Genossenschaft, getragen von 60 Bürgern. In dieser Konstellation überstand das kleine Unternehmen alle Höhen und Tiefen der nachfolgenden Jahrzehnte. Im Zweiten Weltkrieg brauchte die Kriegswirtschaft Kupfer, also mussten auch in Saig im Jahre 1940 die Kupferleitungen entfernt, und durch weniger geeignetes Eisen ersetzt werden. Nach dem Krieg wurden die Arbeiten rückgängig gemacht: Die Eisenleitungen kamen wieder weg, Kupferkabel wurden wieder an deren Stelle gezogen.

Die Genossenschaft, ausdrücklich nicht darauf ausgerichtet, Gewinne zu erzielen, wirtschaftete solide, und expandierte in den folgenden Jahrzehnten. Der Stromverkauf stieg von 12 710 Kilowattstunden im Jahre 1930 auf etwa vier Millionen im Jahre 1999. Zuletzt wurden 608 Stromabnehmer beliefert, darunter 74 gewerbliche Kunden und 14 landwirtschaftliche Betriebe. Inzwischen verfügte die Genossenschaft über acht Kilometer Mittelspannungskabel, einen halben Kilometer 20 000-Volt-Freileitung, 18 Kilometer 380 Volt-Niederspannungsleitung und 14 Trafostationen – Zahlen, die das Unternehmen immer stolz präsentiert. Die Strombezugsgenossenschaft Saig ist damit einer der kleinsten Stromversorger der Republik. Sie war zur Jahrtausendwende im Eigentum von 72 Genossenschaftern; diese hatten Einlagen von 198 000 Mark geleistet.

Die enge Bindung der Saiger Bürger zu ihrem Unternehmen sicherte dessen Existenz. Das Versorgungsgebiet, mit 830 Einwohnern sehr überschaubar, umfasst heute die ehemalige Gemarkung Saig (heute zu Lenzkirch gehörend), das Rasthaus Hochfirstturm, das Schloss Urach zwischen Mühlingen und Lenzkirch, den Zeltplatz Sandbank am Titisee und die Pumpstation Falkenmatte. Die versorgte Fläche beträgt gerade 10,1 Quadratkilometer. Drei ehrenamtliche Beschäftigte führen die Genossenschaft, alle technischen Arbeiten einschließlich der Netzunterhaltung werden an andere Firmen vergeben. Schwerpunkt der Arbeit, etwa wenn es um Verbesserungen am Leitungsnetz geht, ist stets „Saig City" – so nennt man den Ort im Geschäftsbericht gerne.

Im Überblick

■ Weil die Gemeinde den Bau eines Elektrizitätswerkes ablehnte, schlossen sich in den Jahren 1919/20 rund 60 Bürger zusammen und regelten die Stromversorgung in Eigenregie. Sie gründeten eine Personengemeinschaft.

■ Im Jahre 1932 entstand aus der Personengemeinschaft eine Genossenschaft.

Ein Unternehmen der öffentlich-rechtlichen Art

1919 ■ Das Kraftwerk Köhlgartenwiese wird von elf Gemeinden gegründet / 31. Kapitel

Abb. 1
Das Kraftwerk Köhlgartenwiese wurde von elf Gemeinden gegründet, so kam die Elektrizität auch nach Wies (Ortsansicht, 1960er Jahre).

Als nach dem Ersten Weltkrieg im Kleinen Wiesental der Wunsch nach einer flächendeckenden Stromversorgung aufkam, gründeten elf Gemeinden einen Bezirksverband mit dem Ziel, die Kraft des Flüsschens Köhlgartenwiese zu nutzen. Das Wasserkraftwerk sollte als öffentlich-rechtliches Unternehmen keinen Gewinn abwerfen, sondern allein die Stromversorgung in den beteiligten Gemeinden sicherstellen. Bis heute hat sich das Kraftwerk Köhlgartenwiese mit gerade fünf Mitarbeitern als einer der kleinsten Stromversorger Badens erhalten: Rund 1 750 Kunden beziehen von diesem Unternehmen Strom. Eine Übernahme durch ein größeres Unternehmen konnte stets erfolgreich verhindert werden, obwohl ein Großteil der Energie inzwischen von den Kraftübertragungswerken Rheinfelden geliefert wird.

Der Erste Weltkrieg war gerade vorbei, als die Menschen zwischen Marzell und Wieslet nach Wegen suchten, auch das Kleine Wiesental und die angrenzenden Orte mit Strom zu versorgen. Die Köhlgartenwiese, ein Nebenfluss der Kleinen Wiese, schien wegen ihres starken Gefälles gut geeignet.

Im ganzen Land stand man in dieser Zeit des Elektrifizierungsbooms privaten Investoren kritisch gegenüber. Zu wichtig war die Stromversorgung, als dass man sie dem freien Markt, und damit Spekulanten überlassen wollte. Denn auch abgelegene Höfe auf dem Land sollten Strom zu erschwinglichen Konditionen erhalten – das war sozialpolitischer Auftrag. Privatwirtschaftlich organisiert schien eine solche Vollversorgung nicht gewährleistet zu sein.

Daher gründeten die Gemeinden im Kleinen Wiesental im Jahre 1919 den Bezirksverband Köhlgartenwiese – vergleichbar einem Zweckverband, einem öffentlich-rechtlichen Unternehmen. Den Vorsitz im Verwaltungsrat übernahm der Bürgermeister der Gemeinde Wies, Kraft seines Amtes. Elf Gemeinden waren mit dabei: Marzell, Wies, Tegernau, Sallneck, Endenburg, Teile von Wieslet, Raich, Elbenschwand, Schlächtenhaus, Weitenau und Malsburg. Sie entschieden sich für den Bau eines Kraftwerkes an der Köhlgartenwiese, einen Kilometer oberhalb des Ortes Tegernau.

Schnell schritten die Arbeiten voran, so dass die Gemeinden bereits am 1. Dezember 1920 erstmals Strom beziehen konnten. Ein Staubecken sicherte eine bedarfsgerechte Stromerzeugung. Ein Chronist bezeichnete die Mauer zum 50-jährigen Bestehen des Werkes als „Miniaturtalsperre": Sie ist nur 36,5 Meter lang und an der Basis sechs Meter breit, der See 250 Meter lang mit 44 000 Kubikmeter Inhalt.

Ein Druckrohr, 80 Zentimeter im Durchmesser, 580 Meter lang, führt das Wasser zum Turbinenhaus 38 Meter tiefer. Dort nutzten fortan zwei Francisturbinen der Firma Voith mit 150 und 200 Kilowatt zusammen 1 130 Liter Wasser pro Sekunde. Konstant 750 Umdrehungen in der Minute mussten die Turbinen erbringen, damit der 6 800-Volt-Drehstromgenerator der Firma BBC die richtige Frequenz lieferte. Schwungräder unterstützten die Regler bei den Bemühungen, die Drehzahl konstant zu halten: Es rotierte an jedem der beiden Maschinensätze ein Rad aus Stahlguss, 1,6 Meter im Durchmesser, 1,5 Tonnen schwer.

Um die Versorgungssicherheit zu erhöhen, wurde bereits im Juli 1923 eine Verbindung zu den Kraftübertragungswerken Rheinfelden (KWR) geschaffen, obwohl der eigene Strom bei weitem ausreichte. Die Kapazitäten des Kleinkraftwerkes waren sogar nur zu einem Teil ausgelastet, weshalb das Unternehmen in den folgenden Jahren weitere Abnehmer suchte. Einen großen Kunden fand man 1935 in Kandern: die Tonwerke.

Im Überblick

■ Um auch in den entlegensten Winkeln des Kleinen Wiesentals und der Nachbartäler die Stromversorgung sicherzustellen gründeten elf Gemeinden nach dem Ersten Weltkrieg einen Bezirksverband.

■ Mit einer eigenen „Miniaturtalsperre" und einem Krafthaus oberhalb von Tegernau versorgt das Unternehmen bis heute die Region. Allerdings erzeugt der öffentlich-rechtliche Stromversorger inzwischen nur noch einen Bruchteil des benötigten Stromes selbst.

Die Situation wandelte sich nach dem Zweiten Weltkrieg. Die Kapazitäten des Kraftwerkes Köhlgartenwiese wurden knapp, die Versorgung der Tonwerke – ohnehin immer mit technischen Schwierigkeiten verbunden – wurde eingestellt. Weil auch in den Haushalten der Stromverbrauch in die Höhe schnellte, reichte das Wasserkraftwerk mit seinen 350 Kilowatt bald nicht mehr aus. Ein regelmäßiger Strombezug von den KWR begann daher im Jahre 1954.

Die Gemeinden Schlächtenhaus, Weitenau und Malsburg trennten sich dennoch 1967 vom Kraftwerk Köhlgartenwiese, und ließen sich fortan direkt von den KWR versorgen. Es blieben nun acht Gemeinden, ein Versorgungsgebiet von 69 Quadratkilometern.

Attraktiv auch ohne Gewinn

In den 1980er Jahren erneuerte das Kraftwerk Turbinen und Generatoren, und hatte unverändert als kommunales Unternehmen Bestand. Die Bestrebungen der KWR, das Werk und das Netz zu übernehmen, hatten die Gemeinden in den 1970er Jahren erfolgreich abwehren können – das Thema war damit bis auf weiteres tabu.

Erst recht in den 1990er Jahren schien eine Übernahme des Werkes durch einen anderen Stromversorger unwahrscheinlich; zunehmend wussten die Gemeinden die Flexibilität einer eigenen Versorgung zu schätzen. Sie akzeptierten dafür, dass das Werk keinen Gewinn abwarf – schließlich hatten das einst auch die Gründerväter schon so gewollt.

Das Kraftwerk Köhlgartenwiese war daher auch zur Jahrtausendwende noch Stromversorger für 1750 Haushalte. Obwohl von dem verkauften Strom jährlich nur 1,5 Millionen Kilowattstunden aus dem eigenen Werk stammten, dagegen neun Millionen Kilowattstunden Fremdstrom waren, blieb das Unternehmen mit fünf Mitarbeitern eine Konstante im umbrechenden Strommarkt des neuen Jahrhunderts. Dass mit der Marktliberalisierung ein großer Stromversorger das Traditionsunternehmen im Kleinen Wiesental „schlucken" könnte, schien unwahrscheinlich: An einem derart verzweigten Netz ohne lukrative Großverbraucher sollte kein Stromversorger Interesse haben.

Abb. 2
Auch ins Rathaus von Malsburg, hier auf einer Ansichtskarte der 1920er Jahre, hielt Dank der Gründung eines Zweckverbandes 1920 die Elektrizität Einzug.

„Mögen in dem Talgrund der Köhlgartenwiese noch recht lange die Maschinen ihr rastloses Brummen ertönen lassen und Zeugnis ablegen von dem Wagemut und Aufbauwillen ihrer Gründer in Zeiten schwerer wirtschaftlicher Not!"

Laudatio eines Mitarbeiters zum 50-jährigen Bestehen des Kraftwerkes

Abb. 3
„Miniaturtalsperre": Stausee an der Köhlgartenwiese.

Behörden verhindern einen Stausee im Brennersloch

1920 ■ Bei Furtwangen scheitert ein Wasserkraft-Projekt, weil es als nicht ausgereift gilt / 32. Kapitel

Abb. 1
Das geplante Kraftwerk in Neukirch.

Die 1920er Jahre waren das Jahrzehnt der Talsperren, denn man brauchte Alternativen zur knapp gewordenen Kohle. Doch längst nicht alle Pläne wurden umgesetzt – ein Projekt bei Furtwangen zum Beispiel scheiterte. Dort hatte ein Karlsruher Ingenieurbüro im Februar 1921 detaillierte Baupläne für eine Talsperre im Brennersloch vorgelegt: Am „Rappenfelsen" sollte eine Mauer errichtet werden, und unterhalb von Dreistegen im Hexenloch ein Krafthaus entstehen. Obwohl die Pläne derart präzise waren, dass man sofort hätte mit dem Bau beginnen können, wurde der Stausee nie realisiert – die Behörden hielten das Werk für nicht ausgereift. Nachbesserungen oder Alternativprojekte wurden nicht mehr angegangen, weil zwischenzeitlich die grassierende Inflation jegliche Bauten unbezahlbar gemacht hatte.

Im Überblick

■ Die Gemeinde Neukirch bei Furtwangen suchte nach Ende des Ersten Weltkrieges einen Weg, elektrisches Licht in den Ort zu bringen. Doch alle Versuche, von einem der umliegenden Versorger beliefert zu werden, scheiterten an deren Kapazitäten. Nach einer Gemeindeversammlung im Februar 1920 beauftragten die Stadt Furtwangen und die Gemeinde Neukirch einen Karlsruher Ingenieur mit dem Entwurf eines Kraftwerkes in Dreistegen mit Talsperre am Rappenfelsen. Als die präzisen Pläne vorlagen, äußerte das Badische Arbeitsministerium Bedenken gegen das Projekt „in seiner gegenwärtigen Gestalt". Man befürchtete eine „Zersplitterung der Wasserkräfte".

Es begann mit einer „landwirtschaftlichen Besprechung" im Gasthaus Neueck am 1. Februar 1920. Die Gemeinde Neukirch wollte elektrischen Strom einführen, und debattierte nun die verschiedenen Möglichkeiten. Sollte der Ort einen Anschluss an das Netz der Elektrizitäts-Gesellschaft Triberg (EGT) anstreben, die zu diesem Zeitpunkt bereits Furtwangen versorgte? Oder war ein Anschluss an das Kraftwerk Laufenburg denkbar, das bereits einige Gemeinden in den Amtsbezirken Villingen, Donaueschingen und Neustadt belieferte? Beide Versionen erwiesen sich als nicht realistisch – beide Stromversorger waren derart ausgelastet, dass ein Anschluss Neukirchs nicht in Frage kam.

Als Alternative wurde nun ein Stausee in Schönwald diskutiert. Am Fuße der angrenzenden Triberger Wasserfälle hätte ein großes Kraftwerk entstehen können, leistungsfähig genug, um auch Neukirch zu versorgen. Doch dieses Projekt hielt man schließlich für zu aufwändig. Man musste davon ausgehen, dass es frühestens drei Jahre später hätte Gestalt annehmen können – und so lange wollten die Neukircher nicht auf den Strom warten.

Also dachten sie über einen Anschluss an das Netz der Firma Gütermann in Waldkirch-Gutach nach. Das Unternehmen betrieb bereits mehrere Wasserkraftwerke an Elz und Wildgutach und plante ohnehin gerade den Ausbau der Kapazitäten. Die Frage, ob die Firma „bereit und in der Lage ist, diesen Anschluß zu bewerkstelligen", bedürfe, so schrieb die lokale Presse über die Versammlung der Landwirte, „noch näherer Verhandlungen."

Unterdessen wurde aber auch eine vierte Möglichkeit diskutiert: Das „Dreistegen-Hexenloch-Brennersloch-Projekt". Aber auch dieses war voller Unwägbarkeiten. Die Zeitung schrieb: „Ob ein solches Projekt technisch ausführbar ist und vor allem mit welchem Kostenaufwand dies möglich ist, steht noch dahin."

■ Gemeinde will den eigenen Stausee

Es folgte am 11. Februar 1920 eine Gemeindeversammlung im Rößle in Neukirch. Auch die Stadt Furtwangen hatte sich nun eingeklinkt. Zwar bezog die Stadt seit dem Jahre 1904 Strom von der EGT, und verfügte seit 1905 auch schon über einen eigenen Dieselgenerator mit 120 Kilowatt. Doch weil der Strombedarf kontinuierlich zunahm, suchten auch die Furtwanger nach weiteren Stromquellen.

Die Stadt propagierte Variante vier: den Neukircher Stausee – eine „wertvolle Ergänzung", wie auch die „Freiburger Zeitung" befand. Am 4. März 1920 schrieb der Furtwanger Gemeinderat aus diesem Grund an das Bezirksamt Triberg:

„Schon seit mehreren Jahren sind die Verhältnisse auf dem Gebiet der Stromversorgung der Industriestadt Furtwangen

Baden unter Strom

äusserst gespannt, weshalb sich die interessierten Kreise seit einer Reihe von Jahren wegen der Kraftversorgung um geeignete Kraftquellen umgesehen haben. Hierbei wurde auch das Gebiet der Wildgutach in den Kreis näherer Betrachtung gezogen. Eine generelle Prüfung dieser Verhältnisse ergab im Jahr 1913, dass in jener Zeit Dampfkraft noch billiger zu erzeugen war als Elektrizität. (...) Der unglückliche Ausgang des Krieges hat jedoch auf dem Gebiet der Krafterzeugung eine völlige Umwälzung hervorgebracht. Kohle ist nur noch in ganz verschwindend geringem Umfang für die Dampfanlagen zu erhalten, weshalb im ganzen Versorgungsgebiet des Elektrizitätswerkes Triberg nahezu die gesamte Industrie sich an das Versorgungsnetz des Elektrizitätswerk Triberg angeschlossen hat, sodass dasselbe heute wieder übermäßig belastet scheint. Dadurch treten mannigfaltige Unregelmäßigkeiten in den Betrieben, Verschiebung der Arbeitszeit zur besseren Ausnützung und dergl. auf. Diese Verhältnisse sind jedoch auf Dauer absolut unhaltbar und hemmen jede Weiterentwicklung unserer Industrie auf dem Schwarzwalde. Auch die Beleuchtungsfrage ausserhalb unserer Stadtgemeinde in den ländlichen Gemeinden und abgelegenen Zinken ist eine ausserordentlich schwierige geworden. (...)

Es ist nun beabsichtigt, ein Projekt mit den nötigen Stauanlagen zur Ausnutzung der Wasserkräfte des Bregenbaches, Heubaches, Glasbaches und eventl. noch weiter der Wildgutach ausarbeiten zu lassen, wozu bereits eine Reihe vorbereitender Arbeiten (Wassermessungen und dergl.) vorgenommen sind. Nach oberflächlichen Schätzungen können bei Ausnützung sämtlicher in Frage kommender Wasserkräfte unter Umständen bis zu 4 000 PS erzeugt werden. (...)

Wir ersuchen damit ergebenst dem Ministerium des Innern u. der technischen Oberbehörde, der Oberdirektion des Wasser- u. Strassenbaues von dem beabsichtigten Unternehmen einstweilen Mitteilung zu machen."

Einzugsgebiet von 12,5 Quadratkilometern

Die Gemeinderäte der Stadt Furtwangen und der Gemeinde Neukirch beauftragten nun den Diplom-Ingenieur Karl Flügel, der in Karlsruhe ein Büro für Wasserkraftanlagen und Industriebauten unterhielt, mit dem Entwurf des Projektes. Flügel errechnete, dass eine Talsperre am Rappenfelsen, gespeist durch den Bregenbach und den Heubach, über ein Einzugsgebiet von 12,5 Quadratkilometern verfüge. Ein Staubecken mit 525 600 Kubikmetern Inhalt und einer Fläche von 42 000 Quadratmetern könne somit geschaffen werden. (Zum Vergleich: Der zur gleichen Zeit in Vöhrenbach geplante Linacher Stausee wurde 110 000 Quadratmeter groß.)

Vom Rappenfelsen sollte über einen 1400 Meter langen

Eine Talsperre am Rappenfelsen, gespeist durch den Bregenbach und den Heubach, sollte ein Staubecken mit ca. 500 000 Kubikmeter Inhalt möglich machen, das wäre etwa halb so groß wie die Linachtalsperre der Stadt Vöhrenbach.

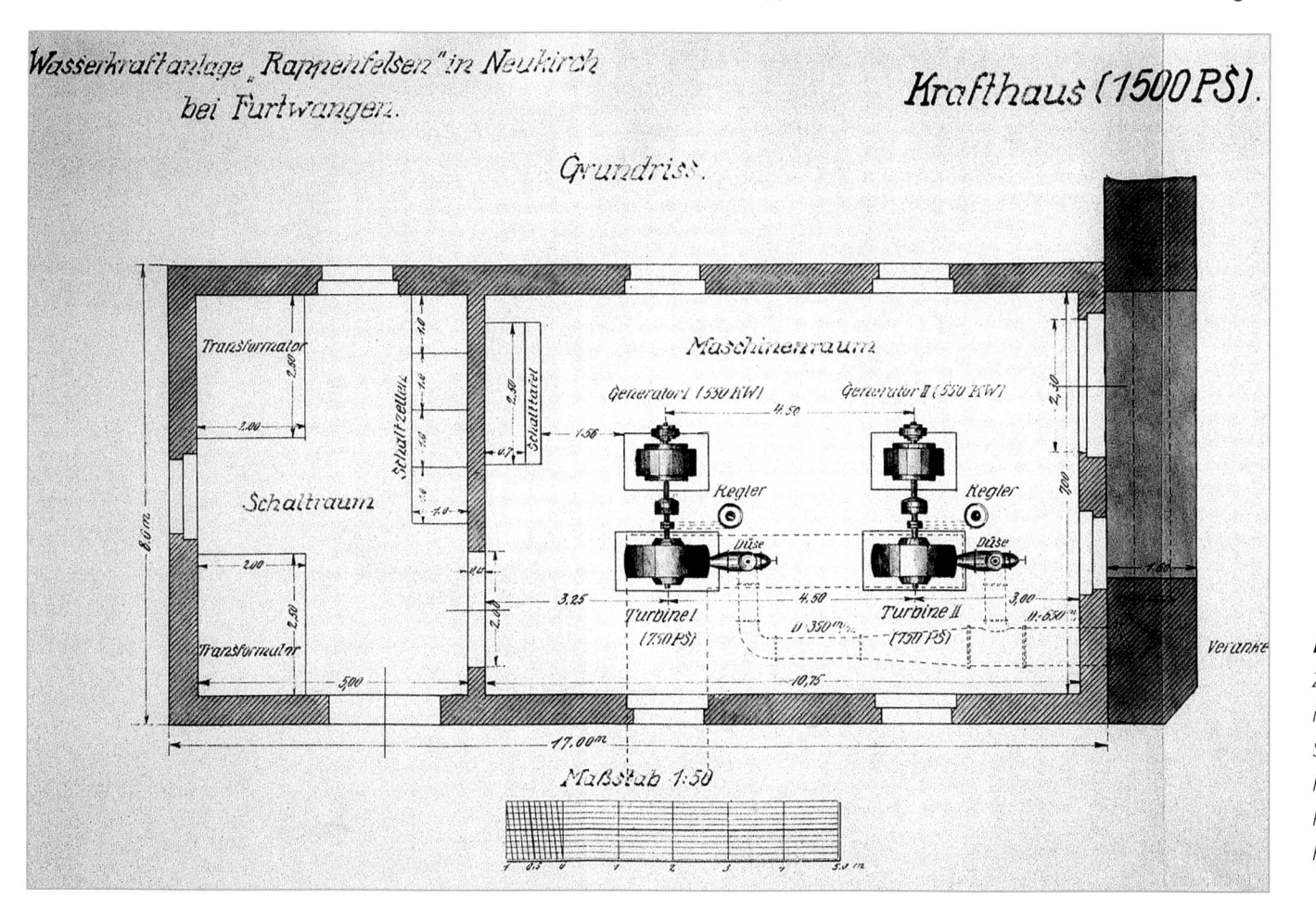

Abb. 2

Zwei Turbinen sollten im Krafthaus den Strom für Neukirch und Furtwangen erzeugen. Plan von Dipl.-Ing. Karl Flügel.

Abb. 3
Brennersloch bei Furtwangen-Neukirch, Ansichtskarte aus den 1920er Jahren. Hier sollte eine Talsperre errichtet werden, doch das Vorhaben scheiterte am Einspruch des Triberger Bezirksamtes.

„Bedenken wir nur das Wort Kohle und schon können wir ausmalen, was das Fehlen dieser bedeutet. Ohne Kohle kein Wirtschaftsleben, kein Fortkommen der Industrie, ja auch die Ernährungsfrage leidet stark darunter. Gibt es hierfür keinen Ersatz? Zum großen Teil kann das bejaht werden. Die weiße Kohle, das Wasser unserer Gebirgsbäche; da heißt es nun, die Kraft der Wasserbäche in elektrische Kraft umzuwandeln. Damit wäre der Industrie und Landwirtschaft durch Licht und Kraft geholfen. Erwähnt sei besonders das gesunde und gefahrlose Licht, das ebenso billig wie Petroleum und Carbid, denn wir dürfen ja nicht glauben, daß in Bälde das Petroleum billiger werde. Jedoch auch in dieser Sache heißt es: Will man gewinnen, nicht lange besinnen, denn jedes Zuwarten macht die Sache nur teurer."

Furtwanger Nachrichten, 9. Februar 1920

Druckstollen das Wasser unter dem Sattelwald und dem Gfällwald bis zum Mörderloch geführt werden, wo am rechten Ufer der Wildgutach das Krafthaus stehen sollte. Zwei Peltonturbinen mit jeweils 550 Kilowatt sollten das Gefälle von etwa 150 Meter nutzen, und jährlich annähernd drei Millionen Kilowattstunden liefern. Das sogenannte Langenhaus und das Wohnhaus des Adalbert Rombach hätten abgerissen werden müssen, da sie überflutet worden wären. Das Kupferhäusle war nicht betroffen, aber es sollte künftig direkt am Seeufer stehen.

Ingenieur Flügel hielt das Projekt für wirtschaftlich. Zwar koste die Sperrmauer fast vier Millionen Mark, für zehn Kilometer Freileitung seien 500 000 Mark anzusetzen, und der Grunderwerb verschlinge nochmals 50 000 Mark. Doch bei einem Jahresabfluss von 15 Millionen Kubikmeter Wasser komme man auf einen Preis von 60 Pfennig je Kilowattstunde – „in trockenen Jahren 25 Prozent mehr, in feuchten 25 Prozent weniger." Flügel war optimistisch: „Daß die Kraft unter solchen Verhältnissen leicht abgesetzt werden kann, unterliegt wohl keinem Zweifel."

Die geologischen Bedingungen hielt der Planer für ideal: Der „Aufbau des Geländes" sei „außerordentlich günstig": „Vorherrschend im Wild-Gutach-Gebiet ist der Granit, der überall in kompakter Form fast unverwittert zu Tage tritt. Das Granitmassiv bildet eine einheitliche und geschlossene Masse. Verwerfungen kommen in dem genannten Gebiet nicht vor."

Bedenken des Bezirksamtes

Und so wandten sich die Gemeinderäte aus Furtwangen und Neukirch am 19. Februar 1921 erneut an das Bezirksamt in Triberg, diesmal mit der Bitte um „Herbeiführung einer grundsätzlichen Entscheidung der zuständigen Staatsbehörden über die Zulässigkeit der evtl. Ausführungen des geplanten Projektes." Die Frage sei dringend, ließen die Räte wissen, und man beabsichtige bereits „in den nächsten Monaten mit den Bauausführungen zu beginnen."

Die Anfrage ging ihren Dienstweg, und wurde vom Bezirksamt Triberg an das Badische Arbeitsministerium in Karlsruhe weitergeleitet. Von dort kam am 14. Juli 1921 die Nachricht, man habe „gegen das Unternehmen in seiner gegenwärtigen Gestalt Bedenken." Man müsse darauf achten, dass eine „Zersplitterung der Wasserkräfte vermieden" werde. Das Ministerium bezog sich auf eine Stellungnahme, die man von der Oberdirektion des Wasser- und Straßenbaues eingeholt hat-

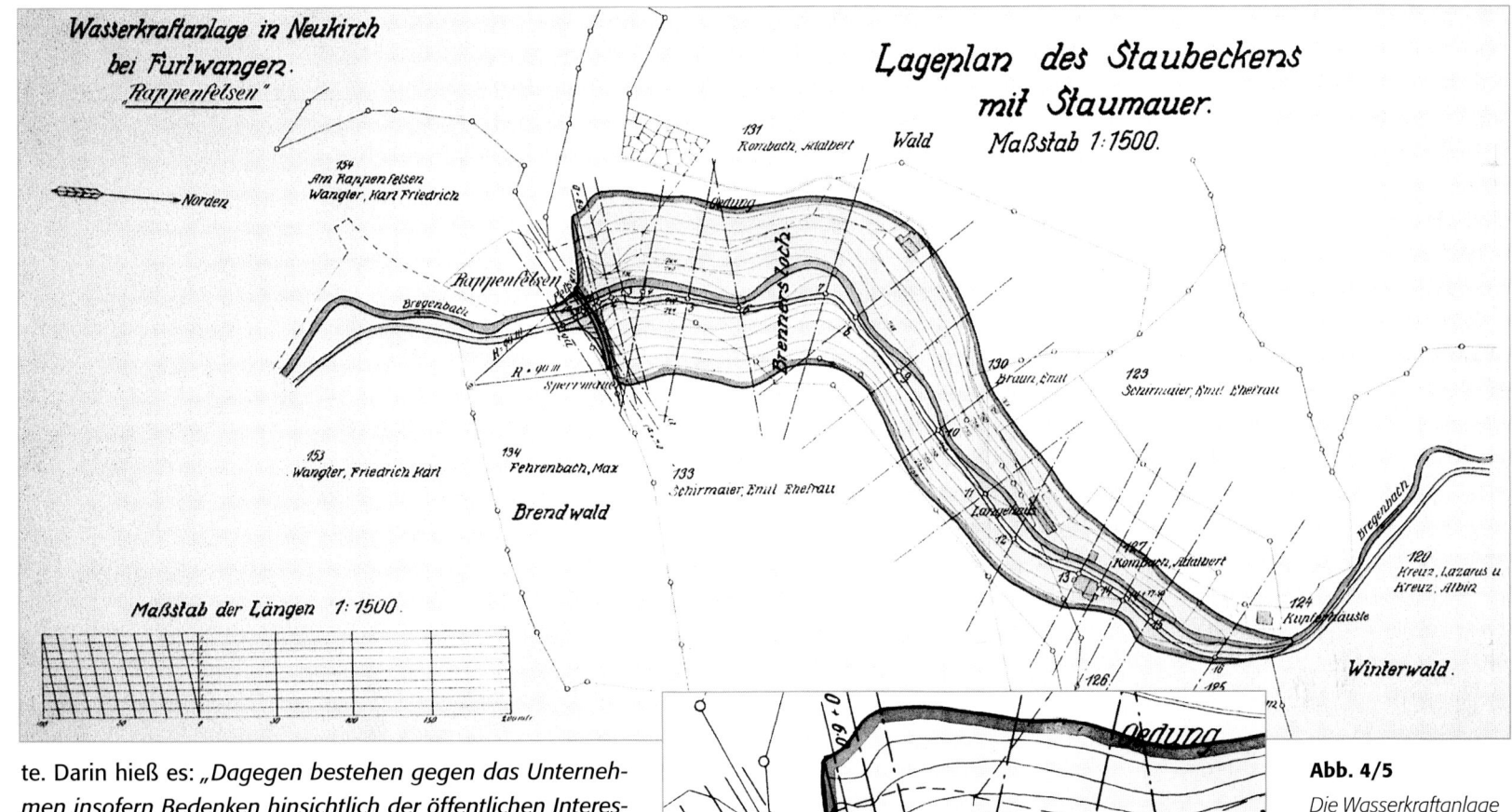

Abb. 4/5

Die Wasserkraftanlage Neukirch: Lageplan des Stausees und der geplanten Staumauer am Rappenfelsen.

te. Darin hieß es: „Dagegen bestehen gegen das Unternehmen insofern Bedenken hinsichtlich der öffentlichen Interessen, als der vorliegende Entwurf nicht die beste und wirtschaftlichste Lösung für eine Ausnützung der Wasserkräfte der oberen Wildgutach darstellt. Eine überschlägige Untersuchung hat nämlich zu dem Ergebnis geführt, dass im Heubachtal sich oberhalb der Heubachsäge eine Sperrstelle befindet, an der mit einer Stauhöhe von 25 m ein Stauraum von 1,2 Millionen cbm geschaffen werden kann, gegenüber 0,52 Millionen cbm des vorliegenden Entwurfs. Mit Hilfe dieses Heubachbeckens ist es möglich, nahezu den 2-fachen Abfluss zu speichern, als mit dem Becken am Rappenfelsen und damit einen wesentlich besseren Ausgleich sowie eine höhere Ausbeute von Kraft zu erzielen, als im vorliegenden Entwurf.

Eine umfassendere Ausnützung des obersten Wildgutachgebietes ist durch Anlage eines Staubeckens bei „Dreistegen" mit Stauziel etwa auf + 700 m möglich, wobei auch der im vorliegenden Entwurf nicht herangezogene Glaserbach mitbenutzt werden kann. Der Stauraum dieses Baches würde etwa über 2 Millionen cbm, der Jahresabfluss an der Sperrstelle 26 Millionen cbm betragen.

Anschließend an das Staubecken stünde ein Gefälle von rund 120 m zur Verfügung, an das sich dann die Stufen des Großausbaues der Wildgutach von Höhe + 580 m abwärts anschließen würde. Aus dem Dreistegenwerk könnte eine mittlere Jahresarbeit von 4,5 - 5 Millionen Kilowattstunden gewonnen werden, also nahezu das Doppelte des vorliegenden Entwurfs und zwar voraussichtlich zu wesentlich niedrigeren Preisen."

Damit war das Projekt gestorben. Weitere Überlegungen, das vorgeschlagene Staubecken bei Dreistegen zu realisieren, sind nicht dokumentiert – denn inzwischen machte die beginnende Inflation den Gemeinden zu schaffen. In der ersten Hälfte des Jahres 1921 waren die Preise schon deutlich gestiegen, in der zweiten Jahreshälfte beschleunigte sich der Preisanstieg weiter; ein derart ambitioniertes Projekt wie der Brennersloch-Stausee schien unter diesen Voraussetzungen nicht mehr finanzierbar.

Stattdessen beteiligte sich die Stadt Furtwangen im Dezember 1922 an der Elektrizitäts-Gesellschaft Triberg. Sie finanzierte den Anteil durch einen außerordentlichen Holzhieb beim Schochenbachhof. Die Gemeinde Neukirch schloss sich beim Badenwerk an – und die Pläne an der Wildgutach ein eigenes Kraftwerk zu bauen, verschwanden endgültig in der Versenkung.

Mit dem Kirnbergsee gegen die Energienot

1922 ■ Die Brändbachtalsperre schafft nebenbei ein bedeutendes Naturschutzgebiet / 33. Kapitel

Wenn Stadtwerke die 1970er Jahre als eigenständiges Unternehmen überlebten, dann war dies oft einem eigenen, historischen Kraftwerk zu verdanken. So auch in Bräunlingen im Schwarzwald-Baar-Kreis. Dort hatten die Stadtwerke im Jahre 1905 mit einem Dampfkraftwerk ihren Betrieb aufgenommen und ihre Kapazitäten 1922 durch ein leistungsstärkeres Wasserkraftwerk aufgestockt. Dem Stil der 1920er Jahre entsprechend entschied man sich für ein Kraftwerk mit Talsperre – der Kirnbergsee bei Unterbränd entstand. Heute noch ist das Wasserkraftwerk, dessen Turbinenhaus im Bräunlinger Ortsteil Waldhausen steht, in Betrieb. Es erzeugt in einem durchschnittlichen Jahr 700 000 Kilowattstunden Strom, und deckt damit den Bedarf der Stadt Bräunlingen mit Waldhausen, Bruggen und Unterbränd zu sechs Prozent.

Abb. 1
Quecksilberdampf-Gleichrichter im Schaltraum des Kraftwerkes. Jedes der drei Aggregate lieferte einen Strom von 150 Ampère.

Geschmückt mit Tannenreisig machten sich die Wagen am Mittag auf den Weg von Bräunlingen nach Unterbränd. Mit dabei: Die Bräunlinger Räte, Bürgermeister Martin Müller und Stadtpfarrer Julius Meister – und natürlich viele Schaulustige. Denn an diesem 4. Dezember 1921 stand am Brändbach die Grundsteinlegung für die Talsperre an. Dort spielte die Stadtkapelle, es sang der „Liederkranz", und Ingenieure priesen die Kraft des Wassers, der „weißen Kohle".

Alle wussten: Bräunlingen braucht mehr Strom. Zwar hatte die Gemeinde schon im Jahre 1905 begonnen, mit zwei 30 Kilowatt-Dampfmaschinen in einem Gebäude an der Zähringerstraße eine öffentliche Stromversorgung mit 220 Volt aufzubauen, doch die Leistung des Werkes reichte längst nicht mehr aus. Also war die Entscheidung gefallen, den Brändbach für die Stromgewinnung zu nutzen.

Die Topographie war ideal dafür. Eine nur 125 Meter lange Staumauer an der Taleinschnürung des Kirnberges reichte aus, um einen 32 Hektar großen See mit einem Fassungsvermögen von 1,7 Millionen Litern Wasser aufzustauen. An dieser Stelle wurde eine bogenförmige Schwergewichtsstaumauer aus Stampfbeton errichtet, luftseitig mit Bruchsteinmauerwerk verblendet.

Das Kraftwerk wurde – 66 Meter tiefer gelegen und drei Kilometer entfernt – in Waldhausen erbaut, einem heute zu Bräunlingen gehörenden Ort. Weil während der Bauzeit die Preise explodierten, beschränkte man sich vorerst auf zwei Turbinen, auf eine Francis-Spiralturbine der Firma Voith mit 159-Kilowatt-Drehstromgenerator und eine Pelton-Turbine desselben Herstellers mit 28 Kilowatt. Noch im Jahr 1922 gingen die Turbinen in Betrieb. Für einen dritten Maschinensatz wurden die Anschlüsse bereits geschaffen.

Um Spitzen abzudecken wurde das Werk im Jahr 1924 um einen U-Boot-Dieselmotor ergänzt, der im Keller des Werkgebäudes in Waldhausen installiert wurde. Später erhielt die Wasserkraftanlage auch ihren dritten Maschinensatz, eine Francis-Spiralturbine mit 150 Kilowatt-Generator. Die Wasserkraft produzierte fortan – je nach Niederschlägen – zwischen 500 000 und 1,1 Millionen Kilowattstunden Strom jährlich, und versorgte neben der Kernstadt Bräunlingen auch die Nachbargemeinden und heutigen Ortsteile Waldhausen, Bruggen und Unterbränd.

„Wasserklemme" bringt den Dampfkessel zurück

Für die alten Dampfkessel im E-Werk an der Zähringerstraße begann unterdessen eine wechselhafte Zeit. Offiziell waren sie im Jahr 1921 stillgelegt worden, doch 1928 musste einer der

Im Überblick

■ Als die Dampfmaschinen im Bräunlinger Kraftwerk nicht mehr reichten, beschloss die Gemeinde den Bau einer Talsperre – der Kirnbergsee entstand. Das Kraftwerk, drei Kilometer entfernt, ging im Jahre 1922 in Waldhausen in Betrieb.

■ Weil die Talsperre im Jahre 1955 ohnehin saniert werden musste, ließ die Gemeinde das Bauwerk in jenem Sommer um zwei Meter aufstocken.

■ Der Stausee und sein Umfeld erlangten für Fischerei und Naturschutz wie auch für den Fremdenverkehr immer größere Bedeutung.

Abb. 2

Die Kraftwerksanlagen aus der Bauzeit sind noch heute in Betrieb – als Beleg für die hohe Güte der damaligen Technik.

beiden nochmals vorübergehend Leistung bringen. Weil es laut Bürgermeisteramt zu einer „aussergewöhnlichen und unvorhergesehenen Wasserklemme" gekommen war, sahen die Stadtwerke keine andere Lösung ihrer Energieprobleme.

Das aber fand der Badische Revisionsverein in Mannheim, zuständig für die Sicherheit aller badischen Dampfkessel, gar nicht in Ordnung und beschwerte sich beim Bezirksamt in Donaueschingen:

„Unser Betriebskontrolleur nahm am 25. September eine Kontrolle der Dampfkesselanlage in Bräunlingen vor und stellte fest, dass sich der Dampfkessel Fabrikat No. 804 im Elektrizitätswerk Bräunlingen in Betrieb befindet. Dieser Kessel wurde im Jahre 1921 ausser Betrieb gemeldet und befindet sich seit dieser Zeit nicht mehr unter laufender Ueberwachung. Die letzte innere Revision und die letzte Wasserdruckprobe wurden im Jahre 1919 vorgenommen. Gemäss § 19 der Badischen Verordnung, die Dampfkesselaufsicht betreffend vom 27. April 1910, hat mindestens in jedem 3. Kalenderjahr eine innere Revision und die Wasserdruckprobe nach 6 Jahren stattzufinden."

Der Revisionsverein forderte daher die Stadt Bräunlingen auf, „den Kessel zu den amtlichen Revisionen bereit zu stellen", und aus Sicherheitsgründen einstweilen nicht weiter zu betreiben.

Inzwischen hatte die Stadt den Kessel aber wieder stillgelegt, und ließ nun wissen, dass ohnehin „eine weitere Inbetriebnahme voraussichtlich nicht mehr in Frage kommen dürfte".

Doch auch diesmal war das Ende der Dampfkraft nur ein vorübergehendes. Im Januar 1933 sah sich das Elektrizitätswerk erneut „infolge Wassermangels genötigt", den Kessel in Betrieb zu nehmen. Erst 1941 war es mit der Dampfkraft endgültig vorbei, als der Kessel an eine Schuhfabrik in Schwenningen verkauft wurde.

Höher hinaus: Die Mauer wird aufgestockt

Es blieben dem Bräunlinger E-Werk allein das Wasserkraftwerk in Waldhausen und der U-Boot-Diesel im dortigen Keller. Bis ins Jahr 1949 hinein deckten die Stadtwerke mit diesen beiden Anlagen den gesamten Strombedarf der Stadt Bräunlingen – dann wurde der Anschluss an das Kraftwerk Laufenburg geschaffen. Zeitgleich überlegte man, das eigene Wasserkraftwerk stillzulegen, da der Strom aus Großkraftwerken in Zukunft billig und unbegrenzt zur Verfügung zu stehen schien.

Aber schließlich besann sich die Stadt doch auf die eigene

„Dann erfolgten die Hammerschläge der Herren:

Bürgermeister Müller: 'Erstehe mit Hilfe Gottes, als ein Denkmal aus schwerer Zeit, als Zeichen deutscher Technik und Tatkraft. Zum Segen der Allgemeinheit und Wohle unserer lieben Vaterstadt.'

Oberamtmann Weitzel: 'Ein Segen ruht auf schwerem Werke: Dir wächst, wie Du's beginnst, die Stärke. Bescheiden, zögernd fängst Du's an, und steht's am Ziel ein ganzer Mann.'

Baurat Beck: 'Des Wassers Macht Schaff' Licht und Kraft!'"

AUSZÜGE AUS DEN PATRIOTISCHEN SPRÜCHEN ZU DEN HAMMERSCHLÄGEN BEI DER GRUNDSTEINLEGUNG AM 4. DEZEMBER 1921.

Wasserkraft und investierte sogar wieder. Weil die Talsperre für den langfristigen Fortbestand ohnehin saniert werden musste, beschloss die Gemeinde Anfang der 1950er Jahre, das Bauwerk noch um zwei Meter aufzustocken. Von Mai bis September 1955 dauerten die Arbeiten – sie umfassten auch die Konstruktion einer Vorsatzschale aus Stahlbeton. In diesen Jahren wurde der Diesel im Keller des Kraftwerks in Waldhausen stillgelegt, gleichwohl ließ man ihn stehen.

Technisch in bester Verfassung überstand das Bräunlinger Kraftwerk auch die 1960er Jahre, die schwerste Zeit der Wasserkraft, unbeschadet. Erst nach mehr als 40 Jahren wurde an der Staumauer eine neuerliche Sanierung notwendig. Proben aus dem Mauerwerk hatten ergeben, dass die Festigkeit des Bauwerkes besonders im unteren Bereich miserabel war. So begann die Entleerung des Sees im September 1999, den ganzen folgenden Sommer über wurde an der Talsperre gearbeitet. Eine fünf Millimeter dicke „Geomembran" aus Polyethylen sollte die Mauer für die kommenden drei Jahrzehnte abdichten – ein in Deutschland erstmals eingesetztes, weltweit aber bereits erfolgreich praktiziertes Verfahren. Gleichzeitig wurde das Wasserrecht erneuert: Bis ins Jahr 2060 reicht nun Bräunlingens Konzession zur energetischen Nutzung des Brändbaches.

Ans Stilllegen des historischen Kraftwerkes dachte schon seit Jahren niemand mehr. Noch heute deckt es sechs Prozent des Bräunlinger Strombedarfs. Die Generatoren der Wasserturbinen (nur die beiden großen Turbinen sind noch in Betrieb) erzeugen in der Regel den Mittagsstrom: Meist gegen zehn Uhr am Vormittag werden sie gestartet, und am Spätnachmittag wieder vom Netz genommen – je nach Wasserstand des Kirnbergsees und abhängig von der Stromnachfrage.

Auch der alte U-Boot-Diesel, inzwischen als besondere Rarität erkannt, hatte wieder Freunde gefunden. Er wurde im Januar 1991 erneut aktiviert, und speist seither immer im Winter, wenn die Stromnachfrage Spitzenwerte erreicht, wenige Stunden täglich Strom ins Bräunlinger Netz.

Der Kirnbergsee hatte sich unterdessen entwickelt, war mehr geworden als ein Wasserspeicher für die Energieerzeugung. Der beliebte Badesee dient heute, wie die Stadt Bräunlingen bei der jüngsten Sanierung der Mauer anmerkte, „dem Tourismus, der Freizeit und Erholung sowie künftig verstärkt auch dem Hochwasserschutz." Zudem sei „das Gewässer und sein Umfeld auch für die Fischerei und den Naturschutz von immer größerer Bedeutung". Im Jahr 2000 wurde das Areal sogar als sogenanntes „FFH-Gebiet" ausgewiesen – als Naturschutzgebiet von europäischem Rang.

Abb. 3
Der Stollenpfropfen wird im Stollen eingemauert.

Abb. 4

Die linke Taleinbindung der Brändbachtalsperre, Juni 1922.

Abb. 5: *Die Brändbachtalsperre am Tag der Einweihung. Tausende von Besuchern bestaunten 1922 die Staumauer und den künstlichen See. Heute ist der Kirnbergsee ein beliebtes Naherholungsgebiet.*

Der Bau der Brändbachtalsperre

Die Bautätigkeit in den Jahren 1921-1922

Dank der umfassenden Fotodokumentation eines Bräunlinger Fotografen im Auftrag der Stadt und eines detaillierten Bauberichtes von Ingenieur Fritz Hofheinz aus dem Jahr 1923, lässt sich die Entstehung der Brändbachtalsperre detailreich nachzeichnen. Im Schlussabsatz formuliert er all die Hoffnung, die zu jener Zeit mit dem Bau solcher Anlagen verbunden war: „Mit dem Ausbau der Wasserkraftanlage im Brändbach ist die Stadtgemeinde Bräunlingen für fernste Zeiten von der allgemeinen Energienot und der damit eng verbundenen Preisbildung dieses wichtigen Wirtschaftsfaktors unabhängig geworden."

„Der Felsausbruch geschah unter Anwendung des für das anstehende Gestein (Eisenbacher Granit) bestgeeigneten Sprengstoffes, Westfalit in leichter Ladung bei fast durchweg horizontal angesetzten Bohrlöchern. Eine Zerreissung des als Gründungssohle dienenden Felsens wurde hierbei vermieden. Bei der Sohlenherstellung wurde auf die Struktur derselben Rücksicht genommen in der Weise, daß dieselbe in der Querprofillinie eine verzackt gebrochene Linie darstellte mit dem Anstieg nach der Luftseite. Diese Anordnung trägt der eventuell nötig werdenden Aufnahme von Schubkräften in der Sohle Rücksicht."

INGENIEUR FRITZ HOFHEINZ, 1923

Abb. 6
Felssprengung zur Gewinnung des Steinmaterials.

Steinbrecher und Betonmischmaschinen.

Steinbruch am Kirchweg.

„Das luftseitige Verblendmauerwerk wurde aus dem oberhalb der Sperrmauer gewonnenen Hartsandstein (Quarzit) hergestellt. Auch das Betonschottermaterial wurde durch Zerkleinern in einem Steinbrecher davon hergestellt. Das Grundmaterial bildet der oberhalb der Sperrmauer gewonnene Hartsandstein, der sowohl für das Verblendmauerwerk, sowie nach Zerkleinern und Aufbereiten als Betonschotter verwendet wurde. Bei der Ausschachtung der Fundamentsohle gewonnener fester Granit wurde nur zu nebensächlichen Bauteilen ebenfalls als Betonschotter verwendet. Oberhalb der Sperrmauer gebrochener fester Granit wurde in niederem Verhältnis dem Quarzitschotter beigemischt."

INGENIEUR FRITZ HOFHEINZ, 1923

Abb. 7/8

Der Steinbrecher und die Betonmischanlage. Im Steinbruch am Kirchweg wurde das Rohmaterial für die Betonmischung gewonnen und dann auf der Baustelle durch Steinbrecher und Betonmischmaschine aufbereitet.

Brändbachtalsperre

„Die örtliche Lage der Absperrungsstelle war in vorliegendem Falle genau gegeben. Durch den Kirnberg ist eine Taleinschnürung entstanden, die Talsohlenbreite beträgt an dieser Stelle nur 50 Meter. Der steile Hang des Kirnbergs unter dem Winkel von zirka 60 Grad bot als massiver Felskopf, nach Ausbruch des oberflächlich zerklüfteten Gesteins, ein verhältnismäßig günstiges Widerlager. Der linke, dem Kirnberg gegenüberliegende Geishaldenhang zeigt eine Neigung von zirka 30 Grad mit einer durchschnittlich 2 Meter starken Bodenauflagerung über dem darunter anstehenden Felsen. Diese Ueberdeckung war auch in der Talsohle vorhanden. Nach Abräumung des losen Bodens wurde durchweg massiver Felsen angetroffen."

INGENIEUR FRITZ HOFHEINZ, 1923

Schieberhaus vom Entnahmestollen.

Gerüst in der Wasserseite 28. 6. 22.

„Der Stausee wird durch die sich unmittelbar hinter Staumauer und Kirnberg sich ausbreitende Talmulde gebildet. Schon 100 Meter hinter der Staumauer hat der obere Stauspiegel eine Breite von zirka 600 Meter bei einer Staukronenlänge von 125 Meter. Das überstaute Gelände hatte geringen Kulturwert, zum größten Teil bestand dasselbe aus moorigen Sumpfwiesen. Nur ein kleinerer Teil des oberen Staurandes lieferte als Wiesen brauchbares Futter. Infolge der Reinheit des Wassers eignet sich das Staubecken gut zum Betreiben einer planmäßigen Fischzucht, ganz besonders ertragreich wird sich die Besetzung mit hochwertigen Forellen gestalten."

INGENIEUR FRITZ HOFHEINZ, 1923

Abb. 9 bis 12
Schneller Fortschritt: Innerhalb weniger Monate war die Baugrube ausgehoben, das Gerüst hochgezogen und die Ausschachtung der Baugrube beendet.

Brändbachtalsperre

Abb. 13

Baustelle am 18. Juli 1922.

„Infolge Mangel an geeigneten Arbeitskräften, besonders der Maurer, war von Entwurfsbearbeiter die Ausführung der Sperrmauer in Stampfbeton vorgesehen und an die Bauunternehmung bereits in diesem Sinne vergeben. Die luftseitige Sichtfläche sollte eine Verblendung in Bruchstein erhalten. Die Anwendung von Beton bei Talsperrenmauern war bis dahin noch nicht in größerem Umfange durchgeführt. Es war also hier größte Vorsicht und die Anwendung besonderer Arbeitsmethoden nötig. Die einzelnen Tageseinbauten mußten in ganz bestimmten Teilkörpern ausgeführt werden."

INGENIEUR FRITZ HOFHEINZ, 1923

Abb. 14
Grundsteinlegung bei der Brändbachtalsperre am 4. Dezember 1921.

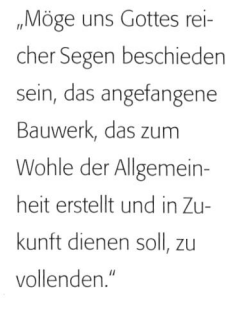

„Möge uns Gottes reicher Segen beschieden sein, das angefangene Bauwerk, das zum Wohle der Allgemeinheit erstellt und in Zukunft dienen soll, zu vollenden."

BÜRGERMEISTER MÜLLER

Abb. 15
Transport des Grundsteines mit der Jahreszahl 1921 vom Steinbruch zur Staumauer.

Brändbachtalsperre

Abb. 16 bis 21

Das Staubecken beginnt sich zu füllen. Links unten: Anbringen der Lehmdichtung an der Wasserseite der Staumauer.

Rechts: Bau der Druckrohrleitung und Funktionsprüfung.

„Die Druckrohrleitung überträgt die im Staubecken gesammelte hydraulische Energie auf die Turbinen im Krafthaus bei Waldhausen. Sie hat eine ganze Länge von 2 865 Meter und durchweg eine lichte Weite von 700 Millimeter. Der obere Teil, von der Sperrmauer 1 100 Meter talabwärts besteht aus Gußeisen-Muffenrohren von 18 bzw. 20 mm Wandstärke. Die Verbindung der Muffen geschieht in der üblichen Weise mit Teerstrick- und Bleiwolleausstemmung. An kurzen Rohrknicken sind Bogenstücke eingebaut, die durch Betonblöcke genügender Schwere festgehalten werden. Lange Leitungskrümmungen sind durch Verecken der Rohre in den Muffen selbst gebildet."

INGENIEUR FRITZ HOFHEINZ, 1923

Wasserseitige Anschüttung mit Lehmdichtung.

Druckrohrleitung.
Druckprobe.

Schweissen der Druckrohre.

Brändbachtalsperre

Abb. 22 bis 25

Das Verladen und Verlegen der Druckrohre: Die einzelnen Rohre wurden durch „schmiedeiserne Überschieber" miteinander verbunden. Viele Rohre mussten zudem an Ort und Stelle nachgebessert werden.

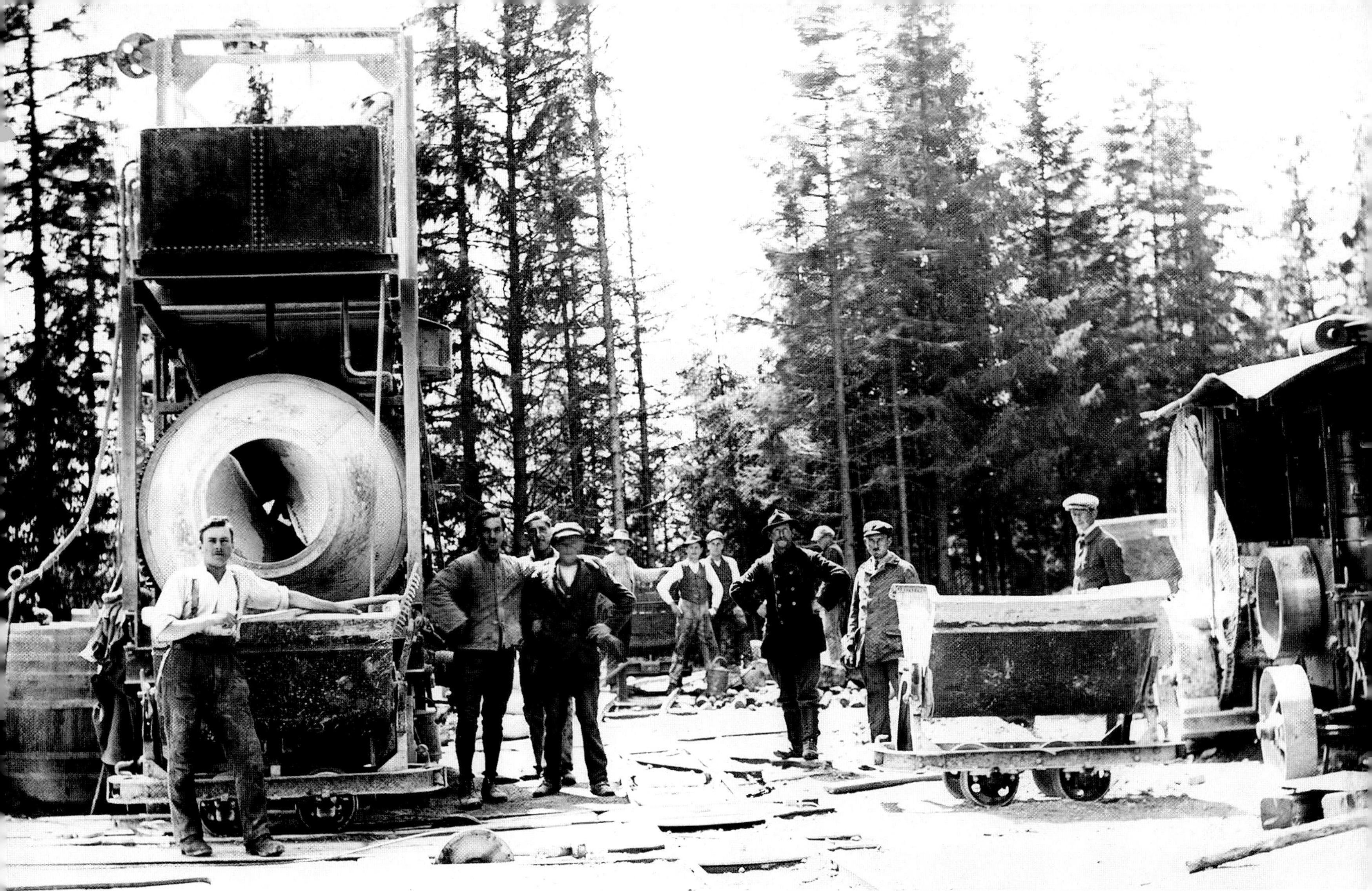

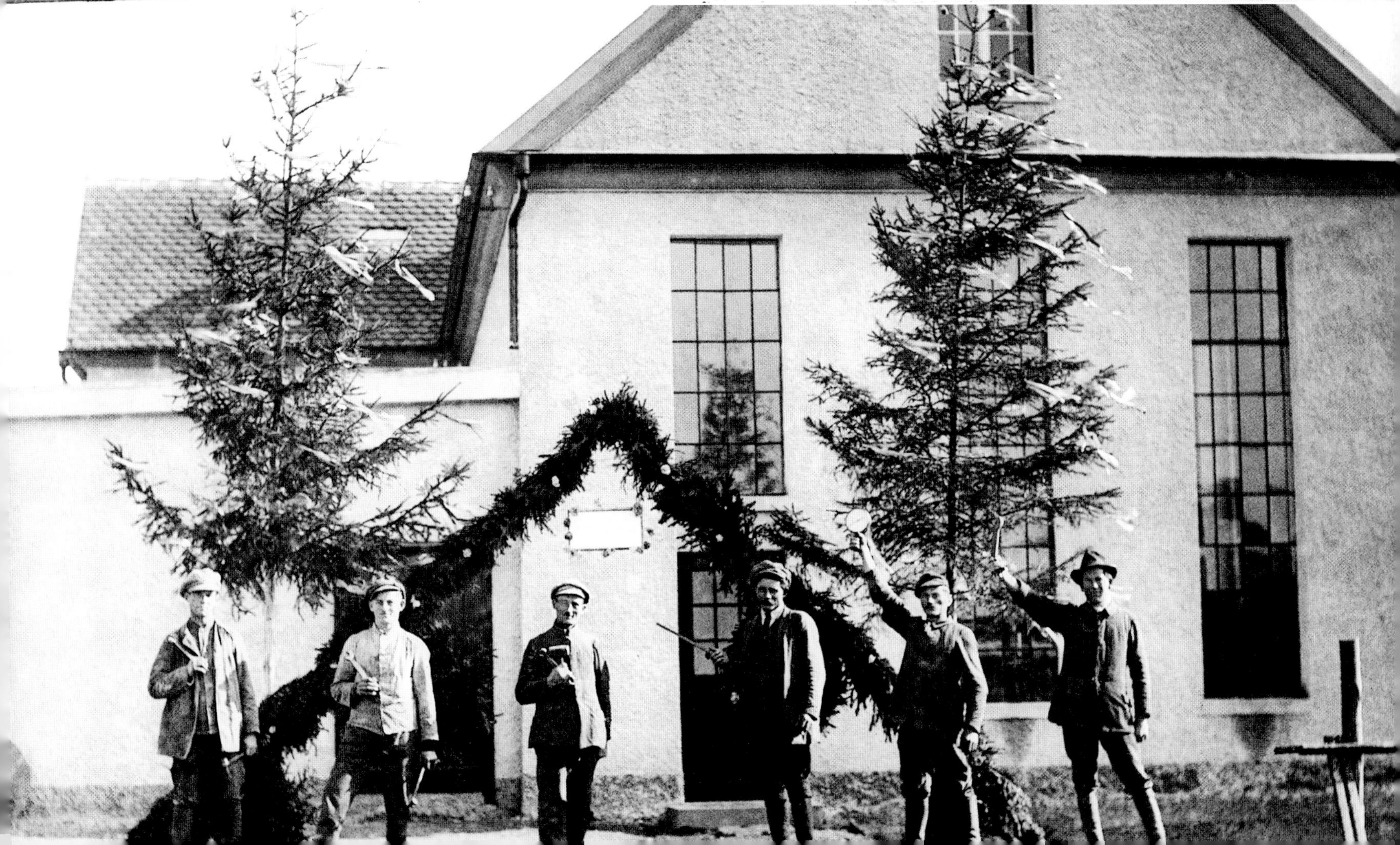

„Das Kraftwerk bei Waldhausen dient zur Aufnahme der Wasserkraftmaschinen und der Elektrizitätserzeuger, sowie der hierzu nötigen Hoch- und Niederspannungsschaltanlage und der Transformatoren. Die Turbinen und die damit direkt gekuppelten Generatoren stehen mit ihrer Achse senkrecht zur Druckrohrleitung. Die Maschinen laufen alle mit 1 000 Umdrehungen pro Minute, diese Umlaufzeit ist durch Oelregulatoren genau fixiert. Zur Sicherung der Rohrleitung gegen Stöße und Wasserschläge bei augenblicklichen Belastungswechsel sind besondere Apparate eingebaut, dieselben sind mit den Reglern verbunden. Bei plötzlichem Abschließen derselben öffnen sich gleichzeitig im Druckrohr Auslaßventile, so daß die Wassersäule im Druckrohr noch einige Zeit in gleichförmiger Bewegung bleibt. Durch die Oelbremse reguliert, schließen sich sodann diese Ventile langsam. Auf diese Weise erfährt die lange Druckrohrleitung keinerlei schädigende Stöße."

INGENIEUR FRITZ HOFHEINZ, 1923

An Maschinensätzen sind eingebaut:

Eine **Voith'sche Spiralturbine** für:
Wassermenge Q=0,250 cbm/sek.; Gefälle H=60,3 m;
Drehzahl n=1000 i.d. Minute; Leistung N=157 PS.
Damit direkt auf der Welle gekuppelt:
Ein **Bergmann-Drehstromgenerator** mit Erreger für eine
Leistung von: 150 KW. dauernd; 216 Ampère dauernd.

Eine **Voith'sche Freistrahlturbine** für:
Wassermenge Q=0,075 cbm/sek.; Gefälle H=57 m;
Drehzahl n=1000 i.d. Minute; Leistung N=43,5 PS.
Damit direkt auf der Welle gekuppelt:
Ein **Bergmann-Drehstromgenerator** mit Erreger für eine
Leistung von: 28 KW. dauernd; 50,5 Ampère dauernd.

Ferner ist folgendes Aggregat, für das alle Anschlüsse bereits vorgesehen und eingebaut sind bei obigen Lieferfirmen in Auftrag. Der Einbau geschieht im Laufe des Sommers:

Eine **Voith'sche Spiralturbine** für:
Wassermenge Q=0,350 cbm/sek.; Gefälle H=58,5 m;
Drehzahl n=750 i.d. Minute; Leistung N=216 PS.
Damit direkt auf der Welle gekuppelt:
Ein **Bergmann-Drehstromgenerator** mit Erreger für eine
Leistung von: 175 KW. dauernd; 380/220 Volt; 210 PS.;
Leistungsfaktor 0,8.

AUS DEN BAUUNTERLAGEN DES INGENIEURS FRITZ HOFHEINZ

Abb. 26 bis 29
Das Kraftwerk Bräunlingen, maschinentechnische Einrichtungen und Schaltraum.

Finanziert durch einen außerordentlichen Holzhieb

1923 ■ In Linach entsteht die erste deutsche Vielfachbogensperre in aufgelöster Bauweise / 34. Kapitel

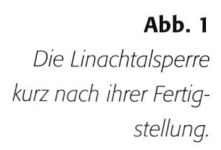

Abb. 1
Die Linachtalsperre kurz nach ihrer Fertigstellung.

Die Linachtalsperre in Vöhrenbach gehört zu den ausgefallensten Kraftwerksbauten in Baden. Sie wurde in den Jahren 1923 bis 1925 errichtet und war deutschlandweit die erste Vielfachbogensperre in aufgelöster Bauweise. Eine weitere Besonderheit: Die Großbaustelle im Linachtal lag auf 900 Meter Höhe, und war damit die seinerzeit höchstgelegene Deutschlands – was die Arbeiten im Winter stark beeinträchtigte. Mit einem außerordentlichen Holzhieb finanzierte die Gemeinde Vöhrenbach Kraftwerk und Staumauer während der harten Inflationszeit. Gut vier Jahrzehnte lang lieferte das Werk beachtliche Erträge, dann schien seine Zeit abgelaufen; 1969 legte die Stadt die Anlagen auf Betreiben des örtlichen Stromversorgers Kraftwerk Laufenburg (KWL) still. Abgerissen wurden sie aber nicht – aus Geldmangel. Fast 30 Jahre gammelten die Anlagen anschließend vor sich hin. Dann kam im Jahre 1998 die Gedea, ein kleines Unternehmen, und brachte die Turbinen wieder ans Netz, vorerst aber nur als Laufwasserkraftwerk. Die Sanierung der Mauer bleibt das große Ziel.

Gebannt hatte der Vöhrenbacher Fabrikant Josef Cornelius Heine seit einigen Jahren nach Triberg geblickt; denn längst hatte dort die Stadt das elektrische Licht etabliert. Und da Heine aufgrund einer eigenen Turbine seit 1894 die Vorteile der Elektrizität genießen konnte, und er als Unternehmer Kontakte nach Triberg hatte, wurde er im Jahre 1897 aktiv. Zusammen mit der Elektrizitätsgesellschaft Triberg (EGT) wollte er für Vöhrenbach ein großes Kraftwerk bauen, um ganz Vöhrenbach mit Strom zu versorgen. Doch die Idee konnte nie verwirklicht werden – die Gemeinde hatte inzwischen eigene Pläne.

So führte der Gemeinderat ab 1899 erste Verhandlungen mit dem Nürnberger Unternehmen Schuckert & Co, entschied sich im Jahre 1903 aber für ein Elektrizitätswerk in Eigenregie. Es wurde mit einem außerordentlichen Holzhieb von 10 000 Festmetern finanziert, und an der Villinger-Straße errichtet. Am 1. April 1905 ließ es erstmals die Straßen und Plätze der Stadt in elektrischem Licht erstrahlen.

Im Überblick

■ Weil die Stromversorgung durch das Kraftwerk Laufenburg zu unzuverlässig war, beschloss die Gemeinde Vöhrenbach den Bau eines eigenen Kraftwerkes mitsamt Talsperre. Am 1. Januar 1922 war Spatenstich für das Kraftwerk.

■ Die Auswirkungen der Inflation bedrohten das Projekt: Mehrfach nahm die Stadt Darlehen auf, doch im August 1923 lehnte die Bank weitere Kreditanträge ab. Daraufhin entschied die Gemeinde, selber Geld zu drucken. Außerdem legte sie eine wertbeständige Holzanleihe mit sechs Prozent Zins auf.

■ Während der Bau der Talsperre noch lange nicht abgeschlossen war, konnte im Turbinenhaus am Ausgang des Linachtals am 16. Dezember 1923 bereits „Lichtfest" gefeiert werden.

„Die endgültige Fertigstellung der Zentrale wird in wenigen Tagen erfolgen, so daß bis Ostern in den meisten Häusern das Elektrische brennen wird", berichtete die „Freiburger Zeitung".

Die Stadt wurde nun mit zweimal 120 Volt Gleichspannung versorgt, die anfängliche Jahresproduktion war mit 49 000 Kilowattstunden noch sehr bescheiden. Aber immerhin schon 260 Abnehmer wurden nach drei Jahren vom städtischen Elektrizitätswerk versorgt; die Gleichstrommaschinen mit einer Gesamtleistung von 65 Kilowatt lieferten Strom für 2 900 Lampen und 30 Motoren.

Doch trotz der offenkundigen Vorteile des Stroms wollte sich nicht sofort jeder im Ort von dessen Nutzen überzeugen lassen. Zwar stand die Mehrheit dem elektrischen Licht positiv gegenüber, doch Skeptiker befürchteten Gesundheitsschäden.

■ E-Werk als Lampenhändler

Die Stadt berechnete für den Lichtstrom einer elektrischen Glühlampe zwischen 0,7 und vier Pfennig pro Stunde Brenndauer. Gesonderte Tarife gab es für Bogenlampen und Motoren, wie in den Stromlieferbedingungen für das Jahr 1904 nachzulesen war. Darin war, gesehen aus heutiger Sicht, auch ein Kuriosum zu finden: „Das E-Werk hält ein Lager in Glühlampen bester Qualität und gibt dieselben zum Selbstkostenpreis ab. Sämtliche Stromabnehmer dürfen nur vom E-Werk bezogene Glühlampen verwenden."

Der Stromverbrauch in den Privathaushalten spielte in den folgenden Jahren nur eine untergeordnete Rolle, weil Elektrizität dort fast ausschließlich für die Beleuchtung genutzt wurde. Bis auf das elektrische Bügeleisen, das sich bald in den Haushalten durchsetzte, waren Elektrogeräte bis zum Beginn der 1920er Jahre rar. Viele Privathaushalte verbrauchten im Quartal weniger als zehn Kilowattstunden Strom.

Die Industrie- und Handwerksbetriebe hatten aber schon vor dem Ersten Weltkrieg den Nutzen der elektrischen Energie entdeckt. Weil das städtische Elektrizitätswerk dem ständig wachsenden Bedarf bald nicht mehr gerecht werden konnte, schloss sich Vöhrenbach im Kriegsjahr 1915 an die neue 15 000 Volt-Freileitung des Kraftwerks Laufenburg (KWL) an, die von Villingen nach Furtwangen führte. Das Vöhrenbacher Gleichstromnetz wurde zugleich auf Drehstrom umgerüstet, die Generatoranlage im E-Werk demontiert.

Im Jahr 1920 bezog Vöhrenbach bereits 240 000 Kilowattstunden Strom vom Kraftwerk Laufenburg, und der Bedarf der Industrie, aber auch der Privathaushalte, stieg stetig. Weil dieser Trend sich aber nicht allein auf Vöhrenbach beschränkte, sondern das gesamte Versorgungsgebiet des KWL bestimmte, bekam der Stromversorger vom Hochrhein Probleme. Niedrigwasser des Rheins führte mitunter dazu, dass der Bedarf nicht mehr befriedigt werden konnte. Das KWL hatte dann keine andere Wahl, als jeweils Teile des Netzes von der Stromversorgung abzuklemmen. Das Unternehmen führte „Stromsperrtage" ein, die jeweils vorab verkündet wurden. Nach einer Meldung des „Vöhrenbacher Anzeigers" im November 1921 gab es am 10., 14., 19., 21. und 23. November nur von 8 bis 13 Uhr Strom und am 3., 7., 16., 25. und 29. November lediglich von 13 bis 17 Uhr. Erst im Mai 1922, mit steigendem Rheinpegel, bedingt durch die Schmelzwasser der Alpen, hatte die Not vorerst ein Ende.

Doch nicht nur die „Stromsperrtage", auch häufige Totalausfälle des Netzes ließen in Vöhrenbach mehr und mehr Kritik an der Stromversorgung aus Laufenburg aufkommen. Inzwischen waren viele Unternehmen von der Elektrizität abhängig, sie konnten bei Stromausfall nicht mehr produzieren. Es reifte der Gedanke, für die Gemeinde mit ihren gut 2 000 Einwohnern ein Speicherkraftwerk zu bauen.

Die technische Meisterleistung im Linachtal

Robert Kupfer, der Leiter des Elektrizitätswerks, war wiederholt im Linachtal unterwegs, weil er die beste Trasse für eine Stromleitung nach Fuchsloch suchte. Dabei kam ihm der Gedanke, dass man im Linachtal, dort wo es am engsten ist, eine Talsperre bauen könnte. Er trug diese Idee auch Bürgermeister Karl Kraut und dem Gemeinderat vor, und stieß dabei auf positive Resonanz.

Die Voraussetzungen im Linachtal waren günstig. Zwar ist das Einzugsgebiet der Linach mit zwölf Quadratkilometern recht klein, doch es liegt in einem sehr niederschlagsreichen Gebiet. Die Wasser- und Straßenbau-Inspektion Donaueschingen ermittelte, dass mit einem jährlichen Wasserzufluss der Linach von 12,3 Millionen Kubikmetern zu rechnen sei. Da die Hälfte des Einzugsgebietes aus Wald besteht, der Niederschläge speichert und langsam abgibt, ist ein relativ gleichmäßiger Abfluss gesichert.

Geld für den Bau der Talsperre hatte die Stadt Vöhrenbach nicht, dafür aber viel Wald mit einem sehr hohen Anteil an Altholzbeständen. Der Erlös aus einem außerordentlichen Holzhieb von 35 000 Festmetern könne die Kosten decken, kalkulierte die Gemeinde. Einstimmig befürwortete die städtische Elektrizitätskommission schließlich den Bau des Kraftwerkes.

Um auch die Zustimmung des Bürgerausschusses zu erhalten, bekräftigte Bürgermeister Karl Kraut nochmals seine Position: *„Andauernde Kohlenot und die fast unerschwinglichen Preise für die Brennstoffe einerseits, das Bestreben, unser Wirtschaftsleben wieder in Gang und unsere Industrie wieder hoch zu bringen andererseits, brachten es mit sich, daß*

Abb. 2
Ansichtskarte vom Modell der Staumauer, herausgegeben aus Anlass der Grundsteinlegung.

Abb. 3
Die Vorarbeiten zum Talsperrenbau beginnen: Verlegung der Linachtalstraße aus der Talsohle in den Hangbereich im Jahr 1922.

in den letzten Wochen und Monaten überall im deutschen Vaterlande die Möglichkeit des Ausbaus der Wasserkräfte eifrig besprochen wurde und dieser Gedanke bereits zum Allgemeingut geworden ist. Bei uns kamen als weitere Momente hinzu, daß das Kraftwerk Laufenburg gleichzeitig mit einer bedeutenden Erhöhung der Strompreise sogenannte Sperrtage eingeführt und zum Ausdruck gebracht hat, daß es außerstande ist, uns im Bedarfsfalle auch nur die geringste Menge elektrischer Energie mehr als bisher zu liefern, wenigstens nicht zu normalen Preisen."

Am 3. August 1921 traf sich der Gemeinderat, um das Projekt eingehend zu beraten. Zu klären war, ob das Kraftwerk nur die Stadt Vöhrenbach versorgen sollte, oder ob ein größeres Werk besser sei. Für die kleinere Lösung reichte die Zuführung der Linach, für die größere hätte es auch des Wassers aus der Urach bedurft. Weiter stellte sich die Frage, ob nicht vielleicht die Beteiligung an einem der Werke in Triberg oder Villingen günstiger sei.

Der Gemeinderat bevorzugte ein eigenes Kraftwerk und sprach sich dafür aus, das Projekt zunächst nur in einer ersten Ausbaustufe zu verwirklichen. Dieser Teilausbau beschränkte sich auf die Nutzung der Linach. 1,5 Millionen Kilowattstunden seien damit jährlich zu gewinnen, fünfmal soviel, wie Vöhrenbach in diesen Jahren verbrauchte, rechnete der Karlsruher Diplomingenieur Fritz Maier vor. Ein Vollausbau mit Einbeziehung der Urach hätte 2,3 Millionen Kilowattstunden gebracht, doch die Kosten hätten statt bei 7 bis 8,5 Millionen Mark bei 12 bis 13 Millionen gelegen.

Diplomingenieur Maier, in dessen Büro der gesamte Entwurf für die Wasserkraftanlage entstand, traf auch die Entscheidung über die Art der Staumauer. Erstmals in Deutschland sollte in Linach eine Talsperre in aufgelöster Bauweise, eine Vielfachbogensperre, errichtet werden. Diese Technik versprach billiger zu sein, als eine massive Staumauer, weil sie weniger Material benötigte. Das war gerade in Linach von Bedeutung, weil die Baustelle mehr als zwei Kilometer von einer nicht sehr leistungsfähigen Nebenbahn entfernt lag, und die Straße zudem große Steigungen und nur einen leichten Unterbau aufwies. Unter diesen Voraussetzungen war die Anlieferung der Baumaterialien teuer.

Noch weitere Gründe sprachen für die Leichtbauweise: Arbeiter, vor allem aber Facharbeiter, die für eine massive Mauer in noch größerer Anzahl benötigt würden, waren nicht beliebig verfügbar. Außerdem verlangte die Stadt Vöhrenbach, dass die Staumauer in ihren wesentlichen Teilen innerhalb eines Jahres fertiggestellt sein müsse; das erschien nur bei aufgelöster Bauweise möglich zu sein, nicht bei einer Mauer mit einem etwa dreifachen Mauervolumen. Zumal man in dieser Höhenlage nur mit einer sechs- bis siebenmonatigen Bauzeit pro Jahr rechnen konnte.

Da auch die geologische Beschaffenheit des Untergrundes (massives Urgestein Granit) die leichtere Mauer zuließ, nutzte man die Chance: Ziel aller Beteiligten war es, der neuen Bauweise mit der Linachtalsperre zum Durchbruch zu verhelfen.

So fand am 6. November 1921 in der Festhalle eine Bürgerversammlung und öffentliche Bürgerausschusssitzung statt, auf der ein Beschluss gefasst werden musste. Im Bewusstsein der Bedeutung dieser Entscheidung, hatten Gemeinderat und Bürgerausschuss in der Vorwoche das bereits im Bau befindliche Kraftwerk in Bräunlingen besichtigt, das ebenfalls über eine Talsperre (Kirnbergsee) verfügte.

Abb. 4

Nur mit Schuldverschreibungen war der Bau der Linachtalsperre zur Zeit der Hochinflation im Jahr 1923 zu finanzieren. Die Inflationszeit gefährdete die Fertigstellung der Linachtalsperre massiv: Die Stadt konnte zeitweise nicht einmal mehr die Löhne der Arbeiter bezahlen. Als diese am 17. Oktober 1924 vor dem Rathaus demonstrierten, wurde jedem Arbeiter eine Lohnauszahlung in Höhe von 500 Millionen Mark zugesichert. Vor diesem Hintergrund ist der rasche Absatz der Holzanleihen gut nachvollziehbar, das Holz im Vöhrenbacher Stadtwald war wertbeständig. Für einen Festmeter hatte der Zeichner 8,1 Milliarden Papiermark aufzubringen.

Abb. 5
Die Linach-Talsperre zog Sonntag für Sonntag hunderte von Besuchern an. Viele nutzten den Sonntagsausflug zum Kunstsee für eine Bootsfahrt.

„So mancher Unkenruf ist gegen den Bau der Kraftanlage ertönt und gar mancher Widerstand innerhalb und außerhalb Vöhrenbachs war zu überwinden, bis aus diesem oder jenem Saulus ein Paulus wurde. Daher möchte wohl gerne so mancher Zeitgenosse wissen, was unsere Epigonen dereinst über das Bauwerk für ein Urteil fällen werden, wenn einmal nach einer Reihe von Jahren der Grundstein wieder geöffnet wird."

„Furtwanger Nachrichten", 24. Juni 1923

Mit 39 Ja-, einer Nein-Stimme und drei Enthaltungen bestätigte der Bürgerausschuss die Entscheidung des Gemeinderates – der Bau des Kraftwerkes war damit beschlossen. Ebenso die Aufnahme eines Kredites in Höhe von zunächst 6,5 Millionen Mark, und der Verkauf von 35 000 Festmetern Nutzholz aus dem Stadtwald. Die Bauleitung wurde dem Karlsruher Diplomingenieur Fritz Maier übertragen.

Nachdem der Gemeinderat am 9. November 1921 das Projekt auf den Namen „Kraftwerk Vöhrenbach" getauft hatte, und am 17. Dezember 1921 die Bauarbeiten vergeben wurden, stand dem Baubeginn nichts mehr entgegen. Den Auftrag zum Bau der Staumauer, der Entlastungsanlage und der Druckstollen erhielt die Firma Dyckerhoff & Widmann AG in Karlsruhe, die Lieferung der Turbinen und elektrischen Einrichtungen wurde an die Oberbadische Elektrizitäts- und Maschinengesellschaft in Villingen übertragen, und die Großarmaturen wurden bei der Firma Bopp & Reuther in Mannheim bestellt.

Spatenstich am Neujahrstag

Am 1. Januar 1922 wurde der 1. Spatenstich vollzogen. Die Bauarbeiten mussten dennoch für einige Wochen ruhen, weil der Winter sie nicht zuließ. Nur langsam liefen die Arbeiten im Frühjahr an: Im März begannen die ersten Vermessungsarbeiten für den Stollen, am 5. April erfolgte der erste Spatenstich am Stolleneingang. Schuld an den Verzögerungen war nicht nur das Wetter sondern auch die unzureichende Transportmöglichkeit. Weil das Abstellgleis auf der Bregtalbahn an der nahegelegenen Kohlbrücke noch nicht fertig war, musste das Baumaterial mit Pferde- oder Ochsenfuhrwerken vom Bahnhof Hammereisenbach oder Vöhrenbach abgeholt werden. Wegen des daraus resultierenden langen Anfahrtsweges konnten die Fahrzeuge nur zweimal am Tag fahren. Von der Kohlbrücke aus wären fünf Fahrten täglich möglich gewesen.

Ab Ende Mai schritten die Arbeiten schneller voran, und schon bald fehlte es an Arbeitskräften. Österreichische Arbeitnehmer halfen mit, Durchwandernde, Arbeitslose, entlassene Strafgefangene und Studenten. Ende Juli wurden auf der Baustelle 350 Arbeiter gezählt; weil nicht für alle eine Unterkunft zu finden war, mussten einige Studenten im Freien übernachten.

Die Finanzierung wurde immer schwieriger, zumal der Verkauf von Nutzholz stockte. Dennoch beschloss der Gemeinderat am 27. April 1923, die Arbeiten am Kraftwerk mit aller Energie fortzusetzen – die notwendigen Gelder wurden durch Kredite beschafft. Ein Brief des Bürgermeisters vom 2. Juni 1923 an die Girozentrale in Mannheim machte den Baufortschritt, wie auch die bisher entstandenen Kosten deutlich: „Das Maschinenhaus ist fertig, die ganze elektrische und maschinelle Ausstattung ist vorhanden und hat einen Wert von 1,5 Milliarden Mark. Staumauer, Stollen, Rohrleitung und Wasserschloß sind so weit gediehen, daß der Betrieb Ende des Jahres aufgenommen werden kann. Die gesamten Aufwendungen für das Kraftwerk betrugen zu diesem Zeitpunkt annähernd fünf Milliarden Mark."

Der nächste Schritt war am 24. Juni 1923 die Grundsteinlegung für die Staumauer. Es war ein bedeutendes Ereignis für die ganze Region. Ein Journalist der „Freiburger Zeitung" notierte: „Unter sehr großer Beteiligung von Nah und Fern und unter Teilnahme einer großen Anzahl von Ehrengästen, darunter Vertretern des Staats, des Fürsten von Fürstenberg, der technischen Hochschule usw. fand am Sonntag die Grundsteinlegung für die Talsperre im Linachtal statt." Von einem „bedeutenden Abschnitt in der Geschichte der Stadt Vöhrenbach", war ferner die Rede, und von einem „bewundernswerten Werk". Und die „Furtwanger Nachrichten" schrieben: „Wir können zuversichtlich hoffen, daß unsere Nachfahren mit scharfem Blick erkennen werden, daß wir totes, dem Substanzverlust unterworfenes Kapital mit planmäßigem Vorbedacht in lebendiges hochwertiges Nutzkapital umgewandelt haben und damit unseren Nachkommen ein Erbe überliefertn, das ihnen zum dauernden Nutzen und Segen gereichen wird."

Nur die Gelddruckerei kann noch helfen

Die Auswirkungen der Inflation bedrohten das Werk: Mehrfach nahm die Stadt Darlehen auf, doch im August 1923 lehnte die Bank weitere Kreditanträge ab. Nun blieb der Gemeinde nur noch eines: Selber Geld zu drucken. Erstmals im August 1923 brachte sie Notgeld heraus, doch auch damit waren die finanziellen Probleme nicht gelöst. Die Zahl der Arbeiter musste von 500 auf 150 reduziert werden, Anfang Oktober 1923 wurden die Arbeiten eingestellt – von einigen Notstandsarbeiten abgesehen.

Um weiter arbeiten zu können, legte die Stadt eine wertbeständige Holzanleihe mit sechs Prozent Zins auf. Schon am zweiten Zeichnungstage war das Kontingent von 2 000 Festmetern überzeichnet; sie erhöhte auf 5 000 Festmeter. Damit konnte die Stadt die Arbeiter wieder bezahlen, und der Bau des Kraftwerkes konnte, wenn auch verlangsamt, weitergehen.

Während der Bau der Talsperre noch lange nicht abgeschlossen war, wurde im Turbinenhaus am Ausgang des Linachtals am 16. Dezember 1923 bereits „Lichtfest" gefeiert. Um 14.43 Uhr liefen die Turbinen an, die vom Wasser der Linach durch die Fallrohrleitung gespeist wurden, „Vöhrenbacher Licht" erstrahlte im Kraftwerksgebäude. Nun konnte die Baustelle Kraftstrom und die Stadt billigen Lichtstrom erhalten. Und selbst in der Landeshauptstadt Karlsruhe konnte man tags darauf in der Zeitung von dem Ereignis lesen: „Sämtliche Arbeiter des Kraftwerks erhalten ein Festessen, so wie jede hiesige Familie zwei Pfund Fleisch sowie pro Kopf ein Pfund Mehl seitens der Gemeinde unentgeltlich zugewiesen."

Die drei Turbinen im Krafthaus, knapp zwei Kilometer unterhalb des Sees bei der Kohlbrücke gelegen, kamen auf eine Leistung von zusammen 544 Kilowatt: Zwei Francis-Spiralturbinen mit jeweils 250 Kilowatt und eine Peltonturbine mit 44 Kilowatt. Bei voll aufgestautem See nutzten die Turbinen ein Gefälle von 77 Metern.

In einem ansprechenden Jugendstilbau hatte man die Turbinen untergebracht – womit auch sichergestellt war, was die „Karlsruher Zeitung" im Mai 1921 gefordert hatte: Dass Wasserkraftanlagen „in ihrer äußeren Erscheinung auch das Auge schönheitlich empfindender Menschen nicht verletzen" dürfen.

> „Betriebsleiter Kupfer gab die Weisung „schnurren" zu lassen und begleitete die Inbetriebnahme der Maschinen mit einem warmen „Glückauf". Als er alles intakt fand, schaltete er das elektrische Licht ein und als dieses aufblitzte, da ertönte nach Art der Schwarzwälder nicht eine enthusiastische Kundgebung, es flammten die Wogen der Begeisterung aus allen Augen."
>
> „FURTWANGER NACHRICHTEN", 19. DEZEMBER 1923

Abb. 6
Notgeldschein der Stadt Vöhrenbach von August 1923, der Zeit der Hochinflation. „Das Millionenloch", die Linachtalsperre, prangte auf der Vorderseite der Inflationsgeldscheine.

Ein „ansehnliches, stolzes Bauwerk"

Erst am 1. August 1924 konnten die Bauarbeiten an der Staumauer wieder in vollem Umfang aufgenommen werden. Die Staumauer wuchs in den nächsten drei Monaten um 14 Meter in die Höhe. 2 150 Tonnen Zement, 30 Tonnen Eisen und 150 Tonnen Sand waren inzwischen verbaut, 564 000 Arbeitsstunden geleistet. Insgesamt sollten es 10 528 Kubikmeter Beton werden, die für die Talsperre verbaut wurden. Anfangs hatte man mit 7 000 Kubikmetern kalkuliert, doch wegen späterer Auflagen der Baubehörden und einer notwendig gewordenen tieferen Gründung des Fundamentes, reichte diese Menge nicht aus.

Mit den Fortschritten der Staumauer wurde im Dezember 1924 ein Teil-Einstau von zehn Metern Höhe möglich. Und während die Bauarbeiten noch weitergingen, musste das Kraftwerk im Frühjahr 1925 unerwartet seine Leistungsfähigkeit beweisen. Weil das Kraftwerk Laufenburg an einem Wochenende wegen Reparaturarbeiten keinen Strom an die Messingwerke Villingen liefern konnte, die Schmelzöfen aber nicht ausgehen durften, übernahm das Kraftwerk die Stromversorgung – ohne Schwierigkeiten. Auch die Gemeinde Linach wurde im April 1925 erstmals mit Strom beliefert.

Am 7. November 1925 war die Mauer vollendet, und „nach der Wasserseite hin durch ein modernes Zementspritzverfahren vollständig abgedichtet", wie die Presse schrieb. 25 Meter hoch, 143 Meter breit, ragte sie aus dem Linachtal empor. Nachdem am 8. Mai 1926 das Bezirksamt Donaueschingen den vollen Einstau der Linachtalsperre genehmigt hatte, lud der Bürgermeister am 31. Mai zum letzten Mal zu einer Besichtigung an die Staumauer ein. Das Becken war mit 1,1 Millionen Kubikmetern randvoll, der See hatte eine Länge von einem Kilometer und bedeckte eine Fläche von 110 000 Quadratmetern.

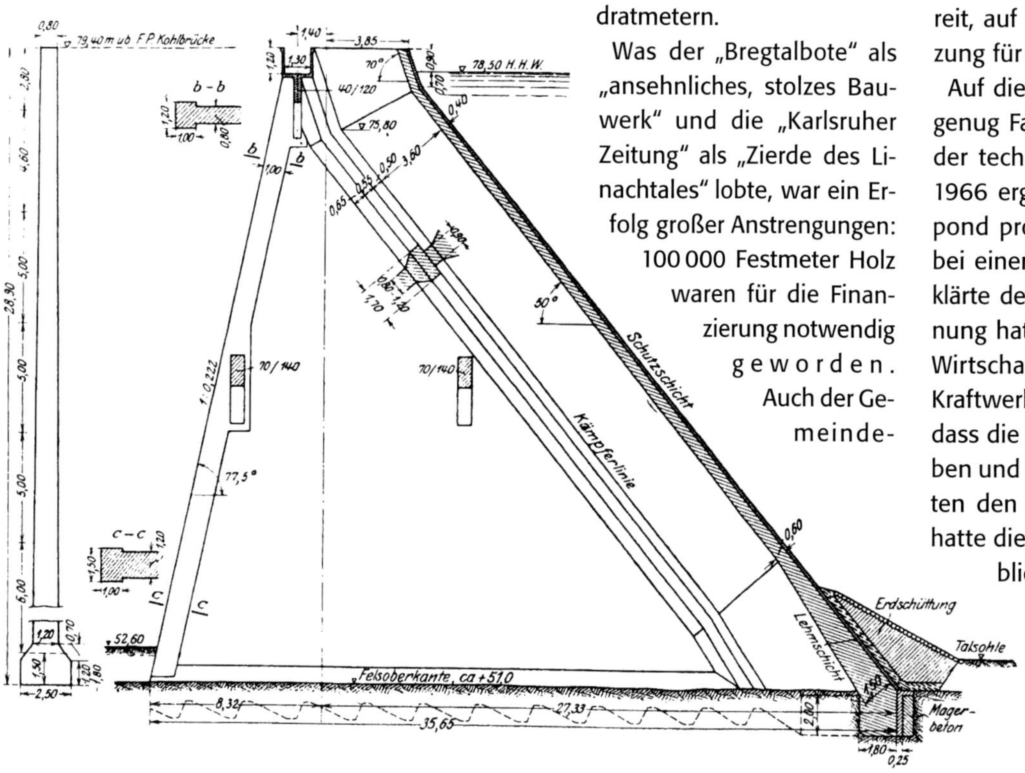

Was der „Bregtalbote" als „ansehnliches, stolzes Bauwerk" und die „Karlsruher Zeitung" als „Zierde des Linachtales" lobte, war ein Erfolg großer Anstrengungen: 100 000 Festmeter Holz waren für die Finanzierung notwendig geworden. Auch der Gemeinderat hatte immer und immer wieder mit dem Bauwerk zu tun: 3 200 Ratsbeschlüsse ergingen in der Zeit von 1922 bis 1926 jährlich – gegenüber 167 im Durchschnitt der Jahre 1913 und 1914.

Im Jahr 1926, dem ersten Jahr nach der vollen Inbetriebnahme, verbrauchte Vöhrenbach 518 000 Kilowattstunden, wovon 374 000 Kilowattstunden, also 72 Prozent, vom eigenen Werk stammten. Den Rest lieferte das Kraftwerk Laufenburg. In den folgenden Jahrzehnten produzierte das Werk bis zu 1,9 Millionen Kilowattstunden jährlich, im Durchschnitt 1,2 Millionen. Der Anteil der Eigenversorgung betrug in den 1960er Jahren aber nur noch rund 30 Prozent.

Das Ende des Kraftwerks

Nachdem das Werk Jahrzehnte lang gute Dienste geleistet hatte, wollten Gemeinderat und Kraftwerk Laufenburg im Dezember 1969 nichts mehr von dem Kraftwerk wissen. Die Stadt war nicht bereit, Geld für dringend notwendige Investitionen bereitzustellen, obwohl das Werk im Jahre 1968 noch 65 000 Mark Gewinn erwirtschaftet hatte. Mit acht gegen drei Stimmen beschloss der Rat, das Kraftwerk stillzulegen, und das Ortsnetz an das KWL zu verkaufen. Dieser Beschluss war nach langen Diskussionen überwiegend mit den Stimmen der SPD und der Wählervereinigung zustande gekommen.

Das KWL, in dieser Zeit stets darauf aus, die Stromerzeugung in Großkraftwerken zu zentralisieren, hatte der Stadt Vöhrenbach 800 000 Mark für das Stromnetz geboten, sowie 250 000 Mark für den Abriss der Staumauer und 50 000 Mark für die Demontage des Turbinenhauses (wobei es in das Ermessen der Stadt gestellt wurde, die Anlagen tatsächlich abzureißen oder auch stehen zu lassen). Ferner erklärte sich das KWL bereit, auf eigene Kosten in der neuen Schule eine Elektroheizung für mindestens 150 000 Mark einzubauen.

Auf diese Weise ließ die Stadt sich überzeugen, obwohl es genug Fakten für den Erhalt des Werkes gab. Ein Gutachten der technischen Hochschule Karlsruhe hatte noch im März 1966 ergeben, dass die „Betondruckfestigkeit von 160 Kilopond pro Quadratzentimeter ausreichend sicher" war. Auch bei einem Vollstau sei die Standsicherheit noch gegeben, erklärte der Gutachter, Professor Dr. Franz. Eine ähnliche Meinung hatte im Juli 1966 auch Professor Dr. Grüning von der Wirtschaftsberatung AG Düsseldorf vertreten: „Das hiesige Kraftwerk rentiert sich auf jeden Fall." Vorausgesetzt allerdings, dass die anfallenden Schäden in Zukunft immer sofort behoben und nicht verschleppt würden. Doch die Gutachten konnten den Gemeinderat nicht beeindrucken. Glücklicherweise hatte die Stadt kein Geld für den Abriss der Anlagen – und so blieben sie stehen. Weil sie aber in den 1970er und 1980er Jahre zu verfallen begannen, musste die Stauhöhe der Sicherheit wegen bald auf 15 Meter reduziert werden.

Die Wiederinbetriebnahme wurde unterdessen immer heftiger diskutiert. Die Auswirkungen der

Abb. 7
Querschnitt der Sperrmauer (aus „Talsperren" von Dr. Ing. N. Kelen).

Energiekrise im Jahr 1973 und das Atomunglück von Harrisburg im Jahr 1979 hatten einen Stimmungsumschwung eingeleitet. Das Stuttgarter Wirtschaftsministerium ließ im Dezember 1983 außerdem wissen, dass die Linach-Talsperre als Kulturdenkmal eingestuft wurde, und Vöhrenbach deshalb bei einer Sanierung Zuschüsse aus Mitteln der Denkmalpflege erhalte. So schien die Wiederinbetriebnahme in den folgenden Jahren greifbar nahe: Von den geschätzten Sanierungskosten in Höhe von drei bis fünf Millionen Mark sagte die staatliche Denkmalpflege 60 Prozent zu, und der Vöhrenbacher Gemeinderat sprach sich am 2. September 1987 mit nur vier Gegenstimmen für die Sanierung aus.

Daher wurde im April 1988 der See völlig entleert, Probebohrungen an der Mauersubstanz folgten. Doch plötzlich nahm das Projekt eine ungeahnte Wendung. Im Jahr 1990 prognostizierte ein neues Gutachten der Technischen Universität Karlsruhe Sanierungskosten in Höhe von 8,7 Millionen Mark – und das war, zumindest vorerst, das Ende. Soviel Geld wollte niemand locker machen, zumal nach der deutschen Vereinigung plötzlich ein großer Teil der öffentlichen Mittel in den Osten umgeleitet wurde.

Damit blieb alles beim Alten. Mit Verweis auf die Kosten lehnten es die Stadt Vöhrenbach und das Land Baden-Württemberg in den folgenden Jahren immer wieder strikt ab, die Reaktivierung weiterzuverfolgen. Die Mauer verfiel unterdessen zusehends, nicht einmal dringendste Sanierungsarbeiten wurden ausgeführt. Zugleich herrschte an verbalen Sympathiebekundungen für die Talsperre – sei es vom Bürgermeister oder vom Denkmalamt – kein Mangel.

Eine kleine Firma als großer Retter

Erst ein kleines Unternehmen brachte das Projekt wieder in Gang. Die Gesellschaft für dezentrale Energieanlagen (Gedea), ein Ableger der Schönauer Anti-Atomkraft-Bewegung, schloss im April 1996 mit der Stadt Vöhrenbach einen Pachtvertrag ab. Die Gedea, die in den Jahren zuvor fast ein Dutzend Kraftwerke errichtet beziehungsweise reaktiviert hatte, trat mit einem zweistufigen Konzept an: Entgegen aller bisher diskutierten Pläne (die von einer Mauersanierung und einer gleichzeitigen Inbetriebnahme des Kraftwerkes ausgingen) trat die Gedea mit dem Ziel an, fürs erste das Werk ohne Stausee als Laufwasserkraftwerk zu betreiben. Die Sanierung der Mauer sollte erst in einer zweiten Phase angegangen werden. Das Wasser der Linach sollte 200 Meter oberhalb der Mauer ausgeleitet werden, wodurch sich eine Nutzfallhöhe von 56 Metern ergab. Damit konnte man immerhin eine Leistung der drei Turbinen von zusammen 440 Kilowatt erzielen. Diese Strategie erwies sich als die einzig praktikable. Denn der Kapitalbedarf für die Reaktivierung des Kraftwerks war, gemessen an den Kosten einer Mauersanierung, überschaubar. Die Gedea, die am 18. Juli 1997 in Vöhrenbach die Wasserkraft Linach KG gründete, kalkulierte mit Investitionen in Höhe von 1,2 Millionen Mark bis zur Inbetriebnahme des Kraftwerkes. Mit 800 000 erzeugten Kilowattstunden pro Jahr, so rechnete sie, könnte das Projekt bei einer Kapitalverzinsung von bis zu acht Prozent kostendeckend betrieben werden. Zuschüsse gab es nicht, das Geld musste durch Bürger der Region und durch Bankkredite aufgebracht werden.

Und das klappte auch: Denn die Menschen rund um Vöhrenbach waren auch um diese Zeit noch emotional eng mit dem Linachkraftwerk verbunden. 118 Gesellschafter, die meisten aus Vöhrenbach und den Nachbargemeinden, beteiligten sich in den folgenden Monaten mit zusammen 700 000 Mark an dem neuen Unternehmen. Es waren Menschen aller Berufsgruppen: Ein Rentner und ein Wagnermeister, ein Gewerbelehrer und ein Installateur, ein Arzt und eine Hausfrau, ein Landwirt und ein Vermögensberater, sowie mehr als 100 andere. Jeweils mit Beträgen zwischen 1 000 und 10 000 Mark finanzierten sie die Arbeiten an den Wasserturbinen, an der Druckrohrleitung und am Turbinenhaus.

Noch im Sommer 1997 begannen die Arbeiten am Turbinenhaus. Anfang 1998 erhielt die Gedea die wasserrechtliche Genehmigung, und vergab im April den Auftrag für die Sanierung der Turbinen an ein Rottweiler Wasserkraft-Unternehmen. Schon vier Wochen später begannen die Arbeiten. So gerade gelang es, dass das Kraftwerk am 16. Dezember 1998 um 14.43 Uhr wieder Strom liefern konnte – auf die Minute genau 75 Jahre, nachdem im Linachtal mit einem „Lichtfest" die Stromerzeugung begonnen hatte. „Ein neues Lichtfest im Advent" schrieb die Presse.

Wenn erst die Turbinen wieder laufen, so die Überlegung der Gedea, dann werde es auch politisch Rückenwind für das ganze Projekt geben. Die Hoffnungen, dann auch Zuschüsse für die Mauersanierung zu bekommen, waren nicht unbegründet. Denn sowohl der Denkmalschutz, wie auch der Hochwasserschutz mussten an einer Sanierung der Mauer größtes Interesse haben. Und nachdem durch privates Engagement derart viel Vorleistung erbracht worden war, hofften alle Beteiligten, dass Unterstützung durch die Behörden fortan selbstverständlich würde.

Zumal auch die Stadt sich immer stärker für das Projekt einsetzte und 1999 bei der Gründung des Fördervereins „Rettet die Linachtalsperre" mitwirkte. 200 Mitglieder hatte der Verein nach zwei Jahren bereits; sie hatten in dieser Zeit schon 50 000 Mark zusammengebracht. In Relation zu den nunmehr geschätzten 6,5 Millionen Mark Sanierungskosten war das zwar nur ein geringer Betrag, doch ein kleiner Schritt konnte mit dem Geld schon 2001 getätigt werden: Die Staumauer wurde wieder begehbar gemacht.

Erfolge konnten auch die Betreiber regelmäßig melden. Statt der vorsichtig kalkulierten 800 000 Kilowattstunden speiste das reaktivierte Kraftwerk in den ersten zwölf Monaten sogar 1,13 Millionen Kilowattstunden ins Netz, und überschritt die Zwei-Millionen-Marke bereits am 7. Juni 2000.

Eine weitere gute Nachricht kam im Mai 2002, diesmal aus Stuttgart: Die Landesstiftung Baden-Württemberg sagte 1,53 Millionen Euro für die Sanierung zu – das Projekt war damit immerhin zur Hälfte finanziert.

Was verbirgt sich auf dem Grund einer Talsperre? Im Fall der Linachtalsperre beantwortete sich diese Frage im April 1988, als der See abgelassen wurde, damit ein Gutachten zur Sanierungswürdigkeit der Talsperre erstellt werden konnte. Tiefbraun schoss das Wasser aus der Talsperre und beförderte viele Fische ans Tageslicht – mehr aber nicht. Nun konnte ein Spezialistenteam die Staumauer untersuchen. Das Ergebnis: Sanierungskosten von rund 8,7 Millionen Mark, die Stadt Vöhrenbach musste die Sanierungspläne begraben.

Die Linachtalsperre
Die Bautätigkeit in den Jahren 1922-1925

Hunderte von Fotografien in mehreren Alben dokumentieren den Bau der ersten Vielfachbogentalsperre in Deutschland – vom ersten Spatenstich bis zur Einweihung. Erster Höhepunkt der Baugeschichte war der 24. Juni 1923, der Tag der Grundsteinlegung (**Abb. 8**). Weil im Linachtal die erste Eisenbetonstaumauer in aufgelöster Bauweise entstand, sprach Oberbauleiter Diplomingenieur Maier dabei von einem „Markstein in der Geschichte des deutschen Talsperrenbaues".

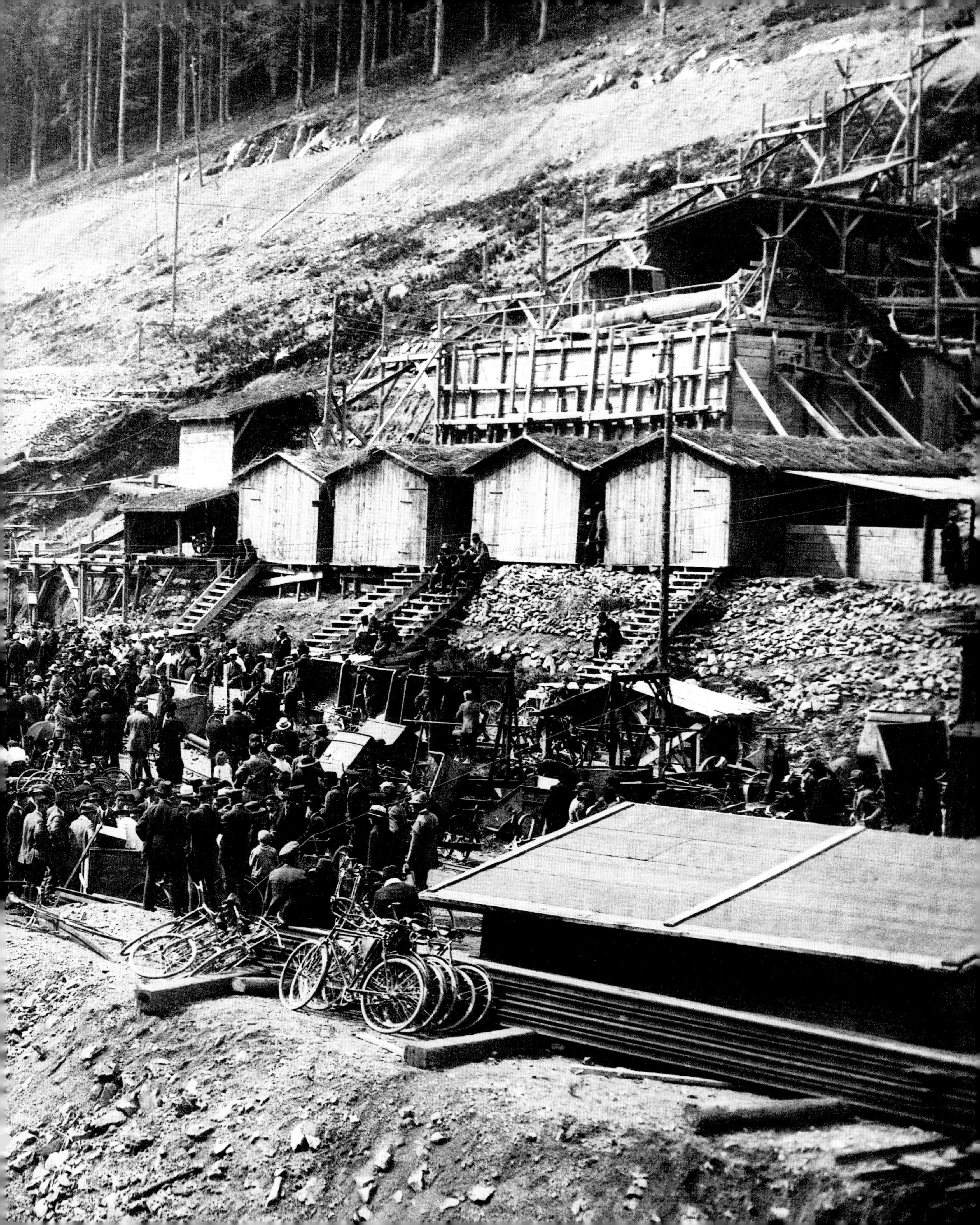

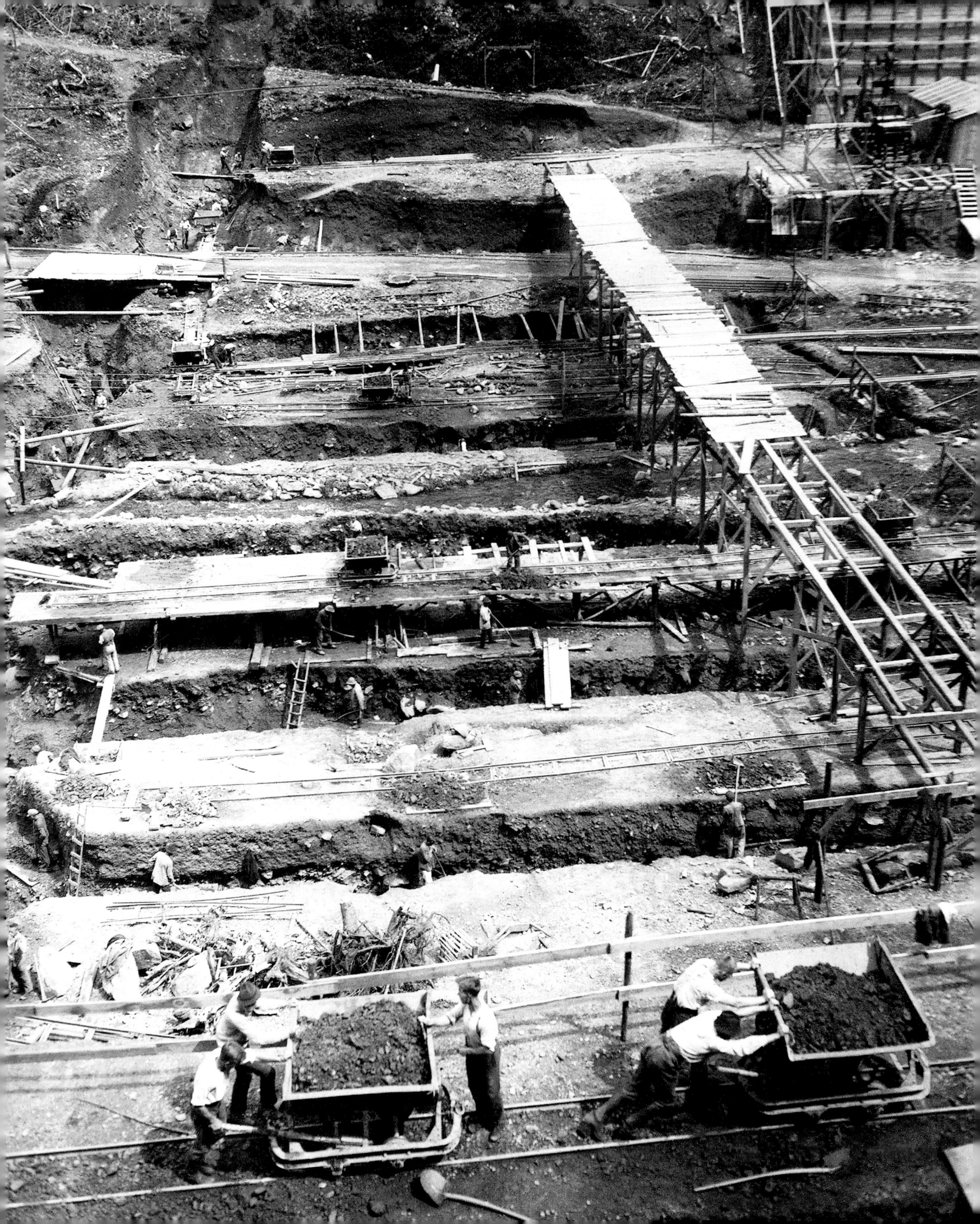

Abb. 9 *Linke Seite: Das Schalen der Pfeiler, August 1922.*   **Abb. 10** *Rechte Seite: Die Schalung der Gewölbe beginnt, Arbeiter beim Anbringen von Feinbeton, 1922.*

Abb. 11 bis 13
Linke Seite: Der Steinbruch im Fuchsloch lieferte das Rohmaterial für den Talsperrenbau, es wurde in der Steinbrecheranlage aufbereitet. Oben: Gneisabbau mit der elektropneumatischen Gesteinsbohrmaschine.

Abb. 14
Rechte Seite: Blick vom Winterberg, Fundamente für die Herdmauer, 1922.

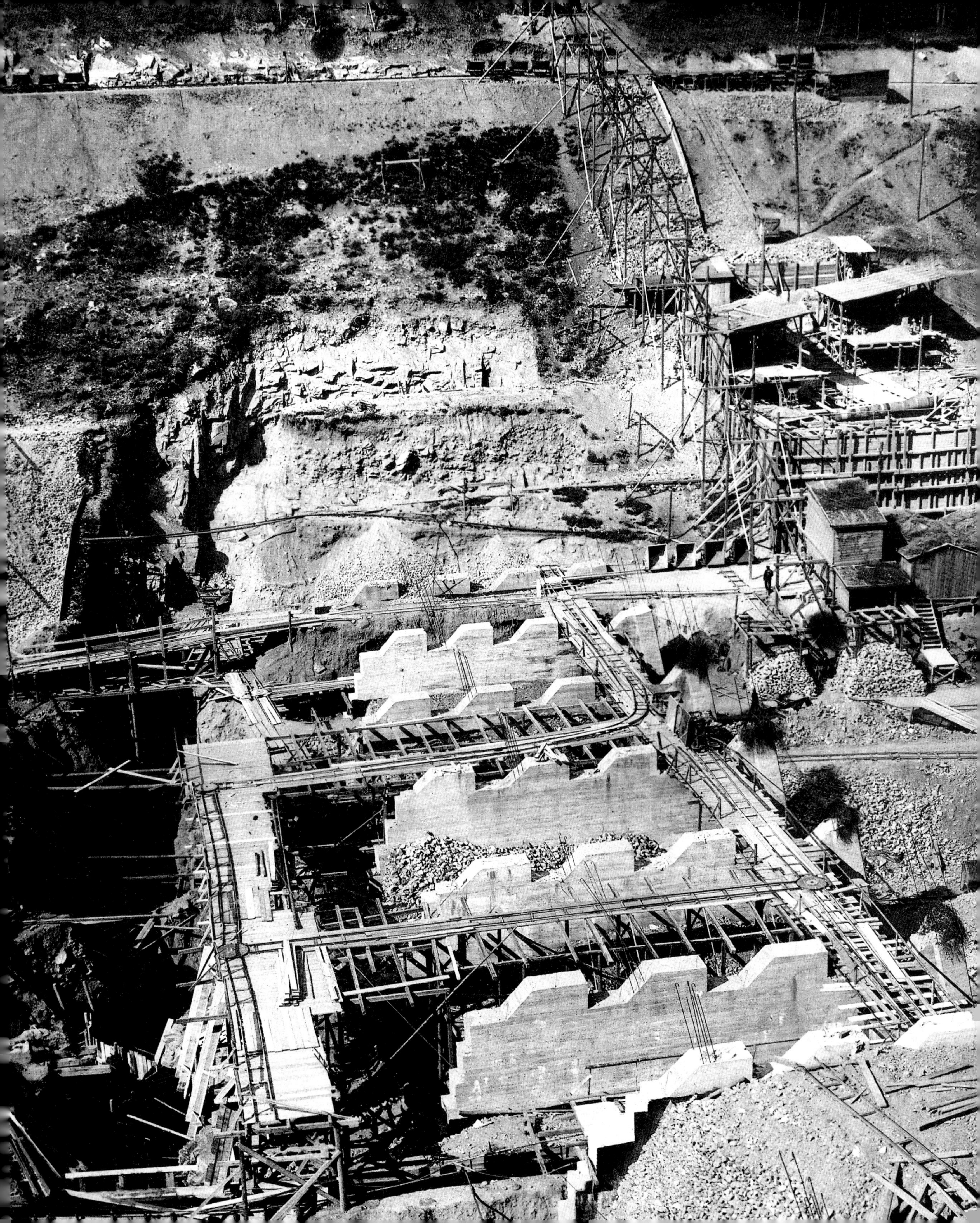

Abb. 15
Portrait mit Talsperre: Einer der Arbeiter posiert vor den Anfängen des Bauwerkes. Die Arbeiter – im Durchschnitt waren 150 Personen beschäftigt, darunter viele Wanderarbeiter – wohnten in der Barackenstadt im Vordergrund. Ihr Tagwerk war Schwerstarbeit, so sind allein beim Aushub der Fundamente 24 000 Kubikmeter Fels angefallen, die sie mit Loren zur Talmitte schaffen mussten, wo eine 600 Millimeter-Bahn zum weiteren Abtransport zur Verfügung stand. Es war ein buntes Volk an Wanderarbeitern, das im Linachtal zusammengewürfelt wurde und den Alltag im Städtle Vöhrenbach mehr als einmal gehörig durcheinanderbrachte. Sogar ein Doppelmörder namens Hundertpfund befand sich unter den „Barabern".

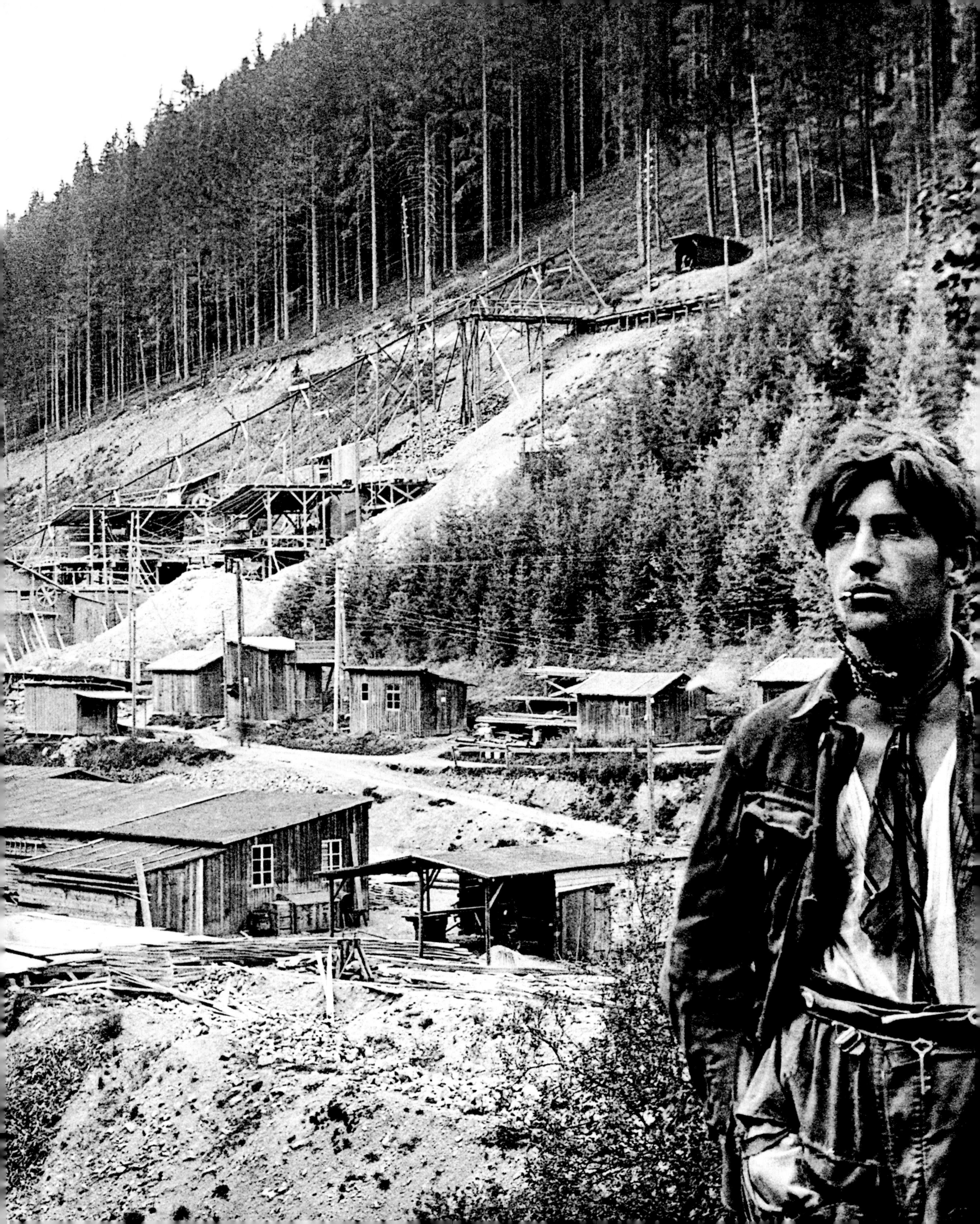

Abb. 16
Die Baustelle im Winter 1922/23, bei Hochwasser. Das Inflationsjahr 1923 war das schwierigste in der Geschichte des Talsperrenbaues: Aus Geldmangel gerieten die Arbeiten mehrfach ins Stocken, über längere Zeit konnten nur Notstandsmaßnahmen durchgeführt werden.

Abb. 17/18
Die Herdmauer, an die sich die Gewölbe lehnen. Rechts die Schalung der Pfeiler vier und fünf.

Abb. 19
Das Einbringen des Betons in die Verschalung war sehr arbeitsintensiv. Um den Beton gleichmäßig zu verteilen, musste die Verschalung ständig abgeklopft werden. Zum Einfüllen des Betons hat man Trichter verwendet. Der Beton wurde in einer Maschine mit 750 Liter Kübelinhalt hergestellt. Für den Bau der 25 Meter hohen und 143 Meter langen Mauer wurden insgesamt 10 500 Kubikmeter Beton benötigt.

Abb. 20
Verschalung eines Gewölbes – Arbeiter beim Reinigen der Jahresfuge.

Abb. 21
Baustand am 18. September 1924. Die Verschalung der Gewölbe mit 5 cm starken Dielen schreitet rasch voran.

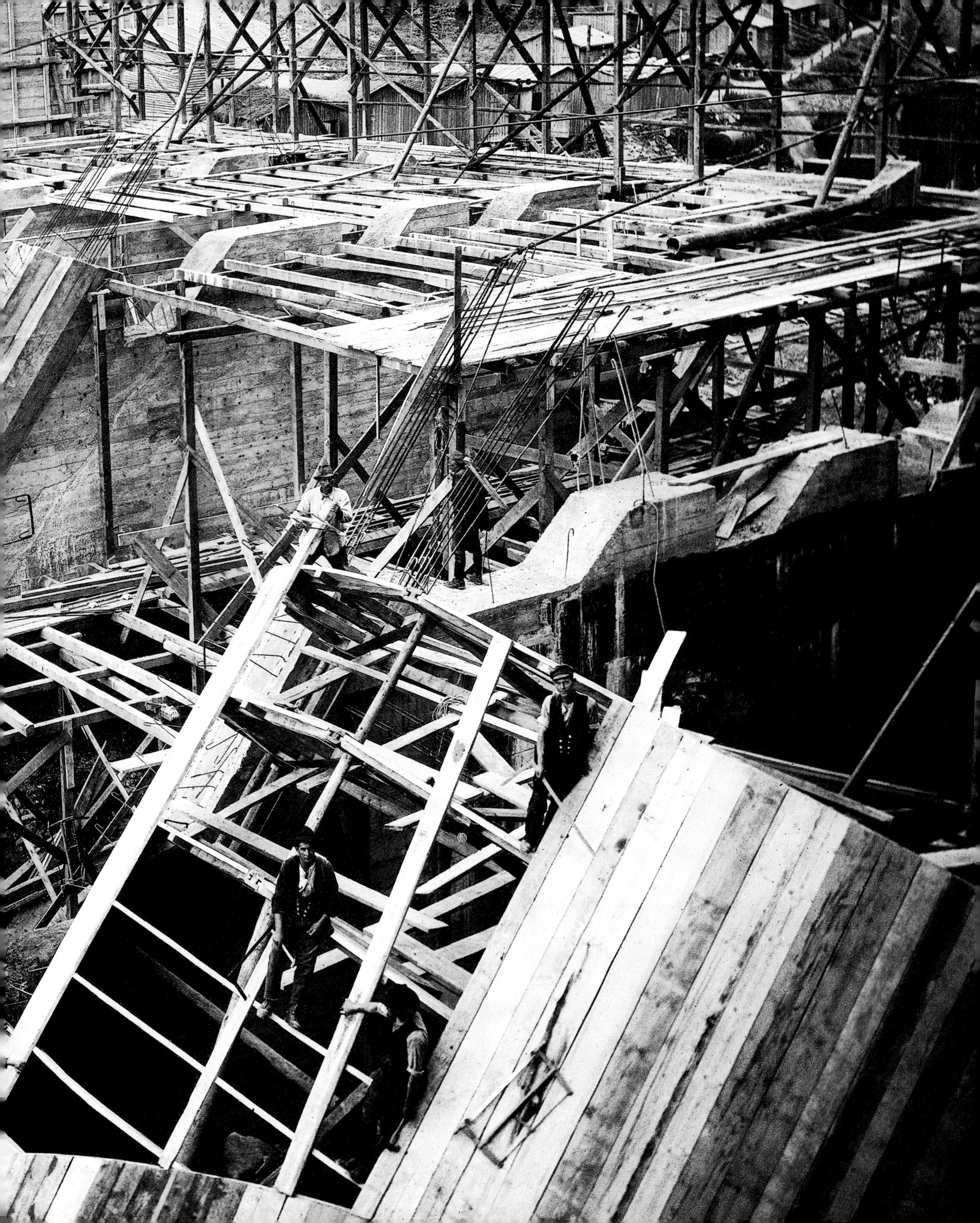

Abb. 22
Noch sind die Arbeiten voll in Gang, doch die Talsperre produziert bereits Strom: Mit dem Teileinstau hatte man im Herbst/Winter 1923 begonnen, im Dezember 1923 feierten die Vöhrenbacher „Lichtfest".

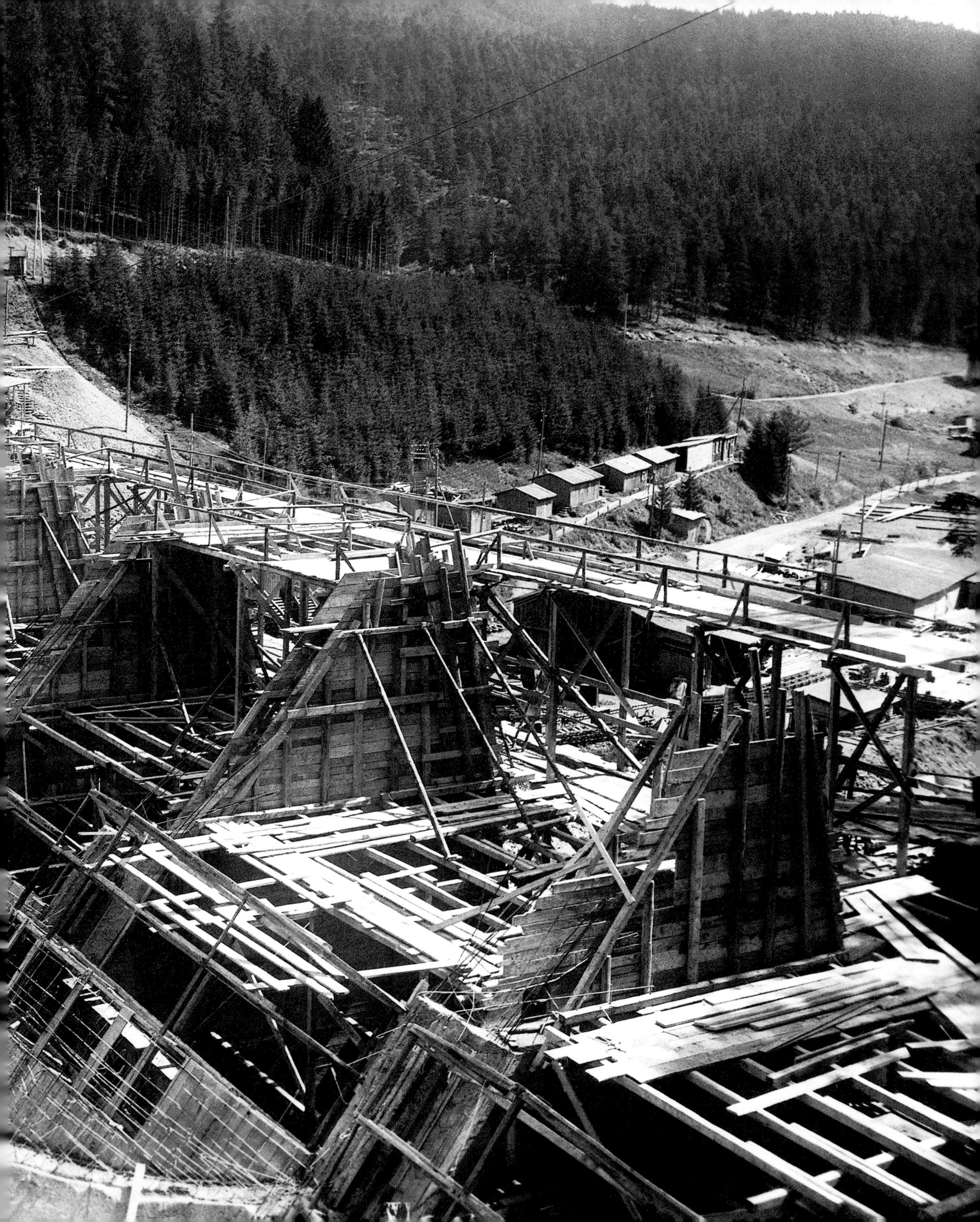

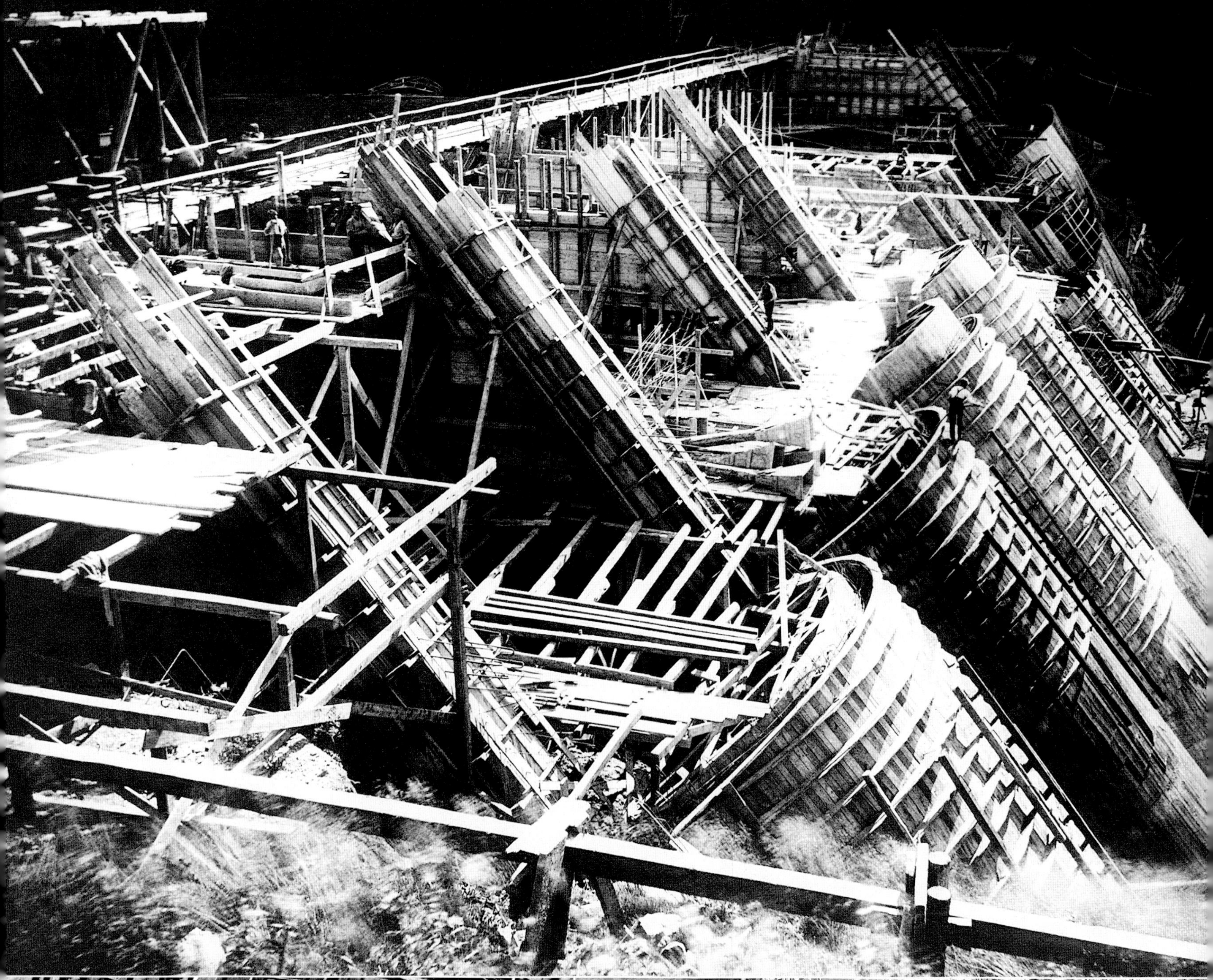
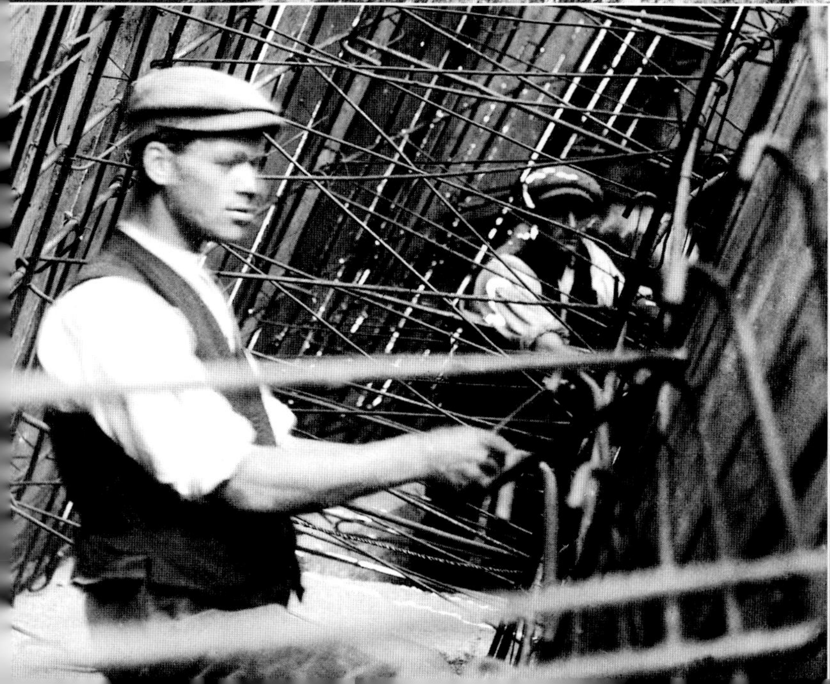
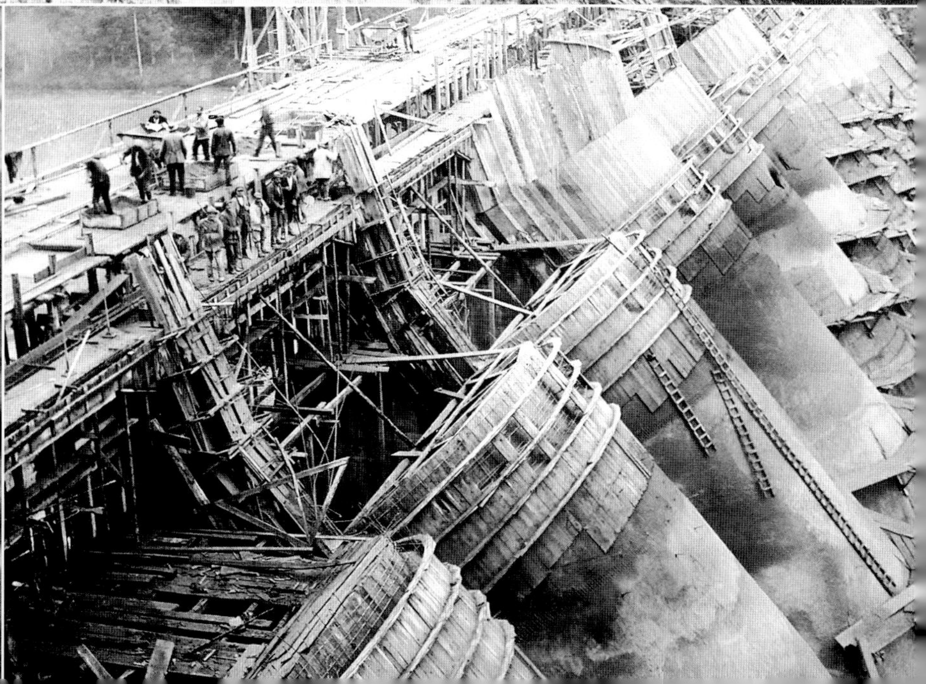

Abb. 23 bis 28
Die Mauer wächst mit hoher Geschwindigkeit ihrer Fertigstellung entgegen: Von August bis Oktober 1924 konnte man die Talsperre um 14 Meter in die Höhe treiben.

Abb. 29
Eine Benzinlokomotive, für die eine 600 Millimeter Schmalspurbahn angelegt worden war, transportierte das Felsmaterial vom Steinbruch zur Staumauer. Von dort beförderte ein Schrägaufzug das Material zur Steinbrecheranlage.

Abb. 30
Besondere Sorgfalt war bei der Fertigstellung der Hangrohrleitung gefordert. Die 1665 Meter lange eisenbetonummantelte Holzrohrleitung von einem Meter Durchmesser wurde überwiegend in Handarbeit hergestellt. Durch sie gelangt das Wasser vom Venturihaus zum Wasserschloss und von dort zum Krafthaus.

Abb. 31
Hartstahl-Walzenmäntel an der Walzenmühle: Feldschmiede im Jahr 1924.

Abb. 32/33 *Die Fallrohrleitung mit 90 Zentimeter Durchmesser. Unten: Haltepunkt Linach der Bregtalbahn, die zentrale Anlaufstelle für den Materialtransport.*

Abb. 34 *Torkretieren der Gewölbe, Aufbringen eines vier Zentimeter dicken Spritzgusses mittels Kompressor.*

Abb. 35/36
Um die Qualität des Betons zu prüfen, fanden an der Talsperre regelmäßig Schwundmessungen statt. Oben das Messgerät mit Schwundschreiber und Hörgerät.

Abb. 37/38 Die Montage des Hochwasserentlastungsturms, der pro Sekunde bis zu 40 Kubikmeter Wasser in das Tosbecken abzuführen vermag.

Abb. 39/40 *Der Kunstsee ist vollendet: Am 7. November 1925 waren die Arbeiten beendet, am 8. Mai 1926 genehmigte das Bezirksamt Donaueschingen den Vollstau.*

Abb. 41
Das im Jugendstil erbaute Krafthaus kurz nach seiner Fertigstellung im Jahr 1924.

„Das Maschinenhaus ist ein schöner Bau, der dem Landschaftsbilde gut angepaßt ist. Es beherbergt drei Maschinensätze, eine kleine Freistrahlturbine mit 60 PS und zwei Spiralturbinen mit je 340 PS. Es können also erzeugt werden 60 + 680 PS = 740 PS oder 544 KW."

Aus: Festschrift zur Erstellung des Kraftwerkes, Neues Schwarzwälder Tagblatt, 1923

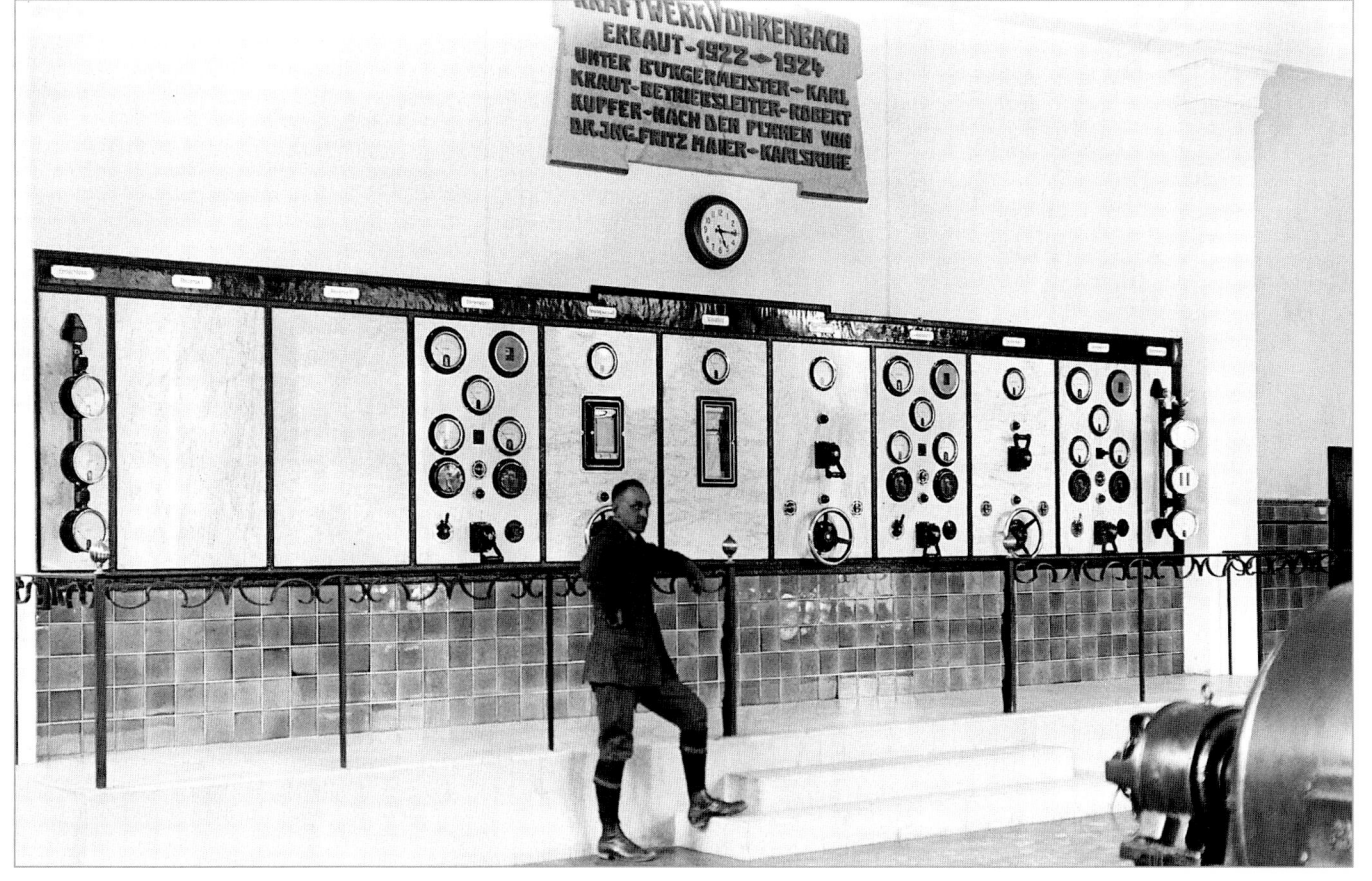

Abb. 42
Der geistige Vater der Linachtalsperre: Robert Kupfer vor der Schalttafel im Krafthaus.

238

Baden unter Strom

Abb. 43
Die Francis-Spiralturbine brachte eine Leistung von 340 PS. Im Krafthaus gab es zwei dieser Turbinen und zudem eine Freistrahlturbine mit 60 PS Leistung. Damit wurden bis zu 1,7 Millionen Kilowattstunden Strom im Jahr erzeugt.

Abb. 44/45
Der Transformatorengang des Krafthauses und ein Transformator.

Linachtalsperre

Hochdruck aus dem Kandelmassiv

1924 ■ Das Zweribachwerk der Firma Gütermann nutzt ein Gefälle von fast 500 Metern / 35. Kapitel

Mit fast 50-fachem Atmosphärendruck schießt seit 1924 das Wasser auf die Turbinen des Zweribachwerks am Fuße des Kandelmassivs. Der Druck ist ungewöhnlich: Nirgendwo sonst in Deutschland nutzt ein historisches Wasserkraftwerk ein derart hohes Gefälle – 483 Meter Höhendifferenz liegen zwischen dem Plattensee bei St. Peter im Hochschwarzwald und dem Krafthaus am Ausgang des Wildgutachtals. Aber nicht alleine die Fallhöhe macht das Werk in Obersimonswald im Landkreis Emmendingen zu einem der bemerkenswertesten Kraftwerke in Baden; einst von der Gutacher Textil- und Nähseidenfabrik Gütermann errichtet, gilt es dank seiner Jugendstil-Architektur als eines der schönsten Kraftwerke Deutschlands. Es war über Jahrzehnte hinweg das Herzstück im Netz des Stromversorgers Gütermann, der schon 1886 den ersten Generator installierte, und bis zum Verkauf des Stromnetzes im Jahr 1973 an das Badenwerk 30 Gemeinden in Elz- und Simonswäldertal mit Energie versorgte.

Abb. 1
Zwei Peltonturbinen von Voith, zwei Siemens-Schuckert Generatoren und eine Pumpe von Escher Wyss, so setzt sich der Maschinenpark des Zweribachkraftwerkes zusammen.

Die Geschichte begann im Herbst 1867. Der Wiener Seidenfabrikant Max Gütermann ließ sich in Gutach (Breisgau) nieder und startete mit 30 Arbeitskräften die Produktion von Nähseide. Entscheidend für seine Standortwahl war das Wasser: Zum einen war es weich und klar, und daher zum Färben der Seide gut geeignet. Zum anderen lieferte es die „Kraft" – ein Wasserrad am Fabrikkanal, gespeist von der Elz, brachte die Textilmaschinen in Bewegung; an die Nutzung von Elektrizität war noch nicht zu denken.

Doch als zwei Jahrzehnte später das Wissen um den Strom mächtig vorangeschritten war, begann der junge Ludwig Gütermann, der Sohn des Firmengründers Max, sich zunehmend für die Elektrizität zu begeistern. Und so stattete er 1886 das Wasserrad am Fabrikkanal mit einem Generator aus. Die Petroleumlampen in den Firmenhallen wurden nun durch Kohlefaden-Glühbirnen ersetzt, auch das Wohnhaus der Familie Gütermann erhielt elektrisches Licht. In Zeiten der Betriebsruhe speiste der Generator eine Batterie. Sie konnte immerhin 648 Ampere-Stunden bei 110 Volt speichern – also etwa 70 Kilowattstunden.

Die guten Erfahrungen, die man mit der Elektrizität machte, legten bald einen Ausbau der Stromversorgung nahe. Eine zweite Villa der Familie Gütermann in Gutach, etwa 500 Meter von der Stromquelle entfernt, wurde 1888 angeschlossen. 1891 bekamen auch die Büroräume der Firma elektrisches Licht. Um bei steigendem Strombedarf die Wasserkraft effizienter nutzen zu können, ersetzte der junge Gütermann das Wasserrad am Fabrikkanal im Jahr 1895 durch eine Wasserturbine mit vertikaler Achse. Drei Jahre später kam noch eine kleine Dampfmaschine hinzu, die sowohl Kraft für die Textilmaschinen lieferte, als auch in wasserarmen Zeiten der Stromerzeugung diente.

■ **Strom ja – aber nur zu arbeitsfreien Zeiten ...**

Soviel Versorgungssicherheit wurde nötig, weil das Netz expandierte. Bald wurden die ersten Arbeiterwohnungen mit Strom versorgt, gefolgt von einigen Privathäusern in Gutach und im benachbarten Ort Kollnau. Doch in den privaten Haushalten durfte Strom vorerst nur verwendet werden, wenn in der Seidenfabrik die Arbeit ruhte. Das stellte die Firma sicher, indem sie die Stromlieferungen für Wohnhäuser während der Produktionszeiten kurzerhand abstellte.

Die privaten Stromkunden störte das nicht, weil sie den Strom ohnehin nur abends für ihre Lampen brauchten. An die Nutzung von Elektromotoren dachte man weder im Privaten noch in der Industrie. Daher kam auch in den Gütermannschen Produktionshallen die notwendige Maschinenkraft nach wie vor von Wasserrad und Dampfmaschine.

Das änderte sich auch in den Jahren um die Jahrhundertwende nicht, als die Firma Gütermann weiter expandierte, und der Energiebedarf entsprechend stieg. Auch als im Jahr 1903

Im Überblick

■ Die Gemeinden im Simonswäldertal planten in den frühen 1920er Jahren den Bau eines Wasserkraftwerkes an der oberen Wildgutach – doch die Ideen scheiterten am fehlenden Geld. Daraufhin griff die Gutacher Nähseidefabrik Gütermann das Thema auf. Die Firma versorgte ohnehin bereits zahlreiche Gemeinden der Umgebung mit Strom, und galt damit bereits als „Überlandcentrale". Gütermann entschied sich für den Bau eines Krafthauses am Fuße der Zweribachfälle. Fast 500 Meter höher, auf Gemarkung St. Peter, wurde der Plattensee aufgestaut. Im Dezember 1924 ging das Kraftwerk in Betrieb.

Abb. 2
Das Stauwehr beim Plattensee auf Gemarkung St. Peter oberhalb der Zweribachfälle entsteht. An Sonntagen hatte das Staubecken zunächst leer zu sein – so wollten die Behörden die Wasserversorgung der Zweribachfälle garantieren, weil diese ein beliebtes Ausflugsziel für Wanderer waren.

im Fabrikgebäude eine Sulzer-Dampfkolbenmaschine aufgestellt wurde, nutzte man diese zunächst mittels Transmissionen allein zur Kraftgewinnung; zwölf armdicke Hanfseile übertrugen die Kraft auf die Produktionsmaschinen. Eine weitere Dampfmaschine kam 1907 hinzu.

Die Zeit wird reif für ein regionales Netz

Als auch in den Umlandgemeinden der Ruf nach dem Strom, der „weißen Energie", immer lauter wurde, war die Zeit reif für den Aufbau eines regionalen Stromnetzes. Zwischen 1898 und 1910 wurden die Arbeiterwohnungen in Gutach und Oberkollnau allesamt mit elektrischem Licht ausgestattet. Wechselstrom höherer Spannung löste den Gleichstrom ab. 1907 verlegte Gütermann die erste 4 000-Volt-Freileitung nach Bleibach und versorgte dort erste Kunden. In den folgenden Jahren kamen Teile Simonswalds hinzu.

Es war absehbar, dass der Strom aufgrund des Netzausbaus schon bald wieder nicht mehr ausreichen würde, und so entschloss sich das Unternehmen 1908 zum Bau eines Wasserkraftwerks in Gutach an der Wilden Gutach. Mit einer Leistung von 160 Kilowatt ging es zwei Jahre später in Betrieb: Eine Francis-Zwillingsturbine nutzte ein Gefälle von 8,50 Meter. Zur gleichen Zeit wurde auch die Turbine am Fabrikkanal auf dem Firmengelände durch eine Francis-Zwillingsturbine mit 140 Kilowatt ersetzt.

Meist ging die Initiative zum Ausbau des Netzes von den Gemeinden aus. „Dem Wunsche der Einwohner nachkommend ..." begann so mancher Antrag, den Gütermann an das Großherzogliche Bezirksamt in Waldkirch richtete. So teilte Gütermann der Behörde zum Beispiel am 25. April 1913 mit, man wolle in Niederwinden „bis zum Eintritt der nächsten Lichtsaison" elektrischen Strom zur Verfügung stellen – was dann auch klappte. Kurz darauf folgten Oberwinden, Unter-, Alt- und Haslachsimonswald. Um den zunehmenden Strombedarf decken zu können, schloss die Firma Gütermann im Jahr 1912 einen Drehstromgenerator mit 700 Kilowatt an die bestehende Dampfmaschine im Fabrikgebäude an.

Die Expansion ging weiter – und erste Vorschriften galt es zu beachten. Als Gütermann im Jahr 1916 ein weiteres Kraftwerk mit Francis-Zwillingsturbine und 80-Kilowatt-Generator an der Elz in Niederwinden in Betrieb nahm, hatte der Staat zur Auflage gemacht, dass alle Ortschaften mit Strom versorgt werden müssen, die von den Stromleitungen tangiert werden. Denn Elektrizität begann lebenswichtig zu werden, und der Staat wollte auch die Menschen in den abgelegenen Orten an dieser Entwicklung teilhaben lassen. Als auch der größte Teil von Prechtal am Gütermann-Netz hing, übertrug das Großherzogtum Baden der Nähseidenfabrik auch offiziell die Rolle eines Stromversorgers, damals „Überlandwerk", oder „Überlandcentrale" genannt.

Immer im gleichen Stil ging die Entwicklung weiter: Durch die Ausweitung des Netzes fehlte es stets aufs Neue an Kapazitäten. Selbst als Gütermann im Januar 1918 das Sternenwerk in Obersimonswald – 120 Kilowatt stark – erwarb, war absehbar, dass der Strom bald schon wieder nicht mehr reichen werde.

Auch die Gemeinden sahen voraus, dass der Strombedarf in den kommenden Jahren weiter steigen sollte. Und da es im Trend der Zeit lag, die Stromversorgung in die öffentliche Hand zu legen, wurde ein Arbeitsausschuss der Simonswälder Talgemeinden aktiv. Er legte im Jahr 1921 einen Plan vor, den Zweribach und die obere Wilde Gutach zu nutzen.

Doch die Gemeinden hatten nicht das Geld, diese Idee zu realisieren. Also stieg kurz darauf Gütermann ein. Das Gefälle

Meist ging die Initiative zum Ausbau des Netzes von den Gemeinden aus. „Dem Wunsche der Einwohner nachkommend ..." begann so mancher Antrag, den Gütermann an das Großherzogliche Bezirksamt in Waldkirch richtete.

Abb. 3
Das Krafthaus in Obersimonswald kurz vor Inbetriebnahme des Kraftwerks im Jahr 1924.

> Die oberen Rohre wurden per Bahn bis Kirchzarten, und mit Lastwagen an den Einsatzort transportiert. Eine „Pionierarbeit im Ausbau von Hochdruckstufen" lobte der Vorstand der Ludin A.-G., Karl Köbler, das Projekt seinerzeit.

von 483 Metern bei den Zweribachwasserfällen versprach eine gute Stromausbeute, die Topographie war ideal – sie ermöglichte gar einen Stausee, und garantierte damit eine flexible Nutzung des Wasserangebots. Sogar die Nutzung als Pumpspeicherwerk bot sich an.

Bessere Bedingungen für ein Hochleistungskraftwerk konnte es kaum geben. Der Weg vom Stauwehr zum Krafthaus war, gemessen an der enormen Höhendifferenz, extrem kurz – nur 2 255 Meter lang musste die Druckrohrleitung sein. Die eigentliche Fallrohrleitung, die es auf eine durchschnittliche Neigung von 1:3 brachte, ließ sich gar auf 1355 Meter beschränken.

Ein weiterer Vorteil des Standortes war das enorme Wasserangebot im Einzugsgebiet. Jährlich fallen hier 1600 bis 1800 Liter Regen pro Quadratmeter, wovon 1350 Liter abfließen, die sich folglich im Staubecken sammeln lassen. Das Einzugsgebiet, 3,6 Quadratkilometer groß, garantiert einen mittleren Abfluss von 118 Litern pro Sekunde, alle Verluste durch Verdunstung, Versickerung oder Hochwasserüberlauf bereits abgezogen.

Für Gütermann war das Projekt auch wirtschaftlich hochattraktiv: Die Erzeugungskosten des eigenen Stroms am Zweribach versprachen erheblich geringer zu werden, als die Kosten von Fremdstrom, wie ihn zum Beispiel die Überlandzentrale Oberhausen bei Herbolzheim anbot. Also ließ sich der Seidenhersteller die Anlage von der Karlsruher Ingenieurfirma Ludin A.-G. projektieren. Schon am 15. Mai 1924 konnten die Bauarbeiten beginnen; zahlreiche arbeitslose Männer aus Freiburg fanden hier eine vorübergehende Beschäftigung.

Die Topographie bestimmte die Lage des Staubeckens: Ein Gneisriegel zeichnete in mehr als 900 Metern Höhe auf der Obersimonswälder Platte im Urgestein des Kandelmassivs die Position der Sperrmauer vor. Ein 216 Meter langer Wall aus Stampfbeton wurde an dieser Stelle errichtet.

Von dort mussten die Druckrohre talwärts gehen. Sie stammten von den Mannesmann-Röhrenwerken, und wurden von der Göppinger Firma Kuntze verlegt. Das war keine einfache Aufgabe. Die bis zu 3,5 Tonnen schweren Rohrstücke, im Durchschnitt zwölf Meter lang, wurden teils von oben mit Seilwinden am Hang hinabgelassen, teils von unten hinaufgezogen. Die oberen Rohre wurden per Bahn bis Kirchzarten, und mit Lastwagen an den Einsatzort transportiert. Eine „Pionierarbeit im Ausbau von Hochdruckstufen" lobte der Vorstand der Ludin A.-G., Karl Köbler, das Projekt seinerzeit. Mit höchstem Qualitätsanspruch wurde die Arbeit erledigt – auch 70 Jahre später waren die mit teergetränkten Hanffasern ummantelten schmiedeeisernen Hochdruckrohre noch vollkommen dicht.

Wasser für Wanderer, Kunstdünger für Landwirte

Schon nach sieben Monaten Bauzeit, im Dezember 1924, ging das Zweribachwerk in Betrieb. Als der Beauftragte des Naturschutzes in Freiburg davon erfuhr, war er empört über die „Naturverschandelung". Sofort machte sich eine Kommission auf den Weg, diesen vermeintlichen Frevel in Augenschein zu nehmen – doch die Herren fanden die gesuchte Hangrohrleitung gar nicht, weil sie unterirdisch verläuft. Kleinlaut zogen sie wieder talwärts.

Unabhängig davon erhielt das Werk eine Auflage: An Sonntagen im Sommer durfte kein Wasser im Staubecken zurückgehalten werden. Einsprüche des Vereins für Heimatschutz hatten dies bewirkt. Die Heimatschützer wollten den Anblick der Zweribachfälle, denen das Turbinenwasser zwangsläufig entzogen wird, zumindest am Wochenende für Wanderer erhalten. Diese Regel behielt man auch in den nachfolgenden Jahrzehnten bei: Von Samstag mittag bis Sonntag abend mussten im Sommer mindestens 40 Liter pro Sekunde die Wasserfälle hinunter plätschern. Unter der Woche reichten im Sommer 15 Liter pro Sekunde, im Winter gab man sich – weil weniger Wanderer unterwegs waren – an allen Tagen mit zehn Litern in der Sekunde zufrieden.

Eine andere Vereinbarung, die auch in den 1990er Jahren formal noch galt, kam den umliegenden Landwirten zugute. Weil durch den Stausee mancher Acker weniger bewässert wurde als zuvor, musste die Firma Gütermann für einen Ausgleich sorgen: Die Landwirte erhielten von der Firma regelmäßig Kunstdünger. Und gratis dazu gab es bis 1973 für zwei nahegelegene Höfe jährlich 400 Kilowattstunden Strom.

Ein Kraftpaket mit 1120 Kilowatt

Gütermann hatte sich mit dem Zweribachwerk ein wahres Kraftpaket geschaffen. Die Druckleitung mit 425 bis 600 Millimeter Innendurchmesser führt seither Wasser aus dem Staubecken auf zwei Peltonturbinen der Heidenheimer Firma Voith, die jeweils einen Drehstrom-Generator der Siemens-Schuckert-Werke betreiben. Gesamtleistung: 1120 Kilowatt.

Weil Gütermann mit dem Kraftwerk Spitzenbedarf ausgleichen wollte, wurde es als Pumpspeicherkraftwerk konzipiert. Eine 750-Kilowatt-Pumpe der Firma Escher Wyss & Co aus Ravensburg wurde daher im Mai 1925 installiert. Sie wurde angeliefert vom Bahnhof in Bleibach mit einem Gespann von acht Pferden.

Die Pumpe war in der Lage, nachts pro Sekunde 120 Liter Wasser aus der Wilden Gutach in den Plattensee zu fördern – Nachtstromtarife um zwei Pfennig je Kilowattstunde, bedingt durch nächtlichen Stromüberschuss im Netz, machten dieses Prinzip speziell in den 1950er und 1960er Jahren grundsätzlich attraktiv. Doch die Pumpe wurde kaum eingesetzt, zuletzt im Jahr 1965 – in der Praxis waren ihre Energieverluste unerwartet hoch.

Die Turbinen in der weiträumigen Maschinenhalle präsentierten sich unterdessen als Meisterleistung der Ingenieurkunst, gebaut für die Ewigkeit. Auch 75 Jahre nach ihrer Inbetriebnahme liefen sie noch ohne Probleme. Moderne Anlagen werden eine solche Laufzeit oft nicht mehr erreichen. Denn in späteren Jahrzehnten wurde mit dem Material weitaus sparsamer umgegangen, da man bestrebt war, preisgünstiger und kompakter zu bauen. Doch das war in den 1920er Jahren kein Thema; man baute stilecht und solide.

Entsprechend strahlt der Maschinenraum noch heute die Eleganz der Bauzeit aus. Die großflächigen, rundbogigen Fenster geben dem Raum Licht, eine rot-gelb gestrichene Decke überwölbt die hochglänzenden schwarzen Maschinensätze. Und selbst viele Details, wie Messinstrumente an den Turbinen und an der Schaltwarte, sind bis heute erhalten.

Auch das Gebäude an sich, rechtsseitig der Wilden Gutach gelegen, spiegelt die Baukunst seiner Zeit wieder. Eine wohlproportionierte Architektur mit liebevollen Details wie weißen Fensterläden, tief herabgezogenen Walmdächern und Schweifgauben, macht das Zweribachwerk zu einem der schönsten Kraftwerke Deutschlands. Kein Ortsunkundiger mag beim Anblick vermuten, ein Kraftwerk (genauer: Ein Generatorenhaus mit Schaltwarte, Umspannhaus und Wärterwohnung) vor sich zu haben.

Der „Opfersinn der Bewohner"

Hinter der liebenswerten Architektur steckte der Schlüssel für den technischen Fortschritt im Elz- und Simonswäldertal. Denn mit Inbetriebnahme des Zweribachwerkes konnte Gütermann das Versorgungsgebiet weiter ausdehnen – die noch nicht angeschlossenen Gemeinden drängten immer mehr. So ließen sich die Gemeinden den elektrischen Strom oft einiges kosten. Als zum Beispiel Biederbach kurz vor Weihnachten 1924 elektrisches Licht erhielt, waren die Gelder dafür, wie seinerzeit anerkennend die Freiburger Zeitung schrieb, „größtenteils durch den Opfersinn der Bewohner aufzubringen."

1926 versorgte das Zweribachwerk 21 Gemeinden mit Strom, darunter das gesamte Elztal von Oberkollnau talaufwärts (ohne Kernstadt Elzach), das Simonswäldertal, Gütenbach und St. Märgen. Hinzu kamen Lieferungen an die Elektrizitätswerke Elzach und nach Neukirch bei Furtwangen. Sämtliche Fernleitungen – bis zum Ende des Ersten Weltkrieges oft noch aus „wetterfest isoliertem Eisendraht" gefertigt – wurden im Jahr

Die Pumpe war in der Lage, nachts pro Sekunde 120 Liter Wasser aus der Wilden Gutach in den Plattensee zu fördern – Nachtstromtarife um zwei Pfennig je Kilowattstunde, bedingt durch nächtlichen Stromüberschuss im Netz, machten dieses Prinzip speziell in den 1950er und 1960er Jahren attraktiv.

Abb. 4
Abenteuerliche Wege für Materialanlieferungen gab es nahezu bei allen badischen Kraftwerksbauten. Im Wildgutachtal mussten Holzbrücken die Last der Maschinen und Fahrzeuge tragen.

Abb. 5
Bau der Druckrohrleitung hinauf zur Platte, im Vordergrund nimmt das spätere Kraftwerksgebäude erste Züge an.

Der betriebswirtschaftliche Gewinn des Zweribachwerkes in den frühen 1990er Jahren wurde von Branchenkennern auf eine halbe Million Mark jährlich geschätzt – und dennoch kamen in dieser Zeit immer häufiger Verkaufsgerüchte auf.

1926 auf 20 000 Volt umgestellt, da bei Hochspannung die Übertragungsverluste geringer sind. Bei der Größe des Netzes war dies inzwischen ein wichtiger Gesichtspunkt geworden.

Weil bald schon an der Sperrmauer des Staubeckens Mängel auftraten, und man eine spätere Erhöhung ohnehin von Anfang an erwogen hatte, ließ Gütermann 1939 nochmals bauen: 80 Meter unterhalb der bestehenden Mauer wurde ein neuer, stärkerer Damm errichtet, ein Erddamm. Das nutzbare Stauvolumen erhöhte sich damit von 11 000 auf 150 000 Kubikmeter. Durchschnittlich 3,7 Millionen Kilowattstunden Strom konnten fortan jährlich produziert werden, in niederschlagsreichen Jahren gar bis zu 4,8 Millionen. 30 Gemeinden erhielten ihren Strom inzwischen vom Zweribach.

Auch in den Nachkriegsjahrzehnten, als so manches Wasserkraftwerk stillgelegt wurde, war das Zweribachwerk nie gefährdet. Der Firma Gütermann, die inzwischen zur größten Nähseidenfabrik der Welt expandiert war, ging es blendend; sie beschäftigte 1957 fast 2 000 Mitarbeiter. Und die Stromproduktion war für das Unternehmen hochattraktiv. Während die großen Stromversorger in den Nachkriegsjahrzenten viele Wasserkraftwerke durch geringe Einspeisevergütungen vorsätzlich in den Ruin trieben, war das Werk der Firma Gütermann davon nicht abhängig.

Einfacher Grund: Die Firma nutzte den Strom selbst. Sie konnte dank des Speichersees die Turbinen immer genau dann anlaufen lassen, wenn der Strombedarf in der Nähseidenproduktion am höchsten war – Gütermann konnte folglich den Kauf von teurem Spitzenstrom zur Mittagszeit durch die Eigenerzeugung reduzieren. Statt der üblichen Einspeisevergütungen von maximal sechs bis sieben Pfennig je Kilowattstunde, schlug sich der eigene Strom in der Wirtschaftlichkeitsrechnung daher mit mindestens dem dreifachen Betrag nieder.

Auf diese Weise ließ sich das Werk rentabel betreiben. Erst recht, als später das Personal vor Ort eingespart werden konnte. Ab Mitte der 1980er Jahre ermöglichte eine Computeranlage die Fernsteuerung des Kraftwerkes von der Gutacher Firmenzentrale aus, nachdem jahrzehntelang zwei Mitarbeiter die Anlagen im Schichtbetrieb von 5 bis 22 Uhr hatten überwachen müssen.

■ Kraftwerksverkauf soll Liquidität sichern

Der betriebswirtschaftliche Gewinn des Zweribachwerkes in den frühen 1990er Jahren wurde von Branchenkennern auf

Abb. 6
Transport der Pumpe mit dem Pferdefuhrwerk; an der Landstraße in Obersimonswald.

eine halbe Million Mark jährlich geschätzt – und dennoch kamen in dieser Zeit immer häufiger Verkaufsgerüchte auf. Denn mit der Nähseidenproduktion schrieb Gütermann seit Jahren rote Zahlen; die Anzahl der Mitarbeiter war bis zum Jahr 1996 auf 600 zurückgegangen. Mit den Erlösen aus dem Verkauf des Kraftwerks, so naheliegende Spekulationen, wolle das Unternehmen seine Liquidität sicherstellen.

Ohnehin war seit den 1970er Jahren offenkundig, dass Gütermann sich zunehmend von dem E-Werk distanzierte. Schon 1973 hatte die Firma ihr Stromnetz mit Ausnahme der Ortsteile Gutach und Kollnau an das Badenwerk verkauft – es war ein halbes Jahrhundert nach dem Bau des Kraftwerks eine neue Unternehmergeneration herangewachsen, der das Stromgeschäft nurmehr lästig erschien.

Vor diesen Hintergründen kam die Entscheidung nicht überraschend, als sich Gütermann im August 1996 vom Zweribachwerk trennte. Ein bayrischer Unternehmer, Besitzer bereits mehrerer Wasserkraftwerke, übernahm die Anlage für einen Betrag zwischen sechs und sieben Millionen Mark.

Er war nicht der einzige Interessent gewesen. Mehrere Unternehmen hatten mit einem von Gütermann beauftragten Makler in Verhandlungen gestanden, darunter auch das Badenwerk. Doch das Gebot des großen Karlsruher Stromversorgers war den Gütermann-Erben zu gering. Sie verkauften daher allein die noch verbliebenen Stromnetze in Gutach und Kollnau an das Badenwerk. Zeitgleich gingen die zwei kleineren Wasserkraftwerke in Gutach an einen Maschinenbauingenieur aus der Eifel. Der Verkauf der Kraftwerke, speziell des Zweribachwerks, war ein positives Signal für den langfristigen Fortbestand der Anlagen: Ein Betreiber, der die Werke gewinnbringend zu nutzen gedenkt, gilt als bessere Bestandsgarantie als eine halbherzig agierende Firma.

Abb. 7
Maschinenhalle des Zweribach-Kraftwerkes.

Die „Energielandschaft Südschwarzwald" entsteht

1929 ■ Die Schluchseewerke bauen ein weit verzweigtes Netzwerk von Pumpspeicherkraftwerken / 36. Kapitel

Abb. 1
Staumauer am Schluchsee.

„Durch den Bau dieses Werkes wird die Unberührtheit eines der schönsten Gebiete unseres Schwarzwaldes vernichtet."

EINGABE DES LANDESVEREINS BADISCHE HEIMAT GEGEN DEN BAU DER SCHLUCHSEE-TALSPERRE

Schon bei seiner Gründung im Jahre 1921 hatte das Badenwerk den Südschwarzwald als Kraftwerksstandort im Blick. Denn längst war absehbar, dass das Schwarzenbachwerk als das einzige Pumpspeicherwerk im Lande auf Dauer nicht ausreichen würde – schließlich stiegen erstens die Mittagsspitzen des Stromverbrauchs und zweitens die Ansprüche an die Versorgungssicherheit. Zudem wurden immer mehr Großkraftwerke errichtet, die auf Lastschwankungen nur unzureichend reagieren konnten. Weil zugleich der Netzverbund der Stromversorger voranschritt, lag es nahe, einen über die Region hinaus wirkenden Großkomplex von Pumpspeicherwerken zu bauen. Und so wurde, beginnend mit der Talsperre am Schluchsee (Baubeginn 1929), in den folgenden Jahrzehnten eine „Energielandschaft Südschwarzwald" geschaffen, bestehend aus fünf Wasserkraftwerken und einer entsprechenden Anzahl von Speicherbecken. Der Strom dieser Anlagen wurde zum Teil bis ins rheinische Kohlerevier geleitet.

Als die Badische Landes-Elektrizitäts-Versorgung in den frühen 1920er Jahren ein weiteres Pumpspeicher-Kraftwerk plante, bot sich der Südschwarzwald an. Hier fand man ausreichendes Gefälle vor, Wasserreichtum und ein Grundgebirge aus Granit und Gneis. Der Wald schützte vor Erosion und damit vor Verlandung der Speicherseen. Zudem war die Region nur dünn besiedelt. „Ein idealer Fall", schwärmten die Schluchseewerke noch Jahrzehnte später. Auch die Grenznähe erschien günstig, nachdem im Interesse der Versorgungssicherheit die internationale Zusammenarbeit für Stromversorger immer wichtiger wurde.

Der Schluchsee, ein kleiner See eiszeitlichen Ursprungs, bot sich daher an, zum Speichersee ausgebaut zu werden. 108 Millionen Kubikmeter Wasser ließen sich dort aufstauen – das ist elf Mal soviel wie der natürliche Schluchsee enthielt und mehr als sieben Mal soviel wie in der bereits bestehenden Schwarzenbach-Talsperre bei Forbach. Bei der Gemeinde Häusern fand man einen günstigen Standort für das Krafthaus.

Doch die Pläne des Badenwerkes sorgten für Unruhe in der Bevölkerung – viele Menschen fürchteten um die Schönheiten der Landschaft und um das Wasser in ihren Bächen. Zudem fühlten sie sich schlecht informiert, denn tatsächlich publizierte das Badenwerk seine Pläne nur spärlich – man schien die Proteste zu fürchten. Auch der Landtagsabgeordnete Mayer kritisierte im Juli 1927, man werde vom Badenwerk stets vor vollendete Tatsachen gestellt; das müsse sich jetzt ändern. Das Volk habe „ein Anrecht darauf zu erfahren, was bezüglich der Ausnutzung der badischen Wasserkräfte geplant sei."

Sein Kollege Obkircher erklärte unterdessen, die „Einwirkungen auf den südlichen Schwarzwald" seien „so groß, dass man einen strengen Maßstab für die Voraussetzungen des Werkes anlegen müsse." Zudem gingen die Meinungen darüber auseinander, ob der Bau wirtschaftlich überhaupt vertretbar sei.

Der badische Finanzminister Schmitt wies alle Einwände zurück. Zum einen habe „die Regierung keinen Anlaß zur Geheimniskrämerei". Sie habe daher alle Pläne im Bezirksamt Neustadt ausgelegt. Zum anderen seien die Befürchtungen, die Landschaft werde beeinträchtigt, unbegründet: Nach einem Gutachten des Freiburger Oberbaurats Meckel werde „das Landschaftsbild infolge der Wasserbewirtschaftung nicht leiden".

Das wiederum konnte der Landesverein Badische Heimat nicht glauben. Im April 1928 verfaßte er daher in Mannheim eine Entschließung: „Bei dem ungeheuren Eingriff des geplanten Schluchseewerkes in eine der schönsten Landschaften unserer Heimat und in ernster Sorge um deren Erhaltung erwartet der Landesverein Badische Heimat von Regierung

---

Im Überblick

■ Der badische Landtag beschloss im September 1928 mit großer Mehrheit den Bau des Schluchseekraftwerks. Vier Jahre später wurde es eingeweiht – ein Gemeinschaftsprojekt von Badenwerk und RWE.

■ Zwei weitere Kraftwerke folgten Richtung Hochrhein: Das Kraftwerk Witznau wurde 1950 fertiggestellt, das Kraftwerk Waldshut 1951.

■ In den 1960er und 1970er Jahren bauten die Schluchseewerke weitere Pumpspeicherkraftwerke im Hotzenwald: das Kavernenkraftwerk Säckingen mit Eggbergbecken sowie das Kavernenkraftwerk Wehr mit Hornbergbecken.

und Landtag, daß an die Ausführung des Planes erst nach erschöpfender Prüfung seiner unbedingten Notwendigkeit herangetreten und deren Nachweis der Öffentlichkeit vorgelegt wird. Die idealen Heimatwerte müssen den Forderungen der Technik und Wirtschaft vollwertig gegenüberstehen. Wenn aber das Werk gebaut werden sollte, verlangen wir die Heranziehung und Mitarbeit der berufenen Kräfte des Heimatschutzes."

Wassermangel im Hochschwarzwald?

Auch die umliegenden Hochschwarzwaldgemeinden betrachteten die Pläne des Badenwerkes mit Argwohn. Denn ein Wasserkraftwerk am Schluchsee, so glaubten sie, werde die Anlieger erheblich beeinträchtigen. Es würden in den angrenzenden Gemeinden durch ein solches Projekt „die Entwicklungsmöglichkeiten unterbunden", wie die Neustädter Zeitung „Hochwächter" am 12. Januar 1928 schrieb. Konkret hieß das: Man fürchtete durch das Schluchseewerk Einschränkungen beim eigenen Ausbau der Wasserkraft – zumal auch ein Hangkanal geplant wurde, der Wasser aus dem Seebach oberhalb des Titisees über den Windgfällweiher zum Schluchsee führen, und damit die Erträge des Werkes erhöhen sollte. Gerade dieser Plan, der später auch verwirklicht wurde, stieß bei vielen Bürgern in Titisee und Umgebung auf Protest: „Die Dreiseenbahn soll ihren ehrlichen Namen behalten und nicht zur Dreisümpfebahn werden!", hieß es auch in der Presse.

Der badische Landtag jedoch votierte am 13. September 1928 mit großer Mehrheit für das umstrittene Projekt Schluchseewerk. 51 Abgeordnete stimmten dafür, nur neun dagegen. Ablehnend votierten fünf Deutschnationale, der Volksparteiler Obkircher und die drei Kommunisten – letztere, weil das Werk „privatkapitalstischen Zwecken" diene.

Zugleich nahm der Landtag, um die Gegner etwas zu dämpfen, eine Entschließung der Volkspartei an: „Die Regierung wird ersucht, bei Ausführung des Schluchseewerkes dafür Sorge zu tragen, daß den berechtigten Wünschen der durch die Arbeiten betroffenen Bevölkerung, insbesondere der Gemeinden Schluchsee und Aha nach Möglichkeit Rechnung getragen wird. Sie wird ferner ersucht, die Anregung des Schwarzwaldvereins und anderer Vereine, im Wutach- und Gauchachtal einen Naturschutzpark zu schaffen, nach Möglichkeit stattzugeben."

Den Gemeinden im Hochschwarzwald war dieses dünne Bekenntnis zu wenig. Sie forderten von den Planern der Schluchseewerke „Strom ab Häusern zum Selbstkostenpreis". Einige Ortschaften verlangten, dass den unmittelbar berührten Gemeinden, also denjenigen, aus deren Gewässern die Schluchseewerke Wasser entnehmen, „die Steuern aus dem Schluchseewerk, sowie die Wasserabgabe des Unternehmens zufallen" müssten.

Die Proteste hatten zumindest teilweise Erfolg. Als am 15. Dezember 1928 die Badische Landes-Elektrizitäts-Versorgung (Badenwerk) und die Rheinisch-Westfälischen Elektrizitätswerke (RWE) in Karlsruhe die Schluchseewerk AG mit Sitz in Freiburg gründeten, wurden einige Entschädigungszahlungen an jene Werksbesitzer festgeschrieben, denen mit dem Neubau ein Teil ihres Wassers abgegraben wurde.

Im Mai 1929 begann das junge Unternehmen mit dem Bau der Staumauer für den künftig vergrößerten Schluchsee. Im Baukonsortium: Die Firmen Grün & Bilfinger, Holzmann und

Abb. 2
Die Bevölkerung betrachtete die Pläne des Badenwerkes zum Bau des Wasserkraftwerkes Schluchsee mit Argwohn. Man befürchtete zu große Eingriffe in die Schwarzwaldlandschaft. Die Fotografie zeigt die Baustelle im Mai 1929 mit Blick in Richtung Rohrbahn.

wie die Presse seinerzeit befand; Bauten, die „einen sauberen angenehmen Eindruck gewähren", und „gewissermaßen das Gehirn des Werkes enthalten". Kurz: Es wurden Anlagen gebaut, die „zu ehrlichem Staunen zwingen".

Im Krafthaus untergebracht wurden vier Turbinen mit zusammen 144 Megawatt und vier Pumpen mit insgesamt 104 Megawatt Leistung – zwei dieser Maschinensätze gehörten dem Badenwerk, die beiden anderen den RWE. Die dazugehörigen Transformatoren von jeweils 84 Tonnen Gewicht mussten mit einem „eigens dazu konstruierten Landtransportwagen und zwei Traktoren herangeführt" werden, wie die „Karlsruher Zeitung" festhielt.

Mit den vier Maschinensätzen wurden die Pump- und Erzeugungskapazitäten am Schluchsee fast doppelt so hoch ausgelegt wie am Schwarzenbachwerk in Forbach. Um auch entsprechende Wassermengen für den Pumpbetrieb stets verfügbar zu halten, wurde unmittelbar am Kraftwerk Häusern das Schwarzabecken geschaffen. Als am 17. März 1931, lange bevor die Schluchseemauer fertig war, der erste Maschinensatz ans Netz ging, freute sich die „Karlsruher Zeitung": „Der badischen Elektrizitätswirtschaft wird mit der Inbetriebsetzung des Schluchseewerkes ein sehr wesentliches Glied eingefügt."

Der Bau der Mauer zog sich unterdessen noch ein wenig in die Länge. Probleme bereitete die Wirtschaftskrise: Im Sommer 1931 wurden, so schrieben damals die Schluchseewerke, „die Arbeiten gestreckt, um möglichst lange den am Bau beschäftigten Arbeitern eine Verdienstmöglichkeit zu bieten". Aber immerhin waren zum Jahresende 1931 etwa 75 000 Kubikmeter Mauer errichtet, ein Aufstau von acht Metern war damit möglich.

Bauernhöfe weichen dem Stausee

Inzwischen hatte man auch mehrere Bauernhöfe in Aha abgerissen, deren Grundstücke unterhalb des künftigen Wasserspiegels lagen. Im unteren Teil des Sees mussten auch die Gasthöfe Seehof und Seebrugg dem Wasser weichen. Die Bewohner erhielten neue Höfe an der Straße nach Menzenschwand.

Witterungsbedingt ruhten die Arbeiten an der Staumauer im Winter 1931/32. Im Herbst 1932 schließlich wurde die Staumauer vollendet, das Werk konnte seinen Betrieb aufnehmen – es wurde am 26. November 1932 von den Direktoren der Baufirmen, Vertretern der Regierung, dem Landrat und Ingenieuren offiziell eingeweiht.

Der zähe Ausbau der Werksgruppe

Weil das Gefälle bis zum Hochrhein nicht durch ein einzelnes Kraftwerk zu nutzen war, hatte das Badenwerk den Bau weiterer Staustufen schon bei der Gründung der Schluchseewerk AG geplant. Doch die Weltwirtschaftskrise 1931/32 und der nachfolgende Weltkrieg verzögerten die weiteren Bauab-

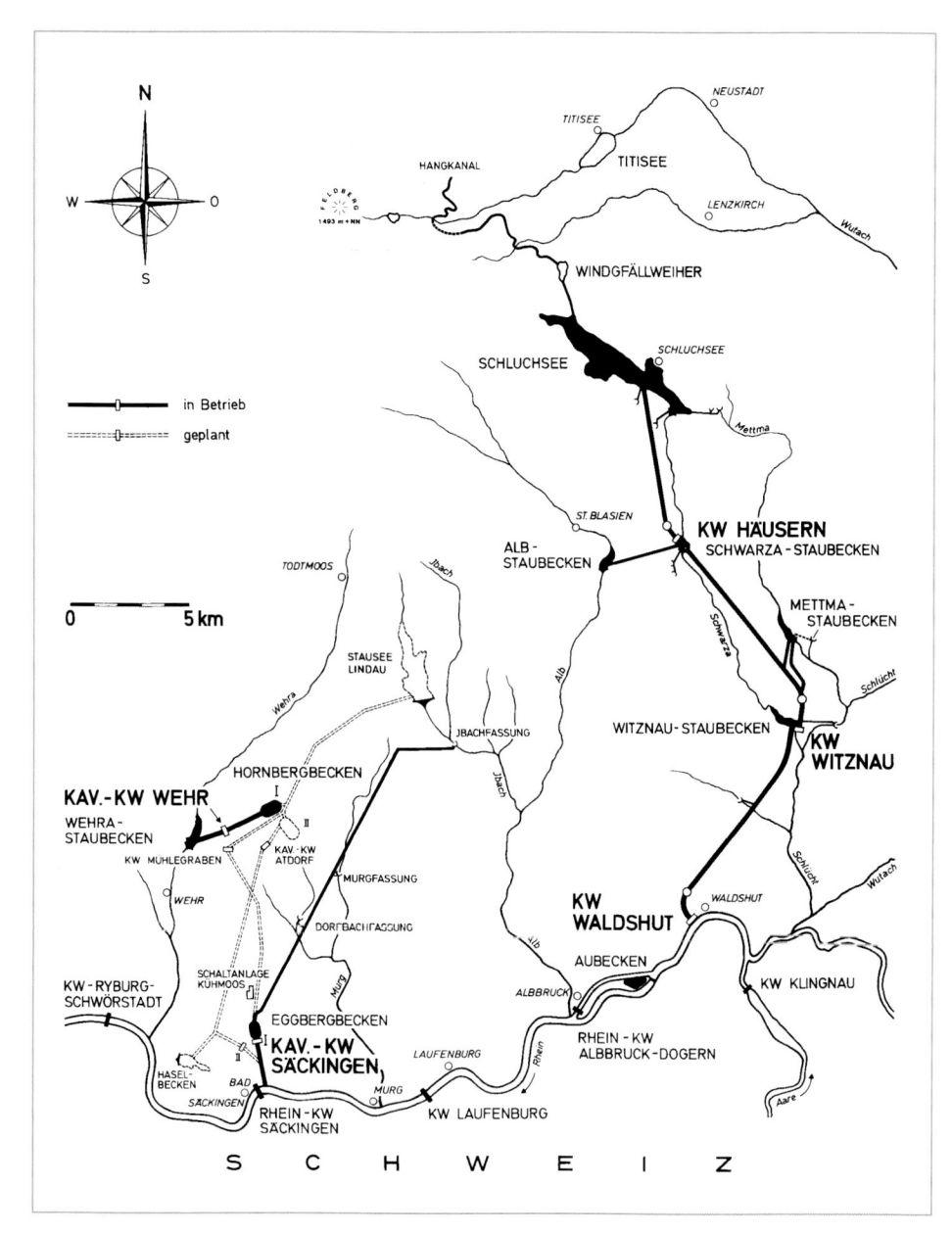

Abb. 3
Die Anlagen der Schluchseewerke.

Hoch und Tief. Zumeist Erwerbslose fanden auf der Baustelle einen Job, die Einstellung der Arbeiter erfolgte, wie es bei den Schluchseewerken hieß, „nahezu restlos durch Vermittlung des zuständigen Arbeitsamtes".

Anders als in Linach bei Vöhrenbach, wo einige Jahre zuvor eine Staumauer in aufgelöster Bauweise entstanden war, wählte man am Schluchsee eine massive Talsperre. Eine Schwergewichtsmauer aus 124 000 Kubikmetern Beton entstand auf der Grenze der Gemarkungen Blasiwald, Faulenfürst und Schönenbach – 250 Meter lang, am Sockel 36 Meter breit, bis zu 63,5 Meter hoch.

Der Schluchseepegel konnte damit um 30 Meter erhöht werden. Dieses Niveau hatte man bereits zehn Jahre zuvor eingeplant, als die Eisenbahnlinie von Titisee über Bärental nach Schluchsee-Seebrugg gebaut wurde. So gab es beim Aufstau des Sees keine Probleme mit der Trasse der Dreiseenbahn.

Abb. 4/5, rechte Seite
Schluchsee, sowie das Kraftwerk Häusern mit Schwarzabecken.

Fast zeitgleich mit dem Start des Mauerbaus wurde 210 Höhenmeter talabwärts bei Häusern mit dem Bau des Turbinenhauses begonnen. „Schmucke Gebäude" entstanden dort,

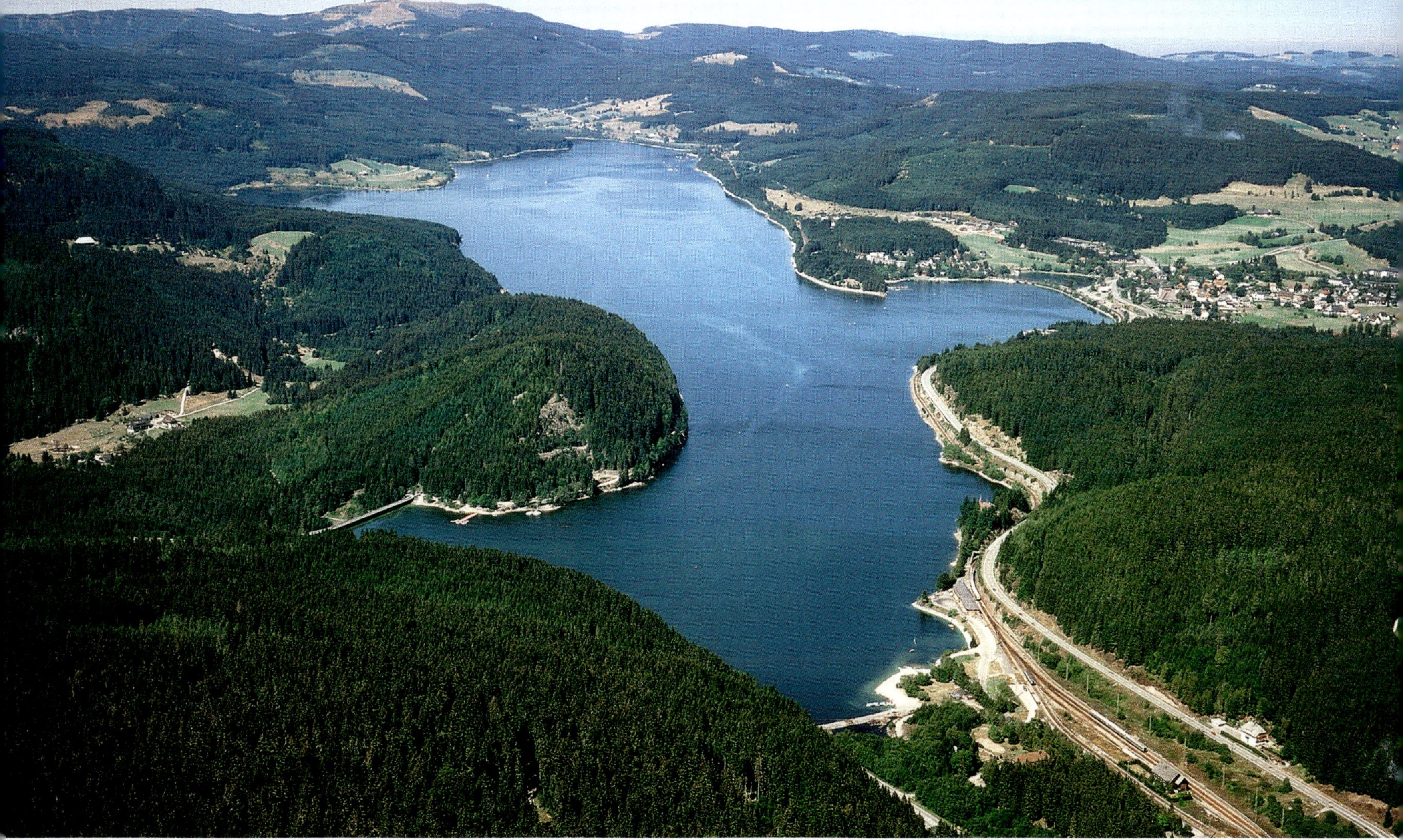

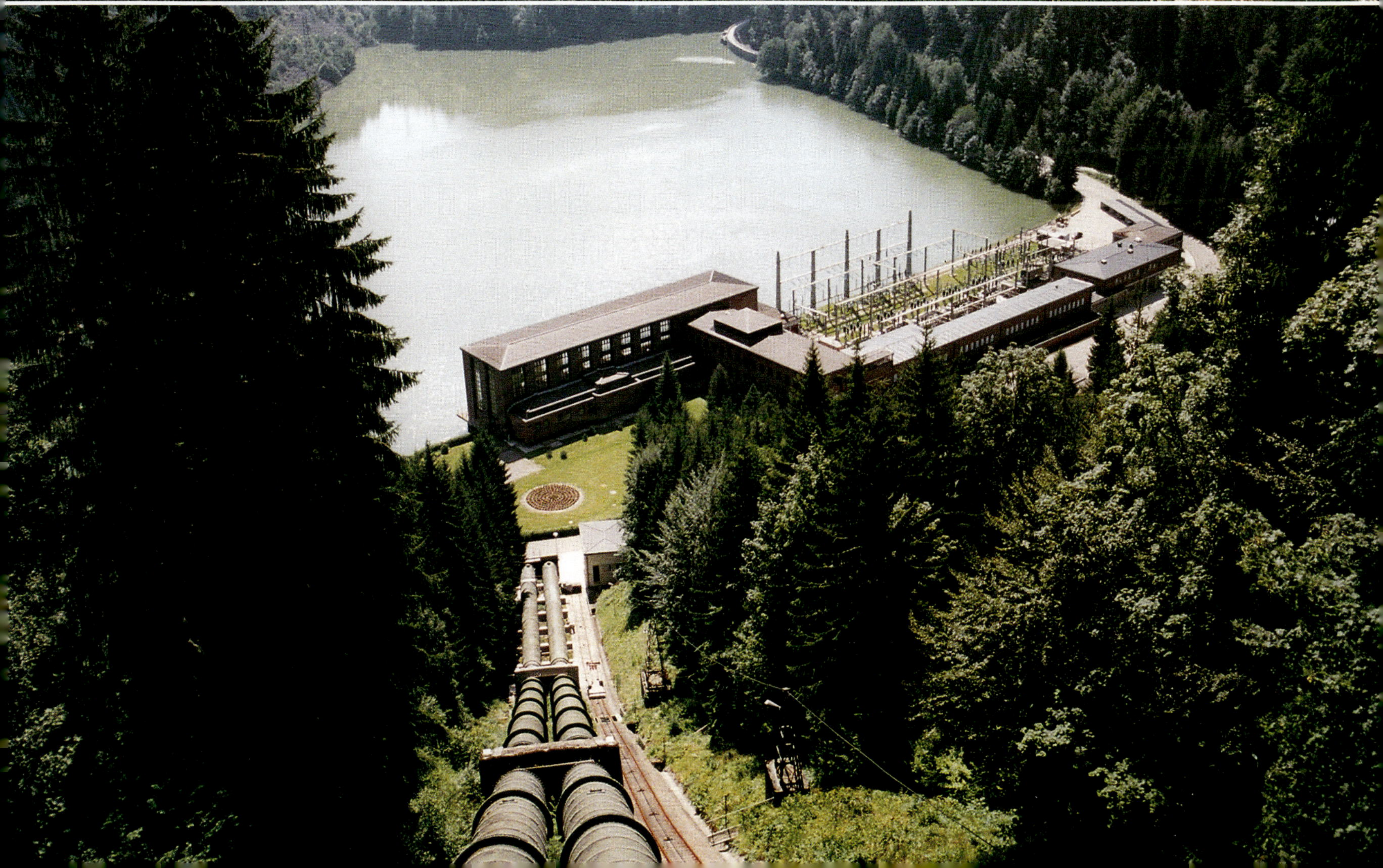

Die Struktur der Stromwirtschaft erforderte zunehmend Pumpspeicherwerke, die nachts und an den Wochenenden überschüssigen Strom verbrauchen und tagsüber Spitzenstrom produzieren können.

schnitte. Zwar begann das Unternehmen noch Ende 1938 mit dem Bau der zweiten Stufe, dem Kraftwerk Witznau. Da es aber im Krieg an allen notwendigen Dingen fehlte, ging es nur mit Schwierigkeiten voran. Erst 1943 konnten die Turbine und der Generator angeliefert und bald darauf in Betrieb genommen werden. Die Pumpe kam erst 1946 hinzu, ein zweiter Maschinensatz im Jahr 1950. Erst damit war die mittlere Stufe der Werkes fertig, und das Wasser aus Schwarzabecken, Albbecken und Mettmabecken konnte in den Turbinen 250 Meter tiefer in vollem Umfang genutzt werden. (siehe Karte S. 248)

Parallel war 1942 mit dem Bau der dritten, und untersten Kraftwerksstufe in Waldshut begonnen worden, die nochmals 160 Meter Gefälle nutzbar machen sollte. Das Becken am Kraftwerk Witznau wurde als Oberbecken für das neue Werk gewählt. Doch zwei Jahre nach Baubeginn mussten die Arbeiten kriegsbedingt schon wieder ruhen, weil nicht genug Baumaterial vorhanden war. Erst nach Kriegsende konnten die Arbeiten wieder anlaufen, anfangs nur schleppend. So ging das Kraftwerk Waldshut als drittes der Werksgruppe Schluchsee erst im Juni 1951 in Betrieb. In einer Kaskade konnten fortan mehr als 600 Höhenmeter für die Kraftgewinnung genutzt werden.

Die Schluchseewerke konnten von Glück reden, dass es überhaupt noch so weit kam; fast wären die neuen Anlagen noch dem Krieg zum Opfer gefallen. Kurz vor Kriegsende war die Sprengung der Kraftwerke bereits befohlen worden. Nur „durch geschicktes Taktieren", so formulierten die Schluchseewerke später, sei es noch möglich gewesen, dies zu verhindern.

Ausgleich für Atomkraftwerke

Als die Wirtschaft nach dem Zweiten Weltkrieg boomte, der Strombedarf entsprechend stieg und unflexible Großkraftwerke zunehmend die Elektrizitätswirtschaft bestimmten, machte sich die Schluchseewerk AG an den Bau weiterer Pumpspeicher-Kraftwerke – diesmal im Hotzenwald.

Diese so genannte „Hotzenwaldgruppe" war zwangsläufige Konsequenz der seinerzeitigen Energiepolitik. Weil in Deutschland immer größere Kohlekraftwerke und bald auch die ersten Atomkraftwerke ans Netz gingen, brauchte man Kapazitäten zum Ausgleich – denn Großkraftwerke müssen mit möglichst konstanter Leistung betrieben werden, jede Lastreduzierung ist bei diesen betriebswirtschaftlich von Nachteil. Und auch technisch wurden die Werke zunehmend so dimensioniert, dass sie (weil der Druck in den Kesseln immer höher getrieben wurde) auf häufigen Lastwechsel immer empfindlicher reagierten. Speziell die Atomkraftwerke waren nur für die konstante Grundlast brauchbar. Die Struktur der Stromwirtschaft erforderte also zunehmend Pumpspeicherwerke, die nachts und an den Wochenenden überschüssigen Strom verbrauchen und tagsüber Spitzenstrom produzieren konnten.

Im Hotzenwald trafen die Kraftwerksbauer auf etwas andere morphologische Voraussetzungen als in der Region Schluchsee – St. Blasien. Hochflächen prägen die Landschaft, Täler zum aufstauen gibt es daher kaum. Die Becken mussten folglich ausgehoben, die Turbinen in Kavernen, also im Inneren der Berge, untergebracht werden.

1962 begannen die Arbeiten im Hotzenwald mit dem Bau des Kavernenkraftwerks Säckingen. Nördlich der Stadt wurde ein 1,5 Kilometer langer Stollen in das Grundgestein des Schwarzwaldes getrieben, um am Ende einen künstlichen Hohlraum für das Kraftwerk anzulegen. Zeitgleich wurde 400 Meter darüber ein künstlicher ovaler See geschaffen, das Eggbergbecken. Über einen senkrechten Druckschacht mit 4,30 Metern im Durchmesser stürzte fortan das Wasser auf die vier Turbinen. Die Fallhöhe übertraf die Maße aller bisherigen Werke deutlich, ebenso die Kapazität der Turbinen mit zusammen 353 Megawatt. Somit konnte nun in Säckingen die Leistung eines kleinen Atomkraftwerks gewonnen, beziehungsweise verbraucht werden. Das Becken mit 2,1 Millionen Kubikmetern Inhalt reichte zwar bei weitem nicht an das Potential des Schluchsees heran, doch für sechs Stunden Volllastbetrieb genügte das Wasser.

Abb. 6, rechte Seite
Die Maschinenkaverne: 219 Meter lang, 19 Meter breit und 35 Meter hoch. Der Felshohlraumbau für die Montage der Generatoren, Francisturbinen und Speicherpumpen war die Voraussetzung für ein ökologisch schonendes Konzept bei der Verwirklichung des Hornbergbeckens.

Stichwort: Kavernenkraftwerk

Pumpspeicherwerke brauchen zwei Becken: ein Oberbecken und ein Unterbecken. Je nach dem, ob gerade Strom erzeugt oder aber verbraucht wird, gelangt Wasser vom Oberbecken ins Unterbecken oder umgekehrt. Dabei ist wichtig, dass das Kraftwerk auf niedrigerem Niveau liegt, als das Unterbecken, weil auch beim Pumpbetrieb das Wasser mit einem gewissen Druck in die Pumpe gelangen muss. Fehlt der Druck, und gelangt dadurch Luft in die Pumpe, können die Anlagen beschädigt werden.

Im Fall der Kraftwerke Säckingen und Wehr wäre es sehr teuer geworden, die Kraftwerke entsprechend tief am Rande des jeweiligen Unterbeckens anzulegen. So erwies sich die Lösung mit den Kavernen als günstiger: Tief in das Urgestein des Schwarzwaldes wurden riesige Hohlräume gesprengt, in denen die Turbinen und Pumpen installiert wurden (siehe großformatige Abbildung rechts). Weil das Gestein (Granit und Gneis) im Südschwarzwald sehr fest ist, brauchte der Fels nicht einmal durch Träger gestützt zu werden. Somit war der Bau trotz der Dimensionen relativ preisgünstig möglich.

Auch technisch bot die Kaverne Vorteile. Beim Säckinger Werk wurde dadurch ein senkrechter Druckschacht möglich, der einen sehr effizienten Betrieb zur Folge hat. Beim Kraftwerk Wehr verläuft der Druckschacht zwar schräg, doch immer noch mit größerem Gefälle, als dies bei einer Hangrohrleitung oberirdischer Kraftwerke der Fall ist.

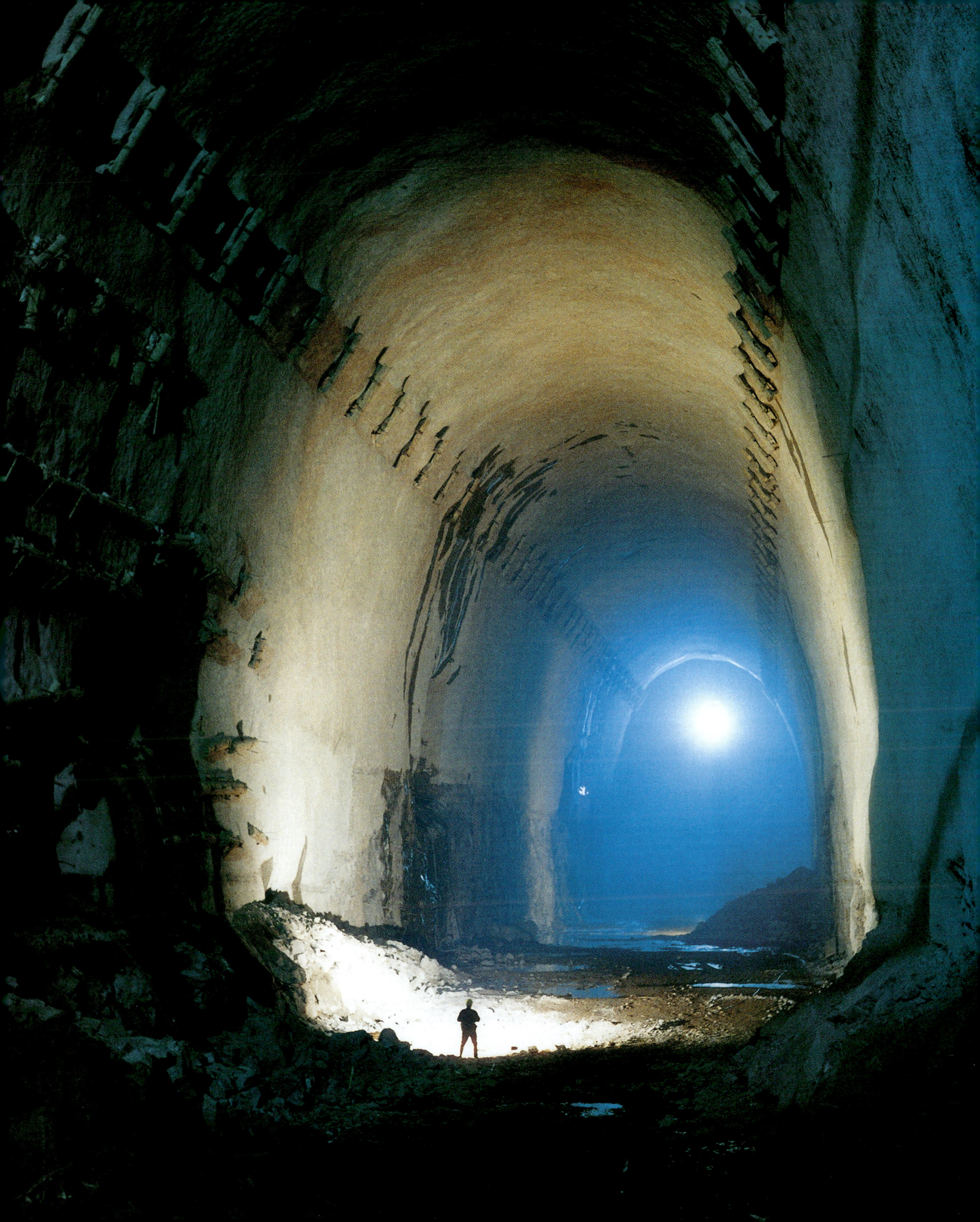

Abb. 7/8

Das Hornbergbecken fasst 4,4 Millionen Kubikmeter Wasser. Es entstand in den Jahren 1971 bis 1975. Das Eggbergbecken (Bild rechte Seite unten) wurde in den Jahren 1963 bis 1967 realisiert und fasst rund 2,2 Millionen Kubikmeter Wasser.

Abb. 9

Die Maschinenhalle des Kraftwerkes Witznau.

Als das Kraftwerk Säckingen 1967 ans Netz ging, wurde zeitgleich auch die Steueranlage Kühmoos in Betrieb genommen. Von dieser Schaltwarte am Hochrhein aus wurden fortan die Anlagen der Schluchseewerke zentral geführt. Ferngesteuert konnten die Werke nun auf Generator- oder Pumpbetrieb eingestellt werden, je nach den Anforderungen der beiden Schluchseewerk-Aktionäre Badenwerk und RWE.

■ **Von 0 auf Höchstlast in 100 Sekunden**

Weil der Trend zu noch höherem Stromverbrauch weiter ging, und der Bau zahlreicher (naturgemäß unflexibler) Atomkraftwerke in Deutschland geplant war, wurde das nächste Pumpspeicherwerk fällig. Im Jahre 1968 – gerade war das Atomkraftwerk Obrigheim ans Netz gegangen – begann das Schluchseewerk mit dem Bau des Hornbergbeckens und des dazugehörenden Kavernenkraftwerks in Wehr. Die Fallhöhe dieser Hornbergstufe lag nochmals höher als bei allen bisherigen Pumpwerken: 626 Meter. So konnten hier fortan 1000 Megawatt (die Leistung eines großen Atomkraftwerks) verbraucht oder produziert werden. Auf Schwankungen der Stromnachfrage im Verbundnetz konnte schnellstens reagiert werden, weil das Anfahren der Turbine aus dem Stillstand bis auf volle Leistung gerade 100 Sekunden dauert.

Die Hornbergstufe wurde 1976 in Betrieb genommen. Im Vergleich zu den älteren Pumpspeicherwerken arbeitet sie sehr effektiv: Sind bei der Werksgruppe Schluchsee (Häusern, Witznau und Waldshut) noch 1,65 Kilowattstunden Pumpstrom erforderlich, um später eine Kilowattstunde Spitzenstrom zu gewinnen, so sind es in der Werksgruppe Hotzenwald nur noch 1,3 Kilowattstunden. Der Wirkungsgrad des gesamten Prozesses konnte folglich von 60 auf 77 Prozent gesteigert werden.

Das Hornbergbecken samt Kavernenkraftwerk Wehr war stets ein besonderer Stolz der Schluchseewerk AG: Vom „größten Pumpspeicherwerk dieser Erde" schwärmte die Firma noch in der 1980er Jahren.

■ **1983: Ein Sommer ohne Schluchsee**

Im Sommer 1983 standen Sanierungen an Mauer und Einlaufstollen des Schluchseekraftwerkes an – in mehr als 50 Jahren hatten die Anlagen doch etwas gelitten. Um die Arbeiten zu ermöglichen musste der Wasserspiegel um 37 Meter abgesenkt werden; von den 108 Millionen Kubikmetern Wasser mussten rund 100 Millionen abgelassen werden. So blieb am Ende vom ursprünglich 7,5 Kilometer langen See nur der gut zwei Kilometer lange, 15 Meter tiefe „Ursee" übrig. Es war die erste Absenkung dieser Art seit dem Bau – lediglich im Jahr 1963 war der See bereits einmal um 25 Meter abgesenkt worden.

Am 29. August 1983 begann die Absenkung, täglich um rund einen Meter. Als einen Monat später der See entleert war, konnten die Arbeiten am Bauwerk wie geplant ausgeführt werden. Mit der Technik gab es keine Probleme, nur bei der Biologie hatte man sich fatal verrechnet: Im verbleibenden Restsee fiel der Sauerstoffgehalt unter ein Milligramm je Liter – alle 1,6 Millionen verbliebenen Fische verendeten. Hechte, Zander, Felchen und andere Edelfische schwammen zentnerweise obenauf. Heftige Vorwürfe gegen das Freiburger Regierungspräsidium wurden nun von Seiten des Naturschutzes laut; die Behörde habe es versäumt, die Fische zuvor in ausreichender Menge zu fangen. Statt 90 Prozent des Bestandes abzufischen, was offensichtlich notwendig gewesen wäre um ein Umkippen zu verhindern, hatte man sich auf 30 Prozent beschränkt. Die verantwortlichen Experten, schlussfolgerte die „Badische Zeitung" hätten sich daher „in den kommenden Wochen wohl peinlichen Fragen auszusetzen".

Immerhin erfüllte sich eine andere Befürchtung nicht: Die Gemeinde Schluchsee hatte Angst gehabt, ohne den beliebten Badesee könnten die Touristen ausbleiben. Sie hatte gar geprüft, ob Feriengäste aufgrund entgangener Badefreuden womöglich Schadenersatzansprüche geltend machen könnten. Doch alle Furcht erwies sich als abwegig, der See wurde vielmehr zur Attraktion. Zahlreiche Touristen kamen gerade wegen des spektakulären Ereignisses, und besuchten den Ort zum Spaziergang auf den freigelegten, ehemaligen Uferwegen.

Erst im Frühsommer 1984 hatte der See wieder seine volle Größe erreicht, und bot damit Feriengästen wie Fischen wieder die gewohnte Umgebung. Das Desaster mit den Fischen war bald vergessen, als die Bestände sich in den folgenden zwei Jahren zügig erholt hatten. Immerhin hatte das Land Gelder locker gemacht, damit die Tiere wieder angesiedelt werden konnten.

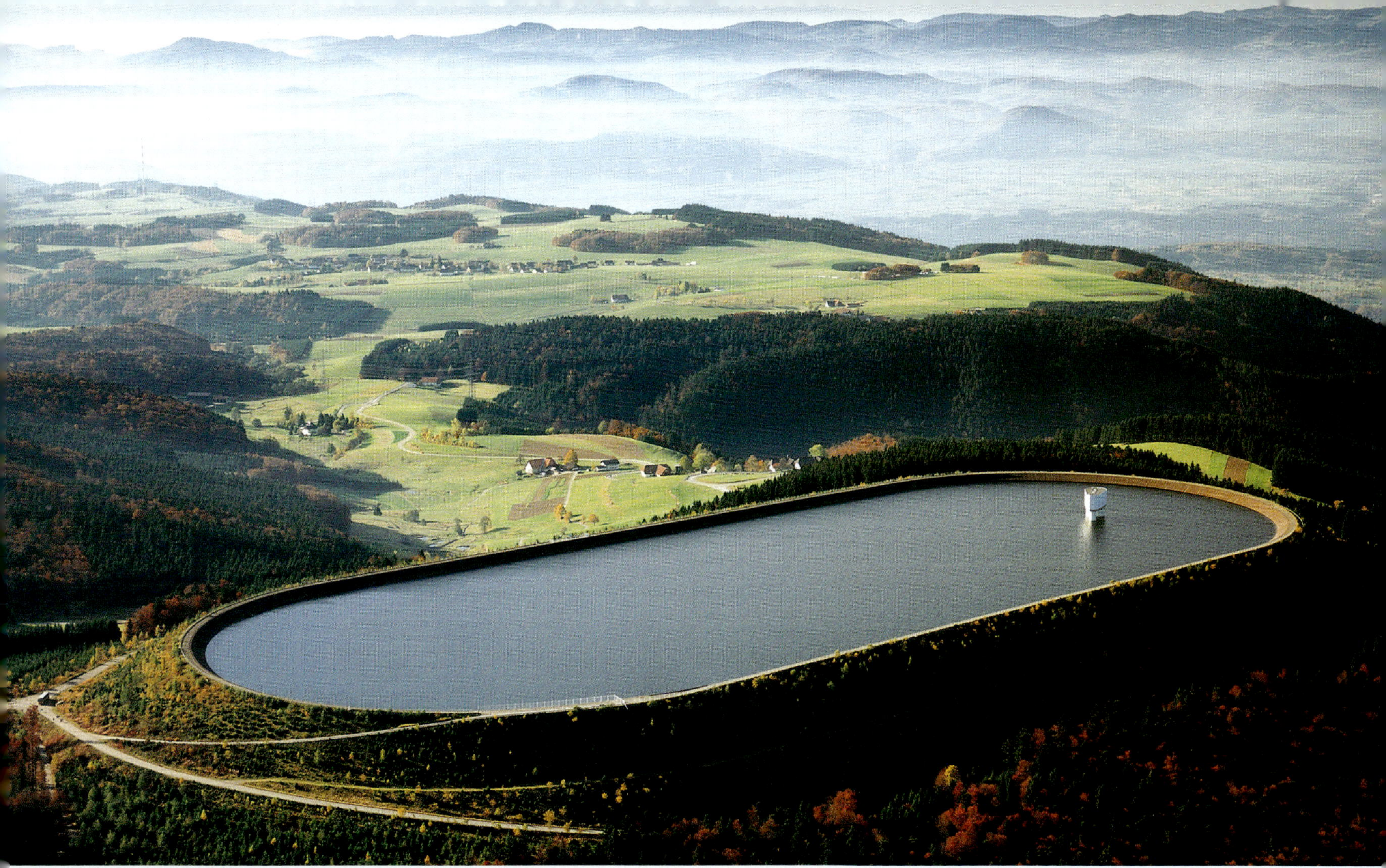

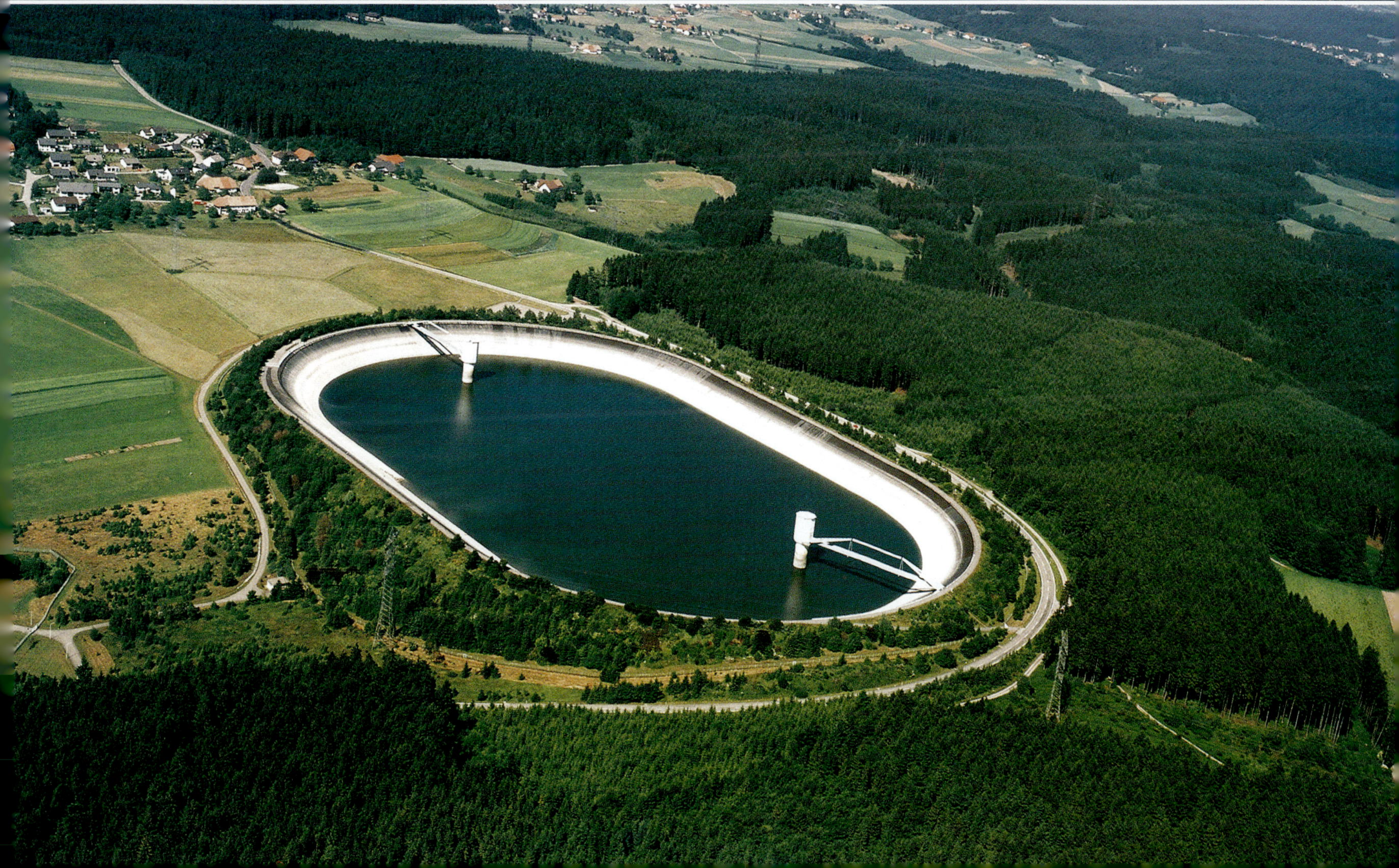

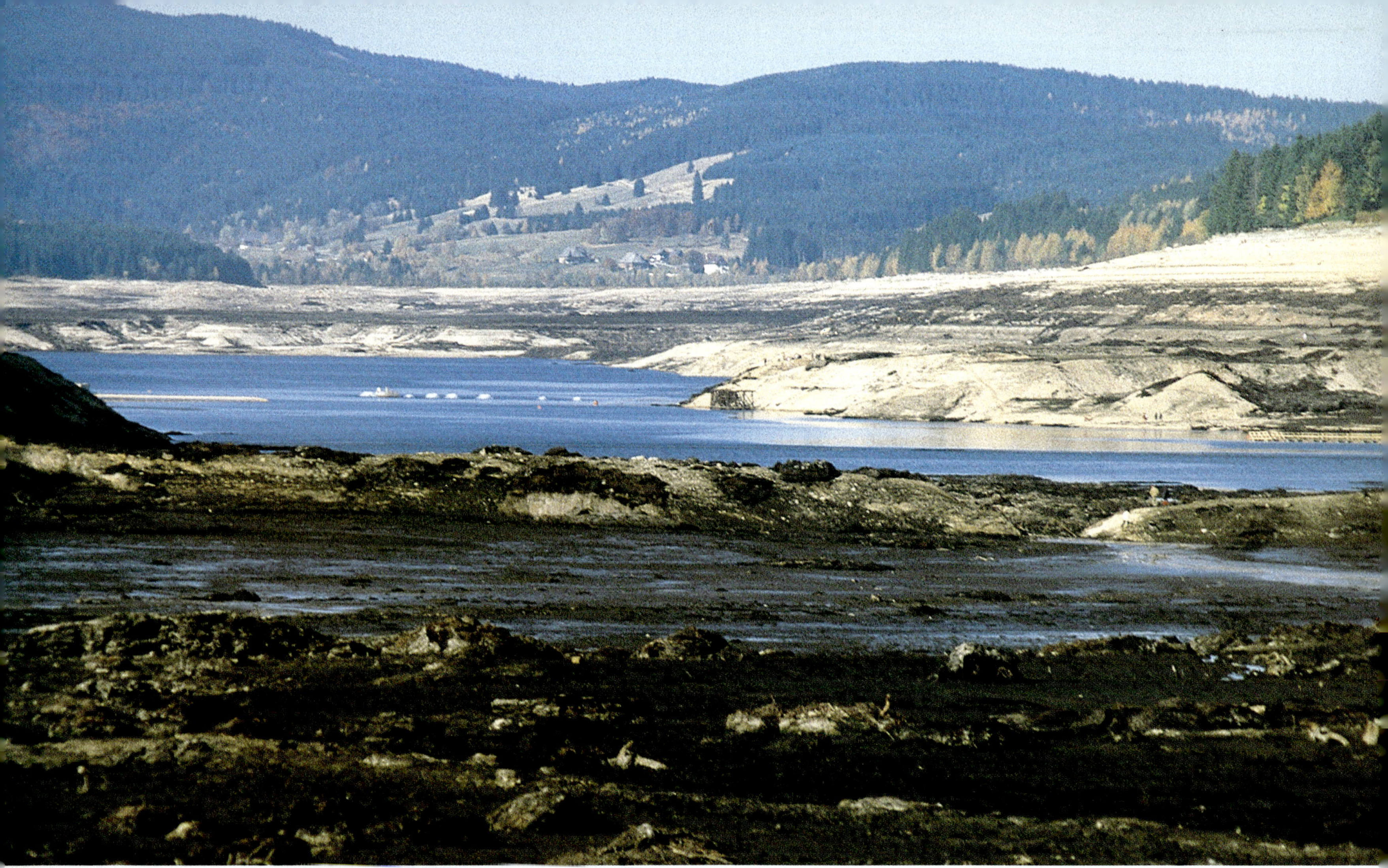

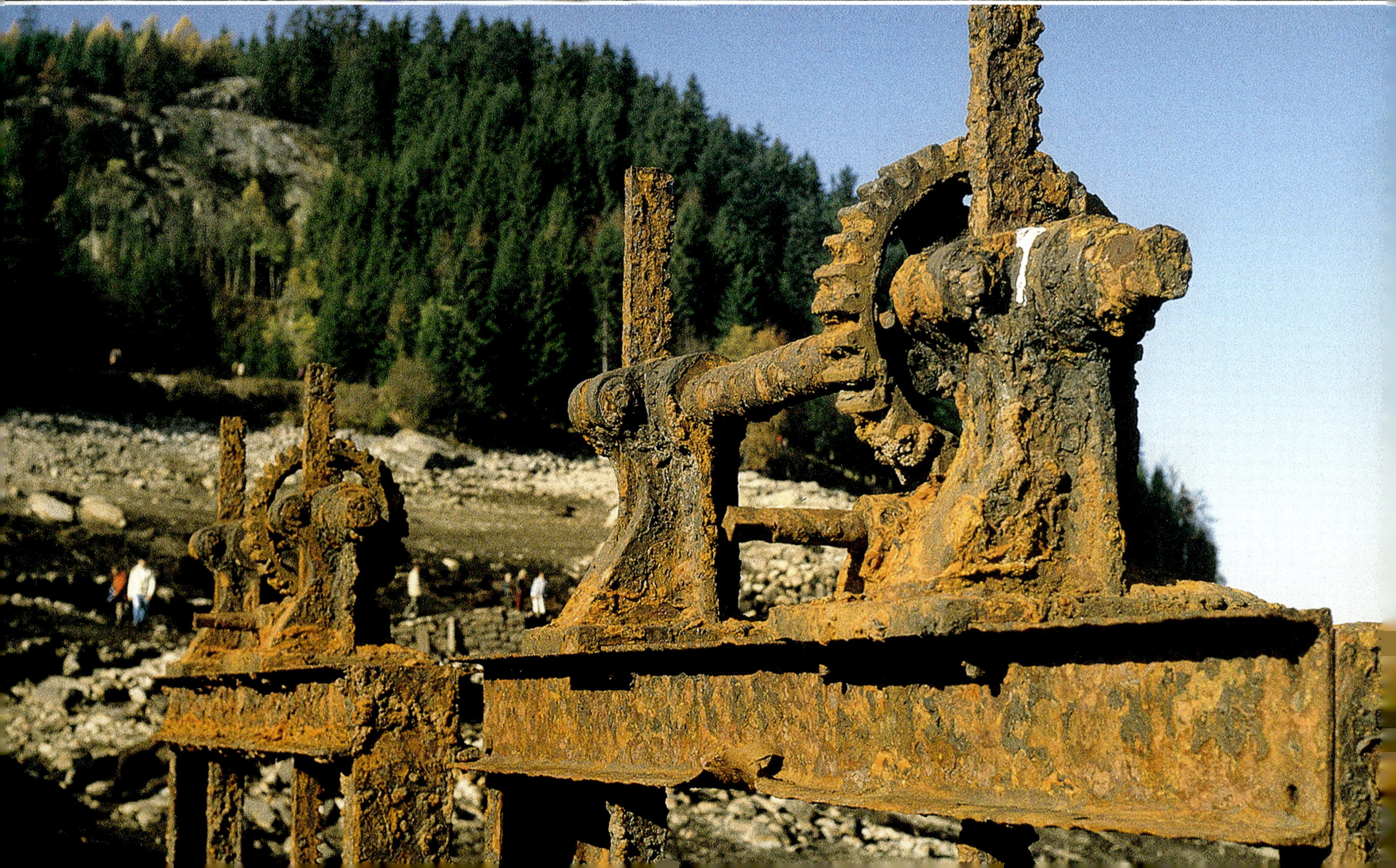

Abb. 10 bis 13
Ein viel beachtetes Ereignis war im Sommer 1983 das Ablassen des Schluchsees. Tausende kamen, um die frühere „Unterwasserwelt" in Augenschein zu nehmen.

Baubeginn erst nach Jahrzehnten

1932 ■ In Kembs beginnt die Nutzung des Oberrheins – neun weitere Kraftwerke folgen / 37. Kapitel

Abb. 1
Fischtreppe beim untersten Rheinkraftwerk in Iffezheim: Das 300 Meter lange Bauwerk ermöglicht Fischen den Aufstieg über die Staustufe an ihre Laichplätze.

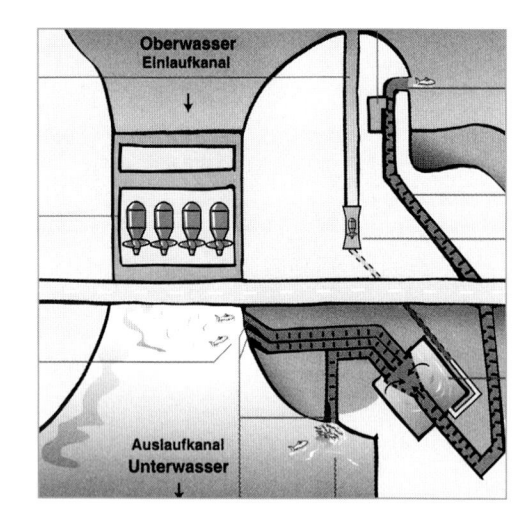

Die Kraft des Oberrheins lag lange Zeit brach. Während oberhalb von Basel am Hochrhein nach der Jahrhundertwende ein Kraftwerk nach dem anderen entstand, wurde über die Kraftnutzung unterhalb Basels ein Viertel Jahrhundert lang diskutiert ohne dass etwas geschah. Die ersten Pläne zur Nutzung der Wasserkraft bei Rheinweiler waren schon im Jahre 1904 entwickelt und dann immer wieder überarbeitet worden, doch zahlreiche Einsprüche und später der Erste Weltkrieg verhinderten einen Baubeginn. Erst Jahre nach dem Ersten Weltkrieg – das Elsass gehörte inzwischen zu Frankreich – wurde das Kraftwerk Kembs als das erste am Oberrhein realisiert. Neun weitere Werke stromabwärts folgten in den nächsten vier Jahrzehnten. Das jüngste Werk in Iffezheim machte um die Jahrtausendwende mit der größten Fischtreppe Europas Furore.

Es war ein langer Weg bis zum Rheinkraftwerk Kembs. Schon im Jahre 1904 hatten die Königlichen Bauräte Havestadt & Contag aus Berlin-Wilmersdorf beim Großherzoglichen Bezirksamt in Lörrach um eine Genehmigung für ein großes Wasserkraftwerk am Rhein nachgesucht. Einen gleichlautenden Antrag hatten sie auch an das Ministerium des Innern in Karlsruhe, und das Ministerium für Elsass-Lothringen gesandt. Die Herren hatten einen Standort in Höhe der Orte Rheinweiler auf badischer und Niffer auf elsässischer Seite im Auge.

Doch die Bauräte bekamen bald Zweifel an ihrer eigenen Standortwahl, so dass sie im folgenden Jahr die Pläne überarbeiteten. Das Wehr verschoben sie zwölf Kilometer flussaufwärts bis unterhalb von Hüningen, wo es nun zwischen dem badischen Ort Märkt und dem elsässischen Ort Neudorf (Village-Neuf) entstehen sollte. Die Turbinenhäuser sollten viele Kilometer stromabwärts auf der linken Rheinseite errichtet, und über einen Druckstollen versorgt werden. Das obere Werk nordwestlich gegenüber Istein sollte 24 000 Kilowatt, das untere gegenüber von Bellingen 22 000 Kilowatt leisten, jeweils „an den Turbinenaxen gerechnet".

Die erste Resonanz der Behörden war nun positiv. Eine „geeignete Grundlage für die Einleitung des Genehmigungsverfahrens" sah die Großherzogliche Oberdirektion des Wasser- und Straßenbaus in den Plänen der Berliner Bauräte. Auch der Kaiserliche Statthalter in Elsass-Lothringen ließ wissen, es stünden dem Entwurf „diesseits Bedenken grundsätzlicher Natur nicht entgegen". Nur die technische Aus-

führung müsse nachgebessert werden: Der Wehrkörper sei im Entwurf zu schwach ausgelegt, und einige Pfeiler seien nicht ausreichend stark dimensioniert. Die Berliner Bauräte griffen die Vorschläge der Behörde auf, und reichten im Februar 1906 die überarbeiteten Pläne für ein Wasserkraftwerk zwischen Hüningen und Steinenstadt ein.

Jetzt wurde das Verfahren zäh. Die Schifffahrt, die bislang ohne Probleme auf dem Rhein von der Mündung bis Basel verkehren konnte, forderte eine weiterhin ungehinderte Durchfahrt. Während für die regionale Schifffahrt eine kleine Schleuse von 90 Meter Länge ausreichte, verlangten die Uferstaaten am Niederrhein, Preußen und Holland, dass die Schleuse für die volle Länge der großen Rheinschiffe ausgebaut werde – also für Kähne bis 170 Meter. Das aber war kaum finanzierbar. Die „Badische Landeszeitung" kritisierte am 16. Oktober 1908, dass auf diese Weise „die entstehenden Wehranlagekosten die Finanzierung zwecklos erschweren" würden, und man somit den Unternehmern „eine Last aufbürdet, die aus Billigkeitsrücksichten besser unterbliebe".

Auch von der Fischerei kamen Einsprüche gegen das Projekt. Sie forderte, dass an beiden Seiten des Kraftwerks Fischleitern gebaut werden – zur Freude auch der „Straßburger Post", die am 27. März 1909 formulierte, dass damit „die alljährlich im April stattfindende Hochzeitsreise der Fische nach der Schweiz nicht gehindert" werde.

■ Es hagelt Widersprüche

Den beiden Staaten Baden und Elsass-Lothringen, die das Projekt anfangs gemeinsam zu bauen gedachten, wandten sich unterdessen immer mehr gegen den geplanten Staatsbetrieb. Sie planten nun, das Werk über die Ausgabe von Ak-

Im Überblick

■ Nach einer fast 30 Jahre währenden Diskussion um die Wasserkraftnutzung am Oberrhein ging im Oktober 1932 das Kraftwerk Kembs ans Netz – als das erste von zehn Kraftwerken, die in den kommenden Jahrzehnten oberhalb Karlsruhe entstanden.

■ Es folgten flussabwärts Ottmarsheim (1952), Fessenheim (1956), Vogelgrun (1959), Marckolsheim (1961), Rhinau (1963), Gerstheim (1967), Straßburg (1970), Gambsheim (1974) und Iffezheim (1977).

tien zu finanzieren. Ein Gutachten legte dar, dass das Werk trotz aller Auflagen noch rentabel arbeiten könne: 43 Millionen Mark Investitionen würden einen Preis von 15 Pfennig je Kilowattstunde Lichtstrom und 4,36 Pfennig für Kraftstrom ergeben – bei den damaligen Strompreisen waren diese Tarife durchaus attraktiv.

Und weil die Berliner Bauräte zwischenzeitlich weiter an ihren Plänen gefeilt hatten, legten sie im März 1910 einen erneut aktualisierten Plan vor. Dieser trug nun auch den Forderungen der Heeresverwaltung nach einer Verschiebung der Kanalbrücke Rechnung. Dafür verlegte man den Standort abermals, diesmal wieder ein Stück stromabwärts bis oberhalb von Kembs, nahe Istein.

Es war nun an der Zeit, dass die detaillierten Baupläne der Bevölkerung offengelegt werden mussten. Im „Oberländer Bote" ließ das Bezirksamt Lörrach am 5. Januar 1911 mitteilen, dass „etwaige Einwendungen gegen das Unternehmen beim Bezirksamt oder dem Gemeinderat Märkt binnen 14 Tagen vorzubringen sind, widrigenfalls alle nicht auf privatrechtlichen Titeln beruhenden Einwendungen als versäumt gelten".

Nun hagelte es Einsprüche. Das Hauptsteueramt Lörrach erklärte nur fünf Tage später, „namens des Großherzoglichen Domänenfiskus fürsorglich Einsprache" zu erheben, um die eigenen Fischerei-Interessen zu wahren. Der „Verein der Textilindustriellen des Wiesentales und dessen Umgebung" erhob ebenfalls Einspruch.

Auch der Regierungsrat des Kantons Basel-Stadt reichte Widerspruch ein. Er sah durch das Werk Kembs den Kanton und die Stadt Basel „in Bezug auf Wasserkraftausnützung, Fischerei und Schifffahrt benachteiligt". Man fürchtete einen Rückstau des Rheins bis über die schweizerische Grenze; ein Kraftwerk bei Kleinhüningen, das der Kanton Basel zu dieser Zeit plante, könne durch das Werk Kembs beeinträchtigt werden, hieß es. Auch die Schifffahrt werde zu sehr behindert. Und schließlich wurden Risiken für die Fischerei angeführt. In dem Einspruch hieß es: „Wir verwahren uns gegen jede durch die Anlage in Kembs allfällig verursachte Beeinträchtigung der Fischerei im Rhein, in der Wiese und in der Birs innerhalb unseres Kantonsgebietes und verlangen Schadloshaltung in vollem Umfange für den Fall, daß die dortigen Anlagen die Zuwanderung der Fische im Rhein nach unserem Kantonsgebiet vermindern oder ganz verhindern sollten."

■ Trotz aller Schwierigkeiten – es wird gebaut

Bei soviel Protest kursierte im Januar 1912 in Elsässer Zeitungen schon die Nachricht, das Werk Kembs sei aufgegeben. Doch die Spekulationen waren haltlos, das Dementi ließ nicht lange auf sich warten: Die „Elektrische Licht- und Kraftanlagen-Aktiengesellschaft" aus Mülhausen protestierte im „Oberbadischen Volksblatt" vom 27. Januar 1912 heftig: Das Kembser Rheinkraftwerk werde trotz aller Schwierigkeiten „unverändert verfolgt". Der Grund für die Verzögerungen läge „nicht in veränderten Ansichten über eine Wirtschaftlichkeit, sondern in dem naturgemäß langsamen Gang der vor der endgültigen Konzessionierung noch zu erledigenden Verhandlungen in denen besonders die Rheinschiffahrt betreffenden Fragen längere Zeit in Anspruch nehmen".

So ließen sich vor dem Ersten Weltkrieg die Pläne nicht mehr realisieren. Und auch nach dem Krieg sollte es noch Jahre dauern bis zum Baubeginn. Die Grenzen hatten sich verschoben, Elsass-Lothringen gehörte nun zu Frankreich, der Oberrhein war zum Grenzfluss geworden. Weil das Recht auf Nutzung des Rheins im Versailler Friedensvertrag von 1919 den Franzosen übertragen worden war, planten diese nun alleine weiter.

Und nochmals gingen neun Jahre ins Land, bis die Aktiengesellschaft „Energie électrique du Rhin" im Jahre 1928 mit dem Bau der Kraftwerksanlagen von Kembs beginnen konnte. Es war mal wieder ein Großprojekt: Bis zu 2 000 Arbeiter waren zeitweise auf der Baustelle tätig, eigens wurde eine Bahnlinie vom Bahnhof Hüningen für den Personen- und Materialtransport gelegt. „Große Baggermaschinen mit Raupenrädern sind im Betriebe", notierte im Oktober 1928 die „Karlsruher Zeitung", „gewaltige Dämme sind im Entstehen begriffen".

■ Einweihung im Oktober 1932

Das Kraftwerk wurde im Oktober 1932 eingeweiht – als das erste von zehn Wasserkraftwerken, die in den kommenden Jahrzehnten am Oberrhein entstehen sollten. Es folgten flussabwärts Ottmarsheim (1952), Fessenheim (1956), Vogelgrun (1959), Marckolsheim (1961), Rhinau (1963), Gerstheim (1967), Straßburg (1970), Gambsheim (1974) und Iffezheim (1977).

Bis auf die jüngsten beiden, die mit Beteiligung des Badenwerks entstanden, ist alleinige Betreiberin der Anlagen heute der französische staatseigene Strommonopolist Electricité de France (EdF). Denn Deutschland hatte lange Zeit kein Nutzungsrecht an der Wasserkraft des Grenzflusses unterhalb von Basel – erst das Pariser Abkommen vom Juli 1969 ermöglichte eine Beteiligung des Badenwerks an den noch zubauenden Grenzkraftwerken.

Zwischen 96 und 166 Megawatt leistet heute jedes einzelne dieser Werke bei einer Fallhöhe zwischen 11,4 und 15,7 Metern; die durchschnittlichen Jahreserträge liegen jeweils zwischen 650 Millionen und 1,03 Milliarden Kilowattstunden. Zusammen beläuft sich die Leistung der zehn Werke auf 1400 Megawatt, ihre Jahresproduktion auf gut 8,6 Milliarden Kilowattstunden.

Ein elftes Werk, das in den 1970er Jahren unterhalb von Iffezheim bei Lauterbourg/Neuburgweier südlich von Karlsruhe geplant war, wurde durch Widerstände auf deutscher Seite (aus ökologischen Gründen) verhindert. Damit waren die Kräfte des Oberrheins erschöpft. Denn unterhalb von Karlsruhe sind Großkraftwerke unrentabel – das Gefälle reicht dort nicht mehr aus.

Der Rhein war tot im November 1986. Ein Chemieunfall in der Firma Sandoz bei Basel hatte über viele Kilometer hinweg alles Leben im Fluss vernichtet. Eine Giftwelle zog in den folgenden Tagen Richtung Nordsee, alle Wasserwerke flussabwärts bis Rotterdam waren alarmiert.

Der Schock bei den Rheinanliegern saß tief. Und so formulierte die Internationale Kommission zum Schutze des Rheins im Jahr darauf Vorschläge, wie das Ökosystem des Flusses zu verbessern sei. Symbolhafte Krönung des Projektes sollte die Wiederansiedlung des Lachses im Rhein werden – der Name des Programms: „Lachs 2000".

Das Ziel war nur erreichbar, indem man den Wanderfischen den Weg vorbei an den Staustufen ermöglichte. Die Barriere musste also durchgängig werden. So wurden am untersten Kraftwerk in Iffezheim in den Jahren 1997 bis 2000 rund 17 Millionen Mark in eine Fischtreppe investiert. Das 300 Meter lange Bauwerk ermöglicht seither den Tieren, den Höhenunterschied am Wehr von zwölf Metern zu überwinden.

„Ein Stück Urlandschaft" – Naturschutz kontra Industrie

1943 ■ Eine Talsperre in der Wutachschlucht wird durch 180 000 Unterschriften verhindert / 38. Kapitel

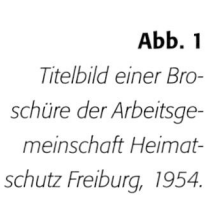

Abb. 1
Titelbild einer Broschüre der Arbeitsgemeinschaft Heimatschutz Freiburg, 1954.

Im Land herrschte Strommangel – und so beschloss die Schluchseewerk AG während des Zweiten Weltkriegs in der Wutachschlucht eine Talsperre zu bauen. Doch an einen Baubeginn war in den Wirren der letzten Kriegsjahre nicht zu denken. Als in den 1950er Jahren der Kraftwerksbetreiber die Pläne erneut aufgriff, formierte sich erheblicher Widerstand; 180 000 Menschen votierten mit ihrer Unterschrift gegen das Projekt, weil es die Naturschönheit der Wutachschlucht für immer zerstört hätte. Der Protest zog sich über mehrere Jahre hin – und hatte schließlich Erfolg: Die Schluchseewerke gaben ihren Plan auf. Kuriosum der Widerstände: Naturschützer propagierten als Alternative die Atomenergie.

Hemmungslos plante die Schluchseewerk AG während des Zweiten Weltkriegs – Tabus gab es keine. Und so sollte in der Wutachschlucht beim Zusammenfluss von Gutach und Haslach eine 60 Meter hohe Talsperre entstehen. Der Plan sah vor, einen Stausee von 110 Hektar Größe zu schaffen; er hätte den Schwarzenbachstausee bei Forbach mit seinen 66 Hektar weit übertroffen. Von dieser Talsperre aus wollte das Unternehmen drei Viertel des Wutachwassers in einem 20 Kilometer langen Stollen zum bestehenden Kraftwerk Witznau ableiten, um auf diese Weise 110 Millionen Kilowattsunden Spitzenstrom jährlich zu erzeugen. Die Turbinen in Witznau hatte man bereits entsprechend dimensioniert.

Auch der Reichsforstmeister in seiner Funktion als Naturschutzbehörde stimmte im März 1943 diesem Projekt zu, obwohl die Reichsregierung die Wutachschlucht erst im August 1939 unter Naturschutz gestellt hatte. Aber die Behörde hielt eine Ausnahmebewilligung für vertretbar – denn allzugroß war der Strommangel in dieser Zeit. Zu Kriegszeiten ließ sich das Werk trotzdem nicht mehr realisieren. Es fehlte an Baumaterialien, wie die Schluchseewerke auch beim zeitgleichen Bau des Kraftwerks Witznau leidvoll erfahren mussten.

Als nach Kriegsende das Leben sich zu normalisieren begann, und die Schluchseewerk AG die Pläne der Wutachtalsperre wieder aus der Schublade holte, schritt der staatliche Naturschutz ein:

Im Überblick

■ In den 1950er Jahren planten die Schluchseewerke eine Talsperre in der Wutachschlucht, und stießen damit auf großen Protest. Nicht nur Wissenschaftler der Universität Freiburg forderten im März 1955: „Hände weg von der Wutachschlucht".

■ Der breite Widerstand verhinderte schließlich das 70-Millionen-Mark-Projekt, rettete ein Stück „Urlandschaft".

■ Zwanzig Jahre später scheiterten die Schluchseewerke mit einem zweiten Großprojekt: Auch der Lindau-Stausee im Hotzenwald hatte viele Gegner.

Das Badische Landeskulturamt hob – in seiner Funktion als Naturschutzbehörde – im Februar 1950 die Ausnahmebewilligung aus Kriegszeiten auf. Die Entscheidung sollte jedoch nicht lange Bestand haben. Die Landesregierung hielt die Talsperre weiterhin für dringend notwendig, und setzte daher kurzerhand per Weisung die Bewilligung wieder in Kraft.

Damit schien der Weg frei. Doch sehr bald musste die Schluchseewerk AG erkennen, dass enormer Protest von Seiten der Bürger ihr entgegenschlug – eine Unterschriftensammlung der Freiburger „Arbeitsgemeinschaft Heimatschutz" war sehr erfolgreich. Der Stromerzeuger reagierte im April 1954 mit halbseitigen Inseraten in den regionalen Tageszeitungen: „Wozu Unterschriften zur Rettung der Wutachschlucht?" fragte er. Schließlich sei die Sammlung nur „eine private Aktion", die als eine „Überspitzung des Naturschutzgedankens anzusehen" sei. Und für diese könne „der schaffende Mensch kein Verständnis aufbringen." Schließlich könne es doch nicht angehen, dass die Wirtschaft sich von Natur- und Landschaftsschutzgebieten in ihrer „notwendigen Bewegungsfreiheit einengen" lasse.

Die „Arbeitsgemeinschaft Heimatschutz" hingegen sah in dem Projekt eine „Kapitalfehlleitung". Die von den Schluchseewerken angegebene energiewirtschaftlichen Bedeutung des Projektes sei lediglich eine „propagandistische Aufbauschung". Tatsächlich böten die zu erwartenden Energiemengen „kein ausreichendes Äquivalent für das, was ihretwegen zerstört wird." Und so mißlang der Versuch der Schluchseewerke, per Werbeanzeige Akzeptanz für das 70-Millionen-Mark-Projekt zu schaffen; die Sympathien der Bürger blieben eindeutig auf Seiten der Naturfreunde.

Es baute sich gar eine immer breitere Front des Widerstands auf. Wissenschaftler der Universität Freiburg forderten im März

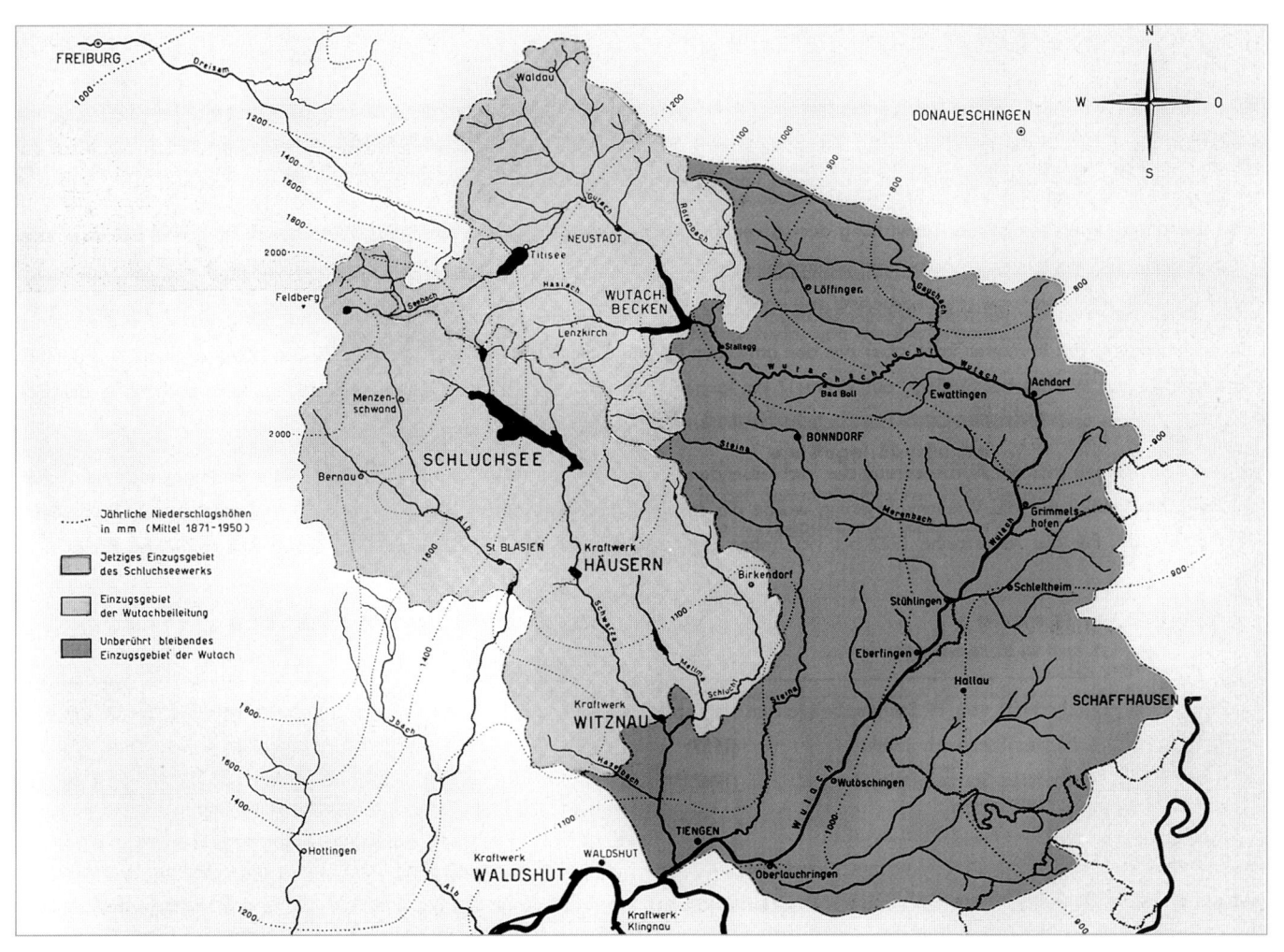

Abb. 2
Einzugsgebiet der geplanten Wutachableitung: Drei Viertel des Wutachwassers sollten in einem 20 Kilometer langen Stollen zum bestehenden Kraftwerk Witznau geführt werden.

1955: „Hände weg von der Wutachschlucht". Auch die Forstdirektion Südbaden trat „mit Entschiedenheit für die Erhaltung der Wutachschlucht" ein. Und der Badische Landwirtschaftliche Hauptverband fürchtete durch eine Talsperre Auswirkungen, die „noch nicht zu übersehen" seien.

Entsprechend zahlreich waren die Unterschriften: 180 000 Naturfreunde votierten gegen das Werk, 1123 Bürger erhoben sogar formal Einspruch bei den Behörden. Zudem setzten sich bald auch das Kultusministerium und Teile der Presse für den Erhalt der Wutachschlucht ein. „Muß die Wutachschlucht wirklich geopfert werden?" fragte im Februar 1957 die „Stuttgarter Zeitung" – und machte anschließend ihre Einschätzung zu dem Projekt deutlich: „Auch wirtschaftliche Überlegungen rechtfertigen es nicht."

Denn man hatte inzwischen vielerorts die außergewöhnliche Naturschönheit der Wutachschlucht erkannt. Außergewöhnlich, weil sie, wie der Freiburger Professor Konrad Guenther zu jener Zeit sagte, „ein aufgeschlagenes Buch der Geologie" sei, „eine Fundgrube schöner, seltener und mit der Vergangenheit verbundener Pflanzen und Tiere." Sie sei folglich „als Lehrobjekt für Universität und Schule durch nichts zu ersetzen". Und der „Schwarzwälder Bote" nannte die Wutachschlucht im April 1959 schlicht „ein letztes Stück Urlandschaft". Entsprechend protestierten auch viele Gemeinden der Region gegen den Wutach-Stausee, darunter Lenzkirch, Gündelwangen, Boll und Münchingen.

■ **Durch Atomkraft überholt?**

Der Widerstand brachte auch groteske Züge hervor: Es setzten in diesen Jahren einige Natur- und Umweltschützer auf die Atomkraft. Sie hofften auf jene Energiequelle, die 20 Jahre später zum Symbol der Umweltzerstörung werden sollte.

Der St. Märgener Forstmeister Fritz Hockenjos, Obmann der „Arbeitsgemeinschaft Heimatschutz Schwarzwald", sprach 1955 davon, dass es „noch genug andere Möglichkeiten zur Energiegewinnung gebe" – schließlich stehe die Welt aufgrund der absehbaren Atomkraftnutzung „am Vorabend eines neuen Zeitalters". Staue man trotz dieser Perspektiven die Wutach auf, so vollführe man einen „Schildbürgerstreich der Technik".

Walter Fries, staatlicher Beauftragter für Naturschutz und Landschaftspflege, schlug in die gleiche Kerbe: Man müsse sich fragen, ob es angesichts der bevorstehenden Nutzung der Atomenergie noch „richtig ist, daß man jetzt noch einmalige Werte zerstört". Und auch die Bergwacht, ebenfalls um den Erhalt der Landschaft bemüht, schwärmte im Mai 1957 in ihrer Zeitschrift „Berg-Echo" von den „ungeheuren Möglichkeiten", die die „Entwicklung der Atomforschung in absehbarer Zeit erschließen wird". Ihr Fazit: Bei der Wutachtalsperre gehe es allein „um Prestigefragen".

Das Projekt wurde wenig später abgeblasen, und die Wutachschlucht blieb unangetastet. Offensichtlich hatten die Atom-Visionen dieser Zeit daran ihren Anteil.

„Wozu Unterschriften zur Rettung der Wutachschlucht? Die von Naturschutzkreisen eingeleitete Unterschriftensammlung zur Rettung der Wutachschlucht ist eine private Aktion, die im Widerspruch steht zu der Entscheidung amtlicher Naturschutz-Dienststellen."

AUS EINER ANZEIGE DER SCHLUCHSEEWERK AG IN DER BADISCHEN ZEITUNG VOM 4. APRIL 1954

Rückstau bis zum Rheinfall von Schaffhausen

1952 ■ Das Kraftwerk Rheinau wird trotz großer Widerstände aus der Bevölkerung gebaut / 39. Kapitel

Abb. 1
Maschinenraum des Wasserkraftwerks Rheinau.

Der Bau der Wasserkraftwerke am Hochrhein war stets mehr oder weniger umstritten – wegen der Eingriffe in die Flussökologie. Am heftigsten waren die Proteste in Rheinau, wo die Nordostschweizerische Kraftwerke AG (NOK) und die Aluminium-Industrie AG (heutige Alusuisse) im Jahre 1952 mit dem Bau eines Werkes begannen. Der Widerstand war maßgeblich bedingt durch die absehbare Beeinträchtigung des 6,6 Kilometer stromaufwärts liegenden Rheinfalls von Schaffhausen. Obwohl in den anliegenden Gemeinden und im Kanton die Bürger sich in einer Volksabstimmung mehrheitlich gegen das Projekt aussprachen, setzten sich die Befürworter durch. Das Kraftwerk ging im Herbst 1956 in Betrieb.

Die ersten Pläne gab es schon frühzeitig; sie stammen aus den Jahren 1893 und 1897. In dieser Zeit bewarb sich die Stadt Zürich zusammen mit der Nürnberger Elektrizitäts-Aktiengesellschaft Schuckert & Co. um die Konzession für ein großes Wasserkraftwerk bei Rheinau. Es sollte einen Rückstau des Wassers bis zur Gemeinde Nohl bewirken.

Doch die beiden Antragsteller waren nicht die einzigen Interessenten. Im Jahre 1902 bewarben sich die Stadt Winterthur und die Aluminium-Industrie AG Neuhausen am selben Standort um ein noch größeres Projekt. Erstmals planten sie einen Rückstau des Rheins sogar bis zum Rheinfallbecken.

Ein Baubeginn lag noch fern, Ingenieure planten mehrfach um, auch der Erste Weltkrieg verzögerte das Projekt. Erst im Jahre 1929 wurden die Pläne wieder aktuell, beflügelt durch einen deutsch-schweizerischen Staatsvertrag, der die gemeinsame Nutzung des Rheins regelte. Darin sagte der schweizerische Bundesrat zu, „die Verhandlungen betreffend die Erteilung neuer Konzessionen für Kraftwerke zwischen Basel und dem Bodensee gemeinsam mit der badischen Regierung zu führen und möglichst zu beschleunigen."

Es waren die Nordostschweizerischen Kraftwerke (NOK) und die Alufabrik, die nun ernst machten; im Sommer 1931 ließen sie in Rheinau die Pläne des Kraftwerkes zur Ansicht auslegen – und sofort hagelte es Proteste. Der Schweizerische Bund für Naturschutz, die Naturschutzkommission der Schweizerischen Naturforschenden Gesellschaft, die Naturschutzkommission Schaffhausen und der Schweizerische Heimatschutz gingen auf die Barrikaden. Unterstützung fanden die Naturschutzverbände bei der Bevölkerung: In Neuhausen gaben 71 Prozent der wahlberechtigten Bürger ihre Unterschrift gegen das Projekt ab, in Rheinau gar 89 Prozent, in Schaffhausen immerhin 54 Prozent.

Trotzdem trieben die Bauinteressenten die Planungen voran und erhielten am 22. Dezember 1944 vom schweizerischen Bundesrat die Baukonzession. Diese war trotzdem einstweilen nicht umsetzbar, weil eine gleichlautende Konzession auch von den deutschen Behörden notwendig war. Doch daran war erst nach Kriegsende zu denken.

Nachdem am 14. November 1947 auch das Landratsamt Waldshut die Genehmigung erteilt hatte, wurde der Protest von Jahr zu Jahr heftiger. „Soll die letzte unberührte Stromlandschaft des Hochrheins geopfert werden?" schrieb im Jahre 1951 ein „Überparteiliches Komitee zum Schutze der Stromlandschaft Rheinfall-Rheinau". Die Strecke zwischen Rheinfall und Rheinau sei „eine der schönsten Stromlandschaften des Hochrheins", und damit ein „Naturdenkmal ersten Ranges". Nun aber solle dieses „letzte lebendig fließende Rheinstück vom Rheinfall bis unterhalb Rheinau in einen Stausee verwandelt" werden.

■ Ein Kraftwerk als Bombenziel?

Die Argumente gegen den Bau waren höchst unterschiedlich. Neben dem Naturschutz, und den Ängsten vor einer Gefährdung der Grundwasserströme, führte das „überparteiliche Komitee" auch strategische Überlegungen an. „Wie werden", fragten die Kraftwerksgegner im Jahre 1951, „die Verhältnisse bei einem allfälligen künftigen Kriege liegen?" Aufgrund der schweizerischen Neutralität könnten die „rein schweizerischen Werke im Landesinneren als gesichert betrachtet werden." Anders sei das bei Kraftwerken an der Grenze: „Es ist damit zu

---

Im Überblick

■ Das Kraftwerk Rheinau war das umstrittenste am Hochrhein. 160 000 Bürger äußerten sich mit ihrer Unterschrift gegen das Projekt – dennoch begann der Bau im Januar 1952.

■ Die Gegner gaben trotzdem noch nicht auf. Es gelang ihnen sogar, eine Volksabstimmung im Kanton Schaffhausen durchzusetzen. Zwar votierten dabei 66 Prozent der Bürger gegen den Aufstau, doch der Bundesrat in Bern erklärte die Abstimmung im Nachhinein für bundesrechtswidrig.

■ Die Bürger in der Region protestierten umso heftiger: Im September 1952 gingen in Rheinau 15 000 Menschen auf die Straße.

rechnen, daß solche Werke zu erstrangigen Bombenzielen gemacht werden." Und so fragten die Kraftwerksgegner: „Sollen wir wirklich solch gefährdete Werke bauen?"

Ein „Komitee der Jugend gegen den Bau eines Kraftwerkes in Rheinau" hatte ein weiteres Argument parat: die Atomkraft. In einem Brief der Jugendlichen an den schweizerischen Bundespräsidenten Eduard von Steiger, schrieben sie im August 1951: „Schließlich werden sich auch in unserem Land die Atomkraftwerke durchsetzen, die dann die Wasserkraftwerke zum großen Teil überflüssig machen werden!"

Doch die NOK und die Alusuisse hielten an ihren Plänen fest. Und so begann – weil formal genehmigt – am 23. Januar 1952 der Bau des Wasserkraftwerks Rheinau. Eine Petition mit 160 000 Unterschriften, von Bürgern im September zuvor beim Bundesrat eingereicht, wurde von den Unternehmen kurzerhand ignoriert.

66 Prozent gegen Aufstau des Rheins

Aber die Gegner gaben auch nach Baubeginn nicht auf, und kämpften für ein Verbot des Aufstaus. Es gelang ihnen schließlich, im Kanton Schaffhausen zu diesem Thema eine Volksabstimmung durchzusetzen. Sie fand am 20. April 1952 statt, und brachte den Initiatoren ein erfreuliches Ergebnis: 66 Prozent der Bürger stimmten gegen den Aufstau. Der Bundesrat in Bern erklärte die Abstimmung jedoch im Nachhinein für bundesrechtswidrig und damit für ungültig. Die Bürger in der Region protestierten umso heftiger: Im September 1952 gingen in Rheinau 15 000 Menschen auf die Straße.

Dabei blieb es nicht. Bald wurde der Kampf um Rheinau auch landesweit ausgetragen. Eine nationale Volksabstimmung schien nun die letzte Chance zu sein, das Projekt zu stoppen. Tatsächlich setzten die Kraftwerksgegner ein bundesweites Referendum durch, das am 5. Dezember 1954 stattfand. Doch der erhoffte Erfolg blieb aus, es überwogen die Befürworter: 68,8 Prozent stimmten für das Kraftwerk, 31,2 Prozent dagegen. Allein im betroffenen Kanton Schaffhausen hatten die Gegner des Projektes die Nase vorn. Doch das war ohnehin klar gewesen.

Der Kampf um Rheinau war mit der Abstimmung faktisch beendet; das Werk, dessen Bau längst fortgeschritten war, wurde fertiggestellt. Im September 1956 ging die erste Maschinengruppe in Betrieb, im Januar 1957 die zweite. Zwei Kaplanturbinen nutzen seither das Gefälle von durchschnittlich 10,5 Meter. Mit 36 Megawatt und einer mittleren Jahresproduktion von zuletzt 237 Millionen Kilowattstunden blieb die Anlage eine der kleineren am Hochrhein. Ihre Auswirkungen reichen dennoch bis zum Rheinfall bei Schaffhausen: dessen Fallhöhe ist durch den Rückstau bei durchschnittlichem Rheinpegel um einen halben Meter reduziert.

In den folgenden Jahren ging der Ausbau am Hochrhein weiter, schließlich gehört die Strecke zwischen Bodensee und Basel unter Gesichtspunkten der Energiegewinnung zu den attraktivsten Flussabschnitten Mitteleuropas. Auf dieser Distanz bietet der Hochrhein 150 Meter Gefälle und eine hohe, relativ konstante Wasserführung, die oberhalb der Aaremündung im Mittel 400 Kubikmeter pro Sekunde, und zwischen Aaremündung und Basel sogar 1 000 Kubikmeter erreicht. Der Abfluss erreicht im Sommer durch die Schmelzwässer der Alpen sein Maximum – die Rheinkraft ist damit die ideale Ergänzung zum Angebot der Wasserkraft im Schwarzwald.

Zwölf Laufwasserkraftwerke mit zusammen 650 Megawatt Spitzenleistung produzieren seit Inbetriebnahme des letzten Werkes in Säckingen (1966) jährlich vier Milliarden Kilowattstunden Strom. Damit sind die Kapazitäten des Hochrheins weitgehend ausgeschöpft, Steigerungen sind fast nur noch durch technische Optimierung der Anlagen möglich.

Allein bei Waldshut-Tiengen blieb bis heute ein Abschnitt, auf dem der Hochrhein frei fließt. Auch dort sollte in den 1960er Jahren ein Kraftwerk gebaut werden – die Konzession für das Projekt Koblenz-Kadelburg war bereits erteilt. Doch die Stromversorger gaben die Konzession im Jahre 1968 zurück: Kohle war sehr billig, das Werk damit unwirtschaftlich.

„Wie wird einmal der Hochrhein aussehen, wenn sein Lauf von Konstanz bis Basel dem Menschen dienstbar gemacht sein wird, wie kühne Pläne dies vorsehen? Es ist für unsere Vorstellung noch unausdenkbar, daß aus dem strömenden und bewegten Lauf des Hochrheins eine ununterbrochene Folge von Stauseen werden soll. Wehre bis zu etwa 12 m Höhe werden die einzelnen Staustufen trennen; dadurch werden den Seen oberhalb der Wehre gebildet, spiegelklar, ohne Strömung, breit, mit zeitweise neuen künstlichen Ufern, die mehr oder weniger unschön hervortreten. Noch liegen heute lange Strecken des natürlich gebliebenen Stromauslaufes zwischen den einzelnen Stauwerken. Kommt wirklich die Zeit, in der auch diese letzten, ursprünglichen Stromufer der Technik zum Opfer fallen?"

Aus: Badische Heimat, Zeitschrift für Volkskunde, Freiburg 1932

Abb. 2
Die Wehranlage Rheinau.

Der Anfang vom Ende der Atomenergie

1971 ■ In Wyhl verhindern Bürger ein Atomkraftwerk – und werden damit bundesweit zum Vorbild / 40. Kapitel

Abb. 1
Selbstbewusster Slogan des Widerstandes – hier auf einem Plakat.

Als in den Industrieländern die Atomenergie begann, die Phantasien der Menschen zu beflügeln, war Baden vorne mit dabei. Speziell in der Forschung: In Karlsruhe wurde 1956 die „Reaktorstation Karlsruhe" gegründet, später „Kernforschungszentrum" genannt. Lange Zeit war diese Einrichtung die bedeutendste ihrer Art in Deutschland. Aber auch bei der Nutzung der Atomenergie war Baden Vorreiter, als im Oktober 1968 in Obrigheim der erste kommerziell betriebene Atomreaktor Deutschlands ans Netz ging. So war es nicht überraschend, dass auch der massive Widerstand gegen die Atomkraft in Baden begann. Er erreichte bald Ausmaße, wie sie in ganz Europa bis dato unbekannt waren; Tausende von Menschen besetzten im Februar 1975 den Bauplatz in Wyhl am Kaiserstuhl, wo das Badenwerk bereits mit den Bauvorbereitungen für den weltweit größten Atomreaktor begonnen hatte. Der Protest hatte Erfolg, das Atomkraftwerk wurde verhindert – und Wyhl war fortan Vorbild für Bürgerinitiativen in der ganzen Republik.

Frühjahr 1971: Der Atomstaat begann sich warm zu laufen. Im badischen Obrigheim war drei Jahre zuvor das erste kommerzielle Atomkraftwerk Deutschlands in Betrieb gegangen, und im elsässischen Fessenheim, drei Kilometer von der deutschen Grenze entfernt, stand der Baubeginn für den seinerzeit größten französischen Atomreaktor unmittelbar bevor. Da schreckte eine Meldung die ganze Region auf: In Breisach sollte ein Atomkraftwerk entstehen. Schon am 2. Juni 1971 reichte das Badenwerk den offiziellen Antrag auf Standortgenehmigung ein.

Doch der Stromkonzern hatte die Rechnung ohne die Bevölkerung gemacht. Binnen weniger Wochen formierten die Menschen in Breisach und in den umliegenden Weinorten am Kaiserstuhl sich zum Widerstand und gründeten ein „Oberrheinisches Komitee gegen Umweltgefährdung durch Kernkraftwerke Breisach und Fessenheim". Es kamen Menschen zusammen, die Ministerpräsident Hans Karl Filbinger als „Linksradikale" diffamierte. In Wahrheit aber waren es, wie das „ZEIT-magazin" später formulierte, „vor allem Kleintierzüchter und katholische Landfrauen, Angehörige der freiwilligen Feuerwehr, die Genossenschaften der Winzer".

Während das Badenwerk noch versuchte, „mit einer Flut von Werbeschriften im Stil einer Waschmittelreklame" (so schrieb ein Zeitzeuge) die Menschen für das Atomkraftwerk zu gewinnen, konnten die Gegner bis Oktober 1972 mehr als 60 000 Unterschriften sammeln. Das war dem Stromkonzern zuviel: er kippte seine Breisacher Pläne am 19. Juli 1973.

Dennoch dachte die Badenwerk-Tochter Kernkraftwerk-Süd GmbH nicht daran, ihre Atomphantasien aufzugeben. Zeitgleich mit dem Abschied von Breisach präsentierte sie den neuen Standort: Die Gemeinde Wyhl, 2700 Einwohner groß, 15 Kilometer nördlich von Breisach gelegen. Mit Zeitungsinseraten hoffte das Badenwerk Akzeptanz zu schaffen: „Mehr Energie. Damit der Fleiß im Land sich lohnt."

Doch erneut hatten sich die Atomstrategen verrechnet. Die Hoffnung, in Wyhl auf weniger Widerstand zu treffen, erwies sich als abwegig; schon zwei Tage nach der neuen Standortwahl fand in Wyhl die erste Protestveranstaltung statt. Winzer und Landwirte demonstrierten in den folgenden Monaten mit Traktoren auf der Straße, Fischer mit ihren Booten auf dem Altrhein. Motto: „Heute Fische, morgen wir." Und die Unterschriftensammlungen gingen weiter, bis im April 1974 fast 90 000 Signaturen gegen ein Atomkraftwerk in Wyhl vorlagen. Im formalen Einspruchsverfahren gaben zudem acht Gemeinden und 50 Vereinigungen ihre Ablehnung zu Protokoll. „Nai hämmer gsait" wurde zum Slogan einer ganzen Region.

■ Das größte Atomkraftwerk der Welt

Die Atompläne von Badenwerk und Landesregierung waren gigantisch: Das Dörfchen Wyhl sollte das seinerzeit größte Atomkraftwerk der Welt bekommen – zwei Druckwasserreaktoren mit jeweils 1290 Megawatt elektrischer Leistung. Wirt-

---

Im Überblick

■ Im Frühjahr 1971 wurde bekannt, dass das Badenwerk in Breisach ein Atomkraftwerk plant. Doch schon bald zog der Stromversorger seine Pläne zurück: Das Werk schien gegen den breiten Widerstand der Menschen vor Ort nicht durchsetzbar.

■ Nun hoffte der Stromkonzern, in Wyhl auf weniger Protest zu stoßen. Doch er irrte sich gewaltig: Tausende von Menschen besetzten im Februar 1975 den Bauplatz in Wyhl, wo das größte Atomkraftwerk der Welt entstehen sollte.

■ Der Protest war erfolgreich, und beflügelte Bürgerinitiativen in ganz Deutschland, Frankreich und der Schweiz – Wyhl war zum Synonym für erfolgreiches Bürgerengagement geworden.

schaftsminister Rudolf Eberle leitete am 5. September 1974 das Genehmigungsverfahren ein, worauf der Wyhler Bürgermeister Wolfgang Zimmer eine Woche später auf Druck der Bevölkerung einem Bürgerentscheid über den Verkauf des städtischen Geländes zustimmte.

Der Kampf ging damit in seine erste heiße Phase. Das Wirtschaftsministerium agitierte mit Zeitungsanzeigen massiv pro Atomkraft, die Menschen der Region demonstrierten zu Tausenden dagegen. Im elsässischen Marckolsheim kam es zugleich zu einer „Generalprobe für Wyhl", als am 20. September 1974 der Bauplatz einer geplanten Blei-Chemiefabrik besetzt wurde (deren Bau fünf Monate später abgesagt wurde).

Im Vorfeld des Wyhler Bürgerentscheids vom 12. Januar 1975 setzte das Land auf Verunsicherung und viele schöne Versprechungen. Ein Freibad werde Wyhl bekommen und eine Kläranlage, ein Hallenbad und ein Gemeinschaftshaus für Vereine – und viele Arbeitsplätze. Die Gemeinde, per Ratsbeschluss mehrheitlich für den Atomreaktor, versprach zudem die „Herabsetzung von Gebühren, Beiträgen und Steuern" im Falle des Kraftwerksbaus. Das Land erklärte den Bürgerentscheid unterdessen für überflüssig; im Falle eines Sieges der Atomgegner werde man die Gemeinde ohnehin enteignen.

Dieses eine Mal gingen die Rechnungen der Atomlobbyisten auf. 55 Prozent der Bürger in Wyhl ließen sich bei einer Wahlbeteiligung von 92,3 Prozent durch die Versprechungen beeindrucken, und stimmte für die Veräußerung des Baugeländes. Sofort verkaufte die Gemeinde Wyhl die 40 Hektar große Fläche, mit ihrem Ahorn-, Eschen- und Ulmenwald für zwei Millionen Mark an die Kernkraftwerk-Süd GmbH. Schon zehn Tage nach dem Bürgerentscheid, am 22. Januar 1975 erhielten die Kraftwerksbauer die erste Teilerrichtungsgenehmigung. Umweltschützer der Freiburger Universität fürchteten nun eine Mutation des Badischen Weins zum „Kaiserstühler Nebelfelsen – Isotopenauslese", nachdem selbst die gewöhnlich atomfreundliche „Frankfurter Allgemeine Zeitung" schon im Dezember 1974 erkannt hatte: „Ein Kraftwerk am falschen Platz."

Zum Baubeginn Nachhilfe in Strafrecht

Völlig überraschend starteten am Montag, dem 17. Februar 1975 die Vorbereitungen für den Bau. „Die Arbeiten wurden nicht behindert" vermeldete anderntags die „Badische Zeitung". Unterdessen verteilte die Kernkraftwerk-Süd GmbH Flugblätter, auf denen es hieß: „Jeder, der sich an einer Besetzung des Standortes oder an einer Behinderung der Bauarbeiten beteiligt, macht sich strafbar und schadensersatzpflichtig".

Doch die Atomkraftgegner ließen sich nicht beirren. Am Dienstag, einen Tag nach dem Baubeginn, besetzten einige hundert Menschen den Bauplatz. „Demonstranten erzwingen

> „Die Gemeinde Wyhl stand bisher als Grenzlandgemeinde im Schatten der Entwicklung. Wir haben heute die Chance, mit Hilfe der Ansiedlung des Kernkraftwerkes aus diesem Nachteil herauszukommen."
>
> AMTLICHES MITTEILUNGSBLATT DER GEMEINDE WYHL, 13. DEZEMBER 1974

Abb. 2
Keine Extremisten: Alt und Jung demonstrieren gegen das Atomkraftwerk.

Abb. 3
Getrennt durch Nato-Stacheldraht: Demonstranten und Polizei im Februar 1975.

„Es wäre töricht anzunehmen, Baden-Württemberg als das am stärksten industrialisierte Land der Bundesrepublik könne in der Energieversorgung andere Wege gehen. Das Gegenteil ist richtig. Unser revierfernes Land hat es aufgrund seiner Struktur besonders notwendig, verstärkt auf Kernenergie zu setzen."

STAATSMINISTERIUM
BADEN-WÜRTTEMBERG,
MÄRZ 1975

Abbruch der Arbeit" schlagzeilte daraufhin die Presse. Und: „Belagerungszustand im Wyhler Rheinwald". Als auch am Mittwoch die Atomkraftgegner den Bauplatz noch besetzt hielten, beschloss Ministerpräsident Filbinger, durchzugreifen. So bekamen die friedlichen Demonstranten am Donnerstagmorgen die geballte Staatsmacht zu spüren: 600 Bereitschaftspolizisten mit Hundestaffel, Wasserwerfern und gepanzerten Fahrzeugen rückten an, und räumten das Gelände.

Doch schon am Sonntag darauf waren die Menschen aus der Region wieder da. Statt einigen Hunderten kamen diesmal viele Tausende. Sie stürmten den Bauplatz, schoben den Stacheldraht einfach zur Seite, und zwangen so die Polizei zum Rückzug. Die Landesregierung nannte die Aktion einen „besonders schwerwiegenden Angriff auf die rechtsstaatliche Ordnung". Sie sprach von „Landfriedensbruch".

Aber die Masse hatte Erfolg: „Bauarbeiten in Wyhl vorläufig eingestellt", titelte nun die „Badische Zeitung". Die Atomkraftgegner hatten damit Zeit gewonnen sich zu etablieren. Eine ständige Platzwache ging aus dieser Besetzung hervor, ein Kommunikationszentrum für 500 Menschen wurde errichtet, die „Volkshochschule Wyhler Wald" gegründet. Motto aller Aktionen: „Besser heute aktiv, als morgen radioaktiv." Hier trafen sich, wie ein Zeitzeuge später berichtete, „Akademiker und Handwerker, Winzer und Studenten, Bärtige und Schlipsträger, Langhaarige und Kurzhaarige, Studierte und Bauernschlaue, Alte und Junge." Sie alle wollten ein „Ruhrgebiet in der Freiburger Bucht" (so stand es auf einem Flugblatt) verhindern.

Kirchliches Telegramm an den Landesvater

In Stuttgart wurde die Stimmung nun von Tag zu Tag gereizter. In einer Anzeige vom 26. Februar 1975 erklärte die Landesregierung, sie erwarte, „daß sich jeder vernünftige Bürger von den Radikalen distanziert", und titulierte die Bauplatzbesetzer als „Extremisten, die unseren demokratischen Rechtsstaat angreifen". Doch diese Aussagen waren absurd. Meinungsforscher des Frankfurter Battelle-Instituts belegten das wenig später, als sie eine Studie im Auftrag des Bundesforschungsministeriums vorstellten: Die Landesregierung unterliege „einer Fehleinschätzung", hieß es darin. Denn es seien 77 Prozent der Bevölkerung im Landkreis Emmendingen und 69 Prozent der Freiburger gegen das Atomkraftwerk in Wyhl.

Für nüchterne Betrachter war ohnehin offenkundig, dass der Vorwurf, in Wyhl seien Extremisten am Werk, unhaltbar war. So hieß es zum Beispiel auch in einem Telegramm, das 17 Pfarrer und kirchliche Mitarbeiter am 19. Februar an Ministerpräsident Filbinger übermittelten: „Die unterzeichneten evangelischen Pfarrer und Mitarbeiter des Bezirks Emmendingen weisen entschieden darauf hin, daß der Protest gegen den Baubeginn für das KKW Wyhl zum großen Teil von Gliedern der

Kirchengemeinden des Kaiserstuhls und der Umgebung ausgeht. Wir verwahren uns gegen die Unterstellung, daß die Besetzung des Baugeländes von bundesweit organisierten Extremisten gesteuert ist." Die Geistlichen jedenfalls unterstützen den Widerstand im Bewusstsein, dass der „Schutz der Landschaft und der Gesundheit noch mehr im Interesse der Bevölkerung liegen als eine weitere Steigerung der Energieproduktion."

Als am Abend des 26. Februar der Westdeutsche Rundfunk (WDR) im ersten Fernsehprogramm gar noch eine 43-minütige Dokumentation über den Widerstand ausstrahlte („Vor Ort"), kamen die Stuttgarter Landesherren vollständig ins rotieren. Sie intervenierten beim Sender. „Schärfsten Protest" richtete Wirtschaftsminister Eberle gegen die Programmverantwortlichen, die es gewagt hatten, anrückende Hundertschaften der Polizei samt Wasserwerfern und Hundestaffeln ins bundesweite Fernsehprogramm zu nehmen. Filbinger verlangte sofort eine Pro-Atom-Sendung vom Südwestfunk.

Und er sprach anderntags im Landtag: „Ohne das Kernkraftwerk Wyhl werden bis zum Ende des Jahrzehnts in Baden-Württemberg die ersten Lichter ausgehen" – ein Spruch, der noch Jahrzehnte später, als dessen Absurdität offenkundig geworden war, von Atomkraftgegnern immer wieder genüßlich zitiert wurde.

■ Der erste Baustopp – die Gerichte mischen mit

Der nächste Erfolg der Gegner war juristischer Art: Am 21. März 1975 ordnete das Freiburger Verwaltungsgericht mit einer Eilentscheidung einen vorübergehenden Baustopp an. Das Gericht kreidete den Kraftwerkern an, anhand unzuverlässiger Zahlen den künftigen Stromverbrauch abgeschätzt, und die ökologischen Bedingungen nicht hinreichend aufgeklärt zu haben. Es sei möglich, „daß die Lebensbedingungen der gesamten Einwohnerschaft" durch das Atomkraftwerk „unzumutbar beeinträchtigt werden." Auch die unterstellte Zunahme des Strombedarfs von sechs bis sieben Prozent jährlich, könne, so ein Richter, „nicht so einfach geschluckt werden".

Der Bauplatz blieb trotzdem besetzt – nicht zuletzt, weil der Fall nun nach Mannheim vor den Verwaltungsgerichtshof ging. Und dieser befand am 15. Oktober 1975, ebenfalls per einstweiliger Verfügung, dass in Wyhl nun doch gebaut werden darf.

Die Bürgerinitiativen setzten nun auf Verhandlungen. Am 24. Oktober sagten sie zu, den Platz zu räumen, sofern bis zum Abschluss des Hauptverfahrens in Mannheim nicht weitergebaut werde, und außerdem alle an der Platzbesetzung beteiligten Bürger straffrei blieben. Auf das Angebot ließen sich die Bauherren schließlich ein, und so verließen die Bürgerinitiativen am 7. November 1975 den Bauplatz. Wachmannschaften blieben freilich im Wechsel vor Ort. Auch die Hütten blieben stehen. Die Kernkraftwerk-Süd GmbH versuchte unterdessen mit fiktiven Kostenrechnungen die Stimmung zu kippen. Es käme zur „Verteuerung um rund 830 Millionen Mark, wenn den Forderungen der Bürgerinitiativen entsprochen wird", schrieb das Unternehmen. Außerdem koste „jeder Tag Bauverzögerung rund eine Million Mark."

Aber auch diese Methode fruchtete nicht, weil die Kraftwerksbauer sich entgegenhalten lassen mussten, ein Verzicht auf das Atomkraftwerk sei noch billiger. Also gingen die Gespräche weiter, und nach zähen Verhandlungen wurde am 31. Januar 1976 die „Offenburger Vereinbarung" fertig. Einen vorläufigen Baustopp bis zum 1. November verlangten die Gegner, sowie die Rücknahme der Strafverfahren und Schadensersatzklagen. Messungen und Gutachten, so hofften unterdessen Land und Stromwirtschaft, sollten in dem gewonnenen Zeitraum die Bedenken der Bevölkerung ausräumen.

■ Wie die Atomkraft Mehltau fördert

Auch als die Zeit der vereinbarten Bauunterbrechung abgelaufen war, hielt das Badenwerk noch still, denn die Gerichte waren am Zuge: Das Hauptverfahren begann am Januar 1977 vor dem Verwaltungsgericht in Freiburg. Die Gemeinden Sasbach, Endingen, Weisweil, Forchheim und Schwanau, die Stadt Lahr, sowie zehn private Kläger traten an, die erste Teilerrichtungsgenehmigung zu Fall zubringen. Zentrale Frage waren die klimatischen Auswirkungen der 160 Meter hohen Kühltürme.

Doch die Chancen der Atomkraft-Gegner schienen nicht gerade rosig; viele ihrer Kritikpunkte schienen vom Gericht abgebügelt zu werden. Als die Richter aber am 14. März 1977 das Urteil verkündeten, fiel dieses – für viele unerwartet – dann doch zugunsten der Wyhl-Gegner aus. Es setzte sogar neue Maßstäbe für die Sicherheit von Atomkraftwerken. Die Richter bemängelten, dass „die nach neuestem Stand von Wissenschaft und Technik erforderliche Vorsorge gegen Schäden" nicht getroffen sei, und der vorgesehene Reaktortyp allenfalls als sicher betrachtet werden könne, wenn er eine zusätzliche Berstsicherung erhalte. Denn ein Unfall könne die „Dimension einer nationalen Katastrophe" erreichen. Ferner hatte das Gericht „im Hinblick auf die Effektivität von Evakuierungsmaßnahmen erhebliche Bedenken". Und es gab zu Protokoll, dass „wirtschaftliche Bedenken grundsätzlich keine Rolle spielen dürfen."

Damit lag das Atomkraftwerk in Wyhl auf Eis. Die „Badische Zeitung" kommentierte: „An diesem überzeugenden Urteil wird künftig niemand vorbeikommen. Es wird Wirkungskraft entfalten und das Energie-Denken in der Bundesrepublik in andere, menschlichere Bahnen lenken." Der Inhalt des Urteils verrate „nicht nur logische Konsequenz, sondern eine tief humane Lebensauffassung, die hier gegen die Schnoddrigkeit vieler Techniker und die Unbekümmertheit der Technokraten gestellt wird."

Während auch aus der Stuttgarter FDP Ende 1977 erste Stimmen gegen Wyhl zu hören waren, erklärte das Stuttgarter Wirtschaftsministerium unter CDU-Führung im März 1978 erneut: „Auf Wyhl wird nicht verzichtet". Auch als Lothar Späth 1979 Ministerpräsident wurde, änderte sich die Position der Lan-

---

„Wir verwahren uns gegen die Unterstellung, daß die Besetzung des Bauplatzgeländes von bundesweit organisierten Extremisten gesteuert sei."

17 Pfarrer vom Kaiserstuhl in einem Telegramm an Ministerpräsident Filbinger vom 19. Februar 1975

„Ohne das Kernkraftwerk Wyhl werden bis zum Ende des Jahrzehnts in Baden-Württemberg die ersten Lichter ausgehen."

Ministerpräsident Hans Karl Filbinger im Februar 1975

„Mehr Energie, damit der Fleiß im Land sich lohnt."

Slogan der Badenwerk AG im Jahre 1975

„Es waren vor allem Kleintierzüchter und katholische Landfrauen, Angehörige der freiwilligen Feuerwehr, die Genossenschaften der Winzer, die dem Volkszorn seine Wucht verliehen."

Zeit-Magazin, 17. Februar 1995

"Auf dem besetzten AKW-Bauplatz am Kaiserstuhl hat 1975 der Ausstieg aus der Atomenergie begonnen."

BADISCHE ZEITUNG, 25. SEPTEMBER 1999

desregierung nicht, die Gangart blieb hart. Auf die Frage, ob er Wyhl auch mit Gewalt durchsetzen werde, sagte Späth im Mai 1979: „Wenn ich das ablehnen würde, könnte ich gleich sagen, Wyhl wird nicht gebaut".

Unterdessen begann in Südbaden eine neue Form des Protestes populär zu werden: der Stromzahlungsboykott. Zahlreiche Bürger entschlossen sich, die monatliche Stromrechnung nur noch zu 90 Prozent zu bezahlen. Zehn Prozent des Rechnungsbetrages wurden auf ein Treuhandkonto eingezahlt. Motto: „Keine Mark für Atomkraftwerke".

■ Ein „ramponiertes Gericht" schlägt zu

Das Land ging nach der Schlappe in Freiburg erwartungsgemäß in die nächste Instanz nach Mannheim. Und so begann dort am 30. Mai 1979 der Wyhl-Prozess vor dem Verwaltungsgerichtshof. Er sollte der „bislang spektakulärste Atomenergie-Prozess in der Bundesrepublik" werden, wie das Hamburger Nachrichtenmagazin „Der Spiegel" zum Auftakt feststellte.

Spektakulär waren auch einige Hintergründe. Das Gericht sei bereits „ramponiert", wusste der „Der Spiegel", womit „so ziemlich alle Chancen für eine gedeihliche Rechts- und Wahrheitsfindung schon vertan" seien. „Sturheit und Ungeschicklichkeit des Vorsitzenden Richters Friedrich Weidemann", belasteten den Prozessbeginn, denn der „Verdacht auf Befangenheit" liege nahe. Schließlich hatten die beiden mit dem Fall betrauten Richter Wolf-Eckart Sommer und Jörg Schmidt zuvor eine Atomtagung in San Francisco besucht, um dort eben jenen Professor Karl Kußmaul zu hören, der im Prozess zugunsten des Landes aussagen sollte. „Zweifel an der Unvoreingenommenheit" sah da nicht nur „Der Spiegel".

Auch weitere Indizien deuteten darauf hin, dass die Mannheimer Richter es – anders als zuvor die Freiburger – mit dem Willen des Volkes nicht so genau nahmen: Der Verhandlungsraum war bewusst sehr klein gewählt, um die protestierenden Bürger draußen zu halten. Die Freiburger Verwaltungsrichter hingegen hatten zwei Jahre zuvor in einer Mehrzweckhalle in Herbolzheim mit 600 Zuhörersitzen verhandelt, in Mannheim hingegen mussten anfangs selbst Prozessbevollmächtigte vor der Tür bleiben, weil im Verhandlungsraum kein Platz war.

Entsprechend fiel das Mannheimer Urteil aus: Die Richter wiesen die Klagen am 30. März 1982 ab. Formal war der Bau des Atomkraftwerks damit wieder ermöglicht, obwohl während des Prozesses zweifelsfrei deutlich geworden war, dass die Entsorgung des Atommülls ungelöst ist.

Die Mannheimer Richter befanden – anders als die Freiburger – dass die Risiken des Atomkraftwerks „zumutbar" seien, und erklärten, es gebe keinen Grund, den Bau zu verbieten, weil „vor der Inbetriebnahme, die bisher noch nicht genehmigt ist, eine Gefährdung Dritter ausgeschlossen" sei. Auf 548 Seiten, verfasst „wie ein Kompendium der Reaktortechnik", wurde die „wohl umfangreichste Urteilsbegründung in der westdeutschen Verwaltungsrechtsgeschichte" („Der Spiegel") verewigt.

■ Polizei rechnet mit Toten bei der „Schlacht um Wyhl"

Im Frühjahr 1984 sollte mit dem Bau begonnen werden – nach der Landtagswahl am 25. März. Der Fraktionssprecher der Stuttgarter Grünen, Wolf-Dieter Hasenclever, sah damit die „Schlacht um Wyhl" nahen. Und auf beiden Seiten zweifelte keiner daran, dass hier eine Konfrontation bevorstand, die härter und verbissener werden sollte, als die blutigen Auseinandersetzungen um das Atomkraftwerk Brokdorf und die Startbahn West in Frankfurt. „Die Region unregierbar zu machen", war erklärtes Ziel der Widerständler, die nach wie vor aus allen Bevölkerungsschichten kamen. Bauern, Lehrer, Pfarrer, Rechtsanwälte und Polizisten in Zivil kündigten „Gehorsamsverweigerung auf allen Ebenen" an, während die Gegenseite 15 000 Polizisten einzusetzen plante, Gummischrotgewehre zu nutzen gedachte, und auf Großhubschrauber des Bundesgrenzschutzes setzte. „Tote auf beiden Seiten", so ein internes Papier der Polizei, seien zu befürchten.

Doch der Atomstaat ließ davon ab, gegen seine Bürger zu Felde zu ziehen. Die waren nämlich inzwischen vor das Bundesverwaltungsgericht gezogen – und dessen Urteil wollte man abwarten.

Zwar beendete das Bundesverwaltungsgericht nach zehnjährigem Rechtsstreit den Fall im Dezember 1985 zugunsten der Landesregierung, doch diese wollte ihr formales Recht zu bauen nun nicht mehr wahrnehmen. Sie hatte inzwischen Skrupel,

Abb. 4
Vision der Bundesregierung: Ein Land voller Atomkraftwerke – aus einer Studie (Juli 1975).

gegen eine Protestbewegung vorzugehen, die mehr Mitglieder hatte als alle Parteien im Bundestag zusammen. Hinzu kam, dass die „amtliche Angstmache Filbingers" und anderer „Blackout-Propheten" (so „Der Spiegel") längst offenkundig absurd war: Strom gab es auch ohne Wyhl mehr als genug. Dennoch hielten die Bauherren noch lange an ihren Plänen fest; erst im Jahre 1994 gab die Kernkraftwerk-Süd GmbH die erste Teilerrichtungsgenehmigung an das Stuttgarter Wirtschaftsministerium zurück.

Zum Abschluss ein Naturschutzgebiet

Nun strebten Bürgerinitiativen an, den Wyhler Wald zum Naturschutzgebiet aufzuwerten. Landesumweltminister Harald B. Schäfer (SPD) leitete 1995 das formelle Verfahren ein, das er als „Zeichen des hohen Respekts vor der Leistung der Bürgerbewegung am Oberrhein" verstanden wissen wollte. Mit der Einwilligung des Regierungspräsidiums Freiburg im Februar 1998 wurde das Naturschutzgebiet „Rheinniederung Wyhl-Weisweil" schließlich offiziell anerkannt. Forderungen von Bürgern der Region, das Badenwerk möge nun das Grundstück wieder an die Gemeinde zurückgeben, blieben dennoch ungehört. Das Unternehmen reagierte stur: „Keine Stellungnahme".

Im Februar 2000, 25 Jahre nach der Bauplatzbesetzung, enthüllten die Kämpfer von einst einen Gedenkstein im Wyhler Wald. Der frühere Ministerpräsident Späth erklärte dazu nun, er habe „aus Wyhl gelernt, dass ein rigoroses Vorgehen der Staatsgewalt, auch wenn es legitimiert ist, Widerstand herausfordert". Die „Badische Zeitung" würdigte Wyhl als „Lehrstück" für die Erfolge von Bürgerengagement. Und bei der Energie Baden-Württemberg, EnBW, die inzwischen aus Badenwerk und Energieversorgung Schwaben hervorgegangen war, hieß es lakonisch: „Wir haben anderes zu tun als Wyhl nachzuweinen." Die Folgen des Wyhlkampfes für die Region waren unterdessen noch immer unverkennbar. So war Freiburgs Entwicklung zur Solarstadt dem Wyhl-Kampf zu verdanken; ebenso die Gründung des Öko-Instituts im Jahre 1977.

Wyhl wird das große Vorbild

Der Widerstand von Wyhl hatte bundesweite Bedeutung, und er motivierte auch die Bürgerinitiativen in den Nachbarländern Schweiz und Frankreich. Bereits im September 1974 demonstrierten 10 000 Menschen gegen den Bau des Schnellen Brüters in Kalkar. Am 1. April 1975 wurde für elf Wochen ein Bauplatz in Kaiseraugst bei Basel besetzt, weil auch dort ein Atomkraftwerk geplant war. Im norddeutschen Brokdorf kündigte im Dezember 1975 die Bürgerinitiative Umweltschutz Unterelbe eine Bauplatzbesetzung an, sobald dort mit den Bauarbeiten für das Atomkraftwerk begonnen werde. Und am 26. Januar 1977 wurde auch im elsässischen Gerstheim jener Platz besetzt, auf dem die Electricité de France (EdF) ein Atomkraftwerk plante.

Einige dieser Initiativen hatten Erfolg, andere nicht. Die AKW-Pläne in Gerstheim wurden bereits im August 1977 fallengelassen, der Reaktor Kaiseraugst wurde im Jahre 1988 gekippt. Auch in Schwörstadt am Hochrhein, wo in den 1970er Jahren ein Atommeiler geplant war, kam es nie zum Baubeginn, und eine geplante Brennelementefabrik im badischen Heitersheim wurde überflüssig. In Kalkar wurde zwar mit dem Bau der Atomanlage begonnen, aber auch diese ging nie in Betrieb. Ähnlich erging es der Wiederaufarbeitungsanlage Wackersdorf in der Oberpfalz, die nach heftigen Protesten und zwei Jahren Bauzeit 1989 gestoppt wurde. Der Atomreaktor Brokdorf hingegen ging, allen Protesten zum Trotz, 1986 ans Netz.

Abb. 5
„Nai hämmer gsait! – Gedenkstein im Wyhler Wald, enthüllt 25 Jahre nach der Bauplatzbesetzung.

Abb. 6
Abgeschirmt wie Schwerverbrecher: Kaiserstühler Bürger am Bauplatz im Februar 1975.

Proteste verhindern „Energielandschaft Hotzenwald"

1976 ■ Die Talsperre Lindau bei Ibach wird nie gebaut – weil sie am Ende keiner braucht / 41. Kapitel

Abb. 1
Der Stausee Lindau. Fotomontage: Aus der Festschrift zum 50-jährigen Bestehen der Schluchseewerk AG, 1978.

Die Schluchseewerk AG hatte ihre Niederlage bei der geplanten Wutachtalsperre langsam überwunden, als sie in den 1970er Jahren ein neues Projekt plante: einen Stausee im Lindauer Tal im Hotzenwald. Nachdem beim Wutach-Projekt einige Gegner noch die Atomkraft als Alternative zitiert hatten, stellte sich die Situation nun gegensätzlich dar: Gerade aufgrund der unflexiblen Atomreaktoren, von denen die ersten bereits in Betrieb waren, suchten die Stromversorger zunehmend nach Pumpspeicherwerken für den Lastausgleich. Wieder wurden Naturschützer gegen die Talsperre aktiv – den Erfolg vom Wutachtal noch vor Augen. Und wieder waren die Gegner erfolgreich.

Es sollte erneut ein gigantisches Projekt werden. Zwischen Ibach und Todtmoos plante die Schluchseewerk AG in den 1970er Jahren einen weiteren Stausee – er sollte immerhin halb so groß werden wie der Schluchsee. Zu diesem Lindau-Stausee sollten das Hornbergbecken II, das Haselbecken bei Bad Säckingen und zwei Kraftwerke (Mühlegraben und Atdorf) gehören. So sollte ein weiteres Netz von Pumpspeicherkraftwerken entstehen. Doch in der Bevölkerung formierten sich Widerstände – ähnlich wie 20 Jahre zuvor gegen die Wutachtalsperre. Bürger der Region schlossen sich im August 1976 zur Gruppe „Gegner einer Energielandschaft Hotzenwald" zusammen.

Der Protest weitete sich schnell aus, unterstützt von den Naturschutzverbänden. Ende 1977 betonte der Präsident des Schwarzwaldvereins, der St. Märgener Fritz Hockenjos, in der Verbandszeitschrift „Der Schwarzwald", der Hotzenwald sei schließlich „nicht bloß das Objekt für energiewirtschaftliche Ausbeutung, sondern zugleich ein wertvolles Potential als Erholungs- und Wohngebiet". Diese Ansicht wiederum schien dem Rickenbacher Bürgermeister Fridolin Thoma fast schon staatsfeindlich: Die Gegner weiterer Speicherkraftwerke seien „verschrobene Utopisten", polterte er. Sie seien Menschen, die „einer Romantik anhängen oder dem Nullwachstum huldigen".

Im Überblick

■ Zwanzig Jahre nach dem Kampf um die Wutach-Talsperre scheiterte die Schluchseewerk AG mit einem zweiten Großprojekt – mit dem Lindau-Stausee im Hotzenwald. Denn auch dieser hatte in der Region zahlreiche Gegner. Ohnehin brauchte niemand diese Talsperre wirklich, wie das Unternehmen in den 1980er Jahren sogar selbst zugeben musste.

Aller Polemik zum Trotz war auch Anfang der 1980er Jahre ein Baubeginn nicht absehbar. Längst waren alle Planungsvorbereitungen abgeschlossen, längst lagen alle Genehmigungen vor und doch hatte das Unternehmen schon lange den Rückzug geplant. Erst im März 1983, nach Jahren der Unsicherheit, ließ das Unternehmen offiziell wissen, man sehe zur Zeit keinen Bedarf für das auf 800 Millionen Mark veranschlagte Projekt Lindau-Stausee. Damit lagen dann auch alle anderen Pläne auf Eis: das Hornbergbecken II, das Haselbecken, die Kraftwerke Mühlegraben und Atdorf.

Die Trauer hielt sich in Grenzen. Für die Bevölkerung am Hochrhein und im Hotzenwald seien die Pläne „schon immer eher ein Alptraum als ein realistisches Vorhaben des 20. Jahrhunderts" gewesen, schrieb die Bad Säckinger Lokalpresse als der Rückzieher bekannt wurde. Trotzdem wollten sich die Schluchseewerke von den Plänen noch nicht endgültig verabschieden.

Es geisterten nun die Pläne für einen Lindau-Stausee noch jahrelang durch die Köpfe einiger Planer – bis in die 1990er Jahre hinein. Und sie sorgten im August 1992 sogar noch einmal kurzzeitig für Aufregung: Die Rheinisch-Westfälischen Elektrizitätswerke (RWE), die mit 50 Prozent an den Schluchseewerken beteiligt sind, erklärten plötzlich aus heiterem Himmel, an den geplanten Kraftwerken rund um Lindau weiterhin „stark interessiert" zu sein. Man könne die Anlagen „im Kraftwerkspark gut gebrauchen", hieß es, weil mit diesen, die Pump-Speicher-Kapazitäten der Schluchseewerke fast verdoppelt wurden. Von einem Eine-Milliarde-Mark-Projekt war inzwischen die Rede.

Doch auch diese Aussagen blieben Wunschträume eines Unternehmens, das Ende 1992 freimütig einräumte, dass es schlicht die Aktionäre seien, die „größtes Interesse" an dem Vorhaben hätten.

Energiepolitisch konnten die RWE um diese Zeit kaum mehr für den Lindau-Stausee argumentieren, nachdem die Schwankungen der Stromnachfrage im Verbundnetz durch moderne Gasturbinen immer besser aufgefangen werden konnten. Die Pumpspeicherwerke hatten daher an Bedeutung verloren – und das Lindauer Tal blieb erhalten.

Sonne, Wind und Wasserkraft – Aufbruch in ein neues Energiezeitalter

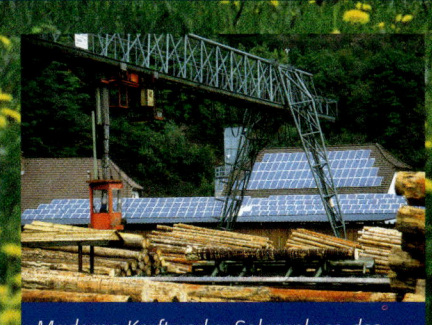

Moderne Kraftwerke: Solaranlage des Sägewerks Heinzelmann in Wolfach-Halbmeil, Wasserkraftanlage Fahrnau.

In den 1990er Jahren begann in Baden wie bundesweit zaghaft die Energiewende. Die Ursachen waren vielfältig – und einige lagen lange zurück. Die Ölkrise in den frühen 1970er Jahren, der Kampf gegen Wyhl wenig später, die beinahe Katastrophe im US-Atomkraftwerk Harrisburg im März 1979, der Super-GAU im ukrainischen Atomreaktor Tschernobyl im April 1986 und die Debatte um drohende Klimaveränderungen trugen jeweils ihren Teil dazu bei.

Den Weg ins Solarzeitalter prägte Baden wie keine andere Region Europas – Wyhl sei dank. Zahlreiche Bürger, die einst gegen das Atomkraftwerk am Kaiserstuhl gekämpft hatten, machten sich bald an die Entwicklung von Alternativen. So entstand in Freiburg das inzwischen größte europäische Solarforschungsinstitut, das Fraunhofer Institut für Solare Energiesysteme. Auch die Gründung des Öko-Instituts, das stark die politische Debatte in Deutschland prägte, war eine Folge des einstigen Widerstandes. Und zahlreiche Unternehmen, wie etwa das Architekturbüro Disch, das weltweit beachtete Solarbauten entwickelte, wurden von Menschen gegründet, deren Biographie von Wyhl geprägt war.

So erwarb Südbaden gemeinsam mit dem Großraum Basel und dem Elsass in den späten 1990er Jahren den Namen „Solarregion". Wobei die Bezeichnung Solar in diesem Fall für alle erneuerbaren Energien stehen sollte – denn schließlich haben auch Wasserkraft, Wind und Biomasse ihren Ursprung in der Sonnenenergie.

Turbinen aus der Plus-Energie-Fabrik

1979 ■ Die Wasserkraft Volk AG deckt ihren Strombedarf komplett aus erneuerbaren Energien / 42. Kapitel

Abb. 1
Montage einer Volk-Turbine am früheren Firmensitz in Simonswald-Haslach.

Manfred Volk hatte die Zeichen der Zeit erkannt. Als sich Ende der 1970er Jahre im Schwarzwald zaghaft eine Renaissance der Wasserkraft ankündigte, gründete der Physiker in Simonswald eine Turbinenfabrik. Sein langfristiges Ziel: Mit den Anlagen Atomkraftwerke zu ersetzen. Aus den Aktivitäten des kreativen Tüftlers ging im Jahre 1986 eine GmbH hervor, die 1997 zur Aktiengesellschaft wurde; inzwischen hatte die Firma 18 Mitarbeiter und zahlreiche Kunden in aller Welt. Bundesweit bekannt wurde das Unternehmen Wasserkraft Volk im Jahre 2000 durch sein neues Firmengebäude in Bleibach, dessen kompletter Strombedarf durch eigene Wasserturbinen an der Elz gedeckt wird – Volk hatte damit die erste energieautarke Schwermaschinenfabrik Deutschlands geschaffen.

Wie so vieles in Südbaden trägt auch die Firma Wasserkraft Volk die Handschrift von Wyhl. Als Anfang der 1970er Jahre das Land und das Badenwerk am Kaiserstuhl einen Atomreaktor planten, war auch der Student Manfred Volk unter den unzähligen Widerständlern. Doch weil er sich mit dem bloßen Protest gegen die Atomlobby nicht zufrieden geben wollte, begann er an Alternativen zu tüfteln.

Im alten Bauernhaus seiner Eltern in Simonswald-Haslach, dem „Gernhansenhof" am Ende eines schmalen Tals, richtete er sich in einer Scheune seine erste Werkstatt ein. Das Haus hatte bislang keinen Stromanschluss, was für den jungen Mann Anlass war, zusammen mit seinem Vater eine Kleinwasserkraftanlage zu bauen. Das war Ende der 1970er Jahre.

Spott war ihm sicher. „Jetzt kommt so ein junger Physik-Student aus Freiburg daher und möchte dem Badenwerk Konkurrenz machen", hieß es im Ort. Doch Manfred Volk ließ sich in seinen Plänen nicht beirren. 1979 gründete er die Firma Wasserkraft Volk (WKV) mit dem Ziel, kleine Wasserkraftanlagen zu bauen, um auf diesem Weg Atomkraftwerke zu ersetzen. Das Bauernhaus wurde so zum Sitz eines Unternehmens. Die Adresse konnte für einen Hersteller von Wasserkraftwerken besser nicht sein: Gefäll 45.

Das Geschäft lief immer besser. 1985 zog die Firma WKV das erste Auslandsprojekt an Land. Die Gesellschaft für technische Zusammenarbeit (GTZ) erteilte dem noch jungen Unternehmen den Auftrag, in Peru eine Kleinwasserkraftanlage zu planen und zu bauen. 1986 kündigte der bis dato als Physiklehrer tätige Tüftler seine Beamtenstelle, belastete für das Startkapital sein altes Bauernhaus und wurde hauptberuflich Unternehmer. Zugleich wandelte Volk seine Firma in eine GmbH um.

Als Manfred Volk dann beim Bonner Forschungsministerium um Fördermittel nachsuchte, wurde er abgewiesen. Bei der Wasserkraft gebe es nichts mehr zu erforschen, beschied man ihn. Die Technik sei schließlich altbekannt. Also hangelte er sich mit Krediten von Auftrag zu Auftrag. Von Jahr zu Jahr stieg die Zahl der Aufträge, das Geschäft wurde international: Namibia, Komoren, Indonesien, Papua Neu Guinea. Bald vergaben die Vereinten Nationen Millionen-Aufträge nach Simonswald.

■ „Schwarzwälder Sahnestücke" für Aktionäre

1997 wurde aus der GmbH eine Aktiengesellschaft. Das Unternehmen hatte inzwischen 18 Mitarbeiter, und musste daher als zweiten Firmenstandort im nahe gelegenen Bleibach eine Halle anmieten. Es reiften nun die Pläne, in Bleibach einen Neubau für das expandierende Unternehmen zu errichten.

Ein Grundstück von 7000 Quadratmetern, direkt an der Elz gelegen, hatte die Gemeinde schon bereitgestellt. Und das neue Werk sollte ein besonderes werden: Zwei Wasserturbinen sollten den gesamten Energiebedarf der Firma decken und außerdem überschüssigen Strom ins Netz des Badenwerks einspeisen. „Wir erzeugen Wasserkraftanlagen mit Wasserkraft" freute sich das Unternehmen im Anlegerprospekt, „das entspricht unserer Vorstellung von glaubwürdigem Management." Das Frankfurter Verbrauchermagazin „Öko-Test" nannte das geplante Werk voller Hochachtung eine „Zukunftsfabrik", der „Stern" den Unternehmer einen „Turbo-Mann".

Im Überblick

■ 1979 gründete der Physik-Student Manfred Volk in Simonswald-Haslach die Firma Wasserkraft Volk (WKV). Sein Ziel: Kleine Wasserkraftanlagen zu bauen, um auf diesem Weg Atomkraftwerke zu ersetzen.

■ Das Geschäft lief immer besser – bald kamen die ersten Auslandsaufträge. Und so wandelte Volk die Firma 1986 in eine GmbH um und 1997 in eine Aktiengesellschaft.

Bundesweit warb Volk nun mit dem Slogan „Schwarzwälder Sahnestücke für Anleger" in Zeitungen für WKV-Aktien, und zeigte dazu das Bild der berühmten Kirschtorte der Region. Obgleich – oder gerade weil – die Werbung ein wenig altbacken wirkte, flossen die Millionen ins Elztal, elf an der Zahl.

Der Bau der „Zukunftsfabrik" war damit gesichert; und so wurde am 1. Mai 1999 im Gewerbegebiet Stollen in Gutach-Bleibach der Grundstein gelegt. Acht Monate später schon war die Fabrik vollendet – die erste energieautarke Schwermaschinenfabrik Deutschlands. Und nicht nur das: Als veritable „Plus-Energie-Fabrik" erwies sie sich sehr bald. Denn keine 7 000 Kilowattstunden Strom bezog sie im ersten Jahr von der Energie Baden-Württemberg (EnBW). Andererseits speiste sie volle 1,3 Millionen Kilowattstunden Überschussstrom ins Netz ein. Statt einer Stromrechnung blieb der AG in der Jahresbilanz eine Gutschrift von 185 000 Mark – was Manfred Volk auch ein wenig Genugtuung verschaffte: Mit seiner Firma werde die EnBW eben nicht reich, frohlockte er. Es war die späte Revanche gegenüber einem Unternehmen, dessen Vorgänger Badenwerk einst den Atomreaktor Wyhl durchzupeitschen versuchte.

Natürlich nutzt die „Zukunftsfabrik" nicht nur die Wasserkraft, sondern auch die Sonne. Ferner trägt die Abwärme der Turbinen zur Raumheizung bei. Eine Holzhackschnitzelfeuerung war anfangs ebenfalls eingeplant, erwies sich dann aber als verzichtbar. Denn die ganze Fabrik mit ihren 4 200 Quadratmetern Nutzfläche braucht gerade soviel Heizenergie wie ein Zweifamilienhaus mit Baujahr 1970.

■ Erneut fließen Millionen ins Elztal

Mit einer neuerlichen Kapitalerhöhung kamen Anfang 2001 weitere 500 Aktionäre hinzu und erhöhten die Zahl auf 1 400. Mit dem neu akquirierten Kapital begann Manfred Volk nun sein zweites Geschäftsfeld aufzubauen: Zusätzlich zur Planung und Produktion von Turbinenanlagen begann die Volk AG auch Wasserkraftwerke an ausgewählten Standorten selbst zu betreiben, etwa in Frankreich, Portugal und Sri Lanka.

Die Anleger schätzen diese Investition in handfeste Werte. Erneut waren bei dieser Kapitalerhöhung fast zehn Millionen Mark ins beschauliche Bleibach geflossen, nachdem vielen Geldgebern die umweltgerechte Stromerzeugung inzwischen als recht krisensicher galt – ganz im Gegensatz zu jenen virtuellen New-Economy-Ideen, die in den Monaten zuvor an den Weltbörsen viel Geld verbrannt hatten.

Derart windige Spekulanten wünschte der bodenständige Firmenchef ohnehin nicht in seinem Aktionärskreis – und so war es für ihn auch kein Thema, die Volk-Aktie an die Börse zu bringen. „Ich setze auf Leute, die keine Dollarzeichen in der Brille haben", sagte er stets. Er setzte statt dessen auf Menschen, die nachhaltiges Wirtschaften im doppelten Sinne verstehen: als umweltgerecht wie langfristig rentabel. Und dafür seien, so der Firmenchef, die Bedingungen bestens: „Die Preisentwicklung auf dem Ölmarkt zeigt uns, dass die erneuerbaren Energien eine große Zukunft haben" – denn das Rohöl war im Laufe des Jahres 2000 erheblich teurer geworden.

Die Entwicklung der WKV AG stützte jeden Optimismus. Anders als viele börsennotierte junge Technologiefirmen in dieser Zeit machte das Bleibacher Unternehmen gute Gewinne. Und das von Anfang an: Operative Verluste, sagte Volk, habe es in der Geschichte seiner Firma nie gegeben. Auch im Jahre 2001 waren die Auftragsbücher wieder voll – dem Umsatzziel von 8,8 Millionen Mark standen schon im Frühjahr Bestellungen im Wert von 12 Millionen Mark gegenüber. „Dem Volk geht´s gut", schrieb das Frankfurter Wirtschaftsmagazin „Ökonomy".

Das hören natürlich auch die Menschen im Elztal immer wieder gerne, von denen seinerzeit 38 ihre Arbeitsstelle in der „Zukunftsfabrik" hatten. Weitere Mitarbeiter sollten kontinuierlich eingestellt werden, immerhin war die neue Fabrik für 100 Mitarbeiter dimensioniert worden.

Zur Jahrtausendwende exportierte die Wasserkraft Volk AG Wasserkraftanlagen in die ganze Welt. Fünf Turbinentypen hatte sie im Programm und deckte damit die komplette Bandbreite ab, die für kleine Wasserkraftanlagen in Frage kommt: Peltonturbinen, Francis-Spiralturbinen, Francis-Schachtturbinen, Durchströmturbinen und Turgoturbinen.

Mit diesen sollte die Energiewende möglich werden, die Volk auch in den Aktionärsprospekten immer wieder tatkräftig zu unterstützen versprach: „Wir werden mit unseren Wasserkraftwerken Atomkraftwerke ersetzen."

„Weitere große Wasserkraftwerke zu bauen, würde in vielen Fällen die Natur zu stark beeinträchtigen. Deshalb steht bei der Nutzung der Wasserkraft hierzulande die Modernisierung von bestehenden Anlagen und die Wiederinbetriebnahme alter stillgelegter Kleinwasserkraftwerke im Vordergrund, weniger der Bau von Neuanlagen."

BUNDESMINISTERIUM FÜR WIRTSCHAFT UND TECHNOLOGIE, DEZEMBER 1999

Abb. 2

Firmengründer Manfred Volk (rechts) begutachtet die Produktion einer Durchströmturbine.

Ein langer Kampf um das Versorgungsnetz

1986 ■ In Schönau übernimmt eine Bürgerinitiative – genannt „Stromrebellen" – das Stromnetz / 43. Kapitel

Abb. 1
Die Anfänge der „Stromrebellen". Entnommen aus der Broschüre „Strom sparen" des Schönauer Vereins „Eltern für atomfreie Zukunft."

In den 1990er Jahren ging die Diskussion um den Atomausstieg in eine neue Richtung. Zunehmend wurde deutlich, dass zu einem guten Teil derjenige die Strompolitik gestalten kann, der die Stromnetze besitzt – etwa, indem er über Tarifstruktur und Einspeisevergütungen entscheidet. Einige Schönauer Bürger waren die ersten, die aus dieser Erkenntnis Konsequenzen zogen. Sie kauften nach einem zähen Kampf das örtliche Stromnetz von den Kraftübertragungswerken Rheinfelden (KWR) und übernahmen im Sommer 1997 in ihrer Gemeinde die Stromversorgung – erstmalig in ganz Deutschland hatte damit eine Bürgerinitiative ein eigenes Elektrizitätswerk aufgebaut. Mit der Liberalisierung des Strommarktes im April 1998 wurden die ambitionierten ökologischen Ansprüche der Schönauer auch zum Wettbewerbsvorteil: Bundesweit verkauften sie fortan sehr erfolgreich ihre „Rebellenkraft".

Lange Zeit hatten die Städte von eigenen Stromnetzen nichts mehr wissen wollen. Zwar hatten viele von ihnen die Netze zum Beginn des 20. Jahrhunderts mit aufgebaut, doch in den Nachkriegsjahrzehnten erschienen den Gemeinden die Adern der Elektrizitätswirtschaft nur noch als Ballast. Und so verkauften viele Kommunen ihre Ortsnetze an die großen Energieversorger, die ohnehin längst Vorlieferanten waren.

In den 1980er Jahren jedoch erkannten die ersten Gemeinden, dass ihnen mit dem Verkauf der Leitungen auch jegliche energiepolitische Mitsprache verwehrt war. Ob Atomkraft im Netz verteilt wurde, oder aber Solarstrom, das entschieden allein die Stromkonzerne. Und weil die großen Stromversorger sich den umweltfreundlichen Energien in der Regel weniger zugetan zeigten, keimte mancherorts der Wunsch auf, das Stromnetz wieder in die Hände der Kommune zurückzuführen – neben Schönau war dies zum Beispiel auch in Umkirch bei Freiburg der Fall, ferner in Waldkirch, Walldorf bei Wiesloch, Lörrach und Weil am Rhein.

In Schönau brachte Tschernobyl die Wende. Als sich am 26. April 1986 in dem ukrainischen Atomreaktor der bis dato schwerste Atomunfall der Geschichte ereignet hatte, zog in den folgenden Tagen eine radioaktive Wolke auch über Süddeutschland hinweg. Zumindest in Schönau hinterließ sie Spuren: Bürger schlossen sich zur Initiative „Eltern für atomfreie Zukunft, EfaZ e.V." zusammen. Sie wollten nicht mehr abwarten, bis Politiker, Energieversorger und Industrie gegen die Gefahren der Atomenergie vorgehen würden. Sie wollten selbst aktiv werden, hielten Stromsparberatungen ab, veröffentlichten Energiespartipps, schrieben Stromsparwettbewerbe aus. Und mit spaßigen Aktionen machten die Atomkraftgegner ihr Anliegen populär: Ihre Musikband „Wattkiller" ging in der Region auf Tournee.

Im Jahr 1990 wurde es ernster. Der Konzessionsvertrag der Stadt Schönau mit dem regionalen Energieversorger, den Kraftübertragungswerken Rheinfelden (KWR), lief zum 31. Dezember 1994 aus – und die KWR drängten naturgemäß frühzeitig auf Verlängerung. Um die Stadt für einen weiteren 20-jährigen Vertrag zu ködern, boten die KWR an, bei einer sofortigen Verlängerung vier Jahre lang jeweils 25 000 Mark zusätzlich an die Gemeinde zu überweisen. Eine Diskussion über eine ökologische Strompolitik sollte damit vermieden werden – und eine Debatte über Alternativen zu den KWR erst recht.

Doch genau diese Diskussionen wollte die Bürgerinitiative geführt sehen. Ihr erklärtes Ziel war es, für Schönau einen neuen Stromlieferanten zu suchen, sofern die KWR nicht einwilligten, die Stromversorgung ökologisch auszurichten, Energiesparen zu belohnen und Strom aus privaten Blockheizkraftwerken angemessen zu vergüten.

Doch trotz aller Ambitionen der Bürgerinitiative schien die Stadt im Jahre 1990 kaum eine andere Wahl zu haben, als das Angebot der KWR anzunehmen – zu verlockend war das in Aussicht gestellte Geld, und zu unrealistisch erschienen alle alternativen Überlegungen.

Die Bürgerinitiative ließ dennoch nicht locker und gründete im November 1990 die Netzkauf Schönau GbR. Diese Gesellschaft sagte der Stadt zu, die von den KWR in Aussicht gestell-

Im Überblick

■ Der Atomunfall von Tschernobyl im April 1986 hinterließ in Schönau Spuren: Bürger schlossen sich zur Initiative „Eltern für eine atomfreie Zukunft, EfaZ e.V." zusammen.

■ Weil die Bürgerinitiative den Atomausstieg vor Ort voranbringen wollten, und dabei nicht die erhoffte Unterstützung durch ihren örtlichen Stromversorger fand, gründete sie die „Netzkauf".

■ Nach jahrelangem Kampf, zwei erfolgreichen Bürgerentscheiden und mit bundesweiter Unterstützung von Umweltverbänden erreichte die Netzkauf ihr Ziel: Im Juli 1997 übernahmen die neugegründeten Elektrizitätswerke Schönau (EWS) die Stromversorgung.

ten 25 000 Mark jährlich aus eigener Kasse zu erstatten, sofern die Stadt auf einen sofortigen Vertragsabschluss mit den KWR verzichte. In der gewonnenen Zeit, so das Kalkül, könne man die Zukunft der örtlichen Stromversorgung in Ruhe diskutieren. Sollten die KWR keine Zugeständnisse machen, hofften die Bürger zwischenzeitlich eine politische Mehrheit für eine stadteigene Elektrizitätsgesellschaft zu gewinnen. Denn es erinnerte sich mancher Schönauer noch an die Zeiten des städtischen E-Werks, das bis zum Verkauf der Netze an die KWR im Jahre 1975 die Gemeinde versorgt hatte.

Absurd erschien allein die Idee, privates Geld zu sammeln – und dennoch startete die Bürgerinitiative diese verwegene Aktion. Und tatsächlich fanden sich 280 Bürger, die bereit waren, in vier Jahren die notwendigen 100 000 Mark aufzubringen. Auch als die KWR im Jahr 1992 den Druck auf die „Stromrebellen" erhöhten indem sie ihr Angebot an die Stadt um 55 000 Mark aufstockte, ließen die Bürger nicht locker und erhöhten ihr Angebot gleichermaßen.

Der Gemeinderat blockiert

Doch nicht alle 2 600 Einwohner Schönaus waren von dem Projekt begeistert – auch einige Mitglieder des Gemeinderats nicht. Mit der Mehrheit von einer Stimme entschied der Rat im Jahr 1991, das ungewöhnliche Angebot der Bürgerinitiative abzulehnen und den Konzessionsvertrag mit den KWR sofort zu verlängern.

Aber die engagierten Bürger der Netzkauf mit dem Ehepaar Ursula und Michael Sladek an der Spitze gaben nicht auf. Sie leiteten sofort einen Bürgerentscheid gegen den Beschluss in die Wege wie ihn die baden-württembergische Landesverfassung ermöglicht. Obwohl im Wahlkampf die KWR für den Fall eines Netzkaufes wahre Schreckensbilder von ungesicherter Stromversorgung und steigenden Strompreisen an die Wand malten, gewannen die ambitionierten Netzkäufer die Abstimmung am 28. Oktober 1991 mit 56 Prozent der Stimmen – der Gemeinderatsbeschluss war damit gekippt. Die Wahlbeteiligung von 75 Prozent machte deutlich, wie sehr das Thema die Menschen in Schönau bewegte.

Somit war entschieden, dass der Konzessionsvertrag mit den KWR nicht sofort verlängert wird – ein wertvoller Zeitgewinn für die Bürger, die inzwischen in den Medien bundesweit „Stromrebellen" hießen. Als nun zunehmend deutlich wurde, dass die KWR die Forderungen nach einer umweltgerechten Stromversorgung nicht akzeptierten, wurde für die Bürgerinitiative das Thema Netzübernahme akut. Die Netzkauf berechnete Wirtschaftsdaten, prüfte die Rechtslage, und präsentierte im Juli 1993 das „Energiekonzept Schönau."

Verständlicherweise wollten die KWR die Übernahme mit allen Kräften verhindern. Zwar konnten 2 600 verlorene Stromkunden das Unternehmen nicht ernsthaft beeinträchtigen, doch es sollte ein Exempel vermieden werden. Man fürchtete einen „Flächenbrand", sobald die erste Gemeinde ihr Netz zurück erwirbt, und mauerte und taktierte entsprechend.

Doch es half wenig. Die Gesetzeslage war klar: Vergibt eine Gemeinde keine Konzession mehr, dann muss der bisherige Stromversorger einpacken. Weil die KWR also juristisch keine Chancen hatten, versuchten sie mit dem Verkaufspreis die Bürgerinitiative in die Knie zu zwingen: Sie verlangten 8,7 Millionen Mark für das Stromnetz. Die Netzkauf sah diesen Preis als Wucher an, schließlich hatte sie durch einen Gutachter einen Netzwert von gerade 3,9 Millionen Mark ermitteln lassen.

Wer hatte nun Recht? Das Urteil darüber stand den Gerichten zu. Die Netzkauf entschied sich daher, gegen die Preisvorstellung der KWR zu klagen. Doch weil eine Klage das ganze Projekt um weitere zehn Jahre verzögert hätte, wurde ein anderer Weg gewählt: Man entschloss sich, die 8,7 Millionen Mark unter Vorbehalt zu bezahlen, und dann auf Rückgabe der Differenzsumme zu klagen. Damit sollte das städtische E-Werk sofort ermöglicht werden. Von den hohen Beträgen, die erst einmal aufgebracht werden mussten, ließen sich die Schönauer nicht abschrecken: Das Geld sollte wieder durch Spenden und Beteiligungen aufgebracht werden.

Im Januar 1994 wurden, obwohl längst nicht alle Hürden überwunden waren, die Elektrizitätswerke Schönau GmbH (EWS) gegründet. Hauptgesellschafter waren alle Teilhaber der Netzkauf. Um für alle anstehenden Fragen gewappnet zu sein, schlossen die EWS einen Beratervertrag mit den Stadtwerken Waldshut-Tiengen ab.

Was dem Unternehmen alleine noch fehlte war die Konzession der Stadt. Doch weil seit den Kommunalwahlen im Jahr zuvor die Freunde der „Stromrebellen" im Gemeinderat die Mehrheit hatten, war auch das kein Problem mehr. Und so vergab das Gremium am 20. November 1995 die Konzession an die EWS.

Die Wähler sind gefragt

Nach dem Gemeinderatsvotum zugunsten der eigenen Stadtwerke sahen die EWS-Gegner ihre letzte Chance. Das Instrument Bürgerentscheid hatten sie einige Jahre zuvor kennen gelernt – warum sollte dieses nicht auch mit umgekehrten Vorzeichen einen Ratsbeschluss kippen können? Und so leiteten die Gegner der Strom-Reform, angeführt von der örtlichen CDU, einen zweiten Bürgerentscheid in die Wege. Dieser sollte bewirken, dass die Konzessionsvergabe der Stadt an die EWS widerrufen wird. Der Wahlkampf wurde noch heftiger geführt als 1991, die Gegner des neuen E-Werks sahen wieder einmal die Lichter ausgehen. Am 10. März 1996 mussten die Schönauer erneut an die Urnen.

Abb. 2
„Ich bin ein Störfall" – Werbekampagne für den Schönauer Netzkauf.

„Wenn das alle täten, hätten wir weniger Umweltprobleme. Die Bürger von Schönau im Schwarzwald sparen um die Wette Strom – ohne abends im Dunkeln zu sitzen."

ZEITSCHRIFT „BRIGITTE", NOVEMBER 1989

„Ein Dorf unter Spannung"

DIE ZEIT, 7. JUNI 1991

„In einer kleinen Schwarzwaldgemeinde geschehen ungewöhnliche Dinge: Bürger wollen das Stromnetz ihrer Gemeinde kaufen."

ÖKO-TEST-MAGAZIN, FEBRUAR 1992

Und wieder siegten die „Stromrebellen." Bei einer Rekordwahlbeteiligung von fast 85 Prozent – mehr als bei jeder Bundestagswahl – wurden die EWS mit einer Mehrheit von 52,4 Prozent zum neuen Schönauer Stromversorger gewählt. Die KWR waren tief getroffen, äußerten ihr „Bedauern" und glaubten am Abend der Entscheidung an ein „unkalkulierbares Risiko für die Stadt Schönau, die Bevölkerung und insbesondere die Industrie". Aber „selbstverständlich" werde man diese Entscheidung akzeptieren. Was blieb den KWR nach dem „Schwarzwaldcoup" (so der Fernsehsender ZDF) auch anderes übrig?

> „Schönau leuchtet der Atomlobby heim".
>
> SÜDDEUTSCHE ZEITUNG, 15. NOVEMBER 1996

■ Peinliches Pokerspiel um die Millionen

Jetzt drehte sich alles um den Kaufpreis, den die KWR noch immer mit 8,7 Millionen Mark ansetzten. Für die Netzkauf war das ein „Phantasiepreis". Was in den nächsten Monaten folgte, war das wohl schwärzeste Kapitel für die KWR im ganzen Netz-Streit: Im November 1996 musste der Stromversorger eingestehen, bislang mit einem viel zu hohen Netzpreis gepokert zu haben. Statt 8,7 Millionen sei das Netz nur 6,5 Millionen Mark wert; ein neues Gutachten habe dies ergeben. Die bisher stets zitierte Studie hatte zum Beispiel die Kabellängen im Ort statt korrekt mit 22 Kilometern, mit 33 Kilometern angesetzt. Im Gegengutachten der Netzkauf war immer korrekt kalkuliert worden, doch das hatten die KWR beharrlich ignoriert. „Peinlich, peinlich", kommentierte daraufhin die „Badische Zeitung" und erkannte einen „zusätzlichen Imagegewinn für die Öko-Initiative".

Zwar waren die Netzkäufer noch immer der Meinung, dass auch die 6,5 Millionen Mark noch zu hoch seien, doch entsprechend ihrer Strategie „kaufen und dann klagen" sammelten sie nun Geld. Die Unterstützung aus der ganzen Republik war ihnen sicher: Greenpeace und der Bund für Umwelt und Naturschutz (BUND), der Naturschutzbund (NABU) und der World Wide Fund for Nature (WWF) riefen bundesweit zu Spenden auf. Die Gemeinschaftsbank Bochum legte einen speziellen Fonds auf, der 2,4 Millionen Mark Eigenkapital brachte. Durch direkte Beteiligungen von Menschen aus der ganzen Republik wurden weitere 1,7 Millionen Mark aufgebracht.

1,6 Millionen Mark flossen außerdem durch Spenden in die Kassen – dank einer pfiffigen Aktion. Unter dem Motto „Ich bin ein Störfall" startete die Netzkauf im September 1996 eine bundesweite Spendenkampagne. Eine der größten Werbeagenturen der Republik hatte die Kampagne, die zeitgleich in Frankfurt, Freiburg, Hamburg und München präsentiert wurde, kostenlos entworfen. Bundesweit erschienen die Anzeigen gratis in Printmedien wie „Frankfurter Rundschau" und „Manager-Magazin". Einige Kinos zeigten unentgeltlich den „Kino-Störfall-Spot", auch Fernseh- und Radiowerbung lief kostenlos.

So fand das Projekt eine bunt gemischte Gruppe von Förderern. Der Direktor der UN-Weltklimakonferenz unterstützte die „Stromrebellen" mit Vorträgen und seinem guten Namen, der Versicherungskonzern Gerling spendete 150 000 Mark, der Schokoladenproduzent Ritter sogar 200 000 Mark. Und die Bochumer Stiftung „Neue Energien" ermunterte andere Städte, dem Modell Schönau zu folgen.

Die KWR indes, von der bundesweiten Medienpräsenz der Schwarzwaldgemeinde überrascht, nahmen ihre Forderungen

Abb. 3
Solarzellen auf dem Dach der Schönauer Dorfkirche.

Abb. 4
Aktion vor dem Schönauer Rathaus.

im April 1997 nochmals zurück. Statt 6,5 Millionen setzten sie plötzlich nur noch 5,7 Millionen Mark an, und begründeten die Neubewertung mit „nicht zutreffenden Tatbeständen bei der Netzbewertung." Realistischer schien aber die Vermutung, die KWR befürchteten inzwischen eine gerichtliche Niederlage aufgrund ihrer überzogenen Preisvorstellungen.

Am Ziel: Das Netz geht in Bürgerhände

Im April 1997 stellten die neuen Elektrizitätswerke einen Betriebsstellenleiter ein, am 1. Juli 1997 um 12 Uhr übernahmen sie das Schönauer Stromnetz und damit die Stromversorgung der Gemeinde. Die geforderten 5,7 Millionen Mark überwies die Netzkauf zeitgleich an die KWR. Damit war die Anti-Atom-Initiative nach jahrelanger Arbeit am Ziel.

Die Geschichte ging dennoch weiter. Mit einer Klage, die im November 1998 beim Landgericht in Freiburg gegen die KWR eingereicht wurde, strebten die jungen Elektrizitätswerke Schönau die Rückzahlung von 1,8 Millionen Mark an. Denn die EWS bestanden noch immer auf dem niedrigeren Preis von 3,9 Millionen Mark, den ihre Gutachter ermittelt hatten. Das Urteil stand zur Jahrtausendwende noch aus.

Der Blick von Freunden und Gegnern der „Stromrebellen" richtete sich in den folgenden Jahren auf das neue Unternehmen: Werden die EWS ihre hoch gesteckten Ziele erreichen können? In den Leitlinien des neuen Stromversorgers wurde eine ökologisch orientierte Energieversorgung definiert. Schwerpunkte sollten ein sparsamer Umgang mit Energie und die verstärkte Nutzung erneuerbarer Energien sein. Entsprechend wurden angemessene Vergütungen für Strom aus Sonne, Wind und Wasser oder aus Blockheizkraftwerken (BHKW) bezahlt: Sofort mit der Netzübernahme wurde die Vergütung von Strom aus BHKW auf 13 bis 15 Pfennig je Kilowattstunde verbessert, auch Solarstrom wurde weit über den gesetzlich vorgeschriebenen Betrag hinaus vergütet. Für den Sonnenstrom hatte man eine unbürokratische Regelung geschaffen: Um einen zweiten Zähler für den eingespeisten Strom verzichtbar zu machen, lief der Hausstromzähler beim Einspeisen rückwärts. Gegenüber den vorherigen KWR-Tarifen war das eine glatte Verdopplung der Einspeisevergütung – zur Freude aller Solarstromproduzenten.

Marktliberalisierung ermöglicht Expansion

Als im April 1998 der deutsche Strommarkt liberalisiert wurde, konnten die EWS, wie jeder andere Anbieter auch, ihren Strom bundesweit verkaufen. Als „Schönauer Rebellenkraft" vermarkteten sie ihn nun – mit großem Erfolg. Binnen vier Jahren wechselten 12 000 Stromkunden aus ganz Deutschland zu dem ökologisch ambitionierten Versorger, der gleichzeitig an über 100 Orten in Deutschland Kleinkraftwerke errichtete.

So erzielte Schönau einen Markterfolg, der komplett im Gegensatz zur ökonomischen Lehrmeinung stand: Erstens kam er ohne ein millionenschweres Werbebudget zustande. Und zweitens schlug der kleine Anbieter im Kampf um die Kunden die großen Konzerne.

Denn die Schönauer hatten einen unschätzbaren Wettbewerbsvorteil: ihre Geschichte.

„Schönau ist eine bildhübsche Schwarzwaldgemeinde mit rund 2 600 Einwohnern. Und die verfügen über die Hartnäckigkeit und den Freiheitssinn, für den diese Region seit langem bekannt ist. (...) Zudem verfügen die Leute im Badischen über einen enormen Sinn fürs Praktische. Als Tschernobyl über die Welt hereinbrach, blieb es deshalb in Schönau nicht beim schieren Entsetzen oder der schieren Resignation."

SÜDDEUTSCHE ZEITUNG, MAGAZIN, 6. SEPTEMBER 1996

Privatinitiative bringt den Stein ins Rollen

1988 ■ Die moderne Nutzung der Windkraft beginnt am Hüfinger Auenberg / 44. Kapitel

Abb. 1
Die Windkraftanlage auf dem Auenberg bei Hausen vor Wald war die erste größere in Baden-Württemberg.

In Deutschland begann der Windkraftboom Anfang 1991: Das Stromeinspeisungsgesetz trat in Kraft und sicherte Windmüllern erstmals angemessene Vergütungen für den eingespeisten Strom. Schneller als selbst von Optimisten erwartet, etablierte sich nun binnen weniger Jahre an der Küste eine neue Stromquelle – und damit auch ein neuer Wirtschaftszweig. In Baden entwickelte sich die Windkraft deutlich langsamer: Zwar errichteten engagierte Bürger bereits im Mai 1990 eine erste Anlage nahe Donaueschingen, doch eine wirkliche Dynamik entfaltete die Branche im Schwarzwald erst im Jahre 2000.

Die Idee fiel in eine Zeit als Windkraftwerke in Süddeutschland ähnlich absurd erschienen wie Wasserkraftwerke in der Ebene. Es war im Sommer 1988: Eine Gruppe von 40 engagierten Bürgern aus dem Raum Donaueschingen entschloss sich, Baden-Württemberg zu seiner ersten größeren Windkraftanlage zu verhelfen – um damit ein Zeichen zu setzen gegen die Gefahren der Atomkraft. Schließlich lag der Tschernobyl-Unfall erst zwei Jahre zurück.

Die wirtschaftlichen Rahmenbedingungen waren um diese Zeit noch katastrophal. Das zuständige Kraftwerk Laufenburg (KWL) vergütete den erzeugten Strom mit nur sieben Pfennig je Kilowattstunde, und die Preise für Windturbinen lagen sehr hoch – schließlich wurden nur Einzelexemplare gefertigt. Mit Gewinn konnten Windpioniere daher nicht rechnen. Dennoch kauften die Bürger für 230 000 Mark eine 95 Kilowatt-Anlage der dänischen Firma Danmark.

Der Dreiflügler ging im Mai 1990 auf dem 775 Meter hohen Auenberg bei Hausen vor Wald im Schwarzwald-Baar-Kreis ans Netz; es war die erste gemeinschaftlich finanzierte Windkraftanlage im Land. Den Standort hatte man gewählt, weil die Stadtverwaltung Hüfingen, auf deren Gemarkung der Auenberg liegt, sich als sehr kooperativ erwiesen hatte.

Gut 100 000 Kilowattstunden jährlich speiste die „Pionier-Windmühle Auenberg" fortan ins Netz. Rentiert hat sie sich zwar nie – dafür blieb den Gesellschaftern, deren Zahl bald auf 110 angestiegen war, ein Stolz: Sie hatten das Thema Windkraft in Baden ins Gespräch gebracht.

■ **Ein Stromversorger testet den Wind**

Zwei Jahre später griff erstmals ein badischer Stromversorger das Thema Windkraft auf. Auf dem Hohwart bei Breitnau im Hochschwarzwald in 1100 Metern Höhe errichtete das KWL im Mai 1992 eine Anlage der Firma Enercon, produziert im ostfriesischen Aurich. Sie war zu diesem Zeitpunkt mit 280 Kilowatt die leistungsstärkste Windkraftanlage Süddeutschlands, und erzeugte fortan fast 300 000 Kilowattstunden Strom jährlich. 1,1 Millionen Mark hatte das KWL dafür investieren müssen.

Langsam wurde die Windkraft im Schwarzwald nun zum Thema – ein Privatbetreiber wählte bald darauf die Hornisgrinde als Standort für einen Windpark aus. Die umliegenden Gemeinden Achern, Ottenhöfen, Sasbach, Sasbachwalden und Seebach hatten gegen das Projekt nichts einzuwenden, und so gingen dort im August 1994 zwei 110-Kilowatt-Anlagen der Karlsruher Firma Seewind in Betrieb. Eine dritte Anlage mit weiteren 132 Kilowatt kam im Juli 1996 hinzu und erhöhte die Stromproduktion auf 630 000 Kilowattstunden jährlich. Bei drei Anlagen konnte man nun von einem Windpark sprechen – er war der seinerzeit höchstgelegene Europas.

■ **Der Protest wird stärker**

Widerstände gegen die Windkraft waren in den Anfangsjahren unbekannt. In Hausen vor Wald glaubte man nur an eine Spielerei, und ließ daher die Bürger gewähren. Auch in Breitnau gab es keine ernsthaften Gegner, weil von diesem Forschungsprojekt noch der Reiz des Exotischen ausging. Auf der Hornisgrinde aber, wo erstmals ein Privatinvestor antrat um

Im Überblick

■ Bereits im Mai 1990 brachte auf dem 775 Meter hohen Auenberg bei Hausen vor Wald im Schwarzwald-Baar-Kreis eine Bürgergemeinschaft ein Windrad ans Netz; es war die erste gemeinschaftlich finanzierte Windkraftanlage im Land.

■ Es folgte in den 1990er Jahren bundesweit ein Windkraftboom. Auslöser war das Stromeinspeisungsgesetz, das Anfang 1991 in Kraft trat.

■ Im August 2002 waren in Deutschland bereits 10 000 Megawatt Windkraft installiert.

mit dem Stromverkauf Geld zu verdienen, kamen die ersten Proteste auf. Einige Gegner fürchteten Schäden in der Natur, andere glaubten, Touristen durch die Rotoren zu vergrämen – was sich beides später als unbegründet erwies.

Doch dann eskalierte der Streit wenig später beim Standort Schauinsland. Und die Warnung klang dramatisch: „Unser Schauinsland ist in Gefahr!" beklagten am 4. November 1995 in der „Badischen Zeitung" in einer großformatigen Anzeige einige Bürgerinnen und Bürger der Region. Sie sahen eine „Technisierung der schönen Schwarzwaldlandschaft" bevorstehen, und forderten, diese „große Gefahr für unsere Heimat abzuwenden". Von einer nur „geringen Stromerzeugung", von „minimaler Kohlendioxid-Vermeidung" und von einem „Opfer wertvollster Landschaft" war in der Anzeige die Rede. Denn: „Natur ist ökologisch der höchste Wert".

Anlass der Aufregung waren die Planungen einer Gesellschaft, auf dem Freiburger Hausberg vier Windgeneratoren zu errichten. Sie sollten bis zu 62 Meter hoch werden, und nordwestlich der Gaststätte Halde platziert werden. 3,2 Millionen Kilowattstunden Strom sollten sie ohne Schadstoffausstoß jährlich produzieren, weshalb der Gemeinderat Oberried und der Ortschaftsrat Hofsgrund das Projekt einstimmig gutgeheißen hatten. Doch die Gegner der Windkraft siegten am Ende, indem sie das Stuttgarter Umweltministerium dazu bewegen konnten, das Gelände unter Naturschutz zu stellen – Windkraft war damit tabu.

Es war nicht das einzige umstrittene Windprojekt in dieser Zeit. Zuweilen mussten die Gerichte bemüht werden, weil sich benachbarte Gemeinden über geplante Windräder nicht einigen konnten – etwa im Fall Gütenbach/Furtwangen im Schwarzwald-Baar-Kreis: „Nachbarstädte im Windjammer" schrieb die Presse, als Gütenbach einem Windpark an der Gemarkungsgrenze zugestimmt hatte, während der Furtwanger Gemeinderat diesen rigoros ablehnte. Die Bürger aber waren auch hier, wie bei den meisten Projekten, für die Windkraft: Eine Telefonumfrage der Furtwanger Lokalpresse ergab im Juni 1996 eine Zustimmung von 65 Prozent.

Schlusslicht Baden-Württemberg

Nachdem im Mai 1996 auf der Schwäbischen Alb in Burladingen-Melchingen – auch nicht ohne heftigen Widerstand in der Planungsphase – der bis dato größte Windpark des Landes in Betrieb gegangen war (drei Turbinen mit jeweils 600 Kilowatt), gab es auch im Badischen immer stärkere Aktivitäten: Ob in St. Peter oder Furtwangen, in Löffingen oder Offenburg, in Münstertal oder im Hotzenwald – überall gerieten die zu diesem Zeitpunkt bereits geplanten Projekte in den Aufwind der Melchinger Rotoren. Denn in dem kleinen schwäbischen Dorf war mit der Inbetriebnahme des Parkes auf dem nahegelegenen Himmelberg die Ablehnung verflogen. Lang-

„Landschaftliche Schönheit ist ein knappes Gut. Mit zunehmendem Druck auf die Erholungslandschaft wird sie zum Minimumfaktor. Die Überformung des Landschaftsbildes durch die technische Dominanz von Windkraftanlagen ist dem Landschaftsverbrauch gleichzusetzen und damit nicht ausgleichbar. Es muß daher eine Güterabwägung stattfinden, bei der die Verhältnismäßigkeit des Eingriffs geprüft werden muß."

AUS EINER BROSCHÜRE DER BÜRGERINITIATIVE ZUM SCHUTZ DES HOCHSCHWARZWALDES, 2002

Abb. 2
Auch im Schwarzwald hat die Windkraft eine Geschichte: Bereits im Jahr 1952 wurde auf dem Feldberg eine Windkraftanlage errichtet, um die Wetterstation mit Strom zu versorgen.

Installierte Windkraftleistung in Deutschland in Megawatt (jeweils zum Jahresende):

Jahr	MW
1987	2
1988	5
1989	15
1990	56
1991	98
1992	167
1993	310
1994	605
1995	1094
1996	1547
1997	2082
1998	2875
1999	4443
2000	6113
2001	8754
2002	10 000 (Stand August)

Quelle: Bundesverband Windenergie

Abb. 3
Bauart der 1980er Jahre: Windkraftwerk in Heitersheim mit 7,5 Kilowatt Leistung.

sam startete nun die Windkraft auch in Baden. Erste Anlagen entstanden im September 1996 auf der Fernhöhe bei Furtwangen (250 Kilowatt) und im Juni 1997 bei Schweighausen im Ortenaukreis (110 Kilowatt). In Illmensee bei Ravensburg ging auf dem 768 Meter hohen Sturmberg im Mai 1997 gar ein Windpark ans Netz, der alles Bisherige im Lande deutlich überbot: Von der seinerzeit größten europäischen Serienanlage mit einem Megawatt wurden dort gleich drei Exemplare errichtet.

Insgesamt jedoch entwickelte sich die Branche im Schwarzwald vorerst träge. Ursache waren oft Versäumnisse in der Raumplanung der Kommunen, die zu zahlreichen juristischen Auseinandersetzungen führten. Denn durch ein neues Bundesbaugesetz waren im Jahr 1996 Windkraftanlagen zu privilegierten Bauwerken erklärt worden, die nur noch mit triftigen Gründen von den Kommunen abgelehnt werden konnten. Um dennoch einen „Wildwuchs" der Anlagen zu verhindern, und die kommunale Planungshoheit zu erhalten, gab der Gesetzgeber den Gemeinden die Möglichkeit über ihre Flächennutzungspläne Vorrang- und Ausschlussgebiete zu definieren. Bis Ende 1998 bekamen die Gemeinden nun Zeit, ihre Hausaufgaben zu machen – einstweilen durften sie alle Bauanträge auf Eis legen. Zum Januar 1999 aber griff die Privilegierung. Da jedoch zahlreiche Kommunen die Chancen der eigenverantwortlichen Raumplanung nicht wahrgenommen hatten, standen sie plötzlich vor der Situation, dass sie gezwungen waren, die eingehenden Bauanträge zu genehmigen. Manche Gemeinde nutzte nun den einzigen Weg, der ihr noch blieb – und setzte auf Verzögerung.

Deutschland wird Windweltmeister

Zügiger als in Baden schritten die Genehmigungen in anderen Regionen voran, und so wurde Deutschland bald zum „Windweltmeister", wie die „Süddeutsche Zeitung" im Februar 1998 formulierte. Ende 1997 rotierten in der Bundesrepublik 5193 Windräder mit einer installierten Leistung von 2081 Megawatt. Damit hatte Deutschland den einstigen Spitzenreiter Dänemark überholt.

Im Jahre 1998 ging es in Deutschland im gleichem Tempo weiter: Ein Zuwachs von 38 Prozent brachte bis Jahresende bundesweit eine Leistung von 2 875 Megawatt – doch davon war nicht einmal ein Prozent in Baden-Württemberg angesiedelt. Zwei weitere Jahre später hatte Deutschland bereits 6113 Megawatt installiert, wobei Baden-Württemberg mit 63 Megawatt noch immer eines der Schlusslichter blieb – unterboten nur vom Saarland und den Stadtstaaten.

Im August 2002 wurde in Deutschland schließlich das 10 000. Megawatt Windkraft installiert. Die große Nachfrage nach Windkraftanlagen ermöglichte den Herstellern beachtliche Innovationen, und so stieg die Leistung der einzelnen Turbinen rapide an. Noch 1992 leistete jede neu installierte Windkraftanlage im Mittel 163 Kilowatt, 1995 waren es bereits 309 Kilowatt, im Jahre 2000 sogar 653 Kilowatt. Serienanlagen mit 1,5 Megawatt waren im Jahr 2000 schon etabliert, und Vorserienmodelle mit 2,5 Megawatt bereits ausgeliefert.

Windkraftwerk auf dem Müllberg

Auch in Baden ging die Entwicklung nun verstärkt voran. Einer der Wegbereiter war der Freiburger Förderverein „Fesa", der in Schweighausen in der Ortenau, in Ettenheim, Mahlberg und Freiamt in den Jahren 1999 bis 2001 acht Anlagen ans Netz brachte. Das Geld dafür kam von engagierten Bürgern aus der Region. Einige der Anlagen hatten Pilotcharakter: Das Projekt Ettenheim war mit drei Anlagen je 1,3 Megawatt bei Inbetriebnahme Ende 1999 der größte Windpark des Landes. Mahlberg übertrumpfte ihn ein halbes Jahr später mit zwei Anlagen der 2,5 Megawatt-Klasse – den seinerzeit leistungsstärksten Deutschlands.

Zahlreiche weitere Projekte wurden in diesen Jahren realisiert: ein Windrad in Bonndorf, ein Park mit drei Anlagen auf der Platte in Simonswald/St. Peter, eine Windturbine in Herbolzheim und mehrere in Gütenbach. Weitere waren geplant, etwa auf dem Brandenkopf in der Ortenau und auf Gemarkung Yach am Rohrhardsberg. Im August 2002 stieg schließlich sogar die Energie Baden-Württemberg in das Windgeschäft ein: Das Unternehmen erwarb den bereits genehmigten Standort Leimgrube in Furtwangen – ein Zeichen dafür, dass die Windkraft längst in der Energiewirtschaft etabliert war. Allerdings flammte um diese Zeit auch in einigen Gemeinden die Kritik wieder auf, nachdem sich in St. Märgen Gegner formiert hatten, die in der ganzen Region für ihr Anliegen warben.

Ohne Widerstände konnte unterdessen ein Landwirt in Karlsruhe ein ungewöhnliches Projekt realisieren: Auf einem Müllberg am Rande der Stadt nahm er Ende 1998 eine 750-Kilowatt-Windkraftanlage ans Netz. Zwei Jahre später folgte eine zweite, und im Sommer 2002 eine dritte – diese sogar mit 1,5 Megawatt Leistung. Sie war bei Inbetriebnahme die europaweit größte Windkraftanlage, die auf einer puren Hausmülldeponie errichtet wurde. Ihr Fundament war entsprechend auch das größte einer Windkraftanlage weltweit – mit 30 Meter Durchmesser. Dieses war notwendig, weil Berechnungen ergeben hatten, dass der verrottende Müll die Anlage binnen einiger Jahre um drei Meter absacken lässt – und dennoch sollte das Kraftwerk natürlich im Lot bleiben.

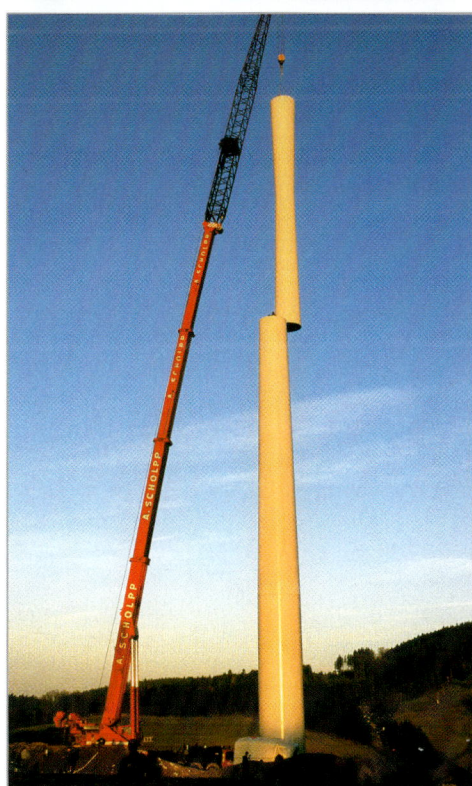

Abb. 4 bis 8

Aufbau des zweiten Bürgerwindrades in Schuttertal-Schweighausen, Ende 1998. Aus drei Teilen wird der Turm errichtet, ehe die Gondel mit 750-Kilowatt-Generator und der Rotor montiert werden. Der Aufbau von derlei Windriesen erfolgt mit Spezialkränen.

Der Energieertrag soll bei rund 1 Million Kilowattstunden im Jahr liegen. An dem Projekt sind der BUND, der Förderverein „Energie- und Solaragentur Regio Freiburg" und die Einwohner beteiligt.

Windkraft

Abb. 9
Verschandelung einer einzigartigen Kulturlandschaft? Über die neuen Riesen im Schwarzwald – die nicht nur im Skidorf Schonach die Kirchtürme überragen – und ihre Auswirkungen auf das Landschaftsbild brach nach der Jahrtausendwende eine kontrovers geführte Diskussion aus.

Das Stromeinspeisungsgesetz ebnet den Weg

1991 ■ Die Kleinwasserkraft erlebt einen neuen Boom – dank politischer Unterstützung / 45. Kapitel

Die Wasserkraft erlebte in den 1990er Jahren eine Renaissance. Allerdings war die Entwicklung verhaltener als bei Windkraft und Sonne, was an dem geringeren, noch verfügbaren Potenzial der Wasserkraft lag. Dennoch gingen in jenen Jahren in Baden wie in allen anderen deutschen Mittelgebirgsregionen zahlreiche Kleinwasserkraftwerke ans Netz; es waren zum Teil reaktivierte historische Anlagen, zum Teil neue Projekte. Man setzte dabei zumeist auf bewährte Technik: Die klassischen Turbinenformen waren seit Jahrzehnten optimiert und konnten daher zumeist unverändert eingesetzt werden. Neu war indes die Stromerzeugung mittels Wasserrad – einige Anlagenbetreiber bevorzugten das Rad in den späten 1990er Jahren aus Kostengründen gegenüber der Turbine.

Abb. 1
Auch das Wasserrad hat eine technische Weiterentwicklung erlebt: Das Zuppinger Wasserrad der Karlsruher Firma Hydrowatt in Emmendingen ist ein Beispiel dafür. Das Zuppinger Wasserrad, benannt nach seinem Erfinder, wurde bereits im 19. Jahrhundert mit großem Erfolg eingesetzt.

Mit der Ölkrise in den frühen 1970er Jahren kehrte das Thema Wasserkraft wieder in die politische Diskussion zurück. Doch wirkliche Fortschritte gab es einstweilen nicht – zu groß waren die Probleme der Kleinerzeuger mit der Willkür ihrer Stromnetzbetreiber. Denn die Gebietsmonopolisten konnten selbst entscheiden, welchen Strom von privaten Erzeugern sie in ihr Netz aufnahmen und in welcher Höhe sie ihn vergüteten.

Kooperativ waren die Stromversorger kaum und Eigeninitiative zeigten sie noch viel weniger. Neue Wasserkraftwerke blieben daher Einzelfälle. Eines davon, 248 Kilowatt stark, wurde im Jahre 1985 an der Kirnach im Schwarzwald-Baar-Kreis von den Gemeindewerken Unterkirnach realisiert.

Die wirkliche Wende in der Wasserkraft kam erst einige Jahre später – mit dem Stromeinspeisungsgesetz. Der Deutsche Bundestag brachte es am 5. Oktober 1990 auf den Weg, der Bundesrat segnete es eine Woche später ab. Das Gesetz kam einer Revolution gleich: Energieversorger mussten vom 1. Januar 1991 jeden Strom aus erneuerbaren Energien in ihre Netze aufnehmen und angemessen vergüten; für Strom aus Wasserkraft mussten sie nun etwa 15 Pfennig je Kilowattstunde bezahlen. Erstmals in der Geschichte war damit die Macht der marktbeherrschenden Strommonopolisten ein wenig gestutzt.

Zu verdanken war dieses Gesetz der aktiven süddeutschen Wasserkraftszene, unter anderem der Arbeitsgemeinschaft Wasserkraftwerke Baden-Württemberg, die jahrelang für einen fairen Netzzugang gekämpft hatte. Konsequenterweise hatte die Regierung aber auch Strom aus Sonne, Wind und Biomasse in das Gesetz aufgenommen, obwohl es in diesen Branchen noch keine Verbände und Unternehmen gab, die nennenswertes politisches Gewicht hatten.

So profitierte in Baden anfangs auch nur die Wasserkraft von dem neuen Gesetz. Denn Windkraftwerke galten bis Mitte der 1990er Jahre als landschaftsuntypisch, Solarstrom war trotz der besseren Vergütung noch längst nicht wirtschaftlich. Und Strom aus Biomasse war seinerzeit weitgehend unbekannt.

Die badische Wasserkraft aber erlebte durch das Einspeisungsgesetz eine nicht erwartete Renaissance. Speziell die Vereinigung Deutscher Elektrizitätswerke (VDEW) hatte mit einer solchen Entwicklung nicht gerechnet: Keine einzige Kilowattstunde mehr an Ökostrom werde das Gesetz bringen, hieß es anfangs aus der VDEW-Geschäftsführung. Doch solche Stimmen verstummten schnell.

■ Gedea: Energiewende aus Schönau

Eines der ersten Unternehmen, die sich um den Ausbau der badischen Kleinwasserkraft mühten, war die Gedea, die Gesellschaft für dezentrale Energieanlagen. Als Ableger der Schönauer „Stromrebellen" war sie am 2. Oktober 1990 gegründet worden, drei Tage bevor der Bundestag das Stromeinspeisungsgesetz beschloss.

An der Wutach bei Wutöschingen und in Eggingen realisierte die Gedea ihre ersten Wasserkraftprojekte. Weitere folgten: 1994 in Hüfingen die restaurierte Steinersäge, einige Jahre später unweit davon die Seemühle. Im Juni 1996 reaktivierte die Gedea eine Anlage im Fürstlichen Park in Donaueschingen, und

Im Überblick

■ In den 1990er Jahren erlebte die Kleinwasserkraft eine Renaissance. Vielfach waren es engagierte Privatbürger, die an alten Standorten wieder Turbinen ans Netz brachten.

■ Auch manche historische, längst vergessen geglaubte Handwerkskunst wurde plötzlich wieder aufgegriffen – etwa der Bau von Wasserrädern als preisgünstige Alternative zur Turbine oder die Fertigung von Druckrohren aus Holz.

Wasserkraft

> „Die Wasserkraft gewinnt wieder an Bedeutung."
>
> HANDELSBLATT,
> 20. SEPTEMBER 1995

> „Eine jahrhundertealte Technik zur Energieumwandlung erlebt eine Renaissance: das Wasserrad."
>
> WIRTSCHAFTSWOCHE,
> 20. FEBRUAR 1997

> „Strom aus Strömen und Bächen: Laßt tausend Mühlen klappern."
>
> DIE ZEIT,
> 3. NOVEMBER 1995

> „Wasserkraft hat Reserven – Potenziale zur umweltfreundlichen Stromerzeugung in Freiburg bei weitem nicht ausgeschöpft."
>
> BADISCHE ZEITUNG,
> 30. AUGUST 1999

1998 brachte sie als ihr Renommierprojekt das historische Linach-Kraftwerk bei Vöhrenbach wieder ans Netz.

Auch andere Bürger engagierten sich zunehmend für die Wasserkraft. Im Mai 1995 ging am Rotbach im Höllental ein Neubau mit 800 Kilowatt in Betrieb, im Dezember des gleichen Jahres weihte ein Privatmann in Freiburg am Dreisamstadion ein Werk mit 250-Kilowatt-Turbine ein. Fast immer waren die Projekte das Ergebnis von Privatinitiativen; so auch ein neues Kraftwerk an der Dreisam bei Zarten, oder auch das reaktivierte Kraftwerk Stallegg in der Wutachschlucht. Zunehmend entdeckten die Freunde der Wasserkraft in diesen Jahren auch die Qualitäten der historischen Gewerbekanäle, an deren ehemaligen Mühlenstandorten sie bald wieder Kraftwerke ans Netz brachten, etwa in Freiburg und Emmendingen.

■ Auftragsboom für ein traditionsreiches Handwerk

Von der Renaissance der Wasserkraft profitierten natürlich auch die badischen Turbinenbauer. Dies war zum einen die junge Simonswälder Firma Wasserkraft Volk, die sich überwiegend auf den Export konzentrierte, zum anderen die traditionsreiche Firma Wiegert & Bähr in Renchen in der Ortenau, die überwiegend Wasserkraftbetreiber im Inland belieferte.

Die Bindung von Wiegert & Bähr an die Region war in Jahrzehnten gewachsen, denn viele historische Wasserkraftanlagen in Baden waren einst von deren Vorgängerin gefertigt worden – von der Turbinenfabrik Ruch, die bereits im Jahre 1880 im nahegelegenen Oberkirch gegründet worden war. 1961 ging daraus die Firma Wiegert & Bähr hervor, die heute komplette Turbinen und Ausrüstungen baut für Kraftwerke bis 5 000 Kilowatt Leistung. Ein Schwerpunkt des Unternehmens ist die Restauration alter Turbinen – und gerade dieses Geschäft boomte in den 1990er Jahren. Denn oftmals waren in historischen Werken die mitunter 70 Jahre alten Turbinen noch in einem derart guten Zustand, dass sie nach einer Sanierung weiterhin nutzbar waren.

Der Ausbau der badischen Kleinwasserkraft ging auch nach der Jahrtausendwende stetig weiter. Ob in der historischen Mundinger Mühle am Emmendinger Elzkanal oder an der Wiese in Fahrnau – in allen Landesteilen wurden weiterhin historische wie auch neue Kraftwerksstandorte realisiert. Ohne die gesetzlich garantierte Einspeisevergütung wäre keines davon rentabel gewesen.

Zu kämpfen hatten die Bauherren aber zuweilen mit den Behörden. Streit um die Restwassermenge – also jenes Wasser, das im Bachbett verbleiben muss und somit nicht durch die Turbinen laufen darf – verzögerte die Genehmigungen oft um Jahre. Selbst wenn es nur um die Reaktivierung an historischen Standorten ging, mussten Antragsteller oft viele Jahre auf eine Genehmigung warten. Ursache war die Vielzahl der beteiligten Behörden; so waren in das fünfjährige Genehmigungsverfahren des Freiburger Dreisamkraftwerkes zum Beispiel 33 Behörden und Institutionen eingebunden.

■ Stromlobby will vor das Verfassungsgericht

Trotz eindeutiger Gesetzeslage agierten auch einige Stromversorger weiterhin massiv gegen die Konkurrenz der Kleinwasserkraft; die Kraftübertragungswerke Rheinfelden (KWR) galten in diesem Metier in den 1990er Jahren als „Hardliner". Symptomatisch war ihr Streit mit den Lörracher Südstrom-Wasserkraftwerken, den die KWR im Frühjahr 1995 anzettelten.

Das Unternehmen teilte der Südstrom plötzlich mit, es werde den eingespeiste Strom künftig nur noch mit knapp zehn Pfennig je Kilowattstunde vergüten, obwohl gut 15 Pfennig gesetzlich vorgeschrieben waren. Die Begründung: Sie hielten das Gesetz für verbesserungswürdig. "Vorsätzlicher Rechtsbruch" schimpfte daraufhin das Hamburger Nachrichtenmagazin „Der Spiegel".

Die KWR taten dies aus Kalkül. Sie wollten mit ihrem offenkundig gesetzeswidrigen Verhalten ein Exempel statuieren, und damit das von ihnen ungeliebte Stromeinspeisungsgesetz vor das Verfassungsgericht bringen. Ihr Opfer hatten sie gezielt ausgewählt: Der Geschäftsführer der Südstrom, Manfred Lüttke, war Vorsitzender der Arbeitsgemeinschaft Wasserkraftwerke

Abb. 2
Eröffnung des Wasserkraftwerkes Zwick in Wolterdingen im Juli 1995. Die Bevölkerung brachte der Renaissance der Wasserkraftnutzung großes Interesse entgegen.

Baden-Württemberg. Und der werde, so die Strategie des Stromversorgers, als engagierter Förderer der Wasserkraft garantiert klagen – und damit dem Stromversorger den Gang durch die Instanzen ermöglichen. Gleichermaßen verfuhr parallel das Badenwerk mit einem anderen Kleinerzeuger – auch er war ein ausgewiesener Verfechter der Wasserkraft.

Gut 107 000 Mark vorenthielten die KWR der Südstrom zwischen Januar und April 1995 – dann zog diese erwartungsgemäß vor Gericht. Der Fall schlug auch politisch Wellen. Das Stuttgarter Wirtschaftsministerium schritt nun ein, ließ dem verantwortlichen Vorstandsmitglied der KWR einen persönlichen Bußgeldbescheid in Höhe von 20 000 Mark zukommen, und leitete zugleich ein Kartellrechtsverfahren ein.

Doch die KWR blieben stur – und verloren, wie zu erwarten, vor Gericht. Sowohl vor dem Landgericht in Freiburg wie auch vor dem Oberlandesgericht in Karlsruhe und dem Bundesgerichtshof bekam Kraftwerksbetreiber Lüttke recht. Das Verfassungsgericht sah anschließend keinen Anlass mehr, tätig zu werden – und die Stromversorger mussten anerkennen, dass auch sie sich an Gesetze zu halten haben.

In einem Punkt jedoch hatten die KWR erreicht, was sie wollten: Verunsicherung gestiftet – und mit Sicherheit einigen Investoren den Einstieg in die erneuerbaren Energien verleidet.

Doch den Fortschritt der Wasserkraft konnten die Konzerne auch durch ihr massives Störfeuer nicht stoppen. 5 700 Wasserkraftwerke waren im Jahre 1998 bundesweit am Netz, 150 kamen jedes Jahr hinzu. Fast 90 Prozent aller Wasserkraftwerke wurden zur Jahrtausendwende von Privatbürgern betrieben.

Aber auch erste Stromversorger begannen sich zwischenzeitlich wieder für die Wasserkraft zu engagieren, deren Image immer positiver wurde. In Heidelberg etwa war es die Neckar AG, die ein Wasserkraftwerk mitten in der Stadt realisierte, an einer vorhandenen Staustufe am Neckar. Allerdings war es ein historisches, denkmalgeschütztes Bauwerk der 1920er Jahre, und das machte die Sache schwierig: Optische Veränderungen waren nicht gestattet, die nahegelegene historische Altstadt durfte nicht beeinträchtigt, die Schifffahrt auf dem Neckar nicht behindert werden. Die Neckar AG entschloß sich daher notgedrungen zu einem besonderen Bauwerk; sie konstruierte für 30 Millionen Mark ein vollständig überflutetes Kraftwerk, das im Juli 1998 nach gut vier Jahren Bauzeit ans Netz ging, und seither 17 Millionen Kilowattstunden jährlich erzeugt.

■ **Neue alte Technik: Wasserräder und Holzrohre**

Während man sich in Heidelberg auf technisches Neuland gewagt hatte, besann man sich bei manchen anderen Projekten wieder auf historische, längst vergessen geglaubte Handwerkskunst – zum Beispiel auf das Wasserrad. Aufgrund seiner günstigen Kosten-Nutzen-Relation wurde es in den 1990er Jahren als attraktive Alternative zur Turbine wieder populär. Das wohl bekannteste Wasserrad Badens nahm die Emmendinger Erneuerbare Energien GmbH im Jahre 1999 am Brettenbach ans Netz: Ein klassisches mittelschlächtiges Rad mit elegant geschwungenen Holzschaufeln – genannt: Zuppinger – 5,50 Meter im Durchmesser und drei Meter breit. Ein gemütliches Rad: Zehn Sekunden braucht es für eine Umdrehung, erzeugt dabei aber immerhin kontinuierlich 25 Kilowatt Strom (siehe Abbildung 1).

Zwei weitere Wasserräder wurden im Jahr darauf am Freiburger Gewerbekanal errichtet, denn sie erweisen sich bei Fallhöhen unter zwei Metern im Vergleich mit Turbinen oft als die kostengünstigere Variante. Anders als in Emmendingen setzten die privaten Betreiber in Freiburg allerdings auf die metallene Variante. Ob Metall oder Holz – gefertigt wurden die Wasserräder von der Karlsruher Firma Hydrowatt, die sich in diesem Metier profiliert hatte. Und in Bräunlingen wurde im Jahr 2002 ein Kraftwerk mit Schnecke statt Turbine realisiert.

Eine weitere historische Handwerkskunst, die in den 1990er Jahren wieder entdeckt wurde, war die Nutzung von Wasserrohren aus Holzdauben. Ein Kraftwerk mit derartiger Zuleitung ging im Mai 1995 an der Breg zwischen Hammereisenbach und Zindelstein (bei Wolterdingen, Schwarzwald-Baar-Kreis) in Betrieb. Der Betreiber der Anlage, ein örtlicher Zimmermann, hatte das 700 Meter lange unterirdische Druckrohr komplett aus Kiefernholz gefertigt, weil es so um ein Drittel billiger wurde als ein Stahlrohr. Und vermutlich wird es ebenso lange halten: In Schweden gebe es Holzleitungen im Alter von 115 Jahren, versicherte der Bauherr.

Abb. 3
Druckrohrleitungen aus Holzdauben sind ein Drittel billiger als jene aus Stahl und sollen mindestens ebenso lange halten.

„Das gemütliche Plätschern von Wasserrädern hat für die meisten Menschen etwas ungemein Beruhigendes. Die Gewißheit einer Kraft eben, die zu jeder Zeit verläßlich bereit steht. Und aus diesem Grund ist es keineswegs nur Schwärmerei, sondern auch ökologisches und ökonomisches Kalkül, das der uralten Technik auch heute noch viele Freunde verschafft."

Die Tageszeitung, taz,
7. Oktober 1995

Abb. 4
Schnecke als Wasserrad, Anlage in Bräunlingen. Mit 3,10 Metern im Durchmesser und 7 Metern Länge verarbeitet die Schnecke an einem historischen Gewerbekanal bis zu vier Kubikmeter Wasser pro Sekunde. Erfunden hat diesen Turbinentyp vor rund 2200 Jahren Archimedes.

Stichwort Turbinen – wie aus Wasserkraft Strom wird

Der Energiegehalt eines Flusses hängt von zwei Faktoren ab: Von der Menge des Wassers und von der Fallhöhe. So kann ein kleiner Gebirgsbach mitunter die gleiche Energiemenge liefern, wie ein größerer Fluss in flacherem Gelände – naheliegend also, dass es eine einheitliche Turbinen-Geometrie nicht geben kann.

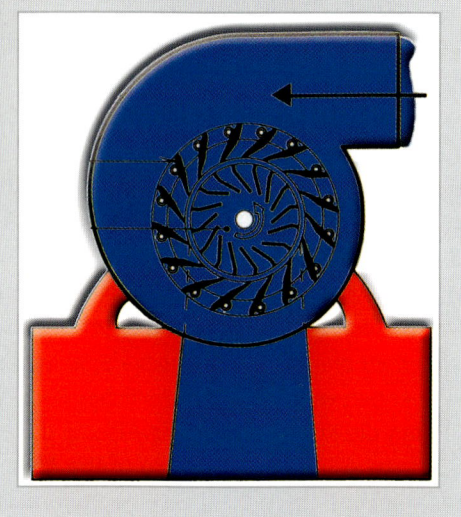

Abb. 1
Francisturbine (Quelle Abb. 1-4: Informationszentrale der Elektrizitätswirtschaft)

Je nach Wassermenge und Wasserdruck (dieser ist gleichbedeutend mit der Fallhöhe), sind unterschiedliche Bauformen sinnvoll. Mit verschiedenen Turbinentypen und Laufraddurchmessern zwischen wenigen Dezimetern und mehr als zehn Metern lässt sich ein Leistungsspektrum von einigen Kilowatt bis 1000 Megawatt abdecken.

Man unterscheidet zwischen Gleichdruck- und Überdruckturbinen. Bei Gleichdruckturbinen (Aktionsturbinen, Freistrahlturbinen) wird die potentielle Energie in einer oder mehreren Düsen vollständig in kinetische Energie umgewandelt. Am Laufrad ändert sich der Druck nicht. Zu dieser Gruppe gehören die Pelton- und die Durchströmturbine. Bei Überdruckturbinen (Reaktionsturbinen) herrscht vor dem Laufrad Überdruck. Es sind spezielle Leiteinrichtungen erforderlich, die den Wasserstrom auf die Schaufeln des Laufrades führen. In diesem Leitapparat und im Laufrad wird der Überdruck in Bewegungsenergie umgesetzt. Zu dieser Gruppe gehören die Francis- und die Kaplanturbine.

Die Geschichte der Wasserturbinen reicht weit zurück. Schon in den Handschriften Leonardo da Vincis (1452-1519) sind Turbinen mit Laufrad und Leitapparat dargestellt, 1754 entwarf Leonhard Euler eine gut durchdachte Wasserturbine mit Leitapparat. Praktische Bedeutung erlangte aber erstmals die Reaktionsturbine des französischen Ingenieurs Benoit Fourneyron aus dem Jahr 1827, die eine Vorläuferin der Francisturbine war. Es folgte 1837 eine Reaktionsturbine des Kasseler Oberbergrates Carl Anton Henschel, die wenig später von Josef Jonval verbessert wurde. Die Jonvalturbine war 1844 die erste Turbine, die von Escher Wyss in Zürich gebaut wurde.

▪ Die Francisturbine

Den wirklichen Durchbruch brachte erst die Francisturbine. Die Überdruckturbine wurde 1849 von dem britischen Ingenieur James Bicheno Francis entwickelt und ist unter den heute noch gängigen Bauformen die älteste. Sie erreicht Drehzahlen zwischen 20 und 100 Umdrehungen pro Minute, und wird wahlweise mit horizontaler, oder auch vertikaler Achse eingesetzt. Da die Laufradschaufeln unbeweglich sind, erfolgt die Regelung ausschließlich über die Verstellung der Leitschaufeln.

Über mehrere Jahrzehnte hinweg war die Francisturbine die klassische Turbine für Nieder- und Mitteldruck, oft wurde sie für Fallhöhen zwischen vier und zehn Metern genutzt. Aus dem Niederdruckbereich wurde sie allerdings verdrängt, als 1912 der österreichische Maschineningenieur und Brünner Hochschullehrer Viktor Kaplan eine neue Turbinenform entwickelte. Für mittelgroße Fallhöhen hielt sich die Francisturbine aber weiterhin als Idealform, und wurde im späten 20. Jahrhundert sogar für Fallhöhen über 600 Meter fortentwickelt. Weil die Francisturbine sich für große Wassermengen eignet, wird sie heute in den leistungsstärksten Wasserkraftwerken der Welt eingesetzt.

▪ Die Kaplanturbine

Für geringen Wasserdruck und hohe Durchflussmengen etablierte sich schnell die Kaplanturbine, deren Laufrad einer Schiffsschraube ähnelt. Sie erreicht mit 90 bis 300 Umdrehungen pro Minute eine recht hohe Drehzahl. Anfangs wurde die Kaplanturbine nur für Fallhöhen unter 20 Meter eingesetzt, doch mit der Zeit wurde die Grenze deutlich nach oben verschoben; die Firma Escher Wyss produzierte in den 1950er Jahren Kaplanturbinen für bis zu 60 Meter Fallhöhe. Als klassische Kaplanturbine wird sie mit vertikaler Achse installiert, als Kaplanrohrturbine mit horizontaler Achse. Die wenigen Schaufelblätter sind zumeist verstellbar, was äußerst günstige Eigenschaften im Teillastbereich garantiert. In diesem Fall spricht man von einer doppelt-regulierten

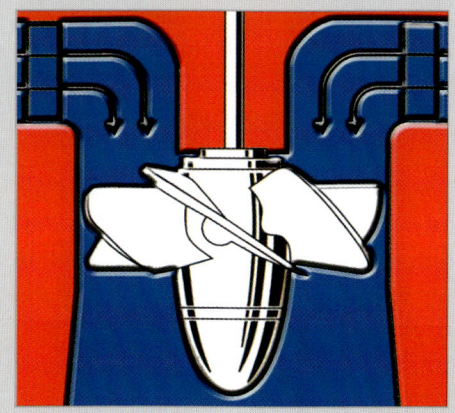

Abb. 2
Kaplanturbine

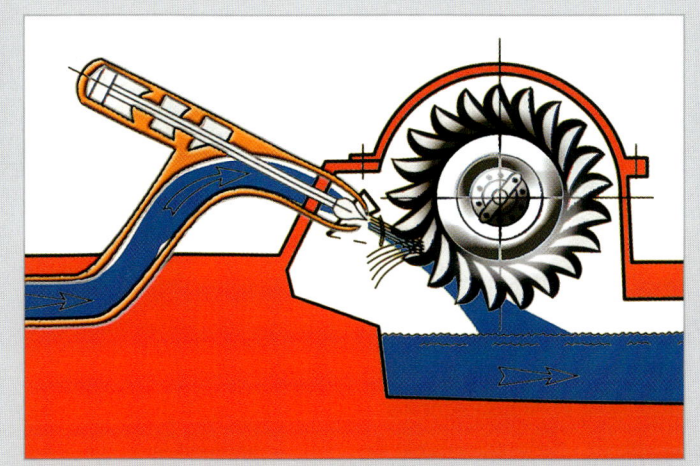

Abb. 3
Peltonturbine

Kaplanturbine. Sind die Schaufelblätter fest, dann kann die Turbine nur über den Leitapparat geregelt werden – sie heißt dann einfach-reguliert, und wird auch als Propellerturbine bezeichnet.

Die Peltonturbine

Am anderen Ende des Spektrums, für Hochdruckanlagen, entdeckte man schon früh eine Alternative zur Francisturbine: Der amerikanische Ingenieur Lester Allan Pelton entwickelte 1880 eine Freistrahlturbine, die auch heute noch eingesetzt wird, wenn das Gefälle 200 Meter übersteigt. In der Peltonturbine trifft das Wasser aus bis zu sechs Düsen auf die becherförmigen Schaufeln des Laufrades. Dieses kann in seiner Geometrie nicht verändert werden, die Leistung wird daher allein über die Veränderung des Düsenquerschnitts geregelt. Die Peltonturbine ist typisch für Speicherkraftwerke im Hochgebirge. Sie wird für Fallhöhen bis 2 000 Meter eingesetzt und kann Leistungen von bis zu 300 Megawatt erbringen. Die Peltonturbine wird im unteren Drehzahlbereich (3 bis 20 Umdrehungen pro Minute) betrieben, und ist speziell für geringe Wassermengen geeignet.

Die meisten Turbinen, die in den Kraftwerken Süddeutschland Einsatz fanden, wurden von den Firmen Voith aus Heidenheim und Escher Wyss aus Zürich hergestellt. 1873 verließ die erste Francisturbine für eine Weberei in Heidenheim das Werk der Firma Voith. Rasch gewann die Firma das Image eines Spezialisten für Strömungstechnik – für alle Wassermengen und Fallhöhen wurden optimierte Turbinen konstruiert.

Ein spektakulärer Auftrag brachte Voith nach der Jahrhundertwende viel Renommée: Die Kraftwerke in den Niagarafällen orderten in den Jahren 1903 bis 1912 zwölf Francisspiralturbinen mit bis zu 12 000 PS, die seinerzeits weltgrößten Turbinen.

Auch die Firma Escher Wyss gehört zu den ältesten Maschinenbauunternehmen Europas. Weil Süddeutschland für die Wasserkraftnutzung eine hochinteressante Region war, gründete das Unternehmen 1856 eine Niederlassung in Ravensburg. 1890 errichtete Escher Wyss das erste Pumpspeicherwerk, 1893 verließ die erste Francisturbine das Werk.

Die Ossbergerturbine

Neben den drei Klassikern Francis, Kaplan und Pelton findet man – gerade bei Neubauten – hin und wieder einen vierten Turbinen-Typ: die Durchströmturbine, deren bekannteste die 1922 patentierte Ossbergerturbine ist. Strömungstechnisch kommt die Durchströmturbine dem Wasserrad am nächsten, wobei das Laufrad in Walzenform gefertigt ist. Der Laufraddurchmesser liegt meist unter einem Meter, das Schluckvermögen wird hauptsächlich durch die Ausdehnung der Turbine in Achsrichtung bestimmt.

Die Durchströmturbine wird im Leistungsbereich von 1 bis 1 500 Kilowatt eingesetzt, und erzielt bei stark schwankender Wassermenge und Fallhöhe einen höheren Wirkungsgrad als jede andere Turbinenform. Dies wird durch eine Längsunterteilung der Turbine in zumeist zwei ungleiche Abschnitte erreicht, indem stets einer oder mehrere Abschnitte voll beaufschlagt werden. Selbst bei Schwankungen der Wassermenge um den Faktor sechs lässt sich damit die Energie noch sehr effizient nutzen. Die Fallhöhe kann zwischen 1 und 200 Meter liegen.

Noch relativ unbekannt ist die Turgoturbine, deren Einsatzbereich zwischen Pelton- und Francisturbine liegt. Sie wird hauptsächlich im Mittel- und Hochdruckbereich bei einer Fallhöhe zwischen 30 und 250 Meter eingesetzt. Ähnlich wie die Peltonturbine zählt sie zu den Freistrahlturbinen und erreicht auch unter Teillast hohe Wirkungsgrade.

Für große Flusskraftwerke (zumeist oberhalb 2 Megawatt) entwickelte die Firma Escher Wyss in den 1930er Jahren die Kaplanrohrturbine weiter zur Strafloturbine (von englisch „straight flow"). Bei dieser bilden Generator und Turbine eine Einheit. Der Außenkranz des Turbinenlaufrads ist zugleich Polradkranz, weshalb die Strafloturbine nur einfach-reguliert konstruierbar ist. Die feststehende Generatorwicklung ist konzentrisch um das Laufrad angeordnet und im Fundament verankert. Wesentlicher Vorteil der Straflo-Maschinen ist ihre kompakte Bauweise.

Trotz immer modernerer Turbinentechnik wurden in den späten 1990er Jahren gelegentlich auch wieder Wasserräder in Betrieb genommen, die im unteren Leistungsbereich Vorteile gegenüber Turbinen aufweisen.

Ein Wasserrad beeinträchtigt Fische noch weniger als eine Turbine, es reagiert weniger empfindlich auf Verschmutzungen (die bei Turbinen, besonders wenn sie sehr klein sind, oft ein Problem sind), und es ist preisgünstiger. Das gute Preis-Leistungs-Verhältnis hängt auch damit zusammen, dass für ein Wasserrad – im Gegensatz zur Turbine – kein Rechen erforderlich ist, der schwimmende Äste und Laub zurückhält.

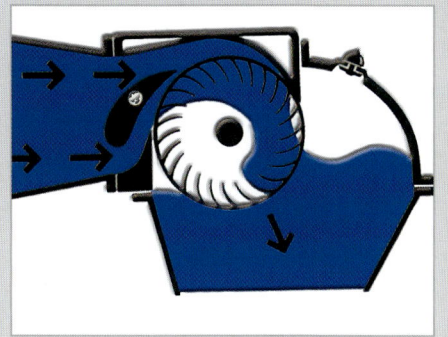

Abb. 4
Ossbergerturbine

Der Neustart einer Boom-Branche

1995 ■ Die Solarenergie wird zum Wirtschaftsfaktor – Vorreiter: Die Freiburger Solar-Fabrik / 46. Kapitel

Abb. 1
Der „Rappenecker Hof" auf dem Schauinsland, die erste solarversorgte Gaststätte Europas.

Die Solarbranche lag Ende 1995 am Boden – der letzte Hersteller hatte sich soeben aus Deutschland zurückgezogen und war in die USA übergesiedelt. Schuld war das schlechte Investitionsklima in Deutschland, verursacht durch eine fortschrittsfeindliche Energiepolitik. Doch so sehr der Rückzug der Solarindustrie folgerichtig schien, so sehr war er kurzsichtig; denn Kenner der Solarszene wussten zu diesem Zeitpunkt längst, dass der Sonnenenergie eine große Zukunft bevorstehen würde. In Freiburg bewährte sich seit Jahren nicht nur ein energieautarkes Solarhaus, sondern auch das Plus-Energie-Haus „Heliotrop". Und auch am Schauinsland dokumentierte die Wandergaststätte „Rappenecker Hof" hinlänglich solare Perspektiven. Die erkennbare Solarbegeisterung Südbadens war auch Auslöser für die Gründung der ersten Solar-Fabrik der neuen Generation – die natürlich in Freiburg erfolgte. Sie markierte im Februar 1996 bundesweit den Neuanfang einer zukunftsträchtigen Branche.

Es war im April 1995. Georg Salvamoser trat vor die Presse und sagte: „Was einmal der Mercedes war, das wird zunehmend die Solaranlage sein" – ein Imageträger nämlich.

Der Vergleich schien verwegen, doch der Geschäftsführer der Freiburger Installationsfirma Solar-Energie-Systeme glaubte an die große Zukunft der Sonnenenergie. Wohl kaum hätte er sonst vier Jahre zuvor seinen Job als kaufmännischer Leiter einer florierenden Fertigbaufirma aufgegeben, um sich dem Vertrieb von Solarstromanlagen zu widmen.

Seine bisherigen Erfolge konnten sich sehen lassen. Soeben hatte Salvamoser das Tribünendach im Dreisamstadion des Fußball-Bundesligisten SC Freiburg mit Solarzellen belegt, und damit für bundesweites Medienecho gesorgt. Auch auf einigen Firmendächern Freiburgs hatte er die neue Stromquelle bereits etabliert, und damit – unterstützt durch den engagierten Freiburger Förderverein Energie- und Solaragentur (Fesa) – bereits 220 Kilowatt solarer Kraftwerkskapazität in Freiburg geschaffen. Ein beachtlicher Anteil, denn es waren in der ganzen Stadt gerade 340 Kilowatt am Netz.

Aber natürlich war das nur der Anfang. Im Februar 1996 kündigte Salvamoser an, er werde künftig in Freiburg Fotovoltaik-Module herstellen. Dass sich Siemens-Solar gerade aufgrund der flauen Nachfrage aus der Bundesrepublik zurückgezogen hatte, und auch die Firma Angewandte Solarenergie (ASE) in Wedel bei Hamburg, eine gemeinsame Tochter von RWE und Daimler-Benz, zum Jahresende 1995 dicht gemacht hatte, konnte ihn nicht schrecken. Er werde mit der Solar-Fabrik im Jahre 2000 schwarze Zahlen schreiben, prophezeite er. Worauf die Berliner Tageszeitung „taz" jubelte: „ein Hoffnungsträger".

■ **High Tech in der Einsamkeit: Der „Rappenecker Hof"**

Dass die Solarbranche gerade in Freiburg auferstand war kein Zufall. Denn hier hatte sich, ausgelöst durch den Kampf um das Atomkraftwerk Wyhl in den 1970er Jahren, Know-how rund um die Sonnenenergie angesammelt wie nirgendwo sonst in Europa.

Entsprechend innovativ waren die Projekte – zum Beispiel am Schauinsland auf Gemarkung Oberried. Dort realisierte im Sommer 1987 das Freiburger Fraunhofer Institut für Solare Energiesysteme (ISE) in gut 1 000 Meter Höhe die erste solarversorgte Gaststätte Europas: 40 Quadratmeter Solarzellen auf dem Dach machten einen Netzanschluss überflüssig. Für Testzwecke kam drei Jahre später noch ein kleiner Windgenerator (ein Kilowatt stark) auf der angrenzenden Wiese hinzu. Zusammen mit einer Batterie, die Überschussstrom für trübe Tage speicherte, und einem Dieselgenerator als Notstromversorgung kostete das ganze System gerade 140 500 Mark – nur gut ein Drittel dessen, was ein Netzanschluss der abgele-

---

Im Überblick

■ Die Solar-Fabrik war eines von vielen Projekten, die den Ruf Freiburgs als Solarstadt prägten. Das Unternehmen begann im Oktober 1997 mit der Modulfertigung.

■ Schon Jahre zuvor hatte Freiburg sich wiederholt als „Solarcity" präsentiert: Im Sommer 1987 hatte das Fraunhofer Institut für Solare Energiesysteme (ISE) auf dem Schauinsland in gut 1 000 Meter Höhe die erste solarversorgte Gaststätte Europas eröffnet.

■ Eine weitere Solar-Innovation war das „Heliotrop", ein drehbares Solarhaus, das im Sommer 1994 am Freiburger Stadtrand Richtung Merzhausen errichtet wurde. Unweit davon entstand in den folgenden Jahren am Schlierberg außerdem die ambitionierteste Solarsiedlung Europas.

genen Almhütte aus dem 17. Jahrhundert gekostet hätte. Bei der Energiebilanz des Hofes musste Stromversorgern angst und bange werden. Denn beachtliche 70 Prozent des Strombedarfs deckte die 3,8-Kilowatt-Solaranlage in den ersten zehn Betriebsjahren, 15 Prozent steuerte das Windrad bei. Den fossilen Energien blieb somit allein die Rolle des Lückenbüßers.

Solche Zahlen beeindruckten auch die Gäste. Oberrieds Bürgermeister erkannte in den 1990er Jahren „eine Art Umwelttourismus", weil mancher Gast allein der Solaranlage wegen zum „Rappenecker Hof" kam. Schnell war das Projekt zum Sympathieträger der Solarenergie geworden – und der Zeitschrift „GEO" ein Titelbild wert.

Die positiven Erfahrungen mit dem „Rappenecker Hof" animierten das Fraunhofer Institut im Jahre 1992 zu einem zweiten Projekt dieser Art: Am Schluchsee wurde die netzferne Wandergaststätte „Unterkrummenhof" ebenfalls mit einer Fotovoltaikanlage ausgestattet. Auch hier war die Sonnenenergie billiger als der Netzanschluss.

Am Fraunhofer Institut in Freiburg plante man nach dem Rappeneck-Erfolg längst weiter. Noch im selben Jahr sprach Institutsdirektor Adolf Goetzberger erstmals von einem energieautarken Haus – und stieß auf Skepsis: „Kann das funktionieren?" fragten viele. Ohne Öl, Gas, Kohle, Holz? Und auch ohne Stromanschluss?

Sonne – sonst nichts: Das energieautarke Haus

Beim ISE glaubte man dran und ging an die Arbeit. Im Oktober 1992 war das Solarhaus bezugsfertig – ein Wohnhaus mit ausreichender Heizung und moderner Küche, mit Warmwasser und Elektrizität wie in jedem normalen Gebäude. Es war ein freistehendes Einfamilienhaus mit 145 Quadratmeter Wohnfläche im Christaweg in Freiburg – der „Inbegriff der Energieeffizienz", wie das Fraunhofer Institut formulierte.

Und tatsächlich: Die Rechnung ging auf. Beste Dämmung und eine ausgeklügelte Energieversorgung machten alle Energiequellen außer der Sonne überflüssig. Vom „Haus am himmlischen Kabel" schrieb respektvoll die Berliner Tageszeitung „taz".

Der Himmel meinte es gut mit den Forschern. Denn neben der Wärme für die Raumheizung und warmem Brauchwasser konnte auch der gesamte Strombedarf mit einer 4,2-Kilowatt-Anlage gedeckt werden. Weil der Strom aber vor allem dann benötigt wurde, wenn die Sonne nicht schien, Batterien aber teuer und leistungsschwach waren, erzeugte man mit Überschussstrom Wasserstoff, der in trüben Zeiten wiederum verheizt und verstromt werden konnte.

Im Jahre 1996 allerdings wurde das Solarhaus dann doch ans Netz angeschlossen. Aber nicht, weil man plötzlich doch Fremdstrom gebraucht hätte, sondern – im Gegenteil – den Überschuss einspeisen wollte.

Eine weitere Freiburger Solar-Innovation war das „Heliotrop", ein drehbares Solarhaus. Im Sommer 1994 wurde es am Freiburger Stadtrand Richtung Merzhausen von Solararchitekt Rolf Disch errichtet – ein rundes Haus, das der Sonne nachgeführt werden kann, und damit die Einstrahlung immer maximal ausnutzt. Eine Fotovoltaikanlage auf dem Dach in Form eines „Sonnensegels" lieferte bis zu 6,6 Kilowatt Strom, der zum großen Teil ins Netz floß.

Abb. 2
Nullemissions-Fabrik: Die Freiburger Solar-Fabrik deckt ihren Energiebedarf komplett mit erneuerbaren Energien.

Leistung aller installierten, netzgekoppelten Solaranlagen in Deutschland in Megawatt:

Jahr	MW
1990	1,4
1991	2,3
1992	5,3
1993	8,5
1994	11,6
1995	16,1
1996	23,5
1997	35,0
1998	44,5
1999	56,5
2000	106,5
2001	171,5
2002	240*
2003	340*

(*=Prognose)

QUELLE: DEUTSCHER FACHVERBAND SOLARENERGIE

Abb. 3
Die gläserne Solarfassade der Solar-Fabrik trägt mit zur „Nullemission" bei.

Es war das erste Plus-Energiehaus in Deutschland: Es erwirtschaftete die fünffache Menge der Energie, die im Haus verbraucht wurde – inklusive Heizung. Man könnte es als bewohntes Sonnenkraftwerk bezeichnen. Ein ähnliches Objekt baute Solararchitekt Rolf Disch, der „stille Kämpfer gegen die Energievergeudung" („Die Zeit"), zeitgleich in Offenburg auf einem Firmengelände.

Dem „Heliotrop", dessen Name sich aus dem Griechischen herleitet (= der Sonne zugewandt), ließ Disch weitere Projekte folgen. Denn breite Bevölkerungsschichten sollten in den Genuss des solaren Wohnens kommen. Also entwickelte der Architekt den Solargarten im Freiburger Stadtteil Munzingen. Dort entstand im Jahre 1994 eine Reihenhaussiedlung mit 43 Solarhäusern in Null-Energie-Bauweise. Diese produzierten also in der Jahresbilanz ebensoviel Energie wie sie verbrauchten.

Die nächste Herausforderung sollte es sein, das Plus-Energiehaus als Reihenhaus anzubieten. Und so entwickelte das Architekturbüro Disch im Jahre 1997 eine neue Form der Solarsiedlung. 150 Häuser mit einer Solarstrom-Leistung von zusammen 750 Kilowatt sollten am Schlierberg an der südlichen Freiburger Stadtgrenze errichtet werden. Und auch diesmal wurden die Häuser wieder zu kleinen Kraftwerken – die ersten wurden im Jahre 2000 bezogen.

Die Energiebilanz für ein solches Reihenhaus mit 91 Quadratmetern Wohnfläche, bewohnt von drei Personen, sah folgendermaßen aus: Zum Heizen werden jährlich 1 200 Kilowattstunden verbraucht, für Warmwasser 1 078 Kilowattstunden. Für den Stromverbrauch aus dem Netz wurden 3 000 Kilowattstunden Primärenergie angesetzt. Weil andererseits aber der ins Netz eingespeiste Solarstrom jährlich 12 420 Kilowattstunden Primärenergie ersetzt, bleibt ein Plus von 7 142 Kilowattstunden jährlich. „Ein Wunderhaus" schrieb im Oktober 2000 die „Süddeutsche Zeitung" – „ein Ding aus einer Fantasy World".

■ „Solarhauptstadt" liegt in Baden

Diese Vielfalt kreativer Solarprojekte war es, die Freiburg zum Image der „Solarhauptstadt" verhalf. Inspiriert von diesem innovativen Umfeld machte sich nun im Jahre 1996 Unternehmer Georg Salvamoser an den Bau der Solar-Fabrik – obwohl in dieser Zeit noch der Bundesforschungsminister die Sonnenenergie als „Budenzauber" verhöhnte. Doch in Freiburg war man schon weiter. Eine jährliche Fertigungskapazität von fünf Megawatt peilte Salvamoser an – einen Großteil des deutschen Marktes wollte er damit abdecken. Denn in dieser Zeit wurden im ganzen Land gerade sieben bis neun Megawatt Solarpanels jährlich auf den Dächern installiert.

Fünf Millionen Mark Startkapital brauchte der Unternehmer für sein Projekt. Er warb um Investoren und fand mehr als 100 Gesellschafter, die zusammen 6,5 Millionen Mark in die GmbH einbrachten. So konnte die Firma bereits im September 1996 ihre ersten Module auf den Markt bringen, die allerdings noch bei einer Partnerfirma in den USA von Freiburger Mitarbeitern gefertigt wurden.

Doch bereits im Oktober 1997 konnte die Solar-Fabrik GmbH ihre heimische Modulfertigung im Freiburger Industriegebiet Nord starten – mit der nach Firmenangaben modernsten Produktionsanlage der Branche weltweit. Das Unternehmen hatte sich einstweilen eine Halle angemietet für die Zeit, bis der eigene Bau im Freiburger Gewerbegebiet Haid fertiggestellt war.

50 000 Quadratmeter Solarmodule konnte das Unternehmen jährlich produ-

zieren, wobei die einzelnen Siliziumzellen noch von der Firma AstroPower in den USA gefertigt wurden. Fabrikant Salvamoser, der „Idealist mit Augenmaß" und „bodenständige Visionär" („Südkurier") ließ aber von Anfang an wissen, dass er zu einem späteren Zeitpunkt auch die Solarzellen selbst herzustellen gedenke. Wie schon die Modul-Fertigung, die er ohne jegliche staatliche Subventionen aufbaute, werde ihm auch die Zellen-Herstellung allein mit Hilfe privater Investoren gelingen.

Freiburg wühlt die ganze Branche auf

Die Initiative des Freiburger Mittelständlers wühlte die Branche auf. Keine drei Wochen nach Einweihung der provisorischen Solarmodul-Fabrik verkündete der Stromgigant RWE (der zwei Jahre zuvor die Zellenfertigung in der Bundesrepublik beendet hatte), er werde künftig im bayrischen Alzenau jährlich 25 Megawatt Solarzellen produzieren; die Deutsche Shell AG äußerte zeitgleich ähnliche Pläne für Gelsenkirchen, wo von 1999 an jährlich ebenfalls 25 Megawatt Solarzellen entstehen sollten. Beide Konzerne hatten plötzlich erkannt, dass die Solartechnik zu dieser Zeit bereits einen weltweiten Jahresumsatz von 1,7 Milliarden Mark brachte. Prognosen gingen von einem Anstieg der globalen Jahresproduktion von 120 Megawatt (1997) auf 800 Megawatt im Jahr 2010 aus.

Was in der Bundesrepublik zu dieser Zeit fehlte, war ein angemessenes Programm zur Markteinführung; nur Minimalbeträge stellte die Bundesregierung für die Zukunftstechnik Fotovoltaik bereit. Unterdessen strebte Japan an, bis 2010 mindestens 70 000 Dächer mit Solarzellen zu belegen, und US-Präsident Bill Clinton kündigte im Juni 1997 ein „Eine-Million-Dächer-Programm" an. Die Förderung in der Bundesrepublik jedoch war, wie im Februar 1998 die „Süddeutsche Zeitung" erkannte, „geradezu zwergenhaft".

Doch auch ohne Unterstützung durch die Politik kam die Solarenergie langsam auf die Beine, weil sie die Bürger faszinierte: Mit einem Zuwachs von mehr als 50 Prozent entwickelte sich der Solarstrom-Markt in Deutschland im Jahr 1997 dynamisch wie kaum eine andere Branche. 11,5 Megawatt Fotovoltaik gingen 1997 in Deutschland ans Netz, gegenüber 7,4 Megawatt im Jahr zuvor.

Solarmodule aus der „Nullemissions-Fabrik"

Am 18. September 1998 feierte die Solar-Fabrik im Freiburger Gewerbegebiet Haid ihr Richtfest. Sie wurde zur „Nullemissionsfabrik": Einzigartig in Europa wurden fortan Solarmodule ausschließlich mit Energie aus erneuerbaren Energien gefertigt. Der Energiebedarf wurde durch eine Fotovoltaikanlage (40 Megawattstunden, MWh, jährlich), passive Sonnenenergienutzung (43 MWh), ein Rapsöl-Blockheizkraftwerk (150 MWh Wärme und 90 MWh Strom) sowie einen Rapsöl-Spitzenlastkessel (50 MWh) gedeckt.

Die Solar-Fabrik war ihrer Zeit voraus – und das Richtfest exakt terminiert. Denn nur eine gute Woche nach dem Festakt brachte die Bundestagswahl einen Regierungswechsel: rot-grün ersetzte nach 16 Jahren die konservative Koalition aus CDU und FDP. Damit konnte sich die junge Solarbranche schnell entfalten.

Als die Solar-Fabrik am 14. Mai 1999 offiziell eröffnet wurde, war das politische Umfeld bereits ein völlig anderes. Ein 100 000-Dächer-Solarförderprogramm war Anfang des Jahres von der Bundesregierung gestartet worden, und weitere Marktanreize für den Solarstrom sollten folgen. Den größten Schub brachte schließlich zum 1. April 2000 das Erneuerbare-Energien-Gesetz (EEG), das der Solarenergie in Deutschland attraktive Rahmenbedingungen verschaffte, wie es sie in keinem anderen Land seinerzeit in dieser Form gab: Für eingespeisten Solarstrom mussten die Stromkonzerne künftig 99 Pfennig je Kilowattstunde vergüten. Mit einer mittelgroßen Solarstromanlage mit drei Kilowatt Leistung ließ sich damit auf dem privaten Hausdach Strom im Wert von fast 3000 Mark jährlich „ernten". Ein Boom der Sonnenenergie war die Folge.

Die Solar-Fabrik unterdessen schrieb – wie prognostiziert – im Jahre 2000 erstmals schwarze Zahlen. Da eine weitere Expansion bald nicht mehr mit stillen Gesellschaftern zu finanzieren war, ging das Unternehmen im Juli 2002 an den Geregelten Markt der Frankfurter Börse.

Das Unternehmen hatte im Jahr zuvor in Freiburg Solarmodule mit einer Gesamtleistung von 6,4 Megawatt produziert und diese überwiegend im deutschsprachigen Raum verkauft. Unter den konzernunabhängigen Herstellern sei man damit in Europa führend, hieß es aus dem Unternehmen, das inzwischen auf 90 Mitarbeiter angewachsen war.

Abb. 4
Vollautomatische Verlötung der einzelnen Solarzellen zu sogenannten Strings.

Abb. 5
Georg Salvamoser, Gründer der Solar-Fabrik Freiburg, gilt als bodenständiger Visionär. Sein Engagement war wesentlich für den Solarboom in Baden.

Landwirte werden zu Energiewirten

1996 ■ Biogasanlagen machen den Kuhstall zum Kraftwerk – Pionierprojekt in Bräunlingen-Bruggen / 47. Kapitel

Abb. 1
Innenansicht des Kraftwerksblocks einer Biogasanlage.

Biogasanlagen in Deutschland

Jahr	Anzahl
1992	139
1993	159
1994	186
1995	274
1996	370
1997	450
1998	617
1999	850
2000	1050
2001	1650

Quelle: Fachverband Biogas

Im Überblick

■ Mitte der 1990er Jahre entdeckten Landwirte das Biogas als attraktive Energiequelle wieder.

■ In den Anlagen vergärt die Gülle der Tiere zu Methangas, das anschließend in einem Kleinkraftwerk Strom und Wärme liefert. Jede Kuh bringt auf diese Weise mehr als 1 000 Kilowattstunden Strom jährlich – auf Höfen ab 50 bis 70 Großvieheinheiten waren die Anlagen zur Jahrtausendwende wirtschaftlich.

■ In Baden gab es Ende 2001 mehr als zwei Dutzend Biogasanlagen. Schwerpunkte waren der Breisgau-Hochschwarzwald, Waldshut-Tiengen/Hotzenwald, die Baar und Karlsruhe/Bruchsal/Pforzheim.

In den 1990er Jahren wurden zahlreiche Landwirte in Deutschland zu Energiewirten. Sie begannen, die auf ihren Höfen anfallende Gülle zur Erzeugung von Strom und Wärme zu nutzen, nachdem die betreffende Technik inzwischen ausgereift war. Doch Baden war in dieser Hinsicht träge, verglichen mit den Biogas-Hochburgen Württemberg und Bayern – dort nämlich gehörte in manchen Orten die Biogasanlage auf dem Hof bald zum guten Ton. In Baden gab es bis zur Jahrtausendwende nur gut zwei Dutzend Pioniere, die aber durchweg gute Erfahrungen mit der Technik machten.

Helmut Friedrich, Landwirt im Bräunlinger Stadtteil Bruggen, gelegen im Schwarzwald-Baar-Kreis, war einer der Ersten in Baden. Als er 1991 den Betrieb von seinem Vater übernahm, fiel der Entschluss zum Bau einer Biogasanlage; 85 Großvieheinheiten reichten aus für ein solches Projekt.

Friedrich hatte die absurde Situation erkannt, in der die Landwirtschaft in diesen Jahren steckte. Denn einerseits bereitete die Entsorgung riesiger Mengen Gülle den Höfen Probleme. Andererseits diskutierte die Politik Möglichkeiten, die umweltschädliche Verbrennung von Öl, Kohle und Gas zu reduzieren. Mit Biogas-Anlagen konnten beide Probleme gleichzeitig gelöst werden – und das sogar auf wirtschaftliche Art. Denn das Stromeinspeisungsgesetz garantierte seit 1991 den Betreibern eine Mindestvergütung von etwa 15 Pfennig je Kilowattstunde.

Sieben Kubikmeter Gülle fielen auf Friedrichs Hof täglich an. Jahrzehnte lang war mit dieser verfahren worden, wie es für Schwarzwaldhöfe typisch war: Die Brühe wurde auf Felder und Wiesen ausgebracht. In allen landwirtschaftlich genutzten Regionen Badens waren die Folgen offensichtlich: In Boden und Grundwasser stiegen die Nitratwerte.

In Bräunlingen-Bruggen wurde das nun anders. Im Frühsommer 1996 nahm der junge Landwirt eine Biogasanlage in Betrieb. In einer solchen wird Gülle in einem Tank unter Luftabschluss vergoren und so ein methanreiches Gas erzeugt. Dieses wird anschließend in einem Motor verbrannt, um damit Strom und Wärme zu erzeugen. Die Bilanz ist beachtlich: Landwirt Friedrich erzeugte fortan 200 000 Kilowattstunden Elektrizität im Jahr, sowie ausreichend Heizwärme für das gesamte Wohnhaus.

Positiv fiel zudem ins Gewicht, dass die vergorene Gülle für jeden Landwirt weitaus wertvoller ist als die Ursubstanz. Denn sie ist nicht mehr so scharf. Die Pflanzen können die Nährstoffe daher besser aufnehmen, was sich in höheren Ernteerträgen niederschlagen kann.

■ Skepsis nach den Flops der 1970er Jahre

Mit zunehmenden Erfahrungen in der Biogastechnologie erkannte man, dass die Anlagen noch weitaus mehr können als nur Gülle verwerten. So vermögen sie zum Beispiel auch Bioabfälle aus Großküchen energetisch zu nutzen: Frittierfette, Essensreste und der Inhalt von Fettabscheidern sind in Biogasanlagen gerne gesehen, weil sie energiereich sind.

Trotz der faszinierenden Möglichkeiten verlief die Entwicklung der Biogastechnik in Baden auch in den späten 1990er Jahren noch schleppend. Die zögernde Haltung der Landwirte war unter anderem durch Erinnerungen an die 1970er Jahre bedingt, als ein Förderprogramm des Landes die Biogasnutzung hatte in Schwung bringen sollen. Fatalerweise waren damals die Anlagen technisch noch nicht ausgereift – es gab ärgerliche „Kinderkrankheiten", die Projekte rentierten sich nicht. Dieser Flop wirkte in Baden lange nach, obwohl die Biogasanlagen der 1990er Jahre technisch längst ausgereift waren. Andere Regionen der Republik waren fortschrittlicher. Im Allgäu zum Beispiel oder in Teilen Frankens gehörte in den späten 1990er Jahren das Biogas zu einem gut geführten Bauernhof fast schon dazu.

In Baden gab es Anfang 2001 nur wenig mehr als zwei Dutzend Biogasanlagen. Schwerpunkte waren der Landkreis Breisgau-Hochschwarzwald (der ab 1997 als einziger in Baden-Württemberg bescheidene Zuschüsse für die Biogasnutzung gewährte), die Region Waldshut-Tiengen/Hotzenwald, die Baar und das Gebiet Karlsruhe/Bruchsal/Pforzheim.

Die Besitzer von Biogasanlagen waren inzwischen allesamt angetan von der ausgereiften Technik. Ob auf dem Steiertbartlehof in Oberried, wo im Juni 1999 eine Anlage in Betrieb ging, auf dem Gullerhof im Glottertal, oder dem Fischerhof in Winden im Elztal: stets waren die Erfahrungen positiv. Denn der Zeitaufwand für die Betreuung der inzwischen vollautomatisierten Anlagen war gering.

Das überzeugte langsam auch Skeptiker. In Breitnau war zu dieser Zeit eine Anlage bereits in Betrieb, eine zweite im Bau. In Kirchzarten hatte die Gemeinde mit einer Besichtigungstour das Thema angestoßen – mit dem Erfolg, dass ein halbes Dutzend Landwirte in den Startlöchern stand. Und in Oberried realisierten im Jahr 2002 drei Landwirte eine Anlage als Gemeinschaftsprojekt.

Zusammen verfügten sie über 110 Kühe, womit die Anlage rentabel arbeiten konnte. Die drei Hofbesitzer erzeugten fortan aus der Gülle ihrer Höfe täglich 400 Kubikmeter Biogas. Dieses wurde in einem Blockheizkraftwerk mit 40 Kilowatt elektrischer Leistung verstromt und erzeugte so zwischen 240 000 und 280 000 Kilowattstunden Strom jährlich. Zudem lieferte es Wärme an die Gemeinde Oberried, die das nahegelegene Schulhaus damit heizte.

■ Biogasbranche entwickelt sich prächtig

Weitere Anlagen in Baden waren absehbar – einem beachtlichen Potential sei Dank: 12 000 Großvieheinheiten standen im Jahr 2000 allein in den Ställen und auf den Wiesen des Hochschwarzwaldes, 20 000 waren es im Landkreis Emmendingen, sogar 40 000 in der Ortenau. Und jede Einheit bringt Biogas für mehr als 1 000 Kilowattstunden Strom.

Doch die Biogasnutzung blieb nicht auf die Landwirtschaft beschränkt. Im Freiburger Stadtteil Vauban installierten Bauherren in einem viergeschossigen Haus für 40 Bewohner einen Gärtank zur energetischen Nutzung der Hausabwässer. Im Freiburger Norden verwertete unterdessen ein Müllentsorger im Auftrag der Stadt 30 000 Tonnen Biomüll im Jahr. Er gewann daraus fast vier Millionen Kubikmeter Gas jährlich, woraus mittels Gasmotor mehr als vier Millionen Kilowattstunden Öko-Strom erzeugt wurden.

Der Schwerpunkt des Biogases jedoch blieb in der Landwirtschaft. Und die Branche entwickelte sich zur Jahrtausendwende prächtig wie nie zuvor. Ende 2000 waren in Deutschland 1 050 Anlagen am Netz, bis zum Jahresende 2001 erlebte die Branche einen Anstieg um weitere 50 Prozent. Und selbst dieser Boom schien erst der Anfang zu sein: Bei einem theoretischen Potenzial von mehr als 200 000 Anlagen in ganz Deutschland barg diese Technik noch erhebliche Wachstumschancen.

Abb. 2
Helmut Friedrich errichtete auf seinem Hof bei Bräunlingen die erste moderne Biogasanlage der Region.

Abb. 3
Unscheinbares Kraftwerk: Gärbehälter (im Vordergrund) und Krafthaus einer Gemeinschaftsanlage in Oberried.

Abb. 4
Bau des Gärbehälters auf einem Hof im Glottertal.

Gewinne mit Sonnenstrom

1998 ■ Die Freiburger Solarstrom AG verkauft Deutschlands erste Solaraktie / 48. Kapitel

Abb. 1
Mit 440 Kilowatt die größte Solarstromanlage Baden-Württembergs: Dach der neuen Freiburger Messe.

Mit dem im Jahre 1998 beginnenden Wettbewerb auf dem Strommarkt mussten die Versorger erstmals auf ihr Image achten. Also versuchten viele Konzerne und Stadtwerke, mit dem Angebot von sauberem Strom ihre Kunden zu binden. Weil aber vielen Stromversorgern aufgrund ihres langjährigen Desinteresses jeder Bezug zur Sonnenenergie fehlte, ergab sich ein Markt für die Freiburger Solarstrom AG (SAG): Das Unternehmen errichtete fortan große Solaranlagen, um den Strom gewinnbringend an die Stromversorger zu verkaufen. Mit diesem Geschäftsmodell brachte die SAG nicht nur den Sonnenstrom erheblich voran, sondern bewies auch, dass man mit umweltfreundlicher Energie durchaus Geld verdienen kann. So war das Unternehmen im Jahr 2001 größter Solaranlagenbetreiber Deutschlands.

Das ist der Traum eines jeden Marketing-Experten: Ein Produkt zu entwickeln, das ohne bezahlte Werbung auskommt, weil es allein durch Medienberichte zum Renner wird.

Im Sommer 1998 sollte dieser Traum für die Gründer der Freiburger Solarstrom AG (SAG) in Erfüllung gehen. Sie präsentierten in Frankfurt ihr Konzept der Öffentlichkeit, und suchten anschließend Investoren – für ein Unternehmen das plante, durch den Verkauf von Solarstrom Gewinne zu machen. Es war ein Ansinnen, das in dieser Zeit durchaus verwegen erschien.

„Deutschlands erste Solaraktie ist da" hieß der Slogan. Ohne dass auch nur eine Mark in Werbung investiert werden musste, flossen nach der Präsentation binnen acht Wochen fast 16 Millionen Mark aus allen Teilen der Republik nach Freiburg – denn Solarenergie faszinierte. 3 000 Aktionäre kamen zum Zuge, weitere Investoren mussten auf die nächste Kapitalerhöhung vertröstet werden. Die Hamburger Zeitung „Die Woche" kürte die Freiburger Manager daraufhin zu „Sonnenkönigen". Und das Magazin der Wochenzeitung „Die Zeit" bewunderte den „Mix aus ökologischer Unbedenklichkeit, High-Tech und Moral", den die SAG verkörpere.

Die Geschäftsidee des neuen Unternehmens beruhte darauf, große Solaranlagen zu errichten, um den sauberen Strom gewinnbringend an Energieversorger zu verkaufen, die bereit waren, diesen angemessen zu vergüten. Somit war die SAG die Antwort der Solarwirtschaft auf die gerade begonnene Liberalisierung des europäischen Strommarktes: Weil die Kunden sich fortan ihren Stromversorger aussuchen konnten, wurde für jeden Lieferanten die Zusammensetzung seines Strommixes zur Imagefrage – und wer seinen kritischen Kunden kein sauberes Angebot machen konnte, hatte diese schnell verloren. Denn erstmals konnten die Kunden selbst entscheiden, ob ihnen Atomstrom oder aber umweltgerecht erzeugter Strom geliefert wird.

Aufgrund dieser neuen Freiheiten sprach SAG-Vorstand Harald Schützeichel kurz nach Firmengründung von „Absatzmöglichkeiten für Solarstrom in bisher nicht gekannter Größenordnung". Schnell griffen erste Stromversorger das Angebot der SAG auf, und nutzten das Know-how der Solarexperten. Schließlich standen hinter dem Unternehmen die Vordenker der deutschen Solarwirtschaft: Aufsichtsratvorsitzender war Solarfabrikant Georg Salvamoser; mit im Aufsichtsrat saß der Schokoladenfabrikant Alfred Ritter, der 1997 vom Wirtschaftsmagazin „Capital" zum „Ökomanager des Jahres" gekürt worden war.

■ Ein erstes Projekt: Solaranlage mit 70 Kilowatt

Ein erstes Projekt hatte die SAG zum Zeitpunkt ihrer Gründung bereits geplant: eine Solaranlage mit 70 Kilowatt auf einem neuen Parkhaus in Freiburg. Als weiteres Projekt kam wenig später eine Anlage ähnlicher Dimension auf dem Dach der Freiburger Ganter-Brauerei hinzu. Weitere folgten, unter anderem in Grenzach-Wyhlen, Kenzingen, Löffingen-Unadingen, Karlsbad bei Karlsruhe, in Stuttgart sowie auf dem Gelände des Europa-Parks in Rust.

Bereits im Oktober 1998 gründete das Freiburger Unternehmen eine Tochterfirma in der Schweiz mit Sitz in Bern, die im Jahr darauf erste Anlagen in Bern und Zürich errichtete. Im Oktober 1999 gründete sie auch eine Tochter in Österreich.

Die Expansion sorgte für zufriedene Gesichter auch bei den

Im Überblick

■ Dass auch in den späten 1990er Jahren schon mit Solarkraftwerken Geld zu verdienen war, bewies die Solarstrom AG. Sie wurde 1998 gegründet, um große Solarkraftwerke zu errichten, und den Strom zu verkaufen.

■ „Deutschlands erste Solaraktie ist da" hieß der Slogan, mit dem die Firma auf Investorensuche ging.

■ Bis Ende 2001 hatte die Firma bereits Solarkraftwerke mit zusammen 3,9 Megawatt Leistung am Netz – darunter das größte Solarkraftwerk Baden-Württembergs mit 440 Kilowatt auf dem Dach der Freiburger Messe.

Abb. 2
Fußball unter der Sonnentribüne: Dreisamstadion in Freiburg.

Aktionären. Denn am 6. April 1999 war die SAG in München an die Bayrische Börse gegangen. Die Aktien, die ein gutes halbes Jahr zuvor noch für 3,20 Euro im vorbörslichen Handel ausgegeben worden waren, schnellten zum Börsenstart bis auf über 17 Euro empor. Denn inzwischen galt Solarenergie auch an den Finanzmärkten als Zukunftstechnik.

Weitere Kapitalerhöhungen für die rasante Expansion des Unternehmens folgten. Bis Ende 2001 hatte die SAG bereits Solarkraftwerke mit zusammen 3,9 Megawatt Leistung am Netz. Darunter war auch das größte Solarkraftwerk Baden-Württembergs mit 440 Kilowatt auf dem Dach der Freiburger Messe. Und die Zahl der Anlagen sollte weiter steigen – stets unter dem Slogan: „Wir versprechen nicht das Blaue vom Himmel. Wir machen Strom daraus."

Inzwischen war die SAG auch nicht mehr darauf angewiesen, dass Kunden für sauberen Strom freiwillig mehr bezahlten. Denn seit dem 1. April 2000 garantierte das Erneuerbare-Energien-Gesetz für eingespeisten Solarstrom eine angemessene Vergütung von 99 Pfennig je Kilowattstunde. Mit diesem Betrag und zinsgünstigen Förderkrediten waren auch ohne freiwillige Zuzahlungen der Abnehmer Großanlagen endlich wirtschaftlich geworden.

Abb. 3
Solarzellen auf dem Dach der Brauerei Ganter in Freiburg.

Energiewende aus Grenzach-Wyhlen

1998 ■ Die NaturEnergie AG macht sauberen Strom zum Markenprodukt / 49. Kapitel

Abb. 1
„Fischen im Stromsee", Schaubild der NaturEnergie AG zum Handel mit „Grünem Strom".

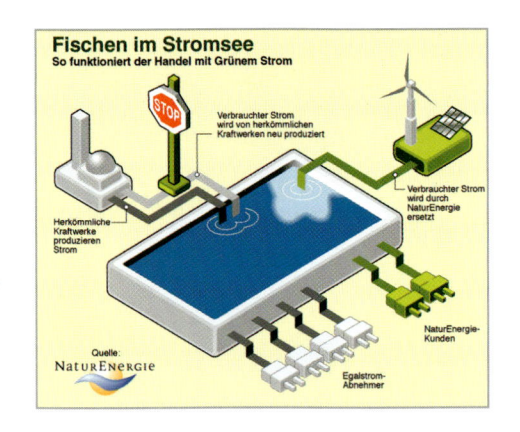

Als am 28. April 1998 in Deutschland der freie Strommarkt ausgerufen, und damit das Zeitalter der Strommonopolisten abrupt beendet war, eröffneten sich den Stromkunden unbekannte Möglichkeiten: Fortan konnten sie ihren Stromversorger frei wählen. Auswahlkriterium war für viele Kunden neben dem Preis auch die Herkunft der Energie. Da zahlreiche Verbraucher auf den Bezug von sauberer, atomstromfreier Energie Wert legten, gründeten sich bald Versorger, die eben diesen Wunsch erfüllten. Der erste, und einer der bundesweit bekanntesten Ökostrom-Versorger war die NaturEnergie AG aus Grenzach-Wyhlen, eine Tochter etablierter Stromkonzerne.

Der Slogan klang fast revolutionär: „Jetzt entscheiden Sie, was in ihrer Steckdose landet." Als im Sommer und Herbst 1998 mit dieser These die NaturEnergie AG in süddeutschen Zeitungen und Zeitschriften warb, war eine Jahrzehnte währende Monopolwirtschaft soeben zu Ende gegangen. Bis zum 28. April 1998 nämlich wurde in Deutschland der Stromverkauf noch nach dem Energiewirtschaftsgesetz von 1935 abgewickelt: Jeder Bürger war Zwangskunde im jeweiligen Versorgungsgebiet.

Mit der Marktöffnung, die auch die Europäische Union verordnet hatte, konnte der Kunde nun seinen Lieferanten wählen. Die bundesweit ersten Unternehmen, die das daraus resultierende Marktpotenzial erkannten, waren die beiden Stromversorger Kraftübertragungswerke Rheinfelden (KWR) und Kraftwerk Laufenburg (KWL) vom Hochrhein. Sie gründeten im Mai 1998 eine Tochter namens NaturEnergie AG, die mit Strom nur aus Wasserkraft und Sonnenenergie auf Kundensuche ging. Der Strom wurde angeboten mit einem Preisaufschlag von etwa 15 Prozent.

Unumstritten war das Konzept anfangs nicht, denn die Wasserkraft stammte ausschließlich aus den eigenen Werken der beiden Mutterfirmen. Diese waren historische Anlagen am Hochrhein, zum Teil mehr als 100 Jahre alt. Wer deren Wasserkraft buchte, trug folglich nicht zur Erzeugung von mehr Wasserkraftstrom bei – es wurde einfach der ohnehin vorhandene saubere Strom zu gutwilligen Kunden „umgelenkt". Die übrigen Kunden erhielten dafür umso mehr von dem verbleibenden Atom- und Kohlestrom, für den die NaturEnergie AG bald den treffenden Begriff „Egalstrom" prägte.

Doch die Kritik kam bei der NaturEnergie AG an. Zunehmend setzte das Unternehmen in den folgenden Jahren seine Einnahmen auch für den Neubau von Wasserkraftwerken ein – eines davon entstand an der Wiese bei Fahrnau. Und sie kaufte auch Strom von reaktivierten Wasserkraftwerken privater Betreiber, so zum Beispiel von den Anlagen Stallegg und Linach.

Anfangs umstritten war das Unternehmen auch aus einem weiteren Grund: Die Branche diskutierte lebhaft die Frage, ob eine Firma, deren Mütter im Atomgeschäft mitmischen, glaubwürdig Ökostrom verkaufen kann. Denn Tatsache war: Die KWR hatten seinerzeit noch Anteile an den Atomreaktoren in Obrigheim und Leibstadt (Schweiz), und auch das KWL war an Leibstadt beteiligt.

Weil diese Beteiligungen trotz ihres marginalen Umfanges – die KWR hielten an Obrigheim gerade drei Prozent und an Leibstadt fünf Prozent – das Image der jungen Tochter NaturEnergie AG sehr belasteten, strebten die Unternehmen bald einen Verkauf ihrer Atomanteile an. So waren die KWR bis Ende 2000 „clean", während die KWL wenig später immerhin zusicherten, ihren Leibstadt-Anteil in Höhe von sieben Prozent in absehbarer Zeit verkaufen zu wollen.

■ Solaranlage mit 72 Kilowatt

So mühte sich das Unternehmen im Laufe der Jahre erfolgreich, ein sauberes Umweltimage aufzubauen. Von Anfang an unzweifelhaft hingegen war das Engagement der NaturEnergie AG für den Solarstrom. Auf dem Dach des Wasserkraftwerkes Wyhlen ging im April 1999 eine Solaranlage mit 72 Kilowatt ans Netz – das „erste regenerative Doppelkraftwerk" für Wasser- und Sonnenstrom. Slogan: „Wir machen aus jedem Wetter sauberen Strom." Weitere Solaranlagen wurden in Lörrach auf einem Fabrikgebäude und auf einem Hallenbad in Bad Dürrheim installiert. Damit verhalf die NaturEnergie AG gerade in der Anfangsphase des liberalisierten Strom-

Im Überblick

■ Die beiden Stromversorger Kraftübertragungswerke Rheinfelden (KWR) und Kraftwerk Laufenburg (KWL) gründeten im Mai 1998 eine Tochter namens NaturEnergie AG. Das Unternehmen trat an, Strom aus Wasserkraft und Sonnenenergie im liberalisierten Strommarkt bundesweit an umweltbewusste Kunden zu verkaufen.

■ Der breiten Öffentlichkeit bekannt wurde die NaturEnergie AG, als sie sich im Mai 2001 als neuer Hauptsponsor des SC Freiburg präsentierte.

marktes der Solarbranche zu einem ansehnlichen Absatz.

145 000 Haushaltskunden bezogen im Jahre 2001 ihren Strom von der NaturEnergie AG. Diese Zahl kam zustande, indem die beiden Mütter KWR und KWL bald allen ihren Haushaltskunden den sauberen Strom lieferten. So wurde das Unternehmen vom Hochrhein zum bundesweiten Marktführer unter den reinen Ökostromhändlern.

Abb. 2-5
Wo der Strom der NaturEnergie AG unter anderem herkommt: Wasserkraftwerk Ryburg-Schwörstadt, Wasserkraftwerk Laufenburg, Wasserkraftwerk Albbruck-Dogern, Kraftwerk Linach bei Vöhrenbach.

■ **Ökostromangebot für Industriekunden**

Als nächsten Schritt präsentierte die NaturEnergie AG zusammen mit der Watt Deutschland im Mai 2001 auch ein Ökostromangebot für Industriekunden – das erste dieser Art in ganz Deutschland. Unter dem Namen „NaturEnergie 33" konnten nun auch Gewerbebetriebe sich einen Strommix bestellen, der zu einem Drittel den südbadischen Regenerativ-Strom enthielt.

Es sorgte die NaturEnergie AG also wieder einmal für Aufsehen – wie schon ganz am Anfang, als sie durch ihren frühen Marktauftritt Strom zu einer Marke gemacht, und damit die gesamte Branche aufgewirbelt hatte. Marketingfachleute analysierten plötzlich das „Produkt Strom" und ersannen die unterschiedlichsten Namen für ein physisch nicht differenzierbares Produkt.

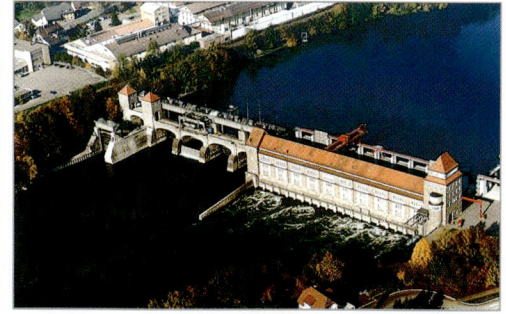

Auch die Nachfolger waren kreativ: In Pforzheim wurde „Goldstadtstrom" vermarktet, in Baden-Baden „Pikkolo-Strom", in Freiburg „Regiostrom" und in Mannheim „Terra-Strom". Die großen Verbundunternehmen der Republik ersannen gar Kunstworte, wie „Avanza" (RWE in Essen) oder „Evivo" (VEW in Dortmund), nur um ihrer Elektrizität auf dem Markt eine Individualität zu geben. Nicht alle davon konnten sich freilich am Markt behaupten – schließlich entschieden seit April 1998 die Kunden über Erfolg und Niedergang der einzelnen Strom-Produkte.

Die NaturEnergie AG jedenfalls wurde in der Öffentlichkeit immer präsenter. Ihr größter Coup im Mai 2001: Sie präsentierte sich für die nächsten drei Jahre als Hauptsponsor des Fußball Erstligisten SC Freiburg.

Abb. 6
Solarstrom und Wasserkraft aus einer Hand: Solaranlage auf dem Krafthaus Wyhlen. Slogan: „Wir machen aus jedem Wetter sauberen Strom."

NaturEnergie AG

Energieproduzierende Fassaden vom Bodensee

1999 ■ Die Sunways AG in Konstanz entwickelt transparente Solarzellen und geht 2001 an die Börse / 50. Kapitel

Abb. 1
Transparente Zellen der Sunways AG ermöglichen lichtdurchlässige Fassadenelemte, die Energie produzieren.

Die zweite Solarfabrik Badens ließ sich in Konstanz nieder. Dort startete die Firma Sunways im Sommer 1999 mit der Fertigung transparenter Zellen und schuf damit der Solararchitektur neue Möglichkeiten bei der Gestaltung von Fassaden und Vordächern. Die so genannte Power-Zelle war gleichzeitig ein Beispiel gelungenen Technologietransfers: Sie wurde entwickelt von der Universität Konstanz, und ging anschließend bei einem aufstrebenden jungen Unternehmen der Region in Serie. Die großen Perspektiven der Solarenergie vor Augen, ließ sich Sunways im Februar 2001 als erste Solarfirma an der Frankfurter Börse im Segment des Neuen Marktes notieren.

Es war ein Sonntagnachmittag im Jahre 1993: Ein Diplomand an der Universität Konstanz tüftelte im Labor an einer Solarzelle herum. Sein Ziel: durch eine Strukturierung der Oberfläche, die Ausbeute der Zelle zu erhöhen. Getrieben von „einer Art kreativer Langeweile", wie er später sagte, fräste der junge Wissenschaftler winzige Rillen in eine Zelle. Er wendete seine Siliziumscheibe, und versah auch die andere Seite – um 90 Grad verdreht – mit ganz feinen V-förmigen Riefen.

Dann machte er die ebenso banale wie revolutionäre Entdeckung: Die Zelle war transparent geworden. An den Kreuzungspunkten der Rillen waren mikroskopisch kleine Löcher entstanden. Sofort wurde dem Physiker klar, dass dieses Produkt einen Markt finden könnte. Er sprach mit seinem Professor und bald schon führte die Universität Verhandlungen mit Solarfirmen über Lizenzverträge. Drei Unternehmen kamen in die engere Auswahl, darunter zwei große der Branche.

Der Zuschlag ging schließlich im Jahre 1997 an das kleine Unternehmen Sunways in Konstanz, weil sich die Universität von einer Zusammenarbeit mit der jungen, örtlichen Firma höchste Effizienz erhoffte. Das Unternehmen war seit 1996 als Großhändler für Fotovoltaik-Module bundesweit auf dem Markt, und hatte sich mit der Entwicklung von Wechselrichtern einen Namen gemacht.

Produktion und Markteinführung der transparenten Zelle wurden von der landeseigenen Mittelständischen Beteiligungsgesellschaft Baden-Württemberg GmbH mit zwei Millionen Mark Risikokapital unterstützt. Man sah in dem Projekt ein klassisches Beispiel für aussichtsreichen Technologietransfer: Ein flexibler Betrieb in der Nähe übernimmt die kommerzielle Verwertung einer universitären Erfindung.

So wurden am Bodensee elf Millionen Mark investiert, ehe im Juni 1999 die Fabrik im Konstanzer Gewerbegebiet Wollmatingen in Betrieb ging. Fortan konnte die Firma in ihren Werkshallen – einen Drei-Schicht-Betrieb vorausgesetzt – jährlich mehr als 40 000 Quadratmeter Solarzellen fertigen. „Power-Zelle" nannte Sunways das neue Produkt – was als Kurzform für Polycrystalline Wafer Engineering Result steht.

■ Geheimnisvolle Produktionsverfahren

Präzise Fragen zum Produktionsablauf waren indes zur Fabrikeinweihung nicht gewünscht. Schließlich galt die Power-Zelle als eine der größten Innovationen der Fotovoltaik seit einigen Jahren. Ob in den USA, in Europa oder Japan – überall gab es bereits Patente, oder man stand kurz davor.

Zum Fertigungsverfahren wurde nur soviel gesagt: Es werden kristalline Siliziumscheiben mit 330 Mikrometer Dicke verwendet. Bei der Standard-Zelle mit 20 Prozent Transparenz werden im Abstand von etwa 0,4 Millimeter beidseitig Rillen gefräst, die an den Kreuzungspunkten Löcher von bis zu 0,1 Millimeter Durchmesser entstehen lassen. Eine Scheibe von zehn mal zehn Zentimetern wird binnen vier Sekunden strukturiert, bevor durch Siebdruck die Kontakte aufgebracht werden. Zwischen Glasscheiben eingebettet ergeben sich aus den fragilen Siliziumscheiben schließlich robuste Solarmodule.

Die Hersteller sehen ihren Markt speziell in der Fassaden- und Dachgestaltung, im Sektor Beschattungseinrichtungen, Wintergärten und Dachfenstern. So ermöglicht die transparente Zelle zum Beispiel Vordächer, die eine Fläche nicht gänzlich verschatten, sondern je nach Gestaltung der Zellen bis zu 30 Prozent des Sonnenlichtes passieren lassen. Bei standardmäßiger Transparenz von 20 Prozent liege in der Serienferti-

---

Im Überblick

■ Im Juni 1999 bezog die Firma Sunways ihre Fertigungsstätten im Konstanzer Gewerbegebiet Wollmatingen.

■ 40 000 Quadratmeter Solarzellen pro Jahr konnte die Firma darin fortan fertigen. Ihr Hauptprodukt: Transparente Solarzellen. Als erstes Bauwerk wurde in Kirchzarten bei Freiburg ein „Solar-Café" mit diesen Zellen ausgestattet.

■ Im Februar 2001 ließ sich die Firma Sunways im Frankfurter Börsensegment des Neuen Marktes listen – als erste Firma der Solarbranche bundesweit.

gung der Wirkungsgrad bei zehn Prozent – und sei damit durchaus vergleichbar mit herkömmlichen Zellen.

Dennoch sahen die Hersteller ihr Produkt nie als Konkurrenz zu herkömmlichen Solarzellen, sondern eher als Alternative im Fassadenbau. Entsprechend verglich Sunways seine Preise auch nie mit denen anderer Solarzellen. „Wir messen uns am Fassadenpreis", hieß es stets. Die Quadratmeterpreise lägen dort zwischen 2 000 und 5 000 Mark, womit die Power-Solarzelle als Fassadenelement im mittleren Preissegment liege. „Unser Mitbewerber ist Marmor", hieß das Firmenmotto. Und die Stromerträge gebe es praktisch als kostenlose Zugabe.

Neue gestalterische Spielräume wurden durch die Zellen ermöglicht: Sie lassen sich einfärben, ohne dass das hindurchtretende Licht in seiner Farbe verändert wird. So kann zum Beispiel ein Vordach rot gefärbt sein, die Fläche darunter erhält aber trotzdem unverfärbtes Sonnenlicht. Aus diesem Grund erhielt Sunways den Preis für ökologisches Design vom Hannoveraner Industrieforum Design. Zudem wurde die Zelle 1998 mit dem Innovationspreis des Technologiezentrums Konstanz ausgezeichnet.

Ein erstes Demonstrationsprojekt realisierte Sunways im Jahre 1999: In Kirchzarten bei Freiburg wurde ein „Solarcafé" mit den transparenten Zellen ausgestattet. Sie gaben dem Glasbau bei Sonnenschein ein mediterranes Flair.

Abb. 2

Pilotprojekt von Sunways: Das Solarcafé in Kirchzarten.

Solarzellen auf dem Börsenparkett

Als erster Hersteller von Solarzellen ließ sich die Firma Sunways im Februar 2001 im Frankfurter Börsensegment des Neuen Marktes listen. Die ausgegebenen Aktien waren 33-fach überzeichnet, denn der Erfolg des Unternehmens schien den Investoren gewiß – entsprechend stieg die Aktie am ersten Handelstag auf 13 Euro, nachdem Sunways sie für sieben Euro ausgegeben hatte.

Der Anstieg kam nicht überraschend, denn die Firma profitierte bereits massiv vom Solarboom, der im Vorjahr begonnen hatte: Der Umsatz war im Jahr 2000 um 300 Prozent gegenüber dem Vorjahr gewachsen. So musste die Firma, die inzwischen 80 Mitarbeiter beschäftigte, im Mai 2001 bereits auf einen Drei-Schicht-Betrieb umstellen.

Im Sommer 2002 startete Sunways mit Unterstützung des Bundeswirtschaftsministeriums zudem die Entwicklung einer weiteren Solarzelle: Ein wenig wie Kacheln soll das neue Produkt künftig aussehen, was gelingt, wenn man die Kontakte komplett auf die Rückseite verlegt. Zudem: Auch eine Reduktion des Herstellungspreises sei damit erzielbar, hieß es.

Abb. 3

Neue Möglichkeiten für Architekten: Dezenter Lichteinfall wird durch mikroskopisch kleine Löcher in den Zellen möglich.

Strom aus den Wäldern der Region

2001 ■ Holzkraftwerke wurden erst mit der Biomasse-Verordnung attraktiv / 51. Kapitel

Die Verbrennung von Holz begleitete seit Jahrtausenden die Menschheitsgeschichte. Doch lange Zeit wurde der nachwachsende Rohstoff nur zur Wärmeerzeugung genutzt; selbst im 20. Jahrhundert war die Stromerzeugung mit Holz nur eine Randerscheinung. Zwar gab es vor dem Zweiten Weltkrieg und in der frühen Nachkriegszeit Versuche mit der Holzvergasung, doch im Zeitalter des billigen Öls wurde die Technik nie marktreif. Unterdessen verstromten zwar einige Sägereien Restholz mittels Dampfturbine – doch das war nur rentabel, weil der Rohstoff als Abfall anfiel. Wer hingegen das Holz einkaufen musste, der konnte lange Zeit nicht rentabel arbeiten. Erst im Sommer 2001 änderte sich das: Die Bundesregierung schuf mit der Biomasse-Verordnung attraktive Rahmenbedingungen für Holzkraftwerke; Stromeinspeiser bekamen fortan bis zu 20 Pfennig je Kilowattstunde vergütet. Entsprechende Projekte ließen nicht lange auf sich warten.

Abb. 1
Brenner im Freiburger Holzkraftwerk

Billiges Öl hatte in den Nachkriegsjahrzehnten die Holzheizung verdrängt. Weil jedes Holz aber klimaneutral verbrennt, also nur so viel Kohlendioxid abgibt, wie der Baum zuvor der Atmosphäre entzogen hat, wurde der Rohstoff aus den heimischen Wäldern in den 1980er Jahren wieder populärer.

Eine richtige Renaissance erlebte die Holzenergie in Baden erst durch ein Förderprogramm – zuerst aber nur zur Wärmeversorgung. Mit sechs Millionen Mark unterstützte das Land Baden-Württemberg in den Jahren 1995 und 1996 den Bau von Hackschnitzelanlagen. Das sind Feuerungen, die daumengroße Holzstücke verheizen und gegenüber der Stückholzfeuerung den Vorteil haben, dass sie automatisiert werden können. Im Ortenaukreis reagierte man am schnellsten auf das Förderprogramm – und so wurde in Oberwolfach Ende 1995 das erste Wohngebiet Deutschlands mit einer zentralen Holzheizung errichtet. Die Anlage erreichte eine thermische Leistung von 380 Kilowatt.

Die Forstverwaltung der Region hatte wichtige Vorarbeit geleistet. Denn schon einige Jahre zuvor hatte sie in Gengenbach für zwei selbstgenutzte Höfe die Energie des Holzes durch Hackschnitzelanlagen erschlossen. Nun ging es sehr schnell binnen zwei Jahren wurden in zahlreichen Städten neben Wohnhäusern fortan auch Rathäuser, Schulen, Heime und andere Gebäude auf Holzheizungen umgestellt. So waren Ende 1997 in Baden-Württemberg bereits 32 Holzhackschnitzelanlagen in Betrieb; zweieinhalb Jahre zuvor waren es gerade drei gewesen.

Zu diesem Zeitpunkt erzeugten die Anlagen jedoch in der Regel nur Wärme und noch keinen Strom. Erst als im April 2000 die Bundesregierung mit dem Erneuerbare-Energien-Gesetz feste Einspeisevergütungen für Ökostrom definierte, und diese im Juni 2001 mit der Biomasse-Verordnung auch auf Strom aus Holzkraftwerken erweitert hatte, wurden einschlägige Projekte für Investoren attraktiv. Für die Dauer von 20 Jahren wurde nun eine Einspeisevergütung in Höhe von bis zu 20 Pfennig je Kilowattstunde garantiert. Strom aus Frisch- und Altholz bereicherte fortan zunehmend den regenerativ erzeugten Energiemix.

■ Demonstrationsvorhaben in Wiesloch

Ein erstes, viel beachtetes Projekt wurde im Jahr 2001 in Wiesloch realisiert: Dort nahm das Psychiatrische Zentrum Nordbaden (PZN) mit finanzieller Unterstützung des Bundesumweltministeriums eine Holzhackschnitzel-Feuerung in Betrieb, die fortan nicht nur Wärme für die 72 Gebäude des PZN, sondern auch Strom erzeugte – auch aus Sicht des Bundesumweltministeriums war dies ein „wegweisendes Demonstrationsvorhaben" mit „Modellcharakter für viele der 2300 Krankenhäuser in Deutschland."

Mit 2,8 Megawatt Feuerungsleistung zählte die Hackschnitzelanlage bei Inbetriebnahme zu den größten in der Bundesrepublik. Sie deckte den Wärmebedarf der sozialen Einrichtung etwa zur Hälfte. Gleichzeitig erzeugte ein Dampfmotor mit 300 Kilowatt elektrischer Leistung 1,5 Millionen Kilowattstunden Strom jährlich.

So kam in Wiesloch eine alte Technik zu neuen Ehren. Schon Jahrzehnte zuvor war der Dampfmotor aus dem Hause der traditionsreichen Hamburger Schiffsmaschinen-Reparaturwerk-

Im Überblick

■ Nachdem Holzheizungen bereits Mitte der 1990er Jahre wieder populär geworden waren, begann wenige Jahre später auch die Stromerzeugung in Holzkraftwerken. Entscheidend waren dafür das Erneuerbare-Energien-Gesetz von April 2000 und die Biomasseverordnung von 2001, die eine attraktive Vergütung für eingespeisten Strom sicher stellten.

■ Die ersten Holzkraftwerke Badens entstanden in Wiesloch, Freiburg und Buchenbach; in Kehl wurde im Jahr 2002 die größte Anlage Deutschlands errichtet.

stätte Spillingwerk (gegründet im Jahre 1890) zur Stromerzeugung genutzt worden. Doch mit dem Ausbau der Stromnetze und dem Niedergang der industriellen Eigenstromerzeugung hatte in Deutschland das Interesse am Spilling-Motor deutlich abgenommen.

Und so war das Projekt Wiesloch auch für die Firma Spillingwerk ein Renommierprojekt. Denn eine neue Zeit war angebrochen: In der Vergangenheit waren es in Deutschland zumeist nur Betriebe der holzverarbeitenden Industrie, die ihr Abfallholz verstromten. Mit Wiesloch erfolgte somit auch der Durchbruch in ein neues Marktsegment.

Nachahmer folgten bald. In Freiburg errichtete der regionale Energieversorger Badenova kurz darauf ein Holzkraftwerk im neuen Stadtteil Vauban; es ging im April 2002 in Betrieb, und versorgte fortan 2000 Haushalte mit Nahwärme. Der Holzkessel verfügte über eine Wärmeleistung von 2,3 Megawatt, der Spilling-Motor leistete 345 Kilowatt (elektrisch) – das Kraftwerk war damit sogar noch etwas größer als das Pilotprojekt in Wiesloch.

Gut drei Millionen Euro investierte die Badenova in dieses Projekt. Auf Initiative der beteiligten Kommunen – speziell Freiburg, Offenburg und Lörrach – verpflichtete das Unternehmen seine Zulieferer vertraglich, den Brennstoff überwiegend im Schwarzwald einzukaufen. 26 000 Kubikmeter Holzhackschnitzel wurden in dem Kraftwerk fortan jährlich verbrannt, um einen Stromertrag von 1,7 Millionen Kilowattstunden pro Jahr zu erbringen. Slogan der Badenova: „pro Baden, pro Umwelt".

Nur wenig später, im Juni 2002, nahmen die Dold Holzwerke in Buchenbach ein Holzkraftwerk in Betrieb, das mit einer Feuerungsleistung von zehn Megawatt nochmals deutlich größer war, als alle Vorgänger in der Region. 20 000 Tonnen naturbelassenes Holz wurde fortan darin pro Jahr verbrannt für behandelte Althölzer war es hingegen nicht zugelassen. Das Holzfeuer erzeugte pro Stunde elf Tonnen Dampf von 420 Grad und 32 bar Druck, um über eine Dampfturbine einen Generator mit 1200 Kilowatt anzutreiben. Der jährliche Stromertrag lag bei neun Millionen Kilowattstunden. Darüber hinaus nutzten die Dold Holzwerke die Abwärme zur Holztrocknung und als Prozeßwärme beim Holzverleimen.

Und schließlich bauten die Papierfabrik August Köhler AG aus Oberkirch und die RWE-Tochter Harpen Energie Contracting GmbH im Jahr 2002 in Kehl das seinerzeit leistungsstärkste Holzkraftwerk Deutschlands. 80 000 Tonnen trockenes Altholz und Sägerestholz sollten dort ab Ende 2002 jährlich verbrannt werden. Einem Wirbelschichtkessel mit 40 Megawatt thermischer Leistung wurde eine Dampfturbine nachgeschaltet, und so eine elektrische Leistung von 6,4 Megawatt erzielt. Damit sollten fortan pro Jahr 50 Millionen Kilowattstunden Strom klimaneutral erzeugt werden – genug für 17 000 Haushalte. Obendrein sollte ein mehrfaches an Wärmeenergie in Form von Dampf an die Papierfabrik Köhler geliefert werden.

Damit lag Baden im bundesweiten Trend: Biomasse-Kraftwerke mit einer elektrischen Leistung von insgesamt 500 Megawatt waren seinerzeit geplant, Investitionen von einer Milliarde Euro somit absehbar. Denn die Branche bot blendende Perspektiven – nicht nur für Stromerzeuger und Kraftwerksbauer, sondern auch für die Forstwirtschaft.

Abb. 2
Brennstofflager mit Greifarm im Holzkraftwerk im Freiburger Stadtteil Vauban.

Energievision einer fiktiven Gemeinde

2030 ■ Windstrom, Wald und Wasserkraft – die Zukunft der Stromerzeugung / 52. Kapitel

Welche Chancen bieten künftig in Baden die heimischen Energien? Zur Jahrtausendwende waren in der Region zahlreiche Kleinkraftwerke realisiert – sie erzeugten Strom aus Sonnenenergie, Wind- und Wasserkraft, Holz und Biogas. Doch keine Gemeinde schöpfte zu dieser Zeit auch nur annähernd die vorhandenen Potenziale aus. Wie beachtlich das Angebot an heimischen Energien ist, zeigt ein Szenario, das am 17. August 1999 in der „Badischen Zeitung" in einer Reihe „Der Schwarzwald und seine Zukunft" erschien. Es ist die Zukunftsvision einer fiktiven schwarzwälder Kommune – eine Vision allerdings mit gänzlich realistischen Zahlenwerten.

Abb. 1 Sonnenenergie wird alltäglich – Solar-Straßenlaterne im Landkreis Emmendingen.

Nennen wir die Gemeinde „Grünhausen". Sie ist in jeder Hinsicht schwarzwaldtypisch. 6 000 Menschen wohnen hier in mittlerer Höhenlage zwischen Bergkuppen und Kleingewerbe, umgeben von Wäldern und Weiden. Es gibt einen Sportverein und die Landjugend, einen Gesangsverein und die freiwillige Feuerwehr, Mehrzweckhalle und Dorfgaststätte. Alte Schwarzwaldhöfe gehören ins Bild, genauso wie das Neubaugebiet am Hang. Eine gesunde Mischung von Handwerksbetrieben hat hier ihr Auskommen, im Sommer wie im Winter sind die Fremdenzimmer gut belegt.

Es gibt wirklich nichts Spektakuläres in diesem fiktiven Ort. Außer der Energieversorgung. Grünhausen ist in Sachen Strom Selbstversorger. Mit Wind, Wasser und Sonne, mit Biogas aus der Landwirtschaft und Holz aus dem heimischen Forst gewinnen die Menschen hier soviel elektrische Energie, wie sie benötigen. Ein Holzheizwerk liefert außerdem Wärme für die Wohnstuben. Mit Futurismus oder technischen Revolutionen hat das nichts zu tun. Denn sämtliche Kraftwerke, die in diesem beschaulichen Schwarzwaldort ihren Dienst tun, gibt es bereits andernorts.

Allein eines ist visionär: In diesem Städtchen wird die gesamte Palette der regenerativen Energien genutzt. Um so weit zu kommen, ging unser Bürgermeister auf Reisen: Er sammelte im Schwarzwald positive Beispiele.

Im Schuttertal in der Ortenau begann seine Tour. Von Schweighausen kommend ging es Richtung Nordosten auf die Weißmoos. Zwei Windkraftanlagen erzeugen hier umweltfreundlich Strom. Die jüngere und leistungsstärkere der beiden, 750 Kilowatt stark, speist jährlich gut eine Million Kilowattstunden ins Netz. Weil die Windkraft-Technik in jüngster Zeit massive Fortschritte gemacht hat, konnte Grünhausen eine Nummer größer einsteigen: Inzwischen sind Serienanlagen mit 1 500 Kilowatt Leistung auf dem Markt. Vier Rotoren dieser Bauart hatten auf dem Hausberg unserer Ökogemeinde Platz. Der Wind bläst dort im Jahresmittel mit 5,3 Meter pro Sekunde in 30 Meter Höhe, das ist für den Schwarzwald gutes Mittelmaß. Eine starke Anlage kommt hier auf eine Jahresausbeute von drei Millionen Kilowattstunden. So erzeugt unsere Gemeinde jährlich 12 Millionen Kilowattstunden Strom durch Windkraft.

Diese Bilanz ließ den Bürgermeister nicht ruhen, der Gedanke an die weitere Nutzung der Naturkräfte trieb ihn weiter um. Seine Tour führte ihn in den Hochschwarzwald, wo er auf Breitnauer Gemarkung im Höllental am Rotbach eine Wasserkraftanlage besuchte. Als der private Betreiber dem Bürgermeister Einblick in das Turbinenhaus gewährte, war dieser von den Erträgen begeistert. Zwischen drei und 3,5 Millionen Kilowattstunden liefern die Generatoren jährlich – je nach Regenmenge. Einen derart guten Wasserkraftstandort, das musste unser Bürgermeister bald erkennen, gab es in Grünhausen zwar nicht. Aber für drei kleinere Anlagen waren die Bedingungen doch recht ordentlich. So bringen heute zwei Anlagen jeweils zwei Millionen Kilowattstunden im Jahr, eine kleinere nochmals die Hälfte.

■ Heizöl sparen mit Kühen

Doch Wind und Wasser reichten nicht. Der Bürgermeister zog weiter und wurde in Bräunlingen im Schwarzwald-Baar-Kreis fündig. Dort gewinnt im Ortsteil Bruggen ein Landwirt mit einer Biogasanlage Strom und Wärme. Mit 85 Kühen – korrekter: mit 85 Großvieheinheiten – „erntet" er täglich 200 Kubikmeter Biogas. Es ist reich an wertvollem Methan und bringt, in einem Blockheizkraftwerk verfeuert, jährlich 170 000 Kilowattstunden Strom. Nebenbei spart das Biogas dem Landwirt auch 4 000 Liter Heizöl ein, weil er die Wärme seines Privatkraftwerkes zur Raumheizung nutzt. Dass die Anlage für den Landwirt zudem wirtschaftlich ist, begeisterte unseren Bürgermeister obendrein. Und so gelang es ihm, diese Technik auch einigen Landwirten in Grünhausen schmackhaft zu machen. Schließlich stehen mehr als 250 Rinder in den örtlichen Ställen. Die drei größten landwirtschaftlichen Betriebe entschlossen sich, jeweils eine Anlage zu bauen, zum Teil als Gemeinschaftsanlage mit Nachbarn.

Wie auch der Landwirt in Bräunlingen bezieht in Grünhausen einer der Landwirte regelmäßig alte Fette aus der Gastronomie. Die nämlich können in der Biogasanlage mit vergoren werden, und erhöhen damit die Ausbeute deutlich. Inzwischen fließen seither in unserer Mustergemeinde jährlich 500 000 Kilowattstunden Strom aus Biogas ins städtische Netz. Und die Landwirte freuen sich über die veredelte Gülle, die nach der Vergärung einen weitaus besseren Dünger abgibt als zuvor.

Nun wurden auch die Bürger unserer Mustergemeinde, vom Wirken ihres Oberhauptes beeindruckt, aktiv. Zum guten Mix heimischer Energien, so hörte man immer öfter, gehöre auch die Sonne. Der Gemeinderat beschloss ein attraktives Förderprogramm und konnte damit erreichen, dass ein großer Teil aller geeigneten Dächer mit Solarzellen belegt wurde. Fünf Quadratmeter Solarzellen wurden auf diese Weise pro Kopf installiert, eine Leistung von insgesamt 3 000 Kilowatt kam damit zusammen. Seither beläuft sich die Jahresbilanz in unserem fiktiven Öko-Dorf auf drei Millionen Kilowattstunden Solarstrom. Denn im Schwarzwald liefert die Sonne viel Energie: 1100 Kilowattstunden erhält jeder Quadratmeter im Jahr – einige Regionen der Republik bleiben unter 1000.

Doch auch als die solare Stromerzeugung Realität war, wollte man sich in Grünhausen noch nicht zufrieden geben. Denn die Gemeinde verfügt über 2 000 Hektar Wald. Ein Teil davon ist Privatwald, ein Teil ist im Besitz der Kommune. Gemeinsam ist ihnen eines: Da der Holzmarkt Anfang der neunziger Jahre nach Stürmen mit Bruchholz überschwemmt wurde, sind die Preise zusammengebrochen. Neue Absatzmärkte fürs Holz sind daher willkommen.

Nur die Sonne braucht Subventionen

Unser Bürgermeister kam auf seiner Tour auch nach Müllheim. Schon einige Holzhackschnitzelanlagen hatte er während seiner Rundreise gesehen, sei es in Sasbach in der Ortenau, oder auch in Efringen-Kirchen. In Müllheim traf er auf die größte: 11 000 Schüttkubikmeter Holz verfeuert sie jährlich und gewinnt damit neun Millionen Kilowattstunden Wärme. Unser Stadtoberhaupt ließ nachrechnen: Holz in dieser Menge lässt sich auch aus den Wäldern seiner Gemarkung

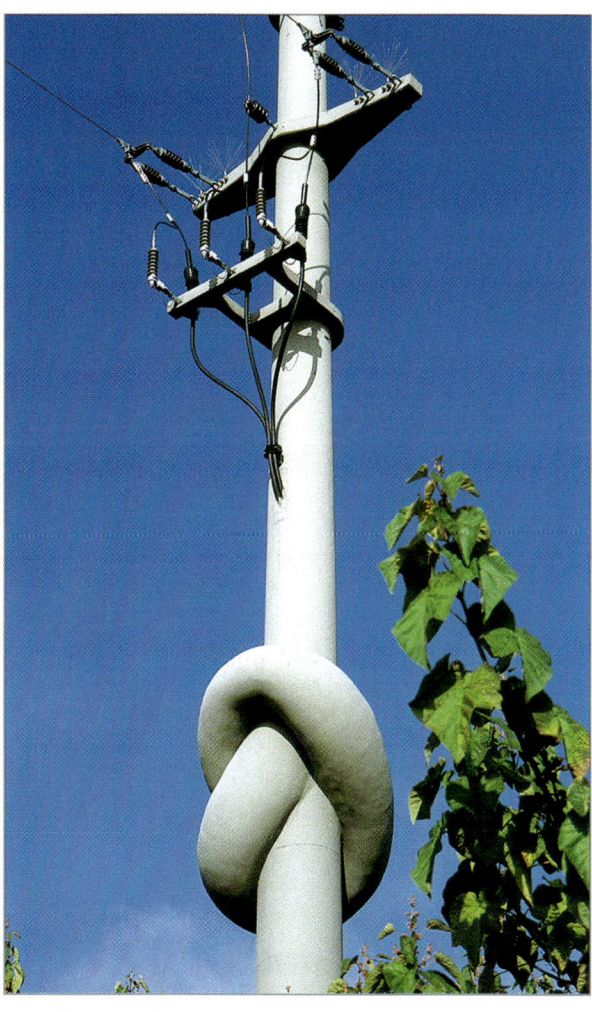

ernten. Weil – anders als bei Öl und Gas – beim Kauf von Holz das Geld im Lande bleibt, begrüßte auch der Gemeinderat das Projekt einstimmig.

Doch diesmal wollten unsere Vordenker aus Grünhausen noch einen Schritt weitergehen als die Kollegen in Müllheim: Die Anlage sollte nicht allein Wärme liefern, sondern auch Strom erzeugen. Nachdem die Technik in den vergangenen Jahren erhebliche Fortschritte gemacht hat, sollte auch das kein Problem sein. Eine Holzgasanlage schafft dies: Gut ein Drittel der Energie wird verstromt, der Rest wird als Wärme genutzt – damit können das Rathaus und einige Wohngebäude, die Mehrzweckhalle und die Schule umweltgerecht beheizt werden. Im Jahr kommen zudem 3,5 Millionen Kilowattstunden Strom aus dem heimischen Forst.

Probleme mit der Finanzierung der Energiewende gab es nicht. Für die Windkraft waren Investoren schnell gefunden, weil an guten Standorten immer eine Rendite herausspringt. Auch moderne Biogasanlagen arbeiten wirtschaftlich, und für die Holzfeuerung wurde – wie auch in Müllheim – ein Stromversorger gefunden, der sie gewinnbringend betreibt.

Nur die Sonne brauchte Subventionen. Nach Abzug der Bundesförderung aus dem 100 000-Dächer-Förderprogramm blieben von 40 Millionen Mark Investitionen noch 25 Millionen an der Stadt hängen. Da sie über einen Zeitraum von 25 Jahren – so lange gibt es für die Solaranlage Garantie des Herstellers – abgeschrieben werden können wurde auch der Solarstrom finanzierbar.

Als schließlich alle Anlagen ihr erstes Betriebsjahr hinter sich haben, sitzt der Bürgermeister in seinem Büro, den Taschenrechner und zahlreiche Betriebsabrechnungen vor sich, und bilanziert „Es reicht", entfährt es ihm triumphierend, als er das Ergebnis auf seinem Rechner erblickt. Denn insgesamt 24 Millionen Kilowattstunden Strom werden in seiner Stadt fortan jährlich aus regenerativen Quellen erzeugt. Damit ist das Ziel erreicht, denn eben diese 24 Millionen Kilowattstunden werden hier verbraucht; fünf Millionen in den Haushalten, der Rest in der Gastronomie, in den öffentlichen Gebäuden, in Handwerksbetrieben und im Kleingewerbe. Es sind 4000 Kilowattstunden pro Kopf – das ist Durchschnitt in Schwarzwaldorten dieser Größe. Aber das wissen wir ja bereits: Grünhausen ist eine ganz normale Gemeinde. Voll und ganz schwarzwaldtypisch.

Abb. 2
Ein Knoten zur ständigen Erinnerung, dass eine Energiewende möglich ist? Strommast am ehemaligen Landesgartenschaugelände in Weil am Rhein.

Probleme mit der Finanzierung der Energiewende gab es nicht. Für die Windkraft waren Investoren schnell gefunden, weil an guten Standorten immer eine Rendite herausspringt.

Literaturnachweis

Arbeitskreis Stadtgeschichte Vöhrenbach: Die Linachtalsperre – Geschichte eines Baudenkmals der Schwarzwaldgemeinde Vöhrenbach, Selbstverlag, 1990

Badenwerk: Die elektrisierte Gesellschaft, Katalog zur Ausstellung des Badischen Landesmuseums in Zusammenarbeit mit dem Badenwerk aus Anlass des 75-jährigen Jubiläums, 1996

Bayerl, Günter (Hrsg): Wind- und Wasserkraft – die Nutzung regenerierbarer Energiequellen in der Geschichte, VDI-Verlag, Düsseldorf, 1989

Birkefeld, Richard: Die Stadt, der Lärm und das Licht – die Veränderung des öffentlichen Raumes durch Motorisierung und Elektrifizierung, Velber-Verlag, Seelze, 1994

Bocks, Wolfgang: Perspektiven mit Strom, Festschrift 100 Jahre Kraftübertragungswerke Rheinfelden, 1994

Büchele, Christoph u. a.: Wyhl – der Widerstand geht weiter, Dreisam-Verlag, Freiburg, 1982

Elektrizitätsgesellschaft Triberg: 100 Jahre EGT, Festschrift, 1996

Eustachi, Jürgen: Die Kraftmaschine am großen Strom, Festschrift 75 Jahre Großkraftwerk Mannheim, 1996

Freiburger Elektrizitäts- und Wasserversorgung: 75 Jahre Stromversorgung in Freiburg, Festschrift, 1976

Gätschenberger, Herbert: Die Stellung der öffentlichen Elektrizitätsversorgung in Baden, Dissertation an der Universität Basel, 1960

Handschuh, Karl: Windkraft gestern und heute – Geschichte der Windenergienutzung in Baden-Württemberg, Ökobuch, Staufen bei Freiburg, 1991

Haumann, Heiko (Hrsg): Vom Hotzenwald bis Wyhl, Demokratische Traditionen in Baden, Pahl-Rugenstein, Köln, 1977

Heymann, Matthias: Die Geschichte der Windenergienutzung 1890-1990, Campus Verlag, Frankfurt/Main, 1995

Hoch, Bernhard u. a.: Das Glottertal, Geschichte und Erinnerungen, Beitrag zur 25-Jahr-Feier der Gesamtgemeinde Glottertal 1995, Hrsg. Gemeinde Glottertal

König, Felix von: Bau von Wasserkraftanlagen, Praxisbezogene Planungsgrundlagen für die Errichtung von Wasserkraftanlagen aller Größenordnungen, Verlag C. F. Müller, Karlsruhe, 1985

Jehle, Christoph: Die leitungsgebundene Energieversorgung im Regierungsbezirk Freiburg, Dissertation an der Universität Freiburg, 1990

Johne, Eduard: Sechzig Jahre Fürstlich Fürstenbergisches Elektrizitätswerk in Donaueschingen, Friedrich Vorwerk Verlag KG, Stuttgart 1955

Jüttemann, Herbert: Bauernmühlen im Schwarzwald, Dokumentation und Restaurierung, bäuerlicher Alltagstechnik, Theiss-Verlag, Stuttgart, 1990

Krins, Hubert u. a.: Brücke, Mühle und Fabrik Technische Kulturdenkmale in Baden-Württemberg, Theiss-Verlag, Stuttgart, 1991

Mez, Lutz: RWE – Ein Riese mit Ausstrahlung, Kiepenheuer & Witsch, Köln, 1996

Nössler, Bernd u. a.: Wyhl – kein Kernkraftwerk in Wyhl und auch sonst nirgends, Betroffene Bürger berichten, inform-Verlag, Freiburg, 1976

Pfrommer, Gerda: 100 Jahre Strom für Pforzheim, 1894-1994, Stadtwerke Pforzheim, Eigenverlag, 1994

Rucht, Dieter: Von Wyhl nach Gorleben, Bürger gegen Atomprogramm und nukleare Entsorgung, C. H. Beck, München, 1977

Rübsamen, Rosemarie u. a.: Energiegemeinschaften, Umweltfreundliche Stromerzeugung in der Praxis, Piper-Verlag, München, 1995

Schluchseewerk AG: Ist die Wutachschlucht wirklich gefährdet? Die Wahrheit über das Wutachprojekt des Schluchseewerks, Freiburg, 1953

Spraul, Alfred: Ein Beitrag zur Entwicklung der öffentlichen Elektrizitäts-Versorgung in Baden, Dissertation an der Universität Heidelberg, 1933

Stadtwerke Freiburg: 60 Jahre Elektrizitätswerk Freiburg im Breisgau, Festschrift, 1961

Sternstein, Wolfgang: Überall ist Wyhl, Bürgerinitiativen gegen Atomanlagen, Haag und Herchen, Frankfurt, 1978

Stier, Bernhard: Staat und Strom – die politische Steuerung des Elektrizitätssystems in Deutschland 1890-1950, Verlag Regionalkultur, Ubstadt-Weiher, 1999

Wölfel, Wilhelm: Das Wasserrad, Technik und Kulturgeschichte, Udo Pfriemer Buchverlag, Wiesbaden, 1987

Zängl, Wolfgang: Deutschlands Strom, Die Politik der Elektrifizierung von 1866 bis heute, Campus Verlag, Frankfurt, 1989

Bildnachweis

Der Verlag dankt Kraftwerksbetreibern, Städten und Gemeinden sowie Privatpersonen für die großzügige Zurverfügungstellung von Bildmaterial zur Geschichte der Elektrifizierung in Baden und zur aktuellen Situation.

Titelbild, Schutzumschlag und Bezug: Wilfried Dold, doldverlag. Kleine Bilder, Vorderseite: SAG. Solarstrom, Freiburg, Wilfried Dold, doldverlag und Bernward Janzing. Titel Rückseite: Katrin Dold, Bamberg, Wilfried Dold, doldverlag und Bernhard Hauser, Bräunlingen

Abb. S. 3, 7: Wilfried Dold, doldverlag, Vöhrenbach

1. Kapitel / Einleitung
Abb. 1: Stadtarchiv, Pforzheim, Abb. 2: Werner Oppelt, Triberg, Abb. 3: Firma Albert Köhler, Gengenbach, Abb. 4: Stadtarchiv, Karlsruhe, Abb. 5: Odin Jäger, Furtwangen, Abb. 6: Badenwerk, Wirtschaftsarchiv Hohenheim, Abb. 7: EGT-Triberg, Abb. 8: Stadtarchiv, Vöhrenbach, Abb. 9: Wirtschaftsarchiv Hohenheim, Abb. 10: Meinrad Schwörer, Wyhl, Abb. 11: SAG Solarstrom, Freiburg

2. Kapitel / Triberg
Abb. 1: Archiv doldverlag, Vöhrenbach, Abb. 2: Werner Oppelt, Triberg, Abb. 3-7: EGT-Triberg

3. Kapitel / St. Blasien
Abb. 1, 2: Deutsches Museum, München

4. Kapitel / Rheinfelden
Abb. 1, 2: Archiv doldverlag, Vöhrenbach, Abb. 3: Landesmuseum für Technik und Arbeit (LTA), Mannheim, PVZ. 1998/0012-424, Abb. 4: EnergieDienst GmbH, Laufenburg, Abb. 5: LTA, Mannheim, PVZ. 1998/0012-418, Abb. 6: LTA, Mannheim, PVZ. 1998/0012-327, Abb. 7: LTA, Mannheim, PVZ. 1998/0012-766, Abb. 8: LTA, Mannheim, PVZ. 1998/0012-765, Abb. 9: LTA, Mannheim, PVZ. 1998/0012-233, Abb. 10: LTA, Mannheim, PVZ. 1998/0012-430

5. Kapitel / Pforzheim
Abb. 1: Stadtarchiv, Pforzheim, Abb. 2, 3: Stadtwerke, Pforzheim, Abb. 4: Stadtarchiv, Pforzheim, Abb. 5: Stadtarchiv, Pforzheim, Abb. 6: Stadtwerke, Pforzheim

6. Kapitel / Waldkirch
Abb. 1, 2: Stadtarchiv, Waldkirch

7. Kapitel / Stallegg
Abb. 1: Archiv doldverlag, Vöhrenbach, Abb. 2: Fürstlich Fürstenbergisches (F. F.) Archiv, Donaueschingen, Abb. 3: Archiv doldverlag, Vöhrenbach, Abb. 4: F. F. Archiv, Donaueschingen, Abb. 5: Archiv doldverlag, Vöhrenbach, Abb. 6: F. F. Archiv, Donaueschingen, Abb. 7: Bernward Janzing, Freiburg, Abb. 8: Bernward Janzing, Freiburg, Abb. 9, 10: Archiv doldverlag, Vöhrenbach

8. Kapitel / Gengenbach
Abb. 1-8: Firma Albert Köhler, Gengenbach

9. Kapitel / Engen
Abb. 1-4. Stadtarchiv, Engen

10. Kapitel / Singen
Abb. 1-4: Stadtarchiv, Singen

11. Kapitel / Baden-Baden
Abb. 1: Archiv doldverlag, Vöhrenbach, Abb. 2: Stadtwerke, Baden-Baden, Abb. 3: Archiv doldverlag, Vöhrenbach

12. Kapitel / Achern
Abb. 1-8: Überlandwerk, Achern

13. Kapitel / Albbruck
Abb. 1-5: Papierfabrik, Albbruck

14. Kapitel / Wiesloch
Abb. 1-8: Wirtschaftsarchiv Hohenheim

15. Kapitel / Zell-Mambach
Abb. 1: EnergieDienst GmbH, Laufenburg/Wirtschaftsarchiv Hohenheim, Abb. 2: LTA, Mannheim, PVZ. 1998/0012-1469, Abb. 3, 4: EnergieDienst GmbH, Laufenburg/Wirtschaftsarchiv Hohenheim

16. Kapitel / Heidelberg
Abb. 1: Archiv doldverlag, Vöhrenbach, Abb. 2-4: Stadtarchiv, Heidelberg

17. Kapitel / Mannheim
Abb. 1-4: Großkraftwerk Mannheim AG

18. Kapitel / Karlsruhe
Abb. 1: Stadtarchiv, Karlsruhe

19. Kapitel / Freiburg
Abb. 1-4: Stadtarchiv, Freiburg, Abb. 5-15: Archiv doldverlag, Vöhrenbach

20. Kapitel / Herrischried
Abb. 1: Archiv doldverlag, Vöhrenbach

21. Kapitel / Oberried
Abb. 1: Bernward Janzing, Freiburg, Abb. 2, 3: Katrin Dold, Bamberg

22. Kapitel / Rheinhausen-Oberhausen
Abb. 1-13: Katrin Dold, Bamberg

23. Kapitel / Lahr und Offenburg
Abb. 1, 2: Deutsches Museum, München, Abb. 3-6: Stadtarchiv, Offenburg, Abb. 7: Archiv doldverlag, Vöhrenbach

24. Kapitel / Konstanz
Abb. 1-5: Stadtwerke, Konstanz

25. Kapitel / Laufenburg
Abb. 1, 2: Archiv doldverlag, Vöhrenbach
Abb. 3-6: EnergieDienst GmbH, Laufenburg

26. Kapitel / Hüfingen
Abb. 1-4: Stadtarchiv, Hüfingen

27. Kapitel / Haslach-Schnellingen
Abb. 1-10: Firma Bauer & Schoenenberger, Schnellingen

28. Kapitel / Badenwerk
Abb. 1-39: Badenwerk, Wirtschaftsarchiv Hohenheim

29. Kapitel / Augst-Wyhlen
Abb. 1: LTA, Mannheim, PVZ. 1998/0012-1390, Abb. 2, 3: Archiv doldverlag, Vöhrenbach, Abb. 4: LTA, Mannheim, PVZ. 1998/0012-1383, Abb. 5: LTA, Mannheim, PVZ. 1998/0012-1418, Abb. 6: LTA, Mannheim, PVZ. 1998/0012-1432, Abb. 7: LTA, Mannheim, PVZ. 1998/0012-1440, Abb. 8: LTA, Mannheim, PVZ. 1998/0012-1421

30. Kapitel / Saig
Abb. 1, 2: Bernward Janzing, Freiburg

31. Kapitel / Köhlgartenwiese
Abb. 1, 2: Archiv doldverlag, Vöhrenbach, Abb. 3: Bernward Janzing, Freiburg

32. Kapitel / Furtwangen
Abb. 1, 2: Generallandesarchiv Karlsruhe, Aussenstelle Freiburg, Abb. 3: Archiv doldverlag, Vöhrenbach, Abb. 4, 5: Generallandesarchiv Karlsruhe, Aussenstelle Freiburg

33. Kapitel / Brändbachtalsperre
Abb. 1: Stadtarchiv, Bräunlingen, Abb. 2: Bernhard Hauser, Bräunlingen, Abb. 3-29: Stadtarchiv, Bräunlingen

34. Kapitel / Linachtalsperre
Abb. 1: Stadtarchiv Vöhrenbach, Abb. 2: Archiv doldverlag, Abb. 3: Stadtarchiv Vöhrenbach, Abb. 4: Archiv doldverlag, Abb .5: Stadtarchiv, Vöhrenbach, Abb. 6, 7: doldverlag, Abb. 8-14: Stadtarchiv Vöhrenbach, Abb. 15: Archiv doldverlag, Abb. 16-45: Stadtarchiv Vöhrenbach

35. Kapitel / Zweribach
Abb. 1-7: Privatalbum Familie Weiß, Obersimonswald

36. Kapitel / Schluchseewerke
Abb. 1-13: Schluchseewerke AG

37. Kapitel / Kembs
Abb. 1: Kraftwerk Kembs

38. Kapitel / Wutachschlucht
Abb. 1, 2: Bernward Janzing, Freiburg

39. Kapitel / Rheinau
Abb. 1, 2: Kraftwerk Rheinau

40. Kapitel / Wyhl
Abb. 1-6: Meinrad Schwörer, Wyhl

41. Kapitel / Lindau
Abb. 1: Bernward Janzing, Freiburg

Bildseite 296: große Abb: Wilfried Dold, doldverlag, Vöhrenbach, kleines Bild oben: Bernward Janzing, Freiburg, kleines Bild unten: Wasserkraftwerk Fahrnau

42. Kapitel / Volk AG
Abb. 1, 2: Fotoagentur ROPI, Freiburg

43. Kapitel / Schönau
Abb. 1-4: Netzkauf, Schönau

44. Kapitel / Windkraft
Abb. 1: Wilfried Dold, doldverlag, Vöhrenbach, Abb. 2-8: Bernward Janzing, Freiburg, Abb. 9: Wilfried Dold, doldverlag, Vöhrenbach

45. Kapitel / Wasserkraft
Abb. 1: Bernward Janzing, Freiburg, Abb. 2: Archiv doldverlag, Abb. 3, 4: Bernward Janzing, Freiburg

46. Kapitel / Solar-Fabrik Freiburg
Abb. 1: Fraunhofer Institut, Freiburg Abb. 2-4: Solar-Fabrik AG, Freiburg, Abb. 5: Fotoagentur ROPI, Freiburg

47. Kapitel / Biogasanlagen
Abb. 1-4: Bernward Janzing, Freiburg

48. Kapitel / Solarstrom AG, Freiburg
Abb. 1-3: SAG Solarstrom AG, Freiburg

49. Kapitel / NaturEnergie AG
Abb. 1-6: Kraftübertragungswerke Rheinfelden

50. Kapitel / Sunways Konstanz
Abb. 1-3: Sunways AG, Konstanz

51. Kapitel / Holzkraftwerke
Abb. 1, 2: Bernward Janzing, Freiburg

52. Kapitel / Vision
Abb. 1, 2: Bernward Janzing, Freiburg

Ortsregister

Aachen 114
Aarau 32
Aargau 32, 36, 178f.
Achern 9, 12, 74, 76ff., 104, 124, 140, 276
Adelsberg 92
Aha 248
Albbruck 32, 81ff., 104, 132, 295
Albersbach 55
Allmannsweier 122
Altenheim 123
Altsimonswald 241
Alt-Wiesloch 86
Amoltern 16
Anselfingen 71
Appenweiher 79
Arlesheim 32
Atdorf 113
Augsburg 31, 140
Augst 178
Augst-Wyhlen 12f., 32f., 36, 130, 148, 176ff., 182, 295
Bachheim 59
Bad Dürrheim 294
Bad Reichenhall 15
Bad Rippoldsau 143
Bad Säckingen 268
Baden-Baden 9ff., 74f., 79, 104
Bahlingen 16
Baiertal 86
Bargen 71
Basel 11f., 14, 18, 36, 81, 109, 112, 122, 130ff., 178f., 256f., 260f., 267
Bellingen 256
Berghaupten 64f., 121, 140
Berlin 9, 33, 48, 50, 55, 73f., 97, 100f., 104, 122, 154, 256f., 277, 286f.
Bermersbach 140
Bern 132, 261, 292
Beznau 13, 36
Biberach 124, 140, 143
Biblis 21
Biederbach 243
Biesendorf 16
Birsfelden 21, 32, 36
Bittelbrunn 71
Blasiwald 248
Bleibach 241, 243, 270f.
Bleichheim 16
Blumberg 61, 135
Bochum 274
Boll 59, 259
Bollenbach 139, 141
Bombach 16
Bonn 270
Bonndorf 132, 278
Bötzingen 16
Bräunlingen 16, 61, 135f., 190ff., 194, 207, 210, 283, 290f.
Braunschweig 61
Breisach 6, 22, 59, 105, 262
Breitnau 135, 276, 291
Bremen 142
Brigach 28
Broggingen 16
Brokdorf 266f.
Bruch 140
Bruchsal 10, 290f.
Bruggen 190, 290
Buchau 49
Buchenbach 298f.
Burg 113
Burladingen 277
Cattenom 154
Denzlingen 16
Dielheim 86
Diersburg 124
Dittishausen 59
Dogern 32, 179, 295
Donaueschingen 10, 56ff., 103f., 132, 134, 136ff., 186, 191, 209, 214, 237, 276, 281
Dortmund 295
Dresden 101, 123
Dundenheim 123
Durbach 124
Durlach 10
Düsseldorf 214
Eberbach 16, 153
Egg 113
Eggingen 281
Eglisau 12, 32
Ehrenfeld 90
Ehrsberg 92
Eichstetten 16, 116f.
Eisenbach-Schollach 16

Elbenschwand 184
Elberfeld 48
Elgersweier 124
Elzach 243
Emmendingen 16, 240, 264, 281ff., 291
Endenburg 184
Endingen 16, 265
Engen 70f., 135
Essen 9, 13f., 20f., 52, 79, 105, 295
Ettenheim 278
Ettlingen 149
Eutingen 53
Fahrnau 91, 282, 294
Faulenfürst 248
Fessenbach 124
Fessenheim 154, 256f., 262
Fischerbach 141
Forbach 10, 14, 51, 148ff., 152, 155ff., 168f., 171, 173, 246, 248, 258
Forchheim 16, 265
Forsthof 92
Frankfurt 9, 15, 27, 56, 86f., 90, 101, 121, 123f., 263f., 266, 270f., 274, 289, 292, 296f.
Freiamt 16, 278
Freiburg 6f., 10f., 15f., 19ff., 23f., 36, 55, 61f., 73, 76, 95, 102ff., 114ff., 124, 130, 146, 150ff., 153, 176, 186, 208, 213, 242, 246ff., 252, 258ff., 261, 263ff., 269f., 272, 274f., 277f., 282f., 286ff., 291ff.
Fröhnd 92
Fröschbach 140
Furtwangen 13, 17, 26ff., 186ff., 209, 213, 243, 277f.
Gaggenau 10
Gambsheim 14, 256f.
Gelsenkirchen 23, 289
Gengenbach 9ff., 15, 64ff., 104, 121, 124, 140, 143, 298
Geroldsau 75
Gerstheim 256f., 267
Goldscheuer 123
Göppingen 242
Görwihl 112
Göschweiler 59
Göttingen 93
Götzenbach 55
Graffenstaden 122
Grellingen 81
Grenzach-Wyhlen 24, 292, 294
Gresgen 92
Griesbach 76
Grünwald 56, 59
Gündelwangen 59, 134, 259
Günterstal 103
Gutach 186, 240f., 245, 271
Gütenbach 243, 277f.
Haagen 35
Häg 92
Hamburg 50, 94, 96, 266, 274, 282, 286, 292, 298
Hammereisenbach 212, 283
Handschuhsheim 94
Hannover 114, 297
Hartschwand 113
Haslach 9, 28, 87, 103, 122, 140ff.
Haslachsimonswald 241
Hausach 125, 141, 143
Hausen 91
Hausen vor Wald 276
Häusern 18, 246ff., 252
Hecklingen 16
Heidelberg 10f., 15f., 19, 21, 23, 86, 93ff., 102, 104, 153, 283
Heidenheim 57, 116, 120, 145, 285
Heimbach 16
Heitersheim 267, 278
Herbolzheim 16, 116, 242, 266, 278
Herrischried 112f.
Hinterzarten 61
Hofstetten 139
Hofweier 124
Holzhausen 16
Holzschlag 59
Homburg 14, 97
Hornberg 26ff.
Hottingen 112
Hüfingen 60f., 135ff., 276, 281
Hügelheim 76
Hugsweier 122
Hüningen 256f.
Hütten 112
Ibach 21, 268
Ichenheim 122

Iffezheim 14, 256f.
Illkirch 122
Istein 256
Kaiseraugst 153, 267
Kalkar 267
Kandern 184
Kappel 114
Karlsbad 292
Karlsruhe 10ff., 14, 16f., 19, 26, 52, 55, 57, 65, 74, 93, 100ff., 104, 122f., 125f., 132, 136, 143, 148ff., 186f., 210, 212ff., 242, 245, 247f., 256f., 262, 276, 278, 281, 283, 290ff.
Kassel 284
Kehl 10, 298f.
Kembs 14, 18, 21, 256f.
Kenzingen 16, 292
Kirchzarten 242, 296f.
Kirchschbaumwasen 149
Kirschbaumwasen 149, 155
Kittersburg 123
Kleinhüningen 257
Kollmarsreute 16
Kollnau 240, 245
Köln 19, 21, 26, 90, 101, 114, 154
Köndringen 16
Konstanz 10ff., 127f., 130, 139, 179, 296
Kriens 81, 84
Kuhbach 122
Kürnberg 92
Kürzell 122
Lahr 12, 19, 121ff., 265
Langenschiltach 28f.
Langenwinkel 122
Laufenburg 6, 12f., 16f., 20f., 24, 28f., 32, 34, 52, 55f., 59f., 70ff., 82, 85, 105, 116, 130ff., 134ff., 150, 183, 186, 191, 208ff., 214, 276, 294
Lauffen am Neckar 9, 15
Lauterbourg 257
Leibstadt 36, 135, 153, 294
Reckingen 32, 179
Lenzkirch 56, 183, 259
Lindau 21
Litschental 123
Löffingen 59, 61, 278, 292
Lörrach 35, 84, 91, 176f., 256f., 282, 294, 299
Lübeck 48, 99
Ludwigshafen 142
Lyon 112
Magdeburg 49, 122
Mahlberg 278
Maleck 16
Malsburg 184f.
Malsch 86
Malschenberg 86
Malterdingen 16
Mambach 90ff.
Mannheim 9ff., 14, 16, 19, 25, 28, 32, 66, 76, 79ff., 87, 97ff., 102, 104, 123f., 134, 140, 143, 146, 150, 153, 191, 212, 246, 265f., 295
Marckolsheim 256f., 263
Marlen 123
Marzell 184
Melchingen 277
Menzenschwand 248
Merzhausen 286f.
Miesbach 9, 15
Mietersheim 122
Möhlin 35
Mosbach 11, 153
Mühlenbach 143
Mühlhausen 86
Mühlingen 183
Mülhausen im Elsass 105, 116f., 257
Mülheim/Ruhr 132
München 9, 15, 27, 30f., 107, 122f., 274, 293
Münchingen 259
Mundingen 16
Munzingen 288
Neckarwestheim 22
Neuburgweier 257
Neudorf 256
Neuenburg 59
Neuhausen 71, 260
Neukirch 17, 186ff., 243
Neustadt 56ff., 76, 132, 134, 186, 246
Niederhausen 16, 116
Niederschopfheim 124
Niederwasser 28
Niederwinden 241
Niffer 256
Nimburg 16
Nollingen 35

Nonnenweier 122
Nordrach 140
Nordweil 16
Nürnberg 31, 101, 208, 260
Nußbach 28
Oberbeuren 75
Oberentersbach 140
Oberharmersbach 140, 143
Oberhausen 16, 116f., 242
Oberkirch 79, 139, 282, 299
Oberkirnach 28
Oberkollnau 241, 243
Oberried 114f., 277, 286f., 291
Obersimonswald 241f.
Oberstadt 86
Oberwinden 241
Oberwolfach 298
Obrigheim 20, 36, 101, 153, 262, 294
Ödsbach 79
Offenburg 10ff., 19, 26, 52, 64, 76, 79, 106, 117, 121ff., 265, 278, 299
Oos 75
Ortenberg 124
Ottenheim 121ff.
Ottenhöfen 276
Ottmarsheim 256f.
Ottoschwanden 16
Peterstal 10
Peterzell 28
Pfaffengrund 94
Pforzheim 9f., 48, 50ff., 104, 290f., 295
Prechtal 241
Radolfzell 61
Raich 184
Raitbach 92
Raitenbuch 135
Rastatt 10, 12, 17, 76, 79
Rauenberg 86
Ravensburg 54, 137, 243, 278, 285
Reckingen 32, 179
Reichenbach 123
Reiselfingen 59
Renchen 282
Renchtal 79
Rettigheim 86
Reute 16
Rheinau 21, 32, 260f.
Rheinfelden 6, 9f., 12f., 20, 24, 32f., 43, 46, 90, 92, 104, 112f., 122, 130, 135, 148ff., 176, 178, 184, 272, 282, 294
Rheinhausen 116f.
Rheinweiler 256
Rhinau 256f.
Rickenbach 268
Riegel 16, 116
Rohrbach 55
Rot 86
Rotenberg 86
Rottweil 215
Rotzingen 113
Rüßwihl 113
Rust 292
Rütte 113
Ryburg-Schwörstadt 14, 32, 36, 153, 177ff., 295
Säckingen 10, 12, 32, 36, 81f., 112, 176, 246, 250, 252, 261
Saig 183
Sallneck 184
Sasbach 265, 276
Sasbachwalden 276
Schaffhausen 32, 260f.
Scheibenhardt 14, 52
Schenkenzell 57
Schlächtenhaus 184f.
Schlierbach 94
Schluchsee 55
Schnellingen 66, 87, 122f., 139ff.
Schonach 28f., 280
Schönau 6, 24, 36, 90, 272ff.
Schönberg 140
Schönenbach 248
Schönmünzach 149
Schönwald 26ff., 186
Schopfheim 12, 91
Schuttertal 126
Schutterzell 122
Schwaibach 140
Schwanau 265
Schwarzenbach 55
Schweighausen 126, 278f.
Schweigmatt 92
Schwenningen 191
Schwetzingen 10

Schwörstadt 55, 267
Seebach 276
Seelbach 123
Seppenhofen 59
Sexau 16
Simonswald 270, 278, 282
Singen 26, 72f., 132
St. Blasien 9f., 15, 30f., 103, 250
St. Georgen 28f.
St. Leon 86
St. Märgen 243, 259, 268
St. Peter 240, 278
St. Peterstal 76
Stallegg 6, 9, 56ff., 104, 136, 282
Steinach 122, 141
Steinbach 123
Steinenstadt 256
Steißlingen 139
Stetten 71
Stöcken 140
Straßburg 11, 14, 122, 124, 256f.
Strohbach 140
Stuttgart 21, 48, 70, 127, 135, 146, 215, 259, 265ff., 277, 283, 292
Tegernau 91, 184
Teningen 16
Tennenbronn 61
Tiefenstein 113
Titisee-Neustadt 135, 183
Todtmoos 21, 112f., 268
Todtnau 91
Triberg 6, 9ff., 15, 26ff., 103, 122, 186ff., 208, 210
Tutschfelden 16
Ulm 62
Umkirch 272
Unadingen 59, 292
Unterbränd 190
Unterentersbach 140
Unterharmersbach 140
Unterkirnach 28, 281
Untersimonswald 241
Vauban 291, 299
Villingen 11, 52, 60, 132, 186, 209f., 212, 214
Vogelgrun 256f.
Vöhrenbach 3, 16f., 20, 134f., 187, 208ff., 248, 282, 295
Vörstetten 16
Wackersdorf 101, 267
Wagenstadt 16
Waldhausen 190ff., 202, 206
Waldkirch 9f., 54f., 186, 241, 272
Waldshut 11, 19, 21, 85, 112, 176, 246, 250, 252, 260
Waldshut-Tiengen 261, 273, 290f.
Walldorf 86, 272
Warmbach 35
Wasser 16
Wehr 252
Weierbach 124
Weil am Rhein 272
Weisweil 16, 265
Weitenau 184f.
Welschingen 71
Wembach 92
Wien 236
Wies 184
Wieslet 184
Wiesloch 86f., 143, 153, 272, 298f.
Willstätt 76, 79f.
Windenreute 16
Wingerbach 140
Winterthur 260
Wittelbach 123
Wittenweier 122
Witznau 246, 252, 258f.
Wolfach 141, 144
Wollmatingen 296
Wolterdingen 282f.
Wuppertal 25
Wutöschingen 281
Wyhl 6, 16, 22, 153, 262ff., 269ff., 286
Wyhlen 178, 294f.
Zarten 282
Zastler 115
Zell am Harmersbach 10, 143
Zell im Wiesental 9f., 12, 90ff., 103, 124
Zimmerholz 71
Zunsweier 124
Zürich 9, 32, 112, 135, 178, 260, 284f., 292
Zweribach 16, 240ff.